W0069665

Buch

Daß gute Vorsätze sich oft in böse Taten verkehren können, wissen wir. Aber wer würde das von den guten Absichten derjenigen annehmen, die auszogen, um die ganze Welt zum Christentum zu bekehren – zur Religion der Barmherzigkeit und der Menschenliebe? Mit Stock oder Peitsche, um unbotmäßige Gemeinden zu strafen, als Agenten und Helfer von Kolonialverwaltungen, als Anwender von Zwangsmitteln, um das Wort Gottes zu verbreiten – das Bild der christlichen Missionare widerstreitet allen gängen Vorstellungen.

Die detaillierte Untersuchung des Autors bestätigt gute Absichten, bewundernswürdigen Opfergeist und nicht wenige segensreiche Unternehmungen. Das Gesamtbild ist dennoch verheerend. Die Missionare wurden zu Helfern der kolonialen Unterdrückung, zu Teilhabern und Nutznießern des Kolonialismus. Das Resultat missionarischer Betätigung war Beihilfe zum Ruin der Völker in drei Erdteilen.

Autor

Gert v. Paczensky, Jahrgang 1925, wurde 1961 erster Chef des Fernsehmagazins «Panorama», später stellvertretender Chefredakteur des «Stern» und Chefredakteur bei Radio Bremen. Er hat sich viele Jahre eingehend mit Kolonialismusgeschichte befaßt.

Gert von Paczensky

Teurer Segen

Christliche Mission
und Kolonialismus

GOLDMANN VERLAG

Umwelthinweis:
Alle bedruckten Materialien dieses Taschenbuchs
sind chlorfrei und umweltschonend.

Der Goldmann Verlag
ist ein Unternehmen der Verlagsgruppe Bertelsmann

Genehmigte Taschenbuchausgabe 1994
© der deutschsprachigen Rechte 1991 by Albrecht Knaus Verlag, München
Umschlaggestaltung: Design Team München
Umschlagfoto: Archiv für Kunst und Geschichte, Berlin
Druck: Presse-Druck, Augsburg
Verlagsnummer: 12506
Ba · Herstellung: Ludwig Weidenbeck
Made in Germany
ISBN 3-442-12506-5

1 3 5 7 9 10 8 6 4 2

Für Anna

Inhalt

Werke der Wohltäter

Mission und Kolonialmacht

Macht steckt an

Konkurrenzkampf um Seelen

Opfermut

Fromme Legenden

Die Früchte

Anhang

Einleitung: King Kongs Tor

Zu unserem Kulturgut gehört ein Film, der vor vielen Jahren wegen seiner Tricks Filmgeschichte gemacht hat: King Kong[1]. Ich weiß nicht, ob neuere Versionen die Szene enthielten, die für mich eine der wichtigsten war. Die auf einer Insel gelandeten Mitglieder eines Filmteams öffnen zum Entsetzen der Einheimischen das Tor einer sonst undurchdringlichen Wand, durch das King Kong von Zeit zu Zeit seinen Menschentribut einfordert. Die Weißen gelangen nicht nur in den Urwald, sondern in fürchterliche Zustände, wie sie in grauer Vorzeit überall auf der Erde geherrscht haben; sie bekommen es mit Ungeheuern aller Art zu tun, und natürlich mit King Kong.

Hinter einer ähnlichen Tabuwand, so kommt es mir immer wieder vor, liegt ein für uns Europäer ebenso ungeheuerliches Stück Geschichte. Die Ungeheuer, die dort hausen, sind Gespenster aus Europas Vergangenheit. Wenn wir sie kennen würden, würden wir uns selbst besser kennen – unsere historischen Wurzeln, unsere psychologische Entwicklung, unsere Rolle in der Welt, genauer gesagt: die unserer Vorfahren, als deren Erben wir uns nicht von ihrem damaligen Tun freimachen können. Um so weniger, als viele von uns in dem Wohlstand leben, dessen Fundament sie geschaffen haben.

Doch wie sie ihn schufen ... Das liegt hinter der Wand verborgen. Sie unterwarfen, plünderten, vergewaltigten, mordeten, ruinierten riesige Teile der Welt, um deren Menschen und Bodenschätze für sich vereinnahmen zu können. Das war der Kolonialismus, ein Begriff, den feine und autoritätsgläubige – denn er war ja amtliche Politik unserer «Nationen» – Menschen von heute, besonders die konservativen Intellektuellen, nicht hören mögen. Das macht ihn nicht falsch.

Trotz vielfachen öffentlichen Bedauerns, wie traurig das Los der «Dritten Welt» sei, wissen wir davon nichts Genaues oder überhaupt nichts. Das liegt daran, daß das Tabutor geschlossen ist. Historiker könnten es öffnen, haben aber große Scheu davor. Nur gelegentlich wird den Zeitgenossen ein winziger Blick auf das eine oder andere Ungeheuer erlaubt. Dann sind sie erschüttert, falls sie nicht lieber ihre Augen zumachen. Sie glauben nicht gern, was sie sehen könnten. Das ganze Ausmaß bleibt unbekannt.

Um unser Gewissen zu wecken, uns den vollen Durchblick durch das Tor zu öffnen, den Durchgang zur Kenntnis jener finsteren Welt von damals zu gestatten, ohne die es unsere so nicht geben würde, wie sie ist – dafür wären wohl jene da, die sich von Berufs wegen, sogar aus Berufung, um unsere Innerlichkeit kümmern. Das sind die christlichen Kirchen. Aber siehe da: Sie hausen, bildlich gesprochen, zu beiden Seiten der Mauer.

In den Kolonialismus, auch in seinen schlimmsten Manifestationen, waren christliche Männer und Frauen verstrickt; man nannte sie Missionare. Sie, die auszogen, Menschen durch Bekehrung zum Christentum aus seelischer, geistiger, moralischer Not und Bedrückung zu retten, haben bei der Unterdrückung und Verelendung der Länder und Kontinente, die Europa und dann Nordamerika sich aneigneten, eine wichtige Rolle gespielt; diese Länder und ihre Menschenmassen machen heute die «Dritte Welt» aus. (Die «Vierte», die Pedanten inzwischen noch hinzuerfunden haben, ist nichts wesentlich anderes, sondern die Steigerung des Unglücks.) Vielleicht ist das der Grund, warum es keine ehrliche, ungeschminkte «Geschichte der christlichen Missionen» gibt. Wer sie schriebe, müßte ja eine Geschichte des Kolonialismus schreiben, wenn auch auf das Nötigste beschränkt; auch das ist bedrückend genug.

Ich habe das schon einmal getan, wenn auch nicht in der Art, die so vieles von unserem historischen Schrifttum ebenso unlesbar wie unbrauchbar macht, nämlich in langweiliger chronologischer und geographischer Anordnung. Ich ordnete die Kolonialgeschichte nach Taten und Wirkungen – nicht meine Schuld, daß es überwiegend Missetaten waren. Es ergab sich, daß alle «Kolonisatoren» sie gleichermaßen verübt hatten. Sie nach Ländern und Kontinenten getrennt zu erzählen wäre allenfalls ein Mittel gewesen, die geballte Ladung Schuld durch Aufsplitterung zu verharmlosen, und hätte eines mehrbändigen Werkes bedurft. Das Buch hieß «Die Weißen kommen», es erschien 1970. Die 1979 unter dem Titel «Weiße

Herrschaft» veröffentlichte Taschenbuchausgabe gibt es noch (über Walter Hädecke Verlag, 71263 Weil der Stadt).

In diesem Buch hatte ich so viele Taten der «normalen» Kolonialisten zu bewältigen, daß für die Rolle der christlichen Missionen nicht mehr genug Platz blieb. Ich sagte damals im Vorwort, dies müsse einer gesonderten Darstellung vorbehalten bleiben. Eigentlich hatte ich erwartet, daß jemand anders diese Aufgabe übernehmen würde. Aktuelle Anlässe veranlaßten mich, erst einmal andere Aspekte der Beziehungen zwischen unserer reichen und jener armen Welt zu behandeln – wirtschaftliche («Das Öl-Komplott») und kulturelle («Nofretete will nach Hause», Koautor war der 1991 verstorbene vormalige Direktor des Bremer Überseemuseums, Herbert Ganslmayr). Doch zum Thema «Missionen» ist in deutscher Sprache außer mehreren hochinteressanten, wichtigen Einzeldarstellungen und ein oder zwei apologetischen Übersichten noch immer keine Gesamtdarstellung erschienen. King Kongs Tor wirkt wohl zu abschreckend; anscheinend ist zu vielen Leuten daran gelegen, es geschlossen zu halten.

Hier spricht, schreibt ein Antikolonialist. Vielleicht hat er einen schärferen Blick für gewisse Einzelheiten der Geschichte; Details können durchaus riesig sein. Als ich an die Sichtung meines fast ein Vierteljahrhundert lang gesammelten Materials ging, entdeckte ich verblüfft, daß sich auch die Missionsgeschichte der Kolonialismuszeit in Taten, Handlungsweisen, Verhalten einteilen ließ, die denen der Kolonialisten entsprachen. Daraus ergab sich abermals eine Absage an die beliebte, aber auch hier eher ablenkende Chronologie. Doch um für alle Interessierten den Nutzen des Buches zu erhöhen, befindet sich am Schluß eine «Chronologie mit den wichtigsten Missionen».

Nach Taten ordnen hieß für mich nicht, verhältnismäßig Belangloses hervorzerren und überbewerten zu wollen. Sollte Schuld überwiegen, liegt es nicht am Chronisten, sondern ist Werk der Täter. Ob es wichtig genug ist, so herausgestellt worden zu sein, werden Sie beurteilen. In fast allen Kapiteln habe ich natürlich auch das Positive berücksichtigt. Allerdings wird mein Abwägen ergeben, daß die negativen Aspekte des christlichen Missionswesens für die «Dritte Welt» überwiegen. Da ich für Klarheit bin, machen meine Kapitelüberschriften deutlich, was zu erwarten ist. Die Kolonisatoren nenne ich ehrlicherweise «Besatzer». Das taten sogar manche Missionare, wie Bischof Thévenoud im französischen Sudan.[2]

Meine Quellen sind vielfältig. Die Liste der von mir herangezogenen Unterlagen finden Sie am Ende dieses Buches. Es ist schade, aber begreiflich, daß Zeugen, Chronisten oder Historiker aus der Welt der Unterdrückten erst langsam auftauchen; einige der Gründe werden im Zusammenhang mit der Frage deutlicher, ob die Missionen eine einheimische Elite herangebildet haben.

Da ich typische Leitlinien, rote Fäden in der Kolonialgeschichte der Missionen herausarbeiten wollte, konnte ich mir und Ihnen das Untypische, Vereinzelte, Seltene ersparen. Ich behandle im wesentlichen die Missionen in der Blütezeit des europäischen Kolonialismus, also vom 18. bis zum 20. Jahrhundert. Allerdings war die erste große, besonders verhängnisvolle und folgenreiche Zeit christlichen Wütens – Sie werden den Ausdruck belegt finden – die spanisch-portugiesische Eroberung Lateinamerikas. Also habe ich sie ausführlich berücksichtigt. Als ebenso wichtige Vorgeschichte, die man kennen muß, wenn man den christlichen Missionsdrang besser verstehen will, finden Sie eine stark geraffte, auf das für meinen Zusammenhang Wesentliche konzentrierte Schilderung der Kreuzzüge und der Sklaverei.

Die Kreuzzüge und die Besetzung Lateinamerikas lassen sich mit imperialistischen Motiven erklären, mit Habgier. Was aber bewog die Menschen im 18. und 19. Jahrhundert zum Enthusiasmus für eine Missionsbewegung großen Stils?

Zum einen war es die Kampagne gegen den Sklavenhandel, die so viel Begeisterung und Mitgefühl weckte – besonders in Großbritannien, aber auch in Deutschland –, daß daraus leicht der Gedanke entstand, die armen drangsalierten «Heiden» nicht nur vor Sklaverei zu bewahren, sondern sie überhaupt aus ihrem Heidentum zu befreien. Das konnten sich europäische Christen nur durch eine Christianisierung nach europäischem Muster vorstellen. Der Gedanke zündete in einer Atmosphäre christlicher Erweckungsbewegungen und gab ihnen ein zusätzliches Ziel. Der Enthusiasmus trieb zum Handeln, nach «Übersee».

Diese Missionierungswelle ging auf protestantischer Seite keineswegs von den Kirchen aus. Es waren begeisterte, idealistische christliche Laien, die eine Missionsgesellschaft nach der anderen ins Leben riefen, angesiedelt bei der jeweiligen Richtung ihres Bekenntnisses. Dabei spielte eine engagierte Gruppe Londoner Christen, die sogenannte Clapham-Sekte (nach ihrem Wohnviertel), eine führende Rolle. Die große Ausnahme war die Church Missionary Society der anglikanischen Kirche (CMS). Sie wurde in jener Periode die größte Missionsgesellschaft. Bei den britischen Missionsunternehmen arbeiteten verblüffend viele Deutsche; die britische Leidenschaft reichte anfangs nicht, um alle Aufgaben mit eigenen Landsleuten erfüllen zu können. Deutsche fanden sich auch in anderen internationalen Gesellschaften. Auch wenn oft der Eindruck vorherrscht, die Basler Mission sei eben schweizerisch, so war sie doch eine Gründung von Schweizern und Württembergern; ihre Missionare, besonders in den deutschen Kolonien, waren meist Deutsche, und sie hat noch heute einen süddeutschen Zweig mit Sitz in Stuttgart.

Die Missionsbewegung kam aus Ländern und Gesellschaften, in denen das Christentum schon stark an Gefolge verloren hatte. In den fremden Ländern traf sie auf Weiße, die deutlich nicht gewillt waren, christliche Rezepte für das Leben zu beachten, schon gar nicht für das Zusammenleben mit anderen Rassen. An ihnen scheiterte jeder Missionsversuch. Die «Heiden» bemerkten das, es hat von Anfang an eine wichtige, hemmende Rolle gespielt.

Die Expansion Europas war das Werk der Kaufleute, der Soldaten und eben der Missionare. Das bedingte eine wechselseitige Rücksichtnahme, meist Solidarität, also Komplizenschaft. Die Missionen, die natürlich nicht von den Kirchen zu trennen waren, auf die sie sich beriefen, wurden in den Kolonialismus verstrickt – in den aktiven, nicht etwa als Opfer oder gar wie die Opfer.

Die Rolle in dieser Dreiheit förderte etwas, wozu Weiße ohnehin neigten: Überlegenheitsgefühl. So gewaltig – um nicht zu sagen entsetzlich – überall den Einheimischen überlegen zu sein, wie es die Kaufleute dank ihrer Wirtschaftskraft und die Militärs dank ihrer

Waffentechnik waren, hätte den Dritten im Bund sicher gleiches empfinden lassen. Doch bedurfte es keines zusätzlichen Anstoßes: Die christlichen Bekenntnisse leiden nicht an Minderwertigkeitskomplexen, und ihre Missionare fühlten sich allen anderen Menschen, die Partner im Dreierbund eingeschlossen, haushoch überlegen. Das bestimmte auch sehr schnell ihre Rolle bei den zu bekehrenden «Eingeborenen». Der Missionar wurde bald zum Führer, meist zum paternalistischen.

Die Missionare schwärmten aus. Missionarinnen kamen später, fast nirgends gleichberechtigt. Heute, in ganz anderen Verhältnissen als damals, bestehen die Missionen zu drei Fünfteln aus Frauen, allerdings hauptsächlich in weniger verantwortlichen Positionen. Beide Geschlechter hatten von Anfang an das gleiche Überlegenheitsgefühl, wenn sie die «Heiden» betrachteten. Es kümmerte sie wenig, wie schwer verständlich ihre Botschaft war, daß sie also auch wenig verstanden wurde. Das konnte doch nur daran liegen, daß die anderen so dumm waren. Jene hatten zwar ihren eigenen Glauben, ihre eigenen Bräuche und Traditionen, und heute würden Psychologen uns wohl sagen, wie vorsichtig wir vorgehen müßten, um ihnen diese auszureden. Damals fanden die Missionare, gleich welcher nationalen Herkunft und welcher (meist mäßigen) Vorbildung, nichts von dem, was die «Heiden» gelernt hatten und dachten, dürfe richtig sein. Ihre Vorstellungen müßten möglichst schnell mit Stumpf und Stil ausgerissen werden, erst dann hätten sie eine Chance, gerettet zu werden. Gerettet für das Christentum.

Das Brachialverfahren hatte zur Folge – und dies ist der einzige positive Aspekt –, daß der Ausbreitung des Christentums, jedenfalls seiner europäischen Prägung, ausgerechnet von den Missionaren selbst unfreiwillig Schranken gesetzt wurden. Der Schaden für die Gesellschaften, in denen die Missionare wirkten, war schließlich eben nur dadurch begrenzt, daß ihnen der angestrebte große Erfolg versagt blieb. Bis zum Schluß haben sie nicht einsehen können, daß die Botschaft, die sie predigten, für die Zuhörer aus einem völlig anderen Kulturkreis zu seltsam war, um gleich geglaubt werden zu können. Christus gestorben für alle... Der afrikanische Erziehungswissenschaftler Tiberondwa zitiert in seinem 1978 erschienenen Buch

«Missionary Teachers as Agents of Colonialism» einen alten Ugander vom Stamm der Baganda, der die Frage stellte, ob Jesus Christus als Nichtbaganda wirklich sein Leben für die Baganda, die er nicht kannte und zu denen er keine Beziehung hatte, habe geben können. In meinem Buch stehen noch ein paar weitere Gründe, warum die Missionare oft nicht verstanden wurden.

Inzwischen werden die führenden Missionen der Kolonialzeit allmählich verdrängt von «moderneren», aggressiveren, überwiegend protestantischen aus den USA. Im Vergleich zu diesen nennt die Fachliteratur die älteren plötzlich «liberal», was um des Vergleichs willen stimmen mag, aber ein ganz falsches Bild von ihnen gibt. Darüber lesen Sie einiges in den Abschnitten über Lateinamerika.

Seltsam an der christlichen Mission bei den «Heiden» ist, daß sie nicht aufhört, so als hätte sie noch gar nicht richtig angefangen. Ende der achtziger Jahre waren mehr als 262 000 Missionare am Werk. Zum Jahrhundertwechsel könnten es 400 000[3] sein. Die Amerikaner sind längst in der Mehrheit, und ein großer Teil von ihnen ist eifrig dabei, längst Bekehrte anderer Missionen für ihre eigene Gemeinde anzuwerben.

Als meine Geschichte des Kolonialismus erschien, gab es unter einem Schwall positiver auch überaus kritische Stimmen. Die eine stammte von einem Professor, dem mehr mein Angriff gegen die Historikerzunft mißfallen zu haben schien, jedenfalls hatte er keine sachlichen Beanstandungen. Die wesentlich schärfere kam von einem der Jungstars von 1968, der seither vergessen ist. Er meinte, ich hätte das falsche Thema behandelt und lieber untersuchen sollen, warum die europäischen Menschen, hauptsächlich die Arbeiterklasse, sich so für den Kolonialismus einspannen ließen. Daß ich im Vorspann gesagt hatte, dies sprenge den Rahmen und bedürfe (wie die Missionen) einer gesonderten Darstellung, mußte er wohl überlesen haben. Zu schildern, was die Kolonialisten taten, schien ihm unnütze «Faktenhuberei». Insofern war er durchaus repräsentativ für ein Mehrheitsdenken. Die Nutznießer des Kolonialismus wollen noch heute nicht genau wissen, auf wen der – auch von den 68ern genossene – Wohlstand Europas zurückgeht. Zufrieden sind diese Leute allenfalls, wenn man die Missetaten einem undeutlichen Begriff zuschiebt, ohne die Täter deutlich zu benennen. Wo käme das Weltbild hin, wenn sie Namen hätten.

Einer, der selbst genau Bescheid wissen mußte, jedenfalls für ein riesiges Opfergebiet des Kolonialismus, war der 1980 verstorbene, hochangesehene Professor Richard Konetzke. Er war ein bedeutender Fachmann für ibero-amerikanische Geschichte, aber er gehörte zu jener Mehrheitsschule, die große Energie darauf verwendete, Antikolonialismus zu verteufeln. Das mag bei einem während der Nazizeit Ausgebildeten, dem noch kurz vor Kriegsende Studien in Spezialarchiven Franco-Spaniens erlaubt wurden, nicht verwundern. Seine Geschichte des spanischen und portugiesischen Volkes ist 1939 erschienen.

Konetzke verdanken wir nicht nur die ausführliche, durchaus instruktive Geschichte der spanischen und portugiesischen Kolonialherrschaft über Süd- und Mittelamerika, sondern auch eine kleinere Arbeit, «Entdecker und Eroberer Amerikas», die ihn als Enthusiasten der kolonialen Eroberung zeigte. Das Interessanteste war sein Vorwort[4]. Die überwältigenden, unwiderleglichen Zeugnisse vom brutalen Verhalten der Eroberer waren für ihn «Diffamierung der spanischen Conquista», eine «Kampagne» der Aufklärung, an der sich die Engländer «als Rivalen der spanischen Kolonialmacht in Amerika beteiligten», und grimmig bemängelte er noch einmal «diese aufklärerische Art, über die Menschen der spanischen Conquista zu urteilen», jene Art, die zu seinem Verdruß auch im 19. und 20. Jahrhundert weiterlebte. Auch die lateinamerikanische Geschichtsschreibung habe «die historische Wirklichkeit der Conquista verfälscht» und die spanische Vergangenheit «verunglimpft» – ja, diese Schule «glaubte, daß die spanische Eroberung das Ende der Freiheit der Eingeborenen bedeutet hat». Den Begriff «Eingeborene», an dem man von jeher die kolonialistische Mentalität erkennt, verwendete Konetzke mehrmals. Die Berichte des berühmten Las Casas über die brutale Behandlung der Indianer durch Spanier waren «oft übertreibende Anklagen».

In solcher Bagatellisierstimmung berief sich der Professor, immer noch im selben Vorwort, auf die «moderne Geschichtswissenschaft der letzten Jahrzehnte» (sein Buch erschien 1963!): «Wir ziehen die

Wirtschafts-, Sozial- und Geistesgeschichte heran, um den Menschentyp der spanischen Konquistadoren *zu verstehen*» (Hervorhebung von mir). Aha. Da schließt sich ganz offensichtlich ein Kreis zum erwähnten Geschichtsbetrachter aus der Familie der 68er. Und das führt dann logisch zu der schönen Phrase: «Vor allem aber gilt es, die spanische Eroberung Amerikas in universalhistorischer Sicht zu betrachten.» In der Geschichtswissenschaft bedeutet das meist: Nicht so genau hinsehen! Dann, ja: «Dann erscheint der ‹Kolonialismus› mehr als ein bloß verwegenes und verwerfliches Spiel abenteuernder und ausbeutender Kräfte.» (Das erste «als» vergaß er wohl.) «Er folgt einer höheren Notwendigkeit, an der alles Jammern und Wünschen einer späteren Zeit nichts ändert, und erweist sich andererseits als ein *sinnvolles* und nicht wegzudenkendes Element in der Geschichte der neuen Völker Amerikas» (Hervorhebung von mir). Donnerwetter... Mit «Jammern» meinte er, «selbst viele Europäer» beteiligten sich «in eilfertiger Gedankenlosigkeit ... an der antikolonialistischen Propaganda, die die Befreiung der Menschheit darin sehen möchte, daß die Epoche der europäischen Ausbreitung in der Welt so vollständig als möglich wieder rückgängig gemacht wird».

So dumm sind die Antikolonialisten zwar nicht, eine Epoche rückgängig machen zu wollen, aber der zornige alte Herr wollte sich eben mal so richtig Luft machen, und wir können sicher sein und dankbar, daß er es ehrlich meinte. Dankbar allerdings nicht dafür, daß gewaltige Bereiche der Geschichtsschreibung und der Universitätslehre in solchen Händen waren und wohl noch sind. Die Gründe für das Elend der «Dritten Welt» sind dank solcher Scheuklappenverkündigung von weltlichen Kanzeln herab so wenig bekannt; kein Wunder, daß das Interesse an «Entwicklungshilfe» und an den Gründen ihrer Notwendigkeit längst wieder rückläufig ist, und in den gedanklichen Salons der Zeitgeist-«Philosophen» befaßt man sich mit einem so wichtigen Teil der Menschheitsgeschichte schon gar nicht mehr.

Da ist für diese Länder noch eine gewisse, letzte Hoffnung, daß es von vielen nichtweltlichen Kanzeln, also den wirklichen, ganz anders klingt. Die Kirchen sind nunmehr imponierend engagierte Propagandisten dafür, daß unsere reiche Welt endlich mit der armen teilen möge. Das Wort «Wiedergutmachung», das fällig ist und zutreffend wäre, hört man noch nicht oft. Wohl aber ist ein wichtiger Schritt getan: In vielem christlichen Schrifttum wird der Kolonialismus nun offen und unverblümt als die Quelle so vieler Not benannt. In Texten der Ausstellungshalle der Basler Mission in Basel, um nur ein Beispiel zu nennen, wird klar von den «Kolonialherren» gesprochen und das Erbe des Kolonialismus in Lateinamerika deutlich gemacht.

Doch die Verstrickung der christlichen Mission in den Kolonialismus, der aktive Anteil, den sie zu oft hatte, bleibt unerwähnt (ich spreche hier nicht mehr von der Basler Mission, sondern allgemein); wenn er zur Sprache kommt, dann nicht gerade sehr deutlich. «Jahrhundertelang hat die Kirche den Armen, insbesondere den unterdrückten Indianern, Sanftmut gepredigt und sie davor gewarnt, sich gegen die Mächtigen zu erheben. Ihr einziger Trost war die Hoffnung auf ein besseres Jenseits. Erst seit der Bischofskonferenz von Medellin 1968 stellte sich ein Teil der Bischöfe und Priester entschieden auf die Seite der Armen und Entrechteten.»[5] Das ist ein bißchen zu schwach, gemessen an dem, was zwischen christlichen Missionen und Indianern vorgefallen ist.

Es könnte wohl sein, daß das Ausmaß, in dem die Kirchen durch die Missionen an der Verelendung der «Dritten Welt» beteiligt waren, also noch sind, nicht einmal den Kirchenleuten von heute klar ist, ihren Gemeinden schon gar nicht. Mir scheint es hohe Zeit zu sein, hier Klarheit zu schaffen, als Voraussetzung dafür, daß die «Dritte Welt», der so viel angetan wurde, gerechter, besser behandelt wird, auch materiell, und das mit derselben Entschlossenheit, mit der die Kolonialisten ihren Ruin betrieben haben.

Ein Zufall hat gewollt, daß der Buchumschlag des zitierten Professors Konetzke mit einer zeitgenössischen Darstellung verziert ist, blau eingefärbt: Die Landung des Christoph Kolumbus auf der Watling-Insel im Jahr 1492. Dieses Bild ziert auch den Umschlag des Buches, in dem Sie jetzt gerade lesen. Zwei Unterschiede: Hier ist es rötlich gefärbt; manche werden darin eine Bedeutung sehen. Vor allem aber: Die Spanier, die links am Bildrand das Kreuz aufrichten, sind hier nicht abgeschnitten wie bei der blauen Version Konetzkes. Darin sehe nun wieder ich eine Bedeutung.

DIE VORGESCHICHTE UND
IHRE FOLGEN

Schule für Mörder: Kreuzzüge

Kaum ein Europäer glaubt, die Geschichte der christlichen Missionen in Übersee stehe in irgendeinem Zusammenhang mit den frühen großen und blutigen militärischen Expeditionen der Christenheit, den Kreuzzügen. Die Völker des Nahen Ostens und die Moslems sehen das anders. Über christlichen Bemühungen, mit Moslems Glaubensfragen zu erörtern, liege noch immer der finstere Schatten der Kreuzzüge, hieß es 1967 in T. A. Beethams «Christianity and the New Africa»[1]. Daran hat sich nichts geändert.

Die wahrhaft schauerliche Bilanz dieser blutigen Zusammenstöße zwischen dem Christentum und einer der großen anderen Religionen hat sich den Opfern, den heimgesuchten Völkern, stärker ins Gedächtnis eingebrannt als den Tätern aus der europäischen Christenheit. Initiatoren dieser Serie christlicher Missetaten, die wir heute nicht begreifen, waren Päpste.

Auch bei der blutigen Vertreibung der Araber von der iberischen Halbinsel (Ende des 11. Jahrhunderts bis 1492) wurde im Namen des Christentums grausam unterdrückt und Krieg geführt, allerdings nicht, wie man meinen könnte, weil die Heere des Islams es vorgemacht hätten. Doch darüber schweigen sich die Verfasser westlicher Geschichtsbücher gern aus. Der Sieg der Spanier über die Mauren öffnete auch die Schleusen der Inquisition. «Die Christenheit triumphierte – aber der Triumph war ein Hohn auf die Menschlichkeit», sagte 1883 der Italiener Edmondo de Amicis[2]; er sprach von der «gierigen Mordlust der katholischen Geistlichkeit, zumal der Spitzen der Inquisition». Und in bemerkenswerter vorausgenommener Übereinstimmung mit Beetham fuhr er fort: «Wir würden diese historische Reminiscenz nicht vorgebracht haben, wenn wir sie nicht brauchten, um die Stimmung unter den heutigen Mauren Marokkos richtig beurtheilen zu können. Die mohammedanischen Völker haben mehr, als die irgend anderer Rassen, die bitteren Tage aus ihrer Vergangenheit ins Gedächtniß eingegraben. Sie haben die ihnen angethanen Grausamkeiten und Gewaltthaten, mögen auch Jahrhunderte darüber vergangen sein, nie vergessen.» Solche Hinweise sollte eine westliche Welt, die mit Unruhe und Besorgnis auf den moslemischen Fundamentalismus schaut, durchaus bedenken.

Die Kreuzzüge hatten das erklärte Ziel, Teile des Nahen Ostens für das Christentum zu erobern. Das war etwas anderes, als die Völker der iberischen Halbinsel von arabischer Fremdherrschaft zu befreien. Der gewalttätige Versuch, christliche Herrschaft auszubreiten, hat sehr drastisch klargemacht, wie zerstörerisch militantes Christentum wirken kann. Einige damals und später höchst nobel erscheinende christliche Orden – Templer, Malteser, Johanniter – führten sich zur Kreuzzugszeit kaum anders auf als die Horden von plündernden Mördern, die das Gesamtbild der Kreuzzüge prägten und besonders den ersten in denkbar häßlicher Art eingeleitet hatten.

Es gibt Literatur genug über diese Expeditionen, und die Rahmendaten finden sich in jedem Lexikon. Aus den Berichten läßt sich jedenfalls deutlich herausfiltern, daß schon damals der christliche Glauben nicht auf die Art und Weise verteidigt oder verbreitet wurde, die Christen für christlich halten. Es geschah mit Schwertern und Lanzen, mit religiöser Unduldsamkeit und Aggressivität, deren Spuren noch in unser Jahrhundert hineinreichen.

Die Christenheit beruft sich seit jeher auf den neutestamentlichen Auftrag, andere Völker zu bekehren. Die Kreuzzüge wurden aber nicht mit diesem Kriegsziel ausgerufen. Es ging (dachten Gutgläubige) darum, und der Papst Urban II. rief feierlich dazu auf, die heiligen Stätten der Christenheit der Herrschaft der «Heiden» zu entreißen, eben den Moslems. Das hätte den Bekehrungsauftrag nicht außer Kraft zu setzen brauchen. Auf dem Weg dorthin begegneten die Kreuzzugsheere ja Völkern, die vielleicht für das Christentum hätten gewonnen werden können, nebst anderen, die längst Christen waren. Doch die wurden nicht respektiert, sondern nach Kräften ausgeplündert und umgebracht. Das kann nicht gut mit den rauhen Sitten der

Zeit erklärt werden – nicht einmal wenn das Christentum eine Soldatenreligion wäre. Doch braucht sich niemand lange um religiöse Begründungen zu bemühen.

Schon die ersten Taten der Kreuzfahrer waren Judenmorde aus Raubgier, in einem Ausmaß, daß wir jüngste Geschichte zu sehen meinen. Es begann mit der Ermordung von Juden in Speyer durch französische Haufen. Dann folgten Worms, Mainz, Köln, Neuß, Altenahr, Wevelinghofen, Xanten, Moers, Dortmund, Kerpen, Trier, Metz, Regensburg, Prag... Soweit sie nicht Selbstmord begingen, um den Christen für immer zu entkommen, wurden sie «enthauptet, erstochen, verbrannt, erschlagen, ertränkt, erstickt und lebendig begraben». Auf diese Weise forderte schon der *erste Kreuzzug* im Jahre 1096 etwa 12 000 Opfer. Schwangeren Frauen mit dem Schwert den Leib aufzuschlitzen war eine frühe Spezialität dieser vielfach gesegneten Mörder, ebenso wie das Umbringen kleiner Kinder auf möglichst gräßliche Weise. Den Morden folgten gewaltige Plünderungen, mit denen sich nicht wenige Kreuzfahrer erst die Mittel verschafften, überhaupt an dem Zuge teilnehmen zu können. Die Kreuzzughaufen und -heere waren ja nicht Armeen im heutigen Sinn mit zentral geleiteter Versorgung. (Fast) jeder sorgte für sich selbst.

Hans Wollschläger, dem ich die meisten dieser Angaben entnehme[3], nennt einige Namen der «christlichen Bandenführer», die in den Geschichtsbüchern nicht als christliche Helden weiterexistieren dürften, sondern als die Banditen charakterisiert werden müßten, die sie waren: Walter Senzavehor (Habenichts), Folker von Orléans, Gottschalk der Priester; Emicho von Leiningen, Wilhelm von Mélun. Wir begegnen noch anderen.

Das Für-sich-Sorgen wurde in einem ungeheuerlichen Maß zur Hauptbeschäftigung der Kreuzzügler. Ihr Weg ins «Heilige Land» führte von Plünderung zu Plünderung. Die Chronisten der Kreuzzüge[4] sind da beredt genug. Dem ersten «regulären» Hauptheer unter Gottfried von Bouillon waren Monate vorher mehr als hunderttausend meist bäuerliche «Wallfahrer» vorausgezogen, in kleinere Züge aufgeteilt, teilweise von Priestern angeführt. Viele hatten, ganz wie die feineren Ritter, ihre Familien und sonstigen Anhang mitgenommen. Die Chronisten beschreiben sie immer wieder als Gesindel oder

Pöbel, und so hausten sie auch in den Gegenden, durch die sie zogen. Sie stahlen Vieh und was sie sonst begehrten oder zum Leben brauchten, sie lebten in Ungarn, Bulgarien und Griechenland von Raub und Mord.

Naturgemäß trug ihnen das den Haß der Völker ein, die ihnen vorher gestattet hatten, ihre Länder zu durchqueren. Viele Kreuzzügler gelangten deshalb überhaupt nicht ans Ziel: Die drangsalierten Völker wehrten sich. Besonders in Schlachten gegen Ungarn und Türken kamen die meisten von ihnen um. Sie selbst hatten bei ihrem Morden Frauen und Kinder dieser Völker nicht geschont – das gleiche Los traf nun die Ihrigen, soweit diese nicht auf Sklavenmärkten des Nahen Ostens verschwanden.

Die «Ritterheere» hausten nicht wesentlich anders, eher schlimmer. Dank ihrer besseren Bewaffnung waren sie schwerer abzuwehren. Einem Zug von Lombarden unter der Führung des Erzbischofs von Mailand, Anselm von Buis, wird kaum weniger Plünderei und Vandalismus nachgesagt. Selbst Kirchen wurden nicht verschont. Diese christlichen Heerscharen hausten, lange bevor sie auf den erklärten Feind, die Moslems, treffen konnten, unter der Christenheit Südeuropas so, wie nach europäischer Vorstellung nur «asiatische Horden» plünderten und mordeten.

Die frommen Kreuzritter wollten sich nicht nur durch Bekämpfung der als «Heiden» betrachteten Moslems hervortun (ihnen die «heiligen Stätten der Christenheit entreißen»), sondern sich auch möglichst viel von ihrem Besitz aneignen. Untereinander waren sie da sogar sehr «ritterlich»: Wer an einer Burg oder einem Dorf sein Zeichen (Wappen) und eine Wache zurückließ, konnte sich darauf verlassen, daß seine Standesgenossen dies nun als sein Eigentum respektierten.

Im Frühjahr 1098 eroberten die Christen Antiochia. Sie «metzelten alle Türken und Sarazenen nieder, die sie fanden»[5]. Nach einer Quelle kamen 10000, nach einer anderen gar 60000 Menschen dabei um. Die Sieger verschonten niemanden. «Es gab keinen Weg durch die Stadt, der nicht über Leichen führte, auf den Plätzen häuften sich die Toten dermaßen, daß ob des furchtbaren Gestanks es niemand ertragen konnte, dort zu verweilen.»

Bald danach besiegte das Christenheer den türkischen Regenten von Mossul, Kerbogha, der die Stadt seinerseits lange belagert hatte. Etwa 100 000 Türken sollen dabei umgekommen sein; im Lager ihres Befehlshabers fanden die Christen viel Beute, auch «Weiber, zarte Kinder, Säuglinge; die einen hieben sie nieder, die anderen zertraten sie mit den Hufen ihrer Pferde und füllten die Felder mit jämmerlich zerfetzten Leichen»[6]. Milger zitiert Fulcher von Chartres[7]: «Was die Frauen in den Zelten des Feindes betrifft, so taten die Franken ihnen nichts Schlimmes an, sondern stießen Lanzen in ihre Bäuche.»

Im November nahmen die Kreuzfahrer die Stadt Maarrat-an-Numan in Syrien. Der Normannenführer Bohemund sicherte den Bewohnern zu, er werde ihr Leben schonen, und forderte sie auf, mit ihren Familien und ihrer Habe in einem Palast Zuflucht zu suchen. Aber seine Truppen plünderten und mordeten dennoch, wie gewohnt, und über Bohemund sagt die Chronik[8], er «nahm denen, die er in den Palast befohlen hatte, ihre Habe ab, Gold, Silber und andere Wertsachen. Einige ließ er töten, andere als Sklaven nach Antiochia bringen, um sie zu verkaufen.» In Maarrat kamen etwa 20 000 Menschen um, viele nicht etwa im Kampf erschlagen, sondern von den Kreuzfahrern zu Tode gefoltert. Die Folterei wird von den Chronisten immer wieder erwähnt.

Am Ziel des Kreuzzuges, in Jerusalem, brachten die Christen 60 000 bis 70 000 Menschen um, aber wie: Die Angreifer wateten bis zu ihren Knöcheln im Blut der Sarazenen, nach einem anderen Bericht stand das Blut sogar bis zu den Knien der Pferde! Sie mordeten im Tempel und in der Al-Aqsa-Moschee. Daß sie Frauen nicht verschonten, war schon selbstverständlich. «Kinder, Säuglinge noch, rissen sie den Müttern vom Busen oder aus den Wiegen, um sie sodann gegen Mauern oder Türschwellen zu schmettern und ihnen das Genick zu brechen; wieder andere erschlugen sie mit Steinen.»[9]

Nach den Judenschlächtereien zu Beginn des Kreuzzuges verwundert uns kaum, daß die Kreuzfahrer in Jerusalem auch die dortigen Juden, die in ihre Synagoge geflüchtet waren, nicht verschonten. Sie wurden eingeschlossen und mit der Synagoge lebendig verbrannt.

Wie ein Resümee des Grauens wirkt der Bericht des Wilhelm von Tyrus[10]: «Schauerlich war es anzusehen, wie überall Erschlagene umherlagen und Teile von menschlichen Gliedern und wie der Boden mit vergossenem Blut ganz bedeckt war. Und nicht nur die verstümmelten Leichname und die abgeschnittenen Köpfe waren ein furchtbarer Anblick. Den größten Schauer mußte es erregen, daß die Sieger selbst vom Kopf bis zu den Füßen mit Blut bedeckt waren.»

Am Morgen des zweiten Tages entdeckten die Ritter, daß sich viele Menschen auf das Dach des Tempels Salomons geflüchtet hatten. Also stiegen sie hinauf. «Den einen wurden, was leichter war, die Köpfe abgeschlagen, andere wurden mit Pfeilschüssen gezwungen, von den Türmen zu springen», berichtete Raimund von Aguilers[11]. «Wieder andere wurden mit Feuer gequält und verbrannt. Man sah Haufen von Köpfen, Händen und Füßen in den Häusern und Gassen. Überall liefen Menschen und Pferde auf den Leichen hin und her.»

Die meisten derjenigen Bewohner Jerusalems, die das Wüten der ersten beiden Tage überlebt hatten, wurden am dritten Tage umgebracht, nicht nur Sarazenen, Türken und Juden, sondern auch Christen. Die Moslems hatten kurz vor Beginn des Kreuzfahrerangriffs nur die waffenfähigen Männer unter den in Jerusalem lebenden Christen aus der Stadt gewiesen. Deren Familien wurden ebenso ein Opfer der «Kreuzritter» wie die der Moslems. Die Christen mordeten durchaus kaltblütig und systematisch. Sie wollten für den Fall, daß sie später selbst in Jerusalem belagert würden, keine potentiellen Feinde innerhalb der Stadtmauern haben. Das alles geschah in der historischen Stadt, in der vorher die drei Konfessionen, Moslems, Juden und Christen, friedlich miteinander gelebt hatten.

Wie schon erwähnt, stand hinter der allgemeinen Mordlust die Beutegier nicht zurück. Da ausgemacht war, daß jeder (wir vermuten: jeder der «edlen» Ritter) jeglichen Besitz, dessen er sich als erster bemächtigen konnte, als sein endgültiges Eigentum behalten dürfe, zogen die Christen in Scharen durch die Häuser, um sich als Beute zu sichern, was andere noch nicht in Beschlag genommen hatten. Der Ritter Tankred, Lehensmann des Herzogs Gottfried, plünderte im «Tempel des Herrn» die Gold- und Silberschätze[12] und teilte die Beute dann getreulich mit Gottfried – sechs Kamel- oder Maultierladungen, berichtete Albert von Aachen. Zum Kapitel Plünderung gehört auch, daß toten Sarazenen der Bauch aufgeschnitten wurde, um aus ihren Eingeweiden die Goldstücke herauszuholen, die sie verschluckt hatten, um sie zu bewahren.

Mit der Einnahme, der «Wiederinbesitznahme» Jerusalems war der erste Kreuzzug beendet. Der Aufruf Papst Urbans II. vom 27. November 1095 hatte mehr als eine Million Menschen auf entsetzliche Weise zu Tode gebracht – Moslems, Juden und Christen, Männer, Frauen und Kinder. «Am 14.7.1881 wurde Urban II. von der Alleinseligmachenden Kirche offiziell in den Kanon der Seligen aufgenommen.»[13]

Bekanntlich fanden mehrere Kreuzzüge statt – das Benehmen der Kreuzzügler glich sich vom ersten bis zum letzten. Stets plünderten sie, sobald und was sie konnten. Ein überlieferter Brief des Grafen Stephan von Chartres[14] an seine Frau enthält die Passage: «Du kannst es für sicher nehmen, daß ich Gold, Silber und andere Reichtümer zur Zeit doppelt soviel besitze, als Deine Liebe mir zuteilte, da ich von Dir schied.»

Gut ein Jahrhundert später hätte der päpstliche Kreuzprediger des Klosters Pairis, Abt Martin, ähnlich schreiben können. Er hatte bei der allgemeinen Plünderung Konstantinopels durch ein fränkisch-venezianisches Kreuzfahrerheer ebenfalls nicht leer ausgehen wollen und in der Kirche des Pantokrator einen greisen Priester mit dem Tode bedroht, falls er nicht seine Reliquienschätze herausrücke.[15]

Der Abt war nur winziges Rädchen einer barbarischen Zerstörungsmaschinerie: Drei Tage lang im April 1204 plünderte die Kreuzfahrersoldateska, und dann war das reiche und schöne Konstantinopel mit seinen antiken und christlichen Kulturschätzen ein Trümmerhaufen. Fast ein Drittel der Stadt verbrannte; ein deutscher Graf hatte gleich beim Sturm Feuer legen lassen, um die Belagerten abzulenken. Die Kirchen, die Kaisergräber, die Hagia Sophia, Paläste, Kunstsammlungen – nichts war vor der Soldateska sicher, von der man immer wieder betonen muß, daß sie unter christlicher Flagge einherkam. Daß ihr Wüten nach drei Tagen nachließ, war im wesentlichen dem Schrecken über eine Mondfinsternis zuzuschreiben.

Das Plünderungsregister unter dem Zeichen des Kreuzes auch nur annähernd erschöpfend zu beschreiben, ist hier kein Platz. Und die Einnahme Konstantinopels war keineswegs der Schlußpunkt dieser blutigen Chronik. «Ein riesiges Blutbad ward unter den Griechen angerichtet», vermeldete ein Chronist[16]. Das war da schon Kreuzfahrertradition, wenn es auch ungewöhnlich anmutet, daß sie sich gegen das Zentrum der christlichen Ostkirche richtete.

Während der Kreuzzüge erlitten auch die christlichen Heere gewaltige Verluste, was aber mit dem Thema dieses Buches nichts zu tun hat. Allenfalls ist bemerkenswert, daß die Moslems, obwohl sie ja die Angegriffenen waren, sehr oft die Regeln der «Ritterlichkeit» gegenüber Wehrlosen, besonders Frauen und Kindern im Kreuzfahrertroß, besser befolgten, als es die Europäer taten. Denen ging deutlich und nachweisbar jede menschliche Regung gegenüber Andersgläubigen und Andersrassigen ab. Freilich waren sie ja auch im wahren Sinne des Wortes unzivilisiert, verglichen mit den Arabern. Die Al-Az'har-Universität und -Moschee in Kairo (gegründet 970) bestand schon zweihundert Jahre vor den ersten europäischen Universitäten (Bologna, Paris und Oxford).

Der erste Kreuzzug war richtungweisend, nicht nur was die geographischen Ziele, sondern auch was das Benehmen der christlichen Scharen anging. Die nach seinem Erfolg gegründeten «christlichen» Staaten im «Morgenland» errichteten eine Herrschaft, über die sich wenig Lobendes sagen läßt. Die späteren Kreuzzüge unterschieden sich vom ersten dadurch, daß die christliche Motivierung (die, wie gesehen, nicht zu verwechseln ist mit christlicher Haltung) zunehmend durch politische und wirtschaftliche Interessen überlagert wurde. Allerdings brachten sie auch einen «Höhepunkt kolonialer Machtentfaltung im Osten»[17], von der die Kirche eben nicht zu trennen ist.

1990 sendete die BBC eine große Fernsehserie über Missionare. Auch deren Verfasser, Julian Pettifer und Richard Bradley, wußten aus ihren Recherchen zu berichten, daß die Christen für viele Moslems noch immer die «blutigen Aggressoren» der Kreuzfahrerzeit seien[18] und es nie fertigbringen würden, sich von diesen Blutflecken reinzuwaschen.

Schule für Schinder: Sklaverei

Aus dem Wilberforce House habe ich mir ein Modellschiff mitgebracht. Mit einer Schere, Leim und etwas Geschick könnte ich aus dem steifen Vorlagebogen eine kleine «Brooks» zusammenbasteln. Auch ein Kolorierbild gehört zu den Souvenirs. Man braucht bekanntlich nicht zeichnen zu können; man soll nur ein paar Farben auftragen. Anstatt zu malen, denke ich lieber darüber nach, wer auf den Gedanken gekommen sein könnte, so etwas zu fabrizieren.

Das Bild, ein grober Stich, schön großes DIN-A3 zeigt, wie ein fast nackter Neger verprügelt wird. Er ist an einen Pfahl gebunden, die Handgelenke weit oben. Ein winziges Lendentuch verhüllt ihn nur vorn. Um ihn herum stehen gaffende Weiße und hocken ein paar Schwarze. Auch der Mann, der die fünfschwänzige Peitsche schwingt, ist schwarz. Auf dem Rücken und auf der Seite des Geschlagenen sieht man trotz des groben Papierrasters Striemen. Er verdreht den Kopf, die Augen sind weit aufgerissen. «Slave Punishment in the Colonies» steht darüber, «Sklavenzüchtigung», mit Schnörkeln um die Schrift herum, und unten wirklich: «A Picture to Colour».

Mein Modellschiff, die «Brooks», ist ein Sklavenschiff. Eine Menge dunkler Sklaven sind eingemalt. Sie liegen eng nebeneinander auf dem Rücken, Männer und Frauen; zu den schnörkeligen Aufschriften gehören auch «Girls Room» und «Boys Room». Aber so genau erkennt man die Figuren gar nicht. Das gleiche Bild hängt im Wilberforce House großformatig an einer Wand; es zeigt sehr eindrucksvoll, wie das damals war. Damals...

Die Phantasie der Menschen ist zwar wild genug, wie Träumer und Traumdeuter, Hasser und Gehaßte, Peiniger und Opfer wissen. Doch reicht sie erfahrungsgemäß nicht, auch das Grauen deutlich zu machen, das *anderen* widerfahren ist. Einem der finstersten Kapitel der menschlichen Geschichte, dem Sklavenhandel, ist eine gewaltige Literatur gewidmet. Herzzerreißende Schilderungen gab es schon damals; im Gedächtnis der Europäer haben sie kaum Spuren hinterlassen, anders als bei den Nachkommen der Opfer. Allenfalls Harriet Beecher-Stowes «Onkel Toms Hütte» hat eine Zeitlang gewirkt.

Im Wilberforce House in Hull an der ostenglischen Küste kann man sich in einigen Museumsräumen anhand originalgetreuer Nachbildungen und Darstellungen ein Bild davon machen, wie das war und wie die Sklaven nach Amerika transportiert wurden. Den Modellstich der «Brooks» hatte William Wilberforce 1789 ins britische Unterhaus mitgenommen, als er für die Abschaffung des Sklavenhandels kämpfte. In seinem Haus, das schon vor vielen Jahren in ein Museum verwandelt wurde, sieht man auch einen jener Verschläge, in die die Sklaven geschoben wurden, nicht höher als ein Küchentisch – ein Regierungsbeauftragter maß 78,7 cm –, so daß die Menschen nicht einmal sitzen konnten, die kleinsten ausgenommen. Die Männer waren zu zweit an Hand und Fuß aneinandergekettet; die Besatzungen fürchteten ihre Revolte. Ein paar Stunden täglich, aber nur wenn das Wetter gut war, zerrte man sie an Deck, um ihnen etwas frische Luft zu verschaffen. Wenn sie in ihren Verschlägen krank wurden und starben, war schließlich kein Profit zu machen.

So eine «Reise» dauerte viele Tage. Das Wetter zwischen Westafrika und der amerikanischen Küste brachte kochende Hitze und/oder schwere Stürme. Die Sklaven lagen auf den blanken Bohlen und scheuerten sich wund. Allerdings hatten sie in überladenen Schiffen (fast die Regel) anstatt der auf Plänen eingezeichneten 40 Zentimeter nur einen etwa 25 Zentimeter breiten Liegeplatz (Länge 1,82 m); sie mußten also auf der Seite liegen oder übereinander. «In solcher Lage wurden nicht wenige von ihnen morgens tot gefunden.» [1] Auch ihre psychische Belastung muß furchtbar gewesen sein.

Die Engländer, in deren kleiner Schar ich durch das Museum wanderte, waren still oder flüsterten nur mit ihren Kindern. Verdienstvoll, daß sie so etwas zu sehen bekommen, so plastisch und wirklichkeitsnah. Das Prügelbild freilich, das noch zu färbende (wohl rot), wirkte mehr wie aus einem Repertoire von Sadisten für ihren Nachwuchs ...

Zum Thema «Sklaverei» fällt Europäern gern ein, daß die schon in der Antike gang und gäbe war, wahrscheinlich noch früher, daß sich in der Neuzeit die Araber als Sklavenhändler und -jäger betätigten und daß es in Afrika, Asien und Westindien noch heute offene oder verkappte Sklaverei gibt.[2] Nur die Kenntnis des europäischen Sklavenhandels ist merkwürdig nebelhaft geblieben, merkwürdig, weil Europa und die aus Europa stammenden Nordamerikaner ihm zu einem großen, vielleicht entscheidenden Teil ihren Aufstieg zur nicht mehr einholbaren Wirtschaftsvormacht verdanken.

Dieser Sklavenhandel und großenteils die Sklaverei selbst wurden schließlich abgeschafft, auf Betreiben zunächst nur weniger Personen, die dem europäischen Humanismus zur Ehre gereichen – auch wenn ihre Kampagne erst Erfolg hatte, als die einsetzende Industrialisierung Sklaven überflüssig machte, außer für die Baumwollpflanzer Amerikas. In der Antisklavereifront gaben bekannte Christen den Ton an, besonders aus den Reihen der Quäker, dann Würdenträger wie Kardinal Lavigerie, die frommen Briten John Wesley und William Wilberforce und viele weniger Berühmte – das Christentum verhielt sich doch, wie man es sich vorstellt?

Auch Deutsche fehlten nicht unter den Verdienstvollen. Die prominentesten christlichen Politiker unter ihnen, wie zum Beispiel Friedrich Fabri, scheinen sich der Antisklavereibewegung freilich nur aus propagandistischen Gründen angeschlossen zu haben – sie wollten unter diesem Dach für Deutschland Kolonien erwerben. Deutschland war allerdings bei weitem nicht so stark am Sklavenhandel beteiligt gewesen. Immerhin hatten die Herzöge von Kurland und die Kurfürsten von Brandenburg Kolonialambitionen gehabt und «Faktoreien» gründen lassen, die auch Sklavenhandel betrieben – in der Karibik und an der westafrikanischen Küste. Friedrich Wilhelm I. verkaufte schließlich, was noch geblieben war, 1717 an die Niederlande. Bald darauf traten deutsche Dichter gegen die Sklaverei auf wie Matthias Claudius, August v. Kotzebue und, stärker, Johann Gottfried Herder.[3]

Es ist rund 550 Jahre her, daß der König Portugals autorisiert wurde, zwischen Afrika und Portugal Sklavenhandel treiben zu lassen – von Papst Nikolaus V. Dieser begründete seine Zustimmung 1454 damit, die Afrikaner könnten auf diese Weise zum Evangelium bekehrt werden. Papst Nikolaus war jedoch keine Ausnahmeerscheinung, eher das Symbol für die erhebliche Verwicklung von Christen in den schändlichen Handel. Der in anderem Zusammenhang rühmlich hervorgetretene Dominikaner Bartolomeo de Las Casas, Verteidiger der Indianer gegen die Greuel der Iberer (über den Sie mehr im Abschnitt «Beschützer» lesen können), meinte zum Beispiel, die körperlich zu schwachen und überdies durch königliche Erlasse[4] wenigstens theoretisch vor Ausbeutung, Drangsalierung und Ausrottung geschützten Indianer müßten durch afrikanische Sklaven ersetzt werden. Ganz so dachten auch die meisten Regierungsbeamten, Pflanzer, Siedler und eben auch Kirchenleute auf den karibischen Inseln und in Südamerika.

Las Casas bereute seine Stellungnahme später und gab dies auch öffentlich bekannt. Seine Kirchenbrüder jedoch, ebenso wie die Nutznießer der Sklaverei, konnten sich gar nicht vorstellen, daß spanische oder portugiesische Siedlungen ohne Sklaven, die alle Arbeit verrichteten, lebensfähig wären. Sie hatten ja auch recht damit. In den Diskussionen über die Leistungen der Europäer in der heute «Dritte» oder «Vierte» genannten Welt wird dieser Gedankengang vollständig ausgeklammert: Was geschafft, «geschaffen» wurde, verdanken wir keineswegs den Weißen, die – Christ oder nicht – zu faul, zu stolz, zu schwach, zu geschwächt durch das jeweilige Klima waren, um körperlich arbeiten zu wollen oder zu können. Vielmehr erbrachten es ihre Sklaven. In Afrika sprach man nach einigen Jahrhunderten nicht mehr von Sklaverei, sondern «nur» noch von Zwangsarbeit – bis in die Mitte unseres Jahrhunderts hinein. Daß die Europäer sie lieber tarnend und beschönigend umschrieben, ändert nichts daran.

Nichts tarnte freilich die tatsächlichen Zustände so wie die amtlichen, in diesem Fall königlichen Vorschriften zur Behandlung der Indianer in den Kolonien der Karibik und des heutigen Lateinamerika. Da standen auf dem Papier ganz vorzügliche Schutzbestimmungen. Den Indianern hätte, wenn sie befolgt worden wären, kein Haar gekrümmt werden dürfen, nicht einmal zur Arbeit auf den Pflanzungen wären sie verpflichtet gewesen. Die Besatzer an Ort und Stelle pfiffen darauf. Die grauenhafte Behandlung, die sie den Indianern zuteil werden ließen, führte sehr schnell zur Ausrottung ganzer Stämme und Völker und dann eben zu dem Wunsch, sie durch Afrikaner und Afrikanerinnen zu ersetzen.

Insofern nützte es auch nichts, daß es eine winzige Minderheit von Kirchenmännern wie Las Casas gab, die sich immer wieder gegen die Greueltaten der Spanier und Portugiesen wandten, und solche, die vorzügliche Schutzregelungen für die Unterworfenen vorschlugen und ausarbeiteten. Auch einige Päpste werden in diesem Zusammenhang gern aufgezählt – Eugen IV., der 1436 den Sklavenhaltern auf den kanarischen Inseln die Exkommunizierung androhte, falls sie nicht davon ließen, oder Sixtus IV., der sich 1476 gegen die Sklavenhändler in Afrika wandte, Paul III., der 1537 dagegen eintrat, die Indianer ihrer Freiheit zu berauben, und Pius V., der 1569 eine weniger grausame Kriegführung gegen die Indianer verlangte. Die Wirkung war gleich Null.

Die Mehrheit der Kirchenleute in der Neuen Welt war ebenso in die Versklavung und Ausrottung der westindischen und amerikanischen Urbevölkerung verstrickt wie die hartherzigen Soldaten, Beamten und Siedler – durch Schweigen, Ermunterung, Mitmachen. Die Kirche(n) stützte(n) die Sklaverei mit theologischen Argumenten, wenn ihre Würdenträger nicht gleich selbst mit Sklaven handelten wie der Bischof Rodriguez de Fonseca, königlicher Beauftragter für die überseeischen Gebiete[5], der Vikar von Santos, Gonçalo Moneiro, der vom König das Recht bekommen hatte, jedes Jahr zwei Indianersklaven zu erwerben[6], oder der Bischof Pedro Leitao, der von 1559 bis 1572 amtierte und aktiver Sklavenhändler war.[7]

Aus dem französischen Herrschaftsbereich in der Neuen Welt hat Victor Schoelcher noch Anfang des 19. Jahrhunderts berichtet, daß dort alle Priester die Sklaverei hinnähmen und eher verteidigten.[8] Auf Haiti betrieben die Jesuiten im 17. Jahrhundert fünf Zuckerraffinerien mit Sklavenarbeit[9], und viele Jesuiten betätigten sich als Geschäftsleute. Die meisten Missionare besaßen Sklaven, die auf ihren Anwesen arbeiten mußten.[10] Anfang des 19. Jahrhunderts erschienen in Westindien Baptisten, Methodisten und Herrnhuter, um unter den Sklaven zu missionieren – die Anglikaner halfen den Sklavenhaltern, sie daran zu hindern.[11] 1831 wurden die Baptisten beschuldigt, die Sklaven zur Rebellion angestachelt zu haben.[12]

In Brasilien hielten die religiösen Orden ebenfalls lange Zeit

Sklaven, mindestens bis 1864. Die Besatzer waren davon überzeugt, anders ihre «Kolonisierung» nicht aufrechterhalten zu können. Ihre Nachkommen glauben das heute noch. Der brasilianische Anthropologe und Soziologe Gilberto Freyre[13] sagte mit unverkennbarem Enthusiasmus: «Geben wir doch ehrlich zu, daß nur latifundäre Bewirtschaftung und Sklaverei imstande waren, die enormen Hindernisse, welche der europäischen Zivilisierung Brasiliens im Wege standen, zu überwinden. Die Kolonisation war nur möglich mit Herrenhaus und Sklavenhütten, mit reichen Plantagenbesitzern und schwersten landwirtschaftlichen Frondienst überstehenden Negersklaven.» Freyre lieferte ein vortreffliches Beispiel dafür, wie in einem falschen logischen Gebäude eine ebenso falsche Unterlogik entsteht: Die Kolonisation mußte sein – «... bis auf den heutigen Tag hat uns niemand erzählt, welche anderen Methoden zur notwendigen Beschaffung von Arbeitskräften der portugiesische Kolonisator Brasiliens denn hätte anwenden sollen.»[14] So von Gott verfügt war wohl nicht, daß die Portugiesen, damals überwiegend arm, denkbar ungebildet und unzivilisiert, in Europa so ziemlich auf der niedrigsten Kulturstufe, «Kolonisatoren» sein «mußten».

Im «Lexikon der Weltmission» berichtet Stephen Neill unter dem Stichwort «Mißerfolg in der Mission» über «Methoden, die die Arbeit von Anfang an zum Scheitern verurteilten»: «Das bekannteste Beispiel ist wohl die Beteiligung vieler Missionare in Westafrika, zeitweise auch im karibischen Raum, am Sklavenhandel und der Sklavenhaltung.» Lateinamerika hatte er da übersehen.

Die Jesuiten dort begleiteten eine Zeitlang die Sklavenfangzüge ins Landesinnere, um den Indianern klarzumachen, daß sie sich den Sklavenfängern anvertrauen könnten.[15] Sie, aber auch andere wie die Franziskaner, hüteten sich, das Recht der spanischen und portugiesischen Siedler auf indianische Sklaven und später auf afrikanische zu bestreiten. Schließlich kapitulierten alle geistlichen Kräfte der iberischen Kolonien vor den Wünschen der Kolonisten. Die Jesuiten und die anderen Orden billigten die «Bandeirantes», jene Urwaldexpeditionen der portugiesischen Siedler zum Indianerfang, bis diese auch in den Indianersiedlungen der Missionen zu wildern begannen; die Fänger hatten gesehen, wie bequem es wäre, sich des Arbeitskräftereservoirs der Missionen zu bedienen. Darüber mehr im Abschnitt «Beschützer».

Die Jesuiten hatten auch ausdrücklich der Versklavung eines ganzen Indianerstamms zugestimmt, dem der Caetés. Die hatten 1556 nicht weit von Bahia Schiffbrüchige, unter denen sich auch der erste Bischof Brasiliens befand, umgebracht, angeblich sogar verzehrt. Ein paar Jahre später unterzeichnete der Gouverneur einen Erlaß, der die portugiesischen Siedler ermächtigte, die Caetés in einem «gerechten Krieg» zu fangen und als Arbeitskräfte unter sich zu verteilen.[16]

Wie es bei Sklavenjagden gegen die Indianer zuging, schilderte der Gouverneur Francisco Xavier des Mendonca Furtado, der freilich ein Feind der Jesuiten war, im Jahre 1752.[17] Angeführt würden diese Expeditionen von Verbrechern, aber stets sei ein Missionar dabei, fast immer ein Jesuit, dem die Entscheidung über Freilassung oder Versklavung der Indianer oblag. Dazu gehörten weiter ein paar Soldaten und eine Truppe von «nichtswürdigen, lasterhaften Männern». Diese Bande suchte Indianersiedlungen auf und bestach die Häuptlinge mit Alkohol oder Tand, damit sie Indianer anderer Stämme heranschafften. Wenn sie nicht genug anbrachten, wurden sie selbst gepackt, gefesselt und mit ihren Angehörigen weggeschleppt. Bevor sie dem Missionar vorgeführt wurden, der sie zu verhören hatte, wurden sie entweder verprügelt, oder einer von ihnen wurde gar umgebracht – das drohe allen, wenn sie dem Missionar nicht wie gewünscht antworteten. Gewöhnlich wurden dann alle Gefangenen als Sklaven eingestuft – «...der Missionar gewann dadurch viele Gefangene für seinen Orden oder sich selbst.»

Als 1718 die Kathedrale von São Louis wieder aufgebaut werden sollte, genehmigte der König eine besondere Sklavenexpedition.[18] Ihre Kosten sollten durch Verkauf und Versteigerung gefangener Indianer gedeckt werden; mit dem Erlös könne die Arbeit an der Kirche finanziert werden.

Kirchliche Sklavenhaltung gab es in großem Umfang. Prien[19] erwähnt das Karmeliterinnenkloster Santa Teresa von Córdoba/Rio de la Plata mit 300 Sklaven; zwei andere Orden hatten 1773 allein 1000 Sklaven von ihren Haziendas verkauft. Das Jesuitenkolleg von Buenos Aires hatte 1729 etwa 300, in Peru gehörten den Jesuiten im

18. Jahrhundert 5224 und in Neu-Granada einschließlich Mérida nebst der Audiencia Quito 1772 Sklaven. Schon 1562 hatte der Ordensgeneral genehmigt, daß Sklaven zur Unterhaltung von Kinderhorten erworben werden konnten.[20] Schließlich darf man nicht übersehen, daß die indianische Bevölkerung in den Missionsdörfern, «Aldeias» oder «Reduktionen» (s. Abschnitt «Platz-‹Ordnung›»), oft ebenfalls wie Sklaven lebte. Erst im 19. Jahrhundert hat Papst Gregor XIV. verboten, die Sklaverei zu verteidigen. Wenn es bis dahin so lange dauerte, muß man sich fragen, wann die heutige, wesentlich kräftigere Fürsprache der Kirchen für die vormals unterdrückte farbige Welt endlich hinreichend auf die Christen wirken wird, um sie zur Wiedergutmachung zu bringen.

Die Sklaverei paßte von Anfang an durchaus in die Tradition des Christentums, fast ohne Unterbrechung und Ausnahme. Wie hätten sich die Kirchen gegen etwas stellen wollen, was für Europa so einträglich war? «Der beste Handelszweig des Königreiches», lobte 1695 ein Geschäftsmann in Bristol die Sklaverei, «der von Zeit zu Zeit unserem Volk so gewaltige Arbeit verschafft»[21]. Daniel Defoe, der Autor von «Robinson Crusoe», war ein Flugschriftenverfasser für die mit Sklaven handelnde African Company, allerdings nicht unter seinem Namen.

Die Sklavenwirtschaft wurde zum Motor des Dreieckhandels: Alkohol, Tand und Waffen nach Afrika für die Sklavenbeschaffer, Sklaven von Afrika nach Westen, Zucker, Kaffee, Tabak, Rum, Baumwolle von Westindien und Amerika nach Europa. Ihm verdankte Europa eine ungeheure Zunahme seines Wohlstands. Ohne die Gewinne wären der Start zur industriellen Revolution und der Ausbau der westlichen Überlegenheit über die anderen Kontinente nicht so schwungvoll, vielleicht überhaupt nicht möglich gewesen.

Ein «Wirtschaftszweig», der zwar westeuropäische Hafenstädte zum Blühen brachte und von so gewaltiger materieller Bedeutung für ihre Länder war[22], das ohnehin dünn besiedelte Afrika aber eines erheblichen Teils seiner aktiven Bevölkerung beraubte (die Schätzungen schwanken zwischen 50 und weit über 100 Millionen Menschen[23]), hätte wohl aus moralischen Gründen so bekämpft werden müssen wie heute der Drogenhandel. Aber die Gegner wurden erst im

18. Jahrhundert wirklich hörbar und erst zur zweiten Hälfte hin wirklich mächtig.

Als es mit dem Kampf ernst wurde, hauptsächlich gegen die Sklavenhändler und -exporteure in Afrika, verschaffte das dem Missionsgedanken neuen Auftrieb. Doch bevor wir darauf kommen, müssen wir uns doch noch etwas näher ansehen, wie die Sklaverei eigentlich war.

Für die Sklaven war die erste Phase ihres Unglücks wohl meist die schlimmste. Wenn sie die Torturen des Zusammengetriebenwerdens, der Gefangennahme und des Marsches zu den Häfen der Westküste überstanden hatten, warteten auf sie die schon geschilderten schauerlichen Transportbedingungen, die vielen den Tod brachten. Kranke wurden nicht selten über Bord geworfen, Anflüge von Auflehnung grausam unterdrückt.

Wer ankam, wurde versteigert wie Vieh, nach entsprechender Vorbesichtigung durch die Abnehmer, die mit ihren Sklaven machten, was sie wollten. Ein hartes Gesetzsystem behandelte sie, als wären sie keine Menschen. Es sah für die belanglosesten Vergehen schwere Körperstrafen vor – Auspeitschung, Folterung, Brändung, Abschneiden von Gliedern –, für vieles die Todesstrafe, die stets möglichst grausam vollzogen wurde. Aus der französischen Vergütungsliste für den Henker läßt sich leicht ersehen, was so als normale Strafe galt: aufhängen 30 Livres, Tod durchs Rad 60, lebend verbrennen 60, erhängen und verbrennen 35, Handgelenke durchschneiden 2, gewöhnliche und außergewöhnliche Folter 15, Kniekehle durchschneiden, brandmarken 15, auspeitschen 5, Halseisen anlegen 3, Zunge abschneiden 6, Zunge durchstechen 5, Ohren abschneiden 5...

Aber die Herren (und Herrinnen) folterten, schlugen, mordeten auch ohne das Gesetz. Nichts davon geschah unter Ausschluß der Öffentlichkeit. Nichts konnte besonders vor der Kirche geheim bleiben. Aber sie billigte das System ja.

Die katholische Kirche hat sexuellen Libertinismus meist für schlimmer gehalten als etwa das Morden in Kriegen oder eben die Sklaverei – eine Moral, die ihre Oberen keineswegs immer selbst beherzigten. Man hat nicht erfahren, daß sie ihr Gewicht gegen die schamlose sexuelle Ausnutzung der Sklavinnen durch ihre amerikanischen Herren eingesetzt hätte, die selbst Kinder nicht verschonte und überreichlich dokumentiert ist. Oder gegen die Verhinderung von Ehebeziehungen zwischen den Sklaven oder ihre Mißachtung, wann immer es einem Herren oder einem Aufseher gefiel. Andererseits kann wiederum die ebensogut dokumentierte Züchtung von Sklaven, als wären sie Tiere, kaum in den christlichen Moralkodex gepaßt haben. In Virginia, South Carolina, North Carolina und anderen «Südstaaten» wurden regelrechte Menschenfarmen unterhalten. Da Sklaven mittlerweile ziemlich teuer geworden waren, wollten die Besitzer, daß sie viele Kinder zeugten. Möglichst jedes schwarze Mädchen sollte schon mit 16 Jahren Mutter werden, für 17jährige, die schon mehrere Kinder hatten, gab es da und dort Prämien wie für Zuchtrinder. Besonders kräftige Neger wurden wie Zuchtbullen von Plantage zu Plantage geschickt. Innerhalb von vier Jahrzehnten verkauften allein Virginia und Maryland mehr als eine Viertelmillion «gezüchteter» Neger weiter nach Süden, vermerkt Ernst Bartsch[24], und laut Kenneth Stampp[25] sagte ein Farmer in North Carolina 1859 zufrieden: «Es ist bemerkenswert, wie viele Sklaven man aus einer einzigen Frau aufziehen kann im Verlauf von vierzig oder fünfzig Jahren, wenn man nur ordentlich aufpaßt.» In Trinidad brauchten Sklavinnen, die sieben Kinder geboren hatten, nicht mehr hinaus zur Feldarbeit.

Ich zitiere einige solcher Tatsachen, wie ich sie in meiner Kolonialismusgeschichte ausführlicher dargestellt habe, weil ihre Duldung und Billigung durch die Kirchen in so gewaltigem Gegensatz zu jener Moral stehen, die christliche Missionare aller Konfessionen den Afrikanern in ihrem eigenen Land einreden wollten und in großen Bereichen auch aufzwingen konnten. Damals gab es für Afrikaner keine Kommunikation mit der Neuen Welt. Wenn die Afrikaner gewußt hätten, welche Ehe- und Sexualmoral die Vertreter des Christentums in Amerika ihren Stammesverwandten zumuteten...

Daß Sklaverei ein Übel ist, haftet seit «Onkel Toms Hütte» und einigen weniger berühmten Veröffentlichungen etwas mehr im europäischen Bewußtsein als die dunkle Seite der Kreuzzüge, deren sich keine so publikumswirksame Schriftstellerei angenommen hat. In unserer Zeit, Mitte der siebziger Jahre, haben Buch und Fernsehserie «Roots» wohl manches Bewußtsein geschärft oder geweckt. Aber obwohl sie anscheinend sehr viel publikumswirksamer waren als die nüchternen, im Fernsehen gelegentlich gesendeten Dokumentarfilme (von Dokumentarliteratur ganz zu schweigen), haben sie doch keine sichtbaren Folgen gehabt. Man hätte ja annehmen können, daß sich an der Haltung des weißen Publikums gegenüber den Nachkommen der Sklaven und der Geschädigten irgend etwas ändern würde. Statt dessen verharrte die europäische Öffentlichkeit in jener Gleichgültigkeit gegenüber den materiellen und moralischen Leiden der vormals kolonisierten Welt, die ihr Verhältnis zu diesen Völkern schon immer geprägt hatte. In den USA hat sich die Beziehung zwischen dem weißen und dem farbigen Bevölkerungsteil seit «Roots» keineswegs gebessert.

Gewiß – die weißen Sklavenhändler haben nur eine winzige Zahl ihrer Opfer selbst überrumpelt und gefangen. Ihre Zulieferer waren ebenso schwarze Afrikaner wie die Opfer, außerdem Araber, deren Handelsstrom aber hauptsächlich in Richtung arabische Länder ging. Die Afrikaner verkauften Kriegsgefangene[26] und teilweise ihre eigenen Haussklaven. Schließlich veranstalteten die küstennahen afrikanischen Herrscher angesichts der gewaltigen Nachfrage von Portugiesen, Spaniern, Holländern, Franzosen, Engländern und anderen selbst Sklavenjagden, um sich im Austausch Waren und Waffen zu beschaffen, die sie von den Europäern begehrten.

Als der Reverend James Frederick Schön während der britischen Nigerexpedition 1841 versuchte, die afrikanischen Lieferanten vom Unrecht ihres Tuns zu überzeugen, hatte er, wie er selbst berichtete[27], regelmäßig Erfolg. «Wann immer ihnen Englands bzw. der Engländer Motive für die Bemühungen um Abschaffung des Sklavenhandels erklärt wurden, brachte es jeden Befürworter zum Schweigen. Jene, die ihn bis dahin verteidigt hatten, standen nun vor uns, von ihrem eigenen Gewissen der schwärzesten Verbrechen verurteilt, und wurden schamrot, soweit Schwarze erröten können. ‹Wir wußten es nicht besser›, sagten sie oft. ‹Bisher dachten wir, es sei Gottes Wille, daß Schwarze Sklaven der Weißen sein sollten, und wir verkauften sie ihnen. Jetzt sagen uns Weiße, wir sollen keine Sklaven verkaufen, und wir werden es nicht wieder tun.›» Der Schlüssel lag in der Äußerung eines Afrikaners: «Wenn die Weißen aufhören zu kaufen, werden die Schwarzen aufhören zu verkaufen.»

In der Tat bewirkte erst die riesige Nachfrage das immer größere Angebot. Wenn Afrikaner dachten, das alles sei Gottes Wille, so lieferte ihnen das Verhalten der weißen Christen – vom Laien bis herauf zu den Bischöfen – jede Bestätigung dafür. Was sich in Amerika entwickelt hatte, geschah nun auch in Afrika. Auch hier handelten Kirchenmänner mit Sklaven und besaßen selbst welche. Im Abschnitt über Angola vermerkt das «Lexikon zur Weltmission»: «Zwar lehnten einige Kreise in der Kirche die Sklaverei ab, aber andere besaßen selbst Sklaven und Sklavenschiffe»; das gilt aber auch für viele andere Gebiete. Besonders von den portugiesischen Missionaren der Frühzeit verwandelten sich viele selbst in Sklavenhändler; den Jesuiten gehörten Sklavenschiffe der Route Angola-Brasilien. Sie teilten die verbreitete Ansicht, Schwarze nach Amerika zu verkaufen sei die beste Methode, sie zum Christentum zu bringen.[28] Einem Jesuitenkloster in Luanda wurden, berichtet Moorhouse[29], allein rund 12000 Sklaven zugeschrieben; es mag ein Gerücht gewesen sein, aber sicher keines ohne jeden Boden.

Weit östlich davon, in Ostindien, tauften Dänen in Trankebar die Gefangenen, die sie in ihren Gefechten mit den Indern der Umgebung gemacht hatten, und verkauften sie dann. «Mit 5–10 Piastern ward ein solcher getaufter Sklave bezahlt. Solch' Handeln hat die Wege der Dänen in Ostindien mit Schmach bedeckt. Denn Du kannst Dir denken, daß die bloße Taufe jene Heiden nicht zu Christen machte», schrieb der Biograph des im 17. Jahrhundert dort tätigen Missionars Bartholomäus Ziegenbalg, der Kaiserswerther Pfarrer Reinhold Vormbaum[30].

Die Kirche taufte Sklaven gern. So würden sie den Segnungen des Evangeliums gewonnen und dem Islam oder dem Heidentum entrissen. Das erschien geradezu als Grund, die Sklaverei zu begrüßen. Die Taufe war freilich fast immer eine Zwangs- und oft Massentaufe. Der Bischof von Luanda segnete als Taufersatz von einem Marmorsitz am Kai aus die in Booten auf die Schiffe gebrachten Sklaven; ihm stand ein Anteil der Exportsteuer für die Weggeschafften zu. Im französischen Kolonialreich schrieb der Code Noir ausdrücklich vor, daß die Sklaven möglichst schnell nach der Ankunft in der «katholischen, apostolischen und römischen Religion» zu taufen seien, nach entsprechendem Religionsunterricht. Der bestand hauptsächlich darin, ihnen möglichst drastisch die Höllenstrafen auszumalen, die sie im Fall des Ungehorsams gegen ihre weiße Herrschaft erwarteten, und die paradiesische Belohnung für Gehorsam und Unterwürfigkeit. Kaum anders war es im englischen Amerika, wo Methodisten als erste den Sklaven das Lesen beibrachten, damit sie die Bibel lesen könnten. Auch ihre Botschaft war, Gott wolle, daß die schwarze Rasse der weißen zu Diensten und gehorsam sei. Um Sklaven zu Christen zu machen, hatte die anglikanische Kirche 1701 eigens die Society for the Propagation of the Gospel in Foreign Parts (SPG = Gesellschaft zur Verbreitung des Glaubens in fremden Gebieten) gegründet.

Über Menschenrechte erfuhren die Sklaven von ihren geistlichen Lehrern nichts. Als die Antisklavereibewegung Fortschritte machte, verboten die Siedler bzw. ihre Verwaltungen in den Sklavereigebieten weitere Gottesdienste für die Sklaven. Besonders in den nordamerikanischen Südstaaten und in der Karibik gaben die Kirchen dem Druck nach und verzichteten auf alles, was Sklaven hätte fortbilden oder geistig selbständiger machen können – das wollten die Siedler ja verhindern. Der Gouverneur von Martinique hatte sich schon 1764 in einem Schreiben an die französische Regierung gegen den Religionsunterricht gewandt: Der könne «den Negern hier neue Perspektiven von Wissen geben, eine Art Verstand. Die Sicherheit der Weißen, die in der Minderheit sind, auf ihren Pflanzungen von diesen Leuten umgeben und ihnen ausgeliefert, verlangt, daß sie in tiefster Unwissenheit gehalten werden.»[31]

Die Antisklavereibewegung verdankte ihren Elan nur zum kleineren Teil der Einsicht in die schockierenden Zustände der Neuen Welt und des Dreieckhandels. Vielmehr hatten europäische Reisende, darunter Missionare wie David Livingstone, die zerstörerische Wirkung und die Grausamkeit der Sklavenjagden und des Sklaventransports nach Osten beobachtet, also des arabischen Handels nicht für weiße, sondern für Kundschaft in der arabischen Welt. Auch die in

Afrika verbreitete einheimische Haussklaverei empörte sie, obwohl sie an Härte bei weitem nicht mit der bei den Weißen zu vergleichen war. Ihre Schilderungen rüttelten nun das christliche Gewissen auf, zuerst in Großbritannien. Die Empörung über die Sklaverei gab auch dem Missionsgedanken gewaltigen Auftrieb. Die armen Schwarzen sollten nicht nur von jener Geißel befreit werden, die Versklavung hieß, sondern auch von der des «Heidentums». Sie sollten Christen werden, aber nun endlich an Ort und Stelle.

So verdienstvoll dieser Enthusiasmus war – die Missionare, die ihn wecken halfen, demonstrierten abermals einen verblüffenden Unterschied zwischen Theorie und Praxis. Gewiß, sie setzten sich dafür ein, die Sklaven ihren afrikanischen und arabischen Herren wegzunehmen und freizulassen. Mit Gewalt ging das (zunächst) nicht. Dazu hatten sie nicht die Macht und, als es die europäischen Kolonialverwaltungen gab, nur selten deren Unterstützung. Versuche, Besitzer zur Freilassung ihrer Sklaven zu überreden, waren wenig erfolgreich. Dafür stießen entlaufene Sklaven zu ihnen und waren willkommen. Aber das waren wenige. So kauften sie den Händlern und Besitzern mit Fonds ihrer Organisationen Sklaven ab. Dadurch ermunterten sie die Händler natürlich, diesem neuen interessanten Abnehmerkreis auch immer wieder neue Ware anzubieten. Die mußte ja auch erst beschafft werden – also neue Versklavungen! Für ein so beständiges Angebot reichte freilich das Geld der Missionen nicht lange.

Wesentlicher ist, daß die Freigekauften nun gar nicht so frei wurden, wie man denken könnte. Dafür gab es sogar gute Gründe – sie wären wohl schnell wieder neuen Versklavern in die Hände gefallen. Die Missionare siedelten sie nun in «christlichen Dörfern» um die Missionsstationen herum an. Hier mußten sie sich zu Christen machen lassen – und für die Missionare arbeiten. Wir wollen annehmen, daß sie nun wesentlich besser behandelt wurden als vorher. Wie gewaltig das Christentum ihr Leben und ihr Sozialgefüge ändern würde, enthüllte sich ihnen erst allmählich. Wenn sie es nicht hinnehmen wollten, wurden sie wieder verstoßen. Wer es hinnahm, fand sich plötzlich in neuen Bindungen, um nicht zu sagen in neuen Banden.

Plötzlich betätigten sich also auch Missionare wieder als Sklaven-halter. Sie würden diesen Ausdruck nicht gern gehört haben. Sie waren wohl milder als jene Afrikaner und Araber, aus deren Gewalt sie ihre Schützlinge freigekauft hatten oder deren entflohene Sklaven sie aufgenommen hatten. Aber eine Art Haussklaverei praktizierten sie schon. In der berühmten Station Onitsha im Iboland (heutiges Nigeria) hielten sie junge Mädchen für die Hausarbeit und Knaben, denen sie manchmal Aufstiegschancen in den Missionsschulen gaben. Aber frei waren diese eben nicht geworden, und nicht immer waren ihre Lebensumstände wirklich so milde, wie wir heute von Missions-stationen erwarten würden; auch Missionare konnten äußerst hart mit ihren «Schutzbefohlenen» umgehen.

Auch vom System der Pfandsklaverei oder -knechtschaft profitier-ten Missionen. Das Verpfänden von Menschen war im heutigen Nigeria, um nur ein Beispiel zu nennen, weit verbreitet. In Notzeiten verpfändeten Familien, häufiger aber noch Häuptlinge, Sklaven und Kinder, die dann bis zur Begleichung der Schuld bei den Gläubigern blieben und für sie arbeiteten. In Yorubaland waren die Gläubiger oft Missionare.[32] Der Vorteil für die Missionen lag auf der Hand: Die Verpfändeten, besonders wenn es Kinder waren, wurden leicht zum Christentum bekehrt, dadurch wuchsen die Gemeinden.

Sklaven konnten sich in Afrika zuweilen selber freikaufen. Lebten sie in Missionsstationen, wurden sie oft besonders eifrige Evangeli-sten, von großem Wert als einheimische Helfer für die Missionare. Aber ohne Sklaven und Pfandknechte hätten die Missionen in Yoru-baland keine Schulen und Kirchen errichten können; niemand hätte um Geld für sie gearbeitet. Das galt bei den Yoruba als äußerst schimpflich.[33] Ohne Sklaven und Pfandarbeiter hätten die Missio-nare auch kein Hauspersonal gehabt.

Hätten sie sich nicht – den Willen vorausgesetzt – der unfreiwilli-gen Sklavenhalterrolle entziehen können? So einfach war das nicht. Sie konnten sich schlecht weigern, Häuptlingen etwas zu borgen. Sie brauchten ja deren guten Willen, um überhaupt tätig werden zu kön-nen. So konnten sie auch kaum Menschen als Pfänder ablehnen, die ihnen die Häuptlinge dafür boten; es wäre als sehr unfreundlich aufgefaßt worden. Im übrigen hätte die Verweigerung von «Kredit» meist bedeutet – außer bei Häuptlingen –, daß der potentielle Schuldner und seine Familie auf dem Sklavenmarkt gelandet wären.

Im Jahr 1849 brach die United Presbyterian Church ihre Beziehungen zu den presbyterianischen Kirchen Amerikas ab, die in ihren Gemeinden Sklavenbesitzer duldeten. Vier Jahre später baten die presbyterianischen Missionare in Calabar, heute Nigeria, den Ausschuß für Missionen im Ausland um eine Entscheidung, ob Sklavenhalter in die Kirche aufgenommen werden könnten. Sie selbst befürworteten es unter der Bedingung, daß die Sklavenhalter sich verpflichteten, ihre Sklaven nicht als Eigentum, sondern als Diener zu betrachten, die sie weder verkaufen noch mißhandeln würden. Die Missionare seien nicht etwa dafür, Sklaverei zu verzeihen, doch diese sei ein soziales Übel, das mit der Zeit überwunden werden müsse. Wenn sie keine Sklavenbesitzer in die Kirche aufnehmen könnten, «können wir in Calabar keine christliche Kirche bilden», sagte ihr Sprecher Hope Waddell[34]. Die Zentrale folgte ihnen und betonte, das sei mit der 1849 getroffenen Entscheidung vereinbar, nicht nur weil ein Unterschied zwischen der afrikanischen Haussklaverei und der amerikanischen Plantagensklaverei bestehe, sondern «im christlichen Amerika würde [es] verkehrt sein, die Sklaverei stillschweigend zu dulden, während es in Calabar notwendig ist, sie vorübergehend zu dulden, damit die christliche Kirche etabliert werden kann». Wenn die Christen in der Mehrheit seien und die Gesetze beeinflussen könnten, könne die Sklaverei abgeschafft werden.[35]

Die Praxis, entlaufenen Sklaven Unterkunft und Schutz zu gewähren, führte zu erheblichen Spannungen zwischen den Missionen und den Sklavenhändlern oder -besitzern, oft auch mit der jeweiligen Kolonialverwaltung oder, als es noch keine gab, mit der jeweils tätigen Kolonialgesellschaft. Solange die neue Herrschaft der Fremden über die Afrikaner nicht fest errichtet war, wollten die Verwaltungen nur ungern Spannungen mit der Bevölkerung, die leicht zu härterem Widerstand führen konnten. Die Sklaverei war fest verankert im Sozialgefüge vieler Stämme und Völker. Sklaven zu haben war ein Zeichen des Wohlstands und verschaffte Ansehen. Natürlich galt auch für Afrikaner und Araber das gleiche wie für die weißen Siedler in Amerika und auf den «westindischen» Inseln: Ihr Reichtum basierte auf der Arbeit der Versklavten. Ohne diese drohte ihnen nicht nur Prestigeverlust, sondern auch der Abschied vom Wohlstand.

Kein Wunder also, daß sie diesen Teil der missionarischen Tätigkeit mit Grimm verfolgten. Nicht immer wagten sie, etwas dagegen zu unternehmen und Gewalt anzuwenden – zu nachdrücklich spürten sie die Überlegenheit der Weißen. Es dauerte auch seine Zeit, bis sie die Missionare und deren Interessen, die Händler mit ihren anderen und die Amtspersonen der neuen Verwaltungen auseinanderhalten konnten. Die Missionare genossen offensichtlich den Schutz der mächtigsten Weißen.

Die britische Ostafrikagesellschaft, die das spätere Protektorat Britisch-Ostafrika verwaltete und seine Bodenschätze ausbeuten sollte, hatte in ihrer Charta den Auftrag, für die Beseitigung von Sklaverei und Sklavenhandel zu sorgen. Sie ließ sich aber angesichts der explosiven Stimmung unter den Arabern und den moslemischen Suahelis nichts davon anmerken. Als die Araber sich bei der Gesellschaft über die Missionare beschwerten und die Rückgabe ihrer entlaufenen (angeblich auch weggelockten) Sklaven verlangten, konnte die Gesellschaft nicht gut gegen die Missionare Stellung beziehen – eine Explosion der öffentlichen Meinung in England wäre die Folge gewesen. Aber Krach mit den Arabern wollte sie auch nicht. So arrangierte sie eine «Kompensations»-Zahlung, die von den Sklavenbesitzern schließlich auch akzeptiert wurde: 3500 Pfund (etwa 71 500 Reichsmark) für 1400 Sklaven, die in den Missionsstationen hausten. Diesen Betrag teilten sich die Gesellschaft (1300 Pfund), die britische Regierung (800), die Church Missionary Society (CMS), London (1200) und die United Methodist Free Church (UMFC) (200).[36]

Die Missionare erklärten sich bereit, keine geflüchteten Sklaven mehr aufzunehmen, und die Gesellschaft versuchte, sie ein bis zwei Jahre lang an jeder Tätigkeit entlang der arabisch beherrschten Küste zu hindern. Aber die Missionen nahmen ihre Schutzfunktionen bald wieder auf, die Araber antworteten mit Überfällen, die Missionare riefen die britischen Behörden zu Hilfe und hatten starken Rückhalt in London – und das bedeutete Kolonisierung, zunächst als «Protektorat». Dennoch dauerte es mehr als dreißig Jahre, bis die Missionare ihre Forderung nach Abschaffung der Sklaverei an der Küste des späteren Kenia durchsetzten. Die britische Regierung zahlte den Arabern Kompensation; diese ließen von 1907 bis 1916 7683 Sklaven frei und erhielten dafür zusammen rund 450 000 Rupien[37] (etwa 600 000 Reichsmark).

Auch in anderen Teilen Afrikas ging der Sklavenhandel noch geraume Zeit weiter, obwohl die europäischen Regierungen ihm doch den Krieg erklärt hatten. Im französischen Sudan hatten die katholischen Weißen Väter Ende des vergangenen Jahrhunderts Mühe, Verständnis und Unterstützung der Militärverwaltung für ihr System des Sklavenfreikaufes zu finden. Die Verwaltung verbot ihnen jede Einmischung in die inneren Angelegenheiten des Landes, was die «Unfreien» angehe. Die Berühmtheit und Energie ihres Stifters, des Kardinals Lavigerie, der 1888/1889 einen Propagandafeldzug gegen die Sklaverei durch Frankreich, England und Belgien unternahm, bewogen die Regierungen, ihre Distanz zu den Missionen in dieser Frage weitgehend aufzugeben.

Lavigerie hätte gern eine Freiwilligentruppe aufgestellt, die Missionsstationen vor Angriffen wütender Sklavenbesitzer schützen sollte, aber das verhinderten die Kolonialbehörden. Beeindruckt von der Beredsamkeit des Kardinals, schickte der belgische König Leopold einen Boten zum Papst, um ihm die Gründung einer päpstlichen Kolonie in Zentralafrika vorzuschlagen. Leo XIII. lehnte dankend ab. Allerdings verübten in der Kongokolonie Leopolds die Agenten der belgischen Gesellschaften Greuel, die denen der Sklavenhändler mitnichten nachstanden.

Lavigerie mobilisierte die Europäer gegen die Sklaverei «um der Sache willen». Doch er selbst war französischer Nationalist geblieben. Im Sommer 1889 berief er die Antisklavereikomitees der verschiedenen Länder zu einem Kongreß nach Luzern ein. Aber als er entdeckte, daß nur wenige französische Teilnehmer zu erwarten waren und der Kongreß von Deutschen und Engländern beherrscht sein würde, sagte er ihn in letzter Minute wieder ab. Ein Jahr später, im September 1890, fand die Veranstaltung dann in Paris mit dem gebührenden französischen Pomp statt.[38]

Etwa zwei Jahrzehnte später, 1908, hatte die zivilisierte Welt der Sklaverei endgültig Lebewohl gesagt... denken wir. Aber dann hätte der Pastor Jean Bianquis, Generalsekretär der Pariser protestantischen Missionsgesellschaft (Société des Missions) wohl nicht geschrieben: «In den neuen Kolonien wird der Übergang von der Sklaverei zur freien Arbeit die vorübergehende Einrichtung der Pflichtarbeit notwendig machen können, zu Unternehmungen, die von der Verwaltung festgesetzt werden.»[39] Die von seiner Missionsgesellschaft herausgegebene Schrift hieß wirklich «Der Respekt vor dem Eingeborenen» («Le respect de l'Indigène», Paris 1908). Das führt uns zur Zwangsarbeit, der in diesem Buch ein eigener Abschnitt gewidmet ist.

Christliche Prügel

«Entsetzliche Zustände»

Einen Priester als Attentäter gegen einen besonders frommen Christen, noch dazu während eines Ostergottesdienstes – wie sollen wir uns das vorstellen?

Es handelte sich nicht um einen radikalen Befreiungstheologen des heutigen Lateinamerika, der so etwas ohnehin nicht tun würde. Das Opfer war ein schon länger und wahrhaft zum Christentum bekehrter afrikanischer König am Kongo, Afonso (Bekehrer und Besatzer waren Portugiesen); das Ereignis trug sich Anfang des 16. Jahrhunderts zu.

Afonso, ursprünglich Mvemba-Nzinga, wurde schon 1491 für das Christentum gewonnen. Er wollte nach seiner Thronbesteigung im Jahre 1506 sein ganzes Volk zu Christen machen. Also bat er Portugal um Hilfe, das heißt um mehr Missionare. Die Portugiesen interessierte sein Land aber mehr als Lieferant von Sklaven, Kupfer und Elfenbein. 1508 kam eine Gruppe portugiesischer Missionare – aber sie begannen mit Sklaven zu handeln wie andere Weiße auch. Sie taten nichts, das unmoralische Klima unter den portugiesischen Kaufleuten am Kongo, das dem König unangenehm auffiel, zu verbessern. Afonso schickte Männer seines Vertrauens nach Portugal, damit sie dort zu Priestern erzogen würden – sofern sie, was nicht immer glückte, auf der Seereise den Sklavenhändlern entgingen, die von der Insel Sao Thomé aus operierten. Er nannte seine Hauptstadt nach der Kirche «San Salvador».

Afonso wandte sich schließlich an den Papst, einer seiner Söhne wurde in Rom sogar zum Bischof geweiht; aber die Lage in seinem Land besserte sich nicht. Schließlich wies er die Portugiesen aus, weil sie sich nicht um seine Rechte kümmerten und weil er ihr Treiben nicht länger dulden wollte. «Da», nun zitiere ich Josef Glazik im «Lexikon zur Weltmission», Stichwort «Afonso», «mußte er erleben, daß selbst ein Priester ihm nach dem Leben trachtete und bei einem Ostergottesdienst ein Attentat auf ihn verübte.»

Ein Lexikon ist natürlich zur Kürze verpflichtet, aber über dieses Attentat hätte man gern mehr gehört. Wir lesen es bei dem afrikanischen Historiker Joseph Ki-Zerbo[1]: Ein halbes Dutzend Weißer schoß in Richtung des Königs; es gab einen Toten und zwei Verletzte, Afonso wurde nicht getroffen. Trösten wir uns mit der reuigen Einsicht im erwähnten Lexikon: Afonso «ist eine der tragischsten Gestalten in der Geschichte des christlichen Europa mit den Völkern in Übersee; er bat um Brot und erhielt Steine». Jedenfalls mußte er die Portugiesen wieder in sein Land hereinlassen, und bald nach seinem Tod wurden aus den nicht mehr so willkommenen Gästen Eroberer.

Die Portugiesen waren die ersten entschiedenen Kolonialisten in Afrika. Auch in Asien fielen sie, wie man heute sagen würde, unangenehm auf. Als der Jesuit Franz Xavier auf seiner Asienexpedition 1541 nach Goa kam, fand er «entsetzliche Zustände» vor.[2] Die «Christen» lebten nicht gerade christlich, sie hatten Sklaven und mißhandelten sie. Der Schatzmeister für das portugiesische Indien, Barros, meinte, daß «Mauren und Heiden» außerhalb des christlichen Gesetzes stünden. Die Christen hätten ihnen gegenüber keinerlei Pflichten, was wohl bedeutete, daß sie keine Hemmungen zu haben brauchten.

Etwa zwei Jahrhunderte später berichtete der deutsche Missionar Bartholomäus Ziegenbalg aus Trankebar, die «Heiden» hätten großen Abscheu vor dem gottlosen Lebenswandel der Christen und fragten oft, ob die denn in Europa «eben ein solch böses Leben»[3] führten wie in Indien. Wieder ein paar Jahrhunderte später erzählte Hans A. de Boer[4], wie ihm ein Missionar noch immer Ziegenbalgs Beobachtung als möglichen Grund für den schwachen Erfolg christlicher Missionsarbeit in Indien anführte.

Wenn nun auch noch Missionare selbst charakterlich fragwürdig und bescheiden gebildet waren, können sie ebenfalls keine Empfehlung für das Christentum gewesen sein. Ein sehr früher Zeuge war Pater Ripa. Der Vatikan hatte ihn 1708 nach Asien geschickt, und Ripa veröffentlichte ausführliche Beschreibungen. Eines Tages traf er einen Mönch, der keine Ahnung von der Organisation der katholischen Kirche hatte. Ripa[5] berichtete: «Da der Leser zweifellos von der Ignoranz dieses Mönches überrascht sein wird, werde ich erzählen, wie so etwas zustande kommt. Die durchlauchtigsten Könige von Portugal waren sehr besorgt darum, unseren heiligen Glauben in diesen Gegenden zu bewahren und verbreiten. So verfügten sie, daß allen ihren Offizieren und Soldaten, die bei ihrer Passage hier geneigt sein könnten, die heiligen Weihen zu empfangen, ohne jede Behinderung ermöglicht werden solle, ihrer Neigung zu folgen. Die Ernte ist reichlich, aber der Schnitter sind wenige. Wenn also ein portugiesisches Schiff nach Goa kommt, gehen die Missionare der verschiedenen religiösen Orden an Bord und rufen laut aus, ob jemand da sei, der zu ihnen stoßen wolle. Da ist immer jemand, der dem Ruf folgt – ob er nun in einem Augenblick der Gefahr gelobt hat, sich zu läutern, oder einfach weil er auf ein bequemeres Leben hofft. Viele dieser Missionare sind daher sehr unwissend, manche sehr lasterhaft, was noch schlimmer ist; weit davon entfernt, die Ausbreitung unserer heiligen Religion zu fördern, setzen sie sie im Gegenteil der Verachtung aus.» Pater Ripa berichtete weiter, auch Engländer, Holländer und Dänen[6] hätten viele Prediger in diese Gegenden geschickt. «Aber Gottes Gnade war nicht über ihnen, und zusammen mit ihrem schlechten Benehmen, das so schlecht zu ihren Predigten paßte, hinderte sie das daran, irgendeine gute Wirkung zu erzielen.»

Das nahm schon sehr die Gefühle vorweg, mit denen westliche

Missionare ein paar Jahrhunderte später in China betrachtet wurden. Ihr Verhalten, über das ich an anderer Stelle ausführlich berichte (s. Abschnitt «Missionare als Kolonialisten»), führte im Jahr 1900 mit zum Boxeraufstand.

Jedenfalls betätigten sich Angehörige von Missionen oft in einer Weise, die wenig mit christlicher Missionierung zu tun haben dürfte. In den verschiedenen Kapiteln dieses Buches sind Beispiele genug angeführt. Hier möchte ich zunächst hervorheben, daß deutsche Missionare im heutigen Namibia, lange bevor dort die deutsche Kolonialherrschaft begründet wurde, ein Monopol auf den Waffen- und Munitionshandel hatten.

Waffenhandel als Missionstätigkeit, das ist erstaunlich genug. Vermutlich würden Sie ebenso staunen wie ich, als ich eine Kanone entdeckte, die ein Missionar hergestellt hatte. Ich fand sie im Museum des Maison du Missionaire in Vichy. Da stand sie, klein, eisern, von jener historischen Sorte, die wir aus Museen und alten Festungen kennen oder aus Filmen über die Kriege vergangener Jahrhunderte. Ein Schildchen vermeldete: «Chinesische Kanone, gegossen von Pater Verbiest in Peking, 1680.»

Mein Staunen über solche christlich-missionarische Beschäftigung war noch nicht abgeklungen, als ich entdeckte, daß eineinhalb Jahrhunderte später auf Madagaskar James Cameron von der London Missionary Society (LMS) Schießpulver für die königlich-madegassische Armee produzierte und dann ebenfalls Kanonen. Die LMS war aber schließlich dagegen, und so hörte Cameron auf damit.[7] Das mißlang seinem Kollegen John Moffat, Sohn des berühmten Pioniers der Mission im südlichen Afrika, Robert Moffat. John missionierte bei den Matabele (oder auch Ndebele) in der Nähe des heutigen Bulawayo. Doch die wollten keine christliche Botschaft von ihm hören, sondern von seinen handwerklichen Fähigkeiten profitieren. So reparierte er schließlich ihre Gewehre.[8]

Auch andere Missionsgesellschaften hatten ein freundliches Verhältnis zu Kriegsmaterial. In dem Buch des katholischen Professors Schmidlin über «Die katholischen Missionen in den deutschen Schutzgebieten» aus dem Jahre 1913 ist ein ganzseitiges Bild zu sehen: «Der kleine Kreuzer Seeadler im Hafen von Daressalam vor Anker liegend»[9]. Da braucht man nicht gleich an die Atombombe zu denken, obwohl... Bevor die amerikanische Mannschaft startete, die sie zum Ende des Zweiten Weltkriegs auf die japanische Stadt Nagasaki abwarf (die zweite, nach Hiroshima), gab es, wie in diesem Milieu üblich, eine «Befehlsausgabe». Sie wurde «durch das Gebet eines Geistlichen abgeschlossen, das uns sehr bewegte»[10].

Charles Stokes, Missionar der Church Missionary Society in Ostafrika, war einer derjenigen, die weltlichen Versuchungen nachgaben. Er heiratete eine Afrikanerin und wurde Kaufmann. Dann betätigte er sich als Waffenschmuggler – erst für die Deutschen, dann für die Katholiken in ihrem Machtkampf gegen die Protestanten in Uganda (s. «Konkurrenzkampf um Seelen»).[11]

Ein Schritt über den Waffenhandel hinaus, der gottlob den Zeitgenossen keineswegs logisch vorkam, war dann natürlich die Anwendung der Waffen selbst. Die Kreuzzüge waren eigentlich längst vergessen, als Bischof Charles Frederick Mackenzie 1861 in Ostafrika einen kleinen, aber echten Krieg gegen die Ajawa führte, von denen er und seine Missionsgruppe sich bedroht fühlten. Die Christen versorgten zwanzig Männer des ihnen freundlich gesonnenen Manganja-Stammes mit Schießpulver (Gewehre hatten sie schon), und Mackenzie schilderte in einem Bericht, der auf dem Jahreskongreß der Anglikaner in Oxford verlesen wurde, enthusiastisch und im Hochgefühl moralischer Rechtfertigung, wie sie zwei- bis dreihundert Hütten der Ajawa niedergebrannt hätten und kreuz und quer durch ihr Land gezogen seien «wie eine kleine Armee von Freibeutern, eine Spur qualmender Dörfer hinter sich.»[12]

Die Verlesung bewirkte, was Mackenzies Obere gleich befürchtet hatten – es gab einen Ausbruch der Empörung. Die Schilderung hatte zu sehr wie der Gefechtsbericht eines Kommandeurs nach erfolgreicher Kampagne geklungen anstatt wie eine Rechtfertigung missionarischer Tätigkeit. «Es kommt mir schrecklich vor, daß die Botschafter des Friedensevangeliums in irgendeiner Weise mit dem Vergießen menschlichen Blutes zu tun haben sollten, und sei es auch nur durch ihre Anwesenheit», sagte Edward Pusey[13], einflußreicher Mann der Church of England. Die Führung der Universities Mission to Central Africa, die Mackenzie entsandt hatte, zerstritt sich und fiel auseinander, bedeutende Mitglieder des Zentralkomitees traten zurück. Makkenzies Verhalten fand kaum Verteidiger.

In Buganda wiederum wirkte A. M. Mackay, wie Stokes Missionar der CMS. Im Jahr 1878 liefen ihm aus einer Karawane vier Träger davon – er fand normal, hinter ihnen herzuschießen und sie zu verwunden; sie seien Meuterer.[14] Er wurde deswegen vor einem regionalen Gericht angeklagt, aber seine vier Opfer bekamen eine Geldentschädigung, und darauf wurde die Anklage zurückgezogen.

Da war es sicherlich kein moralischer Fortschritt, als in unserem Jahrhundert in den letzten Jahrzehnten der französischen Kolonialherrschaft in Gabun die Bwiti-Bewegung, die Elemente verschiedener Religionen in sich vereinte, mit Waffengewalt unterdrückt wurde. Sie war den Missionaren als zu gefährliche Konkurrenz für ihre Lehren erschienen, und die Kolonialbehörden witterten eine mögliche Keimzelle «nationalistischer» Regungen.[15] Das war nur eine Episode aus der kolonialhistorischen Grauzone der Zeit nach dem Zweiten Weltkrieg, in der, wohl wegen des Kalten Krieges zwischen West und Ost, besonders viel Information von anderswo untergegangen ist. Die Historiker bemühen sich auch heute noch wenig, sie zu erhellen. Daher wissen die Europäer gar nicht, wovon sie reden, wenn sie die aneinander begangenen Greuel, besonders den deutschen Ausrottungsfeldzug gegen die Juden und die Polen, für einmalig und unvergleichlich halten. Einmalig waren nur die Systematik, die Technik und die Zahl der Opfer. Doch der Massenmord in Kolonien hatte selten die Ehre, europäischer Aufmerksamkeit gewürdigt zu werden.

Die Peitsche

Die Missionsbewegung focht gegen die Sklaverei, doch gar nicht so selten, wie schon erwähnt, hielten Missionare selbst Sklaven, weiße Missionare ebenso wie ihre farbigen Missionshelfer. In vielen bekanntgewordenen Fällen benahmen sie sich als Sklavenhalter kaum besser als jene, denen der verkündete Abscheu ihrer Organisationen und Orden galt.

Da ist das Beispiel des Ehepaares John, eines aus Sierra Leone stammenden Dolmetschers der CMS in der Onitsha-Mission (Iboland, heute Nigeria). Die Johns hatten zwei Sklavenmädchen, etwa dreizehn und vierzehn Jahre alt. Diese hatten durch irgend etwas den Zorn des Ehepaares entfacht (was es war, ist nicht überliefert). Die Mädchen wurden an Pfähle gebunden, dann schlugen die Johns mit Peitschen auf sie ein und schließlich rieben sie ihnen Pfeffer in After und Scheide – all das in Hör- und Sichtweite von Schulkindern im Internatshaus. Eines der Mädchen starb kurz danach. Die in der Missionsstation anwesenden Afrikaner, von den Schulkindern alarmiert, hätten die Johns erschlagen, wenn die nicht von anderen Missionaren gerettet worden wären.

Ein Gericht in Onitsha sprach die Johns frei und behauptete, das Mädchen habe Selbstmord begangen. John wurde in seine Heimat Sierra Leone zurückgeschickt. Doch dann griff ein britisches Gericht in Freetown den Fall auf; John wurde 1877 wegen Mordes und Sklaverei angeklagt, schließlich wegen Totschlags verurteilt.[16]

Drei Jahre später spielte sich in Onitsha ein weiterer Skandal ab. Der Leiter der katholischen Mission, Pater Lutz, hatte ebenfalls ein Sklavenmädchen, das er wochenlang in Handschellen hielt und mehrmals schwer prügelte.[17] Auch hier ist über die Gründe nichts überliefert. Schließlich wurde das Mädchen verheiratet, und Pater Lutz nahm den Kaufpreis entgegen, wie es unter Afrikanern üblich war. Lutz schien zu glauben, das Geld habe ihm bzw. der Mission zugestanden, weil sie ja auch für den Freikauf des Mädchens gezahlt hätten. Die britische Kolonialverwaltung hielt das jedoch für Sklavenhandel und brachte Lutz vor Gericht. Er kam mit einer kleinen Geldstrafe davon.

Zu den gleich gelagerten Skandalen, die in England am meisten Aufsehen erregten, weil weiße Missionare verantwortlich waren, gehörte die Blantyre-Affäre. Die Blantyre-Mission in Ostafrika – an der Grenze der britischen und portugiesischen Zonen, in den Shire Highlands nahe dem Njassasee, heute Malawi – gehörte zur Mission der Church of Scotland. 1879 weilte dort eine Zeitlang ein Mitglied der Royal Geographic Society namens Andrew Chirnside. Bald danach veröffentlichte er in London eine Schrift: «The Blantyre Missionaries; Descreditable Disclosures».

Die Missionare von Blantyre übten in einem Landstreifen von fünfunddreißig Meilen Länge, in dem sieben Dörfer lagen, alle Gewalt aus wie eine richtige Regierung. Dazu fühlten sie sich durch Instruktionen des «Conveners» (derjenige, der die Sitzungen einberuft) des Church of Scotland Committees, Dr. MacRae, berechtigt, welcher die oberste Missionsinstanz dieser Kirche repräsentierte. Offenbar kannte nicht das ganze Committee diese Instruktionen, doch für die Betroffenen in Afrika war dies kein belangvoller Unterschied. Der erste Leiter der Mission, Henderson, meinte, er brauche «ein gewisses Maß von Polizeigewalt». Daraus entstand das Auspeitschen von «Missetätern», offenbar als Regel, verbunden unter Umständen mit Schlimmerem. Spätere Untersuchungen der Zustände in Blantyre ergaben folgende besonders krasse Fälle:

• Ein Mann, der (angeblich) gestohlen hatte, bekam fünf Dutzend Peitschenhiebe. Dann wurde sein Rücken mit Salz eingerieben. Zwei Tage später erhielt er weitere 90 Hiebe, diesmal mit einer schwereren Peitsche.

• Mehreren jungen Leuten wurden wegen «Unzucht» bis zu je 90 Peitschenhiebe verabreicht.

• Ein Träger, der eine geöffnete Kiste gebracht hatte, aus der ein Paket Glasperlen fehlte, gestand nach mehr als 100 Hieben den Diebstahl. Er sagte aber nicht, wo er die Perlen versteckt habe, wurde ein zweites Mal ausgepeitscht und dann ein drittes Mal. Danach stellte sich heraus, daß er unschuldig war: Ein Angestellter der Handelsgesellschaft hatte das Paket entnommen und vergessen, die Rechnung zu ändern.

• Ein anderer Afrikaner wurde ebenfalls des Diebstahls verdächtigt und 270mal geschlagen; ein paar Stunden später war er tot.

Ende 1879 wurde in einem Fluß nahe Blantyre eine Frauenleiche gefunden, deutlich ein Mordopfer. Monate vorher war zwei afrikanischen Zimmerleuten, die in Blantyre arbeiteten, die Frau weggelaufen, die für sie (entsprechend örtlichem Brauch, wie es scheint) in aller möglichen Weise gesorgt hatte. Sie hatte sich beim Leiter der Mission, Duff MacDonald, beschwert, daß die beiden sie mißhandelten, und wurde unter den Schutz der Kirchenleute genommen. Die beiden quittierten das, wie Zeugen später aussagten, mit Drohungen, sie umzubringen.

Die aufgefundene Leiche war jedoch eine andere Frau. Nichtsdestoweniger gerieten die beiden Zimmerleute in Verdacht. Die Missionsleitung beauftragte sie, Holzbalken mit Fußlöchern jener Art anzufertigen, durch die früher Delinquenten ihre Beine stecken mußten (stocks), damit sie sich nicht fortbewegen konnten. Als sie damit fertig waren, wurden sie selbst darin gefangengesetzt und des Mordes beschuldigt. Sie beteuerten ihre Unschuld, und Chirnside war, wie auch die anderen Afrikaner, der Auffassung, daß sie wirklich unschuldig seien. Auf seine direkte Frage an die Missionare konnten ihm diese auch nur einen «starken Verdacht» nennen, eben wegen der Drohungen gegen die davongelaufene Frau. Den beiden wurde eröffnet (ich folge den Schilderungen von Moorhouse[18] und Axelson[19]), daß nach dem Gesetz des Gottes der Weißen getötet würde, wer getötet habe.

Während am Flußufer ein Grab geschaufelt wurde, konnte sich einer von den beiden befreien und entkommen. Der andere wurde am nächsten Morgen zum Grab geführt, gefesselt und mit verbundenen Augen an den Rand des Grabes plaziert. Er beteuerte abermals, er sei unschuldig. Acht afrikanische Missionsgehilfen sollten ihn nun erschießen, konnten ihn aber mit ihren Schüssen nur immer wieder neu verwunden, bis der anwesende Häuptling eines Nachbardorfs das Gewehr eines weißen Händlers nahm, es dem Opfer direkt an die Schläfe setzte und ihn mit diesem Schuß endlich erlöste.

Unter Leitung des Missionschefs MacDonald wurden Strafexpeditionen gegen benachbarte Dörfer unternommen, bei denen es nicht ohne Blutvergießen abging und die besser bewaffnete Truppe der Missionare die Oberhand behielt. Eigentlich hatte das Gefängnis Blantyres schon genügt, Chirnside mit dem eigentümlichen Christentum dieser Missionsstation bekannt zu machen. Hinter einer Schmiede war ein Schacht gegraben, in den eine Leiter hinabführte. Unten gab es einen Tunnel, der gerade Platz für einen Menschen bot. Hinter ihm wurde die starke Tür verschlossen. In diesem Loch verbrachten Gefangene drei oder vier Tage in völliger Dunkelheit, ohne Nahrung und Trinkwasser; Chirnside beschrieb es als ständig besetzt.

Eine weitere von Chirnsides Schilderungen betraf seinen letzten Tag in Blantyre. Da war ein afrikanischer Stammeshäuptling namens Chipitula erschienen, der Elfenbein für den Vertreter der weißen Handelsgesellschaft brachte. Er verlangte, daß ihm einige der Arbeiter der Missionsstation übergeben würden – sie waren früher aus seinem Herrschaftsgebiet entkommen und in der Station aufgenommen worden. Nachdem sie gehört hatten, daß ihr früherer Besitzer kommen werde, waren sie in die Berge geflohen, um sich bis zu seinem Verschwinden zu verstecken.

Seltsamerweise konnte Chipitula die Missionare überreden, diese Männer für ihn wieder einfangen zu lassen und ihm auszuliefern. «Meine letzte Nacht in Blantyre wurde gestört durch die schrecklichen Schreie der armen Kerle, die in Chipitulas Hände gefallen waren», schrieb Chirnside. «Er wollte sie verstümmeln und dann zu Tode foltern. Sicher sollten sich doch die Missionare entweder weigern, Flüchtlinge aufzunehmen, oder wenn sie es doch taten, ihnen eher zur Flucht verhelfen als sie einem schrecklichen Tode ausliefern.»

Als Chirnsides Schrift in London veröffentlicht wurde, war sofort vom «Blantyre-Massaker» die Rede, hauptsächlich wegen der beschriebenen «Exekution». Obwohl gleich ein Gegenpamphlet erschien, in dem die Anschuldigungen bestritten wurden (verfaßt von einem Mann, der Blantyre ein Jahr vor dem Aufenthalt Chirnsides verlassen hatte), konnte eine genaue Untersuchung nicht vermieden werden. Sie bestätigte alles Wesentliche, was Chirnside enthüllt hatte. MacDonald, der Missionsarzt und zwei weitere Weiße aus der Station wurden entlassen – einer von ihnen konnte bald danach als Konsul amtieren...

Die für die Missionen peinliche Reihe von Enthüllungen wurde ein paar Jahre später durch kaum beruhigendere Berichte aus dem heutigen Nigeria fortgesetzt. Sie kamen ans Licht, weil im Oberhaus der Herzog von Somerset eine parlamentarische Anfrage wegen der Mißhandlung von Sklaven in Missionsstationen der CMS am Niger einbrachte. Dort beschäftigten die Missionare – wie meist – Farbige, die sich ihrerseits Sklaven hielten – halten konnten, wie man eingedenk des missionarischen Kampfes gegen die Sklaverei erstaunt sagen muß. Diese Sklaven wurden häufig mißhandelt, und der örtliche Polizeichef – so der Herzog – habe die Missionare wegen ihres Verhaltens oft getadelt.

Nicht weit von Blantyre, auf der Missionsstation in Bandawe, scheinen nicht weniger harsche Disziplinvorstellungen geherrscht zu haben. So vermerkte das Stationsjournal beispielsweise am 12. Januar 1880, daß der Stationsleiter Simpson 31 Hirten, die hier arbeiteten, verprügelt habe. Die Afrikaner damals wird nicht getröstet haben, daß Simpson ein Laie war. Ebensowenig können wir heute deswegen darüber hinwegsehen – verantwortlich blieben die Missionare, die viele der von ihnen errichteten Stationen mit Laien besetzten, oft afrikanischen.

Die afrikanischen Laien mögen besonders leicht der Versuchung erlegen sein, in die Händel und Auseinandersetzungen der Afrikaner einzugreifen, in deren Mitte sie lebten. Sie wurden von diesen auch oft als Vermittler oder Schlichter, jedenfalls als Autorität angerufen. Ob das rechtfertigte, daß Vertreter christlicher Lehre und Lebensform als Prügler auftraten, was sie dann auch sehr ordentlich in ihren Stationsjournalen verzeichneten[20], kann man wohl bezweifeln. Überliefert ist ein Fall (nichts spricht dafür, daß es der einzige war), daß sicherheitshalber beide Parteien, die sich um den Spruch des Missionsvertreters bemühten, mit Strafe, einschließlich Prügelstrafe, bedacht wurden. Missionar John May verprügelte Nachtwächter, weil sie entgegen den Anweisungen geraucht hätten.[21] Percy Jones gab zu, einen Mann und eine Frau als Ehebrecher verprügelt zu haben, ferner einen Betrunkenen und einige andere, darunter einen wegen «wiederholtem Ungehorsam». Er hielt das für völlig gerechtfertigt.

Der Laiensuperintendent der CMS-Missionsstation Freretown, Streeten, wurde vom britischen Vizekonsul in Mombasa, Holmwood, schweren Mißbrauchs seiner Macht bezichtigt. Besonders schockiert hatte Holmwood «die Härte dieser Auspeitschungen»[22]. Er schrieb dem Missionar einen mahnenden Brief: Wenn ein Sklave von Arabern mit solchen Mißhandlungsspuren bei der britischen Agentur in Sansibar vorspreche, werde der Sultan sofort aufgefordert, ihn freizulassen. Menschen, die anderen solche Verletzungen zufügten, könnten nicht Verantwortung für das Leben anderer Menschen tragen.

In einer missionarischen Atmosphäre, die das Ausprügeln Andersrassiger für selbstverständlich hielt, und seien sie auch Christen (von Prügelstrafe für Weiße ist nie die Rede, bis sie in unserer Zeit in diversen arabischen Ländern bei europäischen Drogenhändlern praktiziert wurde, zum Entsetzen der zivilisierten Menschheit), in einer solchen Atmosphäre verwundert kaum, daß ein Missionar wie Johann Ludwig Krapf von der Church Missionary Society Prügelei als Predigtgleichnis benutzte. Ein Junge, den er unterrichtete, hatte die Angel eines Missionsbediensteten gestohlen. Dieser band ihn an einen Pfahl und prügelte ihn. Krapf sah zu. Nach einer Weile befahl er aufzuhören, versprach dem Diener Ersatz für die Angel und sagte zu den herumstehenden Moslems: «Ihr seht, der Junge ist wieder frei, weil ich für ihn vermittelt und den Schaden, den er angerichtet hat, wiedergutgemacht habe. In viel höherem Sinn hat Jesus Christus, Gottes Sohn, am Kreuz eure Sünden auf sich genommen.»[23] Auf Moslems machten solche Ansprachen, wie man weiß, kaum Eindruck.

Ungeachtet der Beispiele dieses Kapitels – natürlich haben sich viele Missionare korrekter, menschenfreundlicher, christlicher benommen, mit gutem Erfolg bei manchen Völkern, zum Beispiel bei den Sotho-Tswana (im damaligen Betschuanaland, heute Lesotho).[24] Ein besonders berühmter unter den «frühen» Missionaren, Robert Moffat, wurde von den beiden gefürchtetsten, «wildesten», grausamsten Herrschern im zentralen Südafrika bewundert und mit besonderer Freundlichkeit empfangen. Das Verhalten der Missionare imponierte den Sotho-Tswana – allerdings verstanden sie die Botschaft der Missionare nicht, und deswegen gingen sie kaum zu ihren Predigten.

Bezeichnender für das Zusammentreffen Weiß und Farbig war leider das Titelbild des deutschen Blattes «Kolonie und Heimat», Ausgabe 5/1910: Man sieht einen Afrikaner krampfgeschüttelt zwei Drähte halten, die aus einem Apparat kommen, den ein anderer Afrikaner bedient. Unterzeile: «Die Wirkung des elektrischen Stromes auf einen Neger.» Gewiß, das war kein Missionsblatt, sondern, bemerkenswert genug, das des Frauenbundes der deutschen Kolonialgesellschaft. Aber der gehörten auch Kirchenmänner an, und es ist undenkbar, daß so etwas nicht auch unter die Augen von Missionsangehörigen kam. Offensichtlich hat es niemanden gestört.

Noch 1904 fühlte sich die London Missionary Society zu einer Resolution veranlaßt, kein Missionar dürfe am Ausprügeln erwachsener «Eingeborener» beteiligt sein, was immer deren Vergehen gewesen sei.[25] Das war ein Fortschritt gegenüber einer Debatte zwischen Missionaren in Südafrika im Jahre 1814, über die Sales[26] berichtet: «Ob es richtig sei, daß Missionare körperliche Strafen verabreichten, darüber gab es keinen Beschluß.» Die fast ein Jahrhundert später verabschiedete Londoner Resolution blieb auch noch eine ganze Weile auf dem Papier. Noch 1905 berichtete Robert Laws, ein Presbyterianer, an die LMS, ihre Vertreter in Nordrhodesien, heute Sambia, übten noch immer weltliche Gewalt über die Afrikaner aus – und machten noch immer von der Prügelstrafe Gebrauch.[27] Nach 1906 seien die Strafexzesse seltener geworden, sagt Rotberg…

Daß die Missionare der Frühzeit schnell zum Knüppel und zur Peitsche griffen, zum «Sjambok» und wie das Schlaginstrument noch hieß, hing nach Auffassung von Missionshistorikern sehr mit ihrer überwiegend klein- und kleinstbürgerlichen Herkunft zusammen. In die Mission zu gehen bedeutete für sie sozialen Aufstieg.[28] Besonders, aber nicht nur jene aus englisch- oder schottisch-protestantischem Milieu hatten oft harte Verhältnisse und «Zucht» hinter sich. Es schien ihnen normal, diese nun auch auf andere, Schwächere zu übertragen, so wie sie in ihrer Kindheit und Lehrzeit die Schwächeren gewesen waren.

Wir lesen im Tagebuch eines der berühmtesten deutschen Missionare, Carl Hugo Hahn, damals in der Rheinischen Mission, unter dem Datum des 1. Dezember 1844: «Eine unverschämte Dirne, die uns als Diebin bekannt war, wollte abends nicht weggehen… Es blieb nichts übrig, als die Zuflucht zum Sjambok zu nehmen, dessen Einsprache sie sich auch nicht widersetzte.» Mit anderen Worten: Die Afrikanerin wurde vom Gottesmann hinweggeprügelt.

Am 3. März 1846 notierte Hahn: «Diesen Morgen ertappte ich Markus, indem er Maria auf eine unzüchtige Weise anfaßte, und sie darüber lachend. Ich beschämte sie. Markus aber wandte sich zu den Umstehenden und lachte. Erzürnt darüber, nahm ich den Sjambok und gab jedem einige derbe Hiebe.» Da überrascht es kaum, daß dieser Vertreter des aktiven Christentums sogar «Sjambok und Theorie des Gebrauches» schrieb, am 2. Februar 1846: «Diesen Abend sah ich mich genötigt, mit dem Sjambok zu drohen, wenn sie nicht besser die Fragen beantworten würden.» (Es ging um seinen offenbar mühsamen Unterricht unter den «Bergdamara» über die biblische Schöpfungsgeschichte.) «‹Welch ein Barbar›, würde man in Europa ausrufen, ‹der den Sjambok in den Gottesdienst nimmt!› Jawohl, es ist barbarisch genug, aber dennoch will ich lieber barbarisch ihnen Gottes Wort einbleuen, als daß sie wie Stock und Stein dasitzen und nichts wissen. Sie werden's mir in der Ewigkeit nicht danken, wenn ich mit ihnen recht ‹zivil› umgehe.»

Folgerichtig besagte auch die Tagebucheintragung des nächsten Tages: «Meine Einleitung vor dem Abend-Gottesdienste war ungefähr diese: Seht, da liegt der Sjambok. Ihr wollt weder hören noch Gottes Wort behalten, obwohl wir's euch wieder und wieder erzählen. Jetzt sollt ihr fühlen, wenn ihr nun nicht aufpaßt. Ich bitte euch aber, laßt es nicht dahin kommen.» Später hat Hahn diesem Eintrag noch hinzugefügt: «Das wäre eine gar zu große Schande für mich etc.» Auch sonst inspirierte ihn die Lektüre seiner Eintragungen zu Erläuterungen wie – hinter der «Theorie» des Sjambok-Gebrauchs –: «scheint in der Verzweiflung geschrieben zu sein». Manchmal hatte er Gewissensbisse, wie nach der Verprügelung von Markus und Maria (und der Umstehenden?): «Die Schläge, meine ich, ließen sich wohl vor dem Herrn verantworten, aber daß ich sie im Zorn, im gekränkten Selbstgefühl gab, das schmerzt mich. Ach, daß ich doch lernte, die Sünde scharf [zu] rügen, auch selbst durch Schläge, und dabei doch die armen Sünder lieb hätte. Und sehe ich noch dabei mein eigenes Herz voll Greuel, Unreinigkeit und Rebellieren gegen den Herrn, dann möchte ich mich in die Erde verkriechen. Ach, Herr, vergib mir in Gnaden auch diesen Ausbruch meines alten, hochmütigen, noch immer nicht bezwungenen Adams.»

Im Jahre 1910 konnte man schon nicht mehr von den Missionaren der ersten Welle sprechen. Da waren schon besser Ausgebildete am

Werk. Doch dem Tagebuch der Station Fort Jameson läßt sich unter dem Datum vom 5. Dezember 1910 entnehmen, daß ein Nsenga, der einen Gottesdienst gestört hatte (wie, wurde nicht gesagt), vom anglikanischen Missionar zehn Peitschenhiebe bekam.[29] «Ehebrecher», Prostituierte und Zuhälter wurden ebenfalls verprügelt.

Man hätte annehmen können, daß Missionare nicht nur nicht prügeln, sondern die Auspeitscherei als Unterdrückungsmittel bekämpfen würden. Dazu hätten sie besonders in den deutschen Kolonien Gelegenheit und Grund genug gehabt – Prügeln war eine berüchtigte deutsche Kolonialspezialität. «Keine Studie der deutschen Verwaltung kann überhaupt die Wirklichkeit widerspiegeln, wenn sie nicht den Horror fast unbeschränkten Prügelns hervorhebt», sagt John Iliffe[30]. Allein 1911/1912 verhängten die «Eingeborenengerichte» in Deutsch-Ostafrika knapp 6000 Prügelstrafen. Aber auch die deutschen Siedler beriefen sich auf ein angebliches «Züchtigungsrecht». Von 1909 bis 1911 verurteilte das Provinzgericht in Daressalam 27 Deutsche wegen Brutalität zu belanglosen Strafen – «lächerlich gering» fand sie Gouverneur Rechenberg. Missionarische Proteste dagegen sind nicht überliefert, auch keine wirkungsvolle Kampagne ihrer Hilfs- und Fördertruppen in Berlin. Aber warum auch, wenn Weiße in den deutschen Kolonialgebieten grundsätzlich nur leicht bestraft wurden, was immer ihre Missetat an Farbigen gewesen war, während Einheimische schon für angeblichen, nicht bewiesenen Viehdiebstahl gehängt wurden. «Die schwarzen Menschenleben wogen nicht viel vor den deutschen Unrechtsgerichten. Der deutsche Missionar Vedder aber scheute sich nicht zu sagen, ‹Viehdiebstähle werden gerecht bestraft›.»[31]

Terror und Völkermord an Indianern

Etwa um 1880 zog wieder einmal, und nicht zum letzten Mal, eine Expedition ins Amazonasgebiet, um es für die «moderne» Wirtschaft zu erschließen und die dabei störenden Indianer zu vertreiben. Besser sollte ich gleich sagen: zu beseitigen. Die Expedition war natürlich bewaffnet. Originell erscheint uns vielleicht, wer sie befehligte. Es war ein katholischer Missionar, P. Gabriel Sala.[32] Das war in Peru. Kurz vorher hatte auch in Südargentinien ein Ausrottungsfeldzug gegen Indianer stattgefunden, offenbar ohne Anwesenheit von Missionaren. Doch ist unmöglich, daß die Kirchen nichts davon wußten.

Lateinamerika ist das riesige Gebiet, wo der europäische Kolonialismus schon lange verheerend wütete, bevor er die beiden anderen großen Kontinente in seine Gewalt bekam. Die katholische Kirche war eifrig mit von der Partie. In der Neuen Welt führte das iberische Bündnis von Schwert und Kreuz zur Ausrottung, Unterwerfung und Vergewaltigung ganzer Völker, in fürchterlicherem Stil, als von irgendeiner anderen religiös motivierten oder verbrämten Aufwallung in der Alten Welt zu sagen wäre. In diesem Bunde hausten die Christen in Südamerika besonders unchristlich – nicht nur die spanischen und portugiesischen Soldaten, Beamten und Siedler, sondern eben auch die Kirchenmänner, und in ihren Foltermethoden waren sie durchaus erfinderisch.

Die Proteste von manchen unter ihnen, wie Bartolomeo de las Casas, die heute gern angeführt werden, um eine Tradition kirchlichen Protestes oder gar Widerstandes gegen staatliche Terror- und Willkürherrschaft zu behaupten, erscheinen belanglos, verglichen mit der Mitwirkung mächtigerer und mit der Macht verbundener Kirchenmänner bei Völkermord und Drangsalierung. Diese segneten (bzw. betrieben selbst aktiv) ja nicht nur die Gewalt, mit der Spanier und Portugiesen der ansässigen Bevölkerung, soweit sie sie nicht vernichteten, ihr Land und ihre Bodenschätze wegnahmen. Sie brachten auch im Namen des Christentums Gewalt mit.

Die Besatzer, ihre Kirchenmänner eingeschlossen, verübten wahre Peitschenorgien. Der Jesuit João Daniel wetterte zwar gegen die Grausamkeit, mit der portugiesische Siedler die Indianer «wie wilde Tiere» behandelten und sie «töteten, wie man Moskitos erschlägt»[33]. Im allgemeinen hätten sie ihre Haustiere besser behandelt als ihre indianischen Sklaven, und sie vergewaltigten die Indianerinnen «brutal, lasterhaft und monströs, ohne Furcht vor Gott oder Scham vor den Menschen». Er hatte den Eindruck, ihr Gewissen sei «auf der Überfahrt über den Atlantik ertrunken oder in den Ozean erbrochen worden». Aber er war durchaus Anhänger der Praxis, den Indianern lieber Furcht einzujagen, als ihnen Respekt abzunötigen, ihm erschien Peitschen besser als Reden, und er – wie viele andere – handelte auch so. Indianer brachten den Missionaren nicht genug Fisch zur täglichen Mahlzeit – sie wurden verprügelt.[34] Sie wollten die Geheimnisse ihrer medizinischen Kräuter nicht verraten – sie wurden ausgepeitscht, ohne Erfolg. «Auspeitschen ist die praktischste und angebrachte Strafe für Indianer. Alle, die mit ihnen zu tun haben, wissen, daß eine Strafe von nur 40 Hieben empfohlen wird, und das ist, was Missionare gewöhnlich austeilen.» Wenn die «Verbrechen» schwerer seien, könne die Strafe mehrere Tage lang wiederholt werden, in Verbindung mit Einsperren...

1908 wurde in der königlichen Bibliothek Kopenhagens ein dickes Manuskript aus der Versenkung geholt, das ein indianischer Christ von hohem weltlichen Rang 1614 verfaßt und selbst mit Zeichnungen illustriert hatte.[35] Es war, oft in sarkastischer Form, eine lange Abrechnung mit den spanischen Besatzern und ihren Missetaten. Die Missionare hatten daran gebührenden Anteil. Guaman Poma beschreibt darin den Missionar Andamarco, der «so cholerisch und stolz war, daß er als einen Fehler ansah, wenn ein Indianer oder eine Indianerin schön frisiert war oder ein neues Gewand trug. Er ließ ihn nackt ausziehen, so wie die Mutter ihn geboren hatte, und gab ihm viele Peitschenschläge, verbrannte ihn mit glühenden Agavespitzen; er band ihn mit den Gliedern auf vier Pflöcke und schlug ihn bis aufs Blut, dann ließ er ihn mit Talg, Urin, Salz und scharfem Pfeffer einschmieren.»[36] Unter den Abbildungen finden sich viele (auch wiedergegeben bei Prien[37]) von Grausamkeiten der Jesuiten. So wurden Indianer als Buße für «Verbrechen», die sie in der Beichte gestanden hatten, nackt auf Lamas gebunden und ausgepeitscht oder an den Füßen aufgehängt und dann geschlagen.

In den Missionssiedlungen im Hinterland von Bahia, in die der portugiesische Gouverneur Mem de Sá 1558 die unterworfenen Indianer getrieben hatte, übten die Jesuiten weitgehende Hoheitsrechte aus, auch das Strafrecht. Dort ist vorgekommen, daß ein afrikanischer Sklave zu Tode gepeitscht wurde[38], und «derselbe Pater Leitao, der hierfür verantwortlich war, bestrafte persönlich einen Indianer für eine Nichtigkeit, indem er ihn mit einem Vieheisen brannte» (Sklaven wurden die Zeichen ihrer Herren eingebrannt). Auch in den Siedlungen der Jesuiten waren Sklaven mit Fußschellen aneinandergekettet, was der Ordensgeneral Francisco de Borja schließlich verbot.[39]

Die iberische Gewaltherrschaft, zu der die Kirche aktiv beigetragen hat, griff in ihren Grausamkeiten gegen die Indianer, wie Gilberto Freyre sagt, auf «Torturen aus dem klassischen Altertum» zurück, «die sie den Bedingungen der Wildnis anpaßten»[40]. Eine solche bestand darin, das Opfer an zwei Pferde zu binden und diese dann in entgegengesetzte Richtungen zu treiben, bis es zerriß. Im Norden Brasiliens ersetzte man die Pferde durch Kanus, die so lange voneinander wegruderten, bis die gleiche Wirkung eintrat. Die Portugiesen ließen auch Indianer vor die Mündungen von Kanonen binden und so zerfetzen; solche Praktiken gab es aber, entgegen Freyres Meinung, in der Kolonialismusgeschichte nicht nur bei den Portugiesen. Hier waren sie bei «gerechten» Kriegen gang und gäbe, die von der Kirche und der Krone ausdrücklich erlaubt waren und der «Bestrafung» angeblich aufsässiger Indianer dienten, hauptsächlich aber der Beschaffung von Sklaven für die portugiesischen Siedler, wobei nur die Hälfte oder ein Drittel von ihnen die Märsche überlebten.

Die Spanier waren nicht besser als die Portugiesen, und man kann nicht genug daran erinnern, daß die Iberer von der vorgefundenen Bevölkerung Mittel- und Südamerikas viele Millionen umgebracht haben. Las Casas sprach von mehr als fünfzehn Millionen, die westindischen Inseln mitgerechnet. Enrique Dussel veröffentlichte in seiner «Geschichte der Kirche in Lateinamerika» eine Tabelle, die den Rückgang der Bevölkerung nur in einigen Regionen Mexikos von 1532 bis 1608 erfaßt: von 16,8 Millionen auf weniger als 1,1 Millionen.[41]

Der gewaltige Bevölkerungsverlust des gesamten Kontinents und der Karibik geht sicher nicht nur auf direktes Töten zurück – im Gefolge der Fremdherrschaft brachen durch eingeschleppte Krankheiten immer wieder katastrophale Epidemien aus, gegen die die Indianer keine Abwehrstoffe hatten. Die ungewohnte, von den Besatzern erzwungene Schwerarbeit tat das ihre, die Widerstandskraft der Indianer zu schwächen. Am direkten Zusammenhang zwischen der Besatzung und dem Wegsterben der Bevölkerung ist nicht zu rütteln.

Mit der zwangsweisen Einführung christlicher Riten ging die brutale Unterdrückung der einheimischen Religionen und Glaubensformen als «Götzendienst» Hand in Hand. Das war, von heute aus gesehen, wohl der infamste Verstoß gegen christliches Ideal überhaupt. Wer nicht Christ sein wollte, sondern seinem alten Glauben anhing, riskierte Schlimmes, bis zum qualvollen Tod. Dafür sorgte dann auch die Inquisition. Ihre Missetaten (in europäischer Literatur etwas unterbehandelt) an Europäern, so greulich sie waren, mögen die Europäer unter sich aufarbeiten. Aber daß die Inquisition gegen die Indianer Amerikas wüten durfte, machte die christliche Lehre für einen ganzen Erdteil zu bitterem, blutigem Hohn. Eine besonders finstere Rolle spielte dabei der Franziskaner Diego de Landa, Provinzial von Yukatan.

Indianische Jungen hatten im Mai 1562 in der Provinz Mani in einem Keller Götzenbilder, Figuren und Gerippe entdeckt und dies dem Guardián des Klosters von Mani gemeldet. Der verständigte de Landa und wurde von ihm beauftragt, die Sache genauer zu untersuchen. Nun wurden Hunderte von Indianern «verhört», zu deutsch gefoltert, bis sie gestanden, am «Götzendienst» teilgenommen zu haben. Daraufhin wurden sie ausgepeitscht, oft auch zu Geldstrafen verurteilt. Mit «kleinen Sündern» wurde kein großer Prozeß gemacht, sondern wie beschrieben verfahren. Die «größeren», überwiegend angesehene Indianer, wurden dem Inquisitionsgericht zugeführt, was bedeutete, daß sie schlimmer gefoltert und fürchterlicher geprügelt wurden. Hundert bis zweihundert Peitschenhiebe waren die Regel, nicht wenige starben an den Folgen.

Die häufigste Foltermethode war, die Opfer an den Handgelenken aufzuhängen; wenn sie nicht gestanden, wurden ihnen schwere Steine an die Füße gebunden, dann wurden sie geschlagen, oft wurde ihnen geschmolzenes Wachs auf die Haut gegossen. Auch die Wassertortur[42] wurde angewendet. Die Suche nach «abtrünnigen» Heiden wurde auch auf die Provinzen ausgedehnt; allein in der Provinz Mani wurden im Jahr 1562 mehr als 4500 Frauen und Männer gefoltert[43], wobei 157 umkamen, 6330 wurden ausgepeitscht – wie gesagt, ebenfalls häufig mit Todesfolge.

Zwar traf bald darauf der erste Bischof von Yukatan ein, Francisco de Toral, womit de Landas Vollmacht als «kirchlicher Richter» erlosch; de Toral mißbilligte die Anwendung der Folter. Aber Landa wurde 1569 vom franziskanischen Provinzial für Kastilien, dem der für Übersee zuständige Indienrat die Entscheidung übertragen hatte, voll gerechtfertigt. 1572 nominierte ihn König Philipp II. gar zum Nachfolger de Torals als Bischof von Yukatan.

Das ist nur eine solcher Episoden. Für Indianer, die offen an ihrem alten Glauben festhielten, verordnete das Erste Konzil zu Lima Auspeitschung, meist fünfzig oder hundert Hiebe, die für Indianer als besonders erniedrigend geltende Haarschur, Einschließung in den Fußbalken und Geldstrafen. 1619 wurde in Lima ein Sondergefängnis für «heidnische» Priester eingerichtet, das, wie Münzel sagt, «in seiner Funktion etwa mit Umerziehungs- und Vernichtungslagern für christliche Priester nach der [bolschewikischen] Oktoberrevolution verglichen werden kann. Erst in der zweiten Hälfte des 17. Jahrhunderts gaben die christlichen Fanatiker schließlich teilweise nach angesichts der Erfolglosigkeit ihres Kampfes, indem sie wichtige Teile der indianischen Religion zum harmlosen ‹Aberglauben› (anstatt wie vorher: gotteslästerlicher ‹Götzendienst›) umdefinierten.»[44]

Noch von 1655 freilich stammt ein Bericht, daß der Mönch Salvador de Guerra in Oraibi einen Hopi-Indianer beim «Götzendienst» angetroffen und ihn in Anwesenheit der Dorfbewohner ausgepeitscht habe, «bis er vor Blut triefte, ihn dann mit Öl übergoß und anzündete»[45]. Also wundert wohl niemanden die Aussage: «Furcht vor Zwangsarbeit und religiöser Verfolgung trieb Tausende in abgelegene Bergregionen. Die Kolonialzeit war durch Mobilität einer Bevölkerung gekennzeichnet, von der große Teile sich ständig auf der Flucht befanden.»[46] Auf der Flucht vor Christen.

Die mögen sich dann wohl gewundert haben, warum in südamerikanischen Bauernaufständen des 18. Jahrhunderts auch Kirchen gestürmt und zerstört wurden. Die blutige Niederschlagung dieser Aufstände durch systematischen Terror genoß wiederum aktive Hilfe und den Segen der katholischen Priesterschaft. Die Spanier brachten, berichtet Münzel[47], in den Provinzen die Indianerfrauen um und verwüsteten die Gegenden, aus denen die Aufständischen Unterstützung erhielten.

Ohne Segen hat bekanntlich die gesamte Eroberung Südamerikas nicht stattgefunden. Die Invasionstruppen wurden von Priestern begleitet. Bevor Francisco Pizarro 1533 in Caxamalca (Peru) den Inka Atahualpa gefangennahm, nachdem die Spanier aus ihrem Hinterhalt heraus seine Begleitung niedergemacht hatten, war dem Inka der Dominikaner Vincenz von Alverde entgegengetreten. In der einen Hand hielt er ein Kruzifix, in der anderen sein Brevier (nach anderen Berichten eine Bibel). Er sagte (so schildert es Prescott[48]), er wolle dem Inka die Lehren des wahren Glaubens auseinandersetzen. Er erzählte ihm eine höchst geraffte Version der Kirchengeschichte bis hin zu den Päpsten, von denen einer den mächtigen spanischen Monarchen beauftragt habe, die westliche Welthälfte zu erobern und zu bekehren. Der Inka solle den Irrtümern seines Glaubens abschwören und den Glauben der Christen annehmen; nur so könne er hoffen, gerettet zu werden. Außerdem solle er sich als Tributpflichtiger des Kaisers Karl V. bekennen, der ihm dann als seinem treuen Vasallen helfen und ihn beschützen würde. Der Inka antwortete, daß er dazu keine Veranlassung sehe, und fragte, auf welche Autorität denn der Mönch seine Rede stütze. Der gab ihm das Buch, das der Inka zornig auf die Erde warf. Atahualpa verlangte, daß sich die Spanier für ihr schlechtes Benehmen in seinem Land entschuldigten. Der Mönch lief darauf zu Pizarro, berichtete ihm, was vorgefallen war, und rief, daß sich der Platz mit Indianern fülle, «während wir uns in Reden mit diesem stolzen Hund erschöpfen. Stürzen Sie sich auf ihn – ich gebe ihnen Absolution!» Darauf begannen die Spanier das Gemetzel.

Als der Hinterhalt vorbereitet war, hatten die Priester, die Pizarro begleiteten, feierlich die Messe gelesen. Prescott: «Man flehte den Gott der Schlachten an, sein Schild über die Soldaten zu halten, die kämpften, um das Reich des Kreuzes zu vergrößern. Und voller Enthusiasmus sangen alle vereint ‹Exsurge Domine›. Man hätte gesagt, eine Schar von Märtyrern bereite sich vor, ihr Leben für die Verteidigung ihres Glaubens zu lassen – und nicht eine Bande lasterhafter Abenteurer, die einen der grausamsten Akte der Perfidie im Schilde führten, an die sich die Geschichte erinnert ...»[49]

Wie sich Ordenspriester als Militärkaplane auf den Eroberungszügen in den verschiedenen Teilen des Kontinents benahmen, war naturgemäß kein besonders glücklicher Auftakt für christliche Missionsvorhaben. Prien weist darauf hin, daß nicht alle Mission in Amerika «Schwertmission» gewesen sei[50] – ein Hinweis, der natürlich stimmt, aber, gemessen an der Regel, fast makaber ist. Er sagt selbst, daß es da «gelegentlich an mehr oder weniger direkter militärischer Rückendeckung durch Errichtung von Grenzstützpunkten oder auch durch militärischen Geleitschutz nicht fehlte»[51]. In der Tat beschreibt Herring in seiner Geschichte Lateinamerikas die franziskanischen Missionen in Kalifornien deutlicher, «in erster Linie Militärbastionen, die jene spärlich bevölkerte Wildnis gegen Spaniens Rivalen verteidigen sollten. Die Ruinen der befestigten ‹Presidios› erinnern uns heute daran, daß die Mission nicht nur den Indianer vor der Sünde retten, sondern Spaniens Herrschaft über sein weitgespanntes Reich schützen sollte.»[52]

Die Eroberung Brasiliens durch die Portugiesen hatte nicht einen solchen Feldzugcharakter wie die spanische der übrigen Länder. Brasilien wurde, wie Prien sagt, «schrittweise durch Raubzüge ins Landesinnere erschlossen»[53]. Das währte bis ins 19. Jahrhundert und war für die Indianer nicht weniger vernichtend. Diesen Zügen widersetzten sich zwar verschiedene Male die Jesuiten, aber die meisten fanden die Billigung der Missionare.

Wie friedfertig, passiv, gar unterwürfig manche Indianerstämme auch beschrieben werden – um ihren Willen zu brechen, bedurfte es des bewaffneten Zwangs: Versklavung, Zwangsumsiedlung, Zwangsarbeit, Zwangstaufe, Zwangsregime mit harten Strafen in Missionsdörfern. Gouverneur Mem de Sá trieb um 1561 Tausende von Indianern nahe Bahia in die «Aldeias» der Jesuiten. Indianer, die an ihren alten Festbräuchen festhielten, bedrohte er mit der Verbrennung ihrer Hütten. Der Jesuitenpater Francisco Pires sagte dankbar: «Seit kurzem ist hier das Recht eingekehrt, mit dem nackten Schwert und dem Kriegslager, durch den guten Eifer des Gouverneurs Mem de Sá. Daher sind sie alle friedlich. Und da sie nun physisch Frieden haben, arbeiten wir, ihnen den geistigen zu geben.» Der Jesuit Anchieta schrieb: «Für diese Leute gibt es keine bessere Predigt als mit dem Schwert und der eisernen Rute.»[54]

Für Nordamerika ist die Ausrottungspolitik der Europäer heutzutage mindestens ebensogut dokumentiert wie die in Lateinamerika, aber die Verstrickung der Missionare genoß im allgemeinen weniger Aufmerksamkeit. Hall[55] verweist auf den Reverend Samuel Stoddard aus Northampton, der 1703 befürwortet habe, die Indianer mit Hunden zu jagen und sie wie Wölfe zu behandeln. In Kanada führten die Franzosen Krieg gegen die Irokesen, und die Jesuiten standen ihnen in nichts nach. Die Irokesen ließen sich nicht bekehren. So «entdeckten» die Jesuiten, daß schwere Folter den Widerstand der Indianer doch gelegentlich brach.[56] Einer der ersten jesuitischen Missionare in Kanada, Pater Jérôme Lalement, schrieb 1660: «Wer hätte geglaubt, daß die Qualen des Feuers Irokesen den Weg zum Himmel öffnen und daß diese Feuer das sicherste Mittel sind... so sicher, daß wir noch fast keinen Irokesen brennen gesehen haben, von dem wir nicht geurteilt hätten, daß er auf dem Weg ins Paradies sei, und wir haben bei keinem von ihnen geurteilt, daß er sicher auf dem Weg ins Paradies sei, den wir nicht durch diese Marter gehen sahen.»[57]

Als Papst Johannes Paul II. am 15. September 1987 in Phoenix (USA) eingestand, bei der Christianisierung der amerikanischen Ureinwohner seien «schwere Fehler» gemacht worden und nicht alle Christen seien ihrer Verantwortung gerecht geworden[58], war das wohl die Untertreibung des Jahrtausends. Immerhin räumte der Papst ein, für die Indianer habe die Begegnung mit den Europäern kulturelle Unterdrückung, Ungerechtigkeit und die Zerstörung ihrer Lebensweise und Gesellschaftsform bedeutet. Wie gezielt die Indianer in allen Teilen Amerikas umgebracht worden waren, erwähnte er nicht. Hingegen bezeichnete er das Wirken der Missionare in Amerika als einen «tief positiven Aspekt». Darüber läßt sich sehr streiten; ich denke, in diesem Buch werden Sie noch manches Argument für diese Debatte finden.

Die furchtbarsten Zeiten für die Indianer sind vorbei, möchten wir meinen. Keineswegs vorbei ist in Lateinamerika, daß sie noch immer der Gewalt der Weißen ausgesetzt sind, daß sie bis in unsere Gegenwart brutal behandelt und nach Kräften ausgerottet wurden und daß an dieser Gewalt Missionare Anteil hatten und weiterhin haben. Claude Lévi-Strauss schrieb schon 1955 in «Tristes Tropiques» über die amerikanischen protestantischen Missionen, die in den dreißiger Jahren unseres Jahrhunderts ins Innerste des Matto Grosso einzudringen versuchten, sie seien von «abstoßender Härte und Brutalität»[59] gewesen. Und in «The Missionaries» beschrieb Norman Lewis 1988, wie die Missionare der amerikanischen New Tribes Mission und des Summer Institute of Linguistics den Regierungen halfen, die Indianer aus ihren letzten Stammgebieten zu vertreiben.

Lewis hatte 1968 in der Londoner «Sunday Times» mit einer detaillierten und belegten Enthüllung des brasilianischen Völkermordes an den Indianern weltweit Aufsehen erregt. Die Regierung kündigte Abhilfe und Aburteilung der Schuldigen an; gehört wurde nichts mehr davon. Die damalige Bilanz war, daß nur noch etwa 50 000 bis 100 000 Indianer in dem Land lebten, in dem die Portugiesen seinerzeit fünf bis sechs Millionen vorgefunden hatten.

Indianermord fand nicht nur in Brasilien, sondern auch in Bolivien und Paraguay statt. Einige Beispiele, die damals sogar die brasilianische Regierung selbst mitteilte: Von 19 000 Munducurus, die in den dreißiger Jahren gezählt wurden, lebten nur noch 1200, von 5000 Guarani noch 300. Von vielen Stämmen existierte nur noch eine einzige Familie. Die Indianer waren von Mitgliedern des amtlichen Schutzdienstes umgebracht worden, dem sie anvertraut waren, von Pflanzern, die sie von ihrem Land vertreiben wollten und dabei viele einfach erschossen, oder auch von Soldaten und Polizisten. Zum Teil erlagen sie in Lagern Krankheiten, gegen die sie in ihren Wäldern keine Abwehrstoffe gebildet hatten, andere wurden systematisch durch vergiftete Lebensmittel oder Medikamente getötet. Wieder andere waren gefoltert, vergewaltigt und dann umgebracht worden. Der Katalog der Abscheulichkeiten war lang. Schließlich stellte sich heraus, daß es fast durchweg Mitwisser all dieser Greuel gab, darunter diejenigen, die sie aus ihrem Wald lockten: Missionare.

Diese Missionare des aggressiven, «modernen», überwiegend nordamerikanischen Typs sind, wie schon erwähnt, eine andere Kategorie als jene, sagen wir konventionelleren, die vom 18. Jahrhundert an das Bild der Kolonialmission bis in unsere Zeit hinein prägten.

Verglichen mit den Missionaren der neueren Welle, waren sie geradezu gemütliche und verständnisvolle Partner der «Eingeborenen». Der neueren Welle gehören überwiegend Protestanten an, Fundamentalisten, die noch unduldsamer sind, was traditionelle Kulturen und Traditionen der «Heiden» anbelangt, und von außerordentlicher Skrupellosigkeit der Mittel. Es handelt sich hauptsächlich um die New Tribes Mission (NTM), die Wycliffe Bible Translators und deren «Tochter» Summer Institute of Linguistics. Diese Organisationen sind wesentlich reicher als die traditionellen und verbinden ihre Missionstätigkeit mit der Propagierung des amerikanischen «way of life»; sie werden immer wieder beschuldigt, zuallererst die Interessen der USA zu vertreten, möglicherweise sogar in Abstimmung mit dem CIA. Sie halfen besonders lateinamerikanischen Regierungen, bei ihren Programmen zur wirtschaftlichen «Erschließung» Ländereien und Wälder von Indianern zu «säubern».

Da Indianer die moderne Wirtschaft immer zu stören scheinen, wünschten lateinamerikanische Grundbesitzer, Bodenspekulanten, Abenteurer aller Art, die sich in den Wäldern betätigen wollten, letzthin auch Goldgräber, sie buchstäblich zum Teufel. Die erwähnten Missionen brachten sie oft aus ihrem Heimatgebiet in Lager, um sie aus dem Weg zu räumen. Nach der neuprotestantisch-fundamentalistischen Lesart kann Indianern nichts Besseres passieren, als möglichst schnell umzukommen – gerade noch getauft natürlich. Im brasilianischen Skandal des Jahres 1968 ist nachgewiesen worden, daß die Indianer in Missionslagern oder in Arbeitslagern bei Grundbesitzern, wohin sie die Missionare vermittelt hatten, scharenweise gestorben sind; die Missionare versuchten nicht einmal, sie zu retten. Als publik wurde, wie sehr Folterung und Ermordung der Indianer zu diesem System gehörten, wies Brasiliens führende Zeitung «O Globo» darauf hin, daß an allen Stätten des Greuels auch Missionare zugegen waren. «Es war die Politik der Missionen zu ignorieren, was vor sich ging.» In einem Fall befand sich das Missionshaus neben der Hütte, in der Indianer gefoltert wurden, indem man ihnen die Füße zwischen Holzklötzen zerquetschte. «Die kleine Lichtung, in der Missionshaus und Regierungshütte nebeneinanderstanden, muß voll von ihren Schreien gewesen sein. Wo waren die Missionare?»[60]

1990 zeigte die BBC-Fernsehserie «Missionaries» das Schicksal der Yuqui in Bolivien. Diese waren bis vor kurzem einer der letzten noch freien, kleinen Stämme Lateinamerikas. 1950 gab es noch ein paar Tausend von ihnen, heute sind es nur noch ein paar Hundert. Die New Tribes Mission hatte sich ihrer «angenommen», um sie zu «retten», und sie mit allen möglichen Mitteln aus dem Wald heraus ins Missionslager gebracht. «Die Tragödie für die Yuquis ist heute, wie für die Fueger [Indianerstamm] gestern, daß es keinen anderen Ausweg für sie gibt als den ins Lager der Mission – oder den ins Grab.»[61] Aber das Lager der Mission ist oft nur eine sehr kurze Zwischenstation.

Rassendünkel

Echte und Pseudomarxisten glauben nicht an den Rassenaspekt des Kolonialismus, sondern wünschen auch die finstersten Seiten der Kolonialgeschichte durch den Kapitalismus und den Klassenkampf zu erklären. Die Geschichte spricht gegen sie.

Die Behandlung, eher Mißhandlung, die den unterworfenen Völkern widerfuhr, wäre nicht möglich gewesen, wenn die ausschwärmenden Weißen (übrigens von unterschiedlich weißem «Weiß») nicht mehrheitlich der Meinung gewesen wären, die Andersfarbigen seien ihnen nicht ebenbürtig, sondern minderwertig, vielleicht nicht einmal Menschen. Das Gefühl mag nicht schlagartig dagewesen sein, sondern sich allmählich herausgebildet haben in dem Maße, in dem sie ihre eigene technisch-materielle Überlegenheit (nur diese existierte wirklich) begriffen, aus der sie dann auch eine geistige und moralische ableiten zu können glaubten.

Aus den Jahrhunderten, bevor der Kolonialismus Afrika erfaßte und verschlang, gibt es nicht wenige Reisebeschreibungen von Europäern, die im «dunklen» Kontinent das eine oder andere reiche Königreich entdeckten, das sie mit Prachtentfaltung und hoher Zivilisation beeindruckte – etwa im Gebiet des heutigen Mosambik –, weit überlegen dem Niveau der später anrückenden Portugiesen. So erging es auch den Besuchern des Nahen Ostens und des ferneren Asiens. Sie fanden die oft wohlhabenden Völker, die sie kennenlernten, keineswegs rassisch minderwertig. Allerdings machten sie diese Erfahrungen als Einzelpersonen oder in kleiner Gruppe; sie waren nicht die Stärkeren.

Den Wandel der Auffassungen detailliert zu untersuchen ist hier nicht meine Aufgabe. Dieses Buch handelt von den Folgen der späteren Einschätzung. Sie waren im wahrsten Sinn des Wortes einschneidend und zerstörerisch; sie haben die Menschheit verändert. Sie hätten sie vorangebracht, meinen die meisten Weißen. Es ist nicht sicher, ob der Gott, dem sie teils echte, mehr aber Lippenbekenntnisse zollen, das auch so sieht.

Kein Zweifel kann hingegen daran bestehen, daß sich viele seiner Diener auf Erden als Menschen höheren Werts gefühlt haben, ganz wie ihre weltlichen Rassegenossen. Das moralische Rüstzeug lieferte ihnen ihre Religion, gleich welcher Glaubensrichtung: «Heiden» konnten einfach nicht ebenbürtige, gleichwertige Menschen sein.

In Europa wurden weiße «Heiden» und Ketzer früher bekanntlich ebenfalls alles andere als glimpflich behandelt. Manches, was die Europäer den Menschen anderer Kontinente physisch antaten, hatten sie in der Tat schon zu Hause «geübt» – barbarisch in den Anfängen, noch immer skandalös genug bis in die neueste Zeit. Man denke an die Unterdrückung Irlands durch England vom 17. Jahrhundert an bis ins 19., teilweise sogar 20. hinein. Oder an das Schicksal der zu Österreich gehörenden Ungarn, Böhmen, Mähren, Kroaten, Italiener. Oder an die deutschen Vernichtungskriege gegen Polen, Juden und «Zigeuner» unter Hitler. Die hemmungslose Brutalität der weißen Europäer gegenüber anderen Rassen nimmt da nicht wunder. Sie herrschte noch vor, als Hitler bereits ein Kapitel Geschichte war. Sie fand zum Teil ihre «Rechtfertigung» in der christlichen Abscheu vor den «Heiden».

In diesem Buch finden Sie viele Beispiele dafür – die vermutlich schlimmsten stammen aus der iberischen Herrschaft über Lateinamerika –, daß Missionare so gut wie überall und zu allen Kolonialzeiten eng in die Missetaten des Rassismus verstrickt waren und ihn sogar selbst praktizierten. Bei ihnen kam zum Argument des «Heidentums» ein weiteres hinzu, das im wesentlichen auf totaler Unkenntnis der farbigen Völker beruhte: Diese seien wie Kinder. Sie müßten nun erzogen werden. Erzogen ganz wie von Eltern, gar fürsorglichen – in dieser Rolle sahen sich die Missionare damals tatsächlich, nicht wenige möglicherweise noch heute. Wer erzieht, darf auch strafen, wenigstens nach jahrhundertealter Überzeugung.

Vertreter einer Religion, die aus dem «Morgenland» stammt, hätten eigentlich an der Überlegenheit einer bestimmten Rasse über alle anderen zweifeln müssen. Aber viele Missionare, wahrscheinlich die Mehrheit, glaubten, daß die «Adressaten der Mission irgendwie rassisch weniger wertvoll seien». So sagt es das «Lexikon zur Weltmission» unter dem Stichwort «Rassenprobleme in der Mission», leider ohne tiefer schürfende, informatorisch ergiebige Darstellung. Aber es bestätigt: «Diese Annahme verband sich bisweilen mit einer Auslegung von 1 Moses 9,20–27, nach der das jetzige Elend der dunklen Rassen Folge eines göttlichen Fluches ist, oder mit der Auffassung, daß die Verschiedenartigkeit der Rassen in der Schöpfungsordnung begründet sei.»

Letzteres wird sicherlich die Mehrheitsmeinung gewesen sein, zumal Verschiedenartigkeit ja nicht schon automatisch Wertabstufung besagt. Aber praktisch gehandelt haben viele so, als wäre es eine unumstößliche Tatsache. In den Worten des Lexikons: «Diese Ansicht prägte dann auch das Verhalten der Missionare und der Christen im Westen gegenüber den Völkern Asiens und Afrikas, und zwar am Ende des 19. Jahrhunderts viel stärker als an seinem Beginn.» Einer der führenden Köpfe der katholischen Kongregation vom Heiligen Geist (Spiritaner), Francis Libermann, der 1848 mit der von ihm gegründeten Kongregation vom Unbefleckten Herzen Mariens den Spiritanern beigetreten war, glaubte das auch.

Am stärksten hat diese Ansicht, wie alle Welt weiß, Südafrika geprägt, wo Missionare und dann die Kirchen der Buren, voran die Holländische Reformierte Kirche, Stützen des Apartheid-Regimes wurden. Aber Rassentrennung war weder ein Monopol der burischen Südafrikaner, noch haben sie allein damit angefangen.

Die Ausrottung vieler Indianervölker, ihre Versklavung, die Versklavung der Afrikaner, der Handel mit ihnen, ihre Behandlung in der Neuen Welt, wie an den verschiedenen Stellen dieses Buches beschrieben, gingen der Eroberung Afrikas und der pazifischen Inseln und dem Vordringen in Asien weit voraus. Zweifellos haben sie auch das Gedankengut der späteren Missionare beeinflußt. Als Europa sich daran gewöhnt hatte, fremde Völker unmenschlich zu behandeln, um in den Besitz ihrer Länder, Bodenschätze und Arbeitskraft zu kommen, fiel es unserem gesamten «Kulturkreis» mitsamt seinen führenden Kirchen leicht, die so Behandelten wenn schon nicht als Un-, also Nichtmenschen, so doch als Untermenschen anzusehen. Da lag offenbar nahe, die unterwerfende Rasse für wertvoller, für höher stehend zu halten.

Wenn uns schon nicht erstaunt, wieso Männer und Frauen des christlichen Glaubens, noch dazu mit höheren Weihen versehen, das überhaupt je mitmachten, dann dürfen wir uns vielleicht wenigstens wundern, wieso sie so lange in diesem für die Betroffenen tragischen Irrtum befangen blieben. Auch ihnen hätte doch auffallen müssen, was der betroffene Afrikaner so sah: «Das Leben verkündet: ‹Ich hoffe, du bist zufrieden mit dem Wert, den Gott dir zuschreibt, denn in unseren Augen hast du keinen.›»[1] Oder wenn am anderen Ende der Welt die australischen Aborigines noch heute erfahren müssen: «Die Erziehung zum ‹schwarzen Europäer› beginnt mit Demütigungen und endet in der Regel im Abseits der modernen Großstadt. Bald nach den ersten Kontakten muß der kolonisierte Eingeborene feststellen, daß die christlichen Sprüche der Missionare der Wirklichkeit christlichen Zusammenlebens nicht standhalten.»[2]

Im belgischen Kongo, heute Zaire, wurde oft behauptet, es gebe dort keine Rassenschranke, und theoretisch hatten die Afrikaner jede Aufstiegsmöglichkeit. Das stimmt eben nicht; sie wurden gar nicht ausgebildet, um höhere Posten einnehmen und gar in der Staatsverwaltung eine wesentliche Rolle spielen zu können. «Es blieb ungeschriebenes Gesetz, daß alle wichtigen Posten von Europäern besetzt wurden ... Im sozialen Bereich herrschte eine strenge, durch Verordnungen teilweise auch legalisierte Rassentrennung: in den Wohnquartieren, Verkehrsmitteln, Cafés und natürlich im persönlichen Verkehr.»[3] Das begann sich erst 1954 langsam zu ändern – ein paar Jahre vor der Unabhängigkeit des Kongo. In der «belgischen Zeit» war die katholische Kirche fast allmächtig.

So mächtig freilich, um wenigstens einheimischen Geistlichen zur

Gleichberechtigung zu verhelfen, wollte sie nicht sein. Afrikaner mußten, wenn sie wenigstens den gleichen gesetzlichen Status haben wollten wie die Belgier oder andere Weiße, eine «immatriculation» beantragen. Das galt auch für die afrikanischen Priester. Sie war denjenigen Mitgliedern der einheimischen Elite vorbehalten (und wurde höchst sparsam gewährt), die sich völlig in die westliche «Zivilisation» integriert hatten. Sie sollte, wie es in der Präambel des amtlichen Textes hieß, «nur der erste Schritt einer offiziellen Politik» sein, «die rassischen Kriterien…, auf denen jetzt ein großer Teil der Kongo-Gesetzgebung begründet ist, graduell durch solche zu ersetzen, die hauptsächlich den Zivilisationsgrad der verschiedenen Elemente der Bevölkerung widerspiegeln»[4]. Das war 1952!

Die Anerkennungsprozedur war jedoch langwierig und kompliziert. Die Bewerber mußten umfangreiche Untersuchungen ihrer Person und ihrer Lebensumstände über sich ergehen lassen und schließlich vor Gericht (wenn sie verheiratet waren, zusammen mit ihrer Frau) ein ausführliches Kreuzverhör bestehen. In den dreieinhalb Jahren nach Erscheinen der Verordnung wurden in der gesamten, riesigen Kolonie 116 «Haushaltsvorstände» mit diesem Status beehrt.[5] Der spätere erste Ministerpräsident des unabhängigen Kongo, Patrice Lumumba, schrieb 1956/57[6], daß sich die afrikanischen Priester weigerten, sich dieser demütigenden Prozedur zu unterziehen. Sie waren ohnehin die einzigen, denen in der Kolonie bis ganz kurz vor der Unabhängigkeit eine sorgfältige Ausbildung gegönnt worden war. «Nach sechs Jahren Grundschule, sechs Jahren Oberschule, drei Jahren Philosophie- und fünf Jahren Theologiestudium haben die afrikanischen Priester eine völlig europäische Lebensweise. Tag und Nacht teilen sie das Leben der europäischen Priester, mit denen sie in völliger Gleichberechtigung leben… Es ist sehr wünschenswert, daß diese Priester, de facto Assimilierte, bei Vorlage der Dokumente, die ihren Status zeigen, automatisch immatrikuliert werden.»[7] Die Gleichberechtigung war eben allenfalls innerkirchlich.

Von Lumumba wird berichtet[8], daß er als Kind aus einer katholischen Missionsschule rausgeworfen wurde, weil er sich mit einem Mitschüler geprügelt hatte – der hatte behauptet, Gott sei weiß. Lumumba wurde dann von protestantischen schwedischen Missionaren erzogen. Er war ständiges Opfer von Rassendiskriminierung und saß auch mehrfach im Gefängnis. Als er 1960 gegen den Wunsch und die Intrigen der Belgier Ministerpräsident des unabhängigen Kongo geworden war, sprach er in seiner ersten Rede während der Unabhängigkeitsfeier am 30. Juni in Anwesenheit König Baudouins voller Schärfe über den belgischen Kolonialismus. «Von heute an sind wir nicht mehr Ihre Affen» (wie viele Belgier die Afrikaner beharrlich genannt hatten, «macaque» war das Schimpfwort), sagte er, wie der britische Afrikakenner Colin Legum im Vorwort zu Lumumbas posthum erschienenem Buch[9] berichtet. In belgischen Presseberichten fehlte der Satz, vielleicht aus Rücksicht gegen den König, bei dem sich Lumumba am gleichen Abend in einer Erklärung entschuldigte. Und auf einer Pressekonferenz kritisierte Lumumba die katholischen Missionen, die achtzig Jahre lang die Befreiung des Kongos verhindert hätten. Die Weißen, auch die Korrespondenten, waren naiv erstaunt. Daß Lumumba «die katholische Kirche am Kongo mit dem belgischen Kolonialismus identifiziert» habe, sei das «Bedenklichste» gewesen, was er «zur sogenannten geistigen Entkolonialisierung» gesagt habe, schrieb Peter Scholl-Latour[10]. Die anwesenden Afrikaner applaudierten freilich, was sich dieser, auch später als Dritte-Welt-Spezialist auftretende erfolgreiche Autor nur durch «die bestellte Claque» erklären konnte. Als die belgische Fahne von der Botschaft im damaligen Leopoldville niedergeholt wurde, waren die Freudenausbrüche der endlich Unabhängigen für ihn das «Gejohle der Afrikaner» und «die randalierenden Kongolesen».

Im damals britischen Rhodesien, wo bis zur Unabhängigkeit südafrikaähnliche Zustände herrschten, war die Kirche gespalten: Weiß für Weiße, schwarz für Schwarze[11], und die Mehrheit der Kirchenmänner unterstützten die kolonialen Machtverhältnisse mit all ihren Ungleichheiten. In Nigeria trieb die rassistische Haltung von anglikanischen Missionaren manche ihrer bereits gewonnenen afrikanischen Mitarbeiter in die Arme der katholischen Kirche – ihnen waren zu oft Wünsche nach besseren Gehältern mit dem Argument abgelehnt worden, sie wollten ja wie Europäer, sollten aber doch wie «Eingeborene» leben. Professor Ekechi, dessen Buch ich dies entnehme[12], weist jedoch ausdrücklich darauf hin, daß die katholischen Missionen mitnichten freier vom Rassenvorurteil gewesen seien als die protestantischen. Sie hätten es nur besser verhüllt.

Die besondere Loyalität zur eigenen Gruppe, die Menschen eigen zu sein scheint, schleppten natürlich auch die Missionare mit sich herum, obwohl sie als Verbreiter von Gottes Wort eigentlich frei davon hätten sein müssen. «Ein britischer Missionar war geneigt, im Zweifelsfall einem britischen politischen Beamten mehr zu glauben, wenn sein Wort gegen das eines Afrikaners stand.»[13]

Tom Mboya, der erste Justizminister des unabhängigen Kongo, erzählte aus seiner Schulzeit in Kenia – er wollte studieren –, manche Missionare hätten öffentlich gesagt, sie «mochten keine gebildeten Jungen wie uns, da wir anscheinend die Tradition nicht respektierten und gegenüber dem Weißen nicht unterwürfig genug seien. Manchmal mußten wir unsere Haare in Unordnung bringen und unsere Schuhe ausziehen, bevor wir in die Kirche gingen, weil sie sagten, es sei übel und angeberisch, die Aufmerksamkeit der Mädchen zu erregen.»[14]

Selbst in Gegenden wie Madagaskar, wo sie keine Kolonialmacht hinter sich hatten, verhielten sich britische protestantische Missionare (der London Missionary Society) Ende des 19. Jahrhunderts wie die Angehörigen der Herrenrasse. «Der Missionar war der rassisch exklusive und sozial arrogante Herr, der Madegasse sein gehorsames, obgleich manchmal sehr zögerndes Kind.»[15]

Die Geschichte der Deutschen in ihren Kolonien ist ganz wesentlich von Rassendünkel geprägt. Nur manchmal lehnten sich Missionare dagegen auf. Südafrika hat manche seiner skandalösen Rassenregelungen eher von den Deutschen in Südwest übernommen – das Verbot, Afrikanerinnen zu heiraten, gab es dort seit 1905, schon vor der südafrikanischen Apartheid; in Südafrika kam das gesetzliche Verbot der Mischehen 1949. Keine der großen Kirchen protestierte. Die evangelischen Kirchengemeinden im deutschen Südwestafrika verweigerten «halbweißen» Kindern die Aufnahme in die Kindergärten.[16] Die Missionare der Rheinischen Mission redeten zwar dagegen an, entgegen der Meinung so gut wie aller Siedler und der Kolonialregierung, aber ohne Erfolg.

Die evangelischen Pastoren, die unter den Deutschen amtierten, vertraten die Sache der Siedler. Professor Bley zitiert aus einem Vortrag des Pastors Hasenkamp vor der Pfarrerkonferenz in Karibib 1913, «die Staatsräson» fordere das Verbot der Mischehen «zur Reinhaltung und Hochhaltung der Rasse... Allerdings wird durch das Verbot die Entstehung einer Mischlingsrasse nicht verhindert, aber die illegitimen Mischlinge gelten als Eingeborene, können als solche nicht die Rechte der weißen Bevölkerung beanspruchen und können daher der weißen Rasse nicht gefährlich werden.»[17] Die Spaltung der Kirche in Missionskirche als Eingeborenenkirche und evangelische Kirche der Deutschen verhinderte nicht, daß sich die Missionare schließlich den Verfechtern des Rassendünkels unterwarfen. Missionsinspektor Spiecker sprach 1910 schon von Bemühungen um eine «reichstreue evangelische Eingeborenenkirche in Südwestafrika»[18].

Die «Eingeborenenverordnungen» des Gouverneurs Lindequist waren auch schon ein «Paßgesetz», wie lange später in Südafrika als wichtiger Bestandteil der Apartheid praktiziert: Von den Achtjährigen aufwärts mußte jeder Einheimische eine Paßmarke bei sich führen und auf Verlangen der Polizei, aber auch jedem Weißen vorzeigen. Ein Afrikaner ohne Paßmarke durfte nicht beherbergt und verpflegt werden. Jeder Weiße konnte ihn verhaften und zur nächsten Polizeistation bringen. Daran konnte das südafrikanische Regime dann leicht anknüpfen, als Namibia nach dem Ersten Weltkrieg «Völkerbundmandat» in angeblicher Treuhandschaft Südafrikas wurde (südafrikanische Truppen waren schon 1915 einmarschiert). Ab 1922 wurden die Afrikaner, die in der alten deutschen «Polizeizone» lebten, also im weißen Siedlungsgebiet, in Reservate abgeschoben. Neue Kontrollbestimmungen kamen – und Paßgesetze. Auch die auf der «Minderwertigkeit» der Afrikaner basierende deutsche «Eingeborenenerziehung» ging nahtlos in südafrikanische Hände über.

Die evangelische Kirche hat sich spät aufgerafft, diese Vergangenheit einer kritischen Würdigung zu unterziehen. In einer Schrift des Evangelischen Missionswerkes im Bereich der Bundesrepublik Deutschland und Berlin West e. V. schrieb der Referent für das südliche Afrika der Vereinten Evangelischen Mission in Wuppertal,

Siegfried Groth, «daß es vereinzelte kritische Stimmen der Sendboten [Missionare] gegenüber der deutschen Kolonialherrschaft gab... Aber zu einem wirklichen Protest und Widerstand der deutschen Mission kam es nicht. Auch die Geschichte der letzten Jahrzehnte, insbesondere der Zeit der südafrikanischen Rassentrennungspolitik seit Ende der vierziger Jahre, wurde zu einer weiteren Ära der Diskriminierung und Ausbeutung der Namibier. Abermals stellten sich die über 20000 Deutschsprachigen auf die Seite der weißen Unterdrückungsmacht. Die deutschen Missionare, die weithin als Pastoren der deutschen Gemeinde tätig waren, nahmen wie in der Vergangenheit eine Haltung der Neutralität und des Schweigens ein. Damit luden sie neue Schuld gegenüber den Afrikanern... auf sich.»[19]

Das gilt nicht nur für Südwestafrika. Auch in den anderen Kolonien erlagen die deutschen Missionare dem Rassismus, wenn wir nicht sogar annehmen müssen, daß sie ihn von vornherein in sich trugen. Als die Basler Mission in der deutschen Kolonie Kamerun in ihrer Zentrale Bana 1914 ein Missionshaus plante, meinte ein Teil der Missionare, das einheimische Personal müsse aus «sozialen und hygienischen Gründen» getrennt von dem Wohnteil der Missionare untergebracht werden. Außerdem sollte den Afrikanern der Zutritt zum Salon und zur Veranda verboten werden. Der afrikanische Gehilfe und Lehrer Elias Lima, dessen Ansehen unter den Einheimischen die Basler Mission wichtige Erfolge verdankte, wurde von dem Missionar Gottlieb Spellenberg entlassen, weil er ihm zu stolz für einen Afrikaner war, vom örtlichen Häuptling mehr geschätzt wurde als die Missionare selbst und wagte, bei Auseinandersetzungen zwischen den Missionaren selbst aktiv Partei zu ergreifen.

Die deutsche Regierung verfügte 1907, daß Deutsch-Ostafrika kein «Land der Weißen» sein werde, und versprach den Farbigen Gleichheit vor dem Gesetz. Das Versprechen wurde nicht gehalten. Viele Deutsche liefen mit der Peitsche herum. Neue Verordnungen sollten schließlich das Strafrecht der Deutschen gegenüber Afrikanern begrenzen. Die Missionare hingegen beriefen sich mehrfach auf das südafrikanische Modell; 1909 erklärten sie gar, die deutsche Kolonialregierung zerstöre ein Jahrzehnt Missionsarbeit, die Einheimischen «an Disziplin und Gehorsam gegenüber den Europäern zu gewöhnen»[20].

Im Jahr 1733 hatte Georg Schmidt von den Herrnhutern, nachdem er in Holland Holländisch gelernt hatte, für die Reformierte Kirche in der Kapprovinz zu arbeiten begonnen. Er schuf ziemlich schnell eine Gemeinde aus mehreren Dutzend Nama, die er als erwachsene Menschen behandelte und denen er ordentlichen Unterricht gab – daraufhin wurde er nach Holland zurückbeordert und bekam keine Erlaubnis mehr für die Rückkehr nach Südafrika. Die Tradition der Apartheid geht in Südafrika am weitesten zurück. Die alte holländische Ostindiengesellschaft, mit der die weiße Besiedlung der Tafelbucht begann, hatte als erste verboten, Afrikanern Lesen und Schreiben beizubringen. 1806 hatte die britische Regierung das Verbot auf die Missionare ausgedehnt, die außerhalb der Grenzen arbeiteten.

Der südafrikanische Präsident Paul (Ohm) Krüger (1883–1900) bekräftigte: «Die Missionare scheinen vielfach nicht begriffen zu haben, daß die Eingeborenen-Frage für die Buren nicht nur eine religiöse und humane sein konnte, sondern auch eine politische sein mußte. Es kann in Südafrika nur eine Kultur herrschen, die des weißen Mannes, und wo nur eine Handvoll weißer Männer war, um die Hunderttausende schwarzer Eingeborener unter dem Gesetze zu halten, war Strenge notwendig. Der Schwarze mußte wissen, daß er erst an zweiter Stelle kam, daß er zu der untergeordneten Rasse gehört, die gehorchen und lernen muß.»[21] Eine Handvoll gegen Hunderttausende – da war nicht die Rede von der beliebten südafrikanischen Darstellung, die Buren seien schon deshalb im Recht, weil sie ja in einem leeren Land gesiedelt hätten. Allmählich sahen die südafrikanischen Behörden aber doch den Nutzen einer Schulerziehung der «Eingeborenen», allerdings einer, die ihnen ihre Rolle als minderrassige Arbeiterschar für die Weißen einpauken sollte. Das Schulwesen blieb dann bis in die fünfziger Jahre unseres Jahrhunderts fast ganz in den Händen der Missionen.

Als 1953 schließlich der Bantu Education Act in Kraft trat, ein noch einmal verschärftes rassistisches Schulgesetz, wurde er damit begründet, es müßten «einheimische Führer herangezogen werden, die die Apartheid akzeptieren und propagieren»[22]. Die Missionen gerieten unter Beschuß, weil sie mit ihrer falschen Erziehung bei den Afrikanern falsche Erwartungen geweckt hätten. Ausgenommen war die seit langem rassistische Holländische Reformierte Kirche. Deren Gemeinden waren ja auch die frühesten Widersacher der Missionare anderer Bekenntnisse gewesen. Professor Richter erzählte, wie die beiden jungen Berliner Missionare Merensky und Grützner in das Burendorf Leydenburg kamen und der dortige Pastor Merensky aufforderte, an einem Sonntag vor seiner reformierten Gemeinde zu predigen. Da «erklärten diese Missionsgegner: ‹Wenn der Missionar auf der Kanzel gestanden hat, schlagen wir sie in Stücke. Wir wollen nicht, daß ein Mensch, der den Heiden predigt, in unserer Kirche auftritt!›»[23] Ministerpräsident Verwoerd ließ den Missionen nach der Verabschiedung der neuen Schulgesetze kaum eine andere Wahl, als ihre Schulgebäude nunmehr den Regierungsschulen zu überlassen – nur die katholische Kirche weigerte sich. Sie verlor daraufhin alle Schulzuschüsse der Regierung.

Im südafrikanischen System galt die Rassenschranke auch in den meisten Kirchen. Als die Regierung ein Gesetz einbrachte, das Afrikaner ohne Ausnahme am gemeinsamen Gottesdienst mit Weißen hindern sollte, gaben die nichtburischen ihre Zurückhaltung auf und erklärten ihren Widerstand. Die katholische Kirche versprach, die (durchaus vorhandene) Rassendiskriminierung in ihrem eigenen Bereich abzuschaffen, was freilich rund zwanzig Jahre dauerte. 1976 schafften die Katholiken die Rassentrennung auch in ihren Schulen ab, deren Zahl allerdings stark geschrumpft war. Anglikaner und Methodisten folgten.

Über die Burenherrschaft ist, was Rassentrennung und Unterdrückung der Farbigen anbelangt, in den letzten Jahren so ausführlich berichtet worden, daß ich darüber nicht viel zu sagen brauche. Man stelle sich aber vor, was es bedeutete, wenn die Transvaal-Regierung Ende des 19. Jahrhunderts verfügte, auf keiner (weißen) Farm dürften mehr als fünf afrikanische Familien wohnen. Damit sollte erreicht werden, daß sich die Farbigen gleichmäßig in kleinen Gruppen auf das ganze Land und auf die Farmen verteilten, um die Buren gleichmäßig mit Arbeitern zu versorgen. Die Berliner Mission argumentierte, daß das die Auflösung ihrer Missionsgemeinden bedeuten würde, und erreichte, daß sie davon ausgenommen wurden.

Als 1939 Albert Luthuli, damals Vertreter Natals im Christian Council of South Afrika, mit anderen Delegierten zur Internationalen Missionskonferenz nach Madras fuhr, waren die weißen Mitglieder (angeführt von einem Pastor der Reformierten Kirche) in der ersten Schiffsklasse untergebracht, die vier farbigen in der zweiten. Am ersten Sonntag der Reise ging der Reformierte zu den Delegierten in der zweiten Klasse und bat sie, nicht zum Gottesdienst in die erste zu kommen, weil die weißen Passagiere etwas dagegen haben könnten.[24]

Kenneth Kaunda, erster Präsident des unabhängigen Sambia, vormals Nordrhodesien, schrieb 1962, zwei Jahre vor der Unabhängigkeit: «Ich bin in einem christlichen Haus aufgewachsen, und mein christlicher Glaube ist heute ein Teil von mir. Ich habe immer noch die Gewohnheit, Gott im Gebet um seine Lenkung zu bitten. Ich denke, ich habe nie ernsthaft die Wahrheit des Evangeliums bezweifelt. Aber ich bezweifle manchmal im Ernst, daß Gott zu uns wirklich in der Sprache der organisierten Kirche spricht, die ich heute in Nordrhodesien sehe ... Zu meiner Zeit in Lubwa [in der Missionsstation] konnte ich nicht einsehen, warum die europäischen Missionare besondere Sitze in der Kirche hatten und warum Reverend Paul Mushindo [ein Afrikaner] zu Fuß ging oder Rad fuhr, während die Missionare in Autos herumfuhren.»[25]

Helen Joseph, die berühmte weiße Kämpferin gegen die Apartheid, kam 1955 während einer Fahrt durch die Transkei an einem Verkehrsunfall vorbei. Sie und ihre Begleiter brachten die Verletzten und Toten in das nächste Missionskrankenhaus. Dort sagte eine Schwester zur Begrüßung: «Was für Weiße sind Sie denn, daß Sie Ihre Decken zum Zudecken toter Afrikaner hergeben!»[26] Eine der wenigen weißen Ärztinnen, die sich für die Betreuung von Afrikanern in der Ciskei («Bantu-Homeland») abrackerten – sie war die einzige für 250000 bis 300000 Menschen –, berichtete deutschen Besuchern, daß in manchen Gegenden der Ciskei jedes dritte, sonst jedes vierte Kind vor Vollendung des ersten Lebensjahres sterbe, als Folge der Homeland-Politik. Die Ärztin erklärte, wie diese zum Ruin der afrikanischen Familien führe: Die Väter seien zur Wanderarbeit in den wenigen Fabriken am Rand der Ciskei gezwungen, bei Löhnen wie dreizehn DM pro Woche in einer Textil-, fünfzig in einer Fahrrad- und ebenfalls fünfzig in einer Uhrenteilefabrik; also seien auch viele Mütter gezwungen, Arbeit zu suchen.«Die vielen unehelichen Mütter – wenn sie sich nicht umbringen, sondern mit ihren Kindern am Leben bleiben – haben keine Vorbilder und keine Hilfe im Aufziehen ihrer Kinder. Junge Burschen lernen nicht die Aufgaben eines Mannes und Vaters, weil sie selbst keine Väter haben. So gehen die Familien kaputt.»[27] Mit dem Segen der Holländischen Reformierten Kirche, andere sehen nicht hin.

Anfang 1985 warf die «Neue Bildpost», katholisches Radaublatt mit großer Verbreitung auf den Tischen katholischer Kirchen Deutschlands, dem katholischen Hilfswerk Misereor vor, sich mitschuldig zu machen, wenn das letzte Bollwerk der Weißen im südlichen Afrika in kommunistische Hände gerate. Misereor erklärte, das Blatt verschweige seinen Lesern, daß die katholischen Bischöfe Südafrikas sich eindeutig gegen den südafrikanischen Rassismus ausgesprochen hätten. In der zweiten Hälfte des 20. Jahrhunderts haben sich allmählich fast alle christlichen Gruppen vom Rassismus distanziert, aber das bedeutete nicht, daß sie auch energisch und wirkungsvoll dagegen aufgetreten wären.

Hans A. de Boer, engagierter deutscher Christ, besuchte als junger Mann Hongkong. «Ich frage mich nach dem kürzesten Wege zum CVJM [Christlicher Verein Junger Männer]-Haus durch und gelange endlich zu einem stattlichen Gebäude, das auf mich den Eindruck eines großen Hotels für Wehrmachtsangehörige macht. Ich treffe britische, amerikanische und ein paar australische Soldaten, jedoch keinen Chinesen. ‹Der chinesische CVJM ist drüben, ein paar Häuser weiter›, erklärt man mir. ‹Dann will ich hinübergehen, vielleicht herrscht dort nicht ein solcher Hotelbetrieb.› Man schaut mich sonderbar an. ‹Sie wollen doch nicht in das Haus der Chinesen?› ‹Warum nicht?› ‹Das tut man nicht›, bekomme ich zur Antwort, ‹und im übrigen, was wollen Sie dort? Übernachten können Sie da doch nicht.› Und als ich erstaunt frage, weshalb ich als Christ nicht bei chinesischen Christen wohnen sollte, muß ich mich belehren lassen: ‹Es ist laut Regierungsbeschluß einem Weißen verboten, im chinesischen CVJM zu übernachten. Dafür gibt es doch den englischen CVJM.›

‹Kam Christus mit zweierlei Lehre zu den Menschen? Mit einer für die Weißen und einer für die Farbigen? Ist Christus geteilt?› frage ich, aber ich begegne nur verständnislosen Blicken und Kopfschütteln. Ich, der Deutsche und Angehörige einer ehemaligen Feindmacht Englands, werde von den britischen CVJMern überall wie ein Bruder aufgenommen, ohne Ressentiment und ohne Haß. Aber der Farbige, der teilweise sogar auf der Seite der Alliierten im Kriege stand und für sie blutete, ist nach wie vor der Mensch zweiter Klasse, den man mit Wohlwollen und Nachsicht behandelt, der aber nicht ebenbürtig ist und es niemals werden kann, obwohl er einen Paß des Commonwealth besitzt.»[28]

Der Religionswissenschaftler Beetham resümiert für Afrika, aber sicher auch für andere Kontinente gültig, die Schwächen der Kirche in den Augen der Afrikaner: «[Es ist] nicht nur die Ablehnung der Europäer, mit Afrikanern gemeinsam zu beten – oder, wenn es gemischtrassigen Gottesdienst gibt, diese Gemeinschaft auch ins gesellschaftliche Leben auszudehnen. Es reicht zurück zur mangelnden Bereitschaft, die Nachteile anzuerkennen, die mit der Rassentrennung im Bereich des Wohnens, der Schulen, der Annehmlichkeiten verbunden sind – oder, wenn diese anerkannt werden, dem fehlenden Willen, auf politischem Gebiet nachdrücklich auf die Abschaffung der Rassentrennung zu drängen... Die Europäer sind bazillenbewußter denn je. Missionare haben die Gastfreundschaft afrikanischer Familien gemieden aus Angst, das Trinkwasser sei nicht abgekocht. Beinahe sieht es so aus, als würden eines Menschen Erwachsensein und Wahlrecht danach beurteilt, ob er ein Wasserklosett bedienen kann.»[29]

DIE MORALISCHE BOTSCHAFT

Moral setzten die Missionare mit ihrer Religion gleich, so wichtig war sie ihnen – Moral freilich, wie die Kirchenmänner sie verstanden und wie sie sonst in der Welt außerhalb Europas kaum akzeptiert und verbreitet war. Der religiöse Eifer der Christen allein hätte auch nicht ausgereicht, ihre Moralvorstellungen, die einer Minderheit, zwei Kontinenten und zahlreichen Inselvölkern aufzuzwingen. In Asien gelang es ihnen weit weniger, weil sie dort auf ältere, widerstandsfähigere Kulturen stießen und sich bei weitem nicht so der Schützenhilfe durch die Waffengewalt der Kolonialmächte bedienen konnten wie in Afrika, Lateinamerika und in der pazifischen Inselwelt.

Dort aber gelang ihnen, die Moralvorstellungen des Nordens, wenn auch nur einer Schicht Europas, für Millionen Menschen durchzusetzen – zu hohem Preis. Die «Bekehrten» bezahlten die von ihren Völkern keineswegs ersehnten neuen Wertvorstellungen mit viel sozialem Elend und großen Opfern an Gesundheit. Der Preis wirkt um so gewaltiger, als die Missionare meist nur eine Minderheit unter den weißen Kolonialisten waren, die mehrheitlich herzlich wenig von dem vorlebten, was die Patres und Reverends ihren einheimischen Zöglingen einbleuen wollten.

Sittlichkeit zur Ansicht: Die Bekleidung

Fast das einzige, in dem die Missionare völlig mit den anderen Weißen übereinstimmten, aber auch mit der islamischen und asiatischen Welt, war die scheinbar nicht besonders schwerwiegende Frage der Bekleidung. Viele Menschen, zu denen die Missionare kamen, liefen ziemlich oder ganz nackt herum. Das war leicht mit dem heißen Klima zu erklären, in dem sie lebten, aber den europäischen (und später nordamerikanischen) Kirchenmännern ein Dorn im Auge. Ob im 16. Jahrhundert in Brasilien, im 18. und 19. in der pazifischen Inselwelt, im 19. in Afrika: Die Durchsetzung europäischer (meist kleinbürgerlicher) Kleidungssitten war ein Bekehrungswerk, mit dem die Missionare schweren Schaden anrichteten.

Aus dem Brasilien der frühen Missionszeit berichteten die Jesuiten voller Stolz, wie sich die Indianer von ihrem traditionellen Federschmuck trennten, und voller Mißvergnügen, daß jene die Kleider, die ihnen die Missionare aufnötigten, nur als Ornament betrachteten, das sie nach Belieben trugen oder auch nicht. «Zur Hochzeit gehen sie bekleidet. Aber nachmittags spazieren sie nur mit einem Kopfschmuck und sonst nichts am Leibe.»[1] Portugiesischen Siedlern war das nur recht. Bruder Anchieta erzählte, wie er mit seinen Begleitern von einem Siedler bewirtet wurde: Beim Abendessen bedienten «einige schamlos nackte indianische Mädchen».

John Hemming, dem ich diese Episode verdanke, fährt fort: «Es dauerte nicht lange, und die Indianer in den Missionen übertrafen sogar Europäer noch an Prüderie. Doch deren Kleidung zu übernehmen brachte ihnen wenig. Das milde Klima machte unnötig, sich einzuhüllen, und die Indianer hatten pflanzliche Farbstoffe, die sie vor Insekten schützten. Solange sie nackt waren, konnten sie sich oft waschen; sie sprangen jederzeit in die Flüsse. Aber Kleidung mußte mit Seife gewaschen werden und bedurfte dauernder Ausbesserung und Erneuerung. So entstanden neue Bedürfnisse an Seife und Kleiderstoffen, was die Indianer nicht leicht produzieren konnten.»

Zu spät wurde bemerkt, daß diese Veränderung die Gesundheit gefährdete. Die aufgezwungene Bekleidung förderte im heißen und feuchten Klima Haut- und Lungenkrankheiten, die ganze Bevölkerungen dezimierten. In regenreichen Gegenden, besonders in den lateinamerikanischen Regenwäldern, hatte Nacktheit den Vorteil, daß die Indianer bei den häufigen Regengüssen nicht stundenlang naß blieben und sich Erkältungen holten. Aber noch heute versuchen Missionare in ihren Gebieten wie die Jesuiten vor ein paar hundert Jahren, den Indianern die Kleidung der kühleren Welthälfte aufzudrängen.

Es lohnt sich, in Erinnerung zu rufen, daß die Europäer, die damals die Indianer «zivilisieren» wollten, aus einem Kontinent denkbar unhygienischer Verhältnisse kamen. Vom 15. bis weit hinein ins 18. Jahrhundert wuschen sich oder badeten die Europäer so gut wie gar nicht. Bekanntlich (?) hielten die «feinen» Leute an den Höfen für ausreichend, sich mit Parfüm zu beträufeln, allenfalls etwas Alkohol über die Hände zu gießen wie Ludwig XIV. Solche Leute stießen nun auf eine indianische Bevölkerung, die gewohnt war, sich immer wieder in den zahlreichen Flüssen und Bächen Brasiliens zu tummeln und den Körper sauberzuhalten. Chronisten von damals wie Jean de Léry berichteten übrigens, daß sich die Indianerinnen mehr als die Männer gegen die von den Missionaren verlangte Kleidung sträubten: «Da sie zehn- bis ein dutzendmal im Fluß badeten, war ihnen das ständige An- und Ausziehen zu mühsam.»[2] Aus diesem Grund schmückten sie sich auch viel weniger als die Männer. Aber die Missionare ließen nicht locker.

Ebenfalls berühmt oder eher berüchtigt, aber nicht beachtet worden ist, wie dieser spezielle Bekehrungszwang in der Südsee gewirkt hat. Dort trafen die Europäer auf eine besonders lebenslustige, sinnliche Bevölkerung. Deren Pech war wiederum, daß sich ihrer die engherzigen, puritanischen Missionare der London Missionary Society und der Wesleyaner Methodisten annahmen. Sie bewogen die meist barbusigen Frauen und Mädchen, auch den Oberkörper zu bekleiden – mit den gleichen gesundheitlichen Folgen wie in den anderen warmen Klimazonen. In Papua-Neuguinea (damals australische Kolonie) ordnete Ende der dreißiger Jahre unseres Jahrhunderts der australische Gouverneur Sir Hubert Murray an, daß die Einheimischen im Interesse ihrer Gesundheit auch weiterhin ihren Oberkörper nicht bekleiden müßten – eines von nicht sehr vielen Beispielen amtlichen Widerstands gegen die Moralvorstellungen der Missionare.[3]

Als 1820 der russische Seefahrer Bellingshausen Tahiti anlief, trugen schon alle Einheimischen, die es sich leisten konnten, europäische Kleidung. Sonntags zum Gottesdienst setzten die Frauen Hüte auf. Das lange schwarze Haar, das ihnen früher bis zur Taille hing, war abgeschnitten. Blumengirlanden zu flechten war verboten, ebenso wie die einheimischen Tänze und tahitische Musik.[4] Die Oberschicht wohnte nicht mehr in Hütten, durch die von allen Seiten der Wind strich, sondern in geschlossenen Blockhäusern, und sie schlief nicht mehr in Matten auf dem Boden, sondern in Betten.

Um die Frisuren der «Eingeborenen» kümmerten sich die Missionare auch anderswo. In der Umgebung von Merauke (Papua-Guinea) sah man 1922 unter den Marind-anim niemanden mehr mit den früher typischen langen Haartrachten. Die Missionare behaupteten, die Papua hätten, von der Gnade beseelt, selbst mit den alten Sitten gebrochen, schreibt Ziehr. «Die Wirklichkeit sah allerdings anders aus. Eines Morgens waren die Missionsbrüder mit Scheren bewaffnet in die nahen Siedlungen ausgeschwärmt, um das verheißungsvolle Geschäft selbst zu besorgen.»[5] Allerdings hatten sie auch Polizei bei sich.

Auch Afrikaner entkamen diesem «zivilisierenden» Druck nicht. «Die Gomaxa-Damaras gehen fast ganz nackt und bedecken bloß die Scham mit einem ziemlich langen und etwa anderthalb Hand breiten Fell, das sie zwischen den Beinen durchnehmen und vorn und hinten an einem Riemen, der um den Leib geht, befestigen. Die Frau hatte ein Fell gleich den Bergleuten, hinten herabhängend, und vorn gleich einem Pferdeschweif von feinen Riemen», notierte Carl Hugo Hahn von der Rheinischen Missionsgesellschaft am 25. Dezember 1842 in seinem Tagebuch. Nach einem Gottesdienst hatte er einige zu Kaffee und Kuchen eingeladen, die Frau dolmetschte.[6] Sein Kollege Kleinschmidt schenkte der Frau sofort ein altes Kleid und ein Tuch, auch die Männer bekamen jeder ein Tuch.

«Bis zum Hals angezogen und zugeknöpft, wie damals im kälteren Klima seiner Heimat üblich, war der Missionar schockiert von der Nacktheit der Afrikaner», schrieb der afrikanische Kirchenmann Gabriel M. Setiloane[7]. Der «Pionier der Missionsarbeit im südlichen Afrika» («Lexikon zur Weltmission»), Robert Moffat von der London Missionary Society, meinte: «Obwohl sie genaugenommen weder nackt waren noch sich obszön benahmen, war ihre Bekleidung, gelinde gesagt, ekelhaft.» Moffat wunderte sich, daß sich die Afrikaner im Bereich seiner Bechuana-Mission von ihren Kleidersitten nicht abbringen ließen und Kleidergeschenke an die Afrikanerinnen nichts nützten: Sie wurden angenommen, aber nicht getragen. Frau

Moffat nähte selbst ein Kleid für Mahuto, die Königin des damaligen Reiches Lithako. Die hatte gesagt, sie würde es tragen, wurde aber nie damit gesehen. Frau Moffat bewog einige afrikanische Mädchen, bei ihr Hausarbeit zu verrichten. «Es bedurfte einiger Überredung, daß sie so etwas wie einen Kittel anzogen, damit sie nicht überall mit der fettigen roten Farbe ihrer Körper abfärbten. Wenn sie abends nach Hause zurückkehrten, warfen sie dieses provisorische Gewand, sosehr seine Farben auch leuchten mochten, als etwas Dreckiges und Ekelhaftes ab.» Aber Moffat beharrte: «Natürlich konnte man erwarten, daß die Eingeborenen – sosehr sie unsere Lehren als direkt gegen ihre Bräuche und gegen die Gelüste des Fleisches gerichtet verdammten – bewogen werden würden, zu ihrer eigenen Bequemlichkeit und Annehmlichkeit unsere einfache Bekleidungsweise anzunehmen.»

Das Missionsehepaar Hahn nahm ein zwölfjähriges Herero-Mädchen namens Urieta für die Hausarbeit auf. Aber das Kind war wie seine Stammesgenossinnen nur mit einem Lederschurz mit Fransen bekleidet. «Das wurde bald anders», erzählt Martha Mamozai nach dem Bericht eines anderen Missionars. «Frau Hahn nähte Urieta ein Kleidchen, das den ganzen schwarzen Körper bedeckte und hoch zugeknöpft wurde. Das war beängstigend, weil beengend. Und wer konnte nun dafür, wenn das Kleid schmutzig wurde. Da mußte Urieta ja fast mehr auf sich als auf ihre Arbeit aufpassen. Aber mit der Zeit lernt man allerlei. Auch Urieta lernte Kleider tragen und reinlich sein.»[8] Auch aus der deutschen Kolonie Ostafrika berichtete eine Frau der Berliner Mission, ihre «erste Sorge» sei gewesen, Mädchen, die auf der Suche nach Arbeit zu ihr kamen, «zu kleiden und wenigstens den Versuch zu machen, Schamgefühl in ihnen zu wekken»[9].

Fast überall war es so. Die Missionare machten es den von ihnen Bekehrten immer wieder zur Pflicht, sich wie die Weißen anzuziehen. Die Frauen mußten Felle oder Baumwollstoff um die Hüften wickeln und ihre Brüste weitest möglich bedecken; sie wurden von den Missionaren auch aufgefordert, ihre Säuglinge weniger «auffällig» zu stillen.[10] Die Art, wie ein Mann gekleidet war, zeigte an, ob er Christ geworden war oder nicht.[11] Angenehmer Nebeneffekt der wachsenden Kundschaft für Bekleidung: Sie kurbelte den Textilexport der jeweils herrschenden europäischen Macht an.

Sex und Sünde

Hans A. de Boer schreibt in seinem Buch «Unterwegs erfahren»: «Im Jahr 1971 ließen die evangelische und die katholische Kirche in Deutschland 270000 Exemplare ihres gemeinsamen Urlaubsmagazins ‹Unterwegs› einstampfen. Stein des Anstoßes war ein ‹Aktfoto› – es zeigte den nackten Rücken eines Mädchens. Die Kirchen kostete die Vernichtung der Broschüre 54000 Mark... Wenn die Kirchen schon mit ihrem Moralkodex argumentieren, dann sollten sie auch konsequent sein. Was ist denn wohl unmoralischer: der nackte Rücken eines Mädchens oder das organisierte Töten in Indochina?» [1]
In Indochina wurde noch jahrelang organisiert weiter getötet. In der Tat war nicht zu erkennen, daß die Vertreter der Kirchen, besonders der katholischen, dieser unchristlichen Schlächterei im Namen «des Westens» und seiner Werte, also auch des Christentums, mehr öffentliche Mißbilligung gewidmet hätten als der sexuellen «Unmoral», wie sie sie verstanden.

Die Geschichte des Kolonialismus ist eben auch die Geschichte der kirchlichen Offensive in drei Kontinenten, christliche Sexualmoral durchzusetzen, wo sie aus historischen und sozialen Gründen nicht leicht akzeptiert wurde. Dieses Bemühen litt freilich unter starken Beeinträchtigungen. Der Mensch ist schwach, und auch Missionare sind Menschen. Und wo sie stark waren, wirkten sie als Vertreter des Gottes der Weißen unter den farbigen Heiden fast immer in ungünstigen Umständen. Andere weiße «Christen» führten den Einheimischen nämlich vor, daß Christenmenschen gar nicht nach der Moral lebten, die die Missionare predigten und oft – unter dem Schutz der Kolonialmächte – mit beachtlichen Druckmitteln durchsetzten.

Der Mensch ist schwach – auch Missionare erlagen sexuellen Versuchungen; die Kolonial- und Missionsgeschichte ist voll davon. Und erst die sich christlich nennenden Besatzer... Diese Versuchungen bedürften nicht der Erwähnung, wenn sie nicht in solchem Kontrast zu dem Bemühen gestanden hätten, den Besetzten ihre eigene Moral auszutreiben, oft auszuprügeln, zugunsten einer für sie neuen, befremdlichen, die eben von den Verkündern und ihren weißen Landsleuten selbst keineswegs immer befolgt wurde. Das fing schon in jener Epoche an, die vor einem halben Jahrtausend mit der Eroberung Amerikas und «Westindiens» durch Spanier und Portugiesen begann.

Der Bischof von Guatemala, Juan Ramirez, schrieb im Jahre 1603, daß in den «westindischen Ländern … die Frauen der Indianer im Auftrag der Obrigkeit … vergewaltigt werden und man sie zwingt, im Hause der Kommendenherren, auf Landgütern oder in Werkstätten zu arbeiten, wo sie in wilder Ehe lebe müssen mit den Herren der Häuser, mit Mestizen, Mulatten, Negern oder sonstigem seelenlosen Volk»[2]. Darüber gibt es auch viele andere Berichte (und stand schon einiges im Abschnitt «Christliche Prügel»). Aber außer bedauerndem Achselzucken brachten die Kirchenmänner nichts zuwege und ihre Kirche, obschon die mächtige Staatskirche der Besatzer- und Vergewaltigerländer Portugal und Spanien, schon gar nicht.

In dem heißen Klima und inmitten höchst laxer Moral blieben offenbar nur die Jesuiten charakterstark, wie 1740 zwei vom spanischen König nach Peru entsandte Berichterstatter, Antonio Ulloa und Jorge Juan, vermeldeten. «Bei ihnen findet man nicht den Mangel an Religion, die Skandale und das lose Benehmen, das bei den anderen so üblich ist.»[3] Mit den anderen waren die anderen Kirchenmänner gemeint, die «mit der Laienschaft an den sorglosen sexuellen Freiheiten jener Zeit teilhatten». Am Rande sei erwähnt, daß sich die Jesuiten dort auch finanziell integer verhielten, «als viele andere Priester durch Wucher reich wurden»[4]. Und Henry Bamford Parkes in seiner «Geschichte Mexikos» merkt an: «In dem Maße, in dem die (spanischen) Könige in ihrer Wachsamkeit nachließen und der Enthusiasmus der Eroberungs- und Missionszeit abgeklungen war, degenerierte auch der Klerus.»[5] Viele der Kirchenmänner waren ignorant und despotisch und interessierten sich für ihre Gemeindemitglieder hauptsächlich, wenn sie ihnen anläßlich von Taufen, Hochzeiten und Beerdigungen etwas abknöpfen konnten. Die armen Dörfer der

Einheimischen bekamen Priester nur ein oder zweimal im Jahr oder überhaupt nicht zu sehen. Und «das Konkubinat der Priester wurde bald zur Regel, anstatt Ausnahme zu sein; die Mönche wanderten ohne Scham mit Frauen am Arm durch die Straßen».

Im heutigen Guatemala fand ein Visitator 1559 die dortigen Franziskaner auch schon im «Konkubinat» mit Indianerinnen. Die spanische Krone befahl mehrmals, in «Neu-Spanien» gegen das «Konkubinat» von Priestern und Mönchen vorzugehen – katholische Geistliche scheinen da wie normale Familienväter gelebt zu haben, ein Leben der libertären Sorte, sonst hätte es wohl nicht auch eine Anweisung aus Madrid gegeben, «Konkubinen» von Geistlichen in deren Häusern festzunehmen und sie zu entfernen. Aus den amtlichen Anweisungen läßt sich übrigens auch entnehmen, daß sich Mitglieder des Klerus gern beim Glücksspiel versuchten.

In Jamaika, wo sich britische Anglikaner betätigten, wurden diese 1740 als die «im allgemeinen vollendetsten Verführer»[6] beschrieben. Schon Jahrzehnte vorher galten sie als die unmoralischsten Leute der Insel. Laut Orlando Patterson war das die schändlichste Episode in der Geschichte der anglikanischen Kirche überhaupt. Nicht viel besser waren die «Sitten», auch die der Geistlichen, im portugiesisch besetzten Brasilien, wie die dort Mitte des 16. Jahrhunderts eintreffenden ersten Jesuiten feststellten. Vom Zölibat war natürlich überhaupt nicht mehr die Rede. Im 19. Jahrhundert hielt David Livingstone die portugiesischen Priester in Angola – durchweg katholische – nur wegen ihrer eindrucksvollen Bärte und wegen der vielen Mischlinge für bemerkenswert, die sie in die Welt setzten.[7]

In der pazifischen Inselwelt waren zur Verblüffung der frühen Besucher die Frauen sehr schnell zu sexuellen Verbindungen bereit; die europäischen «Entdecker» staunten, aber genossen die ihnen höchst willkommene Lust, mit der sich die dortigen Frauen anboten. Anfangs taten sie das, ohne Entgelt zu erwarten oder zu verlangen. Dann freilich entstanden und stiegen Preise, und schließlich wurde doch Prostitution daraus. Die Haupthäfen, in denen Seeleute aller Länder, besonders Walfänger, ihre angesammelten sexuellen Energien entluden, waren Honolulu (Hawaii), Papeete (Tahiti) und Kororareka (Neuseeland). Aber sie fanden auf fast allen Inseln Gelegenheit dazu. Die Matrosen brachten ihre Geschlechtskrankheiten mit – besonders die damals noch unheilbare Syphilis –, die dann überall zur Verelendung und Dezimierung der Einheimischen beitrugen.

In solcher Atmosphäre hatten es die Missionare schwer, Einehe und Keuschheit vor der Hochzeit zu predigen oder eheliche Treue. Schon aus der ersten anglikanischen Gruppe, die im Auftrag der London Missionary Society 1796 auf der «Duff» nach Tahiti segelte, erlagen zwei den örtlichen Attraktionen, nahmen sich einheimische Frauen und wurden sofort exkommuniziert; die Gruppe hatte beschlossen, eine Heidin zu heiraten verstoße gegen das Wort Gottes.[8]

Der bekannteste Sündenfall auf den Antipoden wurde Mitte des 19. Jahrhunderts der des Missionars (und bedeutenden Botanikers) William Colenso von der Church Missionary Society in Neuseeland. Er war verheiratet, hatte zwei Kinder und keine große Liebe zu seiner angetrauten Frau; beide hatten nach dem zweiten Kind keinen Familienzuwachs mehr riskieren wollen und jeglichen ehelichen Verkehr eingestellt. Das Kindermädchen war eine attraktive Maori – Colenso wurde mit ihr Vater eines Sohnes. Sie wollte diesen zurück in ihre Familie nehmen, Colenso gedachte ihn aber bei sich zu behalten. Durch die folgenden Streitereien wurde «der Skandal» publik. Colenso mußte die Mission verlassen, machte aber bald danach eine neue, erfolgreiche Karriere als Geschäftsmann und Politiker.

Sicher war dies ein Einzelfall, aber einer der vielen, die der einheimischen Bevölkerung das Gefühl geben mußten, jene weißen Gottesmänner, die von ihnen die Absage an ihre traditionelle sexuelle Freizügigkeit verlangten, seien Heuchler. Dieser Eindruck dürfte sich auch den «Heiden» in Afrika aufgedrängt haben. Die nichtkatholischen Missionen waren, was ihr Sexualleben anbelangt, freier als die katholischen, doch auch sie predigten eine Enthaltsamkeits- und Treuelehre, die in den Augen der Afrikaner von den Vertretern der christlichen Völker – Händlern, Militärs, Beamten, Siedlern – durch gegenteiliges Benehmen ad absurdum geführt wurde. Dagegen, daß auch Missionare selbst der Versuchung erlagen, wäre wenig zu sagen, wenn sie nicht selbst so puritanisch-calvinistische Verhaltensweisen propagiert hätten.

Eine der ältesten Missionsstationen in Südafrika war Bethelsdorp.

Ihr Gründer Johannes Theodorus Vanderkemp heiratete ein siebzehnjähriges Sklavenmädchen aus Madagaskar, was ihn in der rassistischen burischen Umgebung natürlich suspekt machte, aber auch von anderen Missionaren mißbilligt wurde. Auch sein Kollege Read heiratete über die Rassenschranke hinweg eine Afrikanerin. Die Amtsbrüder bezweifelten, daß diese Eheschließungen wirklich auf so ernster Überlegung basierten, wie die Kirche von anderen Paaren verlangt, und nicht nur auf sexuellem Notstand. Read ließ sich auch während einer pastoralen Beratungsstunde in der Kirche von einer jungen Afrikanerin «verführen» – so seine Version. Das Mädchen gebar einen Sohn und erzählte überall, daß Read der Vater sei. Noch zwei weiteren Missionskollegen wurde «sexuelle Unmoral» nachgesagt. Es läßt sich denken, daß die holländischen Siedler der Umgebung solche Fälle weidlich für die Propaganda gegen die Missionare ausschlachteten, die nicht nur den einheimischen Stämmen Moral predigten, sondern auch gegen die losen Sitten der Siedler wetterten, weil diese die christliche Sexualmoral stark relativierten. Die Buren gaben sich ja weit mehr als die Weißen anderer Herkunft in Afrika als fromme Christen. Das freilich hinderte viele von ihnen keineswegs, ebensowenig wie ihr Rassendünkel, sich gelegentlich mit afrikanischen Frauen zusammenzutun; sie betrachteten diese als Freiwild.

Besonders folgenreich waren die sexuellen Übergriffe eines Buren namens Pinaar im nordwestlichen Kapland, in dessen Diensten ein Orlam-Stamm unter Führung Jager Afrikaners stand. Da sich Pinaar in Abwesenheit der Männer an den Frauen des Stammes vergriff, wollte ihm Jager im März 1796 den Gehorsam aufkündigen. Pinaar schlug ihn nieder und griff zu seinem Gewehr, da erschoß ihn Jagers Bruder. Der Stamm flüchtete in das Gebiet nördlich des Oranje. Jager und später sein Sohn Jonker Afrikaner unterwarfen die meisten Nama-Stämme und erregten durch ihre Eroberungen außerhalb der Kolonialzone immer mehr die Behörden. Jager ließ sich 1815 taufen und stellte seine Viehraubzüge ein. In den meisten Berichten über seine Kämpfe wird verschwiegen, was der Grund für seinen Ausbruch aus der Kolonialzone war.

Die Missionare haben, wie schon angedeutet, durchaus nicht nur das Sexualleben der Einheimischen aufs Korn genommen, sondern auch das der anderen Weißen – Siedler, Händler, Soldaten, schließlich auch der Beamten. Helmut Bley berichtet, wie im damaligen Deutsch-Südwestafrika eine Häuptlingsfamilie der Herero ihre Tochter einer deutschen Familie zur Arbeit anvertraute und dabei ihre persönliche Sicherheit garantiert wissen wollte. «Damit meinte der Herero vor allem, daß sie vor einer Vergewaltigung durch den europäischen Hausherrn oder einem Konkubinat geschützt schien, wie es trotz allen angeblichen Rassenstolzes nicht zuletzt auf Grund des Frauenmangels weit verbreitet war.»[9]

Gouverneur Leutwein klagte 1893/94 über Prostitution und die Ausbreitung von Geschlechtskrankheiten, die schon ein Viertel der Schutztruppe in Südwestafrika angesteckt hätten. Anfang unseres Jahrhunderts waren die sexuellen Übergriffe Deutscher auf junge Afrikanerinnen[10] in Togo, wie der des Bezirksamtmanns von Atakpame, Schmidt, sogar Gesprächsstoff in Deutschland. Missionsdirektor Schreiber von der Steyler Mission berichtete, die Togolesen verstünden die doppelte Moral der Weißen nicht. Während die Missionare die Tugenden christlichen Lebenswandels predigten, gäben sich Kolonialbeamte Ausschweifungen hin, die genau das Gegenteil der Missionslehre seien. Ein anderer Missionsdirektor erwähnte Leiter amtlicher Stationen, die sich ganz öffentlich afrikanische «Konkubinen» hielten.

1913 gab es nach einer Schätzung der Steyler Mission in Togo 540 «Mulatten», also Kinder aus Beziehungen zwischen Deutschen und Afrikanerinnen, denen kein deutscher Status gewährt werden durfte. Im französischen Sudan entdeckten die Missionare entsetzt, daß französische Offiziere junge Afrikanerinnen aus den Dörfern holten, um sie ihren Bediensteten als Teil der Bezahlung zu überlassen. Mit ihrer Kritik machten sich die Missionare bei den weißen Siedlern und Beamten unbeliebt, in manchen Gegenden kam es zeitweise zu offener Feindschaft (s. Kapitel «Beschützer»).

In Kamerun, wo sich zwischen dem König Njoya von Bamoun und den Deutschen ein gutes Verhältnis entspann, entwickelte Bamoun den Ruf, «das Paris von Kamerun» zu sein. «Unsere Leute sind im siebenten Himmel, alle haben hier eine Mätresse», berichtete vorurteilslos Marie Pauline Thorbecke, Frau des Ethnologen F. Thorbecke[11]. «Die charmanten Mädchen wohnen im Stadtzentrum, in den alten Kasernen Njoyas. In ihrer Freizeit pflegen sie die Pferde des Palastes.» Es kostete zwei Shilling für vierzehn Tage. Missionare hatten an derartigem keinen Anteil zu haben. Die Basler Mission entließ in Kamerun 1910 einen der Ihren, dem nachgesagt wurde, vielleicht in Untertreibung, er habe afrikanische Mädchen geküßt.

In erster Linie kümmerten sich die Missionen jedoch um die Moral der Afrikaner. «Besonders die protestantischen verwandten einen unverhältnismäßigen Aufwand von Zeit und Energie auf den Versuch, afrikanische Sexualität zu verbessern», sagt Geoffrey Moorhouse in «The Missionaries»[12]. Als Bischof Weston von Sansibar Anfang des 20. Jahrhunderts die Missionsstation von Masasi besuchte, hatte er etwa fünfhundert Fälle von «Ehevergehen» zu entscheiden, wie man es nannte; im nächsten Jahr waren es schon tausend, und die Hälfte galt als so schwerwiegend, daß die Betreffenden wieder aus der Kirche ausgeschlossen wurden.

In Südwestafrika führte ein deutscher Missionar ein, daß junge Mädchen sonntags eine weiße Binde um die Stirn trugen. Wurde bekannt, daß eines gegen die Moralvorstellungen der Missionare verstoßen hatte, wurde ihm vor den Augen der «andächtigen, sittlich entrüsteten Gemeinde»[13] die Binde abgenommen. Bis zu einem Zeichen der «Reue», für die es sechs Wochen Zeit hatte, durfte es weder in die Schule noch in die Kirche kommen. Die Binde war es natürlich für immer los.

Verwunderlich ist sicherlich, daß Mädchen aus der Missionsstation Bethelsdorp in den Jahren 1812 bis 1817 als Prostituierte im nahen Fort Frederick (Algoa Bay) aktenkundig wurden. Der Kommandant behauptete, die Afrikanerinnen hätten Geschlechtskrankheiten in sein Fort gebracht, während die Missionare den Spieß umdrehten: Sie hätten sich im Fort erst angesteckt.

Dort und anderswo galt, daß aus der Kirche wieder ausgeschlossen wurde, wer als neu Bekehrte(r) in die frühere sexuelle Freizügigkeit zurückfiel und dabei ertappt wurde. Sie galt den Missionen als Hauptsünde. «Personen, die Ehebruch und Verkehr vor der Ehe betrieben, wurden schwer bestraft, meist durch Auspeitschen», schreibt Robert Rotberg[14] über Missionsstationen in Zentralafrika. «Überaus traurig stand es um die Moralität dieser Wilden. Erst nach und nach sind wir dahintergekommen, welch schmachvolle Unzucht unter diesem tiefstehenden Volk getrieben wurde.»[15] Dieses Urteil deutscher Missionare im Bismarck-Archipel (heute Papua-Guinea) Anfang unseres Jahrhunderts hätte nach Ton und Inhalt von jeder anderen Mission, nicht nur im Pazifik, sondern auch in Afrika oder Asien kommen können.

Denkbar unwirsch urteilte Missionar Carl Hugo Hahn am 4. August 1851 in einem Tagebucheintrag: «Unzucht der Ovambo sehr groß.» Das war freilich milde im Vergleich zu dem, was er Jahre vorher notiert hatte, am 25. Dezember 1844: «Erst hier unter den Omuhereros habe ich die sündliche Natur in ihrer ganzen Abscheulichkeit kennengelernt. Mord, Unzucht und Lüge, das dreifache Banner des Satanreiches, weht auch hier nur zu offenbar ... Polygamie, Ehebruch und Hurerei, die, was man auch dagegen sagen mag, Geschwister sind, ist bei ihnen so gang und gäbe, daß sie höchst verwundert sind, ja, es lächerlich finden, wenn andere nicht mitmachen wollen. Doch dieses ist ein zu ekelhaftes Thema, um darüber ausführlich zu schreiben.»

Aber den guten Vorsatz hielt er nicht durch. Ein Tagebucheintrag vom 12. Mai 1846: «Ungeachtet meiner Nachforschungen habe ich bis jetzt nicht entdecken können, ob außer der Hurerei und dem Ehebruch andere Arten der Fleischeslust die Eingeborenen beflecken. Es scheint, daß der Herr sie davor bewahrt hat. Kommen unnatürliche Sünden nur bei Götzendienern vor? Sollte es sich nicht faktisch nachweisen lassen, daß bloß bei Götzendienern diese Greuel stattfinden? [In] Römer 1,23–27 setzt Paulus diesen tiefsten Grad des Versunkenseins als ein Strafgericht, ein Dahingegebensein um des Götzendienstes willen.»

An der angegebenen Stelle beschreibt Paulus solche, die «schänden ihre eigene Leiber», und «schändliche Lüste. Denn ihre Weiber haben verwandelt den natürlichen Gebrauch in den unnatürlichen. Desgleichen auch die Männer haben verlassen den natürlichen Gebrauch des Weibes, und sind an einander erhitzt in ihren Lüsten, und haben Mann mit Mann Schande getrieben.»

Hahn, Lutheraner im Dienst der Rheinischen Missionsgesellschaft, bemerkenswert interessiert an «Unnatürlichem», lieferte in diesem Zusammenhang auch noch ein interessantes Beispiel für das ungute Verhältnis der Kirchen untereinander (s. das spätere Kapitel «Konkurrenzkampf um Seelen»): «Warum sind diese Greuel gerade das Stigma der abgöttischen, götzendienerischen, papistischen, römischen Länder? Warum findet sich's bloß als eine Ausnahme in protestantischen Gebieten?»

In Buganda, das später in Uganda aufging, praktizierte ein paar Jahrzehnte später der junge König Muanga, Hauptfigur in einer bemerkenswerten Auseinandersetzung zwischen Protestanten, Katholiken und Muslims, was Hahn so biblisch umschrieben hatte – die Missionare beider Konfessionen behaupteten, die Araber hätten es ihm beigebracht. Nicht alles an sexueller «Zügellosigkeit» ließ sich jedoch, wie die Missionare es taten, «heidnischer» Mentalität zuschreiben, und davon mußten sich manche von ihnen schließlich selbst überzeugen. Während sie «alle sozialen und kulturellen Werte der afrikanischen Stämme als böse und heidnisch verdammten», schreibt A. J. Temu über das britisch-ostafrikanische Protektorat, aber das könnte natürlich auch für andere afrikanische Gebiete gelten, «hatten sie ihren wenigen Bekehrten keine akzeptablen und verständlichen Alternativen bieten können» [16].

Die Church Missionary Society war Anfang des 20. Jahrhunderts nicht so sehr über Unmoral und Disziplinlosigkeit besorgt, sondern über die Entwicklung ihrer «Neuchristen». Die waren nun aus dem traditionellen Gefüge in jeder Weise herausgerissen; im Zusammenleben der Großfamilien und Klans gab es ja so gut wie nichts, was die Missionare nicht scharf mißbilligt hatten, vom Tanz bis zur «Sittlichkeit». Ihre neue Existenz in den christlichen Missionsdörfern bot ihnen außer den strengen Lehren und Verhaltensmaßregeln der Missionare nichts. Da war es sicher zuviel verlangt, daß diese meist jungen Afrikaner eine «moralische Standfestigkeit» nach (sehr theoretischem) westlichen Muster zeigen sollten. Der Stein des Anstoßes war wieder einmal «fornication». Als Übersetzung läßt mir mein Wörterbuch die Wahl zwischen «außerehelichem Geschlechtsverkehr», was gemeint war, «Unzucht» und «Hurerei». Dabei wurde in traditionellen Stammesgesellschaften, jedenfalls im dortigen Gebiet, durchaus geahndet, wenn jemand ein Mädchen verführte. Er wurde vor den Ältestenrat gebracht und hatte Strafe zu zahlen, unter Umständen in der Höhe des Brautgeldes, das im Fall einer Heirat fällig gewesen wäre. Hingegen mußte Harry Binns von der Church Missionary Society festhalten, daß ein Christ, «der der gleichen Sünde schuldig ist, überhaupt nicht bestraft wird. Infolgedessen werden von denen, die sich zum Christentum bekennen, verhältnismäßig viel mehr auf diese Weise schuldig. Die Schranken sind nicht so hoch wie bei den Heiden.»[17] An die Strafen, die Missionare oft selbst verhängten (und vollstreckten), dachte er wohl dabei nicht.

Unter dem Gesichtspunkt «Sex und Sünde» möchte ich noch einmal auf die schon ausführlich dargestellte Sklaverei zurückkommen. Daß die Afrikanerinnen und Afrikaner, die in die westliche Hemisphäre abtransportiert wurden, unter der sexuellen Willkür ihrer weißen Herren schwer zu leiden hatten, haben die Nachkommen jener, die von der Sklaverei profitierten, längst wieder verdrängt. Die Plantagenherren und ihre Aufseher (im richtigen Sinn ebenfalls Herren) nahmen sich unter den Sklavinnen, welche sie wollten, zu was sie wollten. Wer keine Sklavinnen besaß, konnte sie sich leicht «ausleihen». Ich weiß nicht, ob der Höhepunkt dieser Schändlichkeit wirklich Jamaika traf, wie Orlando Patterson[18] sagt, wo «die Knappheit an weißen Frauen und die Abwesenheit moralischer Sanktionen» zu rücksichtsloser Ausbeutung der Sklavin führten, der im Fall, daß sie nicht auf die Wünsche des Herrn einging, Auspeitschung und vielleicht schlimmere Folter drohten. Da sie es wußten, weigerten sich nicht viele. Junge Mädchen, die es dennoch wagten, wurden vergewaltigt. Ein Buchhalter erzählte einem Reisenden, daß er innerhalb eines halben Jahres zwölf «Neger-Gattinnen» gehabt habe. Der Zuhörer, H. Whiteley[19], lehnte es ab, solches Treiben mitzumachen, und wurde daraufhin «mit einer Mischung von Verachtung und Argwohn betrachtet»[20]. Doch war Vergewaltigung laut Patterson oft unnötig. Viele Sklavinnen erlagen dem überwältigenden Druck, unter dem sie lebten, und zur «Belohnung» wurde ihnen in vielen Fällen die harte Feldarbeit erspart.

Bindungen zwischen Sklaven wurden nicht respektiert. Welcher Sklave hätte auch, und wie, rebellieren sollen, wenn seine Frau oder

Lebensgefährtin zu dem Weißen gerufen wurde. Die traditionellen Bindungen der afrikanischen Stammesgesellschaften brachen notgedrungen zusammen, neue konnten nicht lange bestehen. Man fragt sich immer wieder, wie die Missionare und Kirchenleute, die in der Sklavenwelt der westindischen Inseln und des amerikanischen Kontinents tätig waren, sich in diese «Ordnung» fügen und sie predigen konnten. Es gab, vor allem gegen Ende der Sklavenzeit, Missionare und Priester der inzwischen ortsansässigen «weißen» Kirchen, die sich für die Opfer einsetzten, aber das war die Ausnahme, und mancherorten riskierten sie dann auch, daß die erboste weiße Bevölkerung ihnen die Kirchen sperrte oder damit drohte. Von einem nennenswerten Widerstand der Missionare und des ortsansässigen Klerus gegen die weiße Sexualherrschaft, die doch so augenscheinlich gegen christliche Lehren verstieß, kann keine Rede sein. Den Missionen und ihren Kirchen fiel nicht ein, ihren Einfluß zu nutzen, um diesen unmoralischen Zustand zu beseitigen oder mindestens zu bekämpfen, der ihnen nur zu gut bekannt war. Sexualität nur in der Ehe – man muß sich das einmal vor Augen führen, um das ganze Ausmaß der damaligen moralischen Katastrophe auszumachen. Die Sklaverei hatte gerade für die Institution der Ehe unter den Farbigen Amerikas, ob Sklaven oder später frei, eine vernichtende Folge: Die Ehe war gründlich und dauernd verächtlich und lächerlich gemacht.

Als die Sklavenzeit zu Ende war – ohne daß den Opfern große Rechte oder gar Wiedergutmachung beschieden worden wären –, zeigte sich, daß einer der wichtigsten Pfeiler im Moralsystem der christlichen Missionare nicht mehr trug. In der Missionssprache von 1931 – das Beispiel ist aus einer Schrift über zweihundert Jahre Herrnhuter Missionsgeschichte gewählt und betrifft die Verhältnisse in Surinam – liest sich das folgendermaßen: «Ehen hatte es unter den Sklaven … nicht gegeben. Der Sinn für Reinheit und Scham war besonders beim weiblichen Geschlecht systematisch zerstört worden. Recht und Gesetz auf dem Gebiet des sexuellen Lebens war, was der Sklavenbesitzer von seinen Leuten verlangte oder ihnen erlaubte. Daß die Missionare nach der Sklavenbefreiung an die, die auf ehelichem Gebiet jeder Ordnung entwöhnt worden waren, gleich dieselben Forderungen stellten, wie sie an Glieder christlicher Gemeinden in christlichen Ländern gestellt werden müssen, und die Verhältnisse zu wenig berücksichtigten und bedachten, hat ihnen ihre Arbeit nicht erleichtert und die jungen Christen zeitenweise auch in sehr schwierige Lagen gebracht.»²¹

In christlichen Ländern... Sklaven-Amerika war da nicht mehr und nicht weniger christlich als die europäischen Länder, und es hatte viele Kirchen und Kirchenleute. Die Zeugnisse über die unglaublichen Zustände auf den Plantagen stammen ja häufig von Priestern und Missionaren. Im allgemeinen begnügten sie sich, die Unterdrückten als eine Art Christen zweiter Klasse zu bekehren. Dabei hatten sie großen Erfolg. Vor der unchristlichen Haltung und dem Benehmen der Unterdrücker verschlossen sie, mit wenigen Ausnahmen, ihr Gewissen. Diese Vorgeschichte muß man im Auge behalten, wenn man die Bemühungen der Missionare betrachtet, in anderen Weltteilen und in späteren Jahrzehnten (denn die Sklaverei dauerte ja noch fast bis ins 20. Jahrhundert) ihre Sexualmoral durchzusetzen.

Der Kampf gegen die Vielehe

1911 erschien in London ein Buch eines Chinesen, Lin Shao-Yang, aus dem ich zitieren möchte:

«Was Fragen der Sexualmoral anbelangt, spricht der christliche Missionar sehr deutlich. Ich bin keineswegs überzeugt – trotz der Versicherungen unserer christlichen Kritiker –, daß es im großen und ganzen in China mehr sexuelle Laster gibt als in einigen christlichen Ländern. Ich hörte sogar Engländer zugeben, daß da kaum ein Unterschied zwischen England und China besteht und daß, wenn es einem oberflächlichen Beobachter so vorkommt, daß die Chinesen lasterhafter seien als die Engländer, das teilweise daran liegt, daß sie weniger scheinheilig sind. Teilweise beruht es auch auf gewissen Unterschieden zwischen englischem und chinesischem Recht. Aber darüber will ich nicht streiten. Ich gebe zu, daß es in meinem Land viele Laster gibt, und wenn die christlichen Missionen das Volk Chinas bewegen können, tugendhafter zu werden – ob direkt durch ihre Lehren oder indirekt durch ihr eigenes, äußerst bewundernswertes Beispiel –, werden wir ihnen unermeßlichen Dank schulden.

Aber in Sachen der Moral, wie in vielen anderen Dingen, scheint die Gesamtheit der Missionare für selbstverständlich zu halten, daß westliche Praxis – oder vielleicht sollte ich sagen der westliche Verhaltenskodex – die Norm oder der Standard ist, dem die ganze übrige Welt sich anzupassen hat. Das ist besonders der Fall in der Frage des Konkubinats [das System der Nebenfrauen, das erst 1950/51 unter Mao Tse-tung gesetzlich abgeschafft wurde] ...

In China lebt eine Konkubine im allgemeinen unter demselben Dach mit der Hauptfrau. Oft kommt sie mit Zustimmung der Ehefrau in die Familie, sogar auf deren ausdrücklichen Wunsch; ihre Position bringt gewisse gesetzlich anerkannte Rechte mit sich, ihr Los ist nicht unbedingt oder im allgemeinen hart. Es ist wahr, daß der Status einer Konkubine sozial und rechtlich geringer ist als der Ehefrau. Aber andererseits kommt sie im allgemeinen aus einer Familie, die ärmer oder auf der gesellschaftlichen Leiter weiter unten ist als die der Ehefrau, und als eine Nebenfrau ist sie oft glücklicher und besser dran, als sie es sein würde, wenn sie die Hauptfrau eines Mannes ihrer eigenen Klasse wäre.

Die gesetzliche Verankerung des Konkubinats in China bedeutet keinesfalls – wie westliche Beobachter zu eilfertig annehmen –, daß das chinesische Volk in Lasterhaftigkeit versunken ist. Es bezeugt nur die äußerst wichtige Bedeutung für Chinesen, Nachkommenschaft zu erzeugen, um die Riten der Ahnen zu verewigen. Wenn ein Ehepaar kinderlos ist und wahrscheinlich bleiben wird, ist der Mann verpflichtet, für Erben zu sorgen, indem er entweder eine Nebenfrau nimmt oder das Kind eines Bruders oder eines anderen nahen Verwandten adoptiert. Die meisten Männer ziehen vor, eigene Erben zu haben anstatt adoptierte. Daß nach chinesischem Gesetz die Kinder einer Nebenfrau als legitime Erben das uneingeschränkte Erbrecht auf Familienbesitz haben und das Recht, die Ahnenriten fortzuführen, ist schon selbst ein klarer Hinweis auf die sozialen Gründe, die die Chinesen dazu brachten, das Konkubinat als legale Institution einzurichten ...

In der Tat ist das System nicht ohne Mißbrauch. Während ein

Armer selten an eine Nebenfrau denkt, wenn seine Frau nicht kinderlos ist, werden Reiche sich des Brauchs lediglich aus Zügellosigkeit bedienen. Wahrscheinlich wird es im ganzen für China eine Wohltat sein – und besonders für die Würde chinesischer Weiblichkeit –, wenn die legale Anerkennung des Konkubinats zurückgezogen wird. Die Missionare tun zweifellos Gutes, wenn sie die öffentliche Meinung hierzu zu beeinflussen versuchen. Aber unter den gegenwärtigen sozialen Verhältnissen und solange die Ahnenverehrung im religiösen System Chinas ihre hervorragende Rolle behält, ist unwahrscheinlich, daß die Bemühungen der Missionare großen Erfolg haben werden. Jedenfalls prüfen sie östliches Verhalten durch westliche Brillen...

Wenn die Missionare ihre Bemühungen darauf beschränken würden, reiche Männer dazu zu bringen, sich ihrer überzähligen weiblichen Gefährtinnen zu entledigen, würde die öffentliche Meinung wahrscheinlich mehr auf ihrer Seite sein. Aber sie werden wenig Unterstützung erfahren, wenn sie versuchen, kinderlose Männer mittleren Alters von der Praxis Abrahams abzuhalten.»[1]

Das bezog sich auf Genesis 16,2, wonach Abraham auf Wunsch seiner unfruchtbaren Ehefrau Sarah mit ihrer Magd Hagar einen Sohn zeugte. Weit davon entfernt, dies als unmoralisch zu verdammen, erschien Gott dem Abraham, als der nun schon 99 Jahre zählte, und kündigte an, daß er «ein Vater vieler Völker» (Genesis 17,5) sein werde. Vielleicht hat damals ein Kirchenmann dem Chinesen geantwortet, das biblische Beispiel sei eben nicht für Chinesen bestimmt. Aber klar dürfte sein, daß gebildete Chinesen die Lehren der Missionare, die von der erwähnten Bibelstelle abwichen, als unverständlich und unberechtigt empfanden.

Das bemerkenswerteste ist wohl, wie wenig die Missionare über die chinesischen (afrikanischen, indianischen usw.) Bräuche wußten, und wohl auch, wie wenig sie die Geschichten des Alten Testaments beachtet zu sehen wünschten, wenigstens auf dem Gebiet der Sexualität.

Ein paar Jahre, nachdem Lin sein Buch veröffentlicht hatte, fand auch in Tibet eine Missionarsfamilie, diesmal eine deutsche von der Herrnhuter Mission, die ihr unverständlichen Bräuche der Tibeter «unsittlich», und «Unsittlichkeit» sei das Hauptlaster der Tibeter. Nach Landessitte stand eine Ehefrau dort «nicht nur mit ihrem Mann, sondern zugleich auch mit dessen Brüdern in ehelichem Bunde»[2]. Einer der Gründe war das Bestreben, Grundbesitz nicht zu zersplittern. Darauf, daß das, was ihnen «unsittlich» vorkam, soziale und historische Gründe haben könnte, kamen die Missionare offenbar nur selten. Meist wollten sie es erst gar nicht wissen.

Der Islam dagegen war den Missionaren vertrauter. «Die Mohammedaner scheinen den Vorschriften des Koran zu folgen, was die Zahl der Frauen anbelangt, die sie nehmen, und daher, heißt es, nehmen sie nur vier Ehefrauen. Zweifellos werden einige Privilegierte unter ihnen von Zeit zu Zeit durch Sondererlaubnis begünstigt werden, ein paar mehr hinzuzufügen... Da sie mir soviel von ihren Bräuchen erzählt hatten, informierte ich sie, daß Christen nie mehr als eine Frau nähmen und daß das die Ordnung und das Gesetz Gottes sei. Das überraschte sie sehr, und ich war sehr betroffen von den Erkundigungen eines Mannes, der immer wieder fragte, ob wir die Wahrheit sagten und ob Gott es so bestimmt habe. Im allgemeinen bekam ich andere Reaktionen [zu hören]... Ich konnte das Thema kaum je erwähnen, ohne mich der Lächerlichkeit auszusetzen, und wenn sie auch alles andere anhörten und glaubten, daß es Gottes Wille und Fügung sei, wollten sie nie zugeben, daß Gott je beabsichtigt haben könnte, sie auf eine Ehefrau zu beschränken.

Obwohl das Thema von größter Bedeutung ist und keinen Kompromiß zuläßt, denke ich kaum je, es lohne, zu Heiden darüber zu sprechen. Es ist eines von den vielen Dingen, zu denen sie nur stufenweise gelangen können. Wenn der Geist und das Wort Gottes einmal begonnen haben, das Herz zu erleuchten, werden und müssen solche Dinge von selbst herausgefunden werden – als gegen den Willen Gottes und als zuwider wirklichem Glück in diesem Leben.

Polygamie hat in vielen Ländern existiert, bevor das Christentum eingeführt wurde. Aber soweit ich mich erinnere, wird sie in der Geschichte nie als ein seriöses Hindernis für die Einführung und Verbreitung des Evangeliums erwähnt, wie man vermuten könnte.»[3]

Dies schrieb der Reverend James Frederick Schön von der Church Missionary Society während der britischen Nigerexpedition 1841 in sein Tagebuch. Aber diese relativ milde Einschätzung war keineswegs typisch. Wenn etwas die Missionare, gleich welcher Konfession, in den «heidnischen» Gebieten abgestoßen und zu außerordentlichen, der Ausbreitung ihrer Religion meist wenig förderlichen Bemühungen angespornt hat, dann war es die Mehr- oder Vielehe. Die Sprache, in der sie verdammt wurde, ließ an Deutlichkeit nichts zu wünschen übrig:

«[Pater] Froberger hat in seinem Vortrag auf dem Berliner Kolonialkongreß peremptorisch [zwingend] nachgewiesen, daß die polygame Ehe nicht bloß mit dem Christentum unvereinbar sei und seiner Ausbreitung den stärksten Riegel vorschiebe, sondern auch unter kolonialen Gesichtspunkten die schlimmsten Kulturschäden zeitige, vor allem eine völlige Zerrüttung des Familienlebens, die Unmöglichkeit einer guten Kindererziehung, eine beschämende Herabwürdigung des Weibes und einen empfindlichen Rückgang der Bevölkerung. Auch daß die katholische Mission energisch und unerbittlich den Kampf gegen die Vielweiberei aufnimmt und aufnehmen muß, indem sie jeden Polygamisten von der Taufe zurückweist und von der Kirchengemeinde ausschließt, ist ganz selbstverständlich.»[4] So berichtete 1913 ein katholischer Professor der Missionswissenschaft. Als Stimme des anderen konfessionellen Lagers möge der Wesley-Methodist John Cameron dienen, der 1880 erläuterte: «Polygamie ist die große noch bestehende Barriere, hinter der sich der Fürst der Finsternis eingegraben hat und den Armeen des lebenden Gottes Trotz bietet.»[5]

Aber nicht nur lebte die christliche Kirche die ersten tausend Jahre ihrer Geschichte durchaus mit der Polygamie – ihr iberischer Ableger hat sie in Lateinamerika noch im 16. Jahrhundert sehr wohlwollend geduldet, und das heißt für die damaligen Verhältnisse: aktiv gefördert. Der chilenische Historiker Francisco Encina schildert in seiner «Historia de Chile»: «In dem ganzen von Spaniern besetzten Gebiet und besonders in den Militärlagern zeugte der Iberer mit den Weibern (‹Hembras›) der Chinchachilenen und später der Mapuche so viele Kinder, wie es seine Kräfte erlaubten. Von Anfang der Konquista an billigten die Gouverneure und Geistlichen stillschweigend die Vereinigung der spanischen Soldaten mit den jungen Indianerinnen.»[6]

Der Vorteil für die Spanier war, daß sie (auch unter den Regeln der Indianer) auf diese Weise Arbeiterinnen für ihre Siedlungen bekamen; bald erkannten die Indianerstämme freilich, auf was sie sich da eingelassen hatten, und ihre Freigebigkeit, auch was die Frauen anbelangte, verwandelte sich in Feindschaft. Aber da war nichts mehr zu machen. Allenfalls ist die Frage, ob man diese Beziehungen, über die man heute nur noch wenig Detailliertes weiß, Polygamie nennen kann oder einfach Promiskuität heißen muß, was für die Kirche freilich nicht besser wäre. Immerhin erfahren wir auch bei Professor Konetzke[7], daß viele Priester dort damals in sogenannten Konsensehen lebten, wie sie Europa im Mittelalter kannte. Das war praktisch ein jederzeit kündbarer Ehevertrag, sicher noch weniger vereinbar mit der Sittenlehre katholischer und natürlich auch protestantischer Missionare.

Die Vielehe, die dann später Hauptzielscheibe missionarischen Angriffes wurde, wird von Kennern der afrikanischen Geschichte und Verhältnisse differenzierter beschrieben als von den christlichen Angreifern. Außer bei Nomaden ist die Polygamie in ganz Afrika fest verankert gewesen, ebenso wie bei den Indianern Lateinamerikas. Sie ist es heute noch. Sie hat so viele Grundlagen, daß der Widerstand der Einheimischen gegen die christlichen Angriffe leicht zu erklären ist:

● In einer überwiegend agrarischen Gesellschaft wurden möglichst viele Arbeitskräfte auf einem Feld gebraucht; die Landarbeit leisteten überwiegend Frauen, die Männer waren Krieger und Jäger. Angesichts hoher Kindersterblichkeit sicherten mehrere Frauen der Familie mehr Nachwuchs; die Kinder erhöhten dann ihrerseits die Produktivität der Großfamilie.

● Die Arbeit im Haushalt und die Erziehung der Kinder wurden auf mehrere Schultern verteilt.

● Die Zahl der Ehefrauen bestimmte weitgehend das persönliche Prestige des Mannes; Könige und Häuptlinge hatten dementsprechend die meisten Frauen – manche anscheinend mehr als 500.

● Im System der Polygamie konnte so gut wie jede Frau mit einem Mann und eigener Familie rechnen, unverheiratete Frauen hatten kaum eine Existenzmöglichkeit.

● Ein dichtes Beziehungsgeflecht zwischen den Familien bzw. Gruppen, denen der Mann und seine Frauen angehörten, stabilisierte den Zusammenhang zwischen größeren Gruppen. Es stellte auch eine Art soziales Netz dar. Die Großfamilien und Familiengruppen sorgten für ihre Angehörigen, wenn diese selbst nichts hatten. Dieses Netz verkleinerte sich oder verschwand ganz beim Übergang zur Einehe, besonders durch die Abwanderung in die Städte.

● In Lateinamerika war Polygamie oft ein Vorrecht des Stammeshäuptlings und der verdienten Krieger, sie glich das zahlenmäßige Mißverhältnis zwischen den Geschlechtern aus, das durch Verluste bei Kämpfen und Kriegen entstand.

● Afrikanische Frauen stillten ihre Kinder etwa zwei Jahre lang, in manchen Gebieten wie in Togo noch länger. Während der Schwangerschaft und der Stillzeit war Sexualverkehr tabu.

Professor Ayandele sagt, wohl zur Überraschung mancher Europäer, daß die Polygamie in der traditionellen Gesellschaft (er spricht von Nigeria, aber es läßt sich auf ganz Afrika ausdehnen) für ein «unglaublich hohes moralisches Niveau»[8] gesorgt habe. Sexualvergehen habe es dort so gut wie nicht gegeben, nicht nur wegen der Furcht vor drakonischen Strafen (oft Tod, zumindest lebenslängliche Ächtung durch die Gemeinschaft), sondern weil eben eine Mehrzahl von Frauen den Sexualtrieb des Mannes befriedigt habe. Diese hohe Sexualmoral sei durch die westliche «Zivilisation» und ihr Konzept der Einehe auf Anstoß der Missionare zerstört worden.

Ein Blick auf Europa und die ihm in der Lebensform ähnlichen anderen Teile der Welt zeigt wohl klar, daß es mit der Sexualmoral da sicherlich nicht besser bestellt ist. Prostitution, hohe Scheidungs- und Abtreibungszahlen sind hier viel typischer, als sie für die traditionellen Gesellschaftsformen in den anderen Kontinenten waren. Nach einem Afrikabesuch Papst Johannes Pauls II. Anfang 1982 berichtete Andreas Bänziger im «Zürcher Tages-Anzeiger»[9], ein afrikanischer Theologe habe die europäische Scheidungsrate als «konsekutive Polygamie» bezeichnet, «Polygamie des Nacheinander statt des Miteinander». Bänziger zitiert zudem einen schweizerischen Missionar in Simbabwe, in dessen Umgebung die europäischen Missionsschwestern von den meisten Afrikanern für seine Frauen gehalten würden –

eine interessante Widerlegung des Symbolwertes, den der Zölibat ausstrahlen soll.

Die aufgezählten Gesichtspunkte werden im allgemeinen kaum bestritten, ebensowenig daß sich Reichere die Mehrehe eher leisten konnten als Arme. Aber das heißt nicht, daß die mannigfaltigen Gründe für die Mehrehe denjenigen, die sie so sehr bekämpften, wirklich bekannt waren. De Benoist, katholischer Missionar und Wissenschaftler vom Institut Fondamental d'Afrique Noire in Dakar, berichtet, Kardinal Lavigerie, der Gründer der Weißen Väter, habe von der Polygamie gesprochen wie von einem Brauch der Häuptlinge, offenbar ohne sich vorzustellen, daß sie allgemein verbreitet sein könne.[10]

Zwischen europäischem und afrikanischem Urteil herrscht auch wenig Übereinstimmung, wenn es darum geht, was die meisten Weißen für die Hauptsache halten: die «untergeordnete Rolle, welche die Frau in fast allen vorchristlichen und nichtchristlichen Gesellschaften spielte» («Lexikon zur Weltmission»), «sie ist ein Wesen niedrigeren Rechts und religiös minderwertig.» Lassen wir beiseite, daß die untergeordnete Stellung der Frau durchaus auch in der «christlichen» Welt weithin verbreitet war und noch immer ist, besonders in der katholischen. Roger de Benoist weist nicht als einziger darauf hin, daß «die scheinbar untergeordnete Rolle der Frau im öffentlichen Leben» (Afrikas) nicht täuschen dürfe: «...sie hat einen sehr wichtigen Platz im häuslichen Leben und in der Verbindung zur Natur.»[11] Und Ayandele, baptistischer afrikanischer Historiker, meint, Nichtafrikaner sollten sich die Annahme aus dem Kopf schlagen, daß Frauen in der traditionellen afrikanischen Gesellschaft die Polygamie nicht gemocht hätten und daß es endlose Streitereien zwischen den Ehefrauen untereinander und zwischen ihnen und dem Mann gegeben habe: «Im allgemeinen herrschte Harmonie, denn die Stellung und die Pflichten jeder Frau und der Verhaltenskodex zwischen ihnen waren durch die Tradition genau definiert.»[12] Die Frauen hätten verschiedene Vorteile gehabt. Die erste Ehefrau sei zufrieden gewesen, wenn eine zweite ins Haus kam; es verbesserte ihre eigene Stellung als Hauptfrau und Hausherrin mit Aufsicht über andere Frauen. Bei ihrem Mann habe sie eine privilegierte Stellung gehabt und sein besonderes Vertrauen genossen. Für jede Ehefrau habe das Hinzukommen weiterer bedeutet, daß sie weniger zu arbeiten, also mehr Zeit für sich selbst hatte. Noch 1934 habe eine Studie unter Ibo-Frauen (Nigeria) ergeben, daß die weiter nach afrikanischer Sitte lebenden unter ihnen die «christliche Ehe» für ein «Gefängnis» hielten. Freilich existierte in diesen Gesellschaften nicht das moderne Konzept der Gleichheit der Geschlechter. «Frauen akzeptierten als Naturgesetz, daß die höchste Weisheit und Führung den Männern gehöre – ein Konzept, das auch in den Paulusbriefen vertreten wird, und selbst in der europäischen Gesellschaft unserer Zeit bleibt die Gleichheit der Geschlechter ein Ideal.»[13] (Auf die Bemühungen der Missionare um die Frauen komme ich im Abschnitt «Frauenpolitik» noch einmal zurück.)

Jedenfalls kämpften die Missionen frontal gegen die Polygamie an und machten diesen Kampf geradezu zum Hauptpfeiler ihres religiösen Gebäudes. Sie versuchten, die Kolonialbehörden rundheraus zum Verbot der Vielehe zu bewegen, doch da stießen sie auf Widerstand. Die Verwaltungen legten Wert auf Ruhe in ihren Gebieten und wollten, jedenfalls meistens, Aufruhr vermeiden, den sie von einem so einschneidenden Eingriff in örtliche Traditionen erwarten mußten. Die koloniale Rechtsprechung war weitgehend an das einheimische Gewohnheitsrecht gebunden. Und in weiten Gegenden Afrikas den Islam herauszufordern, hatte keine der Besatzungsmächte große Lust, ob Briten, Franzosen oder zu ihrer Zeit die Deutschen.

In Togo äußerte der Regierungsarzt Dr. Külz sogar, die Einehe gefährde die Gesundheit der togolesischen Frauen, da sie mit mehr Geburten belastet würden, und die lange Stillzeit gefährde die Ernährung von Einehe-Kindern.[14]

Nichtsdestoweniger setzten die Vertreter der Kirchen all ihr Gewicht ein, um die Einehe durchzusetzen. Viele Afrikaner verstanden ihre Argumente überhaupt nicht, so daß sie immer simpler wurden. Rotberg erwähnt das Beispiel eines Missionars in Luanda, der einen Stammeshäuptling aufforderte, seine Frauen aufzugeben, weil «es auf dem Tisch des Herrn sehr wenig Brot und Wein gibt. Wenn du mit einer Frau kommst, wirst du etwas bekommen. Aber wenn du viele Frauen anbringst, reicht es nicht.»[15] Manchmal störte das Alte

Testament. Parallelen zwischen der alten hebräischen Kultur und der traditionellen afrikanischen Gesellschaft fielen den Bekehrten durchaus auf. Viele Missionare mochten aber nicht, daß die «Neuchristen» das Alte Testament wörtlich nahmen. Erzdiakon Owen von der CMS-Station Nyanza (heutiges Kenia) verlangte schließlich, die Übersetzung des Alten Testaments in die Sprache der Luo, die diese dringend wünschten, zu verschieben. Er befürchtete, sie würden nach der Lektüre in die Polygamie zurückfallen.[16]

Die christliche Regel wurde: Wer Christ werden möchte, muß alle seine Frauen bis auf eine wegschicken. Das Ergebnis war, daß durchaus Bekehrungswillige nicht kamen. Familienbande, auch die der persönlichen Anhänglichkeit und Treue (von Liebe mochten die Kirchenmänner schon gar nicht sprechen), erwiesen sich als weitaus stärker, als die Missionare angenommen hatten. Ziehr zitiert aus den Erinnerungen des schwedischen Reisenden A. Vogel, dem ein alter Papua-Häuptling gesagt habe, er glaube zwar an Christus, aber «ich will nicht zwei meiner Frauen in ihren alten Tagen fortschicken, es wäre undankbar gegen sie nach den vielen Jahren, die sie für mich gearbeitet haben»[17]. Ein anderes Extrem wird ebenfalls aus Papua-Neuguinea berichtet: Ein Papua, der drei Frauen hatte, tötete zwei von ihnen. Er fand nichts dabei. Nun könne er doch getauft werden und in den Himmel kommen.[18] Die australischen Regierungsbeamten, die damals das Land verwalteten, machten für solche Reaktionen neue, aggressive Missionare verantwortlich, die sich so wenig um die örtlichen Kulturen kümmerten wie ihre Vorvorgänger.[19]

Aber so kompromißlos die Missionare auch waren – schließlich unterliefen die afrikanischen Christen ihre Strenge. Sie hielten einfach geheim, wenn sie mehrere Frauen hatten, und die Missionare merkten nichts oder taten so, als ob sie nichts wüßten. Missionswissenschaftler Neill erzählte, daß er während der Arbeit an seinem Buch – es erschien 1964 – eine ostafrikanische Gemeinde besucht habe. Der Besuch «enthüllte die Tatsache, daß alle christlichen Familien, mit vier Ausnahmen, in der Tat polygam waren»[20]. Professor Ayandele kam für Nigeria zu demselben Ergebnis: «Praktisch alle christlichen Missionen sahen ihre Kirchen voll von einer Mehrheit von Polygamisten, deren Geld sie nicht ablehnen konnten [diese Kirchen leben vom

Geld ihrer Gemeindemitglieder], während die afrikanischen Kirchen ihre Gemeinde erheblich vergrößern konnten, indem sie Polygamisten als Vollmitglieder zuließen. In den meisten Kirchen der christlichen Missionen hatten nicht wenige von denen, die sich als monogam erklärten, insgeheim mehrere Frauen, und diese Praxis war auch der afrikanischen Geistlichkeit nicht fremd.»[21] Auch Beetham[22] schrieb, es gebe nur zu viele Beispiele von prominenten «church leaders», afrikanischen wohlgemerkt, die heimlich eine zweite Frau geheiratet hätten. Die Katholiken warfen den Protestanten oft vor, «Polygamisten» nach der Taufe nicht zur Einehe zu zwingen.[23]

Ein wichtiger Grund, warum sich Missionare mit der Durchsetzung der Einehe so schwer taten, war, daß Bekehrte, die sich zur Einehe mit allen ihren Konsequenzen bekannt hatten, innerhalb ihrer Familien und Dorfgemeinschaften isoliert waren und jede Achtung verloren. Darunter litten sie auch dann, wenn sie nunmehr von den Missionaren in rein christliche Dörfer und Siedlungen aufgenommen wurden. Die Trennung von Ehefrauen wurde von deren Familien als schwere Kränkung empfunden, und wer nur noch eine Frau hatte, verlor seinen Status in der einheimischen Gesellschaft und riskierte soziale Spannungen, die schwer auszuhalten waren – gerade für Menschen, die bisher so sehr an das Leben in der Gruppe gewöhnt waren.

In der Station Neu-Halle der Berliner Mission nordöstlich von Pretoria war Ende des 19. Jahrhunderts ein Unterhäuptling der Bakhatla für das Christentum gewonnen worden. Aber, so erzählt Richter[24], «mit nur einer Frau eine geordnete christliche Ehe zu führen, vermochte er nicht, und daß die Christen und der Missionar ihn wegen seiner zweiten Frau nicht als den Ihrigen anerkennen und nicht in dem Christendorf wohnen lassen wollten, verzieh er ihnen nicht». Richter meint, Neu-Halle sei «typisches Beispiel einer Landstation, auf der ein widerhaariger heidnischer Häuptling auf der einen und der Missionar und die Christengemeinde auf der anderen Seite [um die Seele] ringen».

Professor Ajayi ist nicht der einzige, der sich wunderte, daß die Missionare in der für die afrikanische Gesellschaft so wichtigen, die einheimischen Moralvorstellungen stark berührenden Frage der Polygamie völlig unflexibel blieben, während sie doch bereit waren, sich sogar mit der Sklaverei länger abzufinden. Warum wollten sie nicht auch hier auf Zeit und Erziehung setzen? Darauf hatte der Generalsekretär der CMS, Henry Venn, schon 1857 geantwortet, Sklavenbesitz sei laut Bibel nicht verboten und das Christentum werde die Beziehungen zwischen Herr und Sklave verbessern. Polygamie hingegen sei ein Vergehen gegen Gottes Gesetz, da könne nichts verbessert werden.[25] Dieses Argument hat auf die Afrikaner keinen großen Eindruck gemacht und die Glaubwürdigkeit der Christen nicht gefördert.

Es gab Kirchenvertreter, die sich nachgiebiger zeigen wollten. John William Colenso, Vetter des schon erwähnten William Colenso, Ende des 19. Jahrhunderts anglikanischer Bischof von Natal und dazu hervorragender Bibelkritiker, fragte sich, ob es nicht eine ebenso große Sünde sei, die Afrikaner zur Trennung von ihren Ehefrauen zu zwingen, wie sie mehrere heiraten zu lassen: «...was soll aus den verabschiedeten Frauen und ihren Kindern werden?»[26] Mehrere anglikanische Missionare waren dafür, auch polygame Afrikaner zu taufen. Colenso verlor sein Bischofsamt 1864 nicht zuletzt wegen dieser Einstellung. Bischof James Johnson von der Church Missionary Society, tätig unter den Yoruba, wies seine Katechisten und Lehrer an, die sozialen Institutionen der Afrikaner nicht schlechtzumachen, auch die Vielehe nicht. Der Methodist James Cameron schrieb seinem Missionsrat, er bezweifle sehr, «ob es das Weiseste und am geeignetsten ist, glückliche Resultate zu erzielen, indem man einen Polygamisten beim Übertritt zum Christentum zur Aufgabe seiner überzähligen Ehefrauen zwingt»[27].

Solche Stimmen vermochten wenig. Daß sich protestantische Missionen schließlich bereit erklärten, Frauen aus Vielehen zu taufen, nicht aber den Mann, brachte keinen Fortschritt, ebensowenig wie die Praxis mancher, Männer, die nach der Bekehrung wieder polygam geworden waren, zwar noch zum sonntäglichen Gottesdienst zuzulassen, nicht aber zum Abendmahl. Andere wiederum waren bereit, polygame Männer zu taufen, wenn sie auf dem Sterbebett lagen, die Frage sich also nicht mehr stellte, ob sie ihre Ehefrauen wegschicken würden. Manche Missionare mögen da und dort Ausnahmen gemacht haben, falls der Mann schon polygam war, als er übertrat – die offizielle Haltung blieb unverändert. Das ist zweifellos einer der Hauptgründe für die – im großen und ganzen – Erfolglosigkeit des Christentums europäischer Prägung in Afrika (über die Auftritte afrikanischer Kirchenführer im europäischen Fernsehen nicht hinwegtäuschen sollten).

Die moralische Stellung der Missionen wurde nicht zuletzt auch dadurch geschwächt, daß die örtlichen Häuptlinge, oft Hauptverbündete und Förderer christlichen Einflusses, selbst die größten Polygamisten waren. Gesetzliche Maßnahmen gegen sie waren nicht möglich, aber die Kirchen hätten ja ihre eigenen geistlichen Sanktionen gegen sie anwenden können. Doch «das brachte das Risiko, sie zu verlieren und dadurch das gesellschaftliche Prestige der Kirche zu schwächen»[28]. Nur eine Minderheit argumentierte auf der anglikanischen Synode 1910, die Kirche stehe und falle schließlich nicht mit diesen Häuptlingen – «und eine kleine, heilige Kirche ist besser als eine große sündige». Einigen Häuptlingen wurde das Abendmahl verweigert, aber die Missionen bemühten sich, kein großes Aufheben davon zu machen. Dabei verhielt sich die katholische nicht anders als die anglikanische.

Kompromisse dieser Art führten Anfang der zwanziger Jahre unseres Jahrhunderts zu einem bemerkenswerten Höhepunkt. Das Privatleben des Kabaka (König) von Buganda war, wie Hansen es ausdrückt, «unvereinbar mit angemessenen christlichen Standards»[29]. Drei junge protestantische Afrikaner kritisierten es in Briefen an verschiedene amtliche Stellen und wurden daraufhin von den afrikanischen Behörden wegen Mißachtung des Kabaka verfolgt. Die anglikanische Mission intervenierte für sie, und der Bischof suspendierte den König von der Teilnahme am Abendmahl. Aber dann überwog der Wunsch, die enge Bindung an die traditionelle Obrigkeit und damit den Einfluß der Kirche zu wahren, und so zog die Mission vor, sich schweigend mit dem Privatleben des Kabaka und den Zuständen an seinem Hof abzufinden.

Wenn die Missionen glaubten, daß die Einehe die «Moral» in den bekehrten Dörfern heben würde, sahen sie sich bald eines Besseren belehrt. «Die Moral wurde erst jetzt wirklich schlecht. Ein alter

Mann erklärte das recht einleuchtend so: ‹Viele Frauen – kein Gedanke für andere Frauen. Nur eine Frau – viele solche Gedanken.›»[30]

Manche CMS-Missionare in Afrika wollten Anfang des 20. Jahrhunderts aus der Erfahrung Konsequenzen ziehen, daß der Kampf gegen die Polygamie, ein so frontaler Angriff gegen afrikanische Tradition und Kultur, das Wachstum der christlichen Gemeinden beeinträchtigt hatte. Sie wollten die Forderung fallenlassen, daß verheiratete Afrikaner nur getauft werden könnten, wenn sie alle ihre Frauen außer der ersten wegschickten. Die entsetzte Londoner Zentrale befand, daß Leute mit solchen Ansichten gar nicht erst hätten Missionare werden dürfen, und untersagte, das Thema «Polygamie» auf der Lambeth Conference anglikanischer Bischöfe neu aufzurollen, wie es diese Missionare geplant hatten. Sie fügten sich und schwiegen hinfort. «Eine verheißungsvolle Gelegenheit, das Christentum der afrikanischen Kultur anzupassen, war verloren.»[31]

Hauptsache: Christlich getraut

Der Kampf gegen die Polygamie war der Rahmen, in dem auch die einzelnen einheimischen Bräuche der Ehe und Eheschließung verteufelt wurden. Da fanden die Missionare gewaltige Unterschiede im Heirats- und Ehearrangement vor. Allein aus dem früher französischen Sudan zählt Benoist[1] folgende Beispiele auf: Bei den Peul, Melinké, Khassonké und Mossi wurden die Ehen von den Familien arrangiert, ohne daß die zu Verheiratenden mit entscheiden durften. Bei den Dagara, Bambara, Dogon und Senufo konnte der Mann seine Frau frei wählen, sie durfte nur nicht seiner Familiengruppe angehören. Ein Saracolé wählte seinem Sohn die Braut aus, doch der konnte nein sagen, und dann suchten beide gemeinsam die richtige. Bei den Bobo verständigte sich das junge Paar selbst. Bei den Toussian lebten Paare schon vor der Eheschließung in eheähnlichem Verhältnis, aus dem heraus das Mädchen dann zu dem ausgesuchten Ehemann zog. Wenn der ihr nicht zusagte, konnte sie zu ihrem ersten Partner zurückkehren, bei dem sie dann endgültig blieb. Bei den Bisa suchte sich das Mädchen selbständig unter seinen Freunden einen Ehemann aus. Der wiederum durfte gleichzeitig zwei Schwestern heiraten.

In Lateinamerika waren die Unterschiede nicht weniger groß. Beispiele: Da bei den Tupi-Stämmen die älteren Männer (als Krieger) unter den jungen Mädchen wählen konnten, kam es zwangsläufig zu Ehen zwischen jüngeren Männern und älteren Frauen, «die die sexuelle und soziale Erziehung der Jungen für ihre angenehme Pflicht hielten»[2]. Unter den Tupinambá wurden am liebsten Ehen zwischen «Cross Cousins» geschlossen – der Sohn heiratet die Tochter der Schwester des Vaters – oder zwischen Mädchen und einem Bruder ihrer Mutter. Hier waren die Ehen matrilokal: Der Ehemann zog in die Hütte seiner Frau. Solche Unterschiede interessierten die Missionare allerdings nicht.

Der größte Teil der Chaco-Indianer lebte in matrilokal erweiterten Familien: Die Töchter blieben bei der Mutter, der Ehepartner mußte in ihr Haus ziehen; die Frauen trafen die Entscheidungen über die Familienwirtschaft. Aber das paßte nicht in die Vorstellungen der Missionare. Sie unterstützten deshalb nach Kräften Männer, die sich dem Brauch nicht fügen wollten – ein Beitrag zur Zerstörung der traditionellen Ordnung[3], der sich schwerlich durch das Christentum rechtfertigen läßt.

Die Missionen legten hauptsächlich Wert darauf, daß nur unter Christen geheiratet wurde. Waren für den Christ gewordenen Afrikaner keine getauften Unverheirateten in Sicht, konnte er unter Umständen eine Konfirmandin heiraten; erst wenn auch das nicht möglich war, eine «Heidin» – aber nur mit Erlaubnis des Bischofs. Ehescheidung verboten die Missionare. Damit gerieten sie vielerorten in Konflikt mit den Kolonialbehörden, denn diese führten, beispielsweise in Nigeria, stark erleichterte Scheidungsmöglichkeiten für «traditionelle» Ehen ein. Bis dahin hatte es erhebliche Hindernisse gegeben, da ja verschiedene Familien am Zustandekommen beteiligt gewesen waren.

Im Gebiet der Missionen, die sich und ihre afrikanischen Gemeinden weitgehend selbst regieren konnten, standen die Chancen für Scheidungswillige allerdings schlecht. Scheidung bedeutete, ausgestoßen zu werden. Ehebruch wurde, wie Geschlechtsverkehr vor der Ehe, schwer bestraft, wenn nicht mit Exkommunizierung, dann mit Prügel (s. auch Abschnitt «Platz-‹Ordnung›»). In den Missionsgemeinden war es daher leicht, die Einehe durchzusetzen: Die Missionare arrangierten Heiraten zwischen den Bekehrten, als wären sie die Eltern (was entflohene oder freigekaufte Sklaven wohl für natürlich hielten) – wer sich ihren Wünschen nicht fügte, flog heraus.[4]

Im französischen Sudan hätte der Generalgouverneur beinahe verfügt, ein Ehemann, der der Polygamie abschwor, könne dafür das Recht auf alleinige Ausübung der ehelichen und elterlichen Gewalt erhalten. Gesetzt den Fall aber, daß er rückfällig werde und doch eine zweite Frau nehme, würde das automatisch die Scheidung von der ersten Frau bedeuten. Da meldeten die katholischen Missionen Widerspruch an: Dies laufe ja auf Ermutigung zum Ehebruch hinaus. Nun schienen sie sogar die Rettung der polygamen Ehe der Scheidung vorzuziehen.[5] Überhaupt machte sich im französischen Bereich längere Zeit der laizistische, antiklerikale Charakter der Dritten Republik bemerkbar, besonders indem sich die Behörden das alleinige Recht vorbehielten, gültige Eheschließungen vorzunehmen; die Einheimischen, auch die katholischen, dürften nicht glauben, daß schon die kirchliche Trauung allein eine gültige Heirat darstelle.

Im britischen Ostafrika gelang es den Missionen – anglikanische und katholische zogen am gleichen Strang – leichter, die Protektoratsmacht im kirchlichen Sinne zu beeinflussen. Sie hatten die wichtigsten afrikanischen Häuptlinge für sich gewonnen; «praktisch ist alle politische Macht des Landes in den Händen von Mitgliedern oder Anhängern dieser beiden Kirchen», betonte der anglikanische Bischof von Ost-Äquatorialafrika, Alfred Robert Tucker[6], Ende 1902, als er mitten in einer Auseinandersetzung um eine amtliche Verordnung über Eheschließungen steckte. Den afrikanischen Stammeshäuptlingen war, auch auf Betreiben der Missionare, von der britischen Verwaltung weitgehende Mitsprache bei internen Angelegenheiten der damaligen Protektorate zugestanden worden. Von ihnen unterstützt, gelang Tucker in einer hartnäckigen Kampagne, die umstrittene Verordnung durch eine ersetzen zu lassen, die den Wünschen der Kirche mehr entsprach. Der Bischof setzte auch durch, daß die Legalisierung von Ehen zwischen Witwern und Schwestern der verstorbenen Ehefrauen rückgängig gemacht wurde. Dabei war sie sowohl in Großbritannien als auch in der heimischen Tradition des Protektorates, des späteren Uganda, rechtlich unproblematisch, bis die örtlichen Behörden sie auf Drängen der Missionare abschafften. Allerdings mißlang auch hier der Versuch, die traditionelle Eheform, die Polygamie zuließ, durch von den Missionen angeregte Gesetze einzuschränken oder gar abzuschaffen. Bestrebungen, Afrikaner wegen Bigamie aburteilen zu lassen, weil sie neben ihrer kirchlichen Heirat angeblich oder wirklich an einer Ehe einheimischen Rechts festgehalten hatten, scheiterten nach wenigen Anfangserfolgen, weil es für die Administration unmöglich war, solche Fälle zu verfolgen und aufzuklären oder ein faires Gerichtsverfahren zu gewährleisten.

Die Versuche der Kirchen, über ihre Verbündeten unter den bekehrten oder den ihnen geneigten afrikanischen Häuptlingen die einheimische Gesetzgebung direkt im Interesse der Mission zu beeinflussen, brachten die Kolonialbehörden schließlich auf immer größere Distanz. Sie hielten Gesetzgebung für ihre ausschließliche Zuständigkeit und berücksichtigten immerhin, daß die große Mehrheit der Bevölkerung nicht aus Christen bestand.

Eine große und unrühmliche Ausnahme von kirchlicher Lehre und Moral stellten in Südafrika und im früheren Deutsch-Südwestafrika, heute Namibia, die Rassentrennung und das Mischeheverbot dar. Protestanten und Katholiken haben zwar im allgemeinen in den Kolonien entschieden gegen «das Zusammenleben von weißen Männern mit farbigen Frauen» Stellung genommen (so der 1885 gegründete Ausschuß der deutschen evangelischen Missionen kurz vor dem Ersten Weltkrieg), aber ein staatliches Verbot abgelehnt. Zu den Gründen gehörte, daß ein Verbot zum «Konkubinat» zwinge, außerdem verhindere es auf keinen Fall Verbindungen, aus denen Mischlinge hervorgingen. «Nur in den Burenstaaten war eine solche Ehe ausgeschlossen. Tatsächlich gibt es aber... nirgendwo so viele Bastards wie gerade in den Burenstaaten», sagte der Ausschuß.[7] Die Niederländischen Reformierten (Buren-)Kirchen und die Deutsche Evangelisch-Lutherische Kirche (DELK) sind jedoch als Verteidiger und Rechtfertiger des Apartheid-Regimes aufgetreten und haben diese unmenschliche Politik mit ihrer «christlichen» Autorität gedeckt.

Verhaßte Initiation

Nicht nur die Hochzeits- und Ehesitten der Unterworfenen schienen den Missionaren sündig und verdammenswert zu sein. Auch die Initiationsriten für die Jugendlichen machten ihnen zu schaffen, besonders in Afrika der altüberlieferte Brauch der Beschneidung bei Eintritt der Geschlechtsreife. Sie beendet einen Lebensabschnitt und eröffnet den nächsten, in dem die bisher als Kinder Angesehenen vollgültige Mitglieder ihrer Gemeinschaft und heiratsfähig werden. Dabei unterschieden die Missionare meist zwischen dem Eingriff selbst und dem ihn umgebenden Zeremoniell, das sie oft noch viel obszöner fanden und daher noch nachdrücklicher als unchristlich abzuschaffen trachteten.

In Kenia waren die heftigen Auseinandersetzungen zwischen Missionen und den Kikuyu um die Beschneidung der Mädchen Mitauslöser des Mau-Mau-Aufstandes von 1952 (s. Abschnitt «Missionare als Kolonialisten»). Obwohl für die Kikuyu die Beschneidung der Jungen von nicht geringerer Bedeutung war als die der Mädchen, störte die protestantischen Missionare nur die der Mädchen: sowohl das ausgeprägte Zeremoniell, das sie wie fast alle anderen afrikanischen Bräuche als heidnisch oder teuflisch verdammten, als auch der Eingriff selbst. Dieser wurde je nach örtlicher Tradition in zwei Formen durchgeführt: entweder Exzision der Klitoris oder, zusätzlich, Entfernung der Schamlippen.

In anderen Gebieten wurde auch die Beschneidung von Jungen wegen der als besonders «unsittlich» empfundener Riten und Feierlichkeiten bekämpft, etwa bei den Dschagga im heutigen Tansania, wo die Leipziger Mission Anstoß nahm, oder bei den Massai – aber doch nie mit solcher Energie, wie die britischen Missionare in Kenia gegen die Mädchenbeschneidung aufbrachten. Im Sozialleben der Kikuyu nahm diese einen zentralen Platz ein; die Afrikaner betrachteten sie als einen bedeutenden Bestandteil ihrer kulturellen Identität. Die Kampagne dagegen führte besonders die Church of Scotland Mission (CMS), aber auch die Gospel Missionary Society und die African Inland Mission.

In den zwanziger Jahren des 20. Jahrhunderts spitzte sich die Auseinandersetzung zu. Die Missionen wollten ihre afrikanischen Gemeinden zwingen, zwischen der Kirche und der eigenen Tradition zu wählen, und sie verlangten von ihnen, daß nicht nur der Tradition, sondern auch der Kikuyu Central Association, KCA (die sich gegen das Kolonialregime auflehnte, s. Abschnitt «Missionare als Kolonialisten»), abgeschworen werde. Die CSM meinte das durchaus wörtlich und legte ihren Gemeindeältesten eine entsprechende Eidesformel vor, mit dem Ergebnis, daß sie viele Anhänger und entsprechend an Einfluß verlor. Viele ihrer Schulen mußten schließen, weil die Schüler wegblieben, und die KCA bekam starken Auftrieb. Sie konnte die Kampagne der Missionare als einen besonders krassen Versuch darstellen, den Afrikanern ihre kulturelle Identität zu nehmen.

Die Methodisten hingegen lehnten die Vorstellung ab, daß ein christlicher Afrikaner nicht an seinen alten Bräuchen festhalten dürfe. Sie bestritten das Recht der Europäer, den Afrikanern vorzuschreiben, unter welchen Bedingungen sie Christen sein könnten. Die anglikanische Church Missionary Society (CMS) hatte keine verbindliche Politik, sondern ihre Vertreter reagierten regional verschieden. Die im Kikuyu-Herzland stationierten dachten nicht daran, sich mit ihren Gemeinden wegen dieses für sie so wichtigen Brauches anzulegen. Im großen und ganzen reagierten sie wie die Kolonialbehörden: Diese lehnten ab, die Praxis zu verbieten – eine für die Kikuyu so wichtige, uralte Sitte könne nicht durch Gesetzgebung und Verbot abgeschafft werden, sondern nur durch Erziehung. Noch in den siebziger Jahren des 20. Jahrhunderts hielten Kikuyu-Frauen eine unbeschnittene Frau für unreif und unfähig, voll an Erwachsenenbeziehungen teilzuhaben. Unbeschnitten zu sein galt immer noch als soziale Anomalie, berichtet Strayer. Da könne man sich vorstellen, welch gewaltigen Bruch mit den gültigen Anschauungen die Missionare von ihnen verlangten.[1]

Es läßt sich nicht beweisen, aber vermuten, daß ein weniger scharfes Vorgehen gegen afrikanische Traditionen die «Erziehung» zu einem besseren Umgang mit dem menschlichen Körper beschleunigt hätte. «Selbst diejenigen Afrikaner, die zustimmten, daß dieser Ritus aufgegeben werden sollte, fanden, daß die Kirche ihre Ansichten in anmaßender Weise präsentierte und den Brauch über Nacht ändern wollte, anstatt dem Volk beizubringen, warum er aufgegeben werden sollte», schrieb Tom Mboya[2], einer der prominentesten afrikanischen Führer Kenias.

Im französischen Sudan hat ein katholischer Missionar etwa um die gleiche Zeit (1921), aber im Hinblick auf die Beschneidung der Jungen, geschrieben: «Es scheint unmöglich, zu beweisen, daß die Beschneidung, unabhängig von den religiösen Praktiken, die sie begleiten, selbst ein religiöser Akt, also schlecht ist. Sie scheint geduldet werden zu können, um den großen Schaden zu vermeiden, der für die Unbeschnittenen unvermeidlich ist.»[3] So großzügig war seine Mission nicht immer. 1896 erschien in der Missionsstation von Kita eine Abordnung aus einem Dorf, um einen Jungen abzuholen, für den seine Mutter den vierzigtägigen Urlaub beantragt hatte, der für die Beschneidungsriten notwendig war. Der Pater schickte sie weg und sperrte den Jungen ein, bis der französische Kreiskommandant intervenierte. Zwei Monate später ereignete sich ein ähnlicher Fall. Der Älteste eines anderen Dorfes schickte seinen Sohn, der zwei jüngere Brüder zur Vorbereitung ihrer Beschneidung abholen sollte. Der Pater weigerte sich wieder, auch noch, als der Kommandant ihm einen Brief schrieb, so daß die beiden Kinder schließlich von der Polizei aus der Station geholt werden mußten und der Kommandant sich beim Regionalgouverneur über die Mission beschwerte.

Frauenpolitik

So gut wie alle Missionare im Kampf gegen die Polygamie behaupteten, die (angeblich oder wirklich) mißachteten Rechte der Frauen zu verfechten. Von heute gesehen, scheinen sie unbedingte Verfechter der weiblichen Emanzipation gewesen zu sein. So redeten sie auch, nur das Wort benutzten sie nicht. Auf europäischem Gebiet waren sie es freilich weit weniger, und in ihren Organisationen selbst schon gar nicht.

Wo es ernst gemeint war, sind wir auf der Seite der Missionare. Zweifellos wird schon ihr Kampf gegen die Polygamie bei uns freundlicher gewürdigt werden als in den Gesellschaften, die er traf. Ihr Ursprung, die praktische Wirkung dieser Institution und ihre von vielen Beobachtern bezeugte Hinnahme auch durch Frauen mögen zeigen, daß wir so Fremdes eben nicht verstehen und daher nicht wirklich beurteilen können. Vielleicht haben ja sogar diejenigen Afrikaner und Asiaten mehr recht, die auf unsere Einehe herabsehen – mit ebenso vielen Gründen und scharfen Beobachtungen, wie wir auf die Vielehe verwenden. Aber wir leben in unserem System, nicht in ihrem.

Voreingenommen oder nicht: Wir können nicht einsehen, daß die Einstufung der Frauen als Wesen zweiter Klasse und minderen Rechts in jenen Welten eine bessere Ordnung widerspiegeln soll als unser eigenes gesellschaftliches System. So können wir es den Missionaren nicht verdenken, daß sie diesem Aspekt ganz besondere Energie widmeten.

Streit um Mädchen

Nicht nur die Vielehe war ihnen ein Greuel. Daß Mädchen im Kindesalter von ihren Eltern im voraus zur Ehe (nach traditionellem Muster also zur Ehe mit einem polygamen Mann) versprochen werden konnten und in der Regel versprochen wurden, ob einem Jüngling oder einem reichen Greis – das verabscheuten sie ebenso. Vielleicht war es bei den Katholiken späte Reue darüber, wie sie tatenlos der fortgesetzten Massenvergewaltigung von Indianerinnen durch Spanier und Portugiesen im 16. und 17. Jahrhundert zugesehen hatten. Einzelne Priester, sogar Bischöfe, haben das damals wohl bejammert. Aber die ihnen zur Verfügung stehenden kirchlichen Waffen wendeten sie nicht an.

Später, zwei, drei Jahrhunderte danach in Afrika und Asien, schienen die Kirchen eher zur Ansicht zu neigen, daß friedliche Bekehrung zum Christentum leichter über die Bekehrung der Frauen zu schaffen war. Sich den Frauen in den Kolonialländern zu widmen war jedoch schwer. In der islamischen Welt, aber auch in China und anderswo schloß ihre Abschottung gegen Männer sie praktisch aus dem Wirkungsbereich der Missionare aus, bis es Missionarinnen gab. Zwar hatten manche Missionen schon Schwestern, Lehrerinnen und Ärztinnen. Aber um die «christliche Offensive» in breiterem Umfang führen zu können, brauchte man leichteren Zugang zu den Frauen der anderen Welt, als die ohnehin überlasteten Ehefrauen der Missionare gewinnen konnten. So organisierten sich die Missionen neu. Die Basler Mission beispielsweise gliederte sich 1841 einen Frauenverein zur Erziehung des weiblichen Geschlechts in den Heidenländern an, der Missionarinnen warb. Ein Verein zur Ausbildung von Missionarinnen folgte schließlich 1901. Andere Missionen handelten ähnlich. Im Eifer ihrer neuen Aufgabe ließen sie jedoch wahre Kübel des Abscheus und der Verachtung auf die Frauen der anderen Kontinente herabprasseln. Ein Beispiel: «Wir sehen, wie tief herabgesunken das weibliche Geschlecht in Africa ist. Aber in aller Verdorbenheit, in aller Schlechtigkeit, die das weibliche Geschlecht dort selbst in sich trägt und weiter verbreitet, gibt es doch auch noch einige edlere Züge, die da zeigen, daß das Weib auch in Africa noch das Weib ist, und welch edles Wesen unter richtiger Pflege aus ihr werden könnte.»[1] Ein Zitat aus dem Indien des Jahres 1852 über die dortigen Mädchen aus der Feder der Missionarin Kögel: «Die Kleinen machen durch Unwahrheitsprechen, durch leichtsinniges, flatterhaftes Betragen, sowie auch durch Ungehorsam viel Mühe und Sorgen.» An ihnen machte die Missionarin «Entdeckungen, zusammenhängend mit dem fleischlichen Verderben, das unter dem Hinduvolk so schrecklich eingerissen ist»[2].

Daß Frauen in vielen Gegenden ihre kleinen Kinder auf dem Rücken trugen, war nach Ansicht von Missionarinnen höchst bedenklich. Aus dem Archiv des Basler Frauenvereins, 1881, Missionar Rohner aus Westafrika: «Da hört und sieht das kleine Mädchen nun viel, was es nicht hören und sehen sollte. Es sieht, wie die Mutter den Vater hintergeht, und es mit der Wahrheit gar nicht genau nimmt. Es hört die schändlichsten Schimpfreden im Streiten mit ihren Mitschwestern und gegen ihre Kinder gebrauchen.»[3] In Indien «wachsen die Mädchen heran, immer im Versteck unter anderen Frauen, deren Einfluß gewöhnlich von der Art ist, daß die Kinder im zartesten Alter schon in Dinge eingeweiht werden, deren sich bei uns das reifere Alter schämt». Da lag nicht fern, verhindern zu wollen, «daß die Frau als erste Erzieherin ihrer Kinder die ‹teuflische Gesinnung› nicht auch auf diese übertrug»[4].

Solange Mädchen keinen eigenen Willen haben durften, sondern vollständig der Entscheidungsbefugnis der Eltern, der Familie unterworfen waren, so lange konnten die Missionare nicht erwarten, sie als Zöglinge am Religionsunterricht teilnehmen zu sehen und eines Tages gar zu taufen. Aber erst dann, so die christliche Erwartung, würden sie sich nicht mehr der traditionellen Ordnung fügen und besonders für die Heirat nicht einfach über sich verfügen lassen, sondern ihren eigenen Willen geltend machen. Also auch keinen Mann heiraten, den sie nicht mochten. Oder vielleicht überhaupt nicht heiraten wollen – die Missionen hofften ja auf kommende Generationen von einheimischen Krankenpflegerinnen, Schwestern und auch Nonnen.

Schwülstig im Stil der Zeit erläuterte der Katholik Theodor Frey die Rolle der Weißen Schwestern, der «Schwestern Unserer lieben Frau von Afrika». Ihren weiblichen Zöglingen in Afrika, «diesen armen Wesen», komme nach und nach zum Bewußtsein, «daß sie mehr sein sollen als das Arbeitstier des Hauses, die Sklavin des Mannes und ein Werkzeug zur Befriedigung der Leidenschaften. Sie lernen verstehen, daß auch sie eine unsterbliche Seele haben und zu etwas Höherem bestimmt sind. Unter dem belebenden Hauch der göttlichen Gnade haben verschiedene, besonders edel veranlagte Mädchen ihren Blick schon höher gerichtet und suchen wie die Schwestern in Reinheit und Jungfräulichkeit ein Gott wohlgefälliges Leben zu führen. Da eröffnete sich den Schwestern ein neues und tröstliches Arbeitsfeld, nämlich die Heranbildung einheimischer Ordensfrauen, die in Gehorsam, Armut und Keuschheit ihrem himmlischen Bräutigam allein angehören und sich für ihre Stammesgenossinnen in Gebet und apostolischer Arbeit aufopfern wollen.»[5]

Es sei dahingestellt, ob das unbedingt eine allgemeine Abkehr von der Vielehe bedeutet hätte, wie es die Missionare hofften. Jedenfalls kümmerten sie sich besonders um Mädchen und suchten sie nach Kräften in Missionsschulen zu locken. Im französischen Sudan mußte ein katholischer Bischof Anfang unseres Jahrhunderts die Missionare von Koupéla zurechtweisen, daß sie keine Mädchen gegen den Willen ihrer Eltern zum Religionsunterricht holen dürften, noch dazu solche, die bereits als Ehefrau versprochen waren.[6] Doch bedrängten die Missionare auch dort die Kolonialbehörden, den Frauen gesetzliche Freiheit nach westlichem Modell zu geben, also etwa Eheschließungen von der ausdrücklichen Zustimmung beider Partner abhängig zu machen. Die Kolonialbehörden waren keineswegs überall davon begeistert – sie fürchteten Unruhe unter den unterworfenen Stämmen, die sie lieber vermeiden wollten. Das Problem stellte sich nicht in allen Teilen der unterworfenen «Dritten Welt», denn nicht überall waren Mädchen, wie schon gezeigt, ohne Entscheidungsmöglichkeit bei der Wahl des Ehemannes. Aber wo es sich so verhielt, versuchten die Missionare, eine andere Ehegesetzgebung auch für die «traditionelle» Ehe, also die Vielehe, durchzusetzen.

Kurz vor dem Zweiten Weltkrieg setzte die Kirche im französischen Schwarzafrika durch, daß die Zustimmung beider Partner Voraussetzung für die Gültigkeit einer Ehe sei und das Mädchen mindestens vierzehn, Jungen mindestens sechzehn Jahre alt sein müßten, damit ein Ehevertrag gültig sei. Benoist meint, dieser Akt habe die Freiheit der Frau besiegelt, aber das hieße wohl, zuviel in ihn hineinlesen. Benoist berichtet ja selbst, die Vorschrift sei kaum irgendwo durchgesetzt worden.[7] Ohnehin war damit nicht das verbreitete Problem der verpfändeten Kinder gelöst, das in einigen der afrikanischen Völker ebenfalls eine große Rolle spielte, wie schon im Abschnitt über die Sklaverei gezeigt.

Bei den Mossi kam es anscheinend von jeher vor, daß ganz junge Mädchen einem Mann versprochen (und wenn sie größer waren, übergeben) wurden, etwa um Schulden zu begleichen oder auch nur, um Gastfreundschaft zu vergelten. Nun brachte die Kolonialherrschaft für die Unterworfenen neue Gründe, sich zu verschulden. Zum einen bescherte sie ihnen, was in Europa im allgemeinen vertuscht wurde und noch wird, Hungersnöte in katastrophalem Ausmaß. (Die Gründe schildere ich in den Abschnitten über den Landraub und die Zwangsarbeit.) Zum anderen brauchten sie Geld für jenes Mittel, das die Eroberer bewußt einsetzten, um die Kolonisierten in die Geldwirtschaft hineinzupressen und zu Kunden für westliche Produkte (meist Ramsch) zu machen: die Steuer.

Die in allen Kolonien ziemlich gleichen Mechanismen der Erpressung zum Nutzen der Kolonialwirtschaft haben die Kirchen bzw. ihre Missionare nur wenig gestört. Sie profitierten eher davon. Aber manche Folgen paßten denn doch zu schlecht in ihre Moralvorstellungen. Dazu gehörte eben diese, daß in den immer häufigeren Notzeiten die Einheimischen nicht mehr wußten, wie sie satt werden oder sich das Geld für die Steuern beschaffen sollten, ob Hüttensteuer, Kopfsteuer oder welche sonst. Benoist zitiert den sonst von ihm wenig geschätzten Mossi-Autor Dim Delobson, daß während der Hungerperioden in der Kolonialzeit, die fast regelmäßig wiederkehrten, ein Korb Hirsegras genüge, damit ein Familienvater «seine kleine Tochter verspricht» [8]. Und wenn die Kopfsteuer fällig werde, würden viele kleine Mädchen für «unbedeutende Summen» verlobt. Den Betroffenen werden diese Summen bedeutend genug vorgekommen sein.

Die Hungersnot war 1931 in Obervolta besonders groß. Noch Jahre später machten ihre Folgen den Einheimischen zu schaffen. Da berichteten die Missionare von der Station Bam, nahe Ouahigouya, daß aus dem alten, nicht so sehr häufigen Brauch ein richtiger Handel geworden sei. Nun würden die Mädchen nicht «versprochen», sondern verkauft und auch sogleich von den Käufern mitgenommen. Bischof Thévenoud bombardierte die französischen Behörden mit Protesten und dem Hinweis, so etwas sei «vor der Besetzung» nicht üblich gewesen. Die Behörden bestritten alles und beschuldigten ihrerseits die Missionare, durch ihre Einmischung die einheimischen Bräuche durcheinanderzubringen. Die Eltern der Kinder fürchteten eher, durch die Katechese ihrer Töchter und ihren Übertritt zum Christentum später um das übliche Brautgeld gebracht zu werden, das der Verlobte zu zahlen hatte. Es handele sich keineswegs um «Verkäufe», sondern um vorgezogene Eheversprechen, just um die

Kinder den Missionsschulen zu entziehen. Der Bezirkskommandant wies darauf hin, daß viele der «Verkauften» zwischen drei und acht Jahre alt seien, einige gar erst ein paar Monate; sie seien selbstverständlich noch in ihren Familien, und «man kann sich schlecht einen Käufer vorstellen, der sich auf so lange Zeit hin einen Gewinn verspricht»[9]. Immerhin hatte der Bischof in seinen Protesten zitiert, einer der Missionare habe selbst gesehen, wie auf dem Markt ein Mädchen von seinem Vater für 35 Francs angeboten wurde, und ein Häuptling habe seinem Stamm geraten, schon jetzt Mädchen zu verkaufen, um die Steuern des Jahres 1934 bezahlen zu können.

Da die Archive keine Erklärung liefern, wer von beiden recht hatte, könnte man die missionarische Empörung dem häufigen Mißverständnis einheimischer Bräuche zuschreiben und sich eher der Sicht der Behörden anschließen. Aber wäre der Bischof wirklich so weit gegangen, dem Generalgouverneur zu schreiben: «Nur der Gedanke an Empörung, die die Kenntnis dieses ekelhaften Handels in der zivilisierten Welt auslösen würde, nach vierzig Jahren Okkupation, hindert mich, die Anti-Sklaverei-Gesellschaft um Hilfe zu bitten»[10], wenn er sich seiner Sache nicht sehr sicher gewesen wäre?

Der Streit um Mädchen ging weiter, auch in anderen Kolonien. Dabei ist bemerkenswert, auf welche Art die katholische Mission für das Christentum warb. Sie «rekrutierte», auf welche Weise auch immer, junge Mädchen und machte sie zu Christen. Diese dienten dann als Köder für die Jungen, die für das Christentum gewonnen werden konnten und die mit ihrem traditionellen Sozialgefüge, mit der Institution der Polygamie, mit ihren Familien und Gruppen brechen mußten. Der Bruch, so dachten die Missionare, müsse ihnen schon deswegen leichtfallen, weil sie doch nicht gut für normal halten konnten, daß alle jungen Mädchen alten Männern vorbehalten waren. Das war sicher eine zu parteiische Interpretation der Polygamie. Aber wenn die Jungen nun Christen wurden, hatten sie ohnehin keine Chance mehr, eine traditionelle Ehe einzugehen. Im allgemeinen bedeutete das, in weit entfernte Gegenden auswandern zu müssen, wo einzelne Männer dann doch das Glück haben konnten, als Ehemann genommen zu werden. Das erwies sich nun als unnötig. Benoist zitiert ein Mossi-Sprichwort: «Wenn man die Ziegen hat, kommen die Böcke von selbst.»[11] Die Missionare verfügten ja anscheinend über eine Schar christlicher Einehekandidatinnen und traten als Ehestifter an die Stelle der Familie.

Da war dann gar nicht mehr soviel die Rede von dem Willen und der Selbstbestimmung der jungen Mädchen: Die Missionsväter wußten zu überzeugen, nicht immer nur mit dem heiligen Wort. Die französischen Kolonialbehörden warfen den Missionaren denn auch Heuchelei vor. Unter dem Vorwand, die ungerechte Behandlung der Frauen zu bekämpfen, suchten sie hauptsächlich junge Leute zu gewinnen, um «christliche Ehen» stiften zu können. Benoist[12] meint, die Missionare hätten zwei Fehler begangen: Mädchen gegen den Willen der Eltern als Katechumenen zu holen – Katechumenen erhielten Religionsunterricht, bis sie der Taufe für würdig befunden wurden – und auch solche aufzunehmen, die nicht so sehr Christen werden, als der Bevormundung durch ihre Eltern entkommen wollten.

Wo die Missionare wenig Erfolg hatten, stellte sich das ganze Problem nicht. Im Bereich des Apostolischen Vikariats Bamako (Senegal) war die «Evangelisierung» ein ziemlicher Mißerfolg, konstatiert Benoist – also gab es nur wenige Mädchen, die einen Bewerber ablehnten, weil er Heide, polygam oder zu alt war. Wenn sich doch ein neuer, christlicher Bewerber meldete, brauchte er nur das schon gezahlte Brautgeld des Rivalen zu ersetzen. «Da die jungen Christen dazu kaum imstande waren, richtete die Mission von Kati 1928 eine Sonderkasse ein, um die Mädchen freizukaufen...»[13]

Auch die Protestanten betätigten sich als Ehestifter. So schickte die Basler Mission junge «Neuchristen» aus ihren Stationen in den Mädchenschulen anderer christlicher Stationen herum, damit sie sich Bräute aussuchten. Prodolliet[14] zitiert aus dem Jahr 1896: «Kommt nun ein heiratsfähiger Christ zum Vorsteher der Anstalt, um sich eine Frau zu suchen, so werden etwa die drei ältesten Mädchen der Reihe nach unter irgendeinem Vorwand ins Studierzimmer zitiert und bei dieser Gelegenheit vom Bräutigam inspiziert; vorausgesetzt, daß er nicht im voraus schon eine Bestimmte ins Auge gefaßt hat. Doch wird er auch in diesem Fall nicht immer gleich mit dem Namen der Erkorenen herausrücken, sondern sich ruhig einige andere Mädchen vorführen lassen, bis die Erkorene drankommt.» Man kann Pro-dolliet nur zustimmen, wenn sie sagt, dann könne es mit dem «freien und gegenseitigen Entscheid» nicht weither gewesen sein, und hinzufügt: «Der Ton, mit dem diese Brautschau beschrieben wurde, ist schwer mit den heftigen Anklagen gegen die über den Köpfen der Mädchen geschlossenen Heiraten zu vereinbaren. An die Stelle der Brauteltern trafen die Vorsteher der Mission, deren Handeln sich von dem angeprangerten wenig unterschied.»

Nun dachten die Missionen ohnehin nicht nur an Liebesheiraten. Hauptsache war für sie, daß es christliche Ehen wurden. Schon Ende des 18. Jahrhunderts propagierte der Reverend Haweis in London, die zur Südseemission bestimmten Missionare sollten sich, sofern sie ledig seien, möglichst schnell mit den ersten bekehr-ten Einheimischen verheiraten, möglichst mit Frauen aus hochste-henden Familien, damit sie besseren Schutz genössen.[15] An dieser Stelle ist vielleicht angebracht, daran zu erinnern, daß die Verfü-gung der Frauen über sich selbst, was die Ehe anbelangt, in Europa erst seit dem 19. Jahrhundert leidlich verankert ist, in mehreren Ländern erst nach seinem Ende oder noch später. Besonders in katholischen Ländern ist die Selbstbestimmung der Europäerinnen spät durchgesetzt worden, jedenfalls nicht so viel früher als in Afrika, wie man aus den Bemühungen der Missionare schließen könnte. Protestantische Missionare aus der Schweiz erinnerten 1887 daran, um die Taufe von Frauen aus polygamen Ehen zu verteidigen. Sie hätten ja nicht frei über ihre Ehe entscheiden kön-nen. «Im Kanton Waadt hatte die Frau bis zur Abschaffung der Rechtsräte kaum größere zivilrechtliche Handlungsfähigkeit als die Negerfrau.»[16]

Die rigiden Moralvorstellungen südeuropäischer Völker am Rande des Mittelmeeres überdies sind, was Ehe und Jungfräulichkeit be-trifft, nur graduell von jenen afrikanischen entfernt, von denen Ado K. Tiberondwa einen Häuptling im Distrikt Ankole erzählen läßt: «Mädchen, die schwanger wurden, brachte man zum Katunga-Fluß, fesselte sie und rollte sie den Felsen herunter, damit sie von den Flußwildtieren gefressen wurden.»[17] So drastisch verfuhren die Euro-päer bei sich nicht mehr. Aber viele ihrer Tabus waren denen der

«Heiden» nicht so fern, wie der europäische Hochmut, auch der von Kirchenmännern, glauben machen wollte.

Das soll natürlich nicht heißen, daß Missionen nicht Verdienstvolles für die Frauen in der «Dritten Welt» getan hätten, ob sie nun in Afrika für die Entscheidungsfreiheit der Mädchen eintraten oder in Indien unterdrückten und rechtlosen Frauen durch Aufnahme in ihre Heime halfen.[18]

Besonders kümmerten sie sich auch um Neugeborene, die nach den Bräuchen verschiedener Völker getötet werden sollten – Zwillinge in Afrika, mißgestaltete Mädchen in Westafrika (auch wenn es sich nur um ein paar Warzen handelte), unerwünschte Mädchen in indischen oder chinesischen Familien, deren Eltern die später fällige Mitgift nicht aufbringen zu können glaubten, Mädchen in Gesellschaften, die Frauen für minderwertig hielten, uneheliche Kinder. Die Missionarinnen überredeten die Einheimischen oft, ihnen diese Neugeborenen zu überlassen, die sie dann unbehelligt zu Christen heranziehen konnten. Manchmal bezahlten sie auch. In vielen Gegenden Afrikas und Asiens gab es, wie erwähnt, zu gewissen Zeiten Mädchenhandel, in anderem Sinn als dem, den wir heute mit dem Wort verbinden. Eltern versuchten für ihre Söhne möglichst früh Bräute zu finden, solange diese noch nicht viel kosteten, also wenn sie noch klein waren. Prodolliet nennt aus den Akten der Basler Mission Brautgeldwerte: In China lag 1877 der Preis für einen Säugling umgerechnet bei etwa zwanzig Mark, bei vierhundert bis achthundert für ein erwachsenes Mädchen.[19] Es lag also im Interesse armer Familien, über möglichst junge Bräute abzuschließen.

Die drei Ks als Ideal

Das Frauenideal, das die Schwestern und andere Missionarinnen unter den «Eingeborenen» propagierten, war das europäische: Kinder, Küche, Kirche. Es prägte also auch die Mädchenerziehung in den Missionen. Das Ziel der Mädchenschulen war in erster Linie, Christinnen heranzuziehen, die später in ihren Familien für die Ausbreitung des Glaubens sorgen würden. Sachbildung wurde kaum angestrebt, viel wichtiger waren «Betragen und Fleiß»[20]. Der Unterricht war dürftig und rudimentär. Eine schweizerische Missionarin äußerte 1857: «Bei der unglaublichen Beschränktheit des weiblichen Geschlechts in Indien ist es genug verlangt, wenn ein Mädchen ordentlich lesen, schreiben und rechnen kann.»[21] Eine Lehrerin der Basler Mission berichtete aus China, ihre Schülerinnen hätten chinesische Klassiker auswendig lernen wollen. «Das habe ich ihnen aber nicht erlaubt, da ich es für unnötig, ja eher für schädlich halten würde, daß sich Mädchen in einer Missionsschule mit solchem Stoff befassen und ihre Zeit damit vergeudeten.»[22] Dafür sah der Lehrplan der Basler Schulen für Mädchen mehrere Stunden Handarbeit pro Tag vor, also Häkeln, Stricken, Nähen.[23] Die Leipziger Mission in Indien wiederum war mit noch weniger zufrieden: «In den Schulen lernten Heidenmädchen die biblische Geschichte kennen und geistliche Lieder singen.»[24] Das missionarische Frauenideal war von der Gedankenwelt männlich beherrschter Völker, weiße oder nicht, gar nicht so verschieden.

Es war und bleibt jedenfalls höchst fraglich, ob ausgerechnet die weitgehend kirchlich geprägte Vorstellung von der Rolle der Frau, die in den freieren europäischen Gesellschaften dem Druck der Entwicklung nicht standhielt, für die Länder der «Dritten Welt» taugen und den Bedürfnissen der dortigen Gesellschaft entsprechen sollte. Alle anderen westlichen Rezepte tun es ja nicht, warum also sollte dieses als einziges das richtige sein?

Die Gesellschaft der «Dritten Welt» wird weiterhin ganz überwiegend von Männern beherrscht, worüber einige herausragende Frauen in bedeutenden Positionen nicht hinwegtäuschen können. Das unterscheidet sie nicht von der «Ersten», unserer mächtigen Welt, die ihr wirtschaftliche und soziale Not gebracht und sie erst richtig «rückständig» gemacht hat. Die Kirchen haben diesen Rückstand nicht etwa bekämpft, sondern mit verursacht. Wo Missionare versucht haben, Bräuche zu überwinden, die uns barbarisch vorkommen, taten sie das nicht den Frauen zuliebe, sondern aus humanitären Beweggründen – diese verdienen selbstverständlich unseren Respekt.

Das Mitleid, das Europäer(innen) äußern, wenn sie Frauen der «Dritten Welt» schwere Arbeiten auf dem Feld oder am Haus verrichten sehen, empfanden auch die Missionare. In weitgehender Unkenntnis der Arbeitsteilung, die in diesen Gesellschaften herrschte, versuchten sie diese zu verändern. Aber die Zwänge der Kolonialwirtschaft trugen gerade dazu bei, den Männern neue Arbeiten, oft weit weg von zu Hause, aufzubürden und dadurch die Lage der Frauen noch schwerer zu machen. Zu diesen Zwängen haben die Missionen ihr gerütteltes Maß beigetragen. So veranlaßten in Ostafrika deutsche Missionarinnen Afrikanerinnen zum Wäschewaschen, was unter den Bedingungen der Missionsstationen durchaus Schwerarbeit und bis dahin Männersache gewesen war.[25]

Daß Missionarinnen eine Form von Frauenarbeit befürworteten, die sich immer mehr auf Fortpflanzung und Haushalt konzentrierte, machte die Hausfrau noch mehr vom Mann abhängig. «Im Vergleich dazu verhalf die harte Arbeit der einheimischen Frau in den meisten Fällen immerhin zu ökonomischer Unabhängigkeit.»[26] Und zu Autorität – Missionar Robert Moffat machte die Erfahrung in seiner Station unter den Betschuana. Um auf dem sandigen Boden Gemüse anbauen zu können, hatte die Mission Bewässerungsgräben gezogen, die vom Fluß Kuruman her durch die Gärten der Einheimischen verliefen. «Als die eingeborenen Frauen den befruchtenden Effekt des Wassers in unseren Gärten sahen, dachten sie sehr natürlicherweise, daß sie selbst ein gleiches Recht auf ihr eigenes Wasser hätten, und nahmen sich die Freiheit, unseren Wassergraben anzustechen und das Wasser gelegentlich ihre Gärten bewässern zu lassen», erzählte er.[27] Das nahm den Missionaren dann doch zu sehr überhand; sie wandten sich an den Häuptling. Aber «wir baten und protestierten umsonst: In dieser Sache waren die Frauen die Herren.» Als Moffat Frauen, die eine hohe Hütte bauten – das war generell ihre Aufgabe –, aufforderte, die Dachkletterei ihren Männern zu überlassen, «brachen sie alle in schallendes Gelächter aus. Die Königin Mahuto und einige der Männer kamen näher, um die Ursache der Heiterkeit zu erfahren. Die Frauen wiederholten meinen seltsamen und für sie absurden Vorschlag, darauf folgte abermals schallendes Gelächter.»[28]

Missionarinnen bekamen selbst oft zu fühlen, daß sie von Männern ihrer Organisationen nicht als gleichwertig und gleichberechtigt angesehen wurden. In den Zentralen der Missionsgesellschaften hatten sie im allgemeinen nichts zu melden, und auch «im Feld» waren sie den Männern so gut wie immer untergeordnet. In den Missionsstationen der Church Missionary Society in Kenia waren sie 1913 bereits in der Mehrheit, aber sie hatten weder Sitz in den Entscheidungsgremien noch gleich große Autorität über die «Neuchristen» wie ihre männlichen Kollegen, besser Vorgesetzten. Strayer[29] führt darauf den geringen Effekt der CMS-Bemühungen um die weibliche Bevölkerung Kenias zurück.

Die von den Missionaren propagierte Einehe mußte ja bewirken, daß nicht mehr jede Frau, auch nicht jede Christin, einen Mann bekam. Also führte die Frau des CMS-Missionars Handley Hooper, Cicely Hooper, in Kenia eine Kampagne, um Benachteiligungen der jungen Afrikanerinnen zu beseitigen. Doch da mußte sie entdecken, daß der Männerherrschaft in der afrikanischen Gesellschaft die in der Missionsgesellschaft entsprach.[30] Sie beschwerte sich bald, daß die Missionare den Frauen nicht einmal bei deren eigener Arbeit die Entscheidungen überließen. Außerdem kümmerten sich nach ihrer Beobachtung die Missionare überhaupt zu wenig um die Arbeit unter den Afrikanerinnen. Frau Hooper befürwortete, Schulheime und ein College einzurichten, in denen Lehrerinnen und Schwestern ausgebildet werden und Frauen noch andere Berufe lernen könnten. Die Konferenz Protestantischer Missionen bei den Kikuyu lehnte das 1919 ab – es werde die afrikanischen Mädchen unnötig europäisieren und die Familien auseinanderreißen. Das waren Argumente, die natürlich auch gegen das sprachen, was die Missionen mit den Jungen machten: Diese wurden ja von ihrem heidnischen Milieu gänzlich abgesondert. Außerdem, so die Missionare weiter, zögen junge Afrikaner ohnehin als Frauen Dorfmädchen vor. Da waren die Kikuyu-Männer und die Missionare offenbar einmal ein Herz und eine Seele. Während der gleichen Konferenz verfocht Cicely Hooper, daß in den afrikanischen Kirchenräten Frauen vertreten sein müßten, und zwar gleichberechtigt. Erzdiakon Owen hingegen schlug getrennte Männer- und Frauenräte vor, wobei die Männerräte das letzte Wort haben sollten. Abermals wurde Mrs. Hooper überstimmt. Mutter Kirche sei eine durchweg maskuline Institution, kommentierte sie.[31] Man kann ihr noch heute nicht widersprechen.

Als um 1870 der Missionar Mylius von der Hermannsburger Mission eine neue Station in Indien eröffnete, kündigte er an, er werde beim Abendmahl von vornherein einführen, daß erst die Männer und dann die Frauen herantreten sollten...[32]

Ist Tanzen Sünde?

In der «Kirchenzeitung Köln» vom 14. Oktober 1988 las ich von Erfahrungen, die Mitglieder verschiedener Pfarrgemeinderäte des Erzbistums Köln während eines zweiwöchigen Besuchs bei christlichen Landgemeinden in Malawi (unter britischer Kolonialherrschaft hieß es Njassaland) gemacht hätten. Diese bekommen nicht oft einen Priester zu sehen, da er für sehr viele Dörfer zuständig ist. «Für die Menschen ist es eine festliche Begegnung, wenn einmal ein Priester in die Gemeinde kommt», heißt es in dem Bericht. Das bringe nicht nur «Gelegenheit zum Beten und zum Singen, sondern auch zum Tanz».

Da hat sich offenbar einiges geändert seit der Kolonialmission. Die Missionare, allerdings hauptsächlich die protestantischen, hielten außereuropäischen Tanz für Teufelswerk und verboten ihn, wo immer sie die Macht dazu hatten – oft auch gleich noch die Gesänge. «Den Missionaren kamen Trommeln und andere traditionelle Arten, Freude auszudrücken, sündig vor»[1] – also fand es in ihrem Herrschaftsbereich nicht mehr statt. Missionare, die «Unzucht und Hurerei» als «Nationalsport» von Afrikanern bezeichneten (dies im Gebiet des heutigen Sambia), sahen in Tanz und Trommel wohl die Vorstufen.

Carl Hugo Hahn notierte am 26. Juni 1842 in Namaland (Namibia) in sein Tagebuch: «Unter den vielen, die zum Gottesdienst kamen, war auch eine Tochter Wimmers [eines im Jahr davor verstorbenen Deutschen im Dienst der London Missionary Society], die älteste von der zweiten Frau. Sie war früher erweckt, lebt nun mit ihrer Mutter bei einem Heiden und beginnt auch in die Greuelfußstapfen ihrer Mutter zu treten. Sie tanzt bereits in den Werften [Ansiedlungen], und ihr Bruder spielt die Violine zum Tanze. Mein

Herz wurde vor Schmerz darüber fast zerrissen. Ich machte ihr ernste Vorstellungen, und es schien, als ob dieselben ihr zu Herzen gingen.»

Weiter nördlich war die Einstellung nicht anders. Die Church Missionary Society entließ ihre afrikanischen Vertreter an der Ostküste aus den Missionen, wenn sie an einheimischen Tänzen teilnahmen.[2] Daß der Tanz in fast der gesamten afrikanischen Gesellschaft zwingender Bestandteil von Feierlichkeiten war, auch Hochzeiten, ohne den diese nicht als ernst gemeint angesehen worden wären, kümmerte die Vertreter des Christentums nicht, so scharf sie auch sonst auf Eheschließungen waren, aber eben nur auf solche ihrer Art. Man stelle sich vor – und heute gehört schon nicht mehr viel Phantasie dazu –, Moslem-Fundamentalisten würden in englischen oder deutschen Gemeinden, in denen sie Mehrheit und Macht bekämen, unter deutschen oder britischen Festsitten aufräumen...

Viele nichtkatholische Missionare sahen den Tanz, besonders den afrikanischen, durch die Brille des Heidenjägers und Sexzensors. Wenigstens kann man in Oliver Todds Buch über die katholische Missionsgesellschaft für Afrika[3], Société des Missions Africaines, versehen mit dem kirchlichen «Nihil obstat» und «Imprimatur», lesen, über den afrikanischen Tanz werde im Westen allgemein «entsetzlicher Unsinn» gedacht und geredet. «Man denkt, er hänge wesentlich mit heidnischem Aberglauben zusammen oder sei nur darauf angelegt, sexuelle Gefühle zu wecken. Aber in Wirklichkeit entspricht der einheimische Tanz fast der besonderen Mahlzeit, die ein Europäer zubereiten würde, wenn ein enger Freund zu Besuch käme... Er ist die übliche Umgangsform im gesellschaftlichen Verkehr und wird als solcher von den Missionaren eher ermutigt als zurückgewiesen – man erwartet von ihnen, daß sie so einen afrikanischen Brauch billigen und an ihm teilnehmen.» Wenn jemand nicht wenigstens ein bißchen bei ihrer Tanzzeremonie mitmache, «ist der Afrikaner so beleidigt, wie wir sein würden, wenn ein zu Besuch kommender Freund aus seinen Taschen eine kleine Flasche und ein Eßpaket auspacken würde, anstatt das von uns gebotene Mahl zu essen».

Für einen Afrikaner sei es eine Beleidigung, wenn man seinen Tanz ignoriere und daran teilzunehmen ablehne. Wenn ein Europäer sich so benehme, komme das einer Verachtung Afrikas gleich, des ganzen Volkes. «Und in der Tat – im Inneren des Herzens ist es das wahrscheinlich auch.» Im übrigen macht Todd auf den Unterschied zwischen den «normalen» und den religiösen Tänzen aufmerksam, deren würdevolle, feierliche Art er ausdrücklich hervorhebt. Todd zitiert hier Pater Aupiais, ein frühes Mitglied der SMA, bzw. dessen Biographen Georges Hardy. Tänze, die wirklich auf sexuelle Ausschweifungen ausgerichtet seien, kämen selten vor (Todd spricht von Westafrika). Andererseits seien gerade die religiösen Tänze untrennbar mit den religiösen Vorstellungen der Afrikaner verbunden, die sich auf den Fortbestand der Familie und auf die Fruchtbarkeit von Land und Herden konzentrierten. Beides führe natürlich in den Bereich der Fortpflanzung. So sei wenig verwunderlich, daß auch die Tänze «mehr oder weniger diskret Fakten beschwören, die normalerweise von einem Schleier der Sittsamkeit verdeckt werden. Aber das ist kaum ein Grund, solche Beschwörungen als lasterhaft anzuprangern.»[4]

Noch wesentlich differenzierter und informativer beschreibt und analysiert die afrikanischen Tänze Renato Berger in seinem Standardwerk «African Dance». Er weist natürlich auch auf die erotisch-sexuellen Tänze hin, die sich durch die Jahrtausende erhalten haben, und schildert Beobachtungen, die uns zu vertrauter missionarischer Einstellung zurückbringen: «In Dakar, Senegal, im Garten einer Missionsschule, tanzen zwei Mädchen körpernah die verräterischen Bewegungen; eine Nonne stürzt aus dem Haus und jagt die Mädchen auseinander; nachdem sie verschwunden ist, setzen die Mädchen den Tanz hinter dem Hause fort. In Nigeria bildet sich während eines religiösen Festes ein Kreis geheimnisvoller Ausstrahlung. Zwei Mädchen in der sittsamen Schuluniform eines katholischen Internats tanzen zu den verführerischen Rhythmen eines Trommlers, indem sie zu den koitalen Bewegungen in die Hocke gehen. Ihre Kameradinnen klatschen und singen den Rhythmus mit und blicken sich dabei wie mit schlechtem Gewissen an. Die Erwachsenen lachen oder lächeln verständnisvoll, bis das Erscheinen der Missionslehrerin dem Vergnügen ein Ende setzt.»[5]

Das führt uns wieder zurück in die alte Missionszeit, dokumentiert im Tagebuch des Protestanten Carl Hugo Hahn (4. Juni 1843):

«Auch einem satanischen Tanz der Gomaxa-Damaras mußte ich ein Ende machen... Die Einwohner stoben auseinander, als sie mich kommen sahen. Ziemlich unsanft faßte ich einen der Damaras an der Schulter und gebot auf der Stelle Ruhe. Das wirkte. Sie gingen ein wenig erschrocken und still auseinander, und der Spektakel hatte ein Ende.»

Die Bilder gleichen sich, welche missionierte Gegend man auch in Augenschein nimmt, ob die pazifische Inselwelt, Afrika oder Lateinamerika. Die christlichen Missionare zerstörten, wo immer sie konnten, die Manifestationen einheimischer Lebensfreude, die Protestanten der Frühzeit unerbittlicher als die Katholiken, ganz besonders im pazifischen Raum. «Entschlossen und hartnäckig hämmerten sie auf die tahitische Lebensweise ein, bis sie vor ihnen zerfiel, und innerhalb zweier Jahrzehnte hatten sie erreicht, was sie sich vorgenommen hatten», sagt Alain Moorehead[6].

Die Katholiken haben wenigstens beim Tanz bedeutend weniger gegen die Lebensfreude der Einheimischen unternommen. In diesem Zusammenhang ist aus ihrer Sittenherrschaft in Ibero-Amerika zur Abwechslung Positives zu berichten. Sie ließen im Bereich der Paraliturgien und der Volksfrömmigkeit großzügig eine Häufung und Vermengung vorspanischer Elemente zu, sagt Dussel[7], und er übernimmt die Beschreibung eines indianischen Epiphanie-Festes in Tlaxomulcia im Jahr 1872 mit dem Kommentar: «Offensichtlich sind all diese Tänze, Sprünge und Spiele Ausdrucksformen, Symbole und Vermittlungen, mit deren Hilfe die Indianer der Gottheit ihre Hochachtung, Begeisterung und Ergebenheit bekunden... wir müssen begreifen, daß dasselbe Bewußtsein, das das Urchristentum bewegte, nämlich bestimmte innerlich neutrale, in sich weder gute noch böse Elemente der griechisch-römischen Zivilisation auszuwählen, um damit die Gottheit zu verehren, auch die Missionare veranlaßte, viele rechtmäßige und moralisch unanfechtbare indianische Formen zu übernehmen.»[8]

Alkohol- und Rauchverbot

Die Vertreter der gegensätzlichen Konfessionen werden nicht gern hören, daß sie sich für die Kolonisierten oft hauptsächlich durch ihre Einstellung zum Alkohol unterschieden. Die Katholiken bekämpften die einheimische Produktion und den Konsum von Bier und anderen berauschenden Getränken bei weitem nicht so fanatisch wie die Protestanten. Sie hatten auch wenig Anteil an Kampagnen gegen die Einfuhr europäischen Alkohols – viele Franzosen und Italiener unter ihnen wußten, wie ihre Landsleute, Wein zu schätzen. Schon in frühester Missionszeit hatten Katholiken Wein eher als hilfreiches Mittel beim Bekehrungsversuch benutzt. Anfang des 17. Jahrhunderts waren portugiesische Padres beim Großmogul Dschahangir, Sohn des berühmten Akbar, recht beliebt: Sie präsentierten ihm gute, reife Klosterweine, die ihm weit besser schmeckten als alles, was er in Hindustan finden konnte. Er nahm den Wein, aber nicht die christliche Botschaft und blieb Moslem.

Der Superior der Gesellschaft der afrikanischen Missionen, Planque, schrieb an den Leiter einer der Missionsstationen nicht nur, daß es auch für die Missionare wichtig sei, gut zu essen, sondern daß sich jemand besonders um den Wein kümmern müsse.[1] André Gide schildert, wie er am französischen Kongo zum Vertreter einer Forstgesellschaft kam: Wir «finden dort zwei Missionspatres vor, die, auf der Veranda sitzend, ihren Apéritif trinken»[2].

Unter den wesentlich rigoroseren Protestanten war eine prominente Ausnahme Johann Ludwig Krapf, der für die London Missionary Society Mitte des vergangenen Jahrhunderts im heutigen Kenia tätig war und sich dort starker islamischer Konkurrenz ausgesetzt sah. Unter den Moslems begann damals französischer Brandy aufzutauchen, was Krapf nicht so erregte wie fast alle seine Kollegen, sondern ihn hoffen ließ, daß «die zunehmende Liebe für scharfe Schnäpse schließlich die falsche Religion ihres Propheten zerrütten» werde, und damit könne «Gutes aus Bösem kommen»[3]. So hat Krapf nicht gedacht oder gehandelt, wenn es um die von ihm zu missionierenden Afrikaner ging; die Haltung seiner Missionsgesellschaft und die aller anderen protestantischen war kompromißlos. Noch einmal Hugo Hahns Tagebuch (4. Juni 1843): «Zu unserer großen Betrübnis mußten wir heute freilich auch einige ausschließen, die sich im Verborgenen mit Honigbier betrunken hatten: 14 und beinahe alle von den durch Tindall Getauften. Der Herr möge sich in Gnaden über sie erbarmen.»

Hier muß man nun aber das Thema spalten. Mit ihrem Kampf gegen die einheimischen Trinksitten (die selbstgebrauten Getränke waren ziemlich alkoholschwach) ruinierten Missionare einerseits einen wichtigen Teil einheimischen Zeremoniells und Soziallebens. Sie selbst kamen aber nicht aus antialkoholischen Ländern – ihre weißen Landsleute an Ort und Stelle machten Indianern, Afrikanern, Asiaten und Südsee-Insulanern ständig vor, daß die weißen Völker dem Alkohol keineswegs entsagten, und die katholischen Missionare taten es auch nicht. Das war widersprüchlich genug, um den Einheimischen aufzufallen.

Andererseits diente Alkohol, und zwar hochprozentiger, unzweifelhaft als Waffe Europas zur Kolonisierung. Wie sehr das «Feuerwasser» die Indianer Nordamerikas schwächte und zerrüttete, stand schon in den Indianerromanen meiner Kindheitsliteratur. In Afrika wurde die Waffe ganz bewußt verwendet, um unterjochte Afrikaner gefügig zu halten. Andersherum war Alkohol für sie oft die einzige Möglichkeit, sich aus der fürchterlichen Welt der Sklaverei, Zwangsarbeit und Mißhandlung wenigstens für kurze Zeit in den Rausch zu flüchten.

Die französische, holländische und britische Spirituosenindustrie (die amerikanische stieg während des Ersten Weltkrieges ein) lieferte nach Kräften in die ihnen zugänglichen Gebiete – oft über Hamburg, weil Hamburg die führende Stellung im Schnapsexport nach Afrika errungen hatte, dank des Anteils der deutschen Produzenten, der die der anderen noch übertraf. Die Deutschen betrieben es massiver und auch ungenierter, so daß deutscher Schnaps, oft zusammen mit Schießpulver verladen, als «Hamburger Cargo» ein internationaler Begriff wurde.

«Elfhundert Tonnen abscheulicher Handelsschnaps als Monatsnachschub dieser Schiffahrtslinie für die Handelshäuser an der Küste, und dazu kommt ja noch der in den anderen Schiffen, die die größeren Handelshäuser gechartert haben», registrierte ein baptistischer Missionar während der Seefahrt Richtung Kongo, «es ist doch wohl höchste Zeit, diesen verwünschten Handel zu verbieten?»[4] Im heutigen Lesotho erließ der Chef der Sotho 1854 für sein Volk eine Proklamation gegen den europäischen Alkohol, 1886 handelte ein nigerianischer ähnlich: Der Emir von Bida, Maliki, verbot seinen Untertanen Schnapshandel und -konsum und den Weißen in seinem Gebiet, damit zu handeln – erfolglos. Er appellierte über den Missionar C. Paulus an Bischof Crowther, über die Missionszentrale in London Königin Viktoria zu bitten, den Spirituosenexport in sein Land zu unterbinden.[5] In Mosambik scheine das Christentum als einziges Erbe die Fähigkeit hinterlassen zu haben, in Kanonenrohren Schnaps zu destillieren, urteilte David Livingstone wegwerfend über die portugiesischen Missionare.[6]

Die Proteste nützten nichts. Nach Kamerun und Togo floß vom Anfang der deutschen «Durchdringung» an der Alkohol. Das Handelshaus Woerman, das mit «Faktoreien» (Handelsdepots) entlang der afrikanischen Küste vertreten war, hatte seine Schiffe nach Togo im Jahr 1888 zu 58 Prozent mit Spirituosen beladen, die nach Kamerun zu 17,5 Prozent, wie Woerman selbst im Reichstag erklärte. Der Missionsinspektor Zahn von der Norddeutschen Mission gab 1885 an, daß 60 Prozent des hamburgischen Westafrikahandels aus alkoholischen Getränken bestünden.[7] Im damals französischen Dahomey machte Schnaps im Jahr 1900 fast ein Drittel aller Einfuhren aus. Im Jahr 1884 hatte Afrika rund 40 Prozent des in der ganzen «zivilisierten» Welt produzierten Alkohols aufnehmen müssen.[8] Die Europäer lieferten zusammen 45 Millionen Liter pro Jahr: Fast überflüssig zu erwähnen, daß nach Afrika erbärmliche Qualitäten geschickt wurden.

Gegen diesen Handel opponierten die Missionare also, wo sie konnten, aber selten erfolgreich, und gegen die eigenen Regierungen gingen sie ohnehin nicht gern an. Die Basler Mission recherchierte über den Branntweinhandel in Kamerun, um die negativen Folgen der deutschen Alkoholeinfuhr eindeutiger nachweisen zu können, aber die Reichsregierung behauptete, ihre Berichte seien übertrieben, und stellte sich hinter die Alkohollobby; die Mission beendete ihre Kampagne, weil sie sich nicht mit den Behörden verkrachen wollte. Immerhin gelang es britischen und deutschen Missionaren, ihre Parlamente und Regierungen zu öffentlichen Debatten zu zwingen. Im Reichstag war freilich Woerman selbst Abgeordneter, er konnte die Interessen der Brenner gut verteidigen, hinter denen schließlich auch die Landwirtschaft stand. Reichskanzler Bismarck besaß selbst vier Brennereien.

Die Missionare opponierten gegen den Branntweinhandel nicht nur aus moralischen Gründen, obwohl ihre Beschreibungen über Trunkenheitsorgien, die er in Afrika auslöste, sehr eindrucksvoll waren. Missionsinspektor Zahn[9] schilderte, wie eine alkoholisierte Begräbnisfeier auf ihn wirkte: «Ich hatte in meinem Leben noch nie eine ganze Stadt von ungefähr 4000 Seelen berauscht gesehen. Ich sage aber nicht zuviel, wenn ich sage: die ganze Stadt Begoro hatte einen Rausch! Greise und Greisinnen, Männer und Weiber, Jünglinge und Jungfrauen, Knaben und Mädchen tanzten und taumelten, sangen, schrieen und spien – und das in der schamlosesten Weise. Der Häuptling, der Wächter des Gesetzes, war so berauscht, daß ihm, als er uns zum Gruße die Hand geben wollte, ein anderer Mann die Hand in die unsrige legen mußte. Dieser Anblick machte mir das Herz recht schwer, und ich konnte nur seufzen bei dem Gedanken, daß durch den unheilvollen Branntweinhandel der Europäer solches geschehe. Jeden, der das mit angesehen hätte – er müßte nicht gerade ein Missionar, sondern nur ein sittlich fühlender Mensch gewesen sein –, hätte diese traurige Szene überzeugen müssen, daß der Branntwein die ‹Civilisation› geradezu unmöglich macht.» Zahn verwies darauf, daß die Afrikaner doch für die Europäer alle körperliche Arbeit tun müßten. «Daß diese Arbeit zunimmt, ist ein fundamentales Interesse für den Kaufmann, und er sägt den Ast ab, auf dem er sitzt, wenn er den Arbeiter lehrt, den Trunk für das Hauptstück des täglichen Brotes zu halten, wenn er ihn betrunken macht, so daß er auch die Arbeit unterläßt, welche er bisher getan hat.»

Europäer wußten immerhin schon lange, wie schnell Alkohol zur Sucht werden kann. Die Afrikaner, durch nichts zur Gegenwehr fähig, erlagen ihm in Scharen. Natürlich wollten sie sich dann immer neuen beschaffen. Dazu brauchten sie Geld. Das bekamen sie nur durch Arbeit für die Weißen. August Bebel erklärte im Reichstag: «Der Branntwein war überall das Hauptmittel, ... die Schwarzen in Abhängigkeit von den Weißen zu bringen. Die Besitzer dieses Feuerwassers benutzten es als Lockmittel, sie dazu zu bringen, für sie zu arbeiten, sich an sie zu verkaufen und in jeder Weise sich von ihnen ausnutzen und ausbeuten zu lassen.» [10]

Die meisten Regierungen unterstützten die Alkoholinvasion in ihre Kolonien durch Exportsubventionen und geringe Importzölle, von denen aber ein großer Teil der Kolonialausgaben bestritten werden konnte. In den letzten Jahren des 19. Jahrhunderts stellte der Alkoholzoll im britischen Gebiet am Niger mehr als 90 Prozent der Gesamteinnahmen, im ersten Jahrzehnt des 20. war es noch etwa die Hälfte. Als die deutsche Regierung kurz vor dem Ersten Weltkrieg, also kurz vor dem Verlust ihrer Kolonien, einschwenkte und auch die anderen Regierungen aufforderte, die Zölle in den Kolonien drastisch zu erhöhen, konnte das als großer Erfolg der Missionare gelten. Aber nun war es zu spät, die neue Gewohnheit bei vielen Afrikanern verankert.

Auf der Berliner Afrikakonferenz 1884/85 hatte es schwache Versuche gegeben, eine Regelung für die Spirituoseneinfuhr im Kongobecken durchzusetzen – heraus kam eine bedingungslose Proklamierung der Handelsfreiheit. In den folgenden Jahren entwickelte sich in Großbritannien, von Nigeria ausgehend, eine gewaltige Antialkoholkampagne. Sie richtete sich natürlich nicht gegen Zustände in der Heimat, obwohl sich dort die Temperenzverbände beteiligten, sondern gegen Zustände in Nigeria. Sie war vom dortigen anglikanischen Bischof Herbert Tugwell angestachelt und von seinen Verbündeten in England enthusiastisch aufgegriffen worden und eine Zeitlang auch sehr erfolgreich in Parlament und Presse. Die protestantischen Propagandisten hätten am liebsten ein totales Alkoholverbot für ganz Afrika erreicht (ausgenommen natürlich die dort ansässigen Weißen). Aber da die Kolonialverwaltung Nigerias, wie anderswo, weitgehend aus dem Land zu leben hatte, hätte ein Wegfall der Einnahmen aus dem Alkoholzoll zwangsläufig eine Direktbesteuerung der Afrikaner bedeutet, und davor schreckten die Verwaltungen zurück, da sie mit Recht größten Widerstand der Einheimischen befürchteten. Immerhin ließ die Regierung die Zölle allmählich steigen, führte andere Vorschriften ein, um die Stärke der Spirituosen zu reduzieren, und bekam die Exzesse einigermaßen in den Griff. Die gebildetere afrikanische Schicht in Nigeria, ob sie nun Alkohol mochte und direkte Steuern fürchtete oder nicht, verweigerte der Kampagne der Missionare die Unterstützung, da sich Tugwell und andere als imperialistische Herolde der britischen Weltherrschaft hervorgetan hatten; schließlich war der Bischof noch Advokat der Rassentrennung in der Kirche geworden.

Schon früh im 20. Jahrhundert verlor die Kampagne jeden Schwung. Die Church Missionary Society setzte sie noch eine Weile ohne ihre bisherigen Verbündeten fort. Die katholischen Missionen hatten sich von Anfang an nicht beteiligt. Vor einer amtlichen britischen Untersuchungskommission sagten sie schließlich aus, die Nigerianer seien durchaus ein nüchternes Volk. Die Kommission war übrigens ausschließlich mit Gegnern der missionarischen Kampagne besetzt und attestierte auch ihrerseits, vielleicht schon deswegen, die Nigerianer seien nüchtern. Inzwischen lehnten die meisten protestantischen Missionare ab, vor der Kommission zu erscheinen, ebenso die afrikanischen Kirchenmänner, die dann später zu Protokoll gaben, das Alkoholproblem sei übertrieben worden. Ein einziger der anwesenden weißen Missionare drängte sich von selbst zur Aussage – doch er war ein notorischer Trunkenbold, der bald danach von seinem Posten abberufen wurde.

Zweifellos waren die Umstände und die Widerstandsfähigkeit in den verschiedenen Kolonialgebieten unterschiedlich, und viele Stämme abseits der großen Handelslinien und fern der Handelsplätze bekamen ohnehin nicht viel von der Alkoholwelle mit, so daß das Bild, das die protestantischen Missionare malten, durchaus mit Vorbehalt betrachtet werden muß. Die britische Reiseschriftstellerin Mary Kingsley schrieb nach ausführlichem Aufenthalt in Westafrika, in diesem Gebiet gebe es in einer Woche nicht so viele Betrunkene wie an einem beliebigen Samstagabend in der Londoner Vauxhall Street. Die Missionslobby benutze den angeblichen Alkoholskandal nur, um noch mehr Unterstützung von den Temperenzlern in Großbritannien zu bekommen. Übrigens lieferten – und da kann man mit den Missionaren nur einig sein – die Europäer und besonders die Deutschen so schlechten «Sprit» an die afrikanische Bevölkerung, daß die Weißen in Afrika nichts davon nahmen. Sie bedienten sich feinerer, überwiegend britischer und französischer Ware.

Wie dem auch gewesen sei, die Heftigkeit und Totalität der Angriffe protestantischer Missionare gegen alle Formen des Alkoholkonsums unter den «Heiden» betrafen ja auch die traditionellen Getränke. In Mombasa (Kenia) wollten die Protestanten die Afrikaner bewegen, statt Palmwein und Grog Tee zu trinken – ohne Erfolg. Die American Inland Mission und die der Church of Scotland machten völlige Abstinenz zur Bedingung für Taufen – von Erwachsenen wohlgemerkt.

In den Missionsstationen war Trunkenheit ein Vergehen, nicht selten wurden die Schuldigen verprügelt oder aus der Missionsgemeinde verstoßen. Daß dies auf die Einheimischen angesichts der Trinkerei vieler Weißer als Heuchelei wirken mußte, können wir heute sehr gut nachvollziehen. Und nicht nur Afrikaner konnten sich über diesen Kontrast wundern. «Gelegentlich eines *Bierabends* beim Stationsleiter, zu dem auch zwei der eingeborenen Häuptlinge erschienen waren, wurden von jungen Mädchen *Reigentänze* unter Begleitung eines einfachen, recht melodiösen Gesanges vorgeführt», erinnerte sich der damalige Kreuzerkommandant Paul Ebert[11] an seinen Aufenthalt auf der Marshall-Insel Jaluit. Wenn das ein protestantischer Missionar gesehen hätte...

Der eine oder andere von ihnen betätigte sich freilich selbst als Schnapsbrenner, wie G. Bicknell und andere auf Tahiti in den ersten Jahren des 19. Jahrhunderts. Sie gewannen aus einer einheimischen Pflanzenwurzel eine Art Likör, wie sie sagten, nur ein bißchen, um ihn gegen Tee, Zucker und Wein (!) von anlegenden Schiffen zu tauschen. (Bicknell: «Ich habe etwa 70 Gallonen Rum hergestellt und einen guten Teil davon für Zucker verkauft.»[12]) Sie betonten sehr, wie heimlich sie es gemacht hätten, damit es die Einheimischen nicht merkten und vor allem nicht das Brenngeheimnis erführen – und die hätten es auch nicht erfahren.[13]

Mit Recht wiesen die Missionare in ihren Briefen nach London darauf hin, man habe dort wohl keine Vorstellung, unter welchen fürchterlichen Umständen sie lebten. Aber das galt wohl noch viel mehr für die farbigen Einheimischen. Und was sollen wir von den Missionaren der London Missionary Society halten, die Anfang des 19. Jahrhunderts auf Tahiti dem König Pomare Alkohol – und Waffen – lieferten, damit er seine Untertanen bewege, Christen zu werden?[14] Als sich der Erfolg einstellte, wendeten sie das Verfahren auch auf anderen Inseln an. Den Alkohol destillierten sie selbst.

Ein Jahrhundert später schrieb der schon erwähnte Lin Shao-Yang in seinem Buch: «Viele protestantische Missionare weigern sich, Bekehrte zu akzeptieren, die sich der Sünde schuldig gemacht haben, berauschende Liköre zu trinken, Opium und sogar Tabak zu rauchen... Es ist schwer zu sehen, welche biblische oder kirchliche Autorität angeführt werden kann, um einen Mann, der sein gelegentliches Glas Wein oder seine Tabakspfeife nicht aufgeben will, die Mitgliedschaft in der Christenheit zu verweigern. Ich weiß, daß ernste Missionare versucht haben nachzuweisen, der Wunderwein von Kanaan sei ein harmloses, nicht berauschendes Getränk gewesen. Aber man kann kaum vertreten, daß es für diese gutgemeinte Theorie irgendeine Rechtfertigung in der Bibel gibt...

Solche Besonderheiten der christlichen Propaganda in China finden unter rechtschaffenen Chinesen keine ernsthafte Ablehnung. Warum auch? Wir sind den Missionaren dankbar, wenn sie unserem Volk ein gutes Beispiel auf dem Gebiet der Nüchternheit geben, so wie wir ihnen dankbar sind für ihre enthusiastische Unterstützung der chinesischen Regierung bei ihren Bemühungen, das Opiumrauchen abzuschaffen. Aber ich habe einige Zweifel, ob die Missionare gut beraten sind, wenn sie die Chinesen zu überzeugen versuchen, daß Abstinenz von Rauchen und Trinken eine charakteristische christliche Tugend ist. Ich habe das schottische Volk als das standhafteste, fortschrittlichste und religiöseste Europas beschreiben gehört – noch nie habe ich gehört, daß es als das nüchternste geschildert wurde. Ist es weise, einem bekehrten Chinesen einzureden, daß ein Christ weder trinkt noch raucht?

Eines Tages wird er vielleicht eine Reise zu den Vertragshäfen [in denen die Westmächte seit den Opiumkriegen Niederlassungsrecht hatten] oder in fremde Länder unternehmen. Dort wird er entdecken, was ihm das Blut in den Adern gerinnen läßt: daß viele westliche Christen – nicht nur Laien, sondern ordinierte Kleriker und sogar der eine oder andere Bischof – in der Öffentlichkeit ihren Wein und Tabak konsumieren und sich nicht schämen.»[15]

Es gab Missionare, die mit Tabak handelten, etwa auf Neuguinea, wo sie nur als Händler eine Chance zu haben schienen, mit der Bevölkerung in Kontakt zu kommen. Da wurden eben Prinzipien außer Kraft gesetzt, die ja ohnehin nicht überall in der christlichen Welt galten. Tabak war dort «die Währung, die Missionshäuser und Kirchen baute, ihre Gärten und Zäune anlegte, ihr Holz und Wasser kaufte, ihr Obst, Gemüse und ihren Fisch»[16]. Jeder Missionar habe dort etwa 120 Pfund Tabak pro Jahr gebraucht.

Das Verständnis für Laster war eben sehr selektiv. Während in China Missionare dabei waren, als dem Opium gewaltsam der Weg ins Land geöffnet wurde (s. Abschnitt «Missionare als Kolonialisten»), bekämpften andere in Südwestafrika das Rauchen von wildem Hanf, dort Dagga genannt; aus Hanf wurde anderswo Haschisch gewonnen. Carl Hugo Hahn erzählte in seinen Tagebüchern wiederholt, wie er gegen den Anbau kämpfte. «...Wir fragten ihn, warum noch Dagga bei ihm zu finden sei, worauf er erwiderte, daß derselbe seinem Schwiegersohn... gehöre und daß er sich scheue, denselben auszupflücken. Als jedoch der Dagga mit vieler Mühe ausgerissen und von einem Nama willig weggetragen wurde, kam seine Tochter, eine junge Frau, halb rasend, schreiend und tobend herbei... Voller Wut schlug sie sich ins Gesicht, sprang in die Höhe und warf sich dann satanisch kreischend auf den Boden. Sie machte noch einen Versuch, den Mann aufzuhalten, aber vergeblich. Darauf kam sie mit ihrem Vater zu uns ins Haus und verlangte Bezahlung, da sie den Dagga für zwei Ziegen haben verkaufen wollen, um damit ihr kleines Kind zu ernähren. Wir antworteten ihr, das ginge uns nichts an, und wie sollten wir ihr bezahlen, da sie, um ihr Kind zu ernähren, die Seelen anderer morden wolle. Als sie zuletzt grob wurde, sagten wir ihr, sie solle sich scheren, oder sie sollte von Jonker [dem Häuptling] eine Tracht Prügel erhalten...» (24. Februar 1843). An anderer Stelle berichtet er: Da «...kamen wir durch ein kleines der

Bergdamaradörfchen, in deren Gärten wir Dagga erblickten. Nachdem wir den Leuten die Verderblichkeit und Schädlichkeit desselben begreiflich gemacht hatten, ließen wir den Dagga ausreißen und verbrennen» (13. Februar 1844). Schließlich: «Die Namaqua erzählten uns, daß bei dem nahegelegenen Bergdamaradörfchen sehr viel Dagga stünde. Wir machten uns gleich dahin auf den Weg und fanden auch mehr, als wir erwartet hatten. Wir stellten den Damaras das große Unrecht und die Verantwortlichkeit vor, mit einem solchen Artikel zu handeln oder selbst zu gebrauchen, worauf sie auch gleich willig waren, denselben zu vernichten. Ein großer Stoß Holz wurde dann beieinander getragen, der Dagga darauf gepackt, und bald stand er in Flammen. Der Wert des Dagga belief sich auf mehr denn hundert Schafe» (16. Februar 1844).

CHRISTEN UND
«HEIDNISCHE» KULTUR

Später Respekt

D ie Kirche», sagte Papst Paul VI. am 31. Oktober 1967 in seiner
«Botschaft an Afrika», «sieht mit großem Respekt die moralischen und religiösen Werte der afrikanischen Tradition, nicht nur auf
Grund dessen, was sie bedeuten, sondern weil sie in ihnen die von der
Vorsehung gegebenen Grundlagen für die Übertragung der evangelischen Botschaft erblickt... Der Afrikaner, der Christ wird, braucht
sich nicht zu verleugnen, sondern er nimmt die alten Werte der
Tradition wieder auf, im Geist und in Wahrheit» («Le Monde»,
1.11.1967).

Wenn katholische Missionare oder ihre protestantischen Kollegen
wirklich so gedacht hätten, lebten wir heute in einer kulturell ungleich reicheren Welt. Es mag sein, daß in den letzten Jahrzehnten die
Missionen dies eingesehen haben und nunmehr retten helfen, was
noch zu retten ist von den alten Traditionen, nicht nur in Afrika
natürlich. Ich würde lieber sagen, soweit sie noch rettenswert erscheinen, auch auf die Gefahr hin, ebenfalls als einer jener Europäer zu
gelten, die sich ein Urteil anmaßen, das nur den betroffenen Völkern
zusteht. Aber jedenfalls ist dieser Respekt, wenn nicht überhaupt nur
rhetorisch, etwas ziemlich Neues. Vorausgegangen sind Jahrhunderte der Verachtung, der Ablehnung, der Zerstörung. Und an der
Vernichtung ganzer Kulturen mit ihren geistigen, künstlerischen und
teilweise bewunderungswürdigen wissenschaftlichen Leistungen waren Missionare aktiv beteiligt. Dabei haben die katholischen, wie wir
schon gesehen haben, im ibero-amerikanischen Bereich besonders
verheerend gehaust.

Gerade im Zusammenhang mit den iberischen Feiern zu «500
Jahre Entdeckung» der Neuen Welt muß man daran erinnern, daß

dies für die Menschheit allenfalls ein Trauerdatum sein dürfte. «In einem halben Jahrhundert sind 75 Millionen Indianer verschwunden», schrieb Claude-François Jullien[1] zur Vorbereitung des Jubeljahres, und der erste farbige Bischof Brasiliens, José Maria Pires, sagte dem französischen katholischen Blatt «La Croix»: «Man kann die Entdeckung damit feiern, daß man um Vergebung für die Zerstörung der indianischen Zivilisationen und die Deportation der Afrikaner bittet.»

Sechzig Jahre nach der Eroberung Mexikos schrieb der Mönch Duran, zitiert von G. Stanley Hall in seinem monumentalen Werk «Adolescence»: «Nie gab es eine Nation, in der Harmonie, Ordnung und Höflichkeit so herrschten wie in dieser. In welchem Land der Welt gab es je so viele, gleichzeitig so gerechte und so gute Gesetze und Regeln? Nichts als ein Schatten ist von dieser guten Ordnung geblieben.»[2] Im gleichen Zusammenhang sagte ein Forscher mit langer Erfahrung in diesen Gebieten, Belt: «Wer kann die Beschreibungen der volkreichen Städte Mexikos und Zentralamerikas zur Zeit Montezumas lesen, mit ihren prächtigen Gebäuden und Plätzen, ihren zoologischen und botanischen Gärten, ihren Märkten voller Händler aus den Nachbarländern, ihrer schönen Textil- und Federnarbeit, dies nun eine verlorengegangene Kunst, ihren geschickten Handwerkern in Gold und Silber, ihren astronomischen Kenntnissen, ihren Schulen, ihrer Liebe für Ordnung, Sauberkeit, Anständigkeit, ihrer Moral, ihrem wundervollen Patriotismus – wer kann dies lesen, ohne zu fühlen, daß die Eroberung Mexikos ein bedauerliches Unglück war, daß man diese alte Zivilisation, wenn sie gerettet worden wäre, vielleicht hätte christianisieren und läutern können, ohne sie zu zerstören, und daß sie heute als ein Wunder zum Entzücken der Welt dastehen könnte?»[3]

Auch weiter südlich ging unter energischer Mitwirkung der Missionare Unersetzliches verloren. «Was von indianischer Kultur in Brasilien gerettet wurde, erhielt sich trotz der Jesuiten», sagt Freyre, «denn wenn es nach ihnen gegangen wäre, hätten nur sehr vage und unbestimmte Formen dieser Kultur überlebt, und selbst diese Reste hätten sie geschickt der römischen Theologie und europäischer Moral angepaßt.»[4]

Papst Paul VI. sprach in der zitierten Botschaft von Afrika – auch dort stießen die Eroberer in manchen Gebieten auf hochentwickelte, originelle Kulturen, die sich nicht nur – oder vergleichsweise weniger – in Bauten, sondern eher in Bräuchen und Traditionen ausdrückten. Ende des 15. Jahrhunderts, als der Portugiese Vasco da Gama die Welt umsegelte, gab es an der ostafrikanischen Küste aber auch reiche arabisch-afrikanische Städte mit Steingebäuden. Ihr Reichtum und ihre Eleganz beeindruckten damalige Reisende, auch da Gama selbst.

Blindheit und Arroganz

Die alten Bräuche in den unterdrückten Kontinenten wurden von den Missionaren kaum je verstanden und immer bekämpft. Ihr Wert sei «unterschätzt worden», sagt das «Lexikon der Weltmission» eher vorsichtig. «In der Vergangenheit wurden viele völlig harmlose Gebräuche von den Missionaren verurteilt oder von den Neuchristen abgelegt und auf diese Weise ein unnötiger Riß zwischen Christen und Nichtchristen hergestellt.» Das Stichwort «Akkommodation», unter dem diese Wertungen zu finden sind, nennt die beiden bedeutenden katholischen Versuche, das Christentum akzeptabler zu machen, indem jesuitische Missionare das eine oder das andere aus der fremden, zu überwindenden Tradition doch gelten ließen (also etwas Anpassung, Akkommodation betrieben): in China die Ahnenverehrung und die Konfuzius-Verehrung und in Indien die Zugehörigkeit zu den Kasten.[1] Aber Papst Benedikt XIV. entschied schließlich gegen jegliche «Akkommodation». Das band die Katholiken. Auch die Protestanten handelten gegenüber den verschiedenen fremdartigen Kulturen kompromißlos, solange es ging. Erst als die unterdrückten Länder und damit auch die dortigen christlichen Kirchen ihre Unabhängigkeit erreicht hatten, also im wesentlichen in der Mitte unseres Jahrhunderts, fielen die Urteile etwas milder aus, viele darum aber nicht einsichtiger, was die Rolle ihrer Vorgänger anbelangt.

Drei Vertreter der katholischen Missionsgesellschaft Bethlehem äußerten sich Anfang 1980 im Magazin des «Zürcher Tages-Anzeiger»² auch über die Vergangenheit der Missionen. «Wenn einer eine Fremdkultur verstanden hat, schon zur Zeit der Kolonisation, dann war es der Missionar», sagte einer von ihnen, wohl ohne rot zu werden, und später: «Ich glaube nicht, daß es irgendwo auf der Welt noch einen einzigen Missionar gibt, der sagen würde: Die haben keinen Gott, wir müssen ihnen einen bringen. Diese Konfrontation gibt es nicht oder nicht mehr.» Selbst das «nicht mehr» ist kaum glaubhaft, wenn man an die gegenwärtige aggressive Missionierung amerikanischer Protestanten in Lateinamerika und Papua-Guinea denkt.

Die oberste Missionsinstanz der Katholiken, die Congregatio de propaganda fide in Rom, hatte 1659 in einer Instruktion an die Missionare gemahnt: «Halten Sie nicht für Ihre Aufgabe und üben Sie keinen Druck auf die Völker aus, ihr Benehmen, ihre Bräuche zu ändern, wenn sie nicht deutlich der Religion und gesunder Moral zuwiderlaufen.»¹³ Das wurde von Berufenen gelegentlich wiederholt, aber von den Missionaren nicht oft beherzigt. Und entgegen der zitierten Äußerung des Schweizer Missionars kannten und verstanden die Missionare eben vieles nicht, was sie verboten oder vernichteten. Es hat lange gedauert, bis sie die Bedeutung der Initiationsriten erkannten, wenn je in vollem Umfang; sie hielten sie automatisch für «verkommene» Zeremonien, die «unanständiges Verhalten zwischen Jungen und Mädchen» begünstigten.⁴

In Lateinamerika pflegten sich viele Indianer das Gesicht zu tätowieren, die Zeichen beinhalteten Erkennungsmerkmale. Die Missionare setzten durch, daß es verboten wurde. Es ist schwer, da ein christliches Gebot zu erkennen. Im Süden Neu-Mecklenburgs, erzählt Ziehr, modellierten die Verwandten zur Erinnerung an verstorbene Familienmitglieder Figuren aus Kalkstein, die sie in einer besonderen Hütte aufbewahrten, dann aber wieder zerschlugen. Die Mission brachte sie davon ab. «Damit war natürlich wieder ein wichtiges Bindeglied zur Welt der Ahnen zerbrochen.»⁵

Immer wieder beschwerten sich Missionare, wie andere Afrikareisende auch, darüber, daß von ihnen ständig neue Geschenke erwartet wurden, wenn sie in den Bereich eines neuen Stammes oder Königs kamen – sei es auf der Durchreise oder um sich für länger niederzulassen. Es kam ihnen nicht in den Sinn, daß dies die afrikanische Form von Zöllen und Steuern sein könnte, wie sie in Europa gang und gäbe waren, besonders im Europa der Kleinstaaterei, das die Missionare der Frühzeit ja noch kannten. Daß sie – anders als Reisende in Europa – ja auch Gegengeschenke bekamen, hielten sie hingegen für normal. Die Afrikaner sahen, daß sich die Europäer mehr und mehr für ihr Land interessierten, und wollten davon profitieren, wie die Europäer untereinander. Für diesen Zusammenhang waren die Missionare blind. Der Schweizer Missionar Paul Berthoud suchte zweimal den Häuptling Maphunga auf, weil er seine Erlaubnis zur Errichtung einer Missionsstation haben wollte. Das erste Mal nahm er ein Geschenk mit, das zweite Mal nicht: Der Apostel Paulus habe ja den Obrigkeiten auch keine Geschenke gebracht. Als der Häuptling mitteilen ließ, er wünsche keinen Missionar, war Berthoud enttäuscht.

Verblüffend blind waren Missionare auch für afrikanische Eigentumsverhältnisse und Tabus. Oft hielten sie Vieh für herrenlos und nahmen es sich, während es einem Stamm oder Häuptling gehörte. Ebenso verletzten sie Wegeverbote und hielten die Einheimischen, wenn die dann unfreundlich reagierten, für von Natur aus böse.

In manchen Teilen Afrikas, besonders im heutigen Nigeria, herrschte die Sitte des zweiten Begräbnisses. Bei den Ibo wurde der Verschiedene bald nach dem Tode feierlich begraben. Nach etwa einem Jahr folgte ein zweites Begräbnis mit wesentlich ausführlicherem Zeremoniell; die Ibo glaubten, erst dies verhelfe dem Geist des Toten zu behaglicher Ruhe unter den Ahnen, von wo aus er sich dann bei den Göttern für das Glück der hinterbliebenen Familie einsetze. Ohne zweites Begräbnis würde der Geist ruhelos umherwandern und die Familie belästigen. Vor dem zweiten Begräbnis konnte es nach dem Brauch auch keine Erbregelung geben.

Viele zu Christen gewordene Ibos hielten es nach wie vor für ihre Pflicht, diese Tradition zu respektieren. Für sie war die Abwendung davon schon deswegen ein Problem, weil andere Familienmitglieder, die nicht zum Christentum übergetreten waren, natürlich am zweiten Begräbnis festhielten. Die CMS in Nigeria forderte die Kolonialregierung zu neuer Gesetzgebung auf: Ein Christ dürfe mit dem zweiten Begräbnis nichts zu tun haben. «So wurde eine nützliche Gelegenheit vertan, diesen einheimischen Brauch offiziell in die Kirche zu integrieren.» [6] Später haben dann afrikanische Christen in vielen Ibo-Gemeinden doch wieder begonnen, das zweite Begräbnis zu veranstalten, mit oder ohne Gottesdienst.

Zum Unverständnis einheimischer Sitten gehörte, daß die Missionare, sicher nicht nur im Bereich des Pazifik, mühsam um die Sauberkeit in den Unterkünften der Ureinwohner kämpften. [7] Diese Menschen waren bei ihren Zügen durch den Busch keine festen Lager gewöhnt. Sie hinterließen Knochen, Rindenstücke, Nußschalen und anderes Organisches, das schnell zerging. Erst die Missionen gaben ihnen Papier, Pappe und Blechbüchsen... Viele Missionsangestellte begriffen auch nicht, «warum die Eingeborenen die Unterkünfte demolierten, alles Brennbare für das Lagerfeuer im Busch verwendeten oder warum sie sich weigerten, die festen älteren Häuser zu beziehen. Die Sterblichkeit der Eingeborenen in den Stationen war groß. Um nicht ständig an die Toten erinnert zu werden, mieden die Eingeborenen nicht nur die Häuser, sondern sie verbrannten auch allen Besitz eines Dahingeschiedenen, selbst sein Haus, soweit das möglich war.» [8]

Papuas wurden auch mit Gewalt «umgesiedelt». Die Missionen wollten, daß sie von ihren alten Dörfern entfernt in neue zögen – die sie freilich selbst bauen mußten. Wurden sie nicht schnell genug damit fertig, verbrannte die Polizei die alten Häuser. Wer die Arbeit verweigerte, wanderte ins Gefängnis. Das war das Werk holländischer Missionare.

Schon die Abwesenheit von Schrift und Denkmälern in vielen Gegenden gab den ersten Missionaren das Vorurteil ein, diese Gesellschaften müßten «primitiv und wild» sein. Als sie im heutigen Betschuanaland nicht einmal «Fetische» fanden und auch sonst keine auffälligen Zeichen eines Glaubens, sprachen sie diesem Volk schlichtweg jegliche Religiosität ab; dies erwies sich später als großer Irrtum.

Einen großen kulturellen Dienst leisteten Missionare jedoch in vielen Teilen der Welt, indem sie zahlreiche Sprachen zu Papier brachten und ihnen dadurch zum Überleben verhalfen, manchmal sogar zu neuer Blüte. Dazu gehören die Hauptsprachen Nigerias und das «Union Ibo». Es ist, wie Professor Ayandele[9] sagte, das «Esperanto der Ibo» geworden, Literatursprache und einigendes Band für den drittgrößten Stamm Westafrikas.

Die Arroganz vieler Missionare des späteren 19. und des frühen 20. Jahrhunderts, die mit den ihnen fremden Lebensweisen nichts anfangen konnten, verblüfft immer wieder. Strayer zitiert den Missionar der Church Missionary Society in Ostafrika, R. A. Marquard, über die Taita: «Fast alle Bräuche des Volkes sind schlecht, sehr schlecht.»[10] Solche Pauschalurteile gab es viele; ein paar möchte ich anführen. François Coillard von der Pariser Gesellschaft evangelischer Missionen sagte im damaligen Nordrhodesien, heute Sambia, die Lozi «suhlten sich in einem bodenlosen Abgrund von Verworfenheit und Entartung»[11]. P. D. Snelson schrieb dementsprechend: «Die Missionare der Pionierzeit hielten die Leute für unmoralisch, faul und trunken, durchdrungen von Aberglauben und Hexerei und verdammt zu seelischem Ruin.»[12] «In Neuguinea blüht der Kannibalismus in all seiner Abscheulichkeit. Die Unverletzlichkeit menschlichen Lebens ist unbekannt, und jedermann stiehlt und lügt», so der Reverend W. G. Lawes[13]. Die Betschuana (südliches Afrika) schauten auf die Sonne «mit den Augen von Ochsen», so John Campbell[14] von der CMS.

Mit größter Arroganz glaubten viele Missionare auch, die Kultstätten und die Bräuche der fremden Völker ostentativ entweihen und lächerlich machen zu müssen. So stürzten sie, wie beispielsweise im Iboland (Nigeria), Heiligtümer um, als Beweis, daß das Christentum mächtiger sei. Auf Madagaskar beobachteten Angehörige der London Missionary Society 1863 Tänzer, die während ihres Tanzes, nur mit einem Lendenschurz bekleidet, in Trance verfielen und dann, wie es hieß, mit den Ahnen Zwiesprache hielten. Die Missionare hängten einem Hund einen solchen Lendenschurz um und dressierten ihn, vor dem Missionshaus auf und ab zu wandern. Die Madegassen begriffen, was gemeint war, und versuchten das Missionshaus zu stürmen; sie mußten von Soldaten vertrieben werden. Der britische Konsul hatte die Missionare vergeblich aufgefordert, die Provokation zu unterlassen.[15]

Länger her und von wenig christlicher Nächstenliebe geprägt war, wie die Missionare in Indien vor Jahrhunderten testeten, ob vom Hinduismus zum Christentum Übergetretene es wirklich ernst meinten. Den Hindus ist bekanntlich die Kuh heilig – also forderten die Missionare ihre Bekehrten auf, Kuhfleisch zu essen. Das hatte unter anderem zur Folge, daß der Betreffende den Kontakt zu seiner bisherigen Gesellschaft verlor: Sie brach entsetzt den Umgang mit ihm ab.

Besonders schwer taten sich die Missionen mit den Feiern der Einheimischen. Kultfestlichkeiten, die manchmal wochenlang dauerten, kritisierte die Rheinische Mission als lasterhafte Zeitverschwendung[16]; alle Männerkulte, Feiern für die Ahnen und Götter, Beschneidung und traditionelle Begräbnisfeiern wurden als antichristlich erklärt, weil sie mit «Zauberei» verbunden seien. Dieses Beispiel stammt zwar aus dem deutschen Gebiet Neuguineas, könnte aber ebensogut aus afrikanischen Kolonien anderer Mächte erzählt werden. In den letzten Jahren vor dem Ersten Weltkrieg hätten sich die dortigen Missionare nicht träumen lassen, daß ein paar Jahrzehnte später, in unseren achtziger Jahren, katholische Missionare, ebenfalls in Papua-Neuguinea, Kirchen mit farbenprächtigen und lärmenden Feiern einweihen würden, wie sie die Einheimischen früher geliebt hatten, mit Schweineschlachtfesten und kriegerisch wirkenden Prozessionen; die BBC konnte das in der Gemeinde Pangia anläßlich der Einweihung der Franziskanerkirche von St. Felix Ende der achtziger Jahre für die Serie «Missionaries» filmen.[17] Oder gar die Osterfeiern, mit soviel Zutaten aus einheimischen Bräuchen, daß viele Missionare sie als heidnische Praktiken in christlichen Gewändern verdammt haben würden.[18]

Vieles, was seinerzeit als heidnisch und unvereinbar mit dem Christentum verdammt wurde, ist heute von manchen Missionen als harmlos akzeptiert. Im Jahr 1914 konferierten in der Missionsstation Onitsha der CMS Missionare und afrikanische Christen darüber, wie man manche «eingeborene Bräuche» christianisieren könne. So gut wie alle wurden als «heidnische Praktiken» abgelehnt, als der Christen unwürdig. Aber heute sind viele davon doch in die christliche Praxis aufgenommen worden, ohne daß es je eine ausdrückliche kirchliche Erlaubnis dafür gegeben hat. Allerdings – die ursprüngliche Verdammung wirkte lange nach. Die ersten afrikanischen Christen erbten sie von ihren Glaubensvätern. Als die Missionare langsam den Sinn mancher Bräuche erkannten und damit ihren Wert, sagt de Benoist, haben die Neophyten diese «Rückkehr zum Heidentum» [19] verweigert. Man treffe heute in afrikanischen Kirchen diesen Kern von Konservativen, die sich weigern, irgend etwas an dem zu ändern, was ihnen die ersten Missionare beigebracht haben – ein unerwartetes Problem der Mission.

Die Spalter

Die Demontage der fremden Kulturen unter dem Vorwand, es seien keine, wurde oft damit begründet, anders hätten diese Völker nicht aus ihrer Lethargie und ihrer Rückständigkeit gerissen werden können. Sie sei der notwendige erste Schritt zum Anschluß an die moderne Welt gewesen. Wir könnten einwenden, ob sie das nicht hätten haben können, ohne einen so gewaltigen Preis dafür zahlen zu müssen, den der erzwungene Bruch mit Traditionen bedeutete, Bruch auch mit Glauben und Selbstwertgefühl. Er vollzog sich ja nicht aus eigener Erkenntnis, sondern wurde herbeigeführt durch die mächtigen Besatzer, die ihre Überlegenheit voll ausspielten und den Unterworfenen drastisch ihre Minderwertigkeit klarmachten, oft mit den schimpflichen Mitteln der Gewalt. Woran sich ein «Eingeborener» bisher klammern konnte, wo er Zuflucht suchen konnte, das war nun Teufelswerk und Heidentum. Die Folge war für viele Schizophrenie, das Leben in zwei sich weitgehend ausschließenden Kulturen, ein gewaltiger Minderwertigkeitskomplex, eine Instabilität der Gemüter, die viel zu tun hat mit der heute vom Westen viel beklagten politischen.

Wo die Missionare in den einheimischen Gesellschaften Erfolg hatten, bewirkten sie die Spaltung dieser Gesellschaften. Die Kluft zwischen Gläubigen und Nichtgläubigen zerstörte den Zusammenhalt des bisherigen Systems. Das hatte sehr praktische Folgen. Nach kurzer Zeit war dort, wo das Christentum Fuß faßte, der Lehrer oder der Missionar in vieler Hinsicht einflußreicher und mächtiger als der einheimische Häuptling oder Schamane oder Priester oder Medizinmann usw. Es entstanden zwei Gesellschaften mit getrennten Autoritäten. Wo die Kolonialregierung nach gewisser Zeit der christlichen zuneigte, entsprach die Spaltung, die ganz neue Spannungen auslöste, nahezu der Kluft zwischen Besiegten und Besatzern. Doch da die «Neuchristen» von den Besatzern einschließlich der bekehrenden Missionare nicht als gleichberechtigt angesehen wurden, hatten sie nicht soviel Gewinn davon, wie sie sich versprochen haben mochten, als sie sich den Missionen anschlossen.

Die soziale Kluft zwischen den beiden Gruppen der Einheimischen wurde noch tiefer, als die Missionare Ehen zwischen Christen und «Heiden» verboten. Ein Beispiel aus unserer Zeit von Indianern in Ecuador hat William T. Vickers[1] beschrieben, den Sione-Secoya, die zum westlichen Zweig der Tucanoan gehören. (Die Tucanoan leben am Aguarico und seinen Nebenflüssen.) Dort gibt es nicht viele Jugendliche, und die Ehehindernisse, die sich aus dem Verwandtschaftssystem dieser Indianer herleiten, schränken die Möglichkeiten der Partnerwahl erheblich ein. «Die Spaltung der Gemeinde in Gläubige und Ungläubige macht es daher dem einzelnen fast unmöglich, einen Ehepartner zu finden, der den gleichen kulturellen Hintergrund hat.» So sind viele junge Sione-Secoya entweder gezwungen, auf eine Ehe zu verzichten, oder sie suchen einen Partner außerhalb der Gemeinschaft. Das aber ist sehr schwer: Anderswo wird eine andere Sprache gesprochen, die kulturellen Werte und die Eßgewohnheiten sind verschieden – und wo soll man sich niederlassen? «Die Spaltung der Sione-Secoya in eine traditionelle und eine christliche Partei hat dazu beigetragen, die Solidarität eines Volkes zu schwächen, dessen Territorium und dessen Kultur durch den verschiedenartigsten Druck von außen und durch Einflüsse, die zur Nivellierung drängen, bedroht sind.»

Die Kolonisation hat zu solchen Spaltungen der Einheimischen noch weitere hinzugefügt, an die Georges Balandier 1955 in seiner «Sociologie actuelle de l'Afrique Noire» erinnerte: Trennung zwischen Städtern und den Leuten auf dem Lande oder im Wald, zwischen Proletariat und Bourgeoisie, zwischen neuen «Eliten» (in der Sprache der Besatzer «Evolués», «Entwickelte») und den Massen, zwischen Generationen.[2] In Afrika hofften die Missionare in der Mitte des 19. Jahrhunderts, eine afrikanische Mittelklasse heranzuziehen – die Völker waren ihnen noch nicht gespalten genug, das europäische Muster winkte. Einer der frühesten amerikanischen Missionare, Thomas Jefferson Bowen, verkündete 1857: «Die Prinzipien, auf denen Zivilisation gegründet ist, sind überall die gleichen. Bisher hat es in der Geschichte der Menschheit keine Zivilisation gegeben, die nicht durch eine Einteilung des Volkes in höhere, niedrigere und mittlere Klassen zementiert und am Leben gehalten worden wäre. Wir können in der Tat versichern, daß dieser konstante Begleitumstand menschlicher Gesellschaft, die Abstufung von Klassen, für Zivilisationen aller Art, ob niedrige oder hohe, unabdingbar ist.»[3]

Eine interessante Einführung in die Klassengesellschaft war sicherlich, wie die Besetzten die «Segnungen» der Geldwirtschaft begriffen. Um diese durchzusetzen, führten die Besatzer, wie erwähnt, Steuern und Abgaben ein. Um sich das nötige Geld zu verdienen, mußten die Einheimischen für die Weißen arbeiten oder eigene Produkte verkaufen; bezahlt wurde schlecht. Für den Bauern, sagt de Benoist, bedeuteten die paar Francs erschöpfende Arbeitstage unter heißer Sonne auf dem Feld. «Aber gleichzeitig kann er seinen Bruder sehen, mit dem er die Kindheit zusammen verbracht hat, der aber zur Schule gegangen ist. Der ist Ordonnanz, Handelsgehilfe, Sekretär, Polizist geworden und verbringt seinen Tag auf einem Stuhl mit einem Federhalter in der Hand, oder er spaziert mit dem Kommandanten in den Dörfern herum – alles Tätigkeiten, die in den Augen des Bauern nichts mit Arbeit zu tun haben. Und dennoch verdient dieser Funktionär in einem Monat mehr Geld, als sein bäuerlicher Bruder hoffen kann, nach Jahren der Mühe auf dem Feld zu haben. Von Anfang an gab es keinen Zusammenhang zwischen diesem Geld der Weißen und der Arbeit. Dieser Abstand sollte sich noch vergrößern.»[4]

Zu unserer Kultur rechnen wir unsere demokratischen Sitten. Aber nicht nur die amtlichen Besatzer in den Kolonien fanden

Demokratie bei den Besetzten nicht gut. Sie hatten nämlich in demokratisch verfaßten Gemeinwesen größere Schwierigkeiten, sich durchzusetzen. Es gab da keine Chefs, an die sie sich halten und die einfach Leute zur Arbeit kommandieren konnten. Auch die Missionare bevorzugten, es «mit einem Herrscher zu tun zu haben, der Ordnung und sein Volk in Abhängigkeit hält, wenn auch durch Tyrannei... als mit einem Volk im Zustand der Anarchie»[5]. So empfanden sie beispielsweise die demokratische Gesellschaft der Ibo in Nigeria lange als großen Nachteil. Die Kolonialregierungen setzten, wo sie konnten, Chefs ein, die von ihnen abhingen und sich mit Gewalt in ihren Bezirken durchsetzen mußten, also meist ein weit brutaleres Regiment führten, als die Einheimischen gewöhnt waren. Jahrzehnte später jammerte dann die europäische Öffentlichkeit über den Mangel an Demokratie in den ehemaligen Kolonien.

Von «uns» haben diese Völker sicher nicht gelernt, wie man miteinander verantwortlich umgeht. Als Missionare später merkten, daß ihr Glaube an die Überlegenheit europäischer Werte, den sie den anderen eingetrichtert hatten, auf ziemlich schwachen Füßen stand, und entsprechend toleranter wurden, da war es großenteils zu spät. Das von ihnen gestützte Wirtschafts- und Ausbeutungssystem hatte schon dafür gesorgt, daß sich ein Millionenheer von Entwurzelten bildete, in die Stadt und in die Nähe der Industrien Gelockte auf der untersten Stufe der sozialen Leiter, ohne jede Aufstiegsmöglichkeit. Das hatte es vor der Ankunft der Weißen und ihrer Missionare in diesen Ländern nicht gegeben.

Die Bemühungen, die «Eingeborenen» dem «Heidentum» und ihren Traditionen zu entreißen, führten zwar zur Abschaffung alter Bräuche und Strukturen. Aber an deren Stelle trat nichts Vergleichbares, was den Menschen half, weiter zusammenzuhalten und zu überleben in ihren besonderen, den Europäern so fremden Lebensumständen. Die Einheimischen verloren in den Lagern und «Reservaten» ihr natürliches Verhältnis zur Heimat. Sie verlernten, die Mittel zu beherrschen, mit denen sich ihre Vorfahren in ihrer Umwelt behaupten konnten. Die Religion und die neuen Morallehren, die ihnen die Missionare brachten, halfen da wenig und konnten nichts ersetzen. Die indianischen Religionen zum Beispiel waren die von Bauern,

Hirten, Jägern. Ihre Riten, ihre Götter, ihre gesamte Weltsicht hatten Bezug zur Erde. Die Missionare wollten jedoch in Amerika die Liturgien der europäischen Hemisphäre einführen, die mit dem Verhältnis von Mensch und Natur nicht mehr das geringste zu tun hatten. «Dadurch aber wurde der Indianer seines Halts beraubt – der allgegenwärtige Sakralität, die ihm seine alte Religion geboten hatte.»[6]

Die Einheimischen verloren auch, wie im Abschnitt über die Polygamie geschildert, ihr soziales Netz. Daraus folgte schnell eine Abhängigkeit von den Weißen, zunächst den Missionaren, dann von anderen, dem Staat oder privaten «Arbeitgebern», von denen Entscheidung und Fürsorge erwartet wurde: Die Eigeninitiative schwand.

Ein britischer Provinzverwalter in Kabba (Norden Nigerias), Allen Upward, fand um die letzte Jahrhundertwende die meisten Nigerianer ehrlich und vernünftig, moralisch seien sie integer. Doch zitierte er einen Leutnant, der über die Basutos sagte: «Die schlimmste Klasse von Eingeborenen sind, wie so oft, die Konvertierten. Sie sind im allgemeinen sehr unehrlich und auch sehr schmutzig.» Upward fügte noch hinzu, es sei «schwer, der Überzeugung zu widerstehen, daß ein vorsätzlicher Übeltäter ist, wer irgendwie bei der Christianisierung der Afrikaner hilft»[7]. Das nimmt natürlich in der weißen Welt niemand an. Christen tun es schon gar nicht. Die Übeltäter waren die anderen.

Die Retter

Kämpfe der Missionare, mit denen wir uns heute leichter identifizieren können, galten blutigen Praktiken, zum Beispiel der weitverbreiteten Sitte, neugeborene Zwillinge zu töten. Diese hing mit der Wanderexistenz der Ureinwohner zusammen. Die Mutter konnte nur einen Arm erübrigen, um ein Kleinkind zu tragen, den anderen brauchte sie für anderes Gerät oder zum Nahrungsammeln. Daraus entwickelte sich vermutlich im Lauf der Zeit der Mythos, Zwillinge seien böse Geister, nicht nur in Afrika, auch in der pazifischen Welt. Die Missionare versuchten lange Zeit vergeblich, die Tötung von Zwillingen zu unterbinden.

Den ersten erfolgreichen Versuch unternahm der afrikanische Missionar Solomon Samuel Perry von der CMS-Station Onitsha unter den Ibos im heutigen Nigeria. Ein bereits zum Christentum bekehrtes Paar ließ sich überreden, die Babies am Leben zu lassen, und am nächsten Tag verkündeten die Christen der Station laut und freudig, daß Zwillinge geboren seien. Nach kurzer Zeit erschien der Häuptling Ouya mit einem halben Dutzend Leute bei Perry und wollte wissen, warum die Zwillinge noch am Leben seien. Perry berief sich darauf, daß Christen so handeln dürften, denn in früheren Gesprächen mit den Stammesführern sei abgesprochen worden, daß die Einheimischen es dulden würden, wenn die Zwillinge statt im afrikanischen Dorf in der Missionsstation blieben. Der Häuptling war deutlich unzufrieden, verschwand aber. Ahnungsvoll schickte Perry die Zwillinge mit einem britischen Handelsagenten weg, und die Christen verbarrikadierten sich im Missionshaus. Sie wurden auch bald danach angegriffen, zwei von ihnen starben an Schußwunden. Das Haus wurde teilweise zerstört. Daß der Standpunkt der Missionare sich schließlich überall durchsetzte, ist natürlich den Kolonialregierungen zu verdanken, die schrittweise die Herrschaft übernahmen und europäische Rechtsauffassungen mitbrachten – und sie notfalls mit Gewalt durchsetzten.

Noch ein Grad schlimmer war sicher die (keineswegs überall praktizierte) Sitte der Menschenopfer. Nach dem Tod von Königen und hohen Würdenträgern wurden oft ihre Sklaven getötet und mit begraben, um ihnen auch im Jenseits dienen zu können. Oder Götter verlangten, so verkündeten ihre Priester, Menschenopfer, oder die Geister der Natur mußten durch menschliche Sühneopfer besänftigt werden, wenn durch Missetaten der Menschen die Harmonie mit ihnen gestört war. Schließlich gab es auch den rituellen Verzehr von Menschenfleisch, um sich die Kräfte des Opfers, wie man meinte, anzueignen. Es gab auch Stämme, in Lateinamerika, aber besonders auf pazifischen Inseln, etwa Fidschi[1], bei denen zumindest die Könige – und oft nicht nur sie – das Fleisch von Feinden, Sklaven oder mißliebigen Personen aßen, einfach weil es ihnen schmeckte. Dort wurde 1869 auch ein Missionar der Wesleyaner, Thomas Baker, Opfer des Kannibalismus. Die Missionare verblüffte nicht nur in diesem Zusammenhang, daß die Einheimischen zwar teilweise Furcht vor den traditionellen Geistern oder Gottheiten hatten, daß ihnen aber jedes Gefühl von Sünde oder Schuld abging – und daher das Gefühl, eines Erlösers zu bedürfen. [2]

Die Missionare schafften in vielen Fällen, Häuptlingen das Versprechen abzunehmen, daß sie keine Menschenopfer mehr brachten. Ob diese Zusagen immer gleich gehalten wurden, ist nicht sicher. Die blutigen Bräuche verschwanden dann aber doch ziemlich schnell, auch unter dem Einfluß der Kolonialregierungen. Immerhin vertrugen sich die britischen Missionare auf Tahiti so gut mit König Pomare II., der sie seine Untertanen taufen ließ, daß sie über seine vielen Menschenopfer hinwegsahen. Als er 1821 starb, trauerten die Missionare fast als einzige.

Besonders die frühen Missionare schimpften viel über die (angebliche) Verderbtheit der Völker, zu denen sie aufgebrochen waren. Wenn sie freundlich behandelt wurden, wußten sie dies in ihren Berichten allerdings weit weniger zu würdigen, als wäre Gastfreundschaft nicht auch ein Teil Kultur. «Man empfing mich sehr freundlich; auch ward mir ein Schlachtschaf gegeben», registrierte Carl Hugo Hahn am 28. September 1844 beim «Roten Volk» (Nama), und am 9. Oktober 1844: «Ein kranker Omoherero-Häuptling, den Bruder Kleinschmidt auf sein dringendes Ersuchen besuchte, sandte ihm zwei tüchtige Schlachtschafe zum Geschenk. Das hatten wir von keinem Omoherero erwartet.» Beim «Roten Volk» hatte die Gastfreundschaft offensichtlich einen hohen Stellenwert. Hahn erzählte, es gebe dort «eine Art Polizei, die sich auch darauf erstreckt, daß den Fremden ... alle möglichen Bequemlichkeiten verschafft werden. Steigt der Reisende ab oder spannt er aus, so sind [da] bestimmte Beamte, die sein Pferd oder Ochsen abnehmen, leiten, absatteln, tränken, weiden, des Abends in Sicherheit vor den Löwen bringen lassen. Sie sorgen dafür, daß er Milch, oftmals auch Fleisch, Wasser und Holz genug erhält, daß die Kinder oder andere ihn nicht belästigen. Zum Aufenthalt ist ein besonderes, geräumiges Matjeshaus

[Matten-Hütte]. Ist der Fremdling allein, dann muß einer bei ihm schlafen, um das Feuer zu unterhalten oder andere Dienste zu tun... Sobald der Reisende fort will, macht er es einem der Beamten bekannt, der dem Häuptling, und zur bestimmten Zeit ist sicherlich sein Ochse oder Pferd da, sollte es auch mitten in der Nacht sein. Bezahlung zu fragen oder zu geben, fällt keinem ein» (28. September 1844). Hahn verzeichnete sogar: «Für mich ward eine besondere Schlafstätte bereitet, weil sie unseren Ekel vor Läusen kennen.» Als die Deutschen, einschließlich ihrer Missionare, Jahre später alles taten, um Nama und Herero zu unterdrücken und ihnen jede selbständige Existenz zu nehmen, war Hahn nicht dabei. Er war nach Südafrika gezogen.

Berichte über die Gastfreundschaft der Afrikaner gibt es viele. Sie stehen in seltsamem Kontrast zu der Verachtung und Härte, mit der die Besatzer, aber auch ihre Missionare die einheimischen «Heiden» oft behandelten. Frederick Schön und einige Begleiter zum Beispiel warteten während einer Expedition in Iddah stundenlang auf eine Audienz beim König. Sie wurden hungrig. So wanderten sie zum Markt; dort merkten sie, daß sie ihre Kauriemuscheln auf dem Flußschiff vergessen, also kein Geld hatten, um etwas zum Essen zu kaufen. Doch da – «einer der Eingeborenen, der unsere Verlegenheit gesehen hatte, überreichte mir mehrere Kauries. Ich konnte sein Verhalten nur bewundern, denn offensichtlich versuchte er es so zu tun, daß es keiner sehen konnte, damit der weiße Mann nicht der Schande ausgesetzt würde, ein Geschenk von einem schwarzen Mann anzunehmen. Alle unsere Bedürfnisse wurden nun schnell gestillt.»[3]

«Uneigennütziges Wohltun ist im Heidentum eine seltene Tugend, da ihm dazu die Beweggründe der christlichen Caritas fehlen», fand dennoch der Missionar Hennemann[4]. Da urteilte der Missionsarzt Samuel Müller schon großzügiger: «Der Neger ist bei all seinem Geister- und Aberglauben eine durch und durch religiöse Natur. Darum, so verschüttet und überwuchert es sein mag, weiß er um den tiefinnersten Zusammenhang von Leib und Seele.»[5]

Verachten... aber sammeln

Ablehnung und Verachtung für die kulturellen Hervorbringungen der farbigen Völker, für ihre «Fetische», Masken, Schnitz- und Metallkunst und manches andere, haben Missionare nicht gehindert, sich als Sammler solcher Stücke zu betätigen – just der Dinge, die zu verachten, wegzuwerfen, zu vernichten sie die «Eingeborenen» überreden wollten. Die Gegenstände, die bei diesen Völkern meist klar umrissene kultische oder auch einfache praktische Bedeutung hatten (die die Weißen oft nicht verstanden, wie man noch heute gut an den Beschriftungen in Völkerkundemuseen sehen kann), wurden dort meist nur so lange bewahrt, wie sie die jeweiligen Funktionen erfüllten. Dann wurden sie weggeworfen oder zerstört.

Das pflegte und pflegt bei Sammlern und Museumsspezialisten Europas und Nordamerikas bedauert zu werden, und so sind diese den Missionaren dankbar, aber auch anderen weißen Besatzern, daß sie nicht wenig retteten. Doch die Rettung hätte sich natürlich auch ohne Unterdrückung bewerkstelligen lassen. Überdies hatte ja die Bekehrungsenergie der Missionare den Erfolg, diese für die dortigen Kulturen wichtigen und aufschlußreichen Gegenstände noch viel schneller verschwinden zu lassen. Die Einheimischen wurden immer wieder aufgefordert, sie wegzuwerfen oder zu vernichten, was in großem Umfang geschah. Manchmal legten die Missionare gleich selbst mit Hand an. Damit wollten sie beweisen, daß diesen «Fetischen» keine übernatürlichen Kräfte innewohnten, wie die Einheimischen meinten.

Kaum irgendwo gingen die christlichen Missionen so drastisch und erfolgreich vor wie die katholischen in Lateinamerika. Zum Beispiel in Mexiko, wo Pater Sahagun um 1540 erzählte, wie «ein oder zwei Brüder die Schüler [Kinder von Häuptlingen und anderen ‹Eingeborenen›, die von ihnen unterrichtet wurden] zu einem der benachbarten teocalli [Tempel] mitnahmen; in ein paar Tagen Arbeit machten sie ihn dem Boden gleich. Auf diese Weise demolierten sie in kurzer Zeit alle aztekischen Tempel, große und kleine, so daß keine Spur von ihnen blieb.» Das Zitat fand ich bei Prescott[1], mit seinem Zusatz:

«Diese Passage hilft zu erklären, warum so wenige Reste der indianischen Ära in Mexiko überleben.»

Als 1562 die katholische Inquisition die Indianer massenweise des «Götzendienstes» beschuldigte, wurden Tausende von Masken und Figuren zerstört, getöpferte und hölzerne, um die sich die Museen heute wohl reißen würden. Dabei wurden anscheinend auch mehrere der berühmten Maya-Kodizes vernichtet, doch das ist umstritten.[2] Auch danach drangen Missionare immer wieder in den Indianern heilige Versammlungsstätten ein, erbeuteten Masken und andere Kultgegenstände und verbrannten sie. 1680 erhoben sich die Pueblo-Indianerstämme vom Rio Grande im Osten bis zu den Hopi-Dörfern im Westen, in erster Linie gegen die religiöse Unterdrückung. Mehr als tausend Spanier kamen um, die anderen flohen nach Süden.[3]

Aus dem iberischen Amerika stammt andererseits eines der wenigen lobenswerten Beispiele «kultureller Vermittlung»: Dort machten die Jesuiten die brasilianischen Indianer vorübergehend zu musikalischen Künstlern, die allem Anschein nach auch ein europäisches Konzertpublikum zufriedengestellt hätten. Als die Patres nämlich entdeckten, wie musikalisch ihre «Schützlinge» waren und auch wie interessiert an Musik, bildeten sie Chöre und Orchester aus, die barocke religiöse Musik, Orgel eingeschlossen, aufführten. Die Indianer selbst und ihre Zuhörer waren begeistert. Die Patres konnten die Attraktion der europäischen Musik bald einsetzen, um ganze Stämme zu bekehren, und ihre Indianer glänzten ebenso im Konzertsaal wie bei möglichst farbenfrohen, prächtigen und lauten religiösen Festen. Heute ist in den Indianerreservaten allerdings nichts mehr davon zu spüren. «Ich habe genug in jedem Teil Brasiliens gesucht: Da ist kein Zeichen westlicher Kunst oder Kultur, in keinem von ihnen – nichts als die sterile und schäbige intellektuelle Wüste der Grenzer», schrieb John Hemming[4], dessen Buch «Red Gold» ich diese Episode entnehme.

Wie gesagt: eine Ausnahme. In Neuguinea hingegen beobachtete der australische Forscher Captain Frank Hurley in den zwanziger Jahren unseres Jahrhunderts, wie die fremden Einflüsse die einheimische Kultur zu zerstören begannen.[5] Die Missionare forderten die Einheimischen auf, gelegentlich mit drastischen Drohungen, alle äußerlichen Symbole ihres früheren Glaubens zu zerstören. Manchmal konfiszierten sie die Stücke und zerstörten sie selbst oder schickten sie außer Landes. Hurley beteiligte sich und wurde später von der Regierung gezwungen, einiges von seiner Beute wieder herauszugeben. Die Einheimischen wirkten oft mit, um auf die Missionare einen guten Eindruck zu machen. Ein amerikanischer Lutheraner, Paul Freyburg, arrangierte regelrechte Fest- und Abliefer-Gottesdienste, zu denen die Papua ihre (bisher als solche angesehenen) magischen Objekte anbrachten und, nach Freyburgs Sermon, zeremoniell in eine Grube warfen. Bevor die Grube zugeschüttet wurde, konnten sich die Missionare bedienen.

«Es ist nicht schwer zu verstehen, warum Anthropologen und Ethnologen so enttäuscht von der Rolle sind, die ihrer Ansicht nach die Missionare bei der unnötigen Zerstörung von Kulturen gespielt haben», sagten die Verfasser der BBC-Dokumentation[6]. «Viele der von den Missionaren als sündig verdammten Kunstwerke, die nicht zerstört wurden, zierten schließlich die Wände der Wohnungen reicher Westler und füllten die Regale von Museen in London, München und New York. Manchmal waren die Missionare selbst die Sammler, wie Paul Freyburg.» Die Liste der Museen ließe sich natürlich verlängern, ganz international.

Ebenfalls aus dem «ergiebigen» Papua-Guinea berichtet Ziehr von einem Pastor, der ein mit Reliefs geschmücktes Kultbrett (Kopa) über die Tür seiner Toilette nagelte. «Die Mißachtung der wunderbaren Schnitzkunst und überhaupt der gesamten Papuakultur durch die meisten Missionare und auch durch die stupide weiße Verwaltung konnte nicht augenfälliger demonstriert werden.»[7] Um den Widerstand mancher Dörfer gegen ihre Bekehrungsversuche zu brechen, zerstörten Missionare nachts die Kulthäuser, in denen Ahnenschädel und Schnitzwerke aufbewahrt wurden; sie waren meist reich verziert. Auch hier kam es dann vor, daß die Einheimischen sich an den Zerstörungen beteiligten, um es den Missionaren möglichst recht zu machen. Viele pazifische Kulturen kann man längst in westlichen Museen weit besser studieren (Paradebeispiel: Berlin-Dahlem) als dort, wo sie entstanden sind, denn da ist kaum noch etwas von den alten Kunstwerken zu finden. Dabei ist – was auch für andere betroffene Gegenden und Kulturen gilt – keinerlei Trost, daß die Schöpfer dieser Kunst und ihre Besitzer sie keineswegs als «Kunst» betrachteten, sondern als Gegenstände mit ganz bestimmten Funktionen, von denen losgelöst sie (für ihre ursprüngliche Umgebung) keinen Wert mehr haben.

Ziehr erzählt, wie ein baptistischer Missionar bei den Telefomin, einem Papua-Stamm der westlichen Bismarck-Berge, sich ein ganzes Magazin von geschnitzten Hauspforten und Kampfschildern anlegte. Einen Teil bestimmte er für ein noch zu errichtendes örtliches Museum für die Kultur, die er gerade zerstören half. Den anderen Teil bot er zum Verkauf. «Der so eingebrachte Mehrwert wurde für die christliche Erziehung der Stammeskinder ausgegeben. Die Telefomin finanzierten also ihre eigene geistige Selbstaufgabe.»[8] Norman Lewis besuchte 1950 in Begleitung eines französischen Kolonialbeamten in Südindochina das Bergvolk der Bih, die zu den Moi gehören. Deren Stolz waren früher ihre großen alten Gongs und Kupfergefäße gewesen. Nun hatten sie keine mehr: Amerikanische Missionare hatten alles als unchristlich weggeschafft.

Wenige Kolonial- und Missionsgebiete entgingen solcher Ausplünderung. Die Plünderer hielten sich natürlich nicht für solche – allenfalls für Sammler. Das Bremer Überseemuseum rühmte sich zahlreicher Objekte aus Togo, «dank einer wirklich meisterhaft geordneten und bestimmten Sammlung von Zaubermitteln und -gerätschaften aus dem Eweland, die Carl Spiess, Missionar der Norddeutschen Missionsgesellschaft, geschenkt hatte». Von diesem «bewährten Freund» kamen öfter Schenkungen.[9] Aber mit solchen Schenkungen prunkten auch Museen in Paris, Brüssel, London und in vielen anderen Städten.

WERKE DER WOHLTÄTER

Schul-«Meister»

Schulunterricht, allgemeine Erziehung war in den Kolonialgebieten lange den Missionen überlassen. Das gilt als eine der größten Leistungen des Kreuzes in dieser sonst so düsteren Epoche – düster für die betroffenen Kontinente, hell an Machtzuwachs, Prestige und wirtschaftlicher Expansion für Europa. Die verschiedenen Missionen und Kirchen sind um enthusiastische Darstellungen ihrer Erziehungsverdienste nicht verlegen.

Zunächst müssen wir freilich feststellen, daß nach langer Zeit von Kolonialismus und missionarischer Erziehung, als die unterdrückten Völker endlich unabhängig wurden, geradezu sensationell wenige ihrer Menschen lesen und schreiben konnten. In Indien waren es 20 Prozent, in Indonesien nur 5, in Algerien 8, in Angola 3 (die im Land ansässigen 200 000 Portugiesen eingerechnet), in Mosambik 2,2 Prozent: im Durchschnitt ganz Afrikas, alle Weißen in ihren Enklaven mitgezählt, etwa 20 Prozent. Diese Beispiele zeigen kaum großen Erfolg an. Das Analphabetentum ist trotz großer Anstrengungen der neuen unabhängigen Staaten in der Welt kaum zurückgegangen – offenbar hatten sie nicht genug Schulen «geerbt», in denen sie das erzieherische Werk fortsetzen konnten.

Hingegen hat die Kolonialherrschaft einigen Ländern auf diesem Gebiet – wie auf vielen anderen – drastische Verschlechterungen gebracht. Burma und Algerien beispielsweise hatten vor dem Eintreffen der Eroberer einen weit höheren Bildungsstand und ein weit besseres Schulnetz als bei Abzug ihrer Besatzer. In Algerien fiel schon den Offizieren der französischen Eroberungsarmee 1830 auf, wie viele Einwohner lesen und schreiben konnten. In Burma war im 19. Jahrhundert Lesen und Schreiben verbreiteter als in Großbritannien. Auf Madagaskar war das Verhältnis der Schüler zur Gesamtbevölkerung Ende des vergangenen Jahrhunderts vor der französischen Besetzung (1896) Westeuropa vergleichbar: etwa 146000 Schüler aus einer Bevölkerung von etwa drei Millionen. Dazu hatten paradoxerweise, vor der Besetzung durch die Franzosen, britische Missionare beigetragen. 1910 waren es aber nur noch 80000, erst 1925 wurde der Stand von 1888 wieder erreicht. Zur Unabhängigkeit des inzwischen 6,5 Millionen Einwohner zählenden Landes gab es 1960 kaum mehr als 6000 madegassische Oberschüler. Geschichts- und Geographieunterricht hatten die Franzosen übrigens nach dem Ersten Weltkrieg als «subversiv» verboten.

Vietnam (heute mehr als 64 Millionen Menschen, mehr als achtmal soviel wie in Österreich) hatte vor der Besetzung durch die Franzosen ein gut ausgebautes Schulsystem. Dort besuchten zu Beginn des Zweiten Weltkrieges, der die meist unfreiwillige Entkolonialisierung in die Wege leitete, nur siebenhundert Jugendliche ein Gymnasium (es gab nur vierzehn höhere Schulen) und nur rund zweitausend eine Berufsschule. Gewiß, ein französischer Missionar, Alexandre de Rhodes, war im 17. Jahrhundert zum «Begründer der Schriftsprache Vietnams und ihrer noch heute gebräuchlichen lateinischen Transkription geworden» («Lexikon zur Weltmission»). Aber was die Franzosen dort in späteren Jahrhunderten an Kultur vernichteten und behinderten, war ein zu hoher Preis – zu zahlen von den Vietnamesen.

Noch verheerender ist die Kolonialbilanz, wenn man prüft, ob in dieser Epoche eine Intelligenz herangezogen wurde, die ja eines Tages in der Lage sein mußte, die Geschicke ihrer Völker selbst in die Hand zu nehmen und zu meistern. Dafür hätten nach dem westlichen Bildungs- und Wertesystem, das den Kolonien aufgezwungen worden war, höhere Schulen und Universitäten sorgen müssen. Doch sah die Eröffnungsbilanz der «neuen» Staaten, wenn man vom indischen Subkontinent absieht, katastrophal aus. Als Belgisch-Kongo, heute Zaire, 1960 unabhängig wurde, gab es ganze 16 Kongolesen mit einem Universitätsgrad (Bevölkerung damals: 15 Millionen). Bis sechs Jahre davor war das Erziehungswesen so gut wie ganz der Kirche überlassen worden, überwiegend der katholischen. Erst ab 1955 durften Kongolesen überhaupt höhere Schulen besuchen.

Indonesien mußte seine Unabhängigkeit nach dem Zweiten Weltkrieg noch einmal gegen die Niederlande blutig erkämpfen, die ihre jahrhundertelange Herrschaft wiederaufrichten wollten. Als der neue Staat sein Eigenleben begann, hatte er nur etwa tausend Personen, die zu irgendeiner Verwaltungs- oder gar Führungstätigkeit im weitesten Sinn ausgebildet waren – bei einer Bevölkerung von neunzig bis hundert Millionen! Der französisch kolonisierte Tschad wurde 1960 «unabhängig», mit einer Bevölkerung von etwa 2,7 Millionen Menschen. Von denen hatte kein einziger je eine Universität besucht oder gar ein Diplom erworben. Die Elfenbeinküste hatte 1959/60 eine Bevölkerung von gut drei Millionen Menschen: Ganze 8300 davon waren auf Oberschulen.

Als die Algerier 1954 ihren Unabhängigkeitskrieg gegen die Franzosen begannen, hatten ihnen 125 Jahre Kolonialherrschaft etwas mehr als (zusammen) fünfhundert Ärzte, Apotheker und Juristen beschert – aber nicht einmal dreißig Ingenieure ... auf zehn Millionen Algerier. (Heute leben dort etwa 24 Millionen Menschen.) Jede mittlere deutsche Großstadt verfügte über mehr qualifizierte Spezialisten aller Gebiete. Im riesigen Französisch-West- und Zentralafrika haben es bis 1945 sage und schreibe zehn Afrikaner geschafft, auf eine höhere Schule zu kommen. Weniger als 5 Prozent der Einheimischen im gesamten französischen Schwarzafrika konnten lesen und schreiben. Für Malaysia und Singapur, zusammen heute fast 15 Millionen Menschen, entstand die erste Universität 1949, sechs Jahre vor der Unabhängigkeit.

Diese traurige Bilanz ließe sich beliebig fortsetzen. Man kann sie natürlich nicht den Missionen, sondern nur den Kolonialregierungen ankreiden. In Ländern mit starker Moslembevölkerung konnten die christlichen Missionare ohnehin wenig ausrichten. Aber es ist wichtig, zunächst einmal die Größenordnung zu begreifen, in der überhaupt in den Kolonien westliches Unterrichts- und Erziehungswesen wirksam wurde: arg wenig. Wahrscheinlich verdanken die Völker diesem Umstand, daß sie sich noch lange schwer tun werden, jene technischen und intellektuellen Kräfte zu entwickeln und Kenntnisse anzuwenden, die eine Existenz in dieser im wesentlichen westlich dominierten Welt erfordert. Vorbereitet darauf waren sie bei ihrer

Entlassung in die Unabhängigkeit nicht. Das hängt natürlich damit zusammen, daß ihnen die Kolonialherren die Unabhängigkeit noch gar nicht geben wollten.

Der bombastischen Phrase, man werde (und könne) Kolonialvölker «erziehen», entsprach also eher dürftiges Handeln. Dabei spielten nun die Missionen in der Tat eine erhebliche Rolle. Sie waren die ersten, die den «Eingeborenen» etwas beizubringen trachteten, was diesen ungeheuer fremd war. Das Hauptziel der Missionare war aber nicht, den «Heiden» Kenntnisse beizubringen, die wir vom Unterricht erwarten würden. Ihr erstes Bedürfnis war, zunächst einmal selbst verstanden zu werden, um ihre christliche Botschaft verbreiten zu können. Mit höchst wenigen Ausnahmen waren die meisten in imponierender Unkenntnis örtlicher Sprachen angekommen. So lernten sie selbst und versuchten dann, sich in der jeweiligen Sprache mehr schlecht als recht auszudrücken, oder nahmen Übersetzer zu Hilfe, deren Kenntnisse sie nicht beurteilen konnten, und predigten drauflos. Manche haben sich energisch in diese Sprachen vertieft, um gleich die Bibel übersetzen zu können (in passender Fassung), und sie dann mehr oder minder beherrscht. Häufiger überliefert ist jedoch, daß viele von ihnen lange Zeit einer neugierigen oder auch skeptischen Schar einheimischer Zuhörer etwas predigten, was diesen völlig unverständlich war oder mißverstanden wurde. Dann entstanden Schulen, zunächst räumlich und inhaltlich äußerst primitive, später nach europäischen Begriffen etwas «normalere». Aber normal waren sie eben doch nicht.

Besonders schwer taten sich protestantische Missionare, die oft keinerlei Qualifikation außer ihrem Glauben hatten, keine Sprachbegabung, geschweige denn pädagogische Fähigkeiten. «Ich kann nicht umhin, die teure Gesellschaft dringend zu bitten, doch womöglich jeden ihrer Missionare erst wenigstens einige Monate zu praktisch pädagogischer Übung in einer Elementarschule wirken zu lassen», appellierte Carl Hugo Hahn 1842 an seine Londoner Zentrale (Tagebucheintrag vom 29. März 1842): «Man glaubt es nicht, von was für großem Nutzen einige praktische Bekanntschaft mit dem deutschen Schulwesen ist. Bloße Theorie genügt nicht.» Katholische Missionare waren im allgemeinen etwas besser ausgebildet.

Der Unterricht der Missionare diente zunächst ganz überwiegend dem Zweck, ihrer Zuhörerschaft Gott und die Bibel nahezubringen und was der Missionar dazu zu sagen hatte – in der rudimentärsten Art und Weise natürlich. Daraus wurde Religionsunterricht, arg reduziert auf das Wesentlichste der Glaubenslehre – einmal wegen weiterhin bestehender Sprachschwierigkeiten, zum anderen, weil den Schülern nichts beigebracht werden sollte, was sie zu selbstbewußten, selbständigen, womöglich gar gegen Fremdherrschaft aufsässigen Eliten hätte machen können. Sie sollten ja im Gegenteil gegenüber den weißen Besatzern unterwürfig sein. Dazu kamen Grundlagen des Lesens und Schreibens und einfaches Rechnen. Und natürlich Kirchenlieder.

Der nächste Schritt war, daß der Missionar Hilfskräfte heranbildete, um sich selbst anderen Zuhörern anderswo zuwenden zu können. Diese Hilfskräfte sollten auch allein in der Lage sein, die rudimentäre Botschaft in den Dörfern der Einheimischen zu verbreiten. Damit wurde zwar ein Weg eröffnet, der eines Tages zur Heranbildung einheimischer Kirchen führen mußte, aber die ersten Missionare konnten sich nicht vorstellen, daß es eines Tages wirklich so weit kommen würde, und viele ihrer weißen Nachfolger wollten es auch gar nicht.

So bald wie möglich wurden Missionsstationen gegründet; sie sollten Einheimische anlocken und Bekehrte aufnehmen. Zunächst konnten nur wenige Einheimische interessiert werden. Dafür kamen freigekaufte Sklaven oder auch entlaufene, die sich in der Nähe der Weißen sicherer vor eventuellen Verfolgern fühlten. Enge Nachbarschaft zu den merkwürdigen Fremden, die neues Wissen verbreiteten, wurde vielerorten als Prestigezuwachs betrachtet; freilich mußte die Genehmigung örtlicher Häuptlinge, eine Niederlassung zu gründen, oft mühsam ausgehandelt werden. Andere Häuptlinge wiederum luden die Missionare förmlich in ihr Gebiet ein.

Daß man bei den Weißen etwas lernen konnte – besonders natürlich Lesen und Schreiben –, verschaffte den Missionaren Zuwachs an Ansehen. Sie begriffen schnell: Der günstigere Weg, Afrikaner zu Christen machen zu können, ging mehr und mehr über ihre Schulen. Die Afrikaner, die nicht an der neuen Religion interessiert waren, schickten ihre Kinder wegen der europäischen Erziehung, und wer kein Interesse an beidem hatte, wurde Christ, um mit europäischer Medizin behandelt zu werden.[1] Allmählich gingen die Missionen dazu über, Schulen auch außerhalb ihrer Stationen als Lockmittel einzusetzen, in großen Dörfern und Städten, und das Hauptgewicht nicht mehr auf den Religionsunterricht zu legen. Aufgegeben wurde er natürlich nicht.

Bevor die Invasion der europäischen Mächte einsetzte, spielte sich das alles in winzigem Maßstab ab. Wer sich dem Missionar anschloß, bezahlte mit Arbeit für ihn und für seine Station. So begann eine rudimentäre Ausbildung an den Geräten der Weißen. Sie wurde bald Bestandteil des Schulunterrichts. Bei weitem nicht alle Einheimischen, die zum Missionar kamen, wollten jedoch ihre eigenen Vorstellungen, Bräuche und Traditionen aufgeben, wie es eine Bekehrung zum Christentum verlangt hätte; sie wandten sich wieder ab.

In vielen Gebieten trafen die Missionare auf ein ganz unerwartetes Hindernis: Die Einheimischen waren nicht so seßhaft, wie zu einer nachhaltigen Einflußnahme auf Dorf oder Stamm durch eine Missionsstation notwendig gewesen wäre. In Afrika zwang die traditionelle extensive Landwirtschaft die Menschen, von Zeit zu Zeit nach Erschöpfung ihrer jeweiligen Weiden oder Äcker weiterzuziehen. Auch sonst lebten sie mobiler, als Missionare aus europäischen Dörfern gewohnt waren. Afrika befand sich zu der Zeit in einer Umbruchphase. Stammeskriege und kriegerische Versuche, Stämme zu größeren Reichen zusammenzufügen, brachten ganze Völker, im Verhältnis zu Europa natürlich kleine, immer wieder auf Wanderschaft. In Lateinamerika lebten die Indianer zur Verzweiflung der Missionare überhaupt weit verstreut und kaum in größeren Siedlungen. Eine so gewaltige Schar von Missionaren, wie nötig gewesen wäre, sie alle zu finden und zu beeindrucken, war ganz undenkbar, und auch für afrikanische Verhältnisse gab es viel zu wenige.

Die Lösung, die den Kirchenmännern einfiel, war erst in größerem Umfang durchführbar, als sie Macht und Geld des Kolonialsystems hinter sich hatten. Nun wurden die angehenden oder bekehrten Christen zur Seßhaftigkeit gezwungen, im wahrsten Sinn zwangs-

angesiedelt, oft in «Reservaten», in Missionsdörfern, missionsbe-
herrschten Siedlungen. In den Missionssiedlungen durfte auch vorher
schon nur bleiben, wer sich hatte bekehren lassen oder sich wenigstens der Autorität des jeweiligen Missionars unterwarf. Missionarischer Unterricht konnte sich also in der ersten kolonialistischen
Periode nicht so entfalten wie gewünscht und in der Missionsliteratur
oft dargestellt.

Was immer sich dann später an missionarischem Bildungswesen
entwickelte, besonders in der Schlußphase des Kolonialismus dank
energischerer Unterstützung (und Kontrolle) mancher Regierungen –
wir müssen uns erst einmal ansehen, wie es für die von ihm erfaßten
Einheimischen wirkte: Es hat in Wirklichkeit viel mehr zerstört als
aufgebaut. Die Welt, die die Missionare nun völlig verändern wollten, hatte durchaus ein eigenes Erziehungssystem besessen. Es war
nur anders, so sehr, daß sie es in ihrer allgemeinen Ahnungslosigkeit,
was die Verhältnisse in der neuen Umgebung anbetraf, überhaupt
nicht bemerkten. Manche wollten es vielleicht auch nicht zur Kenntnis nehmen.

Der Hauptunterschied war, daß die Afrikaner (oder Indianer oder
andere in der «Dritten Welt») ihre Kenntnisse im kollektiven Rahmen
vermittelt bekamen, in der Großfamilie, in der Gemeinde, in einem
System des Lernens durch Praxis, das in Europa und Nordamerika
heute in manchen Bereichen ebenfalls praktiziert wird.

Das Erziehungsziel der traditionellen Gemeinschaft ist, den Nach-
wuchs zu integrieren. In diesem Sinn sind alle, nicht nur Eltern oder
Lehrer, an der Erziehung der Heranwachsenden beteiligt. Das Kind
nimmt von früh auf an den Arbeiten erst der Mutter, dann der ganzen
Familie teil, es begleitet später Vater und Mutter auf die Jagd oder zur
Feldarbeit und lernt dabei. Es hört bei den «Palavern» zu, wenn
praktische Fragen und Probleme der Gruppe besprochen werden. Der
Vorbereitung auf die Initiation, den feierlichen ersten Schritt zum
Erwachsensein nach der Geschlechtsreife, dient weiterer Unterricht,
analog zu unseren Konfirmandenstunden, aber bedeutend praktischer. Es gibt auch «traditionelle» Lehrer, die den Kindern weitere
Kenntnisse beibringen. Die Initiierten gelten als Lernende, bis sie
heiraten. Dann sind sie «erwachsen», und nun ist es an ihnen, das,

was sie sich im Lauf der Zeit angeeignet haben, an die nächste Generation weiterzugeben.

Das Ergebnis dieser Erziehung mag Europäer des technischen Zeitalters und gänzlich anderer Lebensumstände nicht beeindrucken, aber das steht auf einem anderen Blatt. Gemessen an den Lebensverhältnissen der Menschen dort, hatte sie immerhin eine ausbalancierte Gesellschaft hervorgebracht, die ihren Bedürfnissen entsprechend leidlich, in vielen Fällen gut zurechtkam. Daß sie viele Aspekte hatte, die nicht nur die Missionare schockierten, sondern uns heute ebenfalls abstoßen würden (mancherorten Menschenopfer, der untergeordnete Rang der Frau), besagt nicht, daß diese Gesellschaften nicht imstande gewesen wären, sich zu reformieren oder weiterzuentwikkeln. Die europäische Geschichte war schließlich auch nicht ärmer an Grausamkeit, Tyrannei und Unterdrückung. Über dem Schauder, den uns die in Afrika damals verbreitete Haussklaverei einflößt, dürfen wir nicht die in Europa früher verbreitete Leibeigenschaft vergessen, und Sklaverei war in Teilen Europas ebenfalls akzeptiert und wurde praktiziert.

Die Missionare führten also eine regelrechte Revolution der Erziehung durch. Mit ihren europäischen Vorstellungen folgten sie Formen und Idealen, die nichts mit der neuen Umgebung zu tun hatten. Die Schüler wurden von ihrer Gruppe getrennt. Aus der Erziehung durch Familie und Gemeinschaft wurden Trennung und Abschottung: Das Klassenzimmer, zunächst nur ein Platz im Freien, befand sich außerhalb des familiären Lebensraums. Die Kenntnisse vermittelte nicht mehr das Beispiel der Umgebung, sondern eine einzige, fremde Person, der Lehrer, der in keinerlei Zusammenhang mit dem vertrauten Milieu stand. Was er lehrte, hatte nichts mit den Lebensumständen der Kinder zu tun, sondern kam aus einem Buch. Und zu den Lehren gehörte, daß so gut wie alles, was Familie und Gemeinde für richtig hielten, falsch sei. Mit anderen Worten, die Missionsschule, ob winzig oder groß, ob für Kleine oder Erwachsene, zielte auf den totalen Bruch der Schüler mit ihrer bisherigen Umwelt ab.

Das missionarische Schulsystem war ein äußerst radikaler Einschnitt in das afrikanische Sozialgefüge; bei der indianischen Bevölkerung Amerikas oder unter den Bewohnern der pazifischen Inseln wirkte es nicht weniger verheerend. Es konnte nur funktionieren, wenn die Kinder weitgehend von ihrer gewohnten Umgebung isoliert wurden. So nahmen, wie gezeigt, die Missionare am liebsten die Kinder ihren Eltern ganz weg. Entsprechend früh gaben die Missionsschulen die Bemühungen um Erwachsene weitgehend zugunsten der Kinder auf, und der Erfolg stellte sich auch bald ein.

Kinderfang

Häuptlinge, die Missionare in ihrem Gebiet duldeten, weil sie sich von ihnen Prestigezuwachs und oft auch materiellen Gewinn versprachen, schickten häufig ihre Kinder zum Unterricht, was auf einfache Familien wie ein Vorbild wirkte. Manche Häuptlinge zwangen Eltern ihres Stammes, den Missionaren ihre Kinder zu schicken. Wenn diese flohen, wanderten die Eltern ins Gefängnis, bis sie wieder eingefangen waren.[2] Die Missionare verlangten oft, daß sich die Kinder regelrecht verpflichteten, drei oder fünf Jahre bei ihnen zu bleiben; die Kontrakte mußten vom Bezirksamt und den Eltern oder dem Häuptling bestätigt werden.

Eine originelle Ausnahme waren sicherlich Kinder auf Tahiti, die von den Missionaren im Auftrage ihrer Eltern für ihre Teilnahme am Unterricht Bezahlung verlangten: Nadeln, Glasperlen oder Angelhöker. So absurd war es nicht, wenn man bedenkt, wie der deutsche Missionar August Hanspach von der Berliner Missionsgesellschaft Mitte des vergangenen Jahrhunderts in China verfuhr: Er schloß mit «heidnischen» Privatlehrern Verträge. «Für ein bestimmtes auswendig gelerntes Pensum zahlte er für jeden bestandenen Schüler im Jahr einen chinesischen Dollar [= 2 Mark]. Voraussetzung war, daß er jedes Jahr mindestens einmal bei allen subventionierten Schulen herumreiste und die Prüfung abnahm. Er benutzte diese Gelegenheiten, um Lehrer und Schüler an der Hand großer biblischer Bilder wenigstens einigermaßen in das Verständnis der gelernten Texte einzuführen ... Die nicht unerheblichen Kosten dieses merkwürdigen Missions- und Schulbetriebes brachte er durch Sammlungen bei den

Europäer-Familien in Hongkong und Kanton, zum Teil auch bei wohlhabenden Chinesen auf; als Ertrag standen ihm in guten Jahren bis zu 2000 und mehr Dollar zur Verfügung. Dafür unterhielt er zu Zeiten 138 Schulen mit 1782 Schülern (1866).»[3]

Auch in Afrika wurde materiell nachgeholfen. In Nordrhodesien etwa, heute Sambia, bekamen Häuptlinge Geschenke, wenn sie ihre jungen Leute in die Missionsschule schickten. Dort wurden sie gekleidet und ernährt, was erheblich zu ihrer Anziehungskraft beitrug; oft erhielten sie auch Gelegenheit, etwas zu verdienen. Rotberg zitiert einen Missionsdirektor Thompson, der an seine Missionare schrieb, er sei natürlich nicht für Bestechung, könne aber nicht übersehen, daß «die einzige Seite des Christentums, die die Eingeborenen bei Ihnen zur Zeit würdigen können, sein praktischer Wert ist, ihnen ein paar neue weltliche Vorzüge zu bringen»[4].

Eifrige Missionare haben immer wieder genutzt, daß Kinder sich wenig wehren können. In zahllosen Fällen wurden Neugeborene, Babies, gesunde und kranke Kleinkinder getauft, besonders von katholischen Missionaren, oft heimlich, ohne Zustimmung der Eltern. Das hatte ja durchaus eine feste europäische Tradition, seit nach der Reformation die Fürsten bestimmten, welcher Konfession ihre Untertanen anzugehören hatten. Die Missionare waren ebensowenig von Zweifeln geplagt – sie hielten doch ihre jeweilige Spielart des Bekenntnisses für die alleinseligmachende.

Die Portugiesen, die Ende des 16., Anfang des 17. Jahrhunderts in Indien von den Moguln geduldet und zeitweise hoch verehrt wurden, verspielten unter dem Kaiser Dschahan alles, weil ihre Mönche sich kleiner Kinder aus Hindu- oder Moslemfamilien bemächtigten und sie tauften. Dadurch verloren die Kinder ihre Kastenzugehörigkeit, was ziemlich sicher den Weg in die Sklaverei bedeutete. Als der Kaiser von diesen Zwangsbekehrungen hörte, ließ er die Portugiesen 1632 aus dem Land jagen. Erst viele Jahre später wurden sie wieder hereingelassen.

Da könnte man in den Kindersiedlungen, die Missionare beider Konfessionen zwei Jahrhunderte später einrichteten, schon deswegen einen Fortschritt sehen, weil sie sich dort auch um ihre Ernährung und Erziehung kümmerten. Aber welche Erziehung und wie der christliche Nachwuchs beschafft wurde – das stimmte die Veranstalter damals offensichtlich nicht so nachdenklich wie uns heute. Katholische Maristen der deutschen Südseemission auf den Salomon-Inseln, Anfang unseres Jahrhunderts: «Da an die Bekehrung der Erwachsenen vorläufig nicht zu denken war, mußte die Mission versuchen, auf ihren Schiffsexpeditionen längs der Inseln Kinder für die Missionsschulen zu werben bzw. zu kaufen.»[5] Die katholische Missionsstatistik für die deutschen Salomon-Inseln registriert für 1912 zwölf Schulen mit 443 Kindern. So unbefangen, wie der Professor der Missionswissenschaft, Schmidlin, sie hinschrieb, lesen wir diese Zahl nicht mehr. Aber das war nichts Neues für das pazifische Missionsgebiet. Englische Missionare hatten schon Jahrzehnte vorher mit ihren Schiffen in der melanesischen Inselwelt Kinder angelockt und nach Neuseeland oder den Norfolk-Inseln verschleppt, um sie, wenn die Missionare mit ihrem Christentum und Ausbildungsstand zufrieden waren, auf ihre Heimatinseln zurückzubringen.

Kinderfang, anders kann man es wohl kaum nennen, wurde in ganz großem Stil im belgischen Kongostaat betrieben, überwiegend von den katholischen Missionen. Ihnen half sehr, daß der Staat ihnen die «Vormundschaft» über die Waisenkinder übertragen hatte, ebenso über verlassene Kinder. Die Kolonialbehörde befahl den afrikanischen Dorfältesten, Listen von Waisen und Verlassenen aufzustellen und diese dann den Missionen, hauptsächlich der Jesuiten, zu übergeben. Die Missionare behielten einen Teil der Kinder auf ihren Stationen, für die anderen gründeten sie kleine Hofsiedlungen, sogenannte «Fermes Chapelles», unter Leitung von Katechisten. Das waren von den Missionaren ausgebildete einheimische Hilfskräfte, die rudimentären Religionsunterricht geben und Andachten abhalten konnten. Sie hatten oft auch Schulen zu leiten, die außerhalb der Missionsstationen lagen. Nach Meinung vieler Fachleute haben sie in der Frühzeit der Mission mehr zur Verbreitung des Christentums beigetragen als die Missionare selbst. Sie unterrichteten besonders die Katechumenen: diejenigen, auch ältere Menschen, die Interesse am Christentum gezeigt hatten und auf die Taufe vorbereitet wurden, aber besonders Kinder. In den «Fermes

Chapelles» also erhielten die Kinder Religions- und ländlich-rudi-mentären Grundschulunterricht, zogen Kleintiere auf und lernten Feld- und Gartenbau.

Für die eifrigsten unter den Jesuiten, die davon träumten, die gesamte Jugend des Landes dem «Heidentum» zu entziehen, aber auch dem «Zugriff protestantischer Missionen»[6], waren es jedoch nicht genug Kinder. Also wurden mit Unterstützung der Behörden weitere, falsche Listen zusammengestellt, mit denen die Polizei in den Dörfern erschien, um auch diese Kinder abzuholen. «Die Ansammlung einer großen Zahl von Kindern löste naturgemäß Verluste durch Krankheiten und Unterernährung aus», schrieb der damalige Vize-gouverneur Moulaert[7], «der Rest [!] wurde auf die Fermes Chapelles verteilt.» Moulaert macht in seinen Erinnerungen klar, daß er gegen diese Praktiken war. Als er seinen Posten als Bezirkskommandant in der Kongokolonie antrat, war gerade wieder so eine ungerechtfertigte Kindersammelei eingeleitet, eine Truppe bereits zur Durchführung aufgebrochen. Moulaert beorderte sie zurück in ihre Kaserne. Was war denn auch in jener Gesellschaft, nicht der isolierten Einzelfami-lien europäischen Musters, sondern der Gruppenverantwortung, ein «verlassenes Kind»? Solche gab es in Kriegswirren, sonst kaum.

Die Jesuiten verfolgten das Prinzip, die Kinder in diesen Ansiedlun-gen vollständig von den Afrikanern in den Dörfern zu isolieren. Nicht nur lief ihr Programm darauf hinaus, die afrikanischen Familien ihres Nachwuchses zu berauben. Die willkürliche Trennung der Genera-tionen hatte natürlich auch enorme psychologische und moralische Auswirkungen. «Es war ein unmöglich zu realisierendes Programm, dem sich die Verwaltung hätte widersetzen müssen», meinte Mou-laert. Sie tat es aber nicht. Opposition kam von den Afrikanern selbst – aber dafür hatten die Jesuiten mit Unterstützung der Behörden die Polizei – und von den protestantischen Missionen, aus deren Bereich ebenfalls Kinder entführt wurden. Die Protestanten waren fast durch-weg Ausländer und beschwerten sich bei ihren Konsuln; sie verstärk-ten die damals bereits laufende internationale Kampagne gegen die Kongo-Greuel.

Eine belgische Untersuchungskommission hatte 1904 festgestellt, daß viele Kinder in den Fermes deutlich älter als zwölf waren; über zwölf Jahren durften sie aber nicht in die Missionen gezwungen werden. Einige Jungen waren sogar schon nach einheimischem Brauch verheiratet; die Patres hatten ihnen verboten, ihre Frauen zu treffen. «Viele andere waren weder verlassen noch Waisen, mehrere wurden von ihren Eltern zurückverlangt... Die Priester, die sich hinter der staatlichen Autorität versteckten, veranstalteten ununterbrochen wahre Kinderrekrutierungen.» So angewendet, sei die Verordnung über die Vormundschaft in der Hand der Missionare ein Mittel, sich auf leichtem Weg viele Arbeitskräfte zu verschaffen.[8]

Der Bericht hatte keinerlei Wirkung. Moulaert teilt mit, daß das Problem ebenso wie die Auseinandersetzungen mit den Afrikanern bis zum Ersten Weltkrieg angedauert hätten – dann erst gaben die Jesuiten ihr Zwangssystem auf. Zu diesem gehörte auch noch, daß sie bei den Afrikanern eine Steuer eintreiben konnten, die angeblich der Ernährung der Kinder diente, in Wirklichkeit aber nur die Kassen ihrer Betriebe auffüllte.[9] Das führe gelegentlich sogar zu örtlichen Aufständen der Afrikaner, bei denen viele Missionsstationen zerstört worden seien.

Das System mag am Kongo übertrieben worden sein, aber auch Kardinal Lavigerie hatte für die Afrikamission in den französischen Gebieten die Losung ausgegeben, daß die Missionare als Kader der künftigen Christenheit die Kinder ausbilden und in jede Missionsstation möglichst viele aufnehmen sollten. «Das Minimum scheint mir fünfzig in jedem eurer Posten zu sein.»[10] Lavigerie lehnte ab, aus ihnen Handwerker zu machen, was sie in die Nähe der europäischen Städte gebracht hätte – sie sollten Katechisten und Schulmeister werden.

So wurden sie auch in den französischen Kolonial-, sprich Missionsgebieten gesammelt und den Missionsstationen untergebracht – junge freigekaufte oder entlaufene Sklaven, echte oder weniger echte Waisen, Verlassene und mehr und mehr kleine Mischlinge, die von ihren französischen Vätern samt ihren Müttern bei der Rückkehr nach Frankreich zurückgelassen worden waren. Nicht anders wurden für indianische Kinder in Lateinamerika Internatsschulen weit außerhalb der Indianer-«Reservate» eingerichtet, damit die Kinder ihr eigenes kulturelles Erbe möglichst schnell vergaßen.[11]

Wie schon gesagt: Das war keine katholische Spezialität. Die britische CMS handelte im heutigen Nigeria ähnlich. Auch ihre Missionare wollten die Kinder «in ihrem jugendlichen Alter vom Kontakt mit Heiden fernhalten» [12] und brachten ihre Schüler in Boarding Schools (Internaten) unter strenger Kontrolle der Mission unter. Christliche Mission und Schule wurden das bedeutendste Instrument, «um die Jungen von ihrem Stamm zu lösen, von dem ganzen Komplex von Konventionen und Anschauungen, in denen sie erzogen worden sind» [13]. 1912 beschwerten sich britische Beamte in Kenia darüber, daß die Missionare eine ständige Quelle von Unruhe seien, weil sie Mädchen und junge Frauen dazu brachten, ihre Familien zu verlassen und in den Missionsstationen zu leben. Aus dem heutigen Sambia wiederum ist überliefert, daß die Methodisten dort ebenfalls ihre Zöglinge in Internaten nicht weniger streng überwachten, als es anderswo die Katholiken taten. Manche Heime waren von hohen Zäunen umgeben, damit die Insassen sie nicht ohne Erlaubnis verlassen konnten. Jungen sollten dadurch an Ausflügen zu Mädchenheimen gehindert werden.

Auch hier wurden die Kinder bewogen, Verträge zu unterschreiben. Eine Mission verpflichtete sie, zwei Jahre in der Station zu bleiben, um sich dort unterrichten zu lassen (Ernährung und Kleidung eingeschlossen), den Missionaren unbedingt zu gehorchen – und: «Ich verspreche, sie niemals zu kritisieren.» Vor und nach dem Unterricht hatten die Kinder die Station zu säubern, Wasser zu tragen, in den Häusern der Weißen zu arbeiten, die Missionare bei Tisch zu bedienen und sie auf Reisen als Diener zu begleiten.

Eine wichtige Ausnahme wurde allerdings oft gemacht: Schulen für Häuptlingskinder und die von Königen und von Hochgestellten, die beide Konfessionen aus naheliegenden Gründen nur zu gern in deren Nähe einrichteten. Da handelten sie nicht anders als die Kolonialbehörden, die selbst ähnlich verfuhren oder die Missionen dabei unterstützten; hier behielten die Kinder ihre Bewegungsfreiheit. Im französischen Sudan schärfte der Gouverneur den Weißen Vätern ein, sie müßten den Kindern Französisch beibringen, aber das Lesen und Schreiben den Begabtesten und den Kindern der Häuptlinge und der großen Kaufleute vorbehalten. [14] Eine bevorzugte Behandlung der

Oberschicht hatte es schon bei den spanischen und portugiesischen Eroberern Südamerikas gegeben – dort wurden in mehreren Städten um das Jahr 1700 herum Schulen für die Kinder der indianischen Aristokratie eingerichtet.

In der Herz-Jesu-Mission auf der Pazifikinsel Vunapope (Mioko) gab es laut Ziehr folgenden Tagesablauf für Missionsschüler: 4.30 Wecken, Gebet, Messe, «kleinere Arbeiten», Frühstück. 8.00 eine Stunde Religionsunterricht, dann bis 12.00 Lesen, Schreiben, Rechnen, ab 10.30 wegen der Hitze im Freien. 12.00 Uhr Mittagessen, dann Schwimmen im Meer, dann Ruhe bis 14.00: Gesangsstunde, dann Unterricht bis 15.30. 16.00 bis 17.30 Arbeit in den Pflanzungen. Dann Kirchgang, Abendessen. 20.00 Abendgebet, anschließend Verteilung der Schlafdecken, letztes Gebet. «Zehn bis elf Stunden galten der Arbeit, dem Unterricht, dem Gebet – und das mit frei aufgewachsenen Kindern!»[15]

Die Missionierung über die Kinder in den Schulen, in Missionsdörfern oder außerhalb, litt unter dem Konkurrenzkampf der Konfessionen. Wo sie die Mittel hatten, suchten sie einander mit Schulgründungen zuvorzukommen, nicht selten auch (Spezialität der Katholiken) einander die einheimischen Lehrkräfte abzuwerben, möglichst die besonders angesehenen, und sie auf die «neue» Konfession umzuprogrammieren. Sogar Kinder wurden abgeworben – durch Geschenke. So beschwerte sich 1913 der Missionschronist Richter über den Konkurrenzkampf, den die Benediktiner in Deutsch-Ostafrika seiner Berliner Missionsgesellschaft lieferten: «Während wir die Kinder bzw. die Eltern anhalten, nach Möglichkeit Fibeln, Tafeln usw. selbst anzuschaffen – das alles wirkt erzieherisch und treibt die Eingeborenen zu größerer Arbeitsamkeit –, werden, wie uns berichtet wird, von der anderen Seite den Häuptlingen beträchtliche Geschenke gegeben, die Kinder mit Zeug, Perlen, Messern oder Salz beschenkt, um sie in die katholische Schule zu bekommen, ja man hat von unseren Lehrern verlangt, daß sie von dem Platz weggingen, auf den wir sie gestellt haben. Es ist ein Jammer, wie unter diesem Streit die Würde und Reinheit des Missionsdienstes nicht nur in den Augen der Beamten, sondern vor allem der Eingeborenen leiden, die früher von uns so erzogen waren, daß ihnen der Unterschied der beiden Konfessionen nur als Unterschied, nicht als Gegensatz bewußt war, und die es bisher nicht gewohnt waren, daß Europäer konkurrierend um ihre Gunst, nun gar mit Geschenken, sich bewarben.»[16] (Siehe auch Kapitel «Konkurrenzkampf von Seelen».)

Die Hoffnung war natürlich, daß diejenigen, die in einer Missionsschule lernten, nach einiger Zeit auch für die Taufe in der betreffenden Konfession gewonnen werden könnten. Die Anmeldung zur Schule bedeutete fast immer auch die Verpflichtung, am sonntäglichen Gottesdienst teilzunehmen. Wer die Schulen habe, dem gehöre Afrika, schrieb Pater Dubois in einem 1932 in Rom erschienenen Handbuch für katholische Missionare.[17]

Kardinal Lavigerie hatte für die katholische Afrikamission der Weißen Väter zwar gesagt, sie sollte aus den Kindern keine Europäer machen, sondern die einheimischen Bräuche berücksichtigen, sofern diese nicht gegen christliche Regeln verstießen – aber just das taten doch nach Meinung der Missionare so viele!

Der Kinderraub war nicht der einzige Großangriff auf die Sozialordnung und Familienstruktur der Unterworfenen; die Missionare griffen ja auch, wie schon gezeigt und noch weiter zu schildern, viele andere Aspekte der einheimischen Kultur frontal und erfolgreich an und ruinierten sie, wo sie konnten, ohne etwas Gleichwertiges dafür schaffen zu können.

Kinder, Schule, Erziehung aus dem Zusammenhang der einheimischen Gesellschaft zu lösen, Familien zu sprengen durch Prägung der Kinder in einem Sinn, der sie zu Feinden ihrer Eltern und Verwandten machen mußte, zu Hilfstruppen der Kolonialisierung (die Kolonialbehörden wußten schon, warum sie Missionsschulen subventionierten; gelegentlich beschafften sie sogar die Kinder, um die Schulen zu füllen[18]) – das führte zu schweren moralischen Störungen, zur Destabilisierung ganzer Gesellschaften. Sie trat in vielen Gegenden auch ein, besonders auf den kleineren pazifischen Inseln, aber auch in Afrika und Lateinamerika, selbst dort, wo sich die Missionen ausschließlich kraft Überzeugungsvermögen und echter Aufnahmebereitschaft der Einheimischen durchsetzten, was es ja auch gab. Im portugiesischen Brasilien hatten die Jesuiten bei der Bearbeitung der Jugend einen Erfolg, der uns heute unheimlich vorkommt. Die zu

Christen gemachten Kinder wurden um des Glaubens der mächtigen Weißen willen von den Indianern respektiert, manchmal regelrecht verehrt, weil sie glaubten, in den Kindern wohne nun eine Gottheit. Diese Kinder wurden entsprechend arrogant – und 1559 berichtete ein Jesuit an seinen General, fromme Jugendliche kämen, um die Fehltritte ihrer Eltern den Kirchenmännern zu melden, besonders Rückfälle in die Bräuche der Väter.[19] Im Abschnitt «Christliche Prügel» haben Sie schon gelesen, was das für die Eltern bedeuten konnte. Das ist eine ebenso groteske wie fürchterliche Episode. Doch für unser Thema ist noch interessanter, was sich Anfang unseres Jahrhunderts in Peru ereignete.

Ein gebildeter Indianer, Manuel Zúñiga Camacho vom Stamm der Aymara, eröffnete 1904 im Distrikt Puno am Titicacasee eine nicht-konfessionelle Schule. Prompt schickte der katholische Bischof von Puno Mönche, die den Indianern von dieser Schule abrieten. Da wurde sogar gepredigt, Gott habe nie beabsichtigt, sie zur Schule gehen und etwas lernen zu lassen. Sollten sie doch zur Schule gehen, würden ihre Ernten vernichtet, ihre Schafe durch Krankheiten umkommen.[20] Zúñiga mußte aufgeben. Er erhielt aber etwas später Unterstützung von den Adventisten und eröffnete 1909 die Schule von neuem. Sie bekam Schüler und Resonanz, sie wuchs; 1913 war ein neues Gebäude fertig, dazu eine Apotheke und eine Missionsstation, es gab ausgebildete indianische Helfer.

Da erschien Bischof Valentín Ampuero von Puno mit einigen hundert katholischen Indianern: Die Gebäude wurden gestürmt und zerstört, Manuel Zúñiga wurde verprügelt und dann mit sieben anderen Indianern eingesperrt. Solche Macht hatte der Bischof. Aber die Gerichte sprachen Zúñiga in allen Instanzen frei. Vielleicht hat Papst Johannes Paul II., als er in Phoenix sagte, nicht alle Christen seien ihrer Verantwortung gerecht geworden, auch diese Art katholischen Verständnisses für Erziehung gemeint.

Die quasi zwangsweise Bekehrung von Völkern durch Isolierung und/
oder Entwurzelung ihrer Kinder würde, wo sie gelang, vielleicht
weniger schwerwiegende Folgen gehabt haben, wenn nun tatsächlich
aus den missionarischen Bemühungen eine tüchtige, ausgebildete und
unter modernen Bedingungen handlungsfähige christliche Elite hervorgegangen wäre. Aber das konnte sie schon deswegen nicht, weil es
ein solches Ziel nicht gab. Ob in «Internaten» oder offenen Schulen –
nicht eine Elite war angestrebt, sondern eine fromme Schicht, der
Kirche (vertreten durch den Missionar) gehorsam und den Weißen
folgsam. Und diese Schicht sollte zunächst einmal zu etwas erzogen
werden, wozu sie naturgemäß weder Lust hatte noch irgendeine
natürliche oder gar von Gott gesetzte Veranlassung: zur Arbeit für die
Weißen, auch noch möglichst schlecht oder überhaupt nicht bezahlter. Diesem Ziel dienten die Missionsschulen ebenfalls. Wir brauchen
nicht lange zu rätseln, ob sie neben einem solchen «Lehrplan» noch
Zeit hatten, eine Elite heranzubilden. Fast überall war die Antwort
ein klares Nein.

Diese Erziehung war nicht etwa eine ungewollte, nur zur Erhaltung
von Missionsstationen erforderliche Begleiterscheinung. Dazu können wir eine gewichtige Stimme aus dem katholischen Lager anhören.
In seinem Buch «Die katholischen Missionen in den deutschen
Schutzgebieten», herausgegeben und «Sr. Majestät dem Deutschen
Kaiser zum 25jährigen Regierungsjubiläum dargeboten vom Internationalen Institut für missionswissenschaftliche Forschung», versicherte der Professor der Missionswissenschaft, Dr. J. Schmidlin,
1913: «Einen unschätzbaren Kolonialwert schließt die von den Missionen unternommene und mit Erfolg durchgeführte Erziehung der
Eingeborenen zur Arbeit ein... speziell durch die landwirtschaftlichen und Handwerksschulen der Mission.» [21]

Der Satz hätte auch aus jedem anderen Kolonialgebiet stammen
können. Die Kolonialregierungen bauten sehr darauf, daß die Missionen die Unterworfenen nicht nur zum Gehorsam gegenüber den Weißen erziehen würden, sondern auch zur Arbeit für sie. In einer Betrachtung des britischen Systems schrieb Professor H. T. Becker 1939:

«Allgemein hält man es für notwendig und unbedenklich, die primitive, unzweckmäßige, wenig leistungsfähige Form der eingeborenen Wirtschaft und Arbeit auf der ganzen Linie zu ersetzen durch die intensiveren rationalen Arbeits- und Wirtschaftsmethoden des weißen Mannes. Als Konsequenz ergeben sich daraus, insbesondere in den Gebieten der Landwirtschaft, des Handwerks und Gewerbes und der häuslichen Wirtschaft, die wichtigen kolonialpädagogischen Aufgaben einer praktischen Arbeitserziehung, die die Eingeborenen vertraut macht mit den modernen technischen Hilfsmitteln, die ihnen vor allem aber die von der ihrigen so völlig abweichende europäische Arbeits- und Wirtschaftsgesinnung einpflanzt, womit denn freilich schon ein sehr tiefer Eingriff in den geistig-seelischen Habitus der Eingeborenen erfolgt.»[22]

Aus der deutschen Kolonie Togo berichtete das Blatt «Kolonie und Heimat», Organ des Frauenbundes der Deutschen Kolonialgesellschaft, am 15. August 1909: «Eine Missionsgesellschaft hatte beantragt, die Mittel für Schulbeihilfen zu erhöhen. Der Antrag wurde aber abgelehnt, nachdem der Vorsitzende des Gouvernementsrats, Gouverneur Graf v. Zech..., es als wichtiger bezeichnet hatte, wenn die große Masse der Farbigen der Kolonie zu systematischer Arbeit erzogen würden, als wenn eine allgemeine Halbbildung in der deutschen Sprache verbreitet würde. Aus diesem Grunde ist in diesem Jahr für Missionsschulen, die ihre Schüler neben dem Unterricht zur Feldarbeit anhalten, die Summe von 5000 M. [Mark] ausgeworfen worden, die im nächsten Jahr eine Erhöhung erfahren soll zur Unterstützung für diejenigen Schulen, die ihre Schüler zu nützlichen Handwerkern erziehen.» In Togo bestanden zu Ende deutscher Herrschaft 1913 352 Grundschulen, nur zwei davon staatlich. Träger der anderen waren drei Missionen: Norddeutsche, Wesleyaner und Steyler, alle im Süden und im Zentrum des Landes, fast nur bei den Ewe, die nicht einmal die Hälfte der Bevölkerung stellen.

«Kolonie und Heimat» ist in einem Artikel über «Die christliche Mission in Deutsch-Ostafrika» vom 13. März 1910 Weiteres zum Thema «Arbeit» zu entnehmen: «Soweit die Bekehrung der Eingeborenen zum Christentum in Frage kommt, ist die Aufgabe der Missionen in Ostafrika nicht leicht... Man sucht den Schwarzen die kulturelle Überlegenheit der weißen Rasse und damit ihrer religiösen Lehren verständlich zu machen, indem man sie durch praktische Schulung an ein sittlich höheres und tätigeres Leben zu gewöhnen beginnt und ihnen allerlei für sie selbst nützliche Handfertigkeiten beibringt. Dies ist auch ganz richtig. Das Ora et Labora – bete und arbeite – paßt wohl für ein kulturell hochstehendes Volk, für die Schwarzen ist die umgekehrte Reihenfolge besser: Arbeite und bete. Erst, wenn die Neger die Überlegenheit unserer Kultur der Arbeit und ihre Segnungen begriffen und sich in diese etwas eingelebt haben, werden sie auch die Lehren des Christentums allmählich begreifen... Wichtig ist namentlich, daß die Missionen jederzeit den Schwarzen gegenüber das Ansehen der weißen Rasse hochhalten und die Wichtigkeit und Notwendigkeit aller Maßnahmen betonen, die auf die Nutzbarmachung des Landes unter Mitarbeit der Eingeborenen hinzielen und die letzten Endes auch zum Besten der Schwarzen selbst dienen.»

Chinweizu, eine prominente Stimme unter den afrikanischen Schriftstellern, sagt in seinem wichtigen Buch «The West and the Rest of us»: «Wenn die afrikanischen Helfer des Empires fügsame und treue Diener sein sollten, mußten ihre Bindungen an Afrika unterminiert werden. Ihnen mußte totale Bewunderung Europas eingeflößt werden. Neben den technischen Fertigkeiten, die sie brauchten, um ihre praktischen Pflichten gegen ihre Arbeitgeber zu erfüllen, wurden ihnen christliche Werte von einer unterwürfig machenden Art beigebracht. Den Weißen zu gehorchen, ohne zu fragen, wurde als kardinale Tugend hingestellt.» [23] Die Aussage gilt für die gesamte koloniale Welt und alle «Kolonisatoren».

Ganz abgesehen von der (im Gegensatz zur verbreiteten Meinung) mangelhaften Substanz des in Missionsschulen Gelehrten, das nach und nach die Regierungen zum Eingreifen zwang und in einigen Gebieten zum Aufbau eines qualifizierteren staatlichen Schulsystems – die Missionare brauchten ja nun nicht nur afrikanische Helfer für ihre eigene Arbeit, sondern schließlich doch auch einheimische Priester, die eine räumliche Ausdehnung des jeweiligen konfessionellen Bereichs ermöglichen sollten. Die konnte man nicht nur in den simplen Grundlagenschulen ausbilden. Außerdem hatte sich gezeigt, daß in

Afrika die einheimischen Eliten nach gewisser Zeit durchaus begierig waren, ihren Kindern durch Schulbesuch bei den Weißen Zugang zu deren Welt und Aussichten auf Verbesserung ihrer Lebensumstände zu verschaffen. Dafür reichte das Niveau der ursprünglichen Missionsschule nicht lange.

So entstanden auch Schulen der nächsthöheren Stufe – man scheut sich freilich, sie Oberschulen und Gymnasien nach unserem Muster zu nennen, denn deren Qualität erreichten sie nur ganz selten. Diese wurden von den Briten mehr gefördert als von den meisten anderen Kolonialmächten; dem britischen System war der Gedanke nicht so fremd, die Verwaltung von Kolonien könne auch in einheimische Hände gelegt werden. Dazu bedurfte es besserer Bildung. Auch hier bemühten sich Katholiken und Protestanten, besonders in den britischen Gebieten, einander auszustechen – freilich nicht in der Qualität, sondern mit rechtzeitiger Installation, um sich neue Missionierungsgelegenheiten zu eröffnen. Nur dort, wo es wirklich nicht zu umgehen war, wohlgemerkt, denn vor dem Gedanken, Afrikanern höhere, gar schließlich akademische Bildung zu eröffnen, schreckten die meisten Missionen zurück. Ebenso wie die weißen Siedler – nicht immer die Verwaltungen – befürchteten sie, das werde bei den Afrikanern unerwünschte politische Forderungen auslösen. Ihre Erziehungsmethode hatte ja schon eine Anzahl «schwarze Briten, schwarze Franzosen, Deutsche usw., usw.» hervorgebracht, die den Besatzern weitgehend angepaßt waren. Die erwarteten nun Anerkennung, Besserstellung, größere Rechte. Das hielten die Weißen, Missionare inklusive, für frech und unverschämt.[24] Jedenfalls waren die Missionare «mehr daran interessiert, eine christliche Bauernschaft ins Leben zu rufen als eine neue Elite».[25] In den siebziger Jahren des 19. Jahrhunderts verlangten einige trotz allem gebildete Westafrikaner, die ihrer Zeit weit voraus waren, von der britischen Regierung die Errichtung einer Universität. Ihre Forderung erregte solches Aufsehen, daß die Christian Missionary Society fürchtete, London könne nachgeben und eine weltliche Universität gründen. So bot sie 1874 lieber an, in ihrem Theologischen Seminar am Fourah Bay College in Sierra Leone afrikanische Studenten für «weltliche» Fächer aufzunehmen. Das war ein Fortschritt; die Studenten konnten geisteswissenschaftliche Diplome der nordenglischen Universität Durham erwerben. Aber die Gründung einer Universität (einer!) in und für Britisch-Westafrika war damit erfolgreich torpediert.

Die Bildung, die in den wenigen höheren Schulen verabreicht wurde, basierte wieder gänzlich auf europäischen Traditionen und Wertvorstellungen. Daß Afrikaner im Kolonialgebiet Frankreichs französische Heldenfiguren als ihre eigenen eingetrichtert bekamen und die Schüler im britischen britische, schien damals den Lehrmeistern nicht als ein so schlechter Witz vorzukommen wie heute uns. Hingegen wurden große Afrikaner, die es auch gab, und von denen sich manche im Widerstand gegen die Besetzung durch die Europäer hervorgetan hatten, wenn überhaupt erwähnt, «als Wilde und korrupte Behinderer der zivilisierenden europäischen Einflüsse geschildert»[26]. Unbestreitbar ist, daß die Afrikaner in diesem Schulmilieu «in den Werten der imperialistischen Eindringlinge in ihren Kontinent» unterrichtet wurden.[27] Moorhouse erzählt von einem Reisenden, der 1922 viele Missionsschulen im britischen Afrika besuchte. Meist wurden die Klassen aufgefordert, ein Lied ihrer Wahl zu singen. «Die Wahrscheinlichkeit war groß, daß wir ‹The British Grenadiers› zu hören bekommen würden. Afrikanische Gesänge kannten sie nicht. Und wenn wir manchmal nach Geschichte fragten, erfuhren wir bald, was im Jahr 1066 [Landung des Normannen Wilhelm der Eroberer in England] passiert war, aber aus ihrer eigenen Geschichte – nichts.»[28]

Auch diesen Schulen hatten ja Missionen und Behörden, die eng zusammenarbeiteten, das Ziel gesetzt, Afrikaner, Indianer usw. nicht zu einer selbstbewußten Elite heranzuziehen, sondern zu einer den Kolonisatoren ergebenen. Paradoxerweise brachte aber die eine oder andere europäische Heldengeschichte, wenn es sich um Freiheitskämpfe handelte, bei dem einen oder dem anderen Schüler doch die so unerwünschte Gedankenkette ins Rollen. Wahrscheinlich war das ein Grund, warum die 7-Tage-Adventisten lange Zeit höhere Bildung für Farbige überhaupt ablehnten, besonders höhere Schulen und Universitäten. «Ich kenne viele Fälle, in denen Afrikaner von der Kirche verurteilt wurden, weil sie versuchten, akademische Ausbildung zu erhalten. In manchen Fällen verloren die Afrikaner, die der

Kirche in diesen Dingen trotzten, ihre Lehrerposten oder andere Stellungen», erzählte Tom Mboya[29], einer der ersten nationalen Führer Kenias und Minister in der ersten unabhängigen Regierung.

Insgesamt gab es viel zu wenige höhere Schulen, um einen bedeutenden Ausbildungseffekt zu erzielen oder gar ausreichende Eliten für die Selbständigkeit heranzubilden. Was sie lehrten, hatte wenig mit den sozialen und materiellen Notwendigkeiten der kolonisierten Länder zu tun. Es entsprach eben der französischen und der britischen (um die beiden größten Kolonialgebiete zu nennen) Vorstellung von einer «Zivilisation mit einer literarisch-philosophischen Kultur ohne konkreten Bezug»[30]. Dies trug abermals dazu bei, «authentische afrikanische Erfahrung und Tradition zu entwerten». Oder pazifische.

Gegen Ende der Kolonialzeit drängten die Missionen schließlich doch die Kolonialregierungen, die Afrikaner auf Selbstverwaltung und Unabhängigkeit vorzubereiten. Ihre eigenen Zöglinge für die Aufgaben in eigenständigen einheimischen Kirchen zu rüsten, versäumten sie. Sie hatten offensichtlich keine große Lust, eigene Nachfolger, eben afrikanische Missionare und Kirchen, heranzuziehen, trotz aller Lippenbekenntnisse und spärlichen Ausnahmen; darauf gehe ich noch im Kapitel «Fromme Legenden» näher ein. Bis Ende der siebziger Jahre des 19. Jahrhunderts hatten die fünf wichtigsten Missionen im heutigen Nigeria ein einziges Institut, in dem afrikanische Katechisten, Lehrer und Priester ausgebildet werden konnten. Nicht aus Geldmangel – zu gute Ausbildung für Afrikaner galt eben als zu gefährlich!

Universitäten unerwünscht

Ein typisches Kapitel sind die langen, beharrlichen, lange vergeblichen Bemühungen der Kikuyu in Kenia. Sie beschwerten sich seit etwa 1920 mehr und mehr, daß die ihnen zugedachte Missionsbildung zu sehr auf handarbeitliche Fähigkeiten und auf «Charakterbildung» abzielte anstatt auf eine Fortbildung, die ihnen auch den Weg in die Universitäten und den Anschluß an die «Moderne» öffnen

würde. «Charakterbildung» unterstellte, der Charakter der Unterdrückten sei notwendigerweise schlechter als der der Unterdrücker –
die krasse Ausplünderung des Landes durch britische Siedler und
deren Selbstbedienung auf Kosten der einheimischen Afrikaner, das
Unvermögen der Siedler, den Einheimischen gerecht zu werden,
sprechen eher für das Gegenteil. Außerdem war leicht zu sehen, daß
die missionarische Ausbildung die Afrikaner für alle Zeiten zu Min-
derwertigen machen würde. Die Siedler wollten es ja auch so.

Im Jahre 1929 verlangte Jomo Kenyatta, der spätere erste Präsident
des (ab 1963) unabhängigen Kenia, Hochschulen für die Kikuyu. Es
wurde abgelehnt. Die Kikuyu hatten schon vorher Schulen mit einem
auf ihre Bedürfnisse besser abgestellten Lehrplan gefordert. Es war
abgelehnt worden. Aber seit 1925 bestanden «Native Councils»,
«Eingeborenenräte», die zwar nur wenig Rechte hatten, doch immerhin ermächtigt waren, von ihren Landsleuten Steuern für Schulen zu
erheben. 1927 hatten sämtliche Räte im Gebiet der Kikuyu zusätzliche Mittel für Schulen beschlossen – aber nur für nichtkonfessionelle
Regierungsschulen. Die Behörden unternahmen sogleich alles in ihrer
Macht Stehende, um die Afrikaner zu überreden, das Geld doch den
Missionsschulen zu geben. Die Kikuyu wiesen das zurück. Die Missionare sprachen von einem heidnischen Komplott, aber drei Viertel
der Ratsmitglieder waren Christen.[31]

Die Regel der britischen Behörden war freilich, staatliche Schulen
nur dort einzurichten, wo es keine der Missionen gab, und im Gebiet
der protestierenden Kikuyu gab es besonders viele. Die Missionen
erwarteten, daß die Regierung auf ihrer Seite bleiben würde. Das tat
sie auch, obwohl immer mehr Distriktkommissare zu zweifeln begannen, ob es weise war, die Schulen für Afrikaner so weitgehend den
Missionen zu überlassen. Im Jahr 1930 appellierte der britische
Provinzkommissar des Kikuyu-Gebietes an seine Regierung, den
Forderungen der Afrikaner nachzugeben – aber nun war es zu spät:
1929 hatten die Kikuyu mit den inzwischen angesammelten Fonds
ihre ersten, eigenen, unabhängigen Schulen gegründet – Kirchen
gleich dazu – und auch gleich eine Ausbildungsanstalt für Lehrer. Das
neue, rasch auf Kosten der Missionsschulen wachsende eigenständige
Schulwesen berief sich ausdrücklich auf die Kikuyu-Kultur. Kein

Wunder, daß Kenias führende Unabhängigkeitskämpfer mehr aus diesem Schulsystem kamen als aus dem der Missionen.

Die Regierung reagierte, angestachelt von den weißen Siedlern und ermuntert von den Missionen, immer schärfer und hätte Ende der dreißiger Jahre auch beinahe geschafft, der afrikanischen Schule das Lebenslicht auszublasen. Der Hauptträgerverein, die «nationalistische» Kikuyu Central Association, wurde 1940 verboten. 1952 begann der Unabhängigkeitskrieg der Kikuyu, in Europa als «Mau-Mau-Rebellion» bezeichnet und verteufelt.

Die größte Mission in Kenia, die Church Missionary Society, hatte frühzeitig aufgehört, an ihren Schulen allgemein Englisch zu unterrichten, außer in den obersten Stufen. Hauptsächlich unterrichtete sie in Suaheli, im Inneren des Landes in regionaleren Sprachen. Die Afrikaner aber hatten schon bald nach der Jahrhundertwende Englischunterricht verlangt, in der richtigen Annahme, daß anders für ihre Kinder kein Aufstieg möglich sei. Die unabhängigen afrikanischen Schulen in Zentralkenia boten nun sofort Englisch auch in den unteren Stufen an. Erst als die CMS viele Schüler an die «Independents» verloren hatte, bequemten sich ihre Verantwortlichen, die Sprachenfrage neu zu überdenken.

Die Frage, welche und in welchen Sprachen eigentlich gelehrt werden sollte, war für alle Missionen in den meisten Gebieten problematisch und wurde unterschiedlich beantwortet. Die Verwaltungen befürworteten überall ihre jeweilige Nationalsprache. In Deutsch-Ostafrika hingegen setzte der Gouverneur durch, daß in den Missionsschulen auch in Suaheli unterrichtet wurde; diese trösteten sich damit, so könne der Ausbreitung des Islam entgegengewirkt werden.[32] Besonders die katholischen Missionen lehnten europäische Sprachen lange ab. Sie meinten, sicher aus Erfahrung, daß in der Sprache des Besatzers Bewanderte sich lieber für bessere Bezahlung in den Städten bei den Europäern verdingen würden, als auf Missionsstationen für denkbar kläglichen Lohn zu bleiben. Der Unterricht in heimatlichen Sprachen trug nicht so sehr dazu bei, die Kinder von ihrem Milieu zu entfremden und hatte dementsprechend anfangs mehr Zulauf in den Dörfern. Das extremste Beispiel der Isolierung vollbrachten die Missionare der London Missionary Society 1821 auf Tahiti. Sie ließen nach dem Tode des Königs Pomare dessen vierjährigen Sohn zum Nachfolger ausrufen, brachten ihn aber in eine Missionsschule außer Landes, wo er ausschließlich in Englisch unterrichtet wurde – als er nach drei Jahren als krankes Kind zurückgebracht wurde, verstand er sein eigenes Volk nicht mehr. Bald danach starb er.

Als die katholischen Missionen zur jeweiligen Besatzersprache übergingen, stachen sie die protestantischen oft aus, weil diese länger daran festhielten, in einheimischen Sprachen zu unterrichten; den Katholiken verschaffte in vielen Gegenden ihr Französisch-, Englisch- oder Deutschunterricht größeren Zulauf – vor allem dort, wo afrikanische Oberschichten für ihre Kinder eine bessere Ausbildung wünschten, aber durchaus auch in Dorfschulen. In den französischen Gebieten fand bald auf Anordnung der Regierung der Grundschulunterricht überall in Französisch statt, was freilich wiederum dazu führte, daß nur ein Drittel der Kinder den Abschluß schaffte. Mitte der fünfziger Jahre kehrten die Katholiken noch einmal zur Bevorzugung einheimischer Sprachen zurück.

Nur keine Eliten!

Die Gesamtbilanz ist jedenfalls, was immer zum Lob der Missionsschulen vorgebracht wurde, alles andere als ein Ruhmesblatt. Die Missionen verweisen gern darauf, die Männer, die nach dem Zweiten Weltkrieg die Länder Schwarzafrikas zur Unabhängigkeit führten, seien von ihnen erzogen worden. Aber sich damit zu brüsten ist eher peinlich; das Beispiel Kenia zeigt es. Zu oft wird übrigens vergessen, daß Europa viele Kolonien nicht einfach besetzen konnte, sondern regelrecht erobern mußte, manchmal trotz seiner ungeheuren Waffenüberlegenheit unter großen eigenen Blutopfern, und daß das Widerstand leistende Afrika zahlreiche herausragende Führer hatte. Das traditionelle System hat bedeutende Persönlichkeiten hervorgebracht, auch später. Unabhängigkeitsbestrebungen existierten die gesamte Kolonialzeit hindurch.

Das Desaster des europäischen Schul- und Erziehungssystems in

Afrika und anderen kolonisierten Ländern ist weitgehend auf das Schulwesen der Missionen zurückzuführen. Das Ausmaß der Katastrophe hat sich, wie zu Beginn dieses Kapitels gesagt und nicht anders zu erwarten, bei und nach der Entkolonialisierung gezeigt. Dieses System produzierte Unzahlen arbeitsloser Schulabgänger mit nutzloser europäischer Bildung und zu winzige Führungsschichten, die mit den Problemen ihrer Länder schon deswegen nicht fertig wurden, weil nichts in ihrer Ausbildung sie darauf vorbereitet hatte. Sie verdankten ihr, daß sie den Zusammenhang mit ihrer eigenen Welt weitgehend verloren hatten.

Den Schuldanteil der christlichen Erzieher haben schließlich auch Angehörige der Missionen direkt oder indirekt zugegeben. Moorhouse zufolge erklärte Ende der zwanziger Jahre ein hohes Mitglied der Church Missionary Society in London: «Vom Gesichtspunkt der Erziehung für weltliche Dinge sind Hunderte von unseren Schulen praktisch nutzlos.»[33] Damals gab es in Britisch-Afrika ingesamt 6000 Missions- und nur hundert Regierungsschulen. Im belgischen Kongo war das Verhältnis ähnlich. Nur Frankreich hatte in seinen Kolonien einen wesentlich höheren Anteil an Regierungsschulen.

Noch im Mai 1961 waren mehr als zwei Drittel aller afrikanischen Schulkinder überhaupt in Missionsschulen; davon wurden etwas mehr als die Hälfte von katholischen Missionen betrieben. In anderen Gebieten war der Prozentsatz zu deren Unglück noch höher. Als 1961 die Unabhängigkeit Papua-Neuguineas zur Debatte stand – sie kam erst vierzehn Jahre später –, wurde viel darüber geredet, ob das Land denn ausreichend vorbereitet sei, ob es über eine qualifizierte Elite verfüge. Der Stand war: Von rund zwei Millionen Einwohnern des von Australien verwalteten UNO-Mandatsgebietes Neuguinea und des als australische Kolonie betrachteten Papua-Guinea befanden sich etwa 15 000 in staatlichen Grundschulen, etwa 1400 in den nächsthöheren. Das Schulwesen lag jedoch überwiegend in den Händen der Missionen. Deren Schulen wurden von der Regierung nur bezuschußt und registriert, wenn sie einem Mindeststandard genügten. Von den rund 150 000 Kindern in Missionsschulen waren nicht weniger als 110 000 in nicht anerkannten, also in Schulen eines zu dürftigen Niveaus. F. J. West, der darüber in «Foreign Affairs» vom

April 1961[34] referierte, hielt für «ganz klar, daß Erziehung eines tragbaren Standards nur einen sehr kleinen Teil der Bevölkerung erreicht, und auf dem Niveau der Oberschule sind die Zahlen winzig. Die größte Gruppe relativ ausgebildeter Leute sind die Lehrer, etwa 5500, davon vielleicht tausend in Regierungs- oder registrierten Schulen, gefolgt von 1500 medizinischen und zahnärztlichen Assistenten... Niemand hat bisher ein Universitätsdiplom. Eine ‹gebildete› Schicht von ein paar Tausend ist nicht gerade viel Sauerteig in einer Bevölkerung von fast zwei Millionen, besonders wenn ihr Bildungsniveau im allgemeinen deutlich unter dem liegt, was in Australien beim Eintritt in die Universität verlangt wird.»

Da ist nichts von jener Eliteschulung zu merken, die Peter Hempenstall[35] allen großen im pazifischen Raum tätigen Missionsgesellschaften zuschreibt, auch den Wesleyanern in Neuguinea. Hingegen versteht man schon besser den Seufzer des Berliner Missionschronisten Professor Julius Richter über die Arbeit dieser Mission im ostafrikanischen Njassaland, kurz vor dem Ersten Weltkrieg, in dem die Kolonie den Deutschen verlorenging: «So erfreulich es sich anhört, daß in 100 Schulen rund 6000 Kinder gesammelt seien [Bericht des Missionsinspektors Axenfeld über seine Reise dorthin 1912/13], so betrübend dürftig ist die Ausstattung der Mehrzahl dieser Schulen, und so bescheiden ist auch noch die unterrichtliche Tüchtigkeit vieler eingeborener Lehrer.»[36] Für deren Niveau waren natürlich die Missionare verantwortlich, die sie eingesetzt hatten und beaufsichtigten.

Als ihnen in Südafrika, wo sich der Kolonialismus unter dem Zeichen der Apartheid am längsten hielt, der Staat das Schulwesen aus der Hand nahm, um es noch gezielter zur dauernden Unterdrückung der Afrikaner nutzen zu können, protestierten einige der Missionen. Aber es war nur die logische Fortführung und Zuspitzung eines Schulsystems, das sie aufgebaut und lange praktiziert hatten.

Das Schulniveau im belgischen Kongogebiet schilderte ein durchaus kolonialismusfreundlicher Belgier so: «Im ganzen Kongo ist der Unterricht fast ausschließlich in der Hand der Missionare. Ich glaube nicht, daß dieser Unterricht immer ist, was er sein sollte. Ich habe viele Schulen für Schwarze besucht und oft feststellen können, daß die Schüler, mit Ausnahme von ein oder zwei Musterschülern, fast nichts wußten und sich begnügten – die intelligentesten von ihnen – mechanisch und ohne viel zu verstehen die Lektion zu wiederholen, die ihnen lange eingetrichtert worden war.»[37] Dort ging das kirchliche Unterrichtsmonopol spät zu Ende: Erst 1948 wurden in der Kolonie staatliche Schulen für die Weißen eingeführt, 1954 auch für die Afrikaner (sechs Jahre später wurde der Kongo unabhängig). Auf das katastrophale Ergebnis dort und in Ruanda-Burundi, beides frühere deutsche Gebiete, die Belgien seit 1919 unter Völkerbundmandat «verwaltete», meinten die belgischen Bischöfe 1954 noch sehr stolz sein zu können. Der ständige Ausschuß der Bischofskonferenz erklärte am 25. Juli unter anderem, «die Bischöfe des belgischen Kongo und Ruanda-Burundis werden nicht zögern, die notwendigen Mittel anzuwenden, um das christliche Schulwesen und *die höchsten Interessen der Bevölkerung des belgischen Afrikas* wirksam zu verteidigen»[38].

Was Portugiesisch-Afrika anbelangt – wie sollte ein fast ausschließlich in den Händen der katholischen Kirche liegendes Schulwesen Positives bewirken, das – wie Duffy[39] sagt – «durch das vielleicht unbewußte Gefühl gekennzeichnet war, Erziehung für die Masse der Bevölkerung beinhalte eine Bedrohung der portugiesischen Interessen, und durch die Unfähigkeit von Kirche und Staat, ein Erziehungssystem für mehr als einen kleinen Prozentsatz der Bewohner von Angola und Mosambik zu schaffen.»

1967 stellte der Londoner «Economist» in einer großen Untersuchung des Schulwesens in Afrika fest: «Eine Erziehung mit dem Wachstum und dem Gemeinschaftsleben in armen Ländern zu verzahnen bedeutet, europäische Konzepte auszurotten, die so alt sind wie die Jesuiten und die Gegenreformation und fast überall immer noch die Erziehung bestimmen. Da geht es um mehr, als lateinische Grammatik aufzugeben oder die Ruhmestaten Drakes und Ludwigs XIV. zu vergessen. Es bedeutet, Menschen beizubringen, was sie wirklich wissen wollen, statt das, was Paternalisten glauben, es sei für sie gut, und Schulen aus Lerntempeln in Gemeindezentren zu verwandeln.»

Genau das hatten die Missionare vor vielen Jahren, als es das schon einmal gab, zerstören wollen, mit zu viel Erfolg.

Werber in Weiß: Die Missionsärzte

Die «Dritte Welt» verdankt den Missionaren, wie deren Chronisten sagen und unsereiner geradezu blind glaubt, den Anstoß zu westlicher Medizin und damit die Befreiung von vielen Leiden, die Indianer, Afrikaner und Asiaten heimgesucht hatten. Man denke nur an Albert Schweitzer als Urwaldarzt.

Bevor wir aber einräumen, daß es stimmt, stimmen könnte, muß eine wichtige Einschränkung gemacht werden. Zunächst einmal haben die europäischen Eroberer ihren Kolonien nicht etwa ein Gesundheitswesen gebracht, sei es kirchlich, staatlich oder privat, sondern Krankheit und Tod. Tod nicht nur wegen der vielen Opfer, die das gewaltsame Eindringen, die Eroberung, der Sklavenhandel und die gewaltsame Verteidigung der kolonialen Ordnung forderten, von der Wende des 15. zum 16. Jahrhundert in Lateinamerika bis weit ins 20. Jahrhundert in Afrika und Asien. Sondern Tod auch als Folge von Krankheiten, die die Eroberer mitbrachten und die bei den unterworfenen Völkern bis dahin unbekannt gewesen waren. Der Organismus der «Eingeborenen» hatte keine Schutzmechanismen gegen diese Krankheiten, so daß sie viel zerstörerischer wirkten als in Europa, dessen Völker schon Immunität entwickelt hatten. «Draußen herrschen die meisten Krankheiten, die wir in Europa haben, und manche, die häßlichen, die wir dorthin getragen haben, schaffen dort womöglich noch mehr Elend als bei uns», schrieb Albert Schweitzer, der sich 1913 als Arzt der Pariser Missionsgesellschaft in Lambarene (Gabun) niedergelassen hatte, später über seine ersten viereinhalb Jahre dort.[1]

Schon im 16. Jahrhundert wurden die Indianer durch die von den Europäern eingeschleppten Blattern, Dysenterie, Katarrh und Syphilis dezimiert.[2] Man vermutet zwar, daß Matrosen der Kolumbus-Expedition die Syphilis aus Westindien mitbrachten, aber man weiß nichts Genaues; bei den Indianervölkern Lateinamerikas war sie unbekannt. Als die europäischen Eroberer Afrika durchdrangen und dort für eine bis dahin nicht vorhandene Mobilität sorgten – die von ihnen gepreßten afrikanischen Trägerkolonnen legten immer größere

Entfernungen zurück –, da sorgten sie auch dafür, daß sich gefährliche Krankheiten ausdehnten, die bis dahin auf kleinem Raum beschränkt waren, ganz abgesehen davon, daß die Eroberer auch wieder ihre eigenen mitgebracht hatten, besonders Geschlechtskrankheiten. Ein solches «Zivilisationsgeschenk» von besonderem Verhängnis war die Schlafkrankheit, die sich entlang der neuen Handelswege ausbreitete. Später galt dann als besonderer Triumph europäischer Tropenmedizin, Mittel zur Bekämpfung dieser und anderer durch europäische «Zivilisation» erst ausgebreiteter Krankheiten entwickelt zu haben. (Deutsche denken sogleich an Robert Koch, der sich besondere Verdienste um die Erforschung und Bekämpfung der Cholera, der Schlafkrankheit und der Malaria erworben hat und 1905 den Nobelpreis für Medizin erhielt.)

Besonders verheerend wirkten sich die von den Europäern eingeschleppten Krankheiten nicht nur in Westindien und Lateinamerika aus, wo sie zum rasanten Rückgang der Bevölkerung wesentlich beitrugen (neben den Vernichtungsmethoden der iberischen Besatzer), sondern auch in der pazifischen Inselwelt. Auf der Hawaii-Gruppe starben 1841 100000 Menschen an Pocken, und danach gab es noch mehrere Pockenepidemien. 1898 starb ein Viertel der verbliebenen Bevölkerung an Masern. Die gefährlichste Krankheit war hier freilich, wie auf vielen Inseln der pazifischen Welt, die damals noch unheilbare Syphilis.

Auf der Cook-Insel Rarotonga vernichtete 1830 Typhus ein Siebtel der Bevölkerung. 1838, 1840 und 1843 wütete die Ruhr, Keuchhusten kam 1845, Mumps 1850, Grippe 1851, Masern 1854 und 1857, jeweils mit erheblichen Todesopfern. Das Schiff der melanesischen Mission, «Southern Cross», das die Salomonen und die Neuen Hebriden regelmäßig anlief, brachte um die Mitte des 19. Jahrhunderts dort schwere Bronchitisepidemien mit, denen die Einheimischen erlagen, während die Europäer sie leicht überstanden.[3] Die Tasmanier sind als Opfer des Kolonialismus im 19. Jahrhundert ganz ausgestorben, so wie einige Jahrhunderte vorher die stattliche Urbevölkerung Haitis.

Ich habe schon von der Beharrlichkeit erzählt, mit der die Missionare die Menschen im Pazifik, in Lateinamerika und teilweise auch in

Afrika, die dem Klima angemessen wenig bis gar nicht bekleidet waren, ihre europäischen Bekleidungsvorstellungen aufnötigten. Diese auf Prüderie beruhende Marotte hat vielen Menschen das Leben gekostet. Einmal eingekleidet, zogen viele die immer schmutziger werdenden Hosen, Hemden usw. nicht mehr aus, bis sie am Körper zerfielen. Auch nasse Sachen behielten sie an. Das förderte nicht nur Erkältungskrankheiten, sondern – unhygienisch wie es war – alle möglichen Entzündungen, gegen die keine Abwehrkräfte bestanden.

Die europäische Tropenmedizin, die im Gefolge des Kolonialismus entstand, hatte sehr viel mit den wirtschaftlichen und militärischen Interessen der Besatzer zu tun. Die westlichen Unternehmen, die von den Kolonialregierungen mit Konzessionen bedacht wurden, um sich auf Kosten der besetzten Länder entwickeln zu können, brauchten viele und billige einheimische Arbeiter. Die waren den für sie ungewohnt harten Arbeitsbedingungen nicht gewachsen und erkrankten leicht. Beim Eisenbahnbau und in Bergwerken kamen viele Menschen um. Schließlich sahen die Gesellschaften ein, daß sie billiger davonkämen, wenn sie wenigstens ein Minimum an Hygiene und Gesundheitsfürsorge gewährleisteten. Natürlich war dies auch im Interesse der eigenen Leute notwendig, damit sie nicht angesteckt und wie die Einheimischen dahingerafft würden.

So waren im holländisch besetzten Java schließlich zwei Drittel der Hospitäler privat, in den anderen Provinzen Holländisch-Indonesiens gar neun Zehntel. In Malaia unterhielten vor dem Zweiten Weltkrieg die westlichen, meist britischen Zinn- und Kautschukgesellschaften 232 Krankenhäuser. In Ceylon, heute Sri Lanka, waren es etwa dreimal soviel, neben 93 von der Kolonialregierung eingerichteten, und mehr als 280 Regierungsapotheken. In Afrika entstanden mehr oder minder imposante Krankenhäuser, die nichts mit der Sorge für die Afrikaner zu tun hatten, sondern die Europäer versorgten und den Erhalt ihrer billigen Arbeiter sichern sollten.

Erst die Weltkriege haben der westlichen Tropenmedizin und Forschung großen Auftrieb gegeben – nun galt es, die in den Krieg verwickelten Riesengebiete und die von den Kolonialmächten mobilisierten farbigen Truppen «einsatzfähig» zu halten, und nun wurde mit Energie und Erfolg daran gearbeitet, Typhus-Impfstoff und Anti-Malariamittel wurden entwickelt und auch DDT zur Schädlingsbekämpfung, das wenige Jahrzehnte danach wieder verpönt war. All das hatte nichts mit Fürsorge für die Unterworfenen zu tun. Damit verglichen hatte das Gesundheitswerk der Missionare einen uneigennützigen Anschein, aber war es das wirklich?

Schon früh entdeckten die Abgesandten des Christentums, daß sie wenig oder keinen Zugang zu den Einheimischen haben würden, wenn sie nur das Wort Gottes predigten – noch dazu, ohne verstanden zu werden. Ihre Kenntnis der Sprachen in ihrer selbstgewählten neuen Umgebung war im allgemeinen äußerst bescheiden. Viel eher fanden sie bei den «Heiden» Beachtung als Heiler. Ihre Berichte sind da ganz eindeutig. Wo immer sie sich betätigt haben – ohne Medizin, ohne ärztliche Betätigung hätten sie in vielen Gegenden, besonders Afrikas, nicht Fuß fassen können, jedenfalls solange sie noch nicht die Macht von Kolonialregierungen hinter sich hatten.

So hatte ihre Rolle als Arzt für Einheimische mit Fürsorge für diese lange Zeit nur soviel zu tun, als sie die Tür öffnen sollte für spätere Predigt. Immer wieder erfuhren sie, daß Einheimische die ärztliche Betreuung wünschten, aber für die christliche Botschaft taub blieben. Aber dennoch – andere wurden auf diesem Weg gewonnen.

Doch die meisten Missionare, die alles mögliche zu kurieren versuchten, waren keine ausgebildeten Ärzte. Ob ihre Methoden wirkten, blieb dem Zufall überlassen. Wenn sie es taten, gewannen sie das Vertrauen der Einheimischen. Wenn nicht, konnte es sich sehr schnell gegen sie wenden; dann nahm es keinen so großen Platz in der Missionsliteratur ein. Mitte des vergangenen Jahrhunderts betätigte sich Daniel McGilvray im Norden Thailands; dank eines Vorrats von Chinin gegen Malaria und Kaliumjodid gegen Kropf hatte er schnell den Ruf eines erfolgreichen Heilers. Aber «manche seiner Behandlungen waren so drastisch und so augenscheinlich falsch, daß man sich wundert, wie die Patienten das überstanden»[4]. Diesem Beispiel ließen sich viele hinzufügen. Immerhin führte McGilvrays ärztliche Pionierarbeit zur Gründung von fünf Krankenhäusern und einer Leprastation, und ihm verdankt Nordthailand die ersten Impfkampagnen.

Da sich die Heilkünste der Missionare meist an denen der traditionellen einheimischen Medizin zu messen hatten, in Konkurrenz zu den Fähigkeiten örtlicher «Medizinmänner» und Zauberer, die von den Missionaren verachtet und bekämpft wurden, sei eine Bemerkung des Anthropologen Aylward Shorter von der Universität Makerere in Kampala, Uganda, angefügt, die wohl noch heute gilt: «In manchen Gebieten verkaufen Missionare den Dorfbewohnern Medizin ohne eine ausreichende Diagnose. Dadurch fördern sie eine magische Haltung zur Hospitalmedizin und sind Verbündete des Zauberdoktors.»[5] Gerade das schien seinerzeit der Missionsarzt Samuel Müller[6] eher als Vorteil zu empfinden: Das Wirken der ärztlichen Mission sei der «rein materialistischen» Heilmethode europäischer «Wissenschaftlichkeit» überlegen – «wir kommen zu euch, weil ihr für eure Kranken und um Segen für eure Mittel betet», höre er immer wieder, auch von «heidnischen Patienten». In Deutsch-Ostafrika beauftragte die Kolonialverwaltung im Jahre 1899 die Missionare, sich an den Massenimpfungen gegen die ausgebrochene Pockenepidemie zu beteiligen. Das brachte ihnen direkten Kontakt mit tausenden Menschen, die nunmehr das Christentum mit öffentlicher Fürsorge und Medizin gleichsetzten. Die Missionare gewannen Vertrauen, wo sie vorher abgelehnt worden waren.[7]

Jahrzehntelang betrieben Missionen die große Mehrheit der (nicht übermäßig zahlreichen) Hospitäler in Afrika. Aber was in Afrika südlich der Sahara wenigstens teilweise für ihren Glauben wirkte, brachte in Moslemländern kaum Bekehrungen. Unter den Moslems auf dem indischen Subkontinent verstärkte der Gesundheitsdienst der Missionen ebenso wie ihre Schulen nur die weitverbreitete Annahme, auch sie gehörten zur Kolonialverwaltung.[8]

«Die Völker, die Kolonien besitzen, müssen wissen, daß sie damit zugleich eine ungeheure humanitäre Verantwortung gegen die Bewohner derselben übernommen haben», hat Albert Schweitzer[9] gesagt. Aber er mußte ja schon resigniert feststellen, «daß es große Kolonialmächte gibt, die nicht einmal genug Ärzte haben, um die bereits vorgesehenen und bei weitem nicht ausreichenden Kolonialarztstellen zu besetzen». Die Kolonialmächte hatten keine Lust, also auch kein Geld, und natürlich waren die Missionen nicht reicher. So ist die «Dritte Welt» noch heute in einem fürchterlichen Gesundheitszustand. Waren die Bemühungen der Missionare, ihrer Stationen, der von ihnen beeinflußten Behörden so ungenügend? Ja – und sie mußten es sein. Die Nutznießer des Kolonialismus, und dazu gehörten ja auch die Missionare, die sich in seinem Schatten betätigen konnten, übersahen wohl fortgesetzt die Konsequenzen des Kolonialsystems für die Unterworfenen. In dem Maße, in dem sich das koloniale Wirtschafts- und Sozialsystem ausdehnte, führte es zwangsläufig zu weit größeren gesundheitlichen Schäden für die beherrschten Völker, als alles wohlwollende, auch christliche Bemühen der fremden Besatzer je wettmachen konnte.

Da stütze ich mich auf die Aussagen eines Experten, des langjährigen Kolonialbeamten J. S. Furnivall. Er war 1942 von der britischen Kolonialregierung Burmas (Birmas, heute Myanmar, seit 1948 unabhängig) um ein Gutachten über den Wiederaufbau nach dem Kriege gebeten worden, das er später zu einem Buch, «Colonial Policy and Practise», erweiterte; ich habe es hier schon mehrfach zitiert. Furnivall hat den circulus vitiosus des Kolonialismus für die Gesundheit der Unterworfenen sehr eindrucksvoll geschildert. Ich nehme damit einen wichtigen Punkt des späteren Abschnitts über den Landraub vorweg; die verschiedenen Faktoren, die zur Verelendung dieser Länder beitrugen, sind ja schwer trennbar. Als Resultat der Kolonialwirtschaft schrumpft die verfügbare Nahrungsmittelproduktion, sagt Furnivall, da der Anbau von Exportkulturen die Fläche verringert, auf der die Einheimischen für sich selbst Landwirtschaft betreiben können. Die stärkere Nutzung dieser geschrumpften Fläche führt bald zu immer geringerem Ertrag. Viele Menschen stellen sich auf billigere, vielleicht schmackhaftere, aber weniger nahrhafte Lebensmittel um. Manchmal wird die Nahrung mit importierten Produkten verfälscht. «Die wirtschaftlichen Kräfte, die von der Entwicklung freigesetzt werden, bewirken ganz natürlich eine Senkung des Gesundheitsstandards.»[10]

Was die Ernährung betrifft, hatten die Christen schon in Lateinamerika sehr früh Böses angerichtet: durch die Verteufelung ihnen unbekannter Pflanzen und Feldfrüchte, mit denen sich die Bewohner des Inkareiches auskömmlich ernährten, die aber den Spaniern als «Nahrung des Teufels» erschienen, von ihnen verboten wurden und nicht mehr angebaut werden durften.

Die von der Kolonialwirtschaft eingeführte Wanderarbeit der Männer, weit von ihren Dörfern entfernt, zwang die Frauen, bei dem in vielen Gegenden üblichen Wanderfeldbau zusätzlich zur Feldarbeit, die immer ihre Sache gewesen war, die Waldrodungen zu übernehmen, die vorher den Männern oblag. Das schafften sie oft nicht, bearbeiteten also notgedrungen weiter die alten Felder, die daraufhin immer geringere Erträge brachten – also eine immer schlechtere Versorgung der Familien.

Das wäre alles schlimm genug. Furnivall macht aber weiter darauf aufmerksam, daß als Ergebnis der Kolonialwirtschaft auch der Standard der einheimischen Medizin sank. Die einheimischen Ärzte verloren ihre lohnendsten Patienten an weiße. Die Kräuter, die früher in der Natur gesammelt wurden, gab es nun auf Märkten, wo sie durch Beimischungen verfälscht sein konnten. Der Arzt wußte nicht mehr genau, wie sein Rezept praktisch wirken würde. Das galt, so Furnivall, dann auch für die Ersatzheilmittel westlicher Herstellung, die an die Stelle der einheimischen Heilkräuter traten. «So die billigen Sorten von Chinintabletten, die, wenn sie überhaupt Chinin enthalten, von wenig Nutzen sind – es sei denn als Murmeln, wegen der Dicke ihrer Außenschicht. Ärzte und Patienten kennen den Unterschied nicht und kaufen die billigsten.» [11]

Selbstverständlich hat die Ausbreitung westlicher Medizin, die Einrichtung der «Tropenmedizin», ihr Gutes gehabt. Das ist ebenso unbestreitbar wie Furnivalls Bilanz. Nur dieses Gute wird im allgemeinen hervorgehoben, die Schattenseite selten berücksichtigt. In gewisser Weise schaffte sich das westliche System in den Kolonien erst die ungesunden Zustände, die dann mit Hilfe westlicher Medizin überwunden werden sollten – was bis heute wegen der Größe des entstandenen Problems nicht gelungen ist.

So paradox es klingen mag, und damit verabschieden wir uns vorläufig von Furnivall – «die Ausbreitung westlicher Medizin in den Tropen ging nicht nur auf den wachsenden Bedarf an Ärzten zurück; teilweise lag es auch an der Nachfrage nach Patienten» [12]. Ärzte unter den Missionaren suchten sich Kranke, die sie behandeln konnten; es war wie gesagt ein wichtiger Weg, das Vertrauen der Einheimischen zu gewinnen, oft sehr gezielt. In Uganda beschwerten sich Moslems

1911, daß sie am katholischen Hospital von Rubaga nicht behandelt würden, weil sie keine Katholiken seien.

Die Missionare führten sich als «Gottesboten und Ärzte» ein, schreibt Chronist Professor Richter[13] von der Berliner Mission. Samuel Müller, Arzt der Bethelmission in Afrika, forderte die Beteiligung von Ärztinnen an der Mission. «Wohl ist der Zugang der Negerfrau dem männlichen Arzt nicht so ganz und gar verschlossen, wie das bei den Frauen des Orients oder Indiens der Fall ist. Aber dennoch bin ich der festen Überzeugung, daß sich die Herzen der schwarzen Frauen einer Ärztin gegenüber ganz anders öffnen werden, als das einem Manne gegenüber möglich ist. Und sind dann einmal die Mütter gewonnen, sind die Töchter von selbst unser.»[14] Für diese sah er als praktischer Arzt die Ausbildung als Krankenpflegerinnen vor. Der amerikanische Missionar Harlan P. Beach argumentierte ähnlich: «Nach einem chinesischen Sprichwort kann eine Frau weder dem Doktor noch ihrem Mann entgehen, aber Ärztinnen werden von den Chinesinnen für sich und ihre Kinder mit Freuden begrüßt.»[15] Aus solchen Gründen hatte der Kardinal Lavigerie, Gründer der Weißen Väter, schließlich auch die Weißen Schwestern ins Leben gerufen. Sie betätigten sich hauptsächlich in Krankenhäusern und ärztlichen Stationen Nordafrikas. Doch haben die Missionsversuche unter den Moslems keinen nennenswerten Erfolg gehabt.

Der beste Weg ging immer über die einheimische Führungsschicht. Der Schweizer Missionar Amman kurierte in Kamerun den Stammeskönig Fotso von schwerem Typhus und gewann damit das Vertrauen und den Schutz der gesamten Herrscherfamilie. Mit einer gelungenen Augenkur erwarb sich Alexander Merensky von der Berliner Mission den Schutz des gefürchteten Sangu-Häuptlings Merere. Uxukutwayo, Chefminister der Amandebele im zentralen Südafrika, wurde von den Missionaren von seinen Gichtschmerzen befreit, und T. M. Thomas beschrieb, wie seine und seiner Kollegen ärztliche Erfolge «auf die Herrscher des Landes und durch sie im ganzen Volk einen sehr guten Eindruck von der Missionsarbeit vermittelten»[16]. König Mpande im Zululand vergalt dem norwegischen Missionar H. P. S. Schreuder seine erfolgreiche Behandlung mit einem Grundstück, auf dem eine Missionsstation errichtet werden konnte.[17] Unter den Ibos (heutiges Nigeria) hatte die katholische Mission unter Pater Lutz einen so guten Ruf als Kinderarztpraxis, daß Mitglieder der nicht weit entfernt ansässigen anglikanischen CMS ihre Londoner Zentrale unter Hinweis darauf um die Entsendung von Ärzten baten. Die Rivalität schaukelte sich hoch. Auf die Gründung von Hospitälern und Apotheken durch die Katholiken antworteten die Anglikaner mit der Errichtung des Henry Dobinson Memorial Hospital in Onitsha.

Die Liste der Beispiele ließe sich fortsetzen. Wenn auch die Behörden der Kolonialgebiete selten so weit gingen wie im Erziehungswesen, das sie lange fast oder ganz den Missionaren überließen, so ist doch unbestreitbar, daß kirchliche Krankenpflege verschiedener Konfessionen einen Beitrag zum kolonialen Gesundheitsdienst geleistet hat. Er ist nur nicht so groß, wie mit wachsender Entfernung geglaubt wird.

Beschützer

«Einer der schönsten, aber völlig vergessenen Abschnitte der lateinamerikanischen Geschichte ist zwischen 1544 und 1568 der Kampf einer Gruppe hispanoamerikanischer Bischöfe zugunsten der Indianer», sagte 1988 Enrique Dussel in seiner «Geschichte der Kirche in Lateinamerika»[1]. Mir scheint er gar nicht so vergessen zu sein. Im Gegenteil, der berühmteste unter diesen bischöflichen Kämpfern, Las Casas, ist doch geradezu das Symbol geworden dafür, wie die Männer der Kirche die Unterworfenen gegen die weltlichen Unterdrücker verteidigt haben. Kaum jemand in der gesamten außereuropäischen Kirchengeschichte hat je wieder eine solche nachhaltige Prominenz erreicht.

Ein bißchen wenig, könnte man aber denken, wenn man die gewaltige Zeitspanne betrachtet, in der die Kirchen sich missionarisch betätigen konnten. Mußten die Missionare die «Heiden» und andere, die sie zu Christen machen wollten und machten, nicht automatisch zu schützen trachten – vorher als Zielgruppe, nachher als Gemeinde ihres Gottes, wenn er auch der Gott der Unterdrücker war?

Sie taten es ja auch, und einige wirklich Vergessene unter denen, die sich geistlich und moralisch verpflichtet fühlten, Farbige vor den Weißen zu schützen, sind es sehr zu Unrecht. Doch so fürsorglich, wie es in missionsfreundlicher oder -inspirierter Literatur hingestellt wird, waren die Missionare im Lauf der Zeit eben doch nicht. Erfolgreiche Beschützer ihrer bekehrten Zöglinge und Gemeinden oder gar derjenigen, die sie erst zur Gemeinde Gottes machen wollten, konnten sie freilich nicht oft sein. Sie hatten ja fast nie die Macht. Da war ein großer Unterschied zwischen der Macht ihrer Kirche(n), oft sehr großer, der weltlichen durchaus ebenbürtiger, und der Ohnmacht der Kirchenmänner und -frauen in den besetzten Ländern gegenüber den Kolonialbehörden. Noch weniger Macht hatten sie über die Weißen, die das jeweilige Gebiet besetzt hatten, um es als ihr Eigentum auszunutzen. Diese waren nominell ebenfalls Christen. Ihre Taten wiesen das allerdings nicht aus. So waren es hauptsächlich sie, vor denen die Missionare da und dort diejenigen schützen zu müssen meinten, in deren Land sie kaum anders als diese anderen Weißen eingedrungen waren. Mit denen teilten sie immerhin die Absicht, es bis zur Unkenntlichkeit zu verändern.

Da mag man unterscheiden zwischen jenen Missionaren, die vor der Besetzung kamen, oft lange vorher, oft unter gewaltigen Risiken – gar solchen, die nie mit dem Schutz einer heimischen Macht rechnen konnten, wie etwa in Japan oder Äthiopien –, und jenen, die mit den Besetzern oder im Schutz der Besatzung ins Land strömten. In der ersten Gruppe muß man unterscheiden zwischen jenen, die sich als Vorauskommando nicht nur des Christentums verstanden, sondern auch als Quartiermacher ihrer jeweiligen Nation, und denjenigen, die tatsächlich nur Gottes Wort verbreiten wollten. Die große Mehrheit war von vornherein damit einverstanden, daß sie sich unter Menschen betätigen würden, die für die Besatzer Menschen zweiter Klasse bleiben sollten, wenn sie überhaupt als Menschen anerkannt wurden.

Wer predigte: «Du sollst Untertan sein der Obrigkeit», war und fühlte sich schon deshalb nicht oft in der Lage, gegen die Obrigkeit anzutreten, auch wenn die in den besetzten Ländern schrankenlos hauste und hausen ließ. Bei aller christlichen Nächstenliebe kam ja auch bei den meisten Missionen eine gehörige Portion Hochmut, Überlegenheitsgefühl, Rassendünkel gegenüber den Unterworfenen hinzu. Geradezu verschwindend klein war, an der jahrhundertelangen Dauer der Kolonisation und an ihrem gewaltigen geographischen Bereich gemessen, die Zahl der Ausnahmen. Aber gerade weil es so wenig waren, verdienen sie in hohem Maße unseren Respekt. Den hat sich in der Tat ganz besonders Bartolomé de Las Casas verdient.

Gegen die schändliche Vergewaltigung, Dezimierung, Versklavung, Vernichtung der Indianer durch spanische und portugiesische Soldaten und Siedler im Namen des Christentums ist die erste überlieferte Proteststimme die des Dominikaners Antonio de Montesinos. Am Sonntag vor Weihnachten im Jahr 1511, in Santo Domingo auf der damals Hispaniola genannten Insel, eröffnete er seiner Gemeinde: «Ich bin auf diese Kanzel gekommen, um euch eure Sünden gegen die Indianer bekanntzumachen. Ich bin eine Stimme des Christus, die in der Wildnis dieser Insel aufschreit... und sie sagt: Ihr seid in tödlicher Sünde, in der ihr lebt und sterbt wegen der Grausamkeit und Tyrannei, die ihr gegen diese unschuldigen Leute anwendet. Sagt mir, mit welchem Recht oder Gesetz ihr diese Indianer in so grausamer und furchtbarer Knechtschaft haltet. Mit welcher Autorität habt ihr einen abscheulichen Krieg gegen diese Leute geführt, die ruhig und friedlich auf ihrem eigenen Land lebten?... Warum haltet ihr sie so unterdrückt und schwach, warum gebt ihr ihnen nicht genug zu essen, warum sorgt ihr nicht für sie während ihrer Krankheit? Denn mit der exzessiven Arbeit, die ihr von ihnen verlangt, werden sie krank und sterben, oder ihr bringt sie mit eurem Verlangen nach Gold um. Und wie sorgt ihr dafür, daß sie in Religion unterwiesen werden?... Sind das keine Menschen? Haben sie nicht vernunftbegabte Seelen? Seid ihr nicht verpflichtet, sie so zu lieben wie euch selbst?... Seid sicher, daß ihr bei diesen Zuständen nicht mehr gerettet werden könnt als die Mauren oder Türken.»[2] Dann klappte Montesinos seine Bibel zusammen und verließ, wie berichtet wird, erhobenen Hauptes die Kirche, während die Gemeinde der Siedler und Beamten zu murren begann. Sie war beleidigt. Sie beschwerte sich beim Gouverneur und beim Abt des Dominikanerklosters. Aber Vikar Pedro de Córdoba stellte sich hinter Montesinos, und der redete der Gemeinde am Sonntag danach noch heftiger ins Gewissen. Drei Monate später freilich sprach ihm der Dominikanersuperior in Spanien, Alonso de Loaysa, eine Rüge aus. Er befahl dem Dominikanerprovinzial in Hispaniola, dafür zu sorgen, daß Mönche keine weiteren so skandalösen Predigten hielten.

Den Text hat der wesentlich berühmter gewordene Las Casas überliefert. Manche Autoren bezeichnen Montesinos Appell als ein entscheidendes Datum in der Geschichte Amerikas. Aber den Indianern hat er nichts genützt, ebensowenig wie die späteren Bemühungen anderer Kirchenmänner, im wesentlichen Dominikaner, unter denen eben Las Casas am bekanntesten geworden ist.

Las Casas war entsetzt über die barbarische Behandlung der Indianer auf den westindischen Inseln, die zu ihrer Ausrottung führten, und hat sie eingehend geschildert. Er war eine Zeitlang auf Santo Domingo selbst ein ausbeuterischer Siedler gewesen, setzte seine Geschäfte noch fort, als er 1510 zum Priester ordiniert war, und erwarb auch noch mehr Land mit Indianern zur Sklavenarbeit, auf Cuba. Doch 1514, als er vierzig war, wurde ihm anscheinend die Ungerechtigkeit des Besatzungssystems jäh bewußt. Er gab seinen Besitz auf und widmete den Rest seines Lebens, noch ein halbes Jahrhundert, dem Kampf für die Rechte der Indianer. 1516 reiste er nach Spanien und bewog die Krone – damals zunächst den Regenten, Kardinal Jiménez de Cisneros, der ihn umgehend zum «Protektor der Indianer» ernannte – zu einer neuen Gesetzgebung, zu immer neuen, indianerfreundlicheren Regelungen, die sich auf dem Papier großartig lasen. Die Versklavung der Indianer wurde ebenso verboten wie die Zwangsarbeit und schlechte Behandlung – aber das rettete die Unglücklichen nicht; nichts davon wurde verwirklicht. Die Siedler wollten es nicht hören, denn sie gedachten nicht, selbst zu arbeiten, und «brauchten» Sklaven – erst Indianer und dann, als diese erledigt waren, Afrikaner. Die Behörden in den Kolonien waren auf ihrer Seite, ebenso wie die meisten Kirchenvertreter an Ort und Stelle.

Las Casas, vorübergehend Bischof von Chiapas (1544–1547) in Mexiko, und ein Dutzend Gleichgesinnte mochten noch so gut kritisieren und predigen – oft bezahlten sie es damit, daß sie aus ihren Diözesen vertrieben wurden, einige sogar von den Siedlern umgebracht, jedenfalls von den Spaniern an Ort und Stelle, Kirche eingeschlossen, abgelehnt. In den portugiesischen Gebieten war es nicht anders. Madrid und Lissabon waren weit. «Im 16. Jahrhundert fand sich in Brasilien kein Missionar, der die Ansichten eines Las Casas über die Indianer geteilt hätte», sagt Thomas[3].

Die spanische und portugiesische Monarchie war außerstande, ihren Gesetzen und Befehlen Gehör zu verschaffen. Auch gelegentliche Vatikanworte bewirkten nichts; meist hüllte sich der Papst in Schweigen. 1569 raffte sich die Kurie zu einer «Instruktion» auf, die eine Reihe fortschrittlicher Gedanken enthielt: politische Gleichheit für die Einheimischen, Achtung vor deren Bräuchen und Loyalitäten, Notwendigkeit, einen einheimischen Klerus heranzubilden[4] – man kann sich Jahrhunderte später darauf berufen, was man damals schon gesagt habe. Aber durchgesetzt hat es der Vatikan nicht, und energischere Bemühungen unternahm er auch nicht; mindestens haben sie weder Spuren noch Erfolg hinterlassen.

In Spanien selbst mögen Las Casas und seinesgleichen gewirkt haben. Karl V. ließ ihn vor einer «Junta» von Theologen, Juristen und Hofbeamten 1550/51 mit dem Vertreter der Meinung, daß die Indianer von Natur aus zur Sklaverei bestimmt seien (Sepúlveda), ein langes Streitgespräch führen. All das läßt die Spanier und die katholische Kirche heute stolz sein und macht in ihren Augen wett, daß die Worte nichts an der Ausrottung änderten.

Da war es wohl ein wirksamerer Schutz für die Indianer, wie sich ihrer eine Zeitlang mit Billigung der Krone die Jesuiten annahmen, aber das war nicht von Dauer. Sie siedelten sie aus dem Inneren um – nicht immer ohne Zwang – in Lager nahe der Küste, sogenannte «Aldeias» oder «Reduktionen». Dort waren sie leichter zu «evangelisieren», aber auch zu Arbeiten für die Patres zu bewegen, und konnten besser, so glaubte man, vor dem Zugriff der Siedler geschützt werden, die sie als Sklaven verschleppen wollten und immer wieder Menschenraubzüge ins Hinterland unternahmen. (Über das Regime in diesen Missionsdörfern s. den Abschnitt «Platz-‹Ordnung›».) Die Jesuiten errichteten geradezu einen Staat, im wesentlichen in Paraguay, der eine Zeitlang als eine «Reduktion» im großen wirkte. Doch als sie und andere Orden sich in ihren Missionsdörfern mit ihren zeitweise vielen Tausend Indianern – 1750 lebten unter ihnen rund 750 000[5] – endgültig etabliert glaubten, kam die große Gefahr und schließlich das Ende von den Mitchristen. Spanische und portugiesische Siedler hielten die Missionsdörfer für eine empörende Einrichtung, die ihnen indianische Zwangsarbeiter vorenthielt und sie zwang, in immer entfernteren Urwaldgegenden selbst auf Indianerfang zu gehen, um die benötigten Arbeitermengen herbeizuschaffen. Die Idee war verführerisch, die von den Missionaren schon an Arbeit gewöhnten, mindestens formal christlichen Indianer aus den Missionsdörfern zu holen. Besonders die Portugiesen erlagen ihr. Ungeachtet der vorübergehenden spanisch-portugiesischen Throneinheit streiften sie mit Vorliebe in spanisches Gebiet, und da mit noch größerer Vorliebe zu den Missionen.

Als sie von dort Tausende Indianer weggeschleppt und viele andere umgebracht hatten, räumten die Jesuiten allmählich ihre Missionsgebiete und zogen mit ihren Indianern in großen Trecks in neues Siedlungsgebiet – um nach einiger Zeit auch dort wieder Opfer der «Bandeirantes» zu werden. Diese, die überwiegend aus dem heutigen São Paulo stammten und daher meist «Paulistas» genannt wurden, ließen übrigens die blutige Hauptarbeit ebenfalls von Indianern erledigen – anderen, nicht «christianisierten» Stämmen, beispielsweise den Tupi, die sie sich gefügig gemacht hatten und die lieber für ihre neuen Herren kämpfen als Plantagen- und Hoffronarbeit leisten wollten. Indianerstämme waren auch oft untereinander verfeindet.

Die Paulistas betrachteten sich selbst durchaus als Christen. Das hatten sie auch mit späteren Sklaventreibern und Unholden gemein. So grausam sie mit den Indianern umgingen, denen ihre Jagd galt – grausamer als die ursprünglichen iberischen Eroberer Amerikas waren sie auch nicht. Viele von den «Bandeirantes» waren bei sich zu Hause in gutem Einvernehmen mit der dortigen Kirche, einschließlich mit der Inquisition. «Sie töten Babies, weil sie den Marsch der Mütter behindern, und alte Männer und Frauen wegen des gleichen Mangels, marschunfähig oder unfähig zur Arbeit zu sein», schrieb der Jesuit Antonio Ruiz de Montoya seinem Provinzial, nachdem das Missionsdorf San Xavier von Portugiesen überfallen worden war. «Sie töten sie, indem sie ihnen mit Keulen auf den Schädel schlagen.» [6]

Nicht alle Jesuiten waren bereit, sich ihr gesamtes Werk so zunichte machen zu lassen. Unter ihnen befanden sich einige, die Soldaten gewesen waren, bevor sie dem Orden beitraten. Sie wurden beauftragt, Waffen und Munition zu kaufen und die Missionsindianer militärisch zu drillen. Die Indianer – so berichteten jedenfalls die Jesuiten selbst – ließen sich mit Eifer ausbilden, und mehr und mehr Jesuitenmissionen rüsteten sich zur Verteidigung. Nach kleineren Scharmützeln, die immer noch die Portugiesen gewannen, schlugen Missionsindianer vom Stamm der Guaraní 1639 Paulistas zurück, die das Missionsdorf Caazapa-Guazu angriffen, und 1641 konnten die Indianer der Jesuiten in einer tagelangen Schlacht entlang dem Fluß Mboreré, einem Nebenfluß des oberen Uruguay, die Paulistas und ihre indianischen Hilfstruppen vernichtend besiegen. Die Überlebenden konnten sich, dezimiert und erschöpft, nur mühsam durch den Urwald, wo sie immer von neuem von den Verfolgern überfallen wurden, bis nach Hause durchschlagen. Das brachte den Jesuitensiedlungen ein paar Jahrzehnte Ruhe.

Allmählich aber setzten sich doch die Siedler durch, da sie die Kolonialregierung auf ihrer Seite hatten. Schließlich wurden Jesuiten in Brasilien sogar gezwungen, die Expeditionen der Siedler zu begleiten: Sie hatten die Indianer, die ihnen vertrauten, zu überreden, bei den Besatzern zu arbeiten. Die königlichen Verordnungen, die den Jesuiten Recht gaben gegen die Siedler und die örtlichen Kolonialbehörden, blieben wie so oft toter Buchstabe.

Die ausdauernde, über viele Jahre erfolgreiche Bemühung der Jesuiten um den Schutz der Indianer hat in der Kolonialismusgeschichte nicht ihresgleichen. Kein anderes Gebiet erlebte vergleichbaren missionarischen Einsatz, gar einen, der so weit gegangen wäre, Sklavenfänger wie die Portugiesen mit Gewalt abzuwehren.

Mutige Persönlichkeiten, die Las Casas und anderen damaligen vergleichbar sind, gab es auch anderswo und auch in neueren Zeiten. Einer von ihnen war der anglikanische Bischof John Colenso. Sein Wirkungsfeld war, wie erst in unseren Jahren fast überall eingesehen wird, ein besonders tragisches, von weißer Schuld belastetes: Südafrika. Das war in der zweiten Hälfte des 19. Jahrhunderts. Ich stütze mich im folgenden auf A. L. Rowse, «The Controversial Colensos»[7].

John Colenso, übrigens auch ein bedeutender Bibelkritiker, war ein unbeugsamer Verfechter von Recht und Gerechtigkeit für die afrikanischen Stämme, die dort von holländischen (Buren) und britischen Siedlern bedrängt und mehr und mehr ihrer Lebensgrundlagen beraubt wurden. Es war um die Zeit, als an den Grenzen zwischen Natal und Transvaal Gold- und Diamantfelder entdeckt wurden. Junge Männer aus dem Bergvolk der Hlubi ließen sich zur Arbeit anwerben – und in Waffen bezahlen. Die britische Regierung Natals hingegen wollte keine Waffen in «Eingeborenen»-Hand dulden und verfügte, daß alle Gewehre abzuliefern seien. Die Hlubi in ihren Bergen erfuhren nicht gleich davon, dann verstanden sie es nicht, und schließlich sahen sie es auch nicht ein. Sie weigerten sich.

Der für die «Eingeborenen» zuständige britische Gewaltige, Shepstone, zitierte den Stammeshäuptling Longalibalele zu sich. Der weigerte sich zu kommen. Eine Truppe der Besatzer sollte ihn holen, geriet aber in einen Hinterhalt und hatte Verluste («Hinterhalt» hieß das bei den Besatzern. Die Besetzten verteidigten sich eben.) Darauf mobilisierte Shepstone mehr Truppen. Die Hlubi und gleich noch ihr Nachbarstamm wurden dezimiert, ihre Herden beschlagnahmt. Die Briten hatten für die Haltung der Hlubi nur den Namen «Rebellion» und brachten den Häuptling wegen Hochverrats vor Gericht, ohne ihm einen Anwalt zu geben; die Sprache des Gerichtes verstand der Angeklagte nicht.

Da erhob Bischof Colenso, der nicht an die Fabel von der «Rebellion» glaubte, öffentlich Protest. Er konnte wenigstens dafür sorgen, daß eine Verteidigung zugelassen wurde. Die zugelassenen Anwälte verweigerten sich; so übernahm er sie selbst. Die Weißen, auch Colensos Kirchengemeinde, verargten ihm sein Eintreten für Afrikaner und begannen ihn zu boykottieren.

Der Häuptling wurde zu Verbannung verurteilt. (Dieses Verfahren praktizierte später die Republik Südafrika unter allgemeiner Mißbilligung der zivilisierten Welt, aber sie übernahm nur eine kolonialistische Tradition der Briten.) Der Bischof gab nicht auf. Er mobilisierte seine Beziehungen in London und hielt allen lokalen Anfechtungen stand; als er von London nach Durban zurückkehrte, schlossen die Geschäfte der Weißen zum Zeichen der Mißbilligung...

Colenso fand bei seinen Nachforschungen heraus, daß die Weigerung des Stammeshäuptlings, zu Shepstone zu kommen, eine interessante Vorgeschichte hatte. Eineinhalb Jahrzehnte vorher hatte Shepstones Bruder John bei einem der Stämme ein «friedliches» Treffen arrangiert, zu dem alle unbewaffnet kommen sollten. Da hatte er aber die Teilnehmer dann doch mit einer Pistole bedroht. Es gab ein Handgemenge, und schließlich waren mehr als zwanzig Afrikaner tot. Seither mißtrauten die Stämme den Shepstones.

Die Burensiedler setzten eine Verordnung durch, daß die Hlubi als Knechte bei ihnen arbeiten müßten. Der Bischof bewog die britische Regierung, diese Verordnung für ungültig zu erklären. Resten des Stammes erlaubte er, auf dem Gelände der Mission zu siedeln, einigen Kindern des verbannten Häuptlings finanzierte er ihre Ausbildung. Und während er sich noch um die Freilassung des Hlubi-Häuptlings kümmerte, übernahm er auch noch die Verteidigung des von den Briten abgesetzten und ebenfalls auf Robben Island internierten Zulu-Königs Catewayo. Die Briten waren gegen den Rat Colensos Anfang 1879 in das Zulureich einmarschiert und hatten zunächst eine schwere Niederlage erlitten. Der Koloniallogik entsprechend kamen sie in größerer Stärke wieder und warfen die Zulus dank ihrer überlegenen Waffen nieder.

Colenso entfaltete eine intensive publizistische Tätigkeit, um den Briten, ebenso wie im Fall des kleineren Hlubi-Volkes, ihr Unrecht klarzumachen. Aber die Anstrengungen und Aufregungen dieser Jahre hatten den Bischof krank gemacht, und er starb, gehaßt von seinen Landsleuten in Südafrika und noch mehr von den Buren, hoch geschätzt, um nicht zu sagen geliebt, von den Afrikanern, für die er sich so eingesetzt hatte.

In Südafrika gab es auch andere protestantische Missionare, die ihre Stimme gegen die Übergriffe von Weißen erhoben, aber so stark wie Colenso sind nicht viele hervorgetreten. Einer von ihnen war der ebenfalls anglikanische Bischof Alston Weller May im britischen Nordrhodesien, der sich an der Spitze einiger Missionare, auch anderer Missionen, nach dem Ersten Weltkrieg gegen die geplante

Umsiedlung von Tausenden Afrikanern wandte. Deren Gebiet sollte für noch gar nicht vorhandene weiße Siedler geräumt werden. Die Afrikaner sollten aus der Gegend, in der sie seit Generationen ansässig waren, in einen Bezirk gebracht werden, der ihnen keine ausreichende Ernährungsgrundlage und nicht einmal genug Wasser geboten hätte. May und sein Hauptverbündeter, der Methodist John Fell, mobilisierten die öffentliche Meinung in London, es gab Fragen im Unterhaus – der Plan wurde fallengelassen. 1924 wurde er jedoch wieder ausgegraben. Der Bischof und Fell mobilisierten wieder, doch 1926 richtete der britische Gouverneur die neue «Reserve» tatsächlich wie ursprünglich geplant ein. In einem Fall wurden, um mehr Platz für sage und schreibe drei britische Pflanzungen zu machen, mehr als zweitausend Afrikaner zwangsumgesiedelt, die Anstrengungen Bischof Mays und seiner Verbündeten nützten nichts. Zwölf Jahre später berichteten ein Verwaltungsbeamter und ein Agrarfachmann der Regierung nach einem Besuch dieses Reservats (Fort Jameson Reserves), daß das Zusammenpferchen so vieler Afrikaner in ein landwirtschaftlich so ungeeignetes Gebiet schon mehrmals zu Hungersnöten geführt habe und zu entsprechender weitverbreiteter Verbitterung unter den Afrikanern.[8]

Missionare haben sich nicht selten als Berater afrikanischer Könige und Häuptlinge betätigt, manchmal auch als ihre Sprecher bei Verhandlungen mit Weißen, meistens natürlich weißen Behörden. Missionare berieten Afrikanerstämme auch bei der Suche nach günstigem Weideland, möglichst weit entfernt von ihren farbigen Feinden, und waren Vermittler zwischen Stämmen. Aber uns interessiert mehr und für die Geschichte der Missionen im Kolonialzeitalter ist belangvoller ihr Verhalten bei den Auseinandersetzungen zwischen den Farbigen und den Weißen, also zwischen den Unterdrückten (oder noch zu Unterwerfenden) und den fremden Besatzern. Die Parteinahme gegen Landsleute oder andere Europäer – sofern die nicht gerade der Kolonialverwaltung angehörten – fiel ihnen oft schon deswegen nicht schwer, weil sie deren nach kirchlicher Ansicht unmoralischen Lebenswandel mißbilligten, zuweilen auch laut verdammten.

In Deutsch-Südwestafrika gerieten sie unter Beschuß der Siedler, als sie dafür eintraten, den Einheimischen Schutzzonen einzurichten,

«Reservate» in etwas freundlicherer Bedeutung als die zuvor genannten.[9] Die Siedler meinten, der Einfluß der Missionare auf die deutsche «Eingeborenenpolitik» gefährde ihre «vitalen Interessen»: Sie wollten ja nicht nur Land, sondern viele billige afrikanische Arbeiter darauf oder in der Nähe. Die Rheinische Mission sei mit «ihren unverdauten und konfusen Begriffen von Gleichheit und Menschenwürde» eine «ständige Gefahr für die Sicherheit» der deutschen Bevölkerung. Gegen Ende der deutschen Herrschaft wurde den Missionaren in Südwestafrika das Treiben der deutschen Besetzer doch zu schlimm. Die Siedler behandelten ihre afrikanischen Arbeiter, die praktisch dem Regime der Zwangsarbeit unterlagen, so schlecht, daß man sich bei der Lektüre der Berichte noch heute schämt. Hinzu kam, daß Afrikanerinnen, besonders in den Internierungslagern nach den großen Nama- und Herero-Aufständen, als sexuelles Freiwild behandelt wurden.[10] Auch außerhalb der Lager zwangen Deutsche, wie Engel sagt, «halbwüchsige Mädchen und verheiratete Frauen» mit Gewalt in ihre Häuser.

Das Schreckensregime der deutschen Besatzer bewog den Präses der Herero-Mission, Olpp, 1912 (endlich) dazu, beim Gouverneur für eine bessere Behandlung der Einheimischen zu intervenieren. Letzter Anstoß war für ihn eine Anweisung der Kolonialbehörde, daß sich die Afrikaner im Bezirk Karibib auf Geschlechtskrankheiten untersuchen lassen mußten; durch die Methode der ärztlichen Untersuchung, sagt Engel, «wurde das Schamgefühl der Einheimischen so sehr verletzt, daß es zu Unruhen unter der Bevölkerung kam und eine Anzahl Arbeiter diesen Bezirk verlassen wollten. Nach Verhandlungen Olpps mit dem Bezirksamtmann wurden die diskriminierenden Untersuchungen eingestellt.»[11] Ein Jahr später schrieb Olpp dem Gouverneur, daß sich unter den Afrikanern viel Zündstoff angesammelt habe und daß es zum Ausbruch kommen werde, «wenn es nicht gelingt, Vergewaltigung und Mißhandlung auf ein erträgliches Maß zurückzuführen»[12]. Olpp und andere hielten die schlechte Moral der Weißen für ein Hauptproblem der Kolonie, aber die «Beispiele dafür wurden tunlichst in der Öffentlichkeit verschwiegen»[13]. Immerhin erreichte Olpp eine vertrauliche Anweisung des Gouverneurs Seitz an die Staatsanwälte und Bezirksämter, daß gegen Weiße, die sich an

Afrikanerinnen vergriffen hatten, «kein zu milder Strafantrag» gestellt werden dürfe. Genützt hat das so gut wie nichts.

Auch in Kamerun übten Missionare (Basler und Pallottiner) Kritik an der Brutalität deutscher Kolonialbeamter gegen die Afrikaner. In Togo wandten sie sich gegen die Belastung der Bevölkerung durch hohe Arbeitspflichten und Steuern; in Ostafrika protestierten manche von ihnen ebenfalls gegen die brutale Behandlung der Einheimischen und gegen die Kinderarbeit. Doch offene Auseinandersetzungen mit den deutschen Kolonialbehörden scheuten sie im allgemeinen, und von der Möglichkeit, in Berlin für Aufsehen zu sorgen und eventuell Abhilfe durch Druck im Reichstag zu erzwingen, haben sie nur wenig Gebrauch gemacht. Im Zweifelsfall wollten auch sie deutsche Patrioten sein.

Die «Frankfurter Zeitung» schrieb am 2.6.1907: «Mehr denn je herrscht heute in weiten Kreisen jener traurige ‹Herrenstandpunkt›, daß der Neger nur dazu da sei, für den weißen Kolonisator zu fronen, daß er fürs Helotentum geboren sei und jede Behandlung widerspruchslos zu ertragen habe; und daß er, falls er sich gegen Vergewaltigung auflehne, aufs schärfste zu bestrafen sei... Es ist darum gut und nützlich, daß der Missionar sich zum Anwalt der Unterdrückten macht, selbst wenn er dabei einmal über das Ziel hinausschießen sollte; und es wäre erwünscht, wenn er es noch mehr als bisher täte – jedoch öffentlich, damit er gleich gehört und beachtet wird.» In Togo hatte es schwere Auseinandersetzungen zwischen der Steyler Mission und Beamten gegeben, die zunächst zur Verhaftung einiger Patres, dann zur Versetzung verschiedener Kolonialbeamter[14] führten, aber auch zur Abberufung einiger Kirchenmänner (s. auch das folgende Kapitel). Daher wohl hatte die «Frankfurter Zeitung» ihren zitierten Artikel so eingeleitet: «Ist es unbedingt zu billigen, wenn die Mission sich um die Kolonialbeamten, in deren Verwaltungsbezirk sie arbeitet, genauer kümmert und deren Maßnahmen kritischen Auges begleitet? Wir bedauern, diese Frage nicht mit einem vorbehaltlosen Ja beantworten zu können.»

In Deutsch-Ostafrika kam es wiederholt zu Zusammenstößen zwischen der Berliner Mission und dem Bezirksamtmann. Der Stamm der Nyakyusa leistete gegen die deutsche Herrschaft Widerstand, die

Missionare zeigten dafür nach amtlicher Meinung zuviel Verständnis und wurden schließlich der Untreue beschuldigt. Dann wurde in der Tat Berlin eingeschaltet. Die Mission mußte zwar ihren Leiter auf einen anderen Posten versetzen, aber die Bezirksamtmänner wurden nun ausdrücklich angewiesen, die Arbeit der evangelischen Mission zu fördern – es gelte ihren Einfluß in den kolonialfreundlichen Kreisen Deutschlands zu berücksichtigen. Die Berliner setzten ihre Kritik an der Kolonialverwaltung und an den Methoden, die gegen die Afrikaner angewendet wurden, auch weiter fort. In diesen Auseinandersetzungen spielten freilich persönliche Spannungen zwischen Missionaren und Kolonialbeamten keine kleine Rolle – doch dann zeigte der Maji-Maji-Aufstand, daß die Kritik an den rüden Methoden der deutschen Kolonialbehörden nicht so übertrieben gewesen sein konnte. Aber die Aufständischen verschonten auch die Missionen nicht.

So unglaublich es heute klingen mag – weder die Kolonialbehörden noch ihre missionarischen Kritiker mochten einsehen, daß die Afrikaner ihre Unabhängigkeit zurückgewinnen wollten. Das Recht dazu billigten ihnen beide nicht zu.

Lange vorher, in den ersten Jahren des 19. Jahrhunderts, hatten Missionare der London Missionary Society in Bethelsdorp (Südafrika) von Buren bedrängten Nama Asyl gewährt und sich bemüht, sie zu seßhaften christlichen Bauern zu machen. Das mißfiel den Buren, die von den Missionaren in Eingaben an den britischen Gouverneur mit den Sklavenhaltern Westindiens verglichen wurden; die Missionare prangerten immer wieder an, wie die Buren ihre afrikanischen Arbeiter mißhandelten. Neben den Nama hatten sich die Missionare auch um die Xhosa bemüht, die in der Nähe siedelten und deren enges Verhältnis zur Station Bethelsdorp nun wieder der Kolonialverwaltung ein Dorn im Auge war. Die Xhosa wurden schließlich über den Fish River, der die Grenze der Kolonie markierte, aus dem britischen Besatzungsbereich vertrieben, und damit endete auch ihre enge Beziehung zu den Missionaren. Diese waren durch ihre Intervention für Einheimische bei den britischen Behörden besonders unbeliebt. Gouverneur Janssens schrieb: «Wenn man den Schaden, den die Missionare der Kolonie und ihrer Umgebung zugefügt haben, abwägt gegen das Gute, das sie getan haben, wird man finden, daß der Schaden sehr ernst ist und das Gute auf Nichts hinausläuft.»[15]

Die Nama, von den Buren, den britischen Siedlern und später auch den Deutschen «Hottentotten» genannt, wurden von den Briten teilweise als Soldaten angeworben und im Cape Regiment zusammengefaßt. Die barbarischen Strafen dort, deren Zeugen die Missionare waren – denn sie hatten Zutritt zum Gefängnis und beteten mit den zum Tode Verurteilten (meist Deserteuren) –, scheinen ihnen keine besonderen Proteste abgenötigt zu haben. Ein Nama wurde als Deserteur zu tausend Peitschenhieben verurteilt; der Arzt stoppte die Prozedur nach 224 Hieben, weil der Mann sonst sterben würde. Er starb wenige Wochen später. Wenigstens bemühten sich die Missionare, der britischen Regierung klarzumachen, daß die Nama volle Bürgerrechte bekommen müßten. John Philip von der London Missionary Society schaffte es, die englische Öffentlichkeit auf das Problem der «Hottentotten» aufmerksam zu machen, so daß sie wenigstens in der britischen Kapkolonie einen gewissen Schutz bekamen. Aber von großen Rechten konnte keine Rede sein.

Im Burenstaat Transvaal vermittelten Angehörige der Berliner Mission, beispielsweise Christoph Sonntag und Fritz Reuter, mehrfach erfolgreich zwischen dem burischen Befehlshaber und den verschiedenen Stämmen, um Kämpfe zu vermeiden. Daran, daß die Afrikaner schließlich unterworfen wurden und der Burenstaat sich ausdehnte, konnte das nichts ändern. Eine mißliche Entdeckung ist, daß die meisten Missionare, besonders die anglikanischen, zwar damals Zeugen der Ausschreitungen waren, die die nach Norden ziehenden Buren gegen die dort lebenden Afrikaner verübten, dieses Wissen aber weitgehend für sich behielten. Anstatt wenigstens in der Heimat Lärm zu schlagen, folgten sie der verbreiteten Auffassung, daß ihr Auftrag sich auf die Verbreitung des Evangeliums beschränke. Nur der berühmte David Livingstone machte den Mund auf bzw. schrieb darüber; die Buren hatten seine Missionsstation unter den Betschuana zweimal niedergebrannt. Er schilderte nicht nur, wie Buren Betschuana-Frauen zwangen, unbezahlt für sie zu arbeiten. Er sah auch, wie sie Männer und Frauen umbrachten, um dann die Kinder mitzuschleppen und sie als Hausdiener, praktisch Haussklaven, in ihre Häuser zu bringen.[16]

Lange nachdem Deutsch-Südwestafrika unter das südafrikanische Regime geraten war, 1974, gingen die Südafrikaner dazu über, von ihren einheimischen Helfern und Kollaborateuren im Ovambo-«Bantustan» des heutigen Namibia des Widerstands Verdächtige auspeitschen zu lassen. Die afrikanische protestantische Kirche mit ihren Bischöfen Auala und Wood erreichte mit einem Prozeß vor dem High Court in Windhuk, daß dies eingestellt werden mußte. Freilich wurde Bischof Wood daraufhin ausgewiesen, wie einige Jahre zuvor die Bischöfe Robert Mize und Colin Winter. (Die überwiegend farbige Synode der Anglikaner stimmte mit Mehrheit dafür, Winter auch im Exil als ihren Bischof zu behalten.)

Daß die internationale Öffentlichkeit ab Mitte unseres Jahrhunderts immer energischer auf die Unterdrückung Namibias durch Südafrika aufmerksam wurde, war zunächst dem Missionar Reverend Michael Scott zu verdanken. Er versorgte den Treuhandschaftsrat der Vereinten Nationen mit Unterlagen und Eingaben und konnte immer wieder die Presse der angelsächsischen Länder auf die Zustände aufmerksam machen. Ich erinnere mich aus meiner Zeit als Korrespondent in London noch seiner Auftritte, aber auch, daß sie in Deutschland wenig Resonanz fanden.

In vielen Kolonien war für bekehrte Afrikaner nicht zuletzt der Umstand, Christ zu sein, ein gewisser Schutz gegen Übergriffe der eigenen Häuptlinge und der afrikanischen örtlichen Verwaltung, besonders dann, wenn die Bekehrten auf Missionsgelände wohnten. Das verschaffte den Missionaren natürlich einen gewissen Zulauf an Bekehrungswilligen.

In Neuseeland und auf den pazifischen Inseln opponierten Missionare oft gegen Weiße, wenn die sich auf dem Gebiet der Maori und anderer Völker niederlassen wollten, und hatten manchmal vorübergehend Erfolg damit. In Australien hatten Mahnungen der Missionare erst eine gewisse Wirkung, als die Weißen die Ureinwohner weitgehend umgebracht hatten, sie also der weißen Herrschaft in keiner Weise mehr gefährlich werden konnten. Da wurde «Humanität durchaus kleidsam», wie Wilhelm Ziehr[17] sagt, reichlich spät. Die

Kirchen hatten ja auch fast nie eine wirkliche Kraftprobe mit den Kolonialbehörden gewagt, wie zerstörerisch ihre weltlichen Landsleute auch wirken mochten. Und wenn die Missionare an Ort und Stelle da und dort dazu bereit waren, wurden sie von ihren Zentralen in Europa meist im Stich gelassen. «Die Kirchen haben den Ureinwohnern an der Peripherie nicht ausreichende seelsorgerische und missionarische Dienste geleistet», sagt das «Lexikon der Weltmission», Stichwort «Australien», glaubt aber, «in den abgelegeneren Gebieten» wären ohne sie «die Ureinwohner vielleicht ausgestorben». Unter einem besseren Stern stand missionarisches Wirken in Südalaska, wo die prebyterianisch beeinflußte Alaska Native Brotherhood, die seit 1912 besteht, erfolgreich für die indianischen Rechte eintrat und eintritt. Ihre Bestrebungen, die Indianer in die euro-amerikanische Gesellschaft zu integrieren, führte «paradoxerweise zur Stärkung der indianischen Ethnizität»[18].

Inwieweit die Missionen überhaupt als Beschützer der Kolonisierten auftreten konnten oder wollten, hing natürlich von ihrem eigenen Verhältnis zur jeweiligen Staatsgewalt ab, zur Besatzungsmacht. Davon handelt das folgende Kapitel.

MISSION UND KOLONIALMACHT

Im Zweifel für den Staat

Ohne den Rückhalt durch staatliche Macht hätte das Christentum in der Karibik und in der südlichen Hälfte Amerikas nicht Fuß gefaßt, jedenfalls nicht in dem Ausmaß, das heute dem Kontinent viele Millionen von «Christen» hinterlassen hat. In Anführungszeichen, weil die äußeren Formen des Christentums bzw. des Katholizismus im Vordergrund stehen. Die Mission diente dort lange der Kolonialpolitik und umgekehrt. Die spanischen und portugiesischen Herrscher ließen keinen Zweifel daran aufkommen. Der Vatikan hatte den Missionsauftrag ausdrücklich an die iberischen Monarchen gegeben; dafür hatte er ihnen ja in mehreren Bullen zwischen 1455 und 1493 auch die im Westen neu entdeckten Gebiete zugesprochen. Die unterworfenen Völker erlebten Priester und Missionare hauptsächlich als Bestandteil der Kolonialmacht. Erst als die Jesuiten sich ihrerseits zu Herren über «Eingeborene» machten, in den Missionssiedlungen, und dadurch in Gegensatz zu europäischen Siedlern und Kolonialbehörden gerieten, konnten die Indianer in ihnen gelegentlich auch Opponenten gegen die fremde Staatsmacht erblicken.

Wann die Mission auf der Seite des Staates war, der als Unterdrücker auftrat, wann gegen ihn als Fürsprecher und Verteidiger der Unterdrückten – das war für die Unterworfenen in drei Kontinenten nicht immer leicht zu erkennen. Im Ersten Weltkrieg konnte es nicht zweifelhaft sein. Viele Missionare wurden zur Armee ihres Heimatlandes eingezogen, aber viele meldeten sich freiwillig: Ihre Religion vertrug sich mit Schießbefehlen gegen Christen, wenn sie nur anderer Nationalität waren.

Vielleicht noch seltsamer in Anbetracht ihrer Glaubensarbeit: Nun rekrutierten manche von ihnen auch Afrikaner für die Armee der jeweiligen Kolonialmacht. Was sie an Vertrauen unter den Einheimischen erworben hatten, nutzten sie für denkbar unevangelische Zwecke. Die Rekrutierten waren angeblich «Freiwillige». «Es gibt nichts weniger Freiwilliges als diese Freiwilligen», erkannte Pater Johanny Thévenoud[1] von den Weißen Vätern (bald danach Bischof). De Benoist hat den unveröffentlichten Erinnerungen eines Kolonialbeamten entnommen, wie das Rekrutieren von «Freiwilligen» vor sich ging, wenn keine Missionare mitmachten. Doch die Äußerung Thévenouds spricht wohl Bände; die Missionare wußten jedenfalls Bescheid. «Man mußte das Dorf im Morgengrauen umzingeln und dann, wenn es Tag war, erreichen, daß sich die im Urwald versteckten Männer ergaben und versammelten. Die erste Aufforderung bestand darin, einige Strohhütten zu verbrennen, die vorher von den Bewohnern geräumt worden waren, mit der Drohung, so mit dem ganzen Dorf zu verfahren. Die Jungen, die auf diese Weise gefaßt wurden oder sich gestellt hatten, wurden hintereinander gefesselt, Strick um den Hals, und dann von Berittenen zur Rekrutierungskommission gebracht... kein Wunder, daß sie, sobald möglich, desertieren...»[2] Die Kommissionen stellten ungerührt Zertifikate über die «freiwillige Meldung» aus, unterschrieben von je zwei «Zeugen», denen eine Weigerung schlecht bekommen wäre, und zahlten sogar eine «Einstellungsprämie» von 200 Francs.

So brachte Frankreich fertig, eine halbe Million Afrikaner für sich kämpfen zu lassen, fast immer außerhalb Afrikas, und Großbritannien gar 700000. Auch die Kolonien der europäischen Mächte waren untereinander im Kriegszustand, der mit den Interessen ihrer Einwohner höchst wenig zu tun hatte, und die jeweiligen Missionare wurden Kriegspropagandisten gegeneinander.

Mobilität war damals noch nicht durch Bahn und Lkw erreichbar. Die Besatzer brauchten Trägerkolonnen; auf der Seite der Engländer und Franzosen organisierten auch die Missionen Trägerkorps fürs Militär. Das Kikuyu Missions Volunteer Carrier Corps in Kenia befehligte Dr. Arthur von der Church of Scotland, von den elf Offizieren unter ihm waren acht Missionare, von den zweitausend Trägern kamen tausend aus den Missionsstationen und -gemeinden der Church Missionary Society, die andere Hälfte von der Church of Scotland, der African Inland Mission und der Gospel Missionary

Society. Bischof Frank Weston auf Sansibar stellte ebenfalls eine Truppe von 2000 Mann auf die Beine – wenig, verglichen mit den insgesamt 162000, die allein in Ostafrika für das Armeeträgerkorps rekrutiert wurden und von denen zwischen 30000 und 40000 bei Kriegsende tot waren; aber war es überhaupt eine Missionsaufgabe?

Sowenig christlich eine solche nationale Parteinahme im Kriegsfall sein mag – die Afrikaner hat sie ja auch verwirrt –, in Friedenszeiten war das Verhältnis der Missionen zu ihrer jeweiligen Nation und Regierung durchaus zwiespältig. Aber sie haben sich doch sehr mit ihnen identifiziert – oft gerade dann, wenn es im Interesse der von ihnen Bekehrten gewesen wäre, eine unerschrockene Verteidigung gegen staatliche Macht zu finden.

Zusammenspiel

Als französische Truppen 1881 Tunis besetzten, kamen sie aufgrund von Geheiminformationen, die Bischof Lavigerie zur Verfügung gestellt hatte. Er wollte katholische Priester im arabischen Tunesien am Werk sehen – die französische Armee gab ihnen Planstellen als Armeekaplane. Er wollte katholische Schulen – sie wurden vom Staat als Gemeindebauten bezahlt.

Da zeigte sich eine Interessenharmonie zwischen Mission und Kolonialismus, wie sie Papst Leo XIII. wünschte. Beide sollten «einträchtig zusammenwirken und wechselseitig auch Dienste leisten»[3]. Der deutsche katholische Missionswissenschaftler Professor Schmidlin echote, in Missions- wie in Kolonialkreisen breche sich «die Überzeugung Bahn, daß Mission und Kolonisation zwei gegebene Größen sind, die bei aller Verschiedenheit keine Gegensätze darstellen, aber auch nicht vornehm aneinander vorübergehen dürfen, sondern miteinander rechnen und aufeinander Rücksicht nehmen, ja *Hand in Hand arbeiten müssen*, wenn ein gedeihliches und bleibendes Resultat erzielt werden soll. Wie die beiden großen sozialen Autoritäten Staat und Kirche in der Heimat, so und noch viel stärker sollen sich in den Schutzgebieten Mission und Kolonialpolitik stützen und ergänzen ...»⁴ Der Professor beschrieb die Rolle seiner Kirche in der Kolonialherrschaft noch präziser: «Die Mission ist es, die unsere Kolonien geistig erobert und innerlich assimiliert, soweit eine solche Assimilation in Anbetracht der tiefgreifenden Verschiedenheiten überhaupt durchführbar ist. Der Staat vermag die Schutzgebiete sich wohl äußerlich an- und einzugliedern; das tiefere Ziel der Kolonialpolitik, die innere Kolonisation, muß ihm die Mission vollbringen helfen. Durch Strafen und Gesetze kann der Staat den physischen Gehorsam erzwingen, die seelische Unterwürfigkeit und Anhänglichkeit des Eingeborenen bringt die Mission zustande. Wir dürfen daher den kürzlich vom Kolonialstaatssekretär Dr. Solf im Reichstag ausgesprochene Satz ‹Kolonisieren ist Missionieren› umkehren in ‹Missionieren ist Kolonisieren›.»⁵ In den meisten Kolonien seien Missionare ja auch Mitglieder des «Gouvernementsrates» und der «Eingeborenengerichte».

Daß das «Stützen und Ergänzen» sehr handgreiflich sein könne oder müsse, davon gingen Missionare (nicht alle) von Anfang der Kolonialzeit an aus. Es überrascht immerhin, noch 1958 in einer Einführung in das Missionsrecht⁶ zu lesen, daß die Kolonialmacht den Missionaren notfalls auch mit «Repressalien und militärischen Aktionen... die freie Glaubensverkündung zu erkämpfen» habe, um «schwere Übergriffe gegen Missionare und Christen zu strafen und hintanzuhalten», denn: «Alle Völker sind zur Annahme des Christentums sowohl im Interesse der irdischen Weltvollendung als auch im Interesse ihres ewigen Heils verpflichtet.» Anfang unseres Jahrhunderts berichtete der britische Administrator der Provinz Kabba im überwiegend moslemischen Norden Nigerias, der Vertreter der Church Missionary Society, Aitken, habe ihn aufgefordert, die «Eingeborenen» durch Regierungsproklamation zum Übertritt zum Christentum zu veranlassen.

Bei solcher Einstellung mag auch normal erscheinen, daß sich Missionare in Indien an Götterfesten von Polizei begleiten ließen. Dann wagte kein Inder, sie anzugreifen, wenn sie seinen Glauben lächerlich machten. «Der beste Schutz der Missionare ist die Furcht des indischen Volkes vor der englischen Gewalt. Der Mut der christlichen Verkündiger ist ‹der Mut herrschender Europäer gegen ein armes, unterdrücktes, vor jedem fremden Gesicht unwillkürlich erzitterndem Volk›.»[7]

Die Verbindung der Missionen mit westlichen Regierungen war gewiß enger, als weise oder richtig gewesen wäre, sagte der Missionshistoriker Neill, «in China, im belgischen Kongo und anderswo»[8]. Und wer sich damit befasse, sei immer wieder erstaunt über die «Westlichkeit» der Missionen.

Die Beziehung zu den Regierungen war natürlich dort am engsten, wo die Nationalität übereinstimmte. Die Church Missionary Society hatte Gründe, mit der britischen Royal Niger Company unzufrieden zu sein, aber ihre Leitung legte Wert auf reibungslose Beziehungen mit der Kolonialregierung, welche Funktion die Company ausübte, solange der Staat nicht selbst das Protektorat oder die Inbesitznahme der Kolonie verkündete. Die Leitung der CMS erinnerte die Missionare mehrfach daran, daß sie der Regierung untergeordnet seien und die guten Beziehungen nicht aufs Spiel setzen sollten. Gemeint waren damit hauptsächlich Beschwerden einzelner Missionare über die schlechte Behandlung von Afrikanern durch die Angestellten der Gesellschaft. Aber der Einfluß der Company auf die Missionsspitze in London war groß genug, um die Veröffentlichung von kritischem Material zu verhindern.[9]

Umgekehrt konnten Missionsgesellschaften über ihre Beziehungen in der jeweiligen Hauptstadt versuchen, ihre Interessen gegen die örtliche Verwaltung durchzusetzen. So geschah es beispielsweise bei der erwähnten Kampagne zur Reform des Eherechts in Nigeria. Die deutschen Katholiken konnten sich, sobald der «Kulturkampf» im Reich beendet war, über die Zentrumsfraktion in Berlin Gehör verschaffen. Sie erreichten auf diesem Wege besonders in der pazifischen Inselwelt, ihnen unangenehme Entscheidungen der örtlichen Behörden revidieren zu lassen. Um 1890 wurde die Tätigkeit der Herz-Jesu-Mission auf der Gazellenhalbinsel amtlich eingeschränkt, weil dort auch die Wesleyaner missionierten. Die Katholiken konnten in Berlin erreichen, daß dies rückgängig gemacht wurde. Ebenso konnten die Katholiken auf den Duke-of-York-Inseln Missionsland bekommen, obwohl die örtliche Verwaltung die Zuteilung abgelehnt hatte; bis dahin hatten die Inseln als Monopol der Wesleyaner gegolten. Der Bezirksamtmann von Ponape kritisierte die katholischen Priester – er wurde versetzt.

Auch andersherum funktionierte das Zusammenspiel. Katholische Missionare, die der deutschen Regierung «unbotmäßig» erschienen, wurden ohne großes Aufsehen abberufen oder versetzt. Als 1906/07 in Togo zwischen der Steyler Mission und der deutschen Kolonialverwaltung Streitigkeiten ausbrachen, weil die Missionare die harte Behandlung der Einheimischen kritisierten, berief Rom den Apostolischen Präfekten und einige Missionare ab, wie es die Reichsregierung verlangt hatte, diese wiederum, wie schon erwähnt, versetzte einige Beamte. «Grundsätzlich suchte die Kirche alle unnötigen Friktionen zu vermeiden, kam der deutschen Regierung entgegen, wo immer sie konnte – weiter als das ‹Zentrum› – und zeigte sich ihrerseits mit deren Einstellung und Verhalten alles in allem befriedigt.»[10] 1909 bescheinigte der «Osservatore Romano», amtliches Blatt des Vatikans, Deutschland habe begriffen, daß die Missionare die besten Freunde der kolonialen Expansion eines Volkes seien.[11] Manchen Wünschen der Deutschen widersetzte sich der Vatikan doch. So verlangte der deutsche Gouverneur Hahl, ebenso wie vorher die Neuguineagesellschaft, Bischof Couppé solle abgelöst werden; er war Franzose. Aber als die deutsche Kolonialherrschaft zu Ende ging, amtierte Couppé immer noch.

Die Missionen hatten zwei Obrigkeiten im Sinn, wenn sie sich mit der Macht verbünden wollten: auch die der Einheimischen. Zu den Instruktionen des Kardinals Lavigerie an die Weißen Väter gehörte, sie sollten sich vorrangig um Könige und Häuptlinge bemühen. «Wenn man einen einzigen Häuptling gewinnt, tut man mehr für den Fortschritt der Mission, als wenn man Hunderte armer Schwarzer einzeln gewinnt.»[12] Wenn sie die Häuptlinge nicht bekehren könnten, sollten sie sich nicht in deren Beziehungen zu ihren afrikanischen Untertanen oder zu der Kolonialbehörde einmischen. Aber, bemerkt de Benoist[13], diese rigorose Trennung erwies sich als unmöglich. Erstens hätten die Missionare nicht einfach hinnehmen können, wie manche Häuptlinge das Land auspreßten, besonders fremde, die ihre Einsetzung der Kolonialmacht verdankten. Solche pflegten die ihnen zugeteilten Stämme oder Dörfer noch mehr auszusaugen als manche traditionelle Oberhäupter. Zweitens hätten sie Verfolgungen nicht hinnehmen können, deren Opfer die von ihnen Bekehrten waren. (Beides taten sie aber gelegentlich doch.) Drittens wiederum hätten sie schlecht ablehnen können, die Kolonialverwaltung zu beraten, wenn es um die Ernennung neuer Häuptlinge ging.

Zweifellos gilt nicht nur für die katholischen Missionen, daß ihre Erfolge dazu beitrugen, den Bekehrten neue Ideen über die Gleichheit von Häuptlingen und Untertanen vor Gott einzugeben und allmählich Widerstand gegen die traditionellen Autoritäten heranzuziehen. Allerdings konnten sie nicht gut die neubekehrten Christen in der Annahme bestärken, sie schuldeten nun nur noch dem Missionar Gehorsam, denn damit war die Kolonialverwaltung nicht einverstanden. Daß er dieser gehorchen müsse, hörte der «Neuchrist» ja auch von seinen Bekehrern. Dennoch, da wurde ein Keim gesät, der nach gewisser Zeit mehr und mehr afrikanische Christen dazu brachte, schließlich auch die weiße Autorität in Frage zu stellen. So beruft sich der Katholik de Benoist[14] ja auch darauf, nicht als einziger, die Missionare hätten zu den Wegbereitern der Entkolonisierung gehört. (Darüber mehr im Abschnitt «Väter der Unabhängigkeitsbewegungen».)

Dazu muß jedenfalls gesagt werden, daß es für die große Mehrheit von ihnen eine durchaus unfreiwillige Mithilfe war, und gefragt, ob sie sich nicht auch anders in einer solchen Rolle hätten betätigen können. Ihre Botschaft war in zu vielen Fällen die einer Servilität, wie sie die Afrikaner in Wirklichkeit kaum gekannt hatten. Deren traditionelle Häuptlinge waren im allgemeinen sehr wohl absetzbar. Der Kolonialismus, an dem sich die Mission in so großem Maße beteiligt hat, war zweifellos nicht der günstigste Weg zur Emanzipation der «Dritten» und «Vierten» Welt. Noch heute läßt sich im übrigen mit Skepsis verfolgen, wie die Missionen in Lateinamerika nach wie vor als ihre Aufgabe ansehen, die noch nicht unterworfenen Indianer den Plänen der jeweiligen Regierung entsprechend zu gängeln und ihre angestammten Gebiete der wirtschaftlichen Ausbeutung zu öffnen – so wie 1902 Kolumbien, längst unabhängig, noch ein Abkommen über die Indianermissionen schloß: Der Staat verpflichtete sich zu ihrer materiellen Unterstützung, und Präsident Pedro Nel Ospina sagte ein Vierteljahrhundert später, die Missionen seien «ein Mittel, die nationale Aktion in unbekannten und abgelegenen Gebieten wirksam zu machen»[15].

Französische Solidarität

In seiner überaus detaillierten Untersuchung des Verhältnisses zwischen der staatlichen Autorität und katholischer Mission im damaligen französischen Sudan weist de Benoist[16] darauf hin, daß sich die französischen Missionare mit den wenigen Landsleuten, die die jeweilige Kolonie verwalteten, solidarisch fühlten. Daß es sich um Landsleute handelte, dafür hatte schon die Regierung gesorgt. Sie hatte zur Bedingung für die Zulassung der Missionen in den Kolonialgebieten gemacht, daß sie stets von einem Franzosen geleitet würden; der Vatikan hatte zugestimmt. Mit ganz wenigen Ausnahmen funktionierte es. De Benoists Bericht läßt sich durchaus für die anderen französischen Kolonien verallgemeinern.

Die Kolonialbehörden erwarteten von der Mission in erster Linie, daß sie die Ausbreitung des französischen Einflusses fördere, besonders durch die Verbreitung der französischen Sprache. Ihre Schulen sollten die Einheimischen nicht zu «Kultur» hinführen, sondern ihnen gerade so viele Grundkenntnisse beibringen, daß sie Hilfskräfte der Kolonialisierung werden könnten, ob im Dienst der Verwaltung oder der Handelshäuser und Kaufleute, ob als Arbeiter oder Handwerker. Ferner sollten die Missionare in ihren Stationen moderne Anbaumethoden demonstrieren und dadurch die wirtschaftliche Entwicklung der Kolonie fördern.

Die Evangelisierung stand da deutlich nicht an erster Stelle. Es oblag den Missionaren, sie dennoch zur Hauptsache zu machen. Freilich hatten sie auch von ihren Oberen – ob Lavigerie für die Weißen Väter, ob Francis Libermann für die Spiritaner (Patres vom Heiligen Geist) – strikte Weisung, sich nicht in die Politik der Kolonialbehörden einzumischen, ihnen Respekt entgegenzubringen und für gute Beziehungen zu den Behörden zu sorgen. Sie sollten eher zu ehrerbietig sein als zu wenig, sagte Lavigerie. Libermann schrieb so ähnlich und verwies darauf, daß die jeweiligen Kommandanten ihnen viele Schwierigkeiten machen, aber wenn die Beziehungen gut seien, viel für ihre Arbeit tun könnten.

In der Tat war den Missionaren im frühen Stadium der Kolonialisierung klar, daß sie ohne materielle Hilfe durch die Kolonialbehörde zum Scheitern verurteilt sein würden. Die Abhängigkeit ging so weit, daß Missionare auf Staatskosten reisten, wie Beamte bezahlt und oft auch von den Rationen der Kolonialverwaltung ernährt wurden. Der Gouverneur Archinard bezifferte das Gewicht des Materials für die erste Mission in Timbuktu 1889, das er transportieren lassen mußte, auf mehr als vier Tonnen, das persönliche Gepäck der fünf Missionare wog zweieinhalb Tonnen; sie wurden von einem Koch und vier Bediensteten begleitet. Der Transport war gratis, darin waren die Missionare den französischen Offizieren gleichgestellt.[17] Die Missionare nahmen die Behörde in Anspruch, wenn sie Terrain für ihre Station suchten. War das gewünschte schon von Einheimischen besiedelt, mußten die Behörden für deren Aus- oder Umquartierung sorgen. Manchmal bekamen sie eine Entschädigung und neues Terrain.[18] Die vom Staat übernommenen Kosten wurden übrigens zum großen Teil aus dem Budget der jeweiligen Kolonie bestritten – praktisch also von den Einheimischen eingetrieben.

Die Besatzungsbehörden erwarteten nicht nur allgemeine missionarische Leistungen für die französische Kolonisation. Sie nahmen die Missionare gelegentlich auch direkt in Anspruch. Als der Kapitänleutnant Hourst 1895 entlang dem Niger in noch nicht unterworfene Gebiete geschickt wurde, um dort mit den Häuptlingen Verträge zu schließen, wurde er von einem Missionar begleitet, Msgr. Augustin Hacquart, dessen Ortskenntnisse Hourst höchst nützlich waren. Hacquart hatte schon einige Übung – zwei Jahre vorher hatte er als Dolmetscher die französische Truppe begleitet, die vom Süden Algeriens aus die Verbindung nach Timbuktu herstellen sollte, es aber wegen der Feindseligkeit der Tuareg nicht schaffte.

Der Wunsch der Administration, die Missionsschulen sollten Hilfskräfte für Behörden und Kaufleute ausbilden, kollidierte häufig mit dem Wunsch der Priester, die Schüler in der Mission zu behalten und zu Gehilfen der Evangelisierung zu machen. Sie waren aber zu abhängig von der Kolonialverwaltung, um sich ständig weigern zu können.

Die enge Verstrickung in den Kolonialbetrieb machte es den französischen Missionaren schwer, Unabhängigkeit zu bewahren. Die Verwaltung beurteilte sie ganz wesentlich danach, ob sie die erwarteten Dienste zur Förderung der Kolonisierung leisteten. Monsignore Thévenoud[19] von den Weißen Vätern: «Lehre und Praxis der christlichen Religion streben danach, eine stabile und friedliche Lage dadurch herzustellen, daß sie die Gewissen bewegt, sich zu unterwerfen und der etablierten Autorität zu gehorchen...» Thévenoud zählte als weitere Ziele auf, die Sympathie der Einheimischen zu gewinnen, das Wachstum der Bevölkerung durch die Bildung «normaler Familien» zu fördern, die Prosperität der Kolonien zu erhöhen, indem sie «Arbeiten zum Gesetz macht»...

In der Zeit der antiklerikalen Parlamentsmehrheiten in Paris (das 1905 verabschiedete Gesetz über die Trennung von Kirche und Staat wurde in den Kolonien außer Algerien und Madagaskar kaum angewendet) wurden die Missionen kritischer beurteilt, oft als nutzlos. Sie mußten sehr um ihre Privilegien kämpfen, oft vergeblich, bis dann der patriotische Elan im Ersten Weltkrieg das Verhältnis in Ordnung brachte und für eine Weile die alte Vertraulichkeit wieder herstellte. Im Zweiten Weltkrieg waren die meisten französischen Missionare in Afrika auf der Seite des Marschalls Pétain, des Befürworters von Hitlers «Neuer Ordnung» für Europa, der Frankreich in die Kapitulation vor den Nazis geführt hatte.

Während des Ersten Weltkriegs brach in einem Teil des Sudan als Folge der Zwangsrekrutierungen und anderer Bedrückungen ein Aufstand aus; der Einfluß der Missionare brachte einige Dörfer um die Missionsstation Toma herum dazu, sich der Revolte nicht anzuschließen. Toma wurde später von den Aufständischen angegriffen, und die Bevölkerung erlitt bei ihrer erfolgreichen Verteidigung schwere Verluste. Die französische Verwaltung dankte es schlecht: 1919 wurden alle Dörfer der Gegend entwaffnet, auch die, die sich dem Aufstand nicht angeschlossen hatten. Die Missionare plädierten vergebens dafür, Toma und die verbündeten Nachbardörfer davon auszunehmen. «Toma muß die Schande auf sich nehmen, von den

Weißen, für die es sich geschlagen hat, entwaffnet zu werden», schrieb Pater Hirgair[20] von den Weißen Vätern.

In Gegenden, in denen der Islam stark war, hatten die französischen Behörden wenig Lust, durch Zulassung von Missionen den unvermeidlichen Gegensatz zwischen missionierenden Christen und Moslems zu verschärfen und zusätzliche Spannungen in ihr Gebiet zu bringen. Im Zweiten Weltkrieg, 1941, veranlaßte die Kolonialregierung aber die Weißen Väter, in den bewässerten Gegenden am französischen Niger eine Mission einzurichten. Die Franzosen hatten zur Arbeit in den Reisfeldern zahlreiche Arbeiter aus dem damaligen Obervolta, heute Burkina Faso, gebracht, unter denen viele «Heiden» waren. Die Verwaltung wollte ein Gegengewicht zu den im Nigergebiet starken Moslems haben.

In Algier hatte Frankreich zwar 1838 einen katholischen Bischofssitz errichtet, aber eine aktive Missionierung unter der Moslembevölkerung wollte es nicht fördern. Erst als Lavigerie seinen Bischofssitz Nancy gegen den von Algier tauschte, begann größere Aktivität auch in Nordafrika. Aber auch er mußte die Erfahrung machen, daß in den Ländern des Islam wenig auszurichten war, gar noch in einem Volk, das von der französischen Besatzungsmacht in den vorausgegangenen Jahrzehnten so schlecht behandelt worden war wie das algerische. So hoffte Lavigerie, von Algerien aus mit den Weißen Vätern nach Schwarzafrika vorzudringen. «Algerien ist das Eingangstor für einen ungeheuren Erdteil, auf dem über zweihundert Millionen Menschen wohnen, das nun durch die Vorsehung geöffnet wird. Dorthin muß man vor allem das Apostolat lenken. Dort braucht man weder die Politik der araberfreundlichen Amtsstuben noch den gewalttätigen Widerstand der Freidenker zu fürchten. Dort hängt alles von der Gnade Gottes und von dem Seeleneifer der Missionare ab»[21], schrieb er an französische Bischofskollegen. Er beschloß, keinen Priester mehr zu weihen, der nicht Arabisch spreche.

Die Beziehungen zwischen dem französischen Staat und der Kirche verschlechterten sich, wie gesagt, Anfang des 20. Jahrhunderts, als in Paris antiklerikale Parlamentsmehrheiten regierten. 1902 schloß die Regierung viele kirchliche Schulen und Hospitäler, im Juli 1904 wurden religiöse Schulen überhaupt verboten. Auf den versöhnlich gestimmten Papst Leo XIII. folgte 1903 der weniger diplomatische Pius X. 1904 wurden die diplomatischen Beziehungen zwischen Paris und dem Vatikan abgebrochen. Die Missionsgesellschaften konnten im allgemeinen ihre überseeische Arbeit fortsetzen. Aber dort, wo die Leiter der örtlichen Kolonialbehörden der antiklerikalen Haltung ihrer Pariser Vorgesetzten folgten, wurden die Missionare kaum noch unterstützt, die Subventionen für ihre Schulen und oft auch die staatlichen Zuschüsse für sie selbst wurden gekürzt oder ganz gestrichen. In dieser Zeit gründeten die Behörden staatliche Schulen.

Aus dieser Zeit stammen auch viele kritische Zeugnisse von Administratoren und von Lehrkräften der staatlichen Schulen über den geringen praktischen Nutzen der Missionserziehung. Außerdem beschwerten sich Verwaltungsbeamte über die «Einmischung» der Missionare, besonders der Weißen Väter, in Dorf- und Stammesangelegenheiten, für die sich die Behörden für allein zuständig hielten. Nach einiger Zeit gewann aber die Meinung Gambettas, eines führenden Republikaners, der 1881/82 einige Wochen Ministerpräsident gewesen war, Antiklerikalismus sei kein Exportartikel, wieder Geltung. Dann beseitigte die patriotische Wallung des Ersten Weltkrieges die meisten Spannungen, die erst in den dreißiger Jahren wieder etwas auflebten; das führten die Weißen Väter auf freimaurerische Einflüsse zurück.[22]

Britische Partnerschaft

In den Kolonien der anderen Mächte gab es kaum solchen «Kulturkampf», wenn man davon absieht, daß Siedler oft gegen Missionare eingestellt waren, wenn die sich zu sehr für die Rechte der Einheimischen einsetzten. In britischen Gebieten kam es zu Spannungen zwischen Mission und Verwaltung wegen der Sonntagsarbeit. Die Missionare opponierten, wenn die Kolonialbehörden Dörfer, deren Einwohner zum Christentum bekehrt waren, sonntags zu Arbeiten zwangen, wie etwa zum Straßenbau in Uganda oder zum Lastentragen – nicht etwa wegen des Zwangs, sondern wegen des Sonntags. Auf Betreiben der Missionare verboten manche Gouverneure auch

Sonntagsmärkte – aber die Beamten an Ort und Stelle, die solche Anordnungen durchsetzen sollten, dachten meist nicht daran.

Reverend Henry Proctor von der Church Missionary Society schrieb 1902 in Brass (Iboland, heutiges Nigeria) an den High Commissioner Sir Ralph Moor entsetzt darüber, daß dieser an einem Sonntag mit Häuptlingen konferiert hatte, darunter christlichen: «Mit großem Kummer und Sorge erfuhr ich gestern, daß Sie am Sabbat zur Arbeit einberufen haben und dadurch viele, die sonst hingegangen wären, vom Besuch des Gotteshauses abhielten. Sie sind der Repräsentant eines erklärt christlichen Landes, unter einem König, der sich vor so kurzer Zeit öffentlich zu Gott bekannt hat. Sollten Sie dann in Ihrer offiziellen Eigenschaft so handeln und das Gewissen unserer afrikanischen Mitbürger verletzen...? Wir Missionare tun unser Bestes, sie zu wahren Christen zu erziehen und auf diese Weise zu loyalen Untertanen unseres Königs.»[23] Sir Ralph antwortete, er sei hauptsächlich nach Brass gekommen, um «Gottes Werk» zu tun; die Konferenz habe die Kindersterblichkeit behandelt, «was vom rein christlichen Standpunkt von großer Bedeutung ist». Ein zweiter Konfliktstoff in britischen Gebieten war die «Moral», in kirchlichen Augen die «Unmoral» der Häuptlinge, aber die wurden von den Behörden nach reinen Zweckmäßigkeitserwägungen ein- oder abgesetzt oder beeinflußt, ohne Rücksicht auf die Wünsche der Missionare.

Im ganzen waren die britischen Missionen sich sehr ihrer Nationalität bewußt und daher geneigt, sich ebenfalls als «Erbauer des Empire» zu verstehen, besonders in Afrika. Sie fühlten sich solidarisch mit den offiziellen britischen Expeditionen, den Chartergesellschaften, Militärs und schließlich den Kolonialbehörden. Manchmal waren sie ja als die ersten in einem noch unbekannten Land eingetroffen und dachten wie Kolonialpioniere. «Britische Behörden in Ostafrika betrachteten Missionare als wesentlich für den Prozeß der Öffnung Afrikas», sagt zum Beispiel Strayer[24]! «Sir Arthur Hardinge, erster Kommissar des ostafrikanischen Protektorats, rühmte den CMS-Missionar A. G. Smith, daß er freiwillig und inoffiziell die Aufgaben eines Assistant District Commissioners in Rabei [Missionsstation der CMS] erfüllt habe.» Hardinges Nachfolger Sir Charles

Eliot bestätigte: «Die Eröffnung einer neuen Missionsstation scheint mir ganz allgemein genauso wirksam für die Ausdehnung des europäischen Einflusses zu sein wie die Eröffnung einer Regierungsstation.»[25]

Schon die erste Expedition zum Niger 1841 war ein Gemeinschaftswerk der Regierung und der Church Missionary Society. Die Royal Navy bot drei Dampfschiffe auf, zu den Passagieren gehörten Geographen und Landwirtschaftsfachleute; sie sollten eine Modellfarm gründen, für die Quäker das Geld gestiftet hatten. Für die CMS stiegen in Freetown (Sierra Leone) der schon erwähnte deutsche Missionar J. F. Schön und der frühere Sklave – inzwischen Missionslehrer – Samuel Crowther, dazu; beide arbeiteten in Sierra Leone. Die Expedition sollte Verträge mit Häuptlingen abschließen und dadurch den Missionen die Erlaubnis verschaffen, auf deren Gebiet zu wirken, außerdem sollten die Häuptlinge dem Sklavenhandel abschwören. Nur zwei solche Verträge kamen zustande, denn von den 145 Briten auf den drei Schiffen erkrankten 130 schwer an Malaria, 40 von ihnen starben unterwegs. Nur mit großer Mühe konnte das dritte Schiff (die beiden anderen waren vorher mit den Kranken umgedreht) zum Meer zurückkehren. Aber nach einigen Jahren folgten zwei weitere Expeditionen, jedesmal mit Crowther für die CMS an Bord, und die dritte war erfolgreich.

Diese Beispiele machten Schule: Britische Missionare kamen gern unter dem Schutz der Royal Navy. Die United Presbyterian Mission wollte 1845 Hope Waddell nach Old Calabar an der nigerianischen Küste schicken. Er verlangte, daß die Admiralität die Sicherheit seiner Missionarsgruppe garantiere, also stellte sie ein Kriegsschiff. Ähnlich praktisch fanden es die Jesuiten, die nach ihrer Katastrophe von 1773 seit 1814 wieder als Missionsgesellschaft zugelassen waren, sich 1889 der British South Africa Company des Cecil Rhodes als Kaplane für seinen Eroberungsfeldzug ins heutige Simbabwe anzubieten. Erfreut überließ er ihnen ein Gebiet von rund 20 000 Hektar, auf dem sie ihre Chishawasha-Mission errichteten. Rhodes bzw. seine Verwaltung veranlaßte die Afrikaner, ihre Kinder in die Missionsschulen zu schicken. Dafür betätigten sich die Jesuiten für ihn als Steuereinnehmer ihres Gebietes: Sie kassierten bei den Afrikanern die Hüttensteuer, jene, die fast überall eingeführt wurde, um die Afrikaner zur Arbeit für die Weißen zu zwingen – in diesem Fall in den Bergwerken des damaligen Rhodesien. «Indem sie die verhaßte Steuer eintrieben, besorgten die Missionare das schmutzige Geschäft der Gesellschaft», urteilten die Autoren der erwähnten BBC-Serie[26] über die Missionare.

Obwohl Professor Hansen in seiner Studie über die Beziehungen zwischen Mission, Kirche und Staat im kolonialen Rahmen nur Uganda behandelt, haben seine Folgerungen allgemeinere Gültigkeit, auch weit über den britischen Bereich hinaus[27]: Die Mission stellte weder die Existenz noch die Begründung des kolonialen Staates in Frage, sie unterstützte die Politik der Regierungen, auch Schattenseiten wie die Zwangsarbeit. Sie half dem Regime nicht nur durch ihre Schulen; eines ihrer Hauptziele war, Loyalität zur Kolonialregierung zu fördern als einer «elterlichen» Herrschaft. Ihre positive Einstellung zum Kolonialwesen bedeutete schon deswegen viel, weil sie oft und lange neben der Kolonialverwaltung die einzige organisierte Kraft war. Sie hatte ein gemeinsames Wertesystem mit der Besatzungsmacht (so nennt es Hansen nicht). Die Zusammenarbeit mit den staatlichen Behörden und eigene, den staatlichen entsprechende Aktivitäten, dazu die Subventionen durch die Besatzungsmacht verstrickten die Mission in ein Netz von Abhängigkeiten. Sie wurde mehr und mehr mit der «kolonialen Ordnung» identifiziert; es gelang ihr kaum, sich davon zu befreien – ich würde hinzufügen: wenn überhaupt, dann erst ziemlich am Schluß der direkten Kolonialismusperiode. Nur in ganz wenigen Fällen rafften sich Missionen dazu auf, einer Kolonialregierung im Interesse der Unterdrückten Widerstand zu leisten, und sei es auch nur zur Hilfe der bekehrten Gemeinden.

Zu den wenigen Persönlichkeiten der Missionen, die sich energischer für die Besetzten einsetzten, gehörte im britischen Bereich Bischof Tucker. Er wandte sich scharf gegen die Zwangsarbeit, den Zwangsanbau von Baumwolle für die britischen Fabriken und gegen den Vorrang der weißen Siedler in der Wirtschaft der Kolonie. Seine Nachfolger mochten seinen Widerstand nicht fortsetzen, der ohnehin wenig bewirkt hatte. Erzdiakon W. E. Owen in Westkenia war wortgewaltiger Verfechter der Auffassung, daß die Afrikaner im gesetzgebenden Rat der Kolonie vertreten sein müßten. Er verdammte die Ausbeutung des Bodens durch «Fremde» und die Nachgiebigkeit der Kolonialregierung gegenüber den weißen Siedlern. Für die war er «Erzdämon» Owen, und der Provinzkommissar C. R. Dobbs meinte, «dieser furchtbare Owen» sei «durch und durch ein Bolschewist».[28]

Einer der bekanntesten Hilfsdienste, den die Church Missionary Society der britischen Kolonialmacht leistete (wie die deutschen Missionare ähnlich in Ostafrika), war 1901 ihre Propagierung der eben erwähnten Hüttensteuer. Die Einheimischen sahen verständlicherweise nicht ein, warum sie diese zahlen sollten – die Missionare bewogen sie dazu. Die Anregung, diese Steuer einzuführen, war in Nordrhodesien ebenso wie in Njassaland und Uganda sogar von den Missionen ausgegangen. Sie versprachen sich davon, daß Afrikaner eher bereit sein würden, für die Weißen zu arbeiten, und erhofften sich auch einen Rückgang der Polygamie, da sich die Männer unter der Besteuerung weniger Frauen leisten könnten... Missionen halfen der Kolonialverwaltung sogar öfter, Steuern einzuziehen. Manche nahmen nur Afrikaner unter ihre Fittiche, die Steuern zahlten.[29]

In Kenia entstand Unruhe durch die Beschlagnahme von Grund und Boden für Farmen und Plantagen der Weißen – die Missionare halfen, die Afrikaner zu beschwichtigen. Der Missionar Harry Leakey von der CMS beschwerte sich, die Regierung habe ihn zweimal benutzt, um die Afrikaner im Umfeld seiner Missionsstation Kabete zu beruhigen: Mehr Land würde ihnen nicht weggenommen. Beide Male habe er dann als Lügner dagestanden. Auch Leakey wurde nach dem Ersten Weltkrieg ein Verteidiger afrikanischer Rechte gegen die Weißen und bekämpfte die Ansiedlung britischer Kriegsveteranen als einen «Verrat am Kikuyu-Volk» – zwanzig Jahre vorher hatte er selbst noch zu den Befürwortern weißer Ansiedlung gehört.

Im allgemeinen blieben die Missionare ihrer nationalen Bindung treu und stellten die Rechte der Siedler nicht in Frage – auch nicht deren Ansprüche auf afrikanische Zwangsarbeiter, Frauen und Kinder eingeschlossen, für ihre Plantagen. Was Wunder, daß ein afrikanischer Historiker wie Professor Temu[30] sagt, es könne an ihren Taten gezeigt werden, daß die Missionare als ein Arm der Kolonialverwaltung dienten, wenn sie auch selbst glaubten, sie seien eine eigene, separate Kraft. Das traf auch am anderen Ende der Welt bis in unsere Tage für Australien zu, wo die Missionare bei den Ureinwohnern, den Aborigines, sich in vielfacher Weise für die Interessen von Siedlern oder Bergwerkgesellschaften auf Kosten der Aborigines einspannen ließen.[31] Aber 1977 hat auch ein Kirchenmann, Pater Howe, in seinem Buch «Aborigines und Christen» beklagt, die Weißen hätten sich im Vergleich zu 1896 wenig verändert, wenn überhaupt, und verhielten sich heute in der Frage der Aborigines wie seinerzeit, als sie «tief in die Ausweitung und Aufrechterhaltung des Sklavenhandels verstrickt waren».[32] Immerhin registrierte Janine Roberts[33] einen gewissen Gesinnungswandel, hauptsächlich der Methodisten und Presbyterianer, die inzwischen in der United Church vereinigt sind. Von ihnen komme nun auch Unterstützung für den Kampf der Aborigines; diese wollen auf ihr altes Stammesland zurückkehren und dort in Selbstverwaltung leben, was der amtlichen australischen Politik völlig zuwiderläuft. In den letzten Jahrzehnten hat sich der evangelische Weltkirchenrat mehr und mehr zum Fürsprecher unterdrückter Minderheiten in den früheren Kolonien gemacht. Auch von dort gab es Anfang 1991 scharfe Kritik an der Behandlung der Aborigines in Australien, deren Kultur, Geist und Sprache systematisch zerstört würden.

Wenn man über das Verhältnis der Missionare zum jeweiligen Staat referiert, darf man nicht vergessen, daß sie sich eben oft schon vor der Ankunft der Besatzer in Staaten bewegten, kleineren zumeist, aber nicht immer ohnmächtigen und keineswegs auch nur friedlichen. Afrika befand sich im 18. und 19. Jahrhundert, wie schon erwähnt, in starker politischer Unruhe. Größere und kleinere Königreiche und Stämme kämpften um Handelsmonopole, um Verbindungswege, um Land, um Hegemonie wie seinerzeit die Völker in Europa auch. Solange Missionare nicht sichtbar und wirksam den Schutz ihrer Nationen hinter sich hatten, mußten sie diese Verhältnisse berücksichtigen und suchten sich bei den jeweiligen Herrschern als nützliche und freundliche Helfer einzuführen. Nicht, wie später, weil einen König oder Häuptling zu bekehren gewöhnlich gleich einen Schwall von Bekehrungen unter seinen Untertanen mit sich brachte, sondern um überhaupt in seinem Gebiet Vertrauen zu erwerben und dann auch wirken zu können. Manche Herrscher verwehrten ihnen den Zutritt, andere ließen sie ins Land, ohne ihnen das Missionieren zu erlauben. Andere waren bereit, sie wirken zu lassen, und der fremden Religion gegenüber aufgeschlossen. Je mehr Afrika von den Europäern sah und erlebte, desto mehr dämmerte afrikanischen Herrschern und Führungsschichten, daß die Fremden etwas hatten, was vielleicht zu lernen lohne, und jedenfalls waren die Fremden so deutlich überlegen, daß sie vielleicht den besseren Gott hatten...

Aber so, wie die deutschen Missionare in Südwestafrika verhinderten, daß ein Volk oder eine Stammesgruppe die Hegemonie errang, indem sie mal dieses mal jene förderten (s. den Abschnitt «Missionare als Kolonialisten»), so verhinderten die britischen Missionare im heutigen Nigeria die politische Einheit des Yoruba-Volkes. Manchmal halfen sie den einzelnen Stämmen bzw. ihren Königen sogar bei kriegerischen Unternehmungen. Als 1860 ein Krieg zwischen den Egba und Ibadan ausbrach, hatten beide Seiten britische Missionare bei sich, die auch prompt ihre Partei ergriffen. Unter «britisch» sind hier auch von ihnen ausgebildete und eingesetzte afrikanische Missionare zu verstehen. Diese hatten oft verständlicherweise besseren Zugang zu den Einheimischen und waren für die Missionen zuverlässige Helfer.

Wo immer die Missionen wirklich Fuß fassen konnten, mußten Könige und Häuptlinge nach einer gewissen Zeit erleben, daß ihr Einfluß die traditionellen Strukturen schwächte und die Autorität der einheimische Führungsschicht untergrub. Fast immer rückte nach einer Weile auch die Kolonialmacht an, die hinter den Missionaren stand. Wie man aus der Kolonialgeschichte weiß, war es besonders oft die britische. Sie brauchte keineswegs immer kriegerisch zu erscheinen; Missionare hatten ihr oft bei den Einheimischen so gut den Weg bereitet, daß sie da und dort regelrecht willkommen geheißen wurden. Besonders die zum Christentum Bekehrten erhofften ja Vorteile und Fortschritt. Die Missionare hatten ihnen nicht klargemacht, was folgen würde.

Als dann eine Kolonialverwaltung existierte, war britische Politik, etwa in Rhodesien, noch immer, daß ein Häuptling zustimmen mußte, wenn eine Mission in seinem Gebiet tätig sein wollte. Aber nun war sein Gebiet meist ein «Reservat» geworden; wenn er ablehnte, was häufig vorkam, gaben die Missionare nicht so ohne weiteres klein bei. Sie kauften der jeweiligen Chartergesellschaft oder Verwaltung Land ab (wenn sie es nicht umsonst bekamen), das neben den «Reservaten» lag und oft fast ebenso groß war. Dort entstanden dann christliche Gemeinden, die nicht mehr viel mit den Stämmen zu tun hatten, aus denen ihre Mitglieder immerhin stammten, und die keiner traditionellen Autorität unterworfen waren. Die neuen Autoritäten, die neuen Häuptlinge, durchaus mit vergleichbarer Macht, das waren Missionare. Aber darüber mehr in anderen Kapiteln dieses Buches.

Enges Bündnis:
Spanien, Portugal und Belgien

In Lateinamerika war das Verhältnis der Kirche zum Staat in neuerer Zeit mehr als anderswo durch die gemeinsame Vergangenheit der Eroberer geprägt. Damals war die katholische Kirche die mächtigste Kraft in enger Verbindung mit der Krone, der spanischen und der portugiesischen, sogar unter ihr, da sich der Vatikan wichtiger Rechte begeben hatte. Als Anfang des 19. Jahrhunderts die Unabhängigkeitskriege ausbrachen, wurden die Kirchen als Symbole der alten Ordnung von antiklerikalen Bewegungen bekämpft, in manchen Ländern aus ihrer staatlichen Machtstellung vertrieben. Doch auch dort blieben sie schon wegen ihres gewaltigen Besitzes wirtschaftlich und politisch bedeutend. Mit unserem Thema haben sie nur im Rahmen ihrer Rolle gegenüber den Nachkommen der damals Unterdrückten zu tun, die das iberische Ausrottungsregime überlebt haben. Die Reste der Indianer sind dabei zahlenmäßig und politisch nicht mehr von der Bedeutung der verarmten Massen der Mischbevölkerung auf dem Lande und in den Großstädten, die das Kolonialregime mit seinem Latifundienwesen hervorgebracht hat. Damit verankerte es eine winzige, reiche Schicht, die die Reichtümer des Kontinents rücksichtslos und ohne jedes soziale Verantwortungsgefühl für sich ausbeutet.

Die katholische Kirche Lateinamerikas, noch heute mit ihrem

ganzen Gewicht auf der Seite der Herrschenden wie weiland zur Eroberungszeit, hat zwar genug Priester hervorgebracht, die sich auf die Seite der Armen, Unterprivilegierten und Unterdrückten gestellt haben, und vorübergehend sah es so aus, als werde eine «Theologie der Befreiung» die Kirche an die Spitze der Bewegung für soziale Gerechtigkeit bringen. Die Medelliner Konferenz (nach dem Ort Medellin in Kolumbien) der lateinamerikanischen Bischöfe führte im September 1968 zu einem Dokument, das die Zustände auf dem Subkontinent, den inneren und den äußeren Kolonialismus anprangerte, also praktisch die staatliche Macht. Jahrelang konnten Bischöfe wie Dom Hélder Câmara, Erzbischof von Olinda und Recife (Nordostbrasilien), und ihre Anhänger hoffen, mit Hilfe ihrer Kirche auch die regierenden Schichten Lateinamerikas allmählich zu Reformen zu bewegen. Doch hat es Papst Johannes Paul II. durch gezielte Personalpolitik geschafft, diese Tendenz zurückzudrängen und die katholische Kirche in Lateinamerika auf den Stand zurückzubringen, den sie schon früher hatte: Bewahrer der herrschenden Ungerechtigkeit zu sein.

Nach der Vorgeschichte nimmt das nicht wunder. Als die Könige Spaniens und Portugals Ende des 15., Anfang des 16. Jahrhunderts durch päpstliche Bullen über die Kirche gesetzt wurden, unterstellte das auch die Bischöfe der königlichen Autorität. Sie hatten neben ihren kirchlichen Aufgaben auch weltliche auszuführen – sie waren zu Staatsbeamten geworden. Entsprechend übte die Krone weitgehende Verfügungsgewalt[34] über die Mönchsorden aus, denen die «Heidenmission» oblag. Dafür zahlte der Staat auch ihre Übersiedlungskosten nach Amerika.

Die königlich-staatliche Subvention kam den Ordenseinrichtungen ebenfalls zugute. Die Jesuiten im portugiesischen Bereich Lateinamerikas kassierten 10 Prozent vom «Zehnten» und von allen anderen Abgaben an die Krone. Die beträchtlichen Landschenkungen, von denen die Orden profitierten, waren ebenso von Steuern und Abgaben befreit wie ihre Latifundien auch.

Die Tradition der Staatsverbundenheit hielt sich auch nach der Vertreibung der Jesuiten, und das bedeutete Bündnis mit den Herrschenden. Von Norden bis Süden, Westen nach Osten wurden ja weiter Indianer unterdrückt, bekriegt oder dort, wo man sie zur Arbeit gepreßt hatte, wie Zwangsarbeiter und Sklaven behandelt. Falls sie sich auflehnten, riefen auch die Missionare Truppen zur Hilfe.[35] Vom gewaltigen Landraub, der die Indianer zugunsten weißer Siedler vertrieb, profitierte die Kirche gleichermaßen, und jedenfalls billigte sie ihn.

In den portugiesischen Kolonien Afrikas hat sich die katholische Kirche – man scheut sich, von «Mission» zu reden – ebenfalls dem Staat angepaßt und den Kolonialismus bis zum Ende verteidigt. Von einer Verteidigung der Afrikaner gegen portugiesische Willkür war nichts zu merken. Der Gewerkschaftsführer Tom Mboya aus Kenia schrieb in seinem 1963 erschienenen Buch «Freedom and after»: «Ich erinnere mich daran, wie mich während einer Gewerkschaftskonferenz in Beira [Mosambik] die gleichgültige Haltung der dortigen Kirche zu den Grausamkeiten störte, die gegen das Volk von Mosambik begangen wurden», und weiter: «Die Portugiesen benutzten die Kirche als ein Instrument, die Erziehung des Volkes zu beschränken, und keine Kirche versuchte, dagegen zu kämpfen.»[36]

Die Missionare waren, wie erwähnt, portugiesische Staatsbeamte mit allen Vorteilen und Verpflichtungen. Die im republikanischen Portugal 1911 proklamierte Trennung von Staat und Kirche wirkte sich in den Kolonien nicht einmal ein Jahr lang aus, dann gingen die Subventionen weiter, die 1940 noch einmal vom Regime des Diktators Salazar in einem Konkordat garantiert wurden. Zu dem gehört auch ein Abkommen über die Missionen: Die Missionare wurden vom Staat unterhalten und verpflichtet, der Regierung Informationen zu liefern. Das ein Jahr später verkündete Statut der Missionare legte fest, daß der Unterricht in den Missionsschulen für die «Eingeborenen» der «Doktrin der neuen Verfassung» folgen und im wesentlichen «national und praktisch»[37] sein müsse. Die Kirche war auf der Seite der Unterdrücker, als in Angola, Mosambik und Guinea die Aufstände ausbrachen. Einen Höhepunkt erreichte dieses Bündnis mit dem Kolonialismus 1973, als durch spanische und holländische Missionare besonders schwere Massaker der portugiesischen Truppen gegen die Bevölkerung Angolas und Mosambiks bekannt wurden. Die portugiesische Kirche versuchte gemeinsam mit den Militärbehörden, die Enthüllungen zu bagatellisieren.

Die nichtportugiesischen Weißen Väter verließen Anfang der siebziger Jahre Mosambik aus Protest gegen die «Zweideutigkeit der Haltung der kirchlichen Hierarchie» angesichts der «Unterdrückung und polizeilichen Brutalität»[38] und verlangten den Aufbau einer afrikanischen Kirche statt der «Portugalisierung» der Afrikaner durch die Kirche. Der Generalrat der Weißen Väter erklärte in einem Brief an die Ordensbrüder Ende 1971, seine Missionare in Mosambik hätten feststellen müssen, «daß die Verwechslung zwischen Staat und Kirche, die durch staatliche und kirchliche Autoritäten ständig nahegelegt wird, der Verkündung des Evangeliums und dem wirklichen Bild der Kirche sehr abträglich ist… Als die afrikanischen Länder unabhängig wurden, stellten wir uns ehrlich auf die veränderte Situation ein, nicht aus einem kirchlichen Opportunismus, sondern aus tiefer Überzeugung. Den ganz klaren Weisungen von Kardinal Lavigerie folgend, haben wir immer versucht, nicht nur Zeugnis abzulegen für das Evangelium, sondern auch, soweit wie möglich [afrikanische] Ordenskirchen aufzubauen mit dem Ziel, sie eines Tages selbständig zu sehen… Uns scheint es unvereinbar, mit den Maliern ein Malier zu sein, mit den Kongolesen ein Kongolese, mit den Tansaniern ein Tansanier, und dann auf einmal mit den Mosambikanern… ein Portugiese. Das ist eine Frage apostolischer Ehrlichkeit, die unsere gesamte Gesellschaft angeht.»[39] Darauf äußerte die lissabonhörige Bischofskonferenz von Mosambik, den Weißen Vätern fehle es an «missionarischer und kirchlicher Gesinnung». Zwei spanische Missionare des Burgos-Ordens, die 1971 portugiesische Massaker in ihrem Missionsgebiet enthüllt hatten, wurden für fast zwei Jahre ins Gefängnis gesteckt. Nach ihrer Entlassung im Oktober 1973 berichteten sie abermals – diesmal über die Mißhandlungen afrikanischer Gefangener in den portugiesischen Gefängnissen.[40]

Was Angola betrifft, so registriert das «Lexikon der Weltmission» unter diesem Stichwort: «Während der ganzen Zeit konnte die katholische Kirche sich nicht durchringen, ihre privilegierte Stellung durch klare öffentliche Verurteilung von Zwangsmaßnahmen und

Unrecht, zum Beispiel der Zwangsarbeit, aufs Spiel zu setzen... Zu erheblichen Belastungen für die Kirchen, besonders für die Protestanten, führte der 1961 geführte Aufstand zweier Befreiungsbewegungen... Man betrachtete die christliche Lehre von der Menschenwürde als eine der Ursachen des Aufstandes...» Die wenigen portugiesischen Missionare, die sich gegen die Greueltaten der Regierung wandten, fanden bei ihrer Kirche keine Unterstützung. Diese beteiligte sich vielmehr an den amtlichen Vertuschungsmanövern.

Im belgischen Kongo – zunächst ja ein «Freistaat» des Königs Leopold, dann wegen Mißwirtschaft und unmenschlicher Behandlung der Afrikaner vom belgischen Staat übernommen, ohne daß sich das Los der Kongolesen sehr gebessert hätte – hatte die katholische Kirche lange Zeit das Missionsmonopol und wurde zu sehr vom Staat gefördert, um sich sehr gegen ihn aufzulehnen. Sie war vielmehr sein Bundesgenosse, gerade in Afrika. König Leopold hatte 1886 vom Vatikan erreicht, daß in den katholischen Stationen nur Missionare belgischer Nationalität tätig sein würden, so wurden sie privilegierte «nationale Missionen». Eine Konvention zwischen dem Kongostaat und dem Vatikan übertrug ihnen das Schulwesen für Afrikaner unter Aufsicht und mit Hilfe des Staates. Im übrigen propagierte sie auf allen Ebenen bestmögliches Einvernehmen zwischen Missionaren und den Repräsentanten der Kolonialmacht. Offensichtlich hatten die katholischen Missionen und ihre Oberen in Belgien nichts dagegen, auf diese Weise fast unauflöslich mit dem Kolonialregime verbunden zu werden, auch wenn es gelegentlich zu Reibereien zwischen ihnen und den staatlichen Vertretern kam. Das Monopol der «nationalen Missionen» auf staatliche Subventionen ging erst 1948 zu Ende, als die belgische Regierung die bisher den «nationalen» vorbehaltenen Möglichkeiten auch allen anderen christlichen Missionen eröffnete. 1960 wurden 47 protestantische in Kongo gezählt, darunter nur eine belgische.

Die enge Verbindung zwischen Kirche und Staat hatte sich in der Tat auch «bewährt», als der berühmte Kongo-Bericht des Iren Roger Casement[41] weltweite Empörung über die belgischen Kongo-Greuel auslöste. Casement war im Jahre 1900 britischer Konsul im Kongostaat geworden und hatte im Auftrag seiner Regierung Berichte über

Mißstände und Greuel untersucht, die er überreichlich bestätigt fand. In England wurde 1904 eine Congo Reform Association gegründet, die gegen das auf dem Berliner Kongreß festgelegte Kongostatut und die belgische Mißwirtschaft opponierte und viel Zulauf bekam. Zu den Zeugnissen, die Casement mitgebracht hatte, gehörten auch zwei Protestschreiben eines baptistischen britischen Missionars, John Whitehead, von Lukolela am oberen Kongo, an den Generalgouverneur. Whitehead beschrieb detailliert, wie die Bevölkerung seiner Gegend unter Mißhandlungen durch Angestellte der Konzessionsgesellschaft und das Militär, unter extremen Zwangsabgaben, Arbeits- und Kautschukanforderungen zu leiden hatte.[42] Casement konnte dazu noch weiteres Material beisteuern. Die katholische Kirche kam den Kolonialbelgiern zu Hilfe: Der «Catholic Herald» behauptete in einem Angriff gegen die Reform Association, Casement, «ein britischer Protestant»[43], besudele ein großes katholisches Land und verleumde die katholischen Missionare im Kongostaat. Unter dem Druck der Weltmeinung setzte Leopold immerhin eine Untersuchungskommission ein, die aus ihm freundlich gesonnenen Persönlichkeiten bestand – und 1905 die Vorwürfe Casements bestätigte. Berichte über die Greueltaten des belgischen Kongoregimes hatte es schon vorher gegeben, auch da war unter den Zeugen ein britischer Missionar, Walter Stapleton[44], – ebenfalls ein Protestant.

Wie sich die katholischen Missionen auch später gegen Kritik wehrten, auch gegen amtliche, berichtete General George Moulaert[45], der am Kongo als Distriktkommissar gedient hatte: In den letzten Jahren vor dem Ersten Weltkrieg sei das beliebteste Argument gewesen, der Kritiker sei Freimaurer. «Als Freimaurer wurde jeder Kolonialbeamte eingeschätzt, der sich nicht völlig den Wünschen der katholischen Missionare unterwarf.» Moulaert hatte sich den besonderen Zorn der jesuitischen Mission zugezogen, als er nicht dulden wollte, daß sie der Kolonialverwaltung die Zählung ihrer Katechumenen und die Einziehung der Kopfsteuer in den «Fermes Chapelles» (s. Abschnitt «Schul-‹Meister›») und in den Missionsstationen verweigerte. «Sie wollten, daß der Eingeborene das Gefühl hätte, die Mission sei der alleinige Herr.»

Auf dem Berliner Kolonialkongreß im Jahr 1902 hat ein evangelischer Missionsinspektor unmißverständlich klargemacht, wie sehr sich auch viele deutsche Missionare als Instrumente der Kolonialpolitik betrachteten. «Wie bei uns die Furcht vor dem Gefängnis, vor Zuchthaus und dem Schafott nicht genügt, um Ordnung und Sittlichkeit aufrechtzuerhalten, so wird draußen auch nicht die Furcht vor der Nilpferdpeitsche und dem Mausergewehr genügen, um gute Untertanen und Bürger zu erziehen, und zwar dort um so weniger, als draußen ein geordnetes Volksleben erst geschaffen werden soll.» [46] So sprach Alexander Merensky von der Berliner Mission; wir dürfen uns wundern, daß er und seinesgleichen Peitsche und Gewehr so selbstverständlich voraussetzten. Er fuhr fort, die Kolonialregierung könne «niemals ihre Autorität bei ihren Untergebenen begründen, wenn diese nicht Christen sind».

Die Plenarsitzung des Kongresses verabschiedete eine Resolution, die der Regierung empfahl, «den Missionen das bisher erwiesene Wohlwollen zu erhalten und ihre selbstlose Arbeit soviel als möglich zu fördern». In der Entschließung wurden die «namhaften Opfer» anerkannt, die die in den Kolonien tätigen Missionsgesellschaften brächten, «um deren Bewohner geistig, sittlich und kulturell zu heben» [47].

Zu dieser Äußerung der kolonialfreundlichen Tagung dürfte beigetragen haben, daß auch ein stattliches Aufgebot katholischer Missionsgesellschaften teilnahm (Herz Jesu, Oblaten, Weiße Väter, Steyler, Pallottiner, Väter vom Heiligen Geist, St.-Benediktus-Missionsgesellschaft), dazu der Afrikaverein deutscher Katholiken. [48] Deren Spezialist Schmidlin, Professor der Missionswissenschaft, habe ich schon allgemeiner zu Wort kommen lassen. Er bestätigte Deutschland, daß es «dem Missionswesen durchaus freundlich gegenübertritt und seine Entfaltung indirekt ermöglicht und befördert, ja begünstigt. Zunächst verschafft der Kolonialstaat der Mission eine Reihe materieller Vorteile, deren sie sich für ihre Zwecke bedienen kann.» [49] Damit meinte er zwar die allgemeine Erschließung der Kolonien, die den Missionaren Arbeit, Bewegung, Korrespondenz usw. erleichtere, aber «dazu kommen noch als spezielle Vergünstigung die Zoll- und Steuerprivilegien, die auf den ersten Blick auffällig erscheinen mögen, aber kolonialpolitisch hinreichend dadurch begründet sind, daß auf der anderen Seite die Missionen in den Kolonien dem Staate viele Aufgaben und Lasten abnehmen, namentlich auf dem Gebiet des Unterrichts und der Wohlfahrtspflege»[50].

Zu den materiellen Vergünstigungen gehörten natürlich auch direkte Zuwendungen des Reiches an Missionen, die Schmidlin in diesem Zusammenhang nicht erwähnte. Er erinnerte jedoch daran, daß es auch gesetzliche Unterstützung gebe, beispielsweise durch die Bestimmung über Sonntagsruhe. Dann äußerte sich der Professor zu Pflichten der katholischen Mission gegenüber der Obrigkeit: Sie «wird ihrerseits gut daran tun, den durch die deutsche Kolonialgesetzgebung so geschaffenen Rechtszustand anzuerkennen und die ihr dadurch gebotenen Vorteile zu benützen. Aus taktischen und praktischen Gründen geht sie tatsächlich in ihrem Entgegenkommen noch weiter, als ihr streng rechtlich vorgezeichnet ist, indem sie sich vor Eröffnung einer neuen Mission oder sonstigen wichtigen Schritten mit den Kolonialbehörden ins Einvernehmen setzt... Überhaupt sucht die Mission gewissenhaft auch jene Pflichten zu erfüllen, die einem loyal gesinnten Staatsbürger gegenüber der rechtmäßigen Obrigkeit obliegen, nicht bloß äußerlich, sondern auch innerlich untertänig, nach den schon von den Apostelfürsten Petrus und Paulus ihr eingeschärften Anschauungen über die Gottgewolltheit der staatlichen Gewalten, wie nach den Ratschlägen der älteren Missionstheoretiker. Denselben Gehorsam und dasselbe Autoritätsgefühl sucht sie auch ihren eingeborenen Pfleglingen beizubringen. So nährt und pflanzt sie in ihnen zugleich Patriotismus und Nationalgefühl.»[51] Gewiß sei die katholische Kirche ein internationales Institut, das für alle Völker wirken solle und in erster Linie die Interessen der «Eingeborenen», besonders der bekehrten, zu vertreten habe. «Aber das hindert sie nicht, innerhalb des vaterländischen Rahmens in unseren deutschen Schutzgebieten aus ganzer Seele gleichzeitig die patriotischen Interessen wahrzunehmen, wie überhaupt das wahre Christentum und der wahre Katholizismus jederzeit die nationale Gesinnung eher gehoben und gestärkt als gelähmt und unterbunden hat. Tatsächlich fördern unsere deutschen Missionare anerkanntermaßen zugleich wenigstens indirekt das Deutschtum in den Kolonien. Sollten ausnahmsweise in dem einen oder anderen Vikariat entgegengesetzte Unterströmungen zur Geltung kommen, so wäre das nicht nur vom staatlichen und kolonialen, sondern auch vom kirchlichen und missionarischen Standpunkt aus absolut verwerflich und geradezu unverantwortlich.» [52]

Solche Töne hörte man auch von Protestanten. Als Südwestafrika deutsches «Schutzgebiet» wurde, erklärte die Rheinische Mission: «Es freut uns von ganzem Herzen, daß das wieder geeinte und erstarkte Deutschland nun auch angefangen hat, seiner hervorragenden Machtstellung in Europa entsprechend, auch Anteil zu nehmen an der großen Weltherrschaft Europas, und daß nun gerade unsere südafrikanischen Missionsgebiete es gewesen sind, die zuallererst unter den Schutz und die Oberhoheit des Deutschen Reiches gestellt worden sind, das erfüllt uns mit einer ganz besonderen Freude. Aber solches ist nur darum möglich, weil wir guten Grund haben, von dieser Besitzergreifung auch für unsere dortige Missionsarbeit segensreiche Folgen zu erwarten, ja mehr noch, vielleicht in ihr eine Erhörung unserer Gebete erblicken.» [53]

Die Deutsch-Ostafrikanische Missionsgesellschaft wurde mehr «patriotisch» als christlich unter der Beteiligung der Ostafrikagesellschaft des Kolonialpropagandisten Carl Peters gegründet: Zu ihren Zielen gehörte, den deutschen Herrschaftsanspruch zu fördern. Freilich wurde sie später als «Bethelmission» umorganisiert und weitgehend entnationalisiert.

Auf dem erwähnten Berliner Kolonialkongreß 1902 brachte Pfarrer Carl Paul von der Leipziger Mission den Beitrag der Kolonialmission zur Kolonialisierung auf die vertraute Formel: «Ihr Beitrag zur politischen Angliederung der Kolonialvölker ans Mutterland besteht darin, daß sie die Unterworfenen mit ihrer neuen Herrin Germania auszusöhnen sucht. Sie prägt ihren Zöglingen das alte christliche Untertanengebot ein: ‹Jedermann sei untertan der Obrigkeit, die Gewalt über ihn hat.›» [54]

Das Eroberereland als Mutterland der Besetzten aufzufassen war nichts speziell Deutsches. Solche Töne schlugen besonders gern auch

Franzosen und Belgier an. Jedenfalls kann man sich schon denken, daß von so gestimmten Kirchenmännern nicht viel Opposition gegen staatliche Willkür in den Kolonien zu erwarten war, offenbar auch kein Nachdenken darüber, ob man den Widerstand und die Unlust der Besetzten nicht anders hätte interpretieren müssen denn als Kriminalität, Barbarei und Faulheit. Warum um alles in der Welt hätten Herero, Nama, Ewe und die vielen anderen Völker in den deutschen Kolonien einen deutschen Patriotismus empfinden und sich ein deutsches Nationalgefühl einflößen lassen sollen? Und was hatte das mit dem Missionsauftrag zu tun? Welches göttliche Gebot zwang die Missionare, sich als Erzieher der «Eingeborenen» zur Arbeit zu verstehen? Zur Arbeit nicht für sich selbst, wohlgemerkt, sondern für ihre deutschen Besatzer, schlecht oder überhaupt nicht bezahlt?

Die Besatzer zu kritisieren, nahmen sich Missionare auch in deutschen Gebieten von Zeit zu Zeit das Recht. Aber da kümmerten sie mehr deren «unsittliche» Lebensweise und ihr Alkoholkonsum. Beschwerden über die verbreiteten Mißhandlungen von Einheimischen durch Soldaten, Beamte, Farmer oder Unternehmer kamen auch vor, aber sehr viel seltener. Am barbarischen deutschen Strafvollzug, bei dem die Nilpferdpeitsche die größte Rolle spielte (aber geprügelt wurden die Einheimischen auch ohne Pseudorechtsbasis von ihren Herren), fanden die Missionen so gut wie nichts auszusetzen, siehe Inspektor Merensky.

Wie hätten sich die Missionen auch kritisch distanziert verhalten können, wenn sie in mehreren Kolonien in den zentralen Verwaltungsgremien vertreten waren? Eher nützten sie das Bündnis mit staatlicher Macht, um diese für ihre eigenen Interessen einzuspannen. Nicht selten erlag ein Missionar «der Versuchung, seine subjektiv gut gemeinten Ziele – Einführung des Schulbesuchs, Aufrechterhaltung der strengen ‹Platzordnung› oder der Stationsdisziplin usw. – mit Hilfe des weltlichen Armes durchzusetzen, was zur häufigen Anwendung der berüchtigten Prügelstrafe beitrug»[55].

Differenzen gab es in Deutsch-Ostafrika zwischen den Herrnhutern und der deutschen Verwaltung. Die Brüdergemeine hatte sich im Land der Konde niedergelassen, Anfang der neunziger Jahre des

19. Jahrhunderts, als die Deutschen das Land noch nicht ganz erobert und daher noch keine Zivilverwaltung eingerichtet hatten. Also fühlten sich die Herrnhuter für alles zuständig – Recht, Verwaltung, Steuereinziehung. Als dann eine deutsche Verwaltung existierte, wollten sie diese Befugnisse nur ungern abtreten.

Verkehrte Fronten wiederum brachten in Südwestafrika die Rheinische Mission, die doch so viel zur Errichtung der Kolonialherrschaft beigetragen hatte, in eine ungewohnte Defensive. Die deutschen Siedler opponierten scharf gegen die Versuche der Mission, den Einheimischen nach der Niederwerfung ihrer Aufstände im Rahmen der Kolonialordnung ein paar Reservate zu erhalten und einen gewissen Zusammenhalt zu bewahren. Sie brachten es fertig, die Mission in der öffentlichen Meinung des Reiches zu isolieren; die Mission akzeptierte schließlich eine «Ordnung», die den Afrikanern jede Möglichkeit eines Zusammenschlusses nehmen sollte, damit sie nicht etwa von neuem ein eigenes Volksgefühl entwickelten. Das machte die Missionare zu Wanderpredigern. Sie billigten auch die «Eingeborenenverordnungen» zur Enteignung der Nama und Herero, die diese zu Lohnsklaven machte, als «eine stramme Jacke, aber eine gute Jacke»[56].

Die katholische Mission erklärte 1906 ihre Bereitschaft, «bei einsetzendem Arbeitsmangel [gemeint war sicher: Arbeitermangel] gütlich auf die Eingeborenen einzuwirken, daß sie noch mehr als bisher Dienste beim Weißen annehmen würden»[57]. Das fördere zwar nicht die Missionsarbeit, aber die Mission habe stets das allgemeine Wohl im Auge und werde selbstverständlich die eigenen Interessen an zweite Stelle treten lassen...

In den deutschen Südseekolonien hatten die Missionare gegenüber der Kolonialverwaltung oft eine stärkere Stellung, nicht zuletzt weil dort weit weniger andere Deutsche wohnten. Die Missionare stellten dort allein schon ein Viertel der europäischen Bevölkerung, außerdem hatten sie sich fast immer schon vor der offiziellen Besitznahme niedergelassen und oft solchen Einfluß auf die Einheimischen, daß sie der Kolonialverwaltung als Staat im Staat vorkamen – manchmal als Verteidiger der Einheimischen gegen Landforderungen der Weißen, wie die Rheinische Mission in Neuguinea, aber ebensooft nur als

Verteidiger der eigenen Rolle bei der Gängelung der Besetzten. Auch dort wurden Christensiedlungen errichtet, deren Regiment so paternalistisch und drückend war wie in Afrika und vorher in Lateinamerika.[58] In Teilen Neuguineas wiederum benutzte die Kolonialverwaltung die Missionen gern, um Einheimische, die noch nicht unter amtlicher Kontrolle waren, zu «befrieden»[59].

Wechselnde Hoheitsrechte

Missionen kamen natürlich auch in die Lage, unter Regierungen anderer Nationalität zu arbeiten. Das führte meist zu einer ganz anderen Einstellung, da ihr Patriotismus nicht gut zugunsten der örtlichen Behörden wirken konnte. Eine solche Konstellation scheint für die Einheimischen im allgemeinen besser gewesen zu sein, siehe Portugiesisch- und Belgisch-Afrika. Westsamoa war zwar kurz unter deutscher Kolonialherrschaft, aber die stärkste und einflußreichste Mission dort, mit starkem Rückhalt unter den Einheimischen, war die London Missionary Society. Ihr dortiger Leiter, Newell, weigerte sich entschieden, die Ermunterung der Samoaner zur Plantagenarbeit für deutsche Unternehmen als eine Missionsaufgabe anzusehen, wie es die Deutschen aus ihren anderen Herrschaftsgebieten gewohnt waren. Nichts könne die Samoaner überzeugen, sagte er, daß sie von Gott geschaffen seien, den Weißen zu dienen, und sie seien nicht zur Sklaverei in gleich welcher Form bestimmt.[60]

Die LMS lehrte die deutsche Kolonialverwaltung noch auf andere Weise Respekt: Sie beharrte streng und erfolgreich auf dem heiligen Sonntag – so sehr, daß sie, als Kaiser Wilhelms Geburtstag auf einen Sonntag fiel und die Deutschen den üblichen lärmenden Geburtstagsrummel veranstalteten, den Feiern fernblieben. Das führte zu einer feindseligen Pressekampagne in Deutschland und zu Beschwerden der deutschen Siedler und Kaufleute. Gouverneur Solf immerhin zeigte Verständnis und bestätigte den Missionaren, daß sie guten Glaubens handelten. Deutsche Versuche, die LMS auf Samoa zu «germanisieren», etwa durch Einführung von Deutschunterricht in den Missionsschulen, konnten sich wegen des Endes der deutschen

Herrschaft im Ersten Weltkrieg kaum entwickeln. Hingegen brachte die Einrichtung einer konfessionell gemischten Regierungsschule die französische katholische Mission auf den Plan, die bis dahin von den Deutschen bevorzugt und hofiert worden war. Bischof Broyer drohte, katholische Kinder zu exkommunizieren, wenn sie diese Schule besuchen würden, und verlangte eine katholische Schule. Die katholische Gemeinde zählte etwa 8000 Mitglieder. Die Auseinandersetzung zog sich bis kurz vor Kriegsausbruch hin, dann gaben die Deutschen ihren Plan auf.[61] Die schon vorhandene katholische Schule erhielt deutsche Zuschüsse, die katholische Mission verpflichtete sich, deutsche Schulen zu eröffnen; in der «gemischten» Regierungsschule gab es weder protestantische noch katholische Lehrer.

Als der Krieg ausbrach, rechnete der deutsche Gouverneur mit einem Aufstand der protestantischen Stämme gegen die deutsche Herrschaft. Er blieb aus – dank des beruhigenden Einflusses der britischen Missionare![62]

Auf den Marshall-Inseln ergab sich eine noch bemerkenswertere Kontroverse. Als 1863 die ersten Deutschen kamen, die allmählich einen lukrativen Kopraexport aufbauten, fanden sie amerikanische Missionare vor, die fünf Jahre vor ihnen erschienen waren. Sie gehörten der Boston Mission an (American Board of Commissioners for Foreign Missions) und errichteten mit Hilfe von Hawaiianern, die sie ausgebildet hatten, auf den verschiedenen Atollen der Inselgruppe Missionsstationen. Nach einer Weile hatten sie ihrer Meinung nach genug einheimische Missionare ausgebildet und zogen auf die Insel Kusaie in US-Mikronesien um. Von da an leiteten einheimische Missionare die Marshall-Kirchengemeinden, die fast unabhängig waren, ihre bestimmenden Ausschüsse selbst wählten und nur einmal pro Jahr von einem amerikanischen Missionar besucht wurden.[63]

Sechs Jahre nachdem auf den Marshall-Inseln sozusagen eine christliche Unabhängigkeit entstanden war, annektierte Deutschland 1885 die Inselgruppe. Wie meist stützte sich die deutsche Verwaltung auf die Häuptlinge, an deren patriarchalischen Despotismus die Insulaner gewöhnt schienen. Den Häuptlingen gehörte alles Land; die es bearbeiteten, waren praktisch Leibeigene, deren Frauen jederzeit zu den Häuptlingen zitiert werden konnten. Aber die Verwaltung mußte entdecken, daß diese Häuptlinge die amtlichen Wünsche, meist nach Arbeitern, nicht mehr so reibungslos befriedigen konnten: Die Kirchenkomitees begannen, die Autorität der Häuptlinge zu schwächen.

Also sehnte sich die Verwaltung nach einer deutschen Mission, die eine «Germanisierung» der Kirchen herbeiführen sollte. Doch gelang ihr nicht, eine zu finden. Teils wurde ihr bedeutet, ein Daueraufenthalt auf den Inseln sei für einen europäischen Missionar unmöglich, also müßten auch Deutsche sich auf einheimische Prediger und Lehrer verlassen. Andere Missionen erklärten, sie dächten nicht daran, den amerikanischen Brüdern Konkurrenz zu machen.

Ein paar Jahre später erschien dann zwar eine katholische Mission (Vom Heiligsten Herzen Jesu), aber die Macht der einheimischen protestantischen Kirchenkomitees war nicht mehr zu brechen. Sie waren besonders stark auf den Inseln Ebon und Namorik. Dort widersetzten sie sich immer wieder den Forderungen der Kopra-Gesellschaft und der von ihr eingespannten Häuptlinge. Die Deutschen beschwerten sich bei der amerikanischen Missionsleitung. Der zuständige Missionar Edmund M. Pease antwortete, er habe auf die Beschlüsse der Marshall-Kirchen keinen Einfluß, «da sich diese als freie Genossenschaften ihre Gesetze selbst geben»[64].

Im Jahr 1900 begann auf den Atollen, hauptsächlich auf Namorik und Mejit, ein Lohnkampf. Die deutsche Gesellschaft, die inzwischen das Monopol hatte, setzte die Löhne für die Kopraverladearbeiter herab. Darauf weigerten diese sich, die Schiffe zu beladen. Alsbald setzte die Gesellschaft den Koprapreis herab, den sie den Einheimischen zahlte. Nun weigerten sich diese, überhaupt Kokosnüsse in Kopra zu schneiden.

Die amerikanischen Missionare antworteten auf deutsche Beschwerden, den Einheimischen sei schwer einsehbar, in welcher Weise die Kolonialregierung zu ihren Gunsten wirke. Sie habe die Steuern hochgetrieben, «eine Unzahl Verordnungen erlassen», der Jaluit-Gesellschaft[65] ein Monopol eingeräumt, dessen einziger Zweck sei, «große Profite aus den Eingeborenen herauszuholen». Die Kolonialregierung sei «ganz und gar Instrument des Firmeninteresses und als Regierung kaum mehr als eine Fassade», die deutschen Maßnahmen seien «repressiv», die Einheimischen ohne Rechte.[66]

Der deutsche Landeshauptmann Brandeis forderte ein Kriegsschiff an, die «Cormoran» erschien. Einige Einheimische wurden verhaftet und an Bord geschleppt; der Kommandant ließ einen Warnschuß feuern und schickte 24 bewaffnete Matrosen an Land. Die Häuptlinge erklärten sich bereit, künftig den neuen Lohn zu akzeptieren, und zahlten eine Strafe von umgerechnet 46 Tonnen Kopra. Aber es gelang ihnen nicht mehr, ihre Leute gegen den Willen der Kirchenkomitees zur Arbeit zu zwingen. Brandeis verhängte nun eine Blockade gegen die beiden Inseln, «weil sie sich geweigert hatten, ihre Boote und Knochen ohne entsprechende Gegenleistung für die Jaluit-Gesellschaft zu opfern», wie ein deutscher Marineoffizier bemerkte.[67]

Ende 1902 wurde die Blockade aufgehoben, ohne daß die Einheimischen nachgegeben hätten, ein paar Monate später wurde sie von neuem verhängt. Nach rund drei Jahren Dauer endete der Streik auf Namorik 1904 mit dem Sieg der einheimischen Kirchenausschüsse: Die Gesellschaft bewilligte den geforderten Lohn, vier Mark am Tag. Die Arbeiter in Mejit konnten die mühsame und gefährliche Ladearbeit loswerden; sie wurde an die Bootsmannschaften eines Händlers vergeben.

1906 übernahm das Reich die Hoheitsrechte. Die Marshall-Inseln gehörten nun zur Kolonie Deutsch-Guinea. An der Lage änderte sich nichts. Die Klagen der Bezirksamtmänner über die Kirchenkomitees gingen weiter, bis der Erste Weltkrieg die deutsche Herrschaft beendete. Die amerikanische Zentrale hatte einmal eine allmähliche «Germanisierung» ihrer Marshall-Mission erwogen – der zuständige Missionsleiter Rife riet, einen Deutsch-Amerikaner zu schicken, «weil ein Mann aus Deutschland selbst wahrscheinlich rauchen und Bier trinken würde, was einen schlimmen Einfluß auf die Eingeborenen haben würde»[68]. Der erste kam dann aus Chikago, zwei Jahre vor Ausbruch des Krieges.

So stand auf einigen winzigen Pazifikinseln in der Hauptzeit des Kolonialismus Christentum für Widerstand gegen Häuptlinge und Kolonialmacht. Einheimisches Christentum, wohlgemerkt, nicht das der Besatzungsmacht.

Der doppelte Dienst: Gehilfen des Staates

Im Jahr 1895 landete ein französisches Expeditionskorps auf Madagaskar. Alle Offiziere hatten bereits vor der Einschiffung eine Landkarte erhalten, die im Detail den Weg zur Hauptstadt zeigte, und ein Taschenwörterbuch für die wichtigsten Ausdrücke und Sätze der Hova-Sprache. Beide waren das Werk von Missionaren.

Der Pater Roblet hatte dreiunddreißig Jahre auf der Insel gelebt und während der letzten fünf Jahre vor der Invasion sorgfältige Arbeit als Kartograph geleistet, aber auch Angaben über die Bevölkerungsstärke und dergleichen beschafft, so daß er dem französischen Kriegsminister «sehr wertvolle Informationen» liefern konnte, wie der Expeditionsteilnehmer Capitaine de Corlay lobend verzeichnete. Und: «Kaum glaublich, dieser ebenso bescheidene wie gebildete Kirchenmann ist beauftragt, dem General de Torcy einen Weg anzugeben, auf dem unsere Truppen die Hovas in den Süden der Insel verfolgen könnten, falls sie dorthin fliehen sollten. Also hat er auf einer anderen Karte, diesmal mit Hilfe des Paters Colin, das Bergland mit seinen Hügeln und Tälern aufgezeichnet, die Wasserläufe, mögliche Raststellen, die Zahl der Einwohner, die Produkte, die Vorräte an Vieh. Undankbare, schwierige Aufgabe, aber von ihr hängen die Gesundheit, vielleicht das Leben einer Kolonne von Soldaten auf dem Marsch ab.»[1]

So weit müssen Missionare nicht allgemein gegangen sein, um sich den Ruf von Agenten der Kolonialmacht, oft der Kolonialgewalt einzutragen. Aber in verblüffend vielen Fällen haben sie sich doch in einer Weise zur Verfügung gestellt, die schwer mit ihrem »Berufsbild« in Einklang zu bringen ist. Mehr als drei Jahrzehnte vorher war William Ellis von der London Missionary Society auf Madagaskar gleichzeitig Missionar und Kurier der britischen Regierung gewesen.[2] Über die Verhältnisse im heutigen Nigeria wiederum lieferten britische Missionare lange vor der Eroberung durch Großbritannien

Landkarten und Informationen, die im Londoner Kriegsministerium sehr geschätzt wurden.[3]

«Ich habe hier ein Arrangement mit der China Inland Mission getroffen, durch Stevenson, unter dem die verschiedenen Inlandstationen ihm wichtige Nachrichten auf meine Kosten kabeln werden, und daß die Informationen vor mir niemand benutzen kann», schrieb der TIMES-Korrespondent J. O. P. Bland am 22. Oktober 1902 an den China-Chefkorrespondenten des Blattes, G. E. Morrison, der sich gerade in der Mandschurei befand, und setzte stolz hinzu: «Dies sollte der TIMES einige Vorteile bringen.»[4] Nun ja – Missionare als «stringer» von Journalisten, wie die von Fall zu Fall tätigen, oft einem anderen Beruf angehörenden Informanten genannt werden, das mag vielleicht noch angehen. Aber in China, um zunächst nur dort zu verweilen, blieb es nicht dabei. Im Nachlaß Morrisons fand sich auch ein Brief, den ihm der britische Konsul E. H. Fraser am 14. Februar 1898 aus der Provinz Fukien geschrieben hatte: «Mein lieber Morrison, ... Informationen unserer geheimen Intelligence in Canton und von deutschen, englischen und amerikanischen Missionaren, die ihre ganze Bedeutung nicht erkannten, überzeugen mich, daß die Franzosen durch ihre Missionare, deren Protektion ihrer ‹Bekehrten› ein imperium in imperio begründet, den Weg vorbereitet haben, sowohl Kuangtung als auch Kuangsi zu schlucken, sobald es ihnen paßt, eine örtliche Revolte auszulösen oder auch drei.»[5]

So wundert man sich auch nicht, in einem Brief Morrisons an den Chefredakteur der TIMES vom 18. Januar 1911 zu lesen: «In China gibt es zur Zeit mehrere Hunderte Missionsstationen; über die intimsten Kenntnisse Chinas verfügen die Missionare. Die größte Verteileragentur für die Missionare ist die China Inland Mission mit Hauptquartier in Newington Green, London. Ich schlage vor, daß Sie sich mit ihr in Verbindung setzen, um sie zu Ihrem Agenten unter den Missionaren in China zu machen. Ihr China-Hauptbüro ist in Shanghai, es hat wiederum verschiedene Unteragenten, darunter den Reverend George Clarke in Tientsin, der mit Missionaren in ganz Nordchina und der Mongolei in Verbindung steht. Alle Missionare sind an der Ausbreitung des Englischen und an der Zunahme westlicher Bildung in China interessiert, und es gibt keinen besseren Weg, die

Englischkenntnisse der Chinesen zu verbessern und ihr Interesse an westlicher Bildung zu erhalten, als sie zu Abonnenten der TIMES-Wochenendausgabe zu gewinnen.»[6]

Die Chinesen waren durchaus vertraut damit, Missionare in anderer Rolle als der von Verkündern des Evangeliums zu erleben. Schon während der Opiumkriege, die China zwangen, zunächst Briten und Franzosen ins Land zu lassen (anfänglich zum Opiumhandel) und dann immer neue, andere fremde «Barbaren», waren die Dolmetscher des ersten britischen Befehlshabers und dann zugleich die Hauptunterhändler die Missionare John Robert Morrison, Charles Gutzlaff und George T. Lay. Gutzlaff war vorübergehend sogar Besatzungschef der Stadt Chusan während der britischen Expedition 1841 und nach dem Vertrag von Nanking (1842) neun Monate lang Gouverneur. Morrison amtierte als Chefsekretär für chinesische Angelegenheiten des britischen Gouverneurs in Hongkong, nach seinem Tod wurde Gutzlaff sein Nachfolger, bis auch er starb. Lay war nacheinander britischer Konsul in Kanton, Fuzhou und Amoy. Daß christliche Missionare als wichtige Mitglieder eines fremden Eroberungsheeres auftraten, sollte einen Stein ins Rollen bringen, der sich zu einer Lawine entwickelte. (Darüber mehr im nächsten Kapitel.) Als Dolmetscher für eine militärische Expedition hatte auch Johann Ludwig Krapf von der Christian Missionary Society in Afrika gedient: für die britische Truppe unter Lord Napier, die 1868 in Äthiopien einmarschierte, um die schlechte Behandlung britischer Diplomaten zu ahnden. Allerdings wurde Krapf krank und mußte die Invasionstruppe vorzeitig verlassen.

Agenten – das beinhaltet die verschiedensten Handlungen. In Togo betätigten sich Mitglieder der Norddeutschen Mission oft als Auge und Ohr der Verwaltung: Sie informierten sie über «ungehorsame» Häuptlinge und auch über Dörfer, die nicht die Steuerarbeit leisteten, die die deutsche Verwaltung festgesetzt hatte.[7] In Deutsch-Ostafrika konnten sich die deutschen Verwaltungen der Missionsgesellschaften als Informanten über die Verhältnisse in Gegenden bedienen, die noch nicht «durchdrungen» waren; die Missionare halfen, rebellische Stämme zu beruhigen, sie halfen bei der Arbeiterbeschaffung für den Wegebau und, auch hier, bei der Steuereintreibung.[8]

Französische katholische Missionare veranlaßten die Stammeshäuptling der Wallis- und der Gambier-Inseln im Pazifik um die
vierziger Jahre des 19. Jahrhunderts, Gesuche an die französische
Regierung zu richten, das «Protektorat» über ihr Gebiet zu übernehmen. Sie halfen, die Gesellschafts-Inseln für Frankreich zu gewinnen.
Ebenso aktiv waren französische Missionare in Neuseeland – doch
das bewog dann Großbritannien nach ursprünglichem Zögern, es
selbst in Besitz zu nehmen. Zur Mission der London Missionary
Society auf Tahiti gehörte Anfang des 19. Jahrhunderts George Prit-
chard, der 1834 britischer Konsul wurde und sich vergeblich bemühte, Tahiti in ein britisches Protektorat zu verwandeln und protestantisch zu erhalten. Mitte des Jahrhunderts übernahmen es Frankreich und die Katholiken.

1839 überbrachte ein französisches Kriegsschiff dem König von
Hawaii ein Ultimatum. Zu den Forderungen gehörten: Erlaubnis für
die Einrichtung katholischer Missionsstationen und Überlassung von
Grundstücken für den Kirchenbau. Der König und seine Regierung
fügten sich. Die Franzosen wußten, was sie an ihren Missionaren
hatten. Zwischen französischen Kolonialbehörden und Missionaren,
meist katholischen, mag es manchmal Reibereien gegeben haben, wie
schon erwähnt. Aber die Kolonialregierung neigte doch dazu, sie im
Ernstfall nicht nur als Verbündete anzusehen, sondern auch als
Gehilfen und Agenten. Die Mission leistete dem nicht selten Vor-
schub, so zum Beispiel Msgr. Paternot, der dem Gouverneur des
damals französischen Sudan in einem Brief versicherte, die Anwesenheit der Patres inmitten der als unruhig und schwierig geltenden
Bobo-Stämme könne «ein beruhigendes Element und eine wertvolle
Informationsquelle für die Administration sein, falls sich Agitatoren
erheben wollten»[9].

«Die Arbeit britischer Forschungsreisender *und Missionare* legte
den Grundstein für Ansprüche der Regierung auf afrikanisches Gebiet», sagte Professor Paul Knaplund in seiner Geschichte «The
British Empire 1815–1939»[10], und «bei den erfolgreichen Bemühungen der London Missionary Society in den frühen sechziger Jahren
[des 19. Jahrhunderts], die deutschen Missionare aus Betschuanaland herauszumanövrieren, spielten politische Erwägungen eine

Rolle»[11]. Der britische Gouverneur der südafrikanischen Kapkolonie, Lord Charles Somerset, war Anfang des 19. Jahrhunderts der Meinung, Missionare sollten als eine Art von Regierungsbeamten behandelt werden. Er «erwartete also von den Missionaren, daß sie als seine Agenten handelten»[12]. In der Tat – da gab es Missionare mit dem Titel «Confidential Agent to the Colonial Government». Somerset genehmigte die Errichtung einer Missionsstation unter den Xhosa 1816 nur, weil er hoffte, damit Agenten zu gewinnen, die ihm über die Entwicklung bei diesem Stamm berichten und Aufträge für ihn erledigen könnten. Einer der ersten bekannten Missionare in Südafrika, Robert Moffat, schrieb in seinen Erinnerungen von der unheiligen Allianz, gleichzeitig beides sein zu sollen. Die Missionare Anderson, Brownlee und Thompson hätten es nur schwer vereinbart und schließlich gesehen, daß es nicht vereinbar sei, weil die «politischen Funktionen den missionarischen zu sehr in die Quere kommen – Tatsache ist, es hat keine Basis in der Schrift». Seine Erfahrung habe ihn überzeugt, «daß eine Person nicht beide Ämter behalten sollte. Unter den Bechuana waren wir in unmittelbarer Lebensgefahr, weil sie den Verdacht hatten, daß wir Agenten der Regierung oder in der einen oder anderen Weise mit ihr verbunden seien.»[13]

Als der britische Konsul in Sansibar, Sir John Kirk, 1855 die Church Missionary Society aufforderte, Moshi zu «besetzen» und britischen Einfluß am Kilimandscharo zu begründen, folgte Bischof Hannington ohne Zögern – Moshi wurde dann aber doch Teil der deutschen Sphäre in Tanganjika. Kirk empfing ständig ausführliche Berichte von britischen Missionaren auf dem Festland, die er an das Außenministerium in London weiterleitete. Oliver[14] bezeichnet sie noch heute als die besten Quellen für die allgemeine Geschichte Ostafrikas jener Zeit.

1902 berichtete Sir Charles Eliot, britischer Kommissar für das Protektorat Ostafrika, die Missionen seien sehr hilfreich gewesen, als es darum ging, die Einheimischen dazu zu bringen, die Hüttensteuer zu zahlen – das kennen wir nun schon. Die Missionare Moss Omeroid und John Consterdine dienten der Verwaltung als Dolmetscher und Berater und halfen, ihre Anordnungen und Maßnahmen den Einheimischen schmackhaft zu machen. Eliot konnte sich aus Mangel an Beamten nicht leisten, in jedem Distrikt eine Zivilverwaltung einzurichten; er konstatierte zufrieden, die Missionare seien da genauso gut, und anderthalb Jahrzehnte später empfahl der Distriktkommissar Tate, die CSM solle die Verwaltung eines Gebietes in Kenia übernehmen, da nicht genug Regierungskräfte vorhanden seien. Ähnlich zufrieden war der britische Konsul Harry Johnston mit ihrer Arbeit in Njassaland. England verdanke seine Stellung dort «der ganz außergewöhnlichen Arbeit dieser vier Missionsgesellschaften [Church of Scotland Mission, London Missionary Society, Free Church Mission, Universities Mission]», schrieb er in einem Memorandum[15] an die British South Africa Company.

Der protestantische französische Missionar François Coillard, verheiratet mit einer Schottin, nutzte seinen Einfluß auf das Lozi-Volk in Barotseland, um der British South Africa Company des Cecil Rhodes einen Vertrag zu verschaffen, in dem der König der Lozi sein Land und seine Unabhängigkeit praktisch der Gesellschaft übertrug, sie bekam dadurch freie Hand in Nordwestrhodesien. Die Lozi merkten, wie viele andere afrikanischen «Vertragspartner» der Kolonialmächte, zu spät, was sie da unterschrieben hatten.

Alfred James Swann von der London Missionary Society führte für Generalkonsul Johnston Verhandlungen mit den arabischen Sklavenhändlern von Ujiji, vertrat aber auch die Interessen von Elfenbeinhändlern. Swann wurde später, als die britische Kolonialverwaltung Njassalands eingerichtet wurde, einer der ersten Mitarbeiter Johnstons. Die Missionare der London Missionary Society halfen 1891 einer schottischen Handelsgesellschaft, der African Lakes Company, einen Häuptling der Lungu abzusetzen, weil er wiederholten Forderungen der Gesellschaft, unbezahlte Arbeiter zu stellen, nicht nachkommen wollte. Missionare und Händler gemeinsam zerstörten zwei seiner Dörfer, bemächtigten sich des Häuptlings und schafften ihn nach Blantyre ins Gefängnis. Summarisch gilt, was Robert I. Rotberg am Ende seines Kapitels über die Besetzung Nordrhodesiens schreibt: «So, wie die Missionare ein bis dahin unbekanntes Land erschlossen und der Gesellschaft bei ihrem Versuch geholfen hatten, es britisch zu machen, so waren sie auch bewußte Agenten der sozialen Veränderung.»[16]

In Uganda machten sich die Missionare nicht weniger «nützlich». Johnston, inzwischen Sir Harry und Gouverneur: «Ich bin gehalten, die Unterstützung anzuerkennen, die mir die Missionen gewährt haben, besonders die CMS (unter der Leitung Bischof Tuckers). Ohne deren Unterstützung für mich glaube ich nicht, daß die Führer Ugandas zur Unterschrift unter den Vertrag bereit gewesen wären, der sie, ihr Land und ihr Volk praktisch ganz in die Hände der Briten bringt.»[17] Bald danach bedankte sich Johnstons Nachfolger, Sir James Hayes-Sadler, abermals bei der Church Missionary Society: «Die Unterstützung, die ihre Mitglieder, die Missionare, der Regierung während des Aufstandes geleistet haben, ist zu bekannt, um noch einmal rekapituliert werden zu müssen... Ich möchte ihnen auch danken für ihre Unterstützung der Regierung in Sachen Hüttensteuer... und für die Bereitwilligkeit, mit der sie mir die Informationen, die sie über das Land und sein Volk haben, zur Verfügung gestellt haben.»[18]

Etwa um die gleiche Zeit folgte die Berliner Mission in Deutsch-Ostafrika ganz selbstverständlich der Aufforderung des deutschen Distriktchefs von Prinz, in einem Gebiet, das die deutschen Truppen räumten, das «Vakuum» durch Installierung von Missionaren zu füllen. Während des Ersten Weltkriegs übernahmen es die deutschen Missionare in Tanganjika 1915, für die Verpflegung der deutschen Truppen zu sorgen, die in ihrer Nähe in Stellung gingen.

Bald nach dem Zweiten Weltkrieg wurden gegen die Missionen im belgischen Kongo schwere Vorwürfe erhoben. In einer Sondernummer «Congo 1947» beschuldigten die «Cahiers Socialistes» («Sozialistische Hefte») die katholischen Missionare in der Kolonie, als staatliche Agenten und als Verleumder der Nichtkatholiken tätig zu sein. Generell erwarben sich die katholischen Missionen den Ruf, die besten Agenten des kapitalistischen und paternalistischen Systems bei den Afrikanern zu sein[19], indem sie in Bergwerken und Arbeitslagern für Ruhe und Ablenkung sorgten. Schon fast in der Gegenwart, 1988, beschuldigte ein ehemaliger Missionspilot die christlichen Missionen im indonesisch besetzten Westpapua (Westirian), dem Militär die Infrastruktur für das Eindringen in den Urwald zu liefern und die Transmigration zu unterstützen, also die Ansiedlung von Javanern und Indonesiern anderer Inseln auf Kosten der Papua, die in ihrem eigenen Land zur Minderheit zu werden drohten.[20]

Dieses Kapitel begann mit der Rolle von französischen Missionaren bei der französischen Eroberung Madagaskars. In unseren Tagen gibt es beunruhigende Schilderungen, wie amerikanische Missionare in Lateinamerika den Regierungen helfen, in den Urwaldgebieten die Kultur der Indianer zu zerstören; bekannt geworden ist auch, daß der CIA amerikanische Missionare in der «Dritten», sicher auch der «Vierten» Welt, besonders aber in Lateinamerika, zu seinen Mitarbeitern zählte...[21]

Deutsche Kirchenleute – eine Pastorin und drei Pastoren –, die jahrelang in Südwestafrika, heute Namibia, tätig waren, bestätigten 1974, daß zwischen der Deutschen Evangelisch-Lutherischen Kirche in Südwestafrika (DELK) und der südafrikanischen Sicherheitspolizei «direkte Kommunikation»[22] bestehe.

MACHT STECKT AN

Missionare als Kolonialisten

Der berühmteste aller Missionare war sicherlich David Livingstone (1813–1873). Keiner hat so wie er verstanden, ein ganzes Volk – das britische – für die Verbreitung des Christentums in Afrika zu begeistern, und keiner hat in den anderen Ländern Europas eine solche Resonanz gefunden. Mit Livingstone begann um 1860 eine neue Welle der Begeisterung für christliche Mission bei den «Heiden».

Bei aller Verehrung, bei allen Ehrungen für diesen Pioniermissionar fiel offensichtlich nicht so auf, daß er verkündet hatte, Afrika für «Handel und Christentum» öffnen zu wollen. Vor seiner letzten Expedition in den «schwarzen Kontinent» teilte er engen Vertrauten mit, sein Hauptziel sei die Errichtung einer englischen Kolonie in den gesünderen Bergzonen Zentralafrikas. Dieses Ziel ist schließlich erreicht worden, ohne Livingstone.

Die Episode ist bezeichnend für eine Tendenz der Mission, die früher offen zugegeben wurde, seither aber eher verschwiegen worden ist. Die Gottesmänner («Schwestern» holten sie erst später nach) hatten offensichtlich Mühe, ihrem Herrn bzw. ihrer Religion so ausschließlich zu dienen, wie er es wohl verlangte. Sie waren auch «Patrioten», wie man es früher nannte, «Nationalisten», wie es heute abwertend heißt, nationalbewußt, wie es jedenfalls im Missionsauftrag keiner Kirche vorgesehen war und ist. Da war nur logisch, daß ihre Bemühungen, die Seelen zu gewinnen, meist scheiterten. Das gelang in Afrika in nennenswertem Umfang erst den allmählich entstehenden, nicht von Weißen beherrschten Kirchen der Einheimischen. Hingegen gelang den Missionaren mehrfach, erfolgreiche Kolonialisten zu sein.

Das uns Deutsche am nächsten betreffende Beispiel ist wohl, wie *Namibia* unter die Herrschaft des Deutschen Reiches kam, um dann vom rassistischen Südafrika übernommen zu werden. Erst eineinhalb Jahrhunderte nach Ankunft der ersten deutschen Missionare konnte Namibia seine Existenz als unabhängiger Staat beginnen, schwer belastet durch das Erbe, das ihm die Weißen eingebrockt hatten.

Unter diesen waren die ersten Motoren des Kolonialismus nicht etwa, wie häufig anderswo, europäische Händler oder Militärs auf der Suche nach Marinestützpunkten. Es waren vielmehr die Missionare der Rheinischen Missionsgesellschaft mit der Zentrale in Barmen. Sie ließen sich 1842 in dem Gebiet nieder, in dem die Ureinwohner, Nama oder Namaqua, von den Europäern «Hottentotten» genannt, mit den später gekommenen Herero- und Orlam-Stämmen um die Vorherrschaft kämpften. Es gab auch schon ein paar Europäer im Lande, hauptsächlich Buren. Die Missionare hißten zwei Jahre später die preußische Flagge, ohne daß sie jemand dazu beauftragt hätte. Sie meinten wohl, es beeindrucke die Afrikaner, die den Fremden nicht überall freundlich entgegentraten. Diese Missionare hatten sich keineswegs nur als Männer des Glaubens niedergelassen: Sie waren auch als Händler gekommen und genossen lange Zeit das Monopol im Handel mit den Einheimischen. Noch weniger vertrug sich wohl mit dem Missionsauftrag, gar dem Laienverständnis von Mission, daß sie auch mit Waffen handelten – zeitweise mehr als mit allem anderen. Schließlich griffen sie ganz aktiv in die politischen Verhältnisse des Landes ein. Wenn sie für einen der kämpfenden Stämme Partei ergriffen – lange für die Herero –, hatte es dank ihrer Möglichkeiten, Waffen zu liefern oder auch nicht, keineswegs nur moralisches Gewicht, sondern sehr praktische Bedeutung. Mit Recht wunderte sich Heinrich Loth 1963 darüber, wie wenig die Folgen dieser Missionspolitik für die politische Entwicklung Südwestafrikas in der umfangreichen Kolonialliteratur berücksichtigt wurden.[1]

Einmal in der Rolle des sich Einmischenden, geriet die Mission natürlich von Zeit zu Zeit auch unter Druck der Afrikaner, wie es Missionaren, die sich auf ihre Evangelisierungsarbeit beschränkt hätten, wohl erspart geblieben wäre. Als 1868 erneut Kämpfe zwischen den Stämmen ausgebrochen waren, wandten sie sich, die sich als eine Art deutsches Vorkommando betrachteten, an die preußische Regierung und erbaten Schutz. Bismarck regte in London eine gemeinsame Flottendemonstration vor der Küste an. Die Briten waren dagegen, erklärten das Gebiet aber zu ihrer Einflußsphäre und versprachen, Deutschen dort den gleichen Schutz zu gewähren wie Briten. Bald danach schickte der Gouverneur der britischen Kapkolonie ein Truppenkontingent, das «Ruhe» herstellte, ohne sich darum zu kümmern, welcher Seite in den innerafrikanischen Kämpfen die Sympathien der deutschen Missionare gehörten. Diese verzweifelten vorübergehend an der Berliner Kolonialpolitik und förderten einige Jahre lang britische Projekte, in diesem Gebiet Fuß zu fassen. Dann setzten sie wieder auf die deutsche Karte.

Als die deutschen Missionare ins Land gekommen waren, herrschten die Orlam-Stämme vor. Heinrich Loth meint mit guten Belegen[2], daß damals eine Staatsbildung im Gange war. Auch in Europa entstanden ja, man scheut sich fast, es hinzuschreiben, unsere heutigen Staaten hauptsächlich, indem Stärkere die Schwächeren unterwarfen und sich einverleibten. Solche Prozesse haben die europäischen Besatzer im Kolonialismus fast überall gestoppt, mindestens unterbrochen, weil sie in ihren Besatzungsgebieten «Ruhe» haben und zu ihrer eigenen Sicherheit niemanden zu stark werden lassen wollten. So haben ja auch die willkürlichen Grenzen zwischen den Kolonien der Europäer keinerlei Rücksicht auf afrikanische Volks- und Stammeszugehörigkeiten genommen.

Nicht wenige Völker wurden plötzlich durch Grenzen gespalten, ähnlich wie die Deutschen nach dem Zweiten Weltkrieg; in Afrika sind rund hundert kleine und große Menschengemeinschaften durch den Kolonialismus auseinandergerissen worden, was einen Teil der heutigen inneren Spannungen des Kontinents erklärt. In Indien wiederum verhinderte die britische Kolonialherrschaft eine umgekehrte Entwicklung: Der riesige, unregierbare Vielvölkerstaat war im Begriff, sich in wesentlich «handlichere», immer noch große und heute zweifellos besser regierbare Gebilde aufzuteilen, als die Briten den Status quo praktisch einfroren.

Die Entwicklung zu einem Staatswesen, das modernen Umständen und Anforderungen standhalten würde, haben in Südwestafrika nicht erst die militärischen Besatzer, also die deutschen Truppen unterbunden. Schon die Missionare haben die vorhandenen Bestrebungen erfolgreich gestört. Sie nutzten ihren Einfluß, um die Zersplitterung der Stämme aufrechtzuerhalten, und halfen die Vorherrschaft der Orlam brechen, indem sie die verschiedenen Gruppen gegeneinander ausspielten. Als Herero-Anführer des Nordens sich gegen die Orlam-Herrschaft erhoben und deren Häuptling Oasib die südlichen (Nama-)Stämme zur Waffenhilfe aufforderte, bewogen die Missionare diese, nicht nur stillzuhalten, sondern auch keine Waffen zu den Orlam durchzulassen. Ein Friedensschluß besiegelte 1870 das Ende der Orlam-Hegemonie; die Barmer feierten ihn als ihren Sieg. Sie waren auf der Seite der Herero. Dann aber gab es Bestrebungen unter den Herero-Stämmen, sich zusammenzuschließen – die Missionare stützten die Gegenkräfte. Es gelang ihnen, bis zur deutschen Besetzung zu verhindern, daß sich ein zentralisierteres Staatswesen entwickelte, sei es auch nur in Ansätzen. Ein solches hätte den deutschen Eindringlingen wesentlich erfolgreicher Widerstand leisten können.

Die Besetzung durch das Deutsche Reich begann erst 1884, nach der Episode des Bremer Adolf Lüderitz, der 1883 eine Handelsniederlassung gegründet, britischen Widerspruch ausgelöst und dadurch Bismarck zum Eingreifen bewogen hatte. Damals war gerade wieder Krieg zwischen den Herero, gefördert von den Rheinischen Missionaren, und den Nama – Lüderitz versorgte zum Entsetzen der Rheinischen die Nama mit Waffen. Dann kamen die Deutschen in aller Form. Doch erst nach Verkündung der «Schutzherrschaft» wurden einzelne «Schutzverträge» mit afrikanischen Häuptlingen und Stammesfürsten abgeschlossen. Dabei wirkten die deutschen Missionare Büttner, Heidmann und Judt tatkräftig mit. Wie auch anderswo in Afrika ahnten die Häuptlinge nicht, daß die Verträge die Wegnahme ihres Landes und die Entrechtung ihrer Völker bedeuten würden.

Unter der nunmehr etablierten deutschen Kolonialherrschaft verhielten sich die Missionare weiterhin wie typische Kolonialisten. Eine Zeitlang hatten sie den Nama-Anführer Hendrik Witbooi gestützt. Dieser erkämpfte sich bis zum Jahr 1890 im Süden des Landes die

Vorherrschaft und hörte auf, sich nach der Mission zu richten, schlimmer noch: Obwohl er und sein Stamm sich als Christen bekannten, duldeten sie keine Mission mehr bei sich. Darauf befürwortete die Rheinische Mission, die deutsche «Schutztruppe» möge ihn niederwerfen, ihm «das Handwerk legen» – am besten, indem einige tausend Herero oder Krieger aus dem Stamm der Rehobother gegen ihn geschickt würden, unter Führung einer «wohldisziplinierten kleinen deutschen Truppe»[3]. Als Witbooi 1893 mit einem Teil der Herero Frieden schloß, befürchteten die Deutschen, er werde seine Herrschaft weiter ausdehnen können und gar offen gegen die deutsche Herrschaft kämpfen. So galt ihm denn auch das erste Gefecht der neuen deutschen «Schutztruppe». Im April 1893 überfiel sie sein Lager Hoornkrans, wobei nach Angaben Witboois, der selbst entkam, 78 Frauen und Kinder und zehn Männer getötet wurden. Loth[4] berichtet, das Auswärtige Amt habe den Bericht des Reichskolonialamtes gefälscht und «nur» dreißig umgebrachte Frauen zugegeben. De Vries meint, diesen Angriff «kann man nur als Meuchelmord bezeichnen, denn die Deutschen überfielen Witbooi ohne jede Warnung. Er selbst hatte bei seinen Machtkämpfen in Südwestafrika stets vermieden, Weiße und deutsche Staatsbürger anzugreifen.»[5] Der entkommene Witbooi schlug zurück. In den Berichten der Rheinischen Missionsgesellschaft von 1893 las man: «Erst dann, wenn dieser Friedensstörer, der nun seit Jahren das Land in Unruhe und Aufregung versetzt und der viele Menschenleben auf seinem Gewissen hat, beseitigt ist, läßt sich ein Aufblühen des Landes erhoffen»[6], was dem namibischen Theologen de Vries den Kommentar abnötigt: «Auch die Mission schreckte also nicht vor Mord zurück – um der ‹Blüte des Landes› willen. Diese Verteidigung der Gewalt der deutschen Truppen ist wohl nur als Ausdruck eines Patriotismus zu erklären, der unglücklicherweise auch der Rheinischen Missionsgesellschaft nicht fremd war... Mission unter dem Schwert der deutschen Militärs ist nichts anderes als eine Verspottung der Predigt von der Gewaltlosigkeit Jesu Christi.»[7]

Bald nach dem Überfall auf Hoornkrans äußerte sich die Konferenz der Rheinischen Missionare bei den Nama (6.–13.8.1893): «Der Mann, der jahrelang mit einer kleinen Mannschaft das Land in

Aufregung und Spannung versetzte, Hendrik Witbooi, ist empfindlich geschlagen. Leider ist das Strafgericht nicht auf Hendrik selbst und seine Mannschaft herniedergekommen. Dieselben sind noch frei und aufgeblasen von Gift und Galle wie eine wütende Schlange und von dem Wahne erfüllt, sich gegen die deutsche Macht behaupten zu können.»[8] Die Deutschen bewogen – wie von den Missionaren angeraten – den Stamm der Rehobother, ebenfalls gegen Witbooi zu ziehen. 1894 war Witboois Truppe bei Noukloof von der «Schutztruppe» umstellt; er unterwarf sich (nicht für lange). Der Anteil der Rheinischen Mission an seiner Niederlage wurde im amtlichen «Deutschen Kolonialblatt» ausdrücklich gewürdigt, das Auswärtige Amt in Berlin lobte die Mission wegen der «wertvollen Dienste und beachtenswerten Ratschläge»[9] während des Konflikts. Am Hauptplatz seines Stammes, Gibeon, zog nicht nur eine deutsche Garnison ein, sondern auch wieder die Rheinische Mission.

Auch später haben die Missionare der Rheinischen noch mehrfach verhindert, daß sich die Deutschen einer Geschlossenheit der südwestafrikanischen Stämme gegenübersahen. Sie konnten diese lange gegeneinander ausspielen, auch wieder Witbooi gegen die anderen oder Samuel Maherero gegen andere Herero. Die Besatzer hatten die von ihnen unterworfenen Stämme jeweils «aufgebotspflichtig» gemacht, das heißt, sie mußten den Deutschen bei der Niederwerfung anderer Stämme helfen, was bei entsprechender Einstimmung durchaus ihren Neigungen entsprach. Der Rheinische Missionsinspektor Schreiber berichtete der Generalversammlung 1895 zufrieden: «Der Oberhäuptling Samuel Maherero hat sehr viel dazu beigetragen, daß die Oberhoheit der deutschen Regierung schneller, als man hätte erwarten können, zur Anerkennung und Geltung gekommen ist... Wir dürfen wohl fest hoffen, daß diese Neuordnung der Dinge unserm Werke in mehr als einer Beziehung sehr förderlich sein wird... weiter können wir uns jetzt bei Anlage von neuen Stationen viel freier bewegen als früher, wir sind darin nicht mehr von der Laune der Herero-Häuptlinge abhängig.»[10]

Ähnlich große missionarische Zufriedenheit herrschte ein paar Jahre später aus noch wesentlich größerem Anlaß. Die deutschen Truppen hatten die Herero- und Nama-Aufstände niedergeworfen und große Teile beider Völker umgebracht, in einem regelrechten, plangemäßen Ausrottungsfeldzug. Von den Überlebenden starben viele als Gefangene in deutschen Lagern auf einer Insel vor Lüderitzbucht und bei Swakopmund. Die Rheinische Mission äußerte 1908 zufrieden, daß «völlig ruhige Verhältnisse»[11] eingetreten seien. Die Afrikaner konnten das nur anders sehen. Die Kolonialregierung beschlagnahmte ihr gesamtes Stammesvermögen und ihr Land, sie erzwang die Auflösung der Stammesorganisationen. Die Einheimischen wurden zur Arbeit bei Weißen gezwungen und mußten stets Pässe bei sich tragen. Vieh und Land durften sie nur mit Zustimmung des Gouverneurs besitzen. Damit war eine Kontrolle über jeden Afrikaner möglich geworden; diese hatten alle Rechte verloren, jede Möglichkeit eigener Entwicklung und jede Aussicht auf Selbstbestimmung.

Die Afrikaner Südwestafrikas waren nun zu den billigen Arbeitskräften geworden, auf die weiße Siedler dringend angewiesen waren. Nun konnte auch kein Häuptling mehr der Mission den Zugang zu Afrikanern versperren. Die Missionare bei Herero und Nama berichteten, sie machten nun große Fortschritte. Ob die echt waren... «Die Afrikaner sahen in der christlichen Religion nach dem Zusammenbruch ihrer völkischen, religiösen und kulturellen Strukturen den einzigen Halt, um in den neuen Verhältnissen überhaupt überleben zu können.»[12]

So «förderlich» waren militärische Operationen der deutschen «Schutztruppe» auch für die Basler Mission in *Kamerun*. Sie kam dorthin als Ergebnis einer deutsch-britischen Abmachung, um die englischen Baptisten abzulösen. Klaus Bade[13] hält fest: «Schon im ersten Jahrzehnt der Missionsarbeit stießen die Basler tief ins Landesinnere vor. Doch der Weg zu ihren ‹Erfolgen› war lange Zeit ein Weg der Gewalt – nämlich im Gefolge der erobernden deutschen Truppe.» Bade sagte über den Basler Missionshistoriker Pfarrer Wilhelm Schlatter, «der die Missionierung Kameruns im Stile eines Kriegsberichterstatters abhandelte», auch er habe die rasche Entwicklung – 1914 gab es 22 000 getaufte Christen, 21 000 Missionsschüler – auf das «Vorgehen der jungen deutschen Kolonialmacht» zurückgeführt und die deutsche Besetzung in Worten geschildert,

«aus denen indes nur das beschämende Bekenntnis eines Missions-
historikers zu den in Kamerun besonders krassen Methoden der
kolonialen Okkupation und Herrschaft spricht: Die deutsche
Kolonialherrschaft in Kamerun *erzwang* Gehorsam, *zerbrach* den
Arm des Tyrannen, *strafte* Verbrechen ohne Rücksicht...» Die Kameruner Missionsgemeinde sei im ersten Jahrzehnt «sozusagen im
Sturm» durch die «Betäubung der ersten Überrumpelung» erobert
worden. Bade zitiert weiter den Missionsinspektor Th. Oehler aus
dem Jahr 1891: «Es ist ein Wehen des Lebensodems Gottes auf dem
weiten Felde voller Totengebeine; die Zeit der gnädigen Heimsu-
chungen für dieses Land ist gekommen.» Diese «gnädigen» Heimsu-
chungen Kameruns kamen mit der deutschen «Schutztruppe», die
mit Waffengewalt das Handelsmonopol der Duala zerbrach. «Die
Basler rückten häufig in Breschen nach, welche die Truppe dem gemeinsam mit der Mission vorstoßenden Handel gegen den zähen
Widerstand der einheimischen Bevölkerung ins Landesinnere
schlug.»

Im südlichen Hochland des heutigen *Tansania*, früher deutsches
Gebiet Tanganjika, haben sich Missionare der Berliner Mission und
der Herrnhuter Brüdergemeine vor der Ankunft der Besatzer, ähnlich
wie ihre Kollegen in Südwestafrika, ebenfalls als Zünglein an der
Waage in Stammesfehden betätigt. Auch hier handelten sie weitgehend im Sinne der Schwächeren und unterminierten dadurch wiederum bis dahin stärkere Staatsgebilde wie Sangu, Hehe oder Ngoni.
So verhinderten sie, daß sich eine stärkere, zentralistische afrikanische Staatseinheit heranbilden konnte.

Missionare als Kolonialisten – das gab es auch in den Kolonien
anderer Mächte. Cecil Rhodes, dem Großbritannien große afrikanische Gebiete verdankt, ermunterte die Missionen, sich dort niederzulassen. «Missionare sind besser als Polizisten und billiger», soll er
gesagt haben. Nicht nur verhalfen sie weißen Gesellschaften und
Regierungen zur Besitzergreifung – sie nahmen ihnen oft, wie schon
erwähnt, auch weltliche Aufgaben ab. Im Norden des heutigen
Simbabwe bildeten sie «in fast jedem Sinn des Wortes die Regierung
des Gebietes» [14]. Die Gesellschaft, die Rhodes und dann Großbritannien Ländereien und Vermögen brachte, verdankt ihren Aufschwung,

ihre Gründung sogar, zwei Missionaren, die den Matabele-König Lobenguela hereinlegen halfen. Der Friedensrichter John Moffat, vormals Missionar, brachte ihn durch Täuschung dazu, sich in einem Vertrag mit Briten praktisch seiner Souveränität selbst zu berauben. Das «Dokument» war damals sogar unter den britischen Kolonialbeamten umstritten. Dann bewog ihn sein langjähriger Berater, der Missionar Charles Helm von der London Missionary Society, einer englischen Gruppe eine weitreichende Abtretung zu unterschreiben, die er nachweisbar nicht verstand: Es waren das Schürfrecht für alle Bodenschätze des Landes und das Siedlungsrecht für die Briten. Auf dieser Grundlage wurde die British South Africa Company des Cecil Rhodes gebildet. Lobenguela verbot Helm, als er dessen Verrat erkannte, das Missionieren in seinem Lande; Helm setzte sich in einem Haus zur Ruhe, das ihm Rhodes geschenkt hatte. Dann kamen die Goldgräber und die Bergingenieure und die Siedler. Vier Jahre danach begannen die Matabele, auch Ndebele genannt, zu kämpfen, aber sie unterlagen natürlich.

Auch in *Uganda* nahmen viele Missionare «aktiv an der politischen, wirtschaftlichen und kulturellen Ausbeutung»[15] der dort lebenden Afrikaner teil und bereiteten «wirkungsvoll den Weg zur Besetzung und formellen Kolonisierung des Landes vor»[16]. Besonders die der Church Missionary Society unterstützten die direkte Intervention Großbritanniens. Als die Chartergesellschaft Imperial British East Africa Company nach 1891 erwog, sich aus Uganda wieder zurückzuziehen, wo sie erst kurz zuvor einen «Schutzvertrag» mit König Muanga geschlossen hatte, wurde der CMS klar, daß dieser Abzug auch ihre Position in Uganda schwächen würde. Sie war ja in einen offenen Konkurrenzkampf mit Katholiken und Moslems verwickelt (s. die Kapitel «Konkurrenzkampf um Seelen» und «Opfermut»). So begann sie eine Kampagne, um die Gesellschaft zum Bleiben zu bewegen. Schließlich sammelte sie sogar, um ihr das Ausharren zu ermöglichen, und brachte binnen kurzer Zeit die für damalige Verhältnisse gewaltige Summe von 16 000 Pfund zusammen. «Das ermöglichte der Gesellschaft, ein weiteres Jahr durchzuhalten, während auf die britische Regierung starker Druck ausgeübt wurde», berichtete später der britische Chefsekretär in Uganda,

H. R. Wills, «mit dem Ergebnis, daß beschlossen wurde, ein britisches Protektorat zu proklamieren.»[17]

In *Nigeria* gingen Missionare der CMS noch weiter. Der neue Hochkommissar Lugard hatte die britische Herrschaft formell erst im Jahr 1900 errichtet, als Nachfolger der Royal Niger Company und einzelner schon besetzter, kleiner britischer Enklaven. Die Besatzung war noch schwach, besonders der Norden mit seiner überwiegend moslemischen Bevölkerung, aufgeteilt in starke Emirate, keineswegs unterworfen. Lugard wünschte sein Besatzungsregime erst zu konsolidieren, bevor er weiter nach Norden vordrang. So billigte er eine von der CMS vorgeschlagene missionarische Expedition nach Norden nur bis zu einer Grenze, hinter der er ihr keine Sicherheit garantieren konnte.

Die Missionare drangen jedoch unbekümmert weiter vor, bis zum Sitz des Emirs von Kano. Dort aber befahl ihnen der Emir in einer sie demütigenden Audienz, innerhalb von drei Tagen wieder aus seinem Land zu verschwinden. Seinem Wesir ist zu verdanken, daß sie nicht umgebracht wurden; er verwies darauf, daß französische Truppen vor kurzem die nahe Stadt Zinder besetzt und verwüstet hatten, um die Ermordung zweier Franzosen zu rächen. Bischof Tugwell, sein Berater Walter Miller und zwei weitere Missionare verlangten empört von Lugard, daß eine Strafexpedition dem Emir die Kränkung der Weißen heimzahlen solle. Doch Lugard mußte sich versagen, so versessen auch er war, das Prestige der Weißen nicht antasten zu lassen – er hatte nicht genug Truppen, und der moslemische Norden des Landes war bei weitem nicht so schwach wie der leichter besetzte Süden und Westen.

Auch da waren die Missionare treibende Kraft gewesen. Zunächst spielten sie die verschiedenen Yoruba-Stämme gegeneinander aus. Sie drängten die britische Regierung, in Calabar ein Protektorat einzurichten, nachdem sie im Bündnis mit englischen Kaufleuten erreicht hatten, daß Großbritannien Kriegsschiffe vor dieser Küste stationierte. Die Mission vertrat auch erfolgreich, daß britische Gewalt nicht nur eingesetzt werden müsse, um den Sklavenhandel, sondern auch den Missionaren zuwidere «abergläubische» oder «heidnische» Bräuche zu unterbinden.

Der in Fernando Poo residierende britische Konsul John Beecroft erklärte, wenn die örtlichen Yoruba-Könige Schwierigkeiten hätten, Gesetzen Gültigkeit zu verschaffen, die die Missionare angeregt hatten, sollten sie ihn ersuchen, mit Kriegsschiffen zu ihrer Hilfe zu kommen. Die Missionare plädierten für eine militärische Expedition gegen Lagos, dessen König Kosoko den von ihnen bevorzugten Rivalen Akitoye vertrieben hatte; dieser hatte sich nach Abeokuta, nordöstlich von Lagos, geflüchtet, wo ihn die Missionare unter ihren Schutz stellten. Bald danach eroberten die Briten Lagos. Kosoko floh, Akitoye unterzeichnete den ihm vorgelegten Antisklavereivertrag – mit vielen vorteilhaften Klauseln für die Missionare.

Die Häuptlinge von Old Town, ebenfalls in Calabar, wollten die Missionare loswerden bzw. sich gegen ihre Eingriffe in das Leben ihrer Stämme wehren – die Royal Navy legte Old Town in Trümmer. Die nahe Duke Town war empört über die Behauptung der Missionare, der Aufenthalt in Missionshäusern bedeute Asyl für Afrikaner, die vor der einheimischen Gerichtsbarkeit flüchteten, und wollte die Missionare ausweisen. Das britische Kriegsschiff «Scourge» erschien mit dem Konsul Hutchinson an Bord, der zitierte die Häuptlinge zu sich – und diese schworen, künftig die Missionare gewähren zu lassen.

Damit war natürlich noch nicht ganz Nigeria (im heutigen Umfang) gewonnen. Viele Stämme und Völker oder wenigstens ihre Herrscher weigerten sich, Missionare in ihr Land zu lassen. Doch waren inzwischen wichtige Teile des britischen Establishments überzeugt worden, das Land müsse nicht nur für England, sondern für das Christentum gewonnen werden. Auflehnung gegen Missionare rief britisches Militär auf den Plan.

Presbyterianische Missionare und der Hohe Kommissar für das Protektorat Nigerküste, Sir Ralph Moor, hatten 1898 beschlossen, das Ibo-Heiligtum Aro Chukwu müsse zerstört und das Ibo-Volk christlich gemacht werden. Bei der erfolgreichen Expedition im Dezember 1901, die drei Monate dauerte, zerstörten die Briten die Ibo-Heiligtümer. Bei dieser Expedition konnten die Truppen auch über den Flußdampfer der presbyterianischen Mission verfügen. Als Kaplan und gleichzeitig Truppenarzt amtierte der Missionsarzt Dr. Rattsay. Mit von der Partie waren auch noch, ausdrücklich von den britischen Behörden eingeladen, einige katholische Missionare. Die offizielle Erläuterung war, es handele sich um einen Krieg zur Abschaffung von Sklaverei und Menschenopfern.

1891/92 fand die «Expedition» gegen die Ijebu statt, deren Staat als besonders missionsfeindlich galt, wobei sich der Unmut in erster Linie gegen die britischen protestantischen Missionen richtete. In Missionsblättern wurde die störrische Abneigung der Ijebu gegen englische Gepflogenheiten zitiert, besonders gegen lange Hosen, Schuhe, Socken und Regenschirme. Die Missionare hatten lange intrigiert, um die Regierung zu diesem kurzen und natürlich erfolgreichen Feldzug zu bewegen.

Auch die britische Herrschaft über die *Goldküste*, heute Ghana, haben Missionare aktiv vorbereitet und propagiert, diesmal ausnahmsweise nicht in eigenem nationalen Interesse: Es waren hauptsächlich Schweizer der Basler Mission, die England mehrfach aufforderten, die Goldküste zu besetzen und die Aschanti zu unterwerfen. Sie machten geltend, sonst würden die Franzosen kommen. Sobald die Aschanti niedergeworfen waren, bedankte sich der britische Gouverneur mit einem Telegramm an die Basler Mission, nun sei der Weg zur Missionierung im Kerngebiet der Aschanti offen. [18]

Entlang der Grenze zwischen dem belgischen Kongo und Nordrhodesien, heute *Sambia*, wollten die Plymouth-Brüder unter den Lunda missionieren. Deren König Kazembe, dessen Nachbar, Msiri in Katanga, von Belgiern umgebracht worden war, mißtraute allen Weißen und fürchtete, Missionsstationen in seinem Gebiet würden nur der Auftakt zur Besetzung durch die British South Africa Company sein. Trotz seiner Ablehnung eröffneten die Brüder 1897 am Fluß Luapula eine Station. Als Kazembe drohte, sie zu zerstören und die Missionare umzubringen, räumten sie. Von nun aber bestürmten sie die Company, Kazembe abzusetzen, um doch in seinem Land wirken zu können. Zwei Jahre später war es dann soweit: Die Company schickte eine Truppe und verjagte ihn.

In *Britisch-Ostafrika* wiederum beteiligten sich protestantische und katholische Missionare aktiv an Feldzügen gegen Araber; als vorderer Stützpunkt diente die Missionsstation Bandawe unter Robert Laws, und von der Free Church of Scotland Mission nahm Dr.

Cross fast die ganze Zeit an den Kämpfen teil. Im April 1888 begannen Vertreter mehrerer Missionen in London, die britische Regierung zur Besetzung Njassalands zu drängen – bald danach war es annektiert. Natürlich hatten dabei auch wirtschaftliche Interessen eine Rolle gespielt.

Als Höhepunkt missionarischen Kolonialismus kann man wohl den Versuch des Bischofs Joseph Dupont von den Weißen Vätern ansehen, sich 1898 im damaligen *Nordrhodesien* zum Nachfolger des verstorbenen Bemba-Häuptlings Muamba zu machen. Sein Ziel war, eine katholische Enklave mitten im Missionsgebiet der protestantischen London Missionary Society einzurichten. Dupont war an Muambas Krankenlager gerufen worden, weil er sich in der Gegend schon vorher mit Krankenbehandlungen und Geschenken an Würdenträger Vertrauen erworben hatte. Muamba war nicht zu retten, aber Dupont erleichterte ihm seinen wochenlangen Todeskampf mit schmerzstillenden Mitteln. Nachdem Muamba gestorben war, behauptete Dupont, der Häuptling habe ihn vor seinem Tode als Erben eingesetzt, und versuchte, sich als Nachfolger zu proklamieren. Mehrere Bemba des Hofes glaubten ihm auch und unterzeichneten – wie ist nicht überliefert – neben dem angeblichen Testament auch gleich noch eine längere Urkunde, die Bischof Dupont zum Herrn über das gesamte Stammesgebiet machte, wobei speziell und ausdrücklich die Bodenschätze erwähnt wurden. Als die britische South Africa Company davon erfuhr, die bereits als Chartergesellschaft im Lande war, bedeutete sie dem Bischof, daß er besser nicht Häuptling würde, und setzte selbst einen Nachfolger ein; der erkannte ihre Oberhoheit an, und so war die britische Herrschaft über Nordrhodesien ein weiteres Stück gefestigt.

Das Vorgehen des französischen Bischofs erinnert sehr an das nicht sehr viel andere, aber erfolgreichere von amerikanischen protestantischen Missionaren auf *Hawaii*. Sie wollten Hawaii amerikanisch machen. Um ihre ohnehin schon starke Stellung zu festigen, wurden einige von ihnen hawaiianische Staatsbürger. Andere, die schon als Berater des Königshauses tätig waren, heirateten in die Königsfamilien ein. Schließlich hatten sie die Führung in einem Land, dessen Urbevölkerung unter dem Ansturm der «westlichen» Zivilisation immer mehr schrumpfte: 400000 bis 500000 Menschen Ende des 18. Jahrhunderts, etwa 100000 Mitte des 19. Als Königin Liliuokalani versuchte, den amerikanischen Einfluß zurückzudrängen, wurde die Inselgruppe auf Betreiben der Missionare 1898 von den USA annektiert. Seit 1959 ist Hawaii der 50. Bundesstaat der USA: eine missionarische Erbschaft. [19]

Verständlich, aber sicherlich in keiner denkbaren Auslegung der christlichen Botschaft vorgesehen war, wie ein Missionar der Missionsstation Bandawe von der Livingstonia Mission im heutigen *Malawi* 1886 auf eine Reihe von Diebstählen in der Station reagierte. Er marschierte mit einer bewaffneten Truppe ins Nachbardorf und drohte es niederzubrennen, wenn man ihm nicht die Hütte desjenigen zeige, den er für den Dieb hielt. Dessen Haus ließ er dann niederbrennen.

Etwas aus dem Rahmen fiel sicher, daß der britische Missionar Thomas Matthews von der London Missionary Society 1876 auf *Madagaskar*, als es noch nicht französisch war, bei der madegassischen Regierung einen «mutigen Offizier mit hundert Soldaten» [20] verlangte, um den Widerstand eines Gemeinderates zu brechen, dessen Dorf nichts mit der LMS zu tun haben wollte.

Die kleinen Inseln und Inselgruppen des *Pazifik* sind immer wieder von kriegerischen Expeditionen der Weißen heimgesucht worden, besonders wenn ihre Stämme sich gewaltsam gegen die europäischen Eindringlinge wehrten. Das fanden diese, die doch meist ebenfalls Gewalt angewandt hatten, unverschämt und bezeichneten es als Morden. So starteten sie zum Beispiel auf der Gazellenhalbinsel einen Bestrafungszug gegen die Kanaken – und den führte der Missionar Brown an. Das kostete ihn allerdings nun doch seine Stellung, sobald sich die Sache bis Europa herumgesprochen hatte.

Auf *Tahiti* kämpften die protestantischen Missionare zwar nicht selbst, aber sie belieferten die sich bekriegenden Lager des Königs Pomare auf der einen, seines Sohnes Tu – später Pomare II. – auf der anderen Seite mit Waffen und Munition. (Das habe ich schon im Abschnitt «Alkohol- und Rauchverbot» erwähnt.) Nach seinem Sieg begann Tu ein Schreckensregiment, bis ihn ein Volksaufstand vertrieb – ihn und die Missionare, die ihn unterstützt hatten. Nach einiger Zeit der Verbannung trat Pomare II. zum Christentum über, er kehrte mit den Missionaren nach Tahiti zurück, wo inzwischen der Häuptling Opuhara von Papara friedlich regierte; dieser hatte auch die Rückkehr der Christen erlaubt. Pomare II. kam aber nicht nur in Begleitung von Missionaren, sondern auch mit einer Truppe, die er im Exil aufgestellt hatte. Mit Billigung der Missionare begann er wieder Krieg; als Opuhara fiel, stellten seine Anhänger den Kampf ein. Nun herrschten die Missionare. Allerdings brachte 1836 eine französische Fregatte katholische Konkurrenz mit: zwei Missionare. Die Protestanten veranlaßten die inzwischen regierende Königin Pomare IV., die Franzosen auszuweisen. Wieder erschien eine Fregatte, diesmal mit einem Ultimatum. Die beiden katholischen Missionare durften sich betätigen – in diesem Fall auch: aus Protestanten Katholiken machen. Die britische Regierung reagierte nicht, trotz aller Appelle ihres Konsuls und der britischen Missionare, und 1842 wurde Tahiti französisch.

In *Neukaledonien* mögen die katholischen Maristenpater nicht vorgehabt haben, die Insel mit der Waffe zu erobern, schrieb Roselène Dousset-Leenhardt[21]. Aber, wie der von ihr zitierte Pater Verguet sagte: «Die extreme Gefahr, der wir unaufhörlich ausgesetzt waren, zwang uns zu einem Feldlagerleben. Patres und Brüder waren gezwungen, Soldaten zu sein, ganz wie die Matrosen. Wir erschienen selbst auf der Türschwelle nur bis an die Zähne bewaffnet.» Sie machten offenbar keinen Unterschied zwischen ihrer Mission und der Eroberung der Insel durch Frankreich. Es handelte sich «um einen gemeinsam bestandenen Kampf, um Kämpfe, in denen Seite an Seite die katholischen Missionare und die französischen Marinematrosen engagiert waren, für den Triumph der christlichen Zivilisation». Fregattenkapitän Mer schrieb in seinem Bericht an den Kriegsminister am 4. Oktober 1860: «Ein einziger Missionar... ist mehr wert als 300 Soldaten, um den Einfluß Frankreichs zu sichern.»

Ein krasser Fall der Verwicklung zwischen Mission und Kolonialismus war auch Kenia, erst Protektorat, dann Kolonie (daß Kolonien verschiedene Rechtsformen und Bezeichnungen hatten, änderte nichts am Charakter der Fremdherrschaft). In Kenia mit seinem vergleichsweise günstigen Klima siedelten überdurchschnittlich viele Engländer. Das Land, auf dem sie eine lukrative Plantagenwirtschaft betrieben, war den Afrikanern weggenommen worden. Besonders zu leiden hatte darunter das Volk der Kikuyu, die mit etwa eineinviertel Millionen Menschen damals ein Fünftel der dortigen afrikanischen Bevölkerung ausmachten (heute, bei gleichem Verhältnis, fast 4,5 Millionen).

Der Landraub wurde formal dadurch kompensiert, daß den von ihrem Grund und Boden vertriebenen Afrikanern neues Land zugeteilt wurde, ein «Reservat», in dem sie künftig leben sollten. Es war aber viel kleiner, auch weit weniger fruchtbar, an vielen Stellen gar nicht zur Landwirtschaft geeignet. Dieses Landraubverfahren läßt sich durchgängig in fast allen Kolonien beobachten, in denen sich weiße Siedler niederließen, ob einige wenige mit dem Verlangen nach Riesenplantagen oder mineralhaltigem Gelände zum Bergbau, ob viele mit kleineren Bedürfnissen und Ansprüchen. (Einzelheiten dazu im Abschnitt «Landraub».)

Die Einheimischen sollten bewußt durch unbehagliche Lebensumstände, um es milde auszudrücken, dazu gezwungen werden, für die Besatzer zu arbeiten. Aus einer in Kenia durchaus erfolgreich produzierenden bäuerlichen Bevölkerung wurde ein Landproletariat – zu Steuerabgaben gezwungen, miserabel bezahlt. Daß damit Konfliktstoff angehäuft wurde, meinten die Besatzer nicht sehen zu müssen. Ohnehin verließen sie sich auf die gewaltige Überlegenheit ihrer Soldaten und Polizisten.

Im Fall Kenias wurde die Lage noch verschärft durch die große Zahl der Inder, die unter britischer Herrschaft einwanderten und hier wie anderswo erfolgreich arbeiteten; sie stellten bald eine wirtschaftlich bedeutende Bevölkerungsgruppe dar (heute etwa 80000). Anfang der zwanziger Jahre unseres Jahrhunderts begannen sie auf

Gleichberechtigung zu dringen – nicht etwa mit den Afrikanern, sondern mit den Engländern. Sie verlangten gleiches Wahlrecht und unbegrenzte Einwanderung, dazu Siedlungsmöglichkeiten in den Highlands, gerade da, wo die Weißen den Kikuyu schon ihr bestes Land abgenommen hatten.

Die Missionare, hauptsächlich die anglikanischen, hatten unter dem Schutz der Besatzungsmacht gepredigt, geworben und Einfluß gewonnen, auch unter den Kikuyu. Sie nutzten ihn hauptsächlich, um die Mißstimmung der Enteigneten in harmlose Bahnen zu lenken. Berühmt geworden ist der Erfolg des Erzdiakons Owen, der die Kavirondo Tax Payers Association, die ursprünglich für politische und gesellschaftliche Rechte der Afrikaner kämpfen wollte, in eine unpolitische Wohlfahrtsorganisation umzufunktionieren verstand. Die Missionare taten ihr möglichstes, den Afrikanern Verständnis für die Maßnahmen der weißen Behörden zu predigen und die Interessen der weißen Siedler zu unterstützen. Sie verschafften sich auch selbst Landbesitz. Sie blockierten den Kikuyu den Weg zu besserer Erziehung und Ausbildung (wie im Abschnitt «Schul-‹Meister›» erwähnt). Sie befürworteten die Unterbezahlung der afrikanischen Arbeiter, durchaus im Eigeninteresse: Auch ihre Stationen brauchten billige Arbeiter. Ein englischer Autor, selbst anglikanischer Kirchenmann, zitiert in seinem Buch über die Mitschuld der Missionare an der Unzufriedenheit der Afrikaner einen Kikuyu: «Zwischen einem Missionar und einem Siedler ist kein Unterschied.»[22]

Die weißen Christen benahmen sich gegenüber den Farbigen so paternalistisch, daß sich in Kenia als Reaktion auf den Rassenhochmut der weißen Missionare afrikanische Kirchen bildeten. Eine weitere, von den Kikuyu als besonders kränkend empfundene Diskriminierung: Nur Afrikaner brauchten Registrierkarten mit Fingerabdrücken; sie mußten sie ständig bei sich führen. Die Missionare fanden das in Ordnung.

Als kurz nach dem Ersten Weltkrieg eine jüngere Kikuyu-Generation mehr Rechte verlangte, wurden die Missionare zu ihren erklärten Feinden. Sie unterstützten die 1920 gegründete «gemäßigtere», zufriedenere, hauptsächlich aus Würdenträgern bestehende, im wesentlichen nur in der Frage des Ackerlandes engagierte Kikuyu Association, die praktisch von ihnen gelenkt wurde. «Unsere Kikuyu Association», sagte Harry Leakey[23] von der Church Missionary Society.

Darauf gründete Henry Thuku 1921 die Young Kikuyu Association, die sich die Beschwerden der Afrikaner zu eigen machte. Ihre Mitglieder verbrannten demonstrativ die Registrierkarten, sie wandten sich gegen die Nachgiebigkeit der Älteren. Sie verlangten gleiches Wahlrecht für die Afrikaner. Sie machten klar, daß sie kein Vertrauen in die Missionen hatten (worauf hätte es sich auch stützen sollen?). Sie verlangten Mitsprache bei der Regierung ihres Landes. Das hielten die Missionare, die schon an ihre politische Rolle auf Seiten der Kolonialverwaltung gewöhnt waren, für verfrüht und lehnten es ab.

Die indische Frage komplizierte die Lage immer weiter. Die britische Regierung konnte sich den Forderungen der Inder nicht auf Dauer verschließen. Andererseits – was war mit den Rechten der überwältigenden Mehrheit im Lande, der Afrikaner? Die Missionen drängten London, das Kolonialministerium möge eine feierliche Erklärung abgeben, daß in Kenia die Interessen der Afrikaner über allen anderen stünden. Das Colonial Office seinerseits schien durchaus bereit zu sein, auf die meisten Forderungen der Inder einzugehen. Eine Kommission (Wood Winterton Committee) befürwortete, die Beschränkungen für die indische Einwanderung aufzuheben. Auch sollten Weiße und Inder gemeinsam wählen können, sofern sie einem Vermögens- und Bildungstest genügten.

Das gedachten die weißen Siedler aber nicht hinzunehmen. Sie protestierten so lautstark, daß sie in London Gehör fanden und die Empfehlungen in der Versenkung verschwanden. Statt dessen berief das Kolonialministerium eine Konferenz ein, an der die Vertreter der weißen Siedler und der Inder teilnahmen. Jemand erinnerte daran, daß London doch Kenia zu einem überwiegend afrikanischen Gebiet erklärt habe – konnte man da ohne Vertretung der Afrikaner konferieren? Nicht gut. So beauftragte die Kolonialbehörde... nein: keinen Kikuyu, sondern den Missionar J. W. Arthur von der Church of Scotland Mission. Das beleidigte die Afrikaner; sie fühlten sich durchaus imstande, ihre Interessen selbst zu vertreten.

Die anglikanischen Missionare hielten sich in der Indienfrage ziemlich zurück. Sie teilten den Standpunkt der britischen Siedler, wollten es aber nicht laut sagen, denn es gab ja auch Missionen in Indien, deren Lage sie nicht erschweren mochten. Sie waren bereit, mit den Siedlern dem indischen Druck standzuhalten. So vernahmen sie mit Mißvergnügen, daß Henry Thuku schon bei der ersten Veranstaltung der Young Kikuyu Association verkündete, die Inder in Kenia seien kein Hindernis für die Entfaltung der Afrikaner. Sie schlossen daraus (und irrten), Thuku und seine Association seien von den Indern bezahlt.

Henry Thuku hatte großen Zulauf. Er machte seinen Landsleuten klar, daß die Missionare nur mehr ein Arm der Kolonialverwaltung seien. Er fand besonders starken Widerhall in den Gemeinden der Church Missionary Society. So begab sich die CMS wieder einmal in eine wenig christliche Rolle: Sie plädierte bei der Kolonialverwaltung dafür, sie solle Thuku verhaften. «Daß die Bewegung [die Young Kikuyu Association], deren meiste Mitglieder ja den Missionskirchen angehörten oder durch sie gegangen waren, sich gegen die Missionen richtete, war für die Missionare ein schwerer Schlag», sagt Professor Temu[24]. «Wenn sie klüger gewesen wären und mehr Phantasie gehabt hätten, hätten sie vielleicht über ihre Arbeit und ihre Rolle nachgedacht.»

Thuku wurde im März 1922 verhaftet und nach Nairobi gebracht. Tausende seiner Anhänger folgten ihm zur Polizeistation, ohne irgendeine feindselige, aufrührerische Geste. Polizei und Armee wurden alarmiert und schossen auf die friedlichen Demonstranten, sie töteten fünfundzwanzig von ihnen. Thuku wurde deportiert, die Association verboten, wie es die Missionare angeregt hatten. Immerhin zeigte die Kolonialverwaltung durch einige Gesten, daß sie den afrikanischen Protest wenigstens teilweise verstanden hatte. Die Hüttensteuer wurde herabgesetzt, eine Lohnkürzung von 33 Prozent für afrikanische Arbeiter rückgängig gemacht, Frauen- und Kinderarbeit wurden verboten.

Die Kikuyu-Bewegung ging in den Untergrund, aber ihre politische Aktivität ließ nicht nach. Wie unter Afrikanern üblich, drückten sie ihre Beschwerden und politischen Meinungen in Tänzen und Gesängen aus, die bei der Bevölkerung großen Anklang fanden. Die Kolonialregierung verbot schließlich beides – auf Anraten jenes Missionars Arthur, der die Afrikaner bei den Regierungskonferenzen über ihre Rechte vertreten hatte. Arthur wurde 1924 von der Kolonialregierung gar als Interessenvertreter der Afrikaner in den gesetzgebenden Rat Kenias berufen.

Die Kikuyu protestierten, unter ihnen Jomo Kenyatta, der inzwischen Sekretär der Thuku-Bewegung geworden war. Nach ihrer Meinung konnten nur Afrikaner die Interessen der Einheimischen vertreten. Kenyatta, der spätere Präsident des unabhängigen Kenia, kritisierte wiederholt, daß der Missionar als angeblicher Vertreter der Afrikaner nichts für deren Interessen unternommen habe. Das hinderte die Kolonialregierung nicht, immer wieder, bis 1944, Europäer in diese Stellung zu berufen, meist Missionare. Die Mission fand das richtig, war aber sehr verblüfft und betroffen, als der Aufstand der Kikuyu ausbrach (1952, er währte bis 1956) und sich nicht nur gegen die britischen Siedler und die Kolonialregierung richtete, sondern auch gegen die Missionen.

Das Bündnis zwischen Kolonialverwaltung und Mission brachte schließlich auch Kikuyus, die der Mission ergeben waren, auf die Seite der Thuku-Vereinigung. Sie hatte sich nach seiner Deportation in Kikuyu Central Association (KCA) umbenannt. Ihr Chef wurde dann später Jomo Kenyatta. Die KCA versuchte auch Missionare zu gewinnen, denn in deren afrikanischen Gemeinden war sie ja erfolgreich. 1928 wandte sich eine Abordnung an John Comely, der die Missionsstation Kigari leitete. Sie forderte ihn auf, mit der Association gemeinsam gegen Zwangsarbeit und andere Härten zu protestieren. Comely lehnte strikt ab. Er verfügte, daß in seiner Gemeinde kein KCA-Mitglied Gemeindeältester werden dürfe.

Ein anderer Missionar, W. R. Rampley von der CMS, versuchte in seiner Gemeinde eine Bewegung gegen die KCA zu organisieren. 1928 suspendierte die Schottische Mission jeden, der Versammlungen der Kikuyu Central Association besuchte. Auch sie versuchte, eine Gegenbewegung gegen die KCA in Gang zu bringen. Nur im Bereich einer einzigen Missionsstation, Kahuhia von der CMS, scheint es ein spannungsfreies Verhältnis zur KCA gegeben zu haben, unter den Missionaren Handley Hooper und seinem Nachfolger Francis Green.

Der KCA-Chef dort, Gideon Mugo, der seit 1911 zur Gemeinde gehörte, betrachtete CMS und KCA gleichermaßen als Organisationen, die die Lage der Kikuyu verbessern würden. Überall anderswo hatten sich die Missionare verbeten, mit der Kikuyu-Bewegung, die nach Gleichberechtigung strebte und gegen die Kolonialherrschaft protestierte, auf eine Stufe gestellt zu werden.

Der Führer der viel «gemäßigteren» Kikuyu Association, Koinange, war ganz auf der Seite der Missionare und gegen Thuku. Er hatte in den zwanziger Jahren vor britischen Parlamentskommissionen und Untersuchungsausschüssen immer wieder die Beschwerden seines enteigneten Stammes vorgetragen; unter dem Einfluß der Missionare glaubte er an britische Gerechtigkeit – und, daß er sein enteignetes Land zurückbekommen würde. 1937 schien er endlich Erfolg zu haben. Aber dann erhielt er nur etwa ein Zehntel des von ihm beanspruchten Landes. Darauf hatten Engländer Kaffee angebaut; lukrative Kaffee-Ernten hätten Koinange vielleicht auch über die verlorenen neun Zehntel getröstet. Aber in diesem Gebiet, nun anerkanntermaßen seinem, durften nach Verfügung der Besatzer nur «Europäer», also Briten, Kaffee anbauen, keine Afrikaner. Koinange wurde vom britischen Distriktkommissar gezwungen, die Kaffeesträucher herauszureißen.

Die Missionare, die seine Organisation und ihn selbst so sehr beeinflußt hatten, blieben still. Sie hatten ja auch nicht gegen den ursprünglichen Landraub zugunsten der Weißen opponiert. So nahm nun auch Koinange Kontakt zur Kikuyu Central Organisation auf, die er bisher befehdet hatte. Sein Sohn Peter Mbiyu, der in Amerika und England erzogen worden war, wurde bald einer der Führer der KCA und gehörte dann zum engeren Kreis um Jomo Kenyatta, der den Briten schließlich die Unabhängigkeit abtrotzte.

Zwei Jahrzehnte später brach der schon erwähnte Kikuyu-Aufstand aus, in Europa als Mau-Mau teils verteufelt, teils in seiner politischen Bedeutung bagatellisiert. Die Briten fanden unerhört und nur durch Agitation und Komplott erklärbar, daß sich die Besetzten gegen die Unterdrückung durch Besatzer wehrten, die ihnen das Leben zur Hölle machten.

Kanonikus T. F. Cecil Bewes, lange Zeit Missionar in Kenia, sagte am 19. März 1953 in einem Vortrag im Londoner Royal Institute of International Affairs[25]: «Wir können den Afrikaner nicht dafür tadeln, daß er mit seinem jetzigen Lebensstandard unzufrieden ist... Für die überwältigende Mehrheit sind die Löhne auf dem barsten Subsistenzniveau, nicht vergleichbar mit denen für europäische und indische Arbeiter.» Die Afrikaner seien sich immer mehr der Kluft zwischen den beiden Rassen bewußt, und die kühle Distanz der Briten und ihre Herablassung «fachen die Flamme des Zornes noch mehr an als wirkliche politische Ungerechtigkeit». Bewes verwies darauf, daß den jungen Kikuyu, wie schon im Abschnitt «Schul-‹Meister›» erwähnt, die Aufstiegsmöglichkeiten versperrt seien. «Allein im Distrikt von Fort Hall verlassen jedes Jahr 10 000 Jungen im Alter von zehn bis vierzehn die Schule. Sie fühlen sich in einer Sackgasse, weitere Ausbildung gibt es für sie nicht und genug Land, das sie bebauen könnten, auch nicht.»

An dieser Sackgasse haben die Missionare, zu denen auch Bewes gehörte, kräftig mitgebaut. Bewes erzählte seinen Zuhörern weiter: «Der junge Kikuyu ist erregt von Unzufriedenheit und Frustration. ‹Laßt uns den Europäer loswerden, der unser Land stiehlt, und die fremde Religion, die unseren Stamm spaltet. Laßt uns zum Glauben und den Bräuchen unserer Väter zurückkehren.› Auf diese Weise verbündete sich moderne Politik mit heidnischer Hexerei in einer seltsamen ‹Sehnsucht nach Barbarei›.» Es scheint mehr als fraglich, ob der Kanonikus, dessen Landsleute den Afrikanern so fürchterlich mitspielten, wirklich nur diese herablassende Beurteilung vollziehen konnte. Jedenfalls kannte er die Quittung: «Von den 22 000 [farbigen] Christen im Distrikt von Fort Hall kennt man nur 800, die sich geweigert haben, den Mau-Mau-Eid zu leisten. Vielleicht war das die Reinigung, die die Kirche nötig hatte.»

Daß das europäische Publikum den Mau-Mau-Krieg bis heute nicht verstanden hat, liegt ganz wesentlich an der Schweigetaktik der Church Missionary Society und der anderen Briten, die sich an Ort und Stelle betätigt haben. «Als die Mau-Mau-Krise begann, nahmen die meisten Kirchen zunächst Partei für die Kolonialmacht und verdammten die Afrikaner total», erinnerte sich Tom Mboya[26], später Justizminister des unabhängigen Kenia. «Sie konzentrierten sich auf die verübten Grausamkeiten und den Terrorismus, sie übersahen den Hintergrund dieser Probleme und den Grund für den Ausbruch... Eines Sonntags wurde während eines Gottesdienstes in Nairobi sogar vorgeschlagen, jeden Afrikaner zu exkommunizieren, der der Mau-Mau-Aktivität verdächtig war.» Die Kirche habe natürlich auf einen solchen Verdacht nur schließen können, wenn die Behörden einen Afrikaner verhaftet hatten, «ein klarer Fall, wo Moral und Politik vermischt wurden und Religiöses mit den Maßnahmen, die die britische Regierung für zweckmäßig hielt». Erst 1954, also zwei Jahre nach Beginn des Aufstands, so Mboya, «begann man eine Änderung zu spüren und Reaktionen von Kirchenführern gegen die Grausamkeiten zu hören, die von Regierungstruppen in Kenia verübt wurden».

Warum China explodierte

China ist nicht «kolonisiert» worden, aber nicht, weil die Kolonialmächte im 19. Jahrhundert nicht gierig genug gewesen wären. Ihre Gegensätze in Europa und anderswo, die gewaltige Entfernung und die Riesigkeit des Brockens erwiesen sich als zu große Hindernisse für westliches Schluckvermögen, weit mehr als etwa die Widerstandsfähigkeit des «Reiches der Mitte», dessen Abkapselung von der übrigen Welt es technisch, also auch militärisch, in hoffnungslosen Rückstand gebracht hatte. Im Inneren befand sich auch die gesellschaftliche Verfassung in einem Schwächezustand, als die fremden Mächte Zutritt begehrten. Das Mandschu-Kaiserhaus hatte mit Unzufriedenheit, Unruhen und Modernisierungsbestrebungen zu kämpfen, Grund mehr, die Grenzen geschlossen halten zu wollen. Doch alle zeitgenössischen Berichte stimmen darin überein, daß dieser innere Schwächezustand die Chinesen nicht hinderte – ihr Kaiserhaus schon gar nicht –, sich allen anderen Völkern überlegen zu fühlen, besonders moralisch. Da ergab sich, daß der erste energische Vorstoß der Europäer und Nordamerikaner kein feineres Ziel hatte, als in China möglichst viel Opium zu verkaufen. Das war in erster Linie das Interesse der britischen Ostindiengesellschaft als Hauptexporteur, doch auch Kaufleute anderer westlicher Länder wollten mit China handeln (teilweise ebenfalls mit Opium), jedenfalls ein Niederlassungs- und Bewegungsrecht haben über Kanton hinaus: Nur dort hatten ihnen die Chinesen die Niederlassung erlaubt. Ebenfalls nach China drängten die Missionare.

Opium, das Briten, Franzosen und Amerikaner in wachsenden Mengen nach China schmuggelten, entwickelte sich für die Chinesen zu einer Seuche, ebenso wie das Drogenproblem die westliche Welt Ende des 20. Jahrhunderts erregt hat. Als der Kaiser drei seiner Söhne durch exzessiven Opiumrausch verloren hatte, veranlaßte er schärfere Maßnahmen gegen den Schmuggel. Das führte zu Zusammenstößen mit britischen Händlern und Schiffen, zu immer gespannteren Verhandlungen, 1840 zum ersten Opiumkrieg. Die Dolmetscher des britischen Chefunterhändlers waren, wie schon erwähnt, die Missionare Morrison und Gutzlaff, und Missionare spielten auch während der Opiumkriege – es gab mehrere – zur «Öffnung» Chinas und dann als hohe Beamte der Eindringlinge eine wichtige Rolle.

Die Opiumkriege, an denen sich auch Frankreich beteiligte, führten zu einer Reihe demütigender «Friedensverträge», die von den Chinesen stets die «ungleichen Verträge» genannt wurden. Sie erlaubten westliche Niederlassungen in China, dann auch russische und japanische, die exterritoriale Rechte genossen. Die eben noch verpönten Ausländer erhielten Privilegien für sich persönlich, aber auch erhebliche wirtschaftliche Konzessionen, hauptsächlich Bergbau- und Bahnbaurechte. Nun wurden auch die christlichen Missionen zugelassen. China mußte ihnen in einem der ersten Verträge nicht nur Bewegungsfreiheit und amtlichen Schutz zusichern, sondern auch Grund und Boden für ihre Kirchen und sonstigen Einrichtungen zur Verfügung stellen.

Die Demütigung der Chinesen durch die Eindringlinge – auch wenn sie zunächst nur in einigen Enklaven allmächtig zu sein schienen – verstärkte die Abneigung gegen alles Fremde. Der Vertrag von Tientsin im Juni 1858, der den Missionaren das ganze Land öffnete, wurde noch im November ergänzt: Nun standen auch Chinesen, die Christen wurden, unter dem juristischen Schutz der Länder, aus denen die Bekehrer stammten. Das war kein geringer Eingriff in chinesisches Hoheitsrecht. Stellen Sie sich vor, die in Deutschland lebenden Moslems unterständen nicht deutscher Gerichtsbarkeit, sondern könnten nur vor den Botschaftern oder Konsuln der Türkei, des Irans, Pakistans und der anderen moslemischen Länder angeklagt werden!

Daß Missionare und Unternehmer nun gleichzeitig ins Land drängten, wirkte sich psychologisch zum Nachteil der Missionen aus. Der Bergbau, besonders der deutsche, behandelte nicht nur die chinesischen Arbeiter schlecht, sondern versuchte nach Kräften, die chinesische Konkurrenz zu ruinieren. Der Bahnbau hatte schlimmere Folgen. Die Strecken wurden verlegt, als brauche man in einem fremden, unbekannten Land nichts zu beachten. Doch da waren häufig Beerdigungsstätten, nicht so leicht erkennbar wie europäische Friedhöfe, aber in einem Land des Ahnenkultes heilig. Die Geleise wurden rücksichtslos durch sie hindurchgelegt. Brükken über Kanäle und Flüsse wiederum wurden an manchen Stellen so tief angebracht, daß keine Dschunken mehr passieren konnten. So wurden traditionelle chinesische Handelswege ruiniert. Natürlich würde das Fremde überall unbeliebt machen. Da sich die Missionare ebenso ungeniert wie die Vertreter der Wirtschaft ausbreiteten, unterschieden sie sich für die Chinesen nicht von den anderen unwillkommenen Fremden. Vielleicht hätten sie dem entgehen können, aber viele von ihnen, sicher nicht alle, benahmen sich wie arrogante Besatzer; darin stimmen zeitgenössische Schilderungen überein.

In dieser gespannten Lage tat die katholische Kirche im Bunde mit der französischen Gesandtschaft ein übriges. Auf ihr Betreiben verfügte ein kaiserliches Edikt, daß ihr die Gebäude, die seit dem Regime Kaiser K'ang-hsis enteignet worden waren, zurückgegeben werden müßten. Ausgenommen waren nur solche, die inzwischen in Tempel oder in Wohnhäuser verwandelt worden waren. Das Regime K'ang-hsis' lag ein paar Jahrhunderte zurück, und inzwischen hatten die Grundstücke und Gebäude oft den Besitzer gewechselt. Ihre Rückgabe führte zu viel Ungerechtigkeit und großer Verbitterung. «Daß die Kirche solche Grundstücke wieder mit Beschlag belegte, konnte nur Ärger ankündigen, und das tat es, besonders weil die französische Auslegung des Abkommens sehr weit ging», sagte der Historiker jener frühen Missionszeiten in China, A. J. Broomhall[27].

Andere Reibereien, die man heute wohl kaum noch versteht, entstanden durch die Kirchenbaulust der ins Land strömenden Missionen. Sie durften sich nun niederlassen, wo sie wollten, auch dort, wo sie besonders entschieden abgelehnt wurden. Die Beamtenschaft mußte sie schützen – die wurde aber von ihren Landsleuten ebenfalls scheel angesehen, als eine durch und durch korrupte Schicht, von der die einfachen chinesischen Bürger nichts Gutes, gar Gerechtes erwarteten, erwarten konnten.

Christen lieben Kirchtürme. Sie durften sie nun auch im Lande Buddhas, des Taoismus und Konfutses errichten. Aber nach chinesischer Volksmeinung störten die Türme nun die Feng-shui, Wind- und Wassergeister, ebenso wie die Bahnlinien an zahllosen Stellen den Ahnenkult schändeten. Die britische Legation in Peking empfahl in einem Memorandum an die Missionsgesellschaften, «chinesische Vorurteile und Aberglauben sorgfältig in Betracht zu ziehen, was die Form und die Höhe der Bauwerke anbelangt»[28]. Das verhallte ungehört.

Das fremdenfeindliche Ressentiment wuchs. Es schloß die Missionare ebenso ein wie die Bergingenieure und die Bahnbauer. Die Missionare, besonders die Katholiken, heizten es weiter an, indem sie bei allen möglichen Gelegenheiten ihren chinesischen Gemeindemitgliedern gegen die Behörden oder auch nur gegen ihre Umgebung zu Hilfe kamen. Nicht alle von diesen Bekehrten standen in dem Ruf, wirklich Fromme zu sein, viele wurden als «Reis-Christen» verhöhnt; China war ja, für seine Massen jedenfalls, ein bitterarmes Land. 1870 explodierte in Tientsin der Fremdenhaß zum ersten Mal in größerem Ausmaß, etwa zwanzig Europäer einschließlich zweier Missionare und einiger Nonnen, die ein Waisenhaus leiteten, wurden umgebracht, dazu auch eine größere Zahl christlicher Chinesen, aber die festzustellen gab sich niemand die Mühe.

Damals warnte ein hoher chinesischer Beamter in einem Schreiben an die französische Botschaft, die katholischen Missionen würden dadurch, daß sie «Staaten im Staat» bildeten, große Risiken heraufbeschwören. «Wie können wir unter diesen Umständen hoffen, die Regierenden und die Regierten daran zu hindern, sich in gemeinsamer Feindschaft gegen die Missionare zu vereinigen? ... Die Mitglieder des Rates für auswärtige Angelegenheiten fürchten ehrlich, daß so viel angehäufte Mißstimmung, wenn sie plötzlich eine Explosion auslöst, zu einer Katastrophe führen wird.»[29] Um diese Zeit zirkulierten bereits Pamphlete, die die Christen in häßlicher Weise beleidigten; oft wurden sie als Schweine dargestellt, als Wesen voller Laster und Mordlust gegen Chinesen. Daß die Christen – nicht nur die Katholiken – den chinesischen Ahnenkult und andere Traditionen des Landes offen und drastisch lächerlich machten, tat ein weiteres, die Feindschaft aufzuheizen.

Im November 1887 ermordeten Mitglieder eines fremdenfeindlichen Bundes (Gesellschaft der großen Messer) die beiden deutschen katholischen Missionare Richard Henle und Franz Nies. Die Reichsregierung hatte kurz vorher beschlossen, sich an der Bucht von Kiautschou im Süden der Provinz Shantung einen Stützpunkt zu verschaffen; Jahre vorher schon hatte der dortige Missionsbischof Johann Baptist v. Anzer von der Steyler Mission dazu geraten. Am 14. November landeten die deutschen Truppen des Fernostgeschwaders, nachdem die Forderungen an die chinesische Regierung ohne befriedigende Antwort geblieben waren. So entstand das «Schutzgebiet» Kiautschou mit seiner Hauptstadt Tsingtau. Es war das erste Mal, daß sich eine europäische Macht chinesisches Gebiet so aus blauem Himmel heraus mit Gewalt aneignete; dies löste weitere Landrafferei anderer Mächte aus.

In der internationalen Presse machte ein aus Shanghai datierter Bericht die Runde, der schon vor der Landung und in Unkenntnis der chinesischen Antwort auf die deutschen Forderungen verfaßt worden war. Der Verfasser schloß: «Wenn diese Forderungen gewährt werden, haben die beiden Missionare gut daran getan, sich massakrieren zu lassen. Selten haben zwei Menschenleben dem ‹Vaterlande› so viel Vorteil gebracht. Andere europäische Nationen haben mehr als zwei Missionare in China verloren, aber wir wissen nicht, daß ihre Märtyrer so offenherzig dazu benutzt wurden, Eisenbahnen und Kohlenstationen zu erwerben.»[30] Drei deutsche Missionen erhielten dann im Gebiet Kiautschou abgabefreies Land, außer der Steyler die Berliner und die Weimarer.

Den nächsten Anlaß für den Haß der Chinesen auf die Missionen lieferten dann die Franzosen für die Katholiken ganz allgemein. Frankreich hatte damals das Protektorat über die katholischen Missionen in China, mit Ausnahme der deutschen und italienischen. Am 15. März 1899 erreichte die französische Gesandtschaft, daß ein kaiserlicher Erlaß den katholischen Missionaren eine Reihe von Rechten einräumte, zu denen auch protokollarische Behandlung wie für Diplomaten und hohe chinesische Würdenträger gehörte. Das ergab eine imposante Rangskala: Bischöfe wurden Vizekönigen und Generalgouverneuren gleichgestellt, Provikare mit Provinzschatzmeistern und Richtern und entsprechend weiter abwärts. Bei Ankunft oder Abreise eines Bischofs war Kanonensalut fällig.[31] Man stelle sich vor, im Deutschen Reich hätten islamische Mullahs und Imame oder buddhistische Würdenträger mit dem Protokoll behandelt werden müssen, das Regierungsmitgliedern, Regierungspräsidenten und dergleichen zustand...

Die protestantischen Missionen lehnten entsprechende Privilegien ab, als sie auch ihnen unter der herrschenden Meistbegünstigungsklausel (was eine fremde Macht erreichte, kam auch allen anderen zugute) angeboten wurden. Die Würdenträger der katholischen Mission fanden nichts dabei, diese eben nicht nur formelle hierarchische Stellung auszunutzen. Eine anglikanische Bischofskonferenz in Shanghai protestierte einige Zeit später «im Namen unserer Gemeinden und der chinesischen Bevölkerung ganz allgemein» gegen die «schnell zunehmende Einmischung französischer und anderer römisch-katholischer Priester in die Provinz- und Ortsverwaltungen Chinas»[32]. Diese griffen besonders gern in Streitigkeiten ein, auch in gerichtliche, in die jemand aus ihrer chinesischen Gemeinde verwikkelt war; «manchmal ist es für einen Heiden unmöglich, in seinen eigenen Gerichten Gerechtigkeit zu bekommen», sagte eine britische Autorin[33]. Man darf eben nicht vergessen, daß diese Pomp- und Machtentfaltung der Katholiken inmitten der stark fremdenfeindlichen, durch die zahlreichen Demütigungen im vergeblichen Abwehrkampf gegen die europäischen und amerikanischen Eindringlinge hochgespannten Atmosphäre stattfand.

Bald danach (1900) brach dann der Boxeraufstand los, in dem viele Missionare und ihre Familien umkamen, besonders katholische, aber auch viele chinesische Christen. Der Protokoll-Erlaß wurde erst am 15. April 1908 wiederaufgehoben, so lange hatten Franzosen und katholische Missionen noch an ihm festgehalten.

Nachdem ein europäisch-japanisches Expeditionsheer den Boxeraufstand niedergeworfen hatte, schrieb der britische Gouverneur von Hongkong, Sir Henry Arthur Blake, am 18. August 1900 an den TIMES-Korrespondenten Morrison: «Alle Mächte sind wohl in dem Wunsch einig, so schnell wie möglich hier wieder wegzukommen. Aber was ist mit den Missionaren, den Hauptschuldigen an dem Ärger, die in den Küstenhäfen herumschwärmen, während die von ihnen Bekehrten den Märtyrertod sterben für die Ausbreitung des Glaubens?»[34]

Wie Sie noch sehen werden, war es ein ungerechtes Urteil, was die Folgen für die Missionare anbelangt. Was ihre Verantwortung für diese chinesische und missionarische Tragödie anbetrifft, sind sich die Historiker ziemlich einig.

Landraub

Alptraum

Die älteren unter uns könnten sich durchaus noch vorstellen, daß alle Besatzungsmächte, nicht etwa nur die Sowjets, gleich nach 1945 die deutschen Bauern enteignet hätten. In den ersten Nachkriegsmonaten war die Stimmung zwischen Siegern und Verlierern ja gespannt und bitter genug.

Enteignet aber nicht, um deutsche Großbetriebe daraus zu machen, LPGs oder so, sondern amerikanische, russische, britische und französische. Und daß sie dann die Bauern gezwungen hätten, die weggenommenen Flächen für sie zu bestellen, fast ohne Lohn oder ganz umsonst, und zu ernten: für die Besatzer. So viel zu arbeiten, daß die deutschen Bauern höchstens zwei Tage in der Woche Zeit gehabt hätten, für sich selbst Nahrung zu produzieren – für sich, aber auch für die restliche deutsche Bevölkerung.

Nahrung produzieren, anbauen – wo denn?

Den fruchtbaren, leicht zu bewirtschaftenden Boden hatten ja nun die Besatzer. Was dort wuchs, verbrauchten sie selbst oder exportierten es. Die enteigneten deutschen Bauern mußten sich neue Flächen suchen. Das waren natürlich fast nur noch solche, die früher als unlohnend, unbrauchbar gegolten hatten. Die Lüneburger Heide vielleicht. Die Hänge der Mittelgebirge oder auch der Alpen, möglichst weit hinauf.

Dort wächst aber nicht viel. Auch das Vieh findet da nicht genug. Aber was hilft's – genutzt mußte werden, auf Teufel komm raus! So wurden die Wälder abgeholzt, gerodet, das Unterholz wurde verbrannt, das Vieh noch weiter nach oben getrieben, der Ertrag immer dünner, das Vieh immer magerer.

Eigentlich mußte man nun Lebensmittel einführen. Doch das konnten nur noch die Besatzer bezahlen. Sie taten es nicht, oder kaum. Vielleicht hätte man mit Industrieexport bezahlen können? Aber die Industrie, soweit nicht durch den Krieg zerstört, war demontiert und zu den Siegern abtransportiert worden. Was noch im Lande funktionierte, gehörte ihnen auch. Das damit verdiente Geld floß in ihre Länder. Sie hatten doch verkündet, Deutschland müsse zu einem Agrarland zurückentwickelt werden.

Eine Verelendung Deutschlands begann. Wo sollten die Deutschen Geld verdienen? Für die Arbeit in den nun den Fremden gehörenden Betrieben wurden Hungerlöhne gezahlt, wie sie in der Weltwirtschaftskrise zwischen den Weltkriegen kaum möglich gewesen wären, eher erinnerten sie an die industrielle Revolution im 19. Jahrhundert. Die Siegermächte zwangen reichere Deutsche zu drakonischen «Wiedergutmachungs»-Zahlungen. Rapide schwand das deutsche Volksvermögen dahin.

Hungerzeiten waren die Folge; die Sieger sahen ungerührt zu. Hungerrevolten brachen aus, die Besatzer, die das Land durch eine gemeinsame Militärregierung beherrschten, hatten genug Truppen, um sie blutig niederzuschlagen.

Jüngere Deutsche wanderten in Scharen aus. In anderen Ländern wurden sie zunächst gern aufgenommen, da man ihre Arbeitskraft schätzte. Als es aber zu viele wurden und die Arbeiterschaft in den anderen Ländern Pogrome gegen Fremde verübte, erließen die dortigen Regierungen immer strengere Beschränkungen der Einwanderung.

Schon nach einem Jahrzehnt konstatierte die Weltgesundheitsorganisation, der Gesundheitszustand der Deutschen sei alarmierend. Mangelkrankheiten, Epidemien und Hoffnungslosigkeit bewirkten, daß immer weniger Kinder geboren wurden. Die Bevölkerung schrumpfte.

Die Städte verödeten und verfielen. Die Berge verkarsteten wegen des Raubbaus. Die Flüsse versandeten. Die Häfen dienten nur noch zur Ausfuhr jener Güter, die die Sieger in «ihren» Bergwerken fördern ließen, und «ihrer» Ernten, die sie in Asien absetzten.

Ein weiteres Jahrzehnt, da konnten die Sieger zufrieden feststellen, daß die «deutsche Gefahr», gegen die sie all das ins Werk gesetzt hatten, nicht mehr bestand. Längst waren in ihren Ländern Stimmen laut geworden, Deutschland habe genug gebüßt und verdiene jetzt Hilfe, Wiederaufbau und, langsam, Rückkehr in den Kreis zivilisierter und aktiver Nationen. Im Laufe eines weiteren Jahrzehnts entstand wieder ein freies Deutschland – allerdings hatten die fremden Kapitalgesellschaften ihren gesamten Bergwerksbesitz und die Industrieanlagen behalten, nur die deutsche Landwirtschaft konnte sich allmählich wieder, dank der zurückgewonnenen Flächen, zur alten Leistungsfähigkeit aufschwingen.

Ein Jahrzehnte währender Alptraum schien zu Ende zu gehen. Doch nun stellte sich heraus, daß kaum noch eine politische Elite da war, die das Land aus der Katastrophe herausführen konnte, fähige Unternehmer waren Mangelware, die Gewerkschaften verkümmert. So lebten die Deutschen weiter, von einer Krise zur anderen, politischen und wirtschaftlichen, und während ich das erzähle, weiß ich immer noch nicht, wann es mit ihnen wieder aufwärtsgehen kann.

Nun ja, das alles hat ja gar nicht stattgefunden...

Doch – es hat stattgefunden. Zwar nicht bei uns. Aber so war ziemlich genau das Schicksal, das die europäischen Kolonialmächte, Deutschland unter ihnen, vielen Menschen und Ländern bereitet haben. Nur waren die Opfer von Anfang an in einer weit schlechteren Verfassung als wir in meinem Alptraum, und die Wirklichkeit ihres Alptraums dauerte viel länger als nur ein paar Jahrzehnte.

Wenn heutzutage gerätselt wird, warum Milliarden Menschen in der «Dritten» und «Vierten Welt» im Elend leben und Hunderte Millionen hungern, könnte die Kenntnis dieser Vorgeschichte das Rätsel leicht lösen helfen. Auch an dieser Vorgeschichte, wie an den anderen in diesem Buch erzählten, sind Missionare beteiligt gewesen.

Kein anderer als der Gründer der Weißen Väter, Lavigerie, rief nach dem Deutsch-Französischen Krieg von 1870/71, der Frankreich das Elsaß und Lothringen kostete, die Elsässer und die Lothringer zur massenhaften Ansiedlung in Algerien auf. «Hier werdet ihr für euch, eure Kinder, eure Familien, viel reichlichere und fruchtbarere Ländereien finden als jene, die ihr in den Händen des Eindringlings gelassen habt. Unter einem sanfteren Himmel als dem euren werdet ihr Dörfer gründen können, die ausschließlich aus den Bewohnern eurer Provinzen bestehen ... Nichts ist leichter in Algerien; der Staat besitzt dort, oder kann sich leicht beschaffen, Millionen von Hektar in den Ebenen, auf den Bergen, im Gebirge, nahe der Küste ... kommt also in unser neues Frankreich!»[1] Die erwähnten Eindringlinge waren natürlich die Deutschen. Dem damaligen Erzbischof kam anscheinend nicht in den Sinn, daß die Franzosen Eindringlinge bei den Algeriern waren, deren ohnehin schon von französischen Siedlern weitgehend beschlagnahmten Boden er so freigiebig von neuem auslobte. In der Tat ließen sich auch viele Elsässer in Algerien nieder.

«Zuerst hatten wir das Land, und ihr hattet die Bibel. Jetzt haben wir die Bibel, und ihr habt das Land.» Wer von den Kolonisierten in aller Welt das zuerst gesagt hat, ist nicht bekannt. Das Zitat trifft zu sehr, um nicht schon oft gedient zu haben. Ich übernehme es hier von Bischof Bengt Sundkler[2], der es «afrikanischen Agitatoren» in der Zeit nach dem Auftakt zur massenhaften Landenteignung in Südafrika 1913 zuschreibt, aber voller Verständnis für deren Bitterkeit ist. Das Eingeborenen-Landgesetz von 1913 machte den Afrikanern unmöglich, außerhalb sehr begrenzter «Reservate» Land zu kaufen oder auch nur zu pachten. Es begann die Operation, an deren Ende fünf Millionen Farbige einen kleineren Teil des Landes besaßen als eine Million Weiße. Fast 300 Jahre vorher hatte der englische Prediger Crashaw den gleichen Tatbestand in Nordamerika andersherum ausgedrückt: «Wir geben den Wilden, was sie am dringendsten brauchen: erstens Gesittung für ihre Körper, zweitens Christentum für ihre Seelen. Wir nehmen ihnen nur, was sie leicht entbehren können: erstens ihr überflüssiges Land, zweitens ihre überflüssigen Naturschätze.»[3]

Für uns ist in diesem Zusammenhang unerheblich, daß die südafrikanische Regierung im Lauf der Zeit die Farbigen noch mehr drangsalierte. Sie war nicht die einzige, die den Unterworfenen ihren Grund und Boden wegnahm. Die Geschichte des Kolonialismus ist von Anfang an die Geschichte eines gewaltigen Landraubs – nicht etwa korrekte Übertragung von Besitztiteln der Besetzten an die Besatzer, sondern brutale Wegnahme des Bodens, von dem sich die Einheimischen ernährt hatten. Zwangsläufig verelendeten sie, wurden Proletariat. Die Besatzer wollten ja nicht nur das Land für sich, sondern auch Arbeiter, um es zu bestellen. Um die zu bekommen, mußten die Besatzer die Besetzten erst arm machen, damit sie auch wirklich zur Lohnarbeit gezwungen waren – sofern sie nicht gleich, was oft passierte, mit Gewalt auf die Plantagen und in die Bergwerke der Besatzer geholt wurden. Dieser Hauptgrund für die Verelendung vieler Länder der «Dritten» und «Vierten Welt» wird in der Diskussion über deren Nöte und Probleme merkwürdigerweise ausgespart.

Die gigantische Enteignung hat nach Auffassung Sundklers auch dazu beigetragen, daß sich in Südafrika viel früher, als es die weißen Missionare geplant hatten, einheimische Kirchen bildeten. Die Farbigen – natürlich nicht nur in Südafrika – sahen eben auch in den Missionaren «Angehörige einer herrschenden Schicht und dann einer herrschenden Rasse»[4]. In einem wichtigen Punkt hatten sie durchaus Recht: Die Missionare waren ja mit dabei, wenn es darum ging, Landbesitz zu erwerben. «Daß da Land für Missionsstationen, Schulen und Hospitäler für Afrikaner genutzt wurde, beseitigte nicht den Groll, den die Menschen empfanden, wenn sie die eingezäunten Missionen betraten, die das Weideland ihrer Väter gewesen waren.»[5] Die Missionare nutzten das Land ja auch zur Errichtung kommerzieller Betriebe.

«Weitherzigkeit bei Landüberlassungen», verlangte der Missionsprofessor Schmidlin[6] von den Kolonialregierungen. Nicht nur die deutschen – alle haben das Verlangen großzügig erfüllt... mit dem Land der Unterworfenen. Und fast alle Missionen haben es ähnlich fordernd vorgebracht wie die deutschen Katholiken. Das «Lexikon zur Weltmission» vermittelt unter dem Stichwort «Besitz von Mission und Kirche», daß Missionare «in Pioniersituationen», also bevor die Besatzer das jeweilige Land eroberten, kein Grundeigentum erwerben konnten, weil «unter schriftlosen Völkern» meist «die *Auffassung*» bestehe, daß das Land «den Ahnen» gehört und nicht veräußert werden könne (Hervorhebung von mir). Bestenfalls könne man anderen ein beschränktes Nutzungsrecht einräumen.

Wenn man das Gesetz der vielen außereuropäischen Völker, die es so handhaben, zur «Auffassung» verwässert, dann bereitet man schon das Verständnis dafür vor, daß jemand, der Land will, auch anderer Auffassung sein könnte. So war es ja auch. «Oft genug scheinen Missionare der Meinung gewesen zu sein, ihnen seien die Grundstücke endgültig übertragen worden, während die Einheimischen daran gar nicht gedacht haben», heißt es weiter im Lexikon, aus der Feder des bedeutenden Kirchenforschers Stephan Neill. Zeugt es nicht von seltsamer Mentalität, daß die Missionare sich offenbar überhaupt nicht um die Regeln und Gesetze der Völker kümmerten, unter denen sie als Fremde aufgetaucht waren, sie anscheinend nicht einmal kennenzulernen wünschten? Ein Anlaß des Herero-Kriegs gegen die Deutschen in Südwestafrika 1904 sei auch die Sorge der Afrikaner gewesen, «Missionare der Rheinischen Mission hätten der Regierung Land verkauft, das im Grunde doch der Bevölkerung gehöre».

Als die koloniale Besetzung vollzogen war und die Besatzer ihre eigenen Regierungen installiert hatten, «wurde der Erwerb von Land für Weiße wesentlich einfacher». Gewiß, sogar der ohne jede Bezahlung. Auch daran beteiligten sich die Missionare. Wenn sie bezahlten, dann vergleichsweise wenig und, der Besatzungslogik entsprechend, nur höchst selten an Afrikaner oder Asiaten oder Indianer, sondern an die Kolonialverwaltung. Die hatte sich in den meisten Fällen das Verfügungsrecht über Grund und Boden der Besetzten vorbehalten.

Das Lexikon, sprich in diesem Fall Stephan Neill, behauptet, das Land der Missionsgesellschaften habe als «zweckbestimmtes Treuhandeigentum zugunsten der ‹jungen Kirche›» gegolten, das bedeutet: für die von den Missionaren heranzubildenden und dann in die Unabhängigkeit zu entlassenden einheimischen Christengemeinden. Aber das ist eine nachträgliche Beschönigung. Die Quellen besagen gerade, daß die meisten Missionare nicht daran dachten oder die Zeit für die «Reife» solcher Kirchen in so ungeheuer ferne Zukunft verlegten, daß sie sich keine Gedanken darüber machten.

Das Lexikon liefert selbst ein Beispiel dafür, mit welchen Einschränkungen man diese «Treuhandschaft» betrachten muß. Eine Missionsgesellschaft in Indien habe Grundstücke verkauft, die sie nicht mehr benötigte, und das Geld kassiert, während indische Gemeindemitglieder vergeblich beanstandeten, das Land sei für die indische Kirche gekauft gewesen, das Geld also «zweckentfremdet». Wenn man weiß, daß sehr viele Missionare die Entkolonialisierung für reichlich verfrüht hielten und die einheimischen Kirchenleute für noch nicht reif, wundert man sich auch nicht mehr über den folgenden Satz: «Oft genug zögerten die Missionen, wertvolle Grundstücke an kleine und unerfahrene Kirchen zu übertragen, und machten sich Sorgen, ob die Zweckbestimmung künftig bedacht werden würde.»

Für unser Thema ist gleichgültig, für wen das den Einheimischen weggenommene Land bestimmt war. Jedenfalls waren sie es los. Den Besatzern war es ein Dorn im Auge, daß die Besetzten keinen individuellen Grundbesitz kannten: Der Boden war Kollektiveigentum zur Nutzung der Gemeinschaft. Galt ein Häuptling oder König als Besitzer, dann doch nur als Treuhänder für sein Volk oder seinen Stamm. Wenn Afrikaner oder die Menschen des Pazifik den Weißen Land überließen, meinten sie meist nur, das Nutzungsrecht zu vergeben. Als zum Beispiel britische Missionare auf Tahiti das Gelände der Bucht von Matavai für eine Missionsstation erbaten, bekamen sie es sofort – aber dann waren die Tahitianer sehr erstaunt, daß ihnen der Zutritt zu diesem Gelände verboten wurde.[7]

Die neuen Herrscher führten so schnell wie möglich «Privateigentum» ein – nicht um den Einheimischen individuellen Landbesitz zu verschaffen, sondern um sie juristisch in die Lage zu versetzen, über ihren Teil zu verfügen, das heißt, ihn zu verkaufen. So wurde den Besetzten, die sich nicht wehren konnten, ein ihnen völlig fremdes Katastersystem aufgenötigt; die Kosten der Vermessung, Abgrenzung und Registrierung wurden meist dem Stamm aufgebürdet. Sie waren oft höher als der schließliche Verkaufserlös, gleich eine doppelte Enteignung. Bezahlt wurde fast nichts, erleichtert dadurch, daß die Einheimischen keine entsprechenden Wert- und Preisvorstellungen hatten. Dieses System hat zum Beispiel sehr zur Verelendung der Algerier unter der französischen Herrschaft beigetragen; seine Wirkung in anderen Kolonien war ähnlich.

«Reservate» und die Folgen

Die Missionen wirkten nicht nur bei der Enteignung der Einheimischen mit, um sich selbst Gelände zu verschaffen. Die Enteigneten, die immer den besten, fruchtbarsten Boden hergeben mußten, wurden ja auch meist umgesiedelt, in «Reservate» gebracht. Dort hatten sie fast immer weniger Land, als sie aufgeben mußten, und weniger fruchtbar war es auch. Als einer von mehreren blutroten Fäden zieht sich durch die Kolonialgeschichte, daß dies die Besatzer nicht kümmerte und daß sie Verelendung und Hungersnöte ihrer Opfer ungerührt in Kauf nahmen. In den zusammengedrängten neuen Stammesgebieten lebte nun ein Reservoir an Arbeitern, just das, was die weißen Siedler, Plantagenbesitzer und Bergwerksfirmen verlangten – die Missionare auch. Ein billiges Reservoir, denn in Not und außerstande, ausreichend für die eigene Ernährung und die ihrer Familien zu sorgen, blieb den Einheimischen gar nichts übrig, als sich bei den Weißen zu verdingen, so schlecht auch die Bezahlung war. Sie war schlecht.

Der Hauptvorteil für die Missionen war jedoch, daß die Reservate für sie leicht zugängliche potentielle Gemeinden umschlossen. Viele

Afrikaner (und Indianer) waren nicht seßhaft gewesen, sondern zogen traditionell mit ihren Viehherden umher oder verlegten wegen der Wechselwirtschaft immer wieder ihre Felder und Dörfer; das große Land konnte die verhältnismäßig kleine Bevölkerung nur so ernähren. Die Missionare klagten immer wieder darüber, daß ihnen ihr Publikum abhanden kam, auf das sie doch erst eine Weile einwirken mußten, wenn daraus eine bekehrte Gemeinde werden sollte. Entsprechende Klagen hörte man auch aus der pazifischen Welt. Der deutsche Naturforscher Richard Semon schrieb 1895 aus der britischen Kolonie Queensland, Australien, der Erfolg der Mission sei «faktisch gleich Null. Wie kann der Missionar eine Horde beeinflussen, die heute hier, morgen dort ist und die sich durch kein Mittel seßhaft machen läßt.»[8]

Das Gegenrezept hatten, wie beschrieben, Eroberer und Kirchenleute lange vorher im iberischen Kolonialreich Amerikas ausprobiert. Die Indianer, die in landwirtschaftlich ergiebigen oder mineralreichen Siedlungsgebieten der Besatzer gewohnt hatten, wurden vertrieben: entweder in den Urwald oder in Lager, die eigens zu dem Zweck eingerichtet waren, sie in der Nähe der weißen Siedlungen als Arbeiter bereit zu haben. Da viele Indianer von jeher weit verbreitet im Urwald lebten[9], wurden regelrechte Expeditionen dorthin unternommen, um sie wegzuschleppen und in «Reservate» zu sperren, wenn sie nicht gleich auf die Latifundien der Portugiesen und Spanier verteilt wurden. Ihr eigenes Land waren die Indianer los, für immer.

In den heutigen Staaten Mexiko und Guatemala sind damals von Franziskanern und Dominikanern anscheinend fast zwei Drittel aller Indianer umgesiedelt worden. Das System der «Encomienda-Doctrina» (neben dem Besitzer sollte der Missionar für die Evangelisierung sorgen), das auf enger Zusammenarbeit zwischen Kirche und Staat beruhte, hat allein im spanischen Teil Amerikas im Jahre 1573 sechs Millionen Indianer betroffen[10], vielleicht sollte man sagen geschluckt.

Aus der «Encomienda» entwickelte sich die Hazienda, in der die Leibeigenschaft und Entpersönlichung der Indianer, «Peones», bis in die Gegenwart fortgeführt wurden. Der Kaplan, «der die Strukturen kultisch-religiös legitimierte»[11], gehörte immer dazu. In der Kolonialzeit konkurrierten laut Gilberto Freyre mit den Herrenhäusern der Haziendas in Brasilien «einige Klöster ... sie schienen weniger für religiöse Zwecke zu bestehen als für die wirtschaftliche Ausbeutung des Bodens durch den Anbau von Zuckerrohr mit Hilfe zahlreicher Sklaven, die die Mönche oder die religiösen Orden besaßen»[12].

Eine Zeitlang gehörte der Kirche die Hälfte allen Grund und Bodens in Mexiko. Umfangreichen Landbesitz hatte sie auf dem südamerikanischen Kontinent überall. Auch der hatte ursprünglich den Indianern gehört – «wenn er auch nur zum kleineren Teil den Indianern direkt vom Klerus abgenommen oder von den Indianern selbst gestiftet worden war. Das meiste kirchliche Land stammt von Kolonisten, die es selbst oder deren Vorfahren es auf zweifelhafte Weise den Indianern entrissen hatten.»[13]

In Lateinamerika sorgte das Missionspatronat, durch das der Vatikan die iberischen Monarchien mit entscheidenden Kirchenrechten ausgestattet hatte, für die enge Verflechtung von Staat und Kirche. In Afrika und in der pazifischen Welt konnten die Missionare zwar viel seltener als Staatskirchenmänner und -frauen auftreten, und die Größenverhältnisse sind kaum vergleichbar. Aber an ihrer Teilhabe am Landraub auch da ändert das nichts. In welchem Verhältnis sie beteiligt waren, könnte man nur feststellen, wenn man die Archive Hunderter Missionen, Dutzender Kolonialverwaltungen und der unabhängig gewordenen ehemaligen Kolonien einsehen und auswerten könnte – lohnende Aufgaben für jene großen, reichlich mit Computern ausgestatteten Institute, die sich um so vieles weniger Interessante kümmern. Ich fürchte, es wird sich keines finden. Aber ich kann hier wenigstens ein paar belegbare Beispiele anführen.

So gestattete der Gouverneur Edouard Hessling von *Obervolta* – heute Burkina Faso – im französischen Sudan 1920 den Weißen Vätern in Ouagadougou, ihren Grundbesitz um 3,5 Hektar zu vergrößern, zum Gesamtpreis von 7000 Francs. Das war kurz vor dem Erscheinen einer Verordnung über städtische Konzessionen, die den Preis auf 16000 Francs gebracht hätte. Ein Jahr später erhielt die Mission in Minankofa ein Konzessionsgebiet von 20000 Hektar. In Kakoulou: 65 Hektar definitiv, 260 «provisorisch»; die Mission wollte Baumwollanbau probieren. An welche Größenordnungen ihr

Chef dachte, der Apostolische Vikar Alexis Lemaitre, geht aus seiner Anforderung für ein anderes Gebiet am Bafing-Fluß hervor: 3850 Hektar auf dem linken Ufer, 10000 auf dem rechten. Die französische Verwaltung setzte wohlwollend das Verfahren in Gang. Da wurde Lemaitre als Koadjutor des Bischofs nach Karthago versetzt, nun hätte ein neues Verfahren beantragt werden müssen. Offenbar war sein Nachfolger nicht so interessiert.[14]

In *Deutsch-Ostafrika* beantragte die Berliner Mission im Mai 1900 in einem Distrikt, in dem – nach einer kurz vorher erlassenen Verordnung – «nur» 500 Hektar an eine Person oder Gesellschaft abgegeben werden durften (fast umsonst!), 2500 bis 3000 Hektar für jede ihrer Stationen. Der Gouverneur hielt jedoch 500 insgesamt für ausreichend – dann kam ein Nachfolger und bewilligte doch 500 pro Station. Ein paar Jahre später wurde der Mission weiteres Land zugeteilt, als Grund und Boden in den Bezirken Moshi und Aruscha schon knapp wurden. 1913 gab es da immerhin fast tausend Farmer oder Gesellschaften. Ihre Landwünsche engten auch hier die Afrikaner allmählich ein, die ihrerseits eher mehr Land benötigten. «Erfreulicherweise sistierte die Regierung daher 1912 weitere Landabgabe», schrieb der Chronist der Leipziger Mission, Paul Fleisch[15].

In *Togo* hatte ein Streit der Norddeutschen Mission mit der Deutschen Togogesellschaft um ein Gelände im Dorf Nyongbo zur Folge, daß skandalöse Spekulationsgeschäfte aufgedeckt wurden. Die Mission verschaffte der Presse die Kopie eines Vertrages, aus dem hervorging, daß der Vorgänger der Gesellschaft, Friedrich Hupfeld, für 4000 Hektar Land nur 440 Mark bezahlt hatte. In einer anderen Gegend hatte Hupfeld 40000 Hektar erworben, die DTG spekulierte damit. Unter Mitwirkung des Bremer Missionars Diehl brachte eine Regierungskommission ans Licht, daß die meisten «Verträge» mit Häuptlingen abgeschlossen worden waren, die gar nicht zum Verkauf befugt waren. Die Regierung zwang die DTG 1910, ihren Landbesitz in Togo auf knapp 18000 Hektar zu reduzieren. Im gleichen Jahr kam eine Landreform, die Landkäufe fast ganz unterband, nur Erbpacht bis maximal 200 Hektar auf dreißig Jahre wurde zugelassen. So konnte auch die Norddeutsche Mission kein «herrenloses Land» mehr kaufen. Dafür hatte sie «wesentlich dazu beigetragen, daß die togolesische Wirtschafts- und mit ihr die überkommene Sozialkultur nicht im Interesse der Plantagenwirtschaft vollends aufgehoben wurden» [16].

Auch in *Kamerun* gab es eine Mission – die Basler –, die gegen das rücksichtslose Vorgehen einer Konzessionsgesellschaft Einspruch erhob. Dort hatte die Westafrikanische Pflanzungsgesellschaft Viktoria am Kamerunberg, wo Kaffee, Kautschuk und Kakao angebaut werden sollten, Konzessionen von mehr als 100000 Hektar bekommen. Ihren Landkäufen fielen auch die Kakaofelder der Afrikaner zum Opfer, die Farbigen wurden in «Reservate» zusamengedrängt und zur Arbeit auf den neuen deutschen Plantagen gezwungen; die Kolonialregierung verbot ihnen wegzuziehen. Schließlich beschäftigte die WAPV zwischen 16000 und 20000 Arbeiter, neben den ortsansässigen auch Angeworbene von anderswo. Sie wurden so schlecht behandelt, daß mehrmals Aufstände ausbrachen, die natürlich gegen Besatzer in den Kolonien fast nie eine Chance hatten. «Die Zwangsproletarisierung der Bevölkerung... war in vollem Gange.» [17] Die katholischen Pallottiner verstanden sich zur Zusammenarbeit mit den Plantagengesellschaften, denen sie sogar die Auswahl ihrer afrikanischen Katechisten überließen. Tagsüber dienten die als Aufseher, in der übrigen Zeit sollten sie den Landarbeitern das Christentum predigen. Wohl als Lohn für ihr Wohlverhalten – der Gouverneur v. Puttkammer stand hinter den Gesellschaften – konnten die Pallottiner ihr Missionsgebiet ausdehnen und selbst eine Kaffeeplantage und mehrere Viehzuchtbetriebe einrichten. Der Chef der WAPV stiftete ihnen in Viktoria eine Kirche. [18]

Die Basler hingegen opponierten heftig gegen die Konzessionsgesellschaft, wenn auch aus Gründen, die wohl nicht so besonders christlich waren. Sie fühlten sich daran gehindert, afrikanische Bauern zu geschlossenen Christengemeinden zusammenzufassen. Konzessionen, die sie dafür schon erhalten hatten, wurden zugunsten der Riesengesellschaft annulliert. Dazu gehörte eine auch beachtliche Domäne von etwa 20 Hektar in Buea, die stark verkleinert werden mußte. Zudem sahen sich die Basler aus einem – wie man heute urteilen könnte – seltsamen Grund an der Missionierung bei den Landarbeitern der Plantagen gehindert: Die kamen aus lauter verschiedenen Völkern und Stämmen; ihre Verständigungssprache war Pidgin-English. Das war in den Augen der Basler eine «unwürdige» Sprache, die keine Bewahrung afrikanischen Volkscharakters erlauben würde. Also verzichteten sie auf die «Evangelisierung des Landproletariats»[19]. Schließlich kollidierten die Basler mit den anderen Handelsgesellschaften. Sie hatten ja selbst eine gegründet, nicht nur zur Versorgung der Missionen, sondern auch für afrikanische Bedürfnisse. Diese Konkurrenz wurde nun von der WAPV zum Anlaß genommen, um den Baslern den Zugang zu denjenigen Dörfern möglichst zu erschweren, die im Plantagengebiet lagen.

Die Basler starteten also eine Kampagne zur Verteidigung der Einheimischen und setzte ihre Beziehungen in Berlin ein. Der Bremer Kaufmann J. R. Vietor, ein Missionsmitglied, führte eine Parallelkampagne. Beides wirkte. 1902 richtete die Regierung Landkommissionen ein, die die bisherige willkürliche Landvergabe überprüfen sollten. Die kamen freilich zu nichts, weil der Gouverneur sie nach Kräften behinderte, und die Proteste der Basler wirkten auch eher langfristig; v. Puttkamer, gegen den sich zu vieles angehäuft hatte, wurde 1907 aus dem Kolonialdienst entlassen. In anderen Gebieten Kameruns arbeitete die Basler Mission dann weitgehend konfliktfrei mit der Verwaltung zusammen, besonders im Grasland, wohin sie 1902 ihr Missionsfeld ausdehnte.

Im heutigen *Simbabwe*, damals gerade von den Briten besetztes Südrhodesien, schlossen Stämme des Shona-Volkes 1890 die ersten Verträge mit Engländern ab und dachten, als Gegenleistung für versprochenen Schutz nur Mineralschürfrechte weggegeben zu haben. (Das war ein häufiger Irrtum, nicht nur in Afrika, wo Könige und Häuptlinge, die solche «Dokumente» meist nicht lesen konnten und von den Fremden irreführende Erläuterungen zu hören bekamen, in großem Stil übers Ohr gehauen wurden.) Die Shona erkannten ihren Irrtum schnell, als die Besatzungsbehörden, hier die British South Africa Company des Cecil Rhodes, große Teile besten Ackerlandes an weiße Siedler vergaben. Als sich das benachbarte Volk, die Ndebele, mit denen sie vorher verfeindet gewesen waren, 1896 gegen die Briten erhob, schlossen die Shona sich ihnen an. Die Briten siegten, und nun verloren die Shona alle Rechte auf das Land, das ihnen noch verblieben war. Dafür richteten die Briten «Reservate» für sie ein. Deren Fläche machte schließlich etwa ein Fünftel des Gesamtgebietes aus, mußte aber 45 Prozent der afrikanischen Bevölkerung aufnehmen – und ernähren. Die moralische Rechtfertigung für das Zusammenpferchen der Afrikaner in Reservate war hier, daß diese ihnen ja Schutz bieten würden, bis sie für die «Assimilierung» an die westliche Gemeinschaft reif seien. Diesen Zeitpunkt haben die Besatzer natürlich immer wieder auf später verschoben.

Die London Missionary Society hatte schon unter den Ndebele gearbeitet. Mit der Company kam sie auch zu den Shona. Cecil Rhodes ermutigte Missionare, weil er dadurch, wie Bischof Knight-Bruce von Bloemfontain meinte, die Missionen von Kritik an der BSAC abzuhalten hoffte. Zehn Jahre nach Beginn der Besetzung hatten es zehn verschiedene Missionen schon auf einen Grundbesitz von insgesamt 132 Hektar gebracht. Hinzu kamen zahlreiche kleinere Grundstücke in den Orten, die nun nahe den weißen Industriezentren und Städten für die Afrikaner gebaut wurden, weil die Weißen Arbeiter in ihrer Nähe brauchten. Wie sehr die Afrikaner zugunsten der weißen Siedler und Gesellschaften eingeengt wurden, legten die «Landzuteilungsgesetze» 1930 und 1941 fest. Für die Weißen, die 5 Prozent der Gesamtbevölkerung stellten, wurden 20,8 Millionen Hektar reserviert, für die 95 Prozent Afrikaner, damals etwa vier Millionen, 16,8 Millionen Hektar. 1951 verabschiedete die nur aus Weißen bestehende Legislative ein Gesetz (Land Husbandry Act), das nicht nur die Stammesreserven zerstückelte, sondern eine Reduzierung der afrikanischen Viehherden vorsah. Die Afrikaner hätten nicht genug Land für ihre Rinder! Damals kultivierten die Weißen von den Ländereien, die ihnen vorbehalten waren, knapp 3 Prozent. Man fragt sich immer wieder, wie die Kirchen, vertreten durch ihre Missionare, zu so unmenschlicher Ausbeutung schweigen konnten.

In *Kenia* hingegen beklagten die britischen Behörden – offenbar anders gesonnen als vorher Rhodes –, zu viele Missionen verschafften sich zu viel Land und täten zu wenig damit. Nach 1914 wurde die Vergabepraxis eingeschränkt. Die Missionen bauten auf ihrem Land Exportprodukte an, so zum Beispiel die United Methodists auf knapp

3000 Hektar Kautschuk (mit 22000 Bäumen), Kokosnüsse und Früchte. Den Rekordlandbesitz dürfte die Church of Scotland Mission gehalten haben, mit rund 27000 Hektar. Die Consolata Mission erwarb 1200 Hektar, um Kaffee anzubauen, was auch die Heilige Geist-Mission tat. Die Industriel Aid Mission Society aus England hatte ebensoviel, die CMS mindestens die Hälfte.

Ab 1902 konnten die Missionen hier von der Crown Land Ordinance profitieren, einer Verordnung, die der Kolonialbehörde ermöglichte, auch solches Land an Weiße zu verteilen, auf dem sich afrikanische Dörfer und Siedlungen befanden. Das verschaffte den Missionaren den gewünschten einfachen Zugang zu den Afrikanern: Nun befanden diese sich plötzlich auf Missionsgelände. Sie wurden aufgefordert, Christen zu werden, falls sie bleiben wollten, und für die Missionare zu arbeiten.

Im Jahr 1904 wurde auch in Kenia mit der Einrichtung von «Reservaten» begonnen. Missionen aller Richtungen setzten sich eifrig dafür ein. Besonders die bis dahin weit verstreut lebenden Massai, ein Volk von herumstreifenden Hirten, bei dem die Missionare bisher kaum Erfolg gehabt hatten, sollten möglichst in ein einziges «Reservat» eingeschlossen werden: Nun würden auch die Massai einfacher zu bekehren sein. Der Apostolische Vikar von Sansibar und Britisch-Ostafrika bedeutete dem Gouverneur sogar, wenn die Massai nicht ins «Reservat» kämen, würden sie in Zukunft den Behörden eine Menge Scherereien machen.[20] Anderen Stämmen erging es nicht anders. Der Gouverneur behielt das Recht, die «Reservate» noch zu verkleinern, wenn er der Meinung war, daß die «Eingeborenen» nicht «soviel» Land brauchten. Alle Missionen verschafften sich auch in den «Reservaten» Grundstücke, um Kirchen und Missionsstationen einzurichten. Die Kikuyu beschwerten sich besonders, daß die Missionen ihr fruchtbarstes und am besten gepflegtes Land mit Beschlag belegt hätten.

In *Uganda* gab es zunächst ein Tauziehen zwischen den Missionen und der Verwaltung, dann wurden im Jahr 1900 den drei im Land tätigen Missionen zusammen 92 Quadratmeilen reserviert (fast 24000 Hektar). Die CMS brachte es bis 1920 auf etwa 300 Grundstücke mit insgesamt etwa 15 bis 20 Quadratmeilen, die überwiegend nicht von der Regierung zugeteilt waren, sondern von Häuptlingen geschenkt... Die Verwaltung bestritt, daß diese berechtigt seien, irgendwelches Land zu verschenken, da nun aller Grund und Boden der Krone gehöre. Nur sie könne es verpachten, und die Missionen könnten keine Landbesitzer sein. Trotz der Meinungsverschiedenheit blieben die Missionen auf ihrem Land, und 1917 konnten sie ihre Fläche um weitere 4000 Hektar vergrößern, die ihnen die Verwaltung zugestand. Ob sie sich an die Obergrenze hielten, wurde nicht kontrolliert. Schließlich setzte die Kolonialregierung durch, daß die Missionen ihre Grundstücke nun als Pachtland der Krone registrieren lassen mußten. Zu räumen brauchten sie es nicht.

Im *belgischen Kongo* klagten die Afrikaner ebenfalls immer wieder darüber, daß ihnen die Missionen ihr bestes Land für die Stationen genommen hätten, General Moulaert[21] zitiert mehrere Beispiele. Die katholischen Missionen erhielten gemäß der Konvention zwischen dem Kongostaat und dem Vatikan (1906) für jede Station 100 bis 200 Hektar als dauerndes Eigentum – als Gegenwert dafür, daß sie für Schulen sorgten. Die Protestanten wurden erst viel später in dieses großzügige System einbezogen. 1947 hatten es die katholischen Missionen auf insgesamt 147 000 Hektar gebracht, die protestantischen auf 8600.

Die Verelendung, die in *Südafrika* die entschädigungslose Verjagung der Afrikaner von ihrem Land in die viel zu kleinen, unfruchtbaren und in jeder Weise zum Leben ungeeigneten Bantustans (Homelands) bewirkt hat, ist wenigstens in unserer Zeit zu einem so großen internationalen Thema geworden, daß ich hier auf weitere Vertiefung verzichten kann. Die Bewohner der *Südsee-Inseln* sind dem Landraub ebensowenig entgangen wie die Ureinwohner Australiens und Neuseelands. Dort beschafften sich die Missionare im frühen 19. Jahrhundert Maori-Land weit über die Missionsbedürfnisse hinaus. In *Hawaii* gehörten «echten» Hawaiianern 1896 nur noch 0,06 Prozent des Bodens; es hatte nur drei Generationen gedauert, bis die auf Betreiben der Missionare zugewanderten und geförderten nordamerikanischen Geschäftsleute fast das ganze Land an sich brachten.

Anfang der achtziger Jahre hat immerhin im Bundesstaat *Südaustralien* der Pitjabtjanjera-Stamm, etwa 2000 Seelen stark, unter einer liberalen Regierung sein historisches Gebiet mit allen Rechten wiederbekommen.[22] In *Nordamerika* haben die von den europäischen Einwanderern verdrängten und dann von der Regierung in «Reservate» gesperrten Indianerstämme inzwischen ebenfalls von Zeit zu Zeit mit Rückgabe- und Entschädigungsforderungen Erfolg. Doch kommt ihre Sache nur sehr stockend voran, und besonders dort, wo Bodenschätze ausgebeutet werden können, ob in Amerika oder Australien, können sich die Nachkommen der Beraubten nicht oder nur schwer gegen wirtschaftliche und politische Interessen durchsetzen. Noch immer sehen die Kirchen und Missionen da keine Wiedergutmachungspflicht – von anderen «Christen» ganz zu schweigen.

Zwangsarbeit und Tribut

Zwangsarbeit war ein fester, regelmäßiger Bestandteil der Kolonialwirtschaft, bis in unsere Zeit hinein. Alle Kolonialregierungen meinten, sie brauchten sie, um die Kolonien zu Rohstofflieferanten für die Kolonialmächte selbst zu machen. So geht vieles, was die Ausbeutung der Kolonien den europäischen Ländern an Wohlstand einbrachte, auf Zwangsarbeit zurück. Das müßte eigentlich die Behauptung erledigen, die damals geschaffene «Weltwirtschaftsordnung» beruhe auf den Vorteilen einer «freien Wirtschaft» und eines «freien Spieles der Kräfte». Aber so genau wollen es die Anhänger der heutigen und damaligen «Weltwirtschaftsordnung» nicht wissen.

Zwangsarbeit verbarg sich hinter Schlagworten: Aufgabe und Pflicht der Besatzer und auch der Missionare sei die «Erziehung der Eingeborenen zur Arbeit». Dabei wurde nicht immer so deutlich gesagt, daß nicht die Arbeit der Unterworfenen für ihr eigenes Fortkommen gemeint war, sondern hauptsächlich die Fron für die Besatzer, seien es Behörden oder die von ihnen unterstützten Siedler. Sehr im Gegensatz zur Legende von den schwer schuftenden weißen Ansiedlern hätten diese nichts Wesentliches zustande gebracht – einige landwirtschaftliche Bezirke Nordamerikas ausgenommen –, wenn sie nicht Arbeiterinnen und Arbeiter gehabt hätten, die für schlechten Lohn oder gar keinen so hart und unter so schweren Bedingungen für sie arbeiten mußten, daß viele nach kurzer Zeit starben.

Wie brachte man sie dazu? Eben durch Zwang. Durch ein tückisches System von Zwängen, die in allen Kolonien ziemlich gleich waren. Entweder mit Gewalt – dafür gab es nicht nur die Besatzungstruppen, sondern auch einheimische Helfer, die meist mit fragwürdigen Mitteln gewonnen wurden. Gewöhnlich stammten sie von anderen Völkern oder Stämmen, die mit jenen verfeindet waren, die es gefügig zu machen galt. Diese Hilfstruppen und Helfer gingen oft noch brutaler vor als die Besatzer, nur selten gebremst von den weißen Verantwortlichen. Aber neben der nackten Gewalt gab es in der Tat das Mittel der «freien Marktwirtschaft».

In riesigen Gebieten, die keine Geldwirtschaft kannten und sie nie gebraucht hatten, führten die Besatzer Abgaben und Steuern ein, die in Arbeit oder Geld geleistet werden mußten. Zu bestimmten Arbeiten ohne Lohn waren die Besetzten ohnehin schon gezwungen, Straßenbau oder ähnliches. Also mußten sie anderswo Geld verdienen. So landeten sie, wenn sie nicht schon dorthin geprügelt worden waren, auf den Plantagen der Siedler, in den Bergwerken der Konzessionsgesellschaften oder in den Häusern der Weißen.

Arbeit für ihre Oberen, Stammeshäuptlinge, Könige, das kannten die Einheimischen durchaus. Sie war zeitlich begrenzt und ließ ihnen stets genug Zeit (und Feld) für sich. Außerdem sorgte das traditionelle System dafür, daß die einheimischen Gewaltigen, mit wenigen Ausnahmen, nicht zu despotisch verfahren konnten. Die Kolonialbehörden erkannten schnell, daß sie solche Autoritätspersonen brauchten, um die Bevölkerung für sich einspannen zu können. Viele von denen hatten aber keineswegs die Macht, abgesehen vom Willen, als Verwaltungshilfe der Fremden tätig zu sein. Solche ersetzten die Besatzer eben, wie schon erwähnt, durch ihre Geschöpfe. Diese und ihre Helfer wurden dann von der Kolonialmacht unterstützt und gewannen dadurch tatsächlich Macht, nicht etwa Vertrauen und Sympathie der Einheimischen. Wenn sie den Besatzern mißfielen – etwa, in dem sie deren Erwartungen als Lieferanten von Arbeitern und Produkten enttäuschten –, wurden sie bestraft, meist hart, und/oder ersetzt.

Die Chefs wirtschafteten im allgemeinen für die Besatzungsmacht, die bei ihnen nach Bedarf Arbeiter und Lastenträger anforderte, und für sich selbst. Für die Plantagen und Unternehmen der weißen Einwanderer hatten sie ebenfalls die verlangten Arbeitskräfte zu besorgen.

Die Folgen waren fürchterlich. Die Einheimischen waren, wie gezeigt, ihres Agrarlands beraubt worden und hatten schon deshalb Mühe, sich ausreichend zu ernähren. Die Zwangsarbeit machte noch schwerer, für sich und die Angehörigen zu sorgen. Daß die Männer zu den angesetzten Pflichtarbeiten woanders hinmußten, oft sehr weit von ihren Dörfern weg, führte zum Ruin unzähliger Familien. Die Unterernährung und die Überbeanspruchung durch die neuen Herren, die auch Kinder zwangen, zehn Stunden täglich zu schuften, lösten schwere gesundheitliche Schäden aus. Es dauerte lange, bis die Besatzer merkten, daß sie ganze Gegenden allmählich entvölkerten. Im iberischen Herrschaftsbereich Amerikas entsprach das durchaus den Absichten, im Afrika südlich der Sahara nicht: Die Weißen brauchten die Arbeit der Afrikaner. Aber erst in allerletzter Minute, kurz vor dem Ende des Kolonialzeitalters, wurden die unmenschlichen Bedingungen der afrikanischen Zwangsarbeit erleichtert. Einige mildernde Regelungen und Härteverbote, die da und dort erlassen wurden, blieben auf dem Papier: Die örtlichen Behörden, die ansässigen Weißen, Siedler oder Kaufleute oder Bergwerksgesellschaften sabotierten sie. Daß die Kolonialmächte ihre Kolonien zweimal in Weltkriege einspannten, machte ihre Herrschaft noch zerstörerischer.

Hier hätte man erwarten dürfen, daß die christlichen Missionen alles in Gang setzen, um die teuflische Maschinerie anzuhalten. Einige Missionen haben es versucht, rühmliche Ausnahmen von großer Seltenheit. Die meisten Protestierer unter ihnen haben sich jedoch nur gegen «Auswüchse» gewendet; das System stellten sie nicht in Frage. So bitter es heute für europäische Christengemeinden sein mag (falls sie diese Dinge überhaupt interessieren, was ja fast nie der Fall ist) – ihre Missionen, gleich welcher Konfession, waren Bestandteil dieses Systems, Kollaborateure der Kolonialmacht.

«Die Erziehung der Eingeborenen zur Arbeit» ist ein Kapitel im

Buch des Paters Theodor Frey überschrieben, seinerzeit Provinzial der Deutschen Provinz der Weißen Väter. Die Argumentation, die sich die Christenmänner da zurechtgelegt hatten, stimmte bemerkenswert mit den Bedürfnissen und Anforderungen der Kolonialwirtschaft überein. Sie lohnt ein ausführliches Zitat[1]: «Das Ziel der Missionare ist, aus den Eingeborenen überzeugte Christen zu machen und sie in einem echt christlichen Leben zu bewahren. Eines der besten und wirksamsten Mittel, diesen Zweck zu erreichen, ist, die Neger zu ernster, geregelter Arbeit zu erziehen. Der Müßiggang ist wie überall auch in Afrika eine nie versiegende Quelle von Fehlern und Lastern der verschiedensten Art. Schwarze, die ihr Leben in Trägheit zubringen, werden niemals Christen, die sittlich auf der Höhe stehen und unter Umständen den Mut haben, für ihre Überzeugung Opfer zu bringen. Eine Christengemeinde, die sich zu einer Vereinigung müßiger Schmarotzer herausbildet, würde bald dem völligen Untergang anheimfallen. ‹Ich bin fest überzeugt›, schreibt der Apostolische Vikar vom Oberkongo, der Missionsveteran Bischof Roelens, ‹und die tägliche Erfahrung bestärkt mich darin, daß man nie etwas Ordentliches aus einem Schwarzen machen wird, der sich gewohnheitsmäßig der Trägheit überläßt, und daß keine Christengemeinde Bestand hat, wenn dort der Müßiggang das Zepter führt. Die Arbeitsamkeit ist eine gute Hüterin der Sittlichkeit und des Glaubens. Wir müssen also unsere Schwarzen zum Arbeiten bringen, wenn wir sie zu einem sittlichen Leben erziehen wollen. Könnten wir ihnen aber *Lust und Liebe zur Arbeit* einflößen, das wäre die Vollkommenheit in dieser Beziehung. Keine Mühe darf uns zu groß sein, um zu diesem Ergebnis zu gelangen.›»

«Am Anfang», fährt Pater Frey fort, «gibt es allerdings *gewaltige Schwierigkeiten* zu überwinden, bis die Eingeborenen die Nützlichkeit und gar die Notwendigkeit der Arbeit einsehen. Der Neger hat im allgemeinen wenig Bedürfnisse, und das zu ihrer Befriedigung Notwendige gewährt ihm der tropische Boden gewöhnlich, ohne daß er sich viel Mühe zu geben braucht. Die Missionare müssen deshalb in erster Linie dem Neger die zu einem menschenwürdigen Dasein zunächst für Kleidung, Nahrung und Wohnung notwendigen Bedürfnisse schaffen; dann müssen sie ihm hilfreich an die Hand gehen und ihn anleiten, diese Bedürfnisse in der richtigen Weise zu befriedigen. Dies wird aber nur möglich sein, wenn er sich durch Arbeit die nötigen Einkünfte zu verschaffen sucht. So gelangt er nach und nach zu einem gewissen sozialen Wohlstand, der dann für die religiöse und sittliche Hebung eine günstige Grundlage schafft. Die Religion muß den Neger zunächst zum *Menschen* machen, nur dann wird sie aus ihm einen brauchbaren *Christen* machen können. Um die Schwarzen zur Arbeit zu bringen, haben die Regierungen ein gutes Mittel, nämlich die Kopf- und Hüttensteuer. Die Mission kann solche Mittel nicht anwenden, ihr steht bloß die Belehrung, das Beispiel und die Anleitung zur Verfügung. So bemüht man sich, die Schuljugend nicht bloß in den Anfangsgründen des Abc, sondern auch in der Arbeit in Garten und Feld zu unterrichten. Es sind zunächst nur einfache und leichte Arbeiten, zu denen man sie anleitet; ein kleiner Lohn spornt ihren Eifer an. Um sie noch mehr zur Arbeit anzutreiben, wird ihnen nichts umsonst gegeben, keine Nadel, keine Glasperle, kein Stoff, kein Buch; alles muß redlich verdient werden. –

Außerdem verlangt die Mission, daß die Neger sich anständig kleiden und nicht im einfachen Lendenschurz zur Kirche kommen. Um sich diese Kleidung zu verschaffen, müssen sie wieder arbeiten. Die Mission gibt den Eingeborenen Anleitung im Gartenbau, in der Viehzucht und stellt ihnen unter Umständen das nötige Saatgut zu eigenen Kaffee-, Baumwoll-, Kautschuk- oder Ölbaumpflanzungen. Sie sucht auch auf den ihr selbst gehörenden größeren Pflanzungen den Schwarzen Gelegenheit zur Arbeit zu schaffen, so z. B. auf der Pflanzung Marienhof auf der Insel Ukerewe, wo mehrere Hundert Hektar mit Baumwolle und Sisalhanf bebaut sind. Daß diese Belehrungen günstige Erfolge zeitigen, beweisen die zahlreichen von den Eingeborenen bebauten Felder in dem Einflußgebiet der Missionsniederlassungen. In fruchtbaren Gegenden umgeben ganze Quadratkilometer sorgfältig angebauten Landes die Stationen.»

Soweit Pater Frey. Was er nicht sagt – die zum Schluß beschriebenen großzügigen Arbeitsmöglichkeiten kamen meist nicht den «Eingeborenen» zugute. Wir erfahren aber mit Interesse von der missionseigenen Pflanzung Marienhof mit ihren mehreren Hundert Hektar, eingedenk des vorangegangenen Abschnitts über den Landraub.

Daß Missionaren selbstverständlich erschien, afrikanische Arbeitskraft rücksichtslos auszunutzen, können wir beispielsweise in den
Erinnerungen des Missionars Edward Coode Hore von der London
Missionary Society nachlesen, im Tagebuch seiner Expeditionen
nach Urambo und anderswo. Natürlich trugen einheimische Träger
seine Lasten, selten weniger als dreißig Kilogramm pro Mann (das
war eine zulässige Last auch in deutschen Kolonien), aber eine ganze
Reihe hatte «Doppellasten» zu schleppen, also sechzig Kilogramm,
da einige aus Unzufriedenheit mit den harten Bedingungen weggelaufen waren. Andere waren krank, wie der Missionar bestätigte,
aber auch sie mußten weiterschleppen. Donnerstag, 30. Mai 1878:
«Heute morgen große Mühe, in Gang zu kommen; vier oder fünf
Männer waren während der Nacht weggelaufen; unsere Doppelladungen sind sehr unbeliebt, was der Grund war... Ich mußte beinahe
Gewalt anwenden, damit Männer, die ich krank wußte, Lasten
trugen, und dann gelang es nur so eben... Zwei Männer brachen auf
dem Weg zusammen...»[2] Vergessen wir nicht, daß Temperaturen
über dreißig Grad herrschten, daß es keine richtigen Wege gab, daß
Flüsse, in denen Krokodile hausten, durchwatet oder auf glitschigen
Baumstämmen überquert werden mußten. Der «Weg» selbst war
natürlich nicht glatt und eben.

Das Trägerunwesen, für die gewaltigen Reise- und Transportbedürfnisse der Weißen oft die einzige Möglichkeit, war für die Einheimischen eine schwere Belastung, denkbar schlecht bezahlt und unbeliebt. Tausende von Trägern, die beispielsweise für französisches
Militär Lasten schleppten, bis die Motorisierung einsetzte, hatten je
dreißig bis vierzig Kilogramm zu schleppen. Sogenannte «Freiheitsdörfer», in denen befreite Sklaven angesiedelt wurden, waren entlang
der Marschrouten der Eroberer als Trägerreservoir angelegt.

Hore erzählt, wie die Träger auf seiner Expedition nach Kirasa
Anfang 1878 mehr Lohn verlangten: 2 Yards Stoff (= 1,8 Quadratmeter) pro Tag für sechs Träger anstatt wie bis dahin für acht, da das
Essen, das sie sich selbst besorgen mußten, teuer sei. Hore weigerte
sich entschieden und bot die gleiche Stoffmenge für je sieben Männer,
worauf die Männer nach langen Verhandungen eingingen. Am nächsten Tag legte die Kolonne knapp zwanzig Kilometer zurück – «aber

es war ein so heißer und anstrengender Tag, daß während der Nacht wieder drei Mann fortliefen... wenn man nicht ganz gesund ist, ist der Weg sehr anstrengend, je höher die Sonne steigt, besonders im Wald, wo sich die Luft nicht bewegt»[3]. Solche Berichte gibt es viele, und viele nichtmissionarische Kolonnen hatten es sicher schlechter. Aber dies war doch ein Mann der Kirche, kein Unternehmer... Samstag, 1. Juni 1878: «So früh wie möglich unterwegs; ich hatte aber wieder viel Mühe, die Lasten wegzubekommen, denn die Doppellasten waren sehr unbeliebt, und einige Leute krank...»[4] Die Träger, menschliche Lasttiere, wurden von Missionen ebenso angefordert, angeworben, ausgenützt und ausgepreßt wie von anderen. Was Hore mit ihnen erlebte, hat ihn nicht bewogen, Rücksicht zu nehmen, und ihn auch nicht auf den Gedanken gebracht, Afrikaner seien womöglich unter tropischen Bedingungen nicht robuster als Europäer. In der Subsistenzwirtschaft waren die Kräfte der Einheimischen geschont worden, gerade da, wo weder aus dem Boden noch aus der Jagd besonders reichlich Nahrung zu gewinnen war. Schon Mitte des 19. Jahrhunderts hatte es Zeugnisse aus den ungesünderen Gegenden der amerikanischen Südstaaten gegeben, daß die Farbigen eben nicht kräftiger und widerstandsfähiger waren als die Weißen. Wir brauchen die damalige Information Europas nicht zu unterschätzen, aber es war wohl profitschädigend, dies zur Kenntnis zu nehmen.

Jedenfalls waren die europäischen Besatzer in «Übersee» merkwürdig blind dafür, daß die Einheimischen auf manchen Arbeitsplätzen, etwa beim Straßen- und Bahnbau, aber auch in Bergwerken, in Scharen starben. Besonders empfindlich waren jene Farbigen, die aus weiter entfernten Gegenden herangebracht wurden und sich sichtlich ebensowenig an die Schwerarbeit akklimatisieren konnten wie die Europäer. Beispiele, die ich hier aus Platzgründen leider nicht aufzählen kann, finden sich reichlich in meiner Geschichte des Kolonialismus.

Die Europäer sahen ungerührt zu und freuten sich, daß farbige Arbeitskraft außerordentlich billig war. Durften Missionare ebenso ungerührt bleiben, nicht nur im konkreten, vielleicht extremen Einzelfall, sondern angesichts eines ganzen Systems? In der glühenden Hitze und mit so schweren Lasten mutete der Missionar Hore, ein kleines Rädchen unter vielen in der großen Maschinerie des Kolonialismus, seinen Trägern täglich sechs bis acht Stunden Schlepperei zu. Andere Europäer verlangten noch mehr von ihnen und halfen oft mit Gewalt nach – die Nilpferdpeitsche gehörte zur Ausrüstung vieler.

Auch auf den Pflanzungen der Siedler, bei «öffentlichen Arbeiten» für die Regierung, also Wege- und Bahnbau beispielsweise, wurden lange Arbeitszeiten verlangt, zehn Stunden und mehr, als sich bei uns in Europa gerade der Achtstundentag (bei sechs Arbeitstagen pro Woche) durchsetzte (1918). Das hätten die Farbigen auf ihren Kontinenten an ihren Arbeitsplätzen bei den Weißen auch gern gehabt, noch vierzig Jahre später. In Gegenden, wo der wirtschaftliche Kolonialismus die politisch-militärische Entkolonisierung überdauert hat, mußten sie weit länger warten. Und abgesehen von der Arbeitszeit: Die farbigen Arbeiter wurden in vielen Fällen auch noch mißhandelt.

Über die Haltung der Missionen zur Zwangsarbeit liegen detaillierte, höchst informative Studien vor, meist in größere Übersichten eingebettet. Der schon oft zitierte, von Professor Klaus J. Bade herausgegebene Band «Imperialismus und Kolonialmission» ist eine Fundgrube, ebenso wie «Eglise et Pouvoir Colonial au Sudan Français» von Joseph-Roger de Benoist oder Holger Bernt Hansens «Mission, Church and State in a Colonial Setting» und das von Marcel Merle herausgegebene «Les Eglises chrétiennes et la décolonisation» oder Hans-Jürgen Priens «Die Geschichte des Christentums in Lateinamerika», um einige zu nennen. Selbstverständlich haben sich Wissenschaftler aus den früheren Kolonien dieses Themas besonders gründlich angenommen, etwa J. F. A. Ajayi («Christian Missions in Nigeria»), E. A. Ayandele («The Missionary Impact on Modern Nigeria»), F. K. Ekechi («Missionary Enterprise & Rivalry in Iboland»), A. J. Temu («British Protestant Missions») und andere (s. Bibliographie am Ende dieses Buches). Europa hat sich gegen diese Informationen weitgehend abgeschottet.

«Nur die Toten sind wirklich von der Zwangsarbeit befreit», schrieb der portugiesische Kolonialbeamte Enrique Galvao[5] 1947 in einem Bericht über die Mißstände in den portugiesischen Kolonien. Dort herrschte ja noch in den zwanziger Jahren des 20. Jahrhunderts nachgewiesenermaßen Sklaverei.[6] 1954 bereiste Basil Davidson Angola und fand, daß sie noch immer existierte, unter dem beschönigenden Namen «Kontraktarbeit»; Zwangsarbeit war es auf jeden Fall. Auch John Gunther berichtete etwa um die gleiche Zeit wie Davidson: «Das schlimmste an Portugiesisch-Afrika ist die Zwangsarbeit. Nicht nur existiert sie; die portugiesischen Behörden geben zu, daß sie existiert, sagen, sie sei notwendig und sogar eine ‹gute Sache› für die Opfer, und finden nichts dabei.»[7] Im Amt für Eingeborenenfragen in Luanda waren laut Davidson 397000 «Contrados» registriert, dazu 400000 sogenannte Freiwillige – der Unterschied bestand keineswegs etwa in der besseren Behandlung der «Freiwilligen», sondern in der Beschaffung. Die «Contrados» wurden auf Anforderung der Behörden von den Häuptlingen und Dorfältesten beschafft, die bis wenige Jahre vor Davidsons Besuch «erbarmungslos ausgepeitscht wurden»[8], wenn sie nicht die gewünschte Zahl anbrachten. Oder sie wurden von Polizeitruppen zusammengetrieben. Die «Freiwilligen» wurden von Privatwerbern besorgt, mit nicht weniger drastischen Methoden. Oder ein Pflanzer brauchte die Behörden nur zu verständigen, daß er soundso viele Männer brauche, daraufhin schickte der Distriktbeamte Leute los, die in den Dörfern die entsprechende Zahl holten und sie dem Pflanzer brachten. Der war gesetzlich verpflichtet, sie zu ernähren und unterzubringen und ihnen einen Minimallohn zu zahlen, «elend niedrigen»[9]. Die von den Behörden zu Straßenarbeiten geholten Einheimischen bekamen in der Regel überhaupt keinen Lohn. Andere wurden auf die Inseln Sao Tomé und Principe geschafft, wo sie, sagt Gunther, auf den Kakaofeldern unter Bedingungen arbeiten mußten, «die kaum von Sklaverei zu unterscheiden»[10] waren. Die Inseln waren berüchtigt für die hohe Sterblichkeitsrate dieser Zwangsarbeiter. Angeführt von Cadbury, entschlossen sich einige internationale Schokoladenfirmen Anfang unseres Jahrhunderts, Kakao von diesen portugiesischen Inseln zu boykottieren.

Gunther berichtete, alle afrikanischen Hausangestellten in europäischen Familien hätten stets ein Arbeitsbuch bei sich führen müssen, das der Arbeitgeber jeden Tag abzeichnen mußte. Wenn die Polizei bei Kontrollen jemanden ohne die Unterschrift erwischte, wurde er zu Straßenarbeiten geschickt oder landete im Gefängnis. «Zwangsarbeit ist ein wesentlicher Bestandteil des wirtschaftlichen Systems», konstatierte Gunther[11]. In Mosambik kam hinzu, daß die

Kolonialverwaltung viele Tausende von Arbeitern in die Bergwerke Südafrikas und des damaligen Südrhodesiens schickte, wo sie jahrelang unter strenger Aufsicht blieben; die portugiesische Regierung kassierte für jeden von ihnen ein Kopfgeld. Die Löhne in den beiden Ländern waren höher als in Mosambik, aber die Familien der Arbeiter hatten wenig davon, und was das Ganze für das Familienleben bedeutete, läßt sich denken. Laut Gunther lebten Anfang der fünfziger Jahre unseres Jahrhunderts etwa 100 000 Männer aus Mosambik in Südafrika «legal», also auf die beschriebene Weise «vermittelt», etwa 200 000 illegal, angezogen von den höheren Löhnen. Weitere 40 000 arbeiteten in Südrhodesien. Die «legalen» verbrachten eineinhalb Jahre in den südafrikanischen Bergwerken, dann kehrten sie für sechs Monate nach Hause zurück und konnten anschließend abermals für 18 Monate nach Südafrika vermittelt werden. Ihr Durchschnittslohn dort betrug drei Shilling am Tag, wovon nur die Hälfte ausbezahlt wurde; die andere ging an die portugiesische Regierung zur Auszahlung nach Rückkehr... Portugal kam so in den Genuß ansehnlicher unverzinster Darlehen – von den Wanderarbeitern.

Zu diesen finsteren Aspekten der portugiesischen Kolonialpolitik hat die katholische Hierarchie geschwiegen, mit Ausnahme einiger weniger individueller Stellungnahmen von Priestern und Missionaren, die die skandalösen Aspekte der Zwangsarbeit verurteilten. Die Stellungnahmen der Kirche waren äußerst selten und bemerkenswert zweideutig. Der Bischof von Beira in Mosambik setzte sich 1953 (!) dafür ein, daß die Zwangsarbeiter nicht länger als sechs Monate ihren Familien fernbleiben sollten, aber das System kritisierte er nicht. 1946 hatte er in einem Hirtenbrief die portugiesische Kolonialpolitik gegen Kritik der UNO verteidigt. Eine Stellungnahme des Episkopats von Angola Ende 1958 behauptete, «was die Arbeiten im öffentlichen Interesse betrifft, so ist alles in unseren christlich und human inspirierten Gesetzen korrekt geregelt»[12].

Der kolonialismusverhafteten katholischen Kirche Portugals begegnen Sie in diesem Buch mehrmals. Sie trug, wie die belgische in der Kongokolonie, wesentlich zur Beschönigung grausamer Praktiken und zur Propaganda für die nationale Kolonialpolitik im Ausland bei. Im belgischen Kongo war die katholische Kirche allmächtig, wie John

Gunther[13] nicht als einziger feststellte, zumal sie mit seltenen Ausnahmen auch das Kolonialministerium in Brüssel beherrschte. Gunther beobachtete auch hier «Zwangsarbeit auf den Straßen oder Feldern»[14]. Immerhin setzte er hinzu, daß sie zurückgehe. Doch schließlich stammten seine Beobachtungen aus den Jahren 1952/53 – ganze sieben Jahre bevor der Kongo unabhängig wurde.

Im französischen Herrschaftsgebiet gab es weit mehr katholische Kritik an Exzessen der Zwangsarbeit, aber so gut wie keine am System selbst. De Benoist zitiert den Generalsuperior der Weißen Väter, Msgr. Birraux, der nach einer Rundreise durch das ehemalige Französisch-Westafrika die relative Prosperität des Gebietes lobte und sie auf die Infrastrukturarbeiten der Verwaltungen zurückführte – und anerkannte, daß diese Errungenschaften meist das Ergebnis von Zwangsarbeit seien.[15]

Diese war wohlorganisiert. Es gab verschiedene Kategorien: Dorfarbeiten, die auch vor der Kolonisation üblich waren; Arbeiten für öffentliche Zwecke, zehn Tage im Jahr, die man mit Geld abgelten konnte; öffentliche Pflichtarbeit, zu der die Einheimischen von Regierungskommissionen zusammengestellt wurden; Arbeiten, für die sich diejenigen Militärdienstpflichtigen, die nicht eingezogen wurden, drei Jahre lang zur Verfügung zu halten hatten: Die Armee konnte sie für «Arbeiten im öffentlichen Interesse» einberufen, das bedeutete dann zwei Jahre. Arbeiter dieser Kategorie wurden beispielsweise zu den Bewässerungsarbeiten im Nigertal herangezogen, insgesamt 10 600. Knapp 45 000 arbeiteten an der Bahnlinie Dakar–Niger.

Auf dem Papier wurden die Arbeiter sogar bezahlt, wenn auch schlecht. Aber in Wirklichkeit fanden die schönen Vorschriften selten Anwendung. Die Afrikaner wurden immer wieder auch «außerplanmäßig» geholt, oft von ihrer eigenen Feldarbeit weg, mal von Polizei oder Soldaten, die sie gleich mitnahmen, oder auch mit Strafandrohungen zum zudiktierten Arbeitsplatz gezwungen. 1928 befanden sich in einem einzigen Verwaltungskreis nicht weniger als 6000 Afrikaner bei Wegearbeiten.

Besonders schlimm traf es die Bevölkerung der französischen Kolonien während der beiden Weltkriege, als sie zu den Opfern an Soldaten noch zusätzlich die Belastungen für Frankreichs Kriegsanstrengung tragen mußten – zum weiteren Schaden für die Ernährung der Einheimischen. Immer mehr Männer fehlten, ein bis eineinhalb Jahre in Zwangsarbeit für Frankreich. Während des Vichy-Regimes im Zweiten Weltkrieg «verlieh» der Apostolische Vikar von Ouagadougou, Johanny Thévenoud, zur Erntesaison Katechumenen seiner Diözese gegen Gebühr an die Siedler der Elfenbeinküste, «ganz wie ein beliebiger Kantonchef»[16]. Professor Suret-Canale macht auch darauf aufmerksam, daß die Missionen sich ebenfalls an die Kolonialbehörden wandten, wenn sie sich Arbeitskräfte verschaffen wollten, die anders nicht zu bekommen waren.[17]

Keine Kolonie entkam der Zwangsarbeit. Im frühen Südafrika konnten die Nama, die «Hottentotten», die mit Jahresverträgen bei den Briten oder Buren arbeiteten, nach Ablauf des Jahres nur selten in ihr Dorf zurück. Schulden, die sie bei ihren Herren gemacht hatten, Vieh, das angeblich durch ihre Schuld umgekommen war, beschädigtes Gerät – so etwas mußten sie erst wieder gutmachen, durch Weiterarbeiten zum Hungerlohn. Nicht selten erhielten sie einen Teil des Lohns in Schnaps. Die Farmer hatten das Recht, Kinder, die auf ihrer Farm geboren wurden, umsonst für sich arbeiten zu lassen, sobald sie acht Jahre alt waren – bis zu ihrem 18. Lebensjahr. Die Ausbeutung der «Hottentotten» führte dann doch zu Protesten der Missionare der Station Bethelsdorp. Schon 1813 brachte in Südafrika der Militärdienst den Farbigen Probleme für ihre Familien: Die afrikanischen Soldaten wurden nicht bezahlt, sondern nur verpflegt. Ihre Frauen und Kinder hatten nichts.

In den britischen Kolonien bedeuteten die Weltkriege für die Einheimischen nicht weniger zusätzliche Fron als in den französischen. In Uganda waren ohnehin schon viele Afrikaner durch die uns bekannten Mittel zur Arbeit für Verwaltung und Siedler gezwungen. Im Ersten Weltkrieg «rekrutierten» die Briten in Uganda und dem heutigen Kenia mehr als 160000 Träger, viele mit Gewalt[18], von denen etwa 46000 nicht wiederkamen. Da Missionsstationen bis 1917 von diesen Einziehungen verschont blieben, drängten sich viele junge Afrikaner um Aufnahme in die Missionsschulen – bis die Missionen ihr eigenes «Carrier Corps» aufstellten.

Nach Ende des Ersten Weltkriegs wurde das Protektorat Kenia

britische Kolonie. Als Dank für ihre Kriegsanstrengungen erhielten Selbstverwaltung – nein, nicht die Afrikaner, die so stark eingespannt gewesen waren für eine Sache, die nicht die ihre war. Er galt den britischen Siedlern, und Gouverneur Northey gab in aller Form bekannt, daß in der neuen Kolonie die Interessen der Siedler, der «Europäer» ganz allgemein, Vorrang haben würden. Die Afrikaner wurden in ihrer Heimat auch offiziell untergeordnet, von politischer Entwicklung war keine Rede. Britische Kriegsveteranen wurden neu angesiedelt und reichlich mit Land bedacht, auch mit Finanzhilfen zu seiner Erschließung – abermals auf Kosten der Afrikaner. Die machte man energischer und wirksamer als zuvor zu Zwangsarbeitern für die Weißen.

Die Missionen – die stärkste war die schottische CSM – stellten sich darauf ein. Ihr dortiger Leiter, J. W. Arthur, sagte zwar in einer programmparteiischen Rede vor dem Missionsrat in Kikuyu 1920: «Wir sind in besonderem Sinn die Treuhänder der eingeborenen Völker, und wir müssen sehen, daß ihre Interessen geschützt und gefördert werden», aber auch: «Kenia soll einer der bedeutendsten Aktivposten des britischen Empires werden. Die Missionare sind integraler Teil der Kolonie und müssen mit der Regierung und den Siedlern für das Wohl des Ganzen arbeiten.»[19] Was die Siedler anbelange, «die andere große Kraft», so beabsichtigten die Missionare keineswegs, von ihnen abzurücken.

Um mehr und billige Arbeitskräfte für ihre Plantagen zu bekommen, hatten die Siedler ständig gefordert, die «Reservate» möglichst klein zu halten: Je weniger Land – und damit Ertrag – für die Afrikaner, um so größer der Druck, woanders nach Arbeit zu suchen. Dagegen hatten die Missionare sich gewehrt. Ab 1917 begannen einige von ihnen jedoch, größeres Verständnis für solche Forderungen zu zeigen. Horace Philp, der Hauptbefürworter, hielt es für «kriminell», wenn die Regierung Siedler anlocken und dann nicht für ausreichend Arbeitskräfte sorgen würde. Als der Gouverneur des ostafrikanischen Protektorats in einem «Labour Circular» nicht nur Regierungsbeamte, sondern auch Häuptlinge und Dorfälteste anwies, arbeitsfähige Afrikaner mit allen möglichen «gesetzlichen» Mitteln zur Arbeit zu bewegen, in der Nähe von Farmen auch Frauen und Kinder, schrieben ihm die Bischöfe von Uganda und Mombasa, Willis und Heywood, gemeinsam mit Arthur ein kritisches Memorandum. Aber die Kritik richtete sich nicht gegen die Zwangsarbeit (daß «lawful», «gesetzlich», in diesem Zusammenhang kaum etwas bedeutete, wußte jeder), sondern gegen die Rolle der Häuptlinge; ihnen wäre lieber gewesen, wenn die Behörden die Sache auch weiterhin selbst in die Hand genommen hätten. Gegen das Prinzip hatten sie nichts.

Wenigstens aus der Nachbarschaft erhob sich eine gewichtige kirchliche Proteststimme. Bischof Frank Weston von Sansibar bezeichnete seine Amtsbrüder als Verräter und veröffentlichte ein Pamphlet mit dem Titel «Die Sklaven Großbritanniens». Die britische Regierung ermunterte ungerührt den Gouverneur, wie bisher weiterzumachen. Andere Missionare protestierten bei der CMS in London. Kritik kam dann in der Tat weit mehr von den Missionszentralen in London als von Missionaren an Ort und Stelle. Der Gouverneur forderte seine Verwaltung auf, darauf zu achten, daß Häuptlinge und ihre Helfer ihre Befugnisse nicht mißbrauchten, und das Kolonialministerium verfügte 1921, daß Zwangsarbeit für private Arbeitgeber nicht statthaft sei. Aber da hatte die Kolonialregierung längst andere Maßnahmen gefunden, um die Afrikaner noch mehr zur Arbeitssuche zu zwingen. Ihre direkte Besteuerung wurde 1920 verdoppelt; ein übriges tat die Verkleinerung der Reservate. Die Afrikaner konnten weniger anbauen und weniger Vieh halten; in der Ostprovinz beschlagnahmten Regierungsbeamte ihr Vieh sogar, um sie zur Arbeit für Weiße zu zwingen.[20] «Es muß eingeräumt werden, daß die Missionare, indem sie die Afrikaner vor den Übergriffen der Häuptlinge in Schutz nahmen, in Übereinstimmung mit ihrer festen Überzeugung ihre Pflicht als Treuhänder der Afrikaner erfüllten», schreibt Professor Temu[21]. «Aber hier geht es um Zwangsarbeit, die sie im Prinzip guthießen. Ihre Haltung bewies klar, daß sie bereit waren, die Interessen der Afrikaner denen von Europäern und des Empires zu opfern.»

Den raffinierten Mechanismus der Schröpfung als Druckmittel hat Hansen in seinem erwähnten Werk detailliert beschrieben. Den traditionellen Tributen, die Afrikaner ihren Häuptlingen zu leisten hatten, pfropfte die Kolonialverwaltung neue auf. Auch die Missionare wollten sehr früh, als die Einheimischen noch gar keine Abgaben in Geld kannten, eigene Arbeitskräfte haben. Da wäre es für die Afrikaner noch eine unmögliche Vorstellung gewesen, sich gegen Geld zur Arbeit zu verdingen. Als Ausweg fiel den Missionaren ein, sich in ihrem jeweiligen Missionsgebiet als Tributempfänger an die Stelle des Häuptlings zu setzen. Die Arbeit für diesen war ja auch ein Tribut, den seine Untertanen dafür bezahlten, daß sie «sein» Land für sich bebauten. Entweder traten die Häuptlinge den Missionen für diese Landstücke ihre Tributrechte ab – die Kolonialverwaltung half nach, wenn die Häuptlinge es nicht freiwillig taten –, oder die Missionare erwarben Land außerhalb der Zuständigkeit eines Häuptlings; dies war dann auch, wenn die Kolonialbehörden es anerkannten, außerhalb des «traditionellen» Bereiches.[22]

Interessanterweise kam Kritik von einem hohen Kolonialbeamten, Oberst H. E. Colvile, der 1893/94 als Kommissar an der Spitze des neugeschaffenen Protektorats Uganda gestanden hatte. Colvile meinte nach seiner Rückkehr bei Gesprächen im Foreign Office, die Mission – hauptsächlich die CMS – verletze dadurch, daß sie Zwangsarbeiter benutze, «das Prinzip von Christentum und Zivilisation»[23]. Nicht nur die Missionare hielten das für eine Retourkutsche, da sie ja die Verwaltung, der Colvile eben noch vorgestanden hatte, wegen brutaler Behandlung der Afrikaner angeklagt hatten. Aber es beunruhigte den Leiter der CMS-Mission in Uganda, R. H. Walker, doch so, daß er sich die Legitimität dieser Praxis von Colviles Nachfolger, E. J. L. Berkeley, bestätigen ließ. Die Missionen konnten also weitermachen.

Was die «einfachen» Einheimischen, also unterhalb der Häuptlinge und Dorfältesten, zu leisten hatten, darüber hat Hansen[24] eine interessante Aufstellung ausgegraben, die auf Zusammenstellungen der dortigen Bischöfe Tucker und Forbes basiert: 1909/10 Kopfsteuer: 5 Rupien oder zwei Monate Arbeit für die Verwaltung; Arbeitspflicht für den Staat, mit Anteil für die einheimische Häuptlingshierarchie, «Kasanvu» genannt: ein Monat; «Luwalo» (unbezahlte Arbeit für die Häuptlinge): ein Monat; «Busulu» (Tributleistung an die Häuptlinge als Beitrag für die traditionelle Verwaltungsmaschinerie, später aber auch einfache Leistung von Pächtern an den Landbesitzer, sobald Privateigentum an Grund und Boden eingeführt war): 2 Rupien oder ein Monat Arbeit.

Das ergab also zwei Monate Arbeit und die Zahlung von sieben Rupien im Jahr. Wer diesen Betrag nicht zahlen konnte, der nur uns heute lächerlich erscheint – und in der Lage waren viele –, kam auf fünf Monate Arbeitspflicht. 1919, nach Ende des Ersten Weltkriegs, waren daraus schon zwei bis drei Monate Arbeit plus zwölfeinhalb Rupien geworden, bei Zahlungsunfähigkeit insgesamt sechs Monate Arbeitspflicht. Bischof Forbes von den Weißen Vätern hatte bei dieser Rechnung berücksichtigt, daß nun die Einheimischen zu «Kasanvu» einen zusätzlichen Monat eingezogen werden konnten. Forbes rechnete noch eine Reihe weiterer Pflichten zusammen und kam schließlich sogar auf sieben Monate im Jahr.[25]

Es ist wohl leicht vorstellbar, was es für Menschen bedeutet, in so gewaltigem Maße der Zeit beraubt zu werden, in der sie für sich und die Ernährung ihrer Familien arbeiten können. Wie sollten die Missionen da die Afrikaner, um die sie sich kümmerten und die sie um sich herum in den Stationen ansiedelten, noch zusätzlich belasten? Aber Arbeit verlangten sie von ihnen. Also kämpften sie, oft vergeblich, um ihre Schützlinge und Arbeiter, auch ihre afrikanischen Lehrer und Katechisten, von manchen der Verpflichtungen befreit zu bekommen. Diejenigen in festen Arbeitsverhältnissen wurden auch befreit, also: afrikanische Lehrer, Priester, Kirchenverwalter, Kirchenobleute, Gemeindevorsteher usw. Für die Bauern wurde entschieden, daß von ihrer Arbeit für die Missionen ein Monat als «Kasanvu» anerkannt wurde. Als 1912 diese Verpflichtung auf den erwähnten zweiten Monat ausgeweitet wurde, versuchten die Missionen, diejenigen, die schon zwei Monate für sie gearbeitet hatten, davon befreien zu lassen. Dies lehnte die Kolonialregierung lange ab, bewilligte es aber dann doch, bis 1922 «Kasanvu» abgeschafft wurde. Um diese Zeit empfingen die Missionen schon Subventionen für ihre Schultätigkeit und konnten Löhne zahlen. Aber bei den Verhandlungen zwischen Missionen und Behörden kam heraus, daß die Missionen ihren «Pächtern» keineswegs den Lohn gezahlt hatten, der für «Kavansu» amtlich vorgeschrieben war – drei Rupien im Monat.

Auch auf den Arbeitsmonat für «Luwalo» wurde die Arbeit für

Missionen lange angerechnet. 1920 wurde eingeführt, daß anstelle dieser Arbeit eine Zahlung von fünf Rupien geleistet werden konnte, was zu neuen Protesten der Missionare führte – ihre «Angestellten» verdienten nicht soviel. Die Lehrer bekamen entweder gar nichts oder zwei bis vier Rupien im Monat. Die Regierung befreite sie stillschweigend, bis sie regelrechte Gehälter bekommen würden. Für die «Pächter» auf Missionsgelände hingegen galt das nicht. Sie waren dadurch um so bedrängter, als die Mission ja von ihnen Pacht oder Miete verlangte, nämlich wie Häuptlinge als «Busulu», und wie diese erhöhten die Missionen die Abgabe 1915 auf gleichfalls fünf Rupien.

Die Verwaltung zeigte im allgemeinen Verständnis für die Wünsche der Missionen, sich die Arbeitskräfte zu sichern, die, wenn sie doppelt belastet wurden, aus den Stationen wieder abwandern wollten. Aber auch wegen der Schulden: Als die Kopfsteuer eingeführt wurde, zunächst für unverheiratete Männer, nahm die Regierung die vierhundert afrikanischen Lehrer davon aus. Bischof Tucker schrieb das der Anerkennung dafür zu, daß er dazu beigetragen hatte, die örtlichen Häuptlinge zum Einverständnis mit der neuen Steuer zu bewegen.

Bischof Tucker war dennoch einer derjenigen, die gegen die Ausbeutung der Afrikaner am heftigsten opponierten. Um die Jahrhundertwende hatte er sich energisch gegen den Sklavenhandel gestellt und erreicht, daß die protestantisch gewordenen Häuptlinge in Uganda ihre Sklaven freiließen. Bald danach setzte er sich mit den harten Arbeitsbedingungen auseinander. Er kritisierte auch, daß in Ostafrika Arbeiter für die südafrikanischen Bergwerke rekrutiert wurden, und erzwang mit Hilfe anderer die Behandlung des Problems im britischen Parlament. In seiner anschließenden Kampagne gegen die Zwangsarbeit war er einer der ersten, die herausstellten, daß diese ein Hauptgrund für die Hungersnöte war, da sie Tausende von Männern immer wieder aus ihrer Landwirtschaft herausriß; als weiterer Grund kritisierte er den Zwangsanbau von Baumwolle durch die Regierung. Tucker wies nach, daß «Kavansu» keineswegs ein durch lange Tradition begründeter legitimer Tribut sei, und verdammte, daß Zwangsarbeiter auch Privatunternehmern zur Verfügung gestellt wurden (nicht nur Briten, sondern auch Indern). Er forderte die

Regierung schließlich auf, faire wirtschaftliche Regeln einzuführen und den Marktmechanismus walten zu lassen – wenn anständige Löhne geboten würden, gäbe es auch genug Arbeiter.

Großbritannien hatte, wie erwähnt, besonders heftig gegen die Kongo-Greuel unter dem Regime König Leopolds protestiert. Darauf anspielend sagte Tucker: «Mir kommt es nur wenig weniger als heuchlerisch vor, daß Großbritannien diese Dinge in Uganda passieren läßt, sich aber zum Kongo so ganz anders verhält.» Tuckers Kampagne machte so viel Eindruck, daß sich die Kolonialregierung schließlich zu zwei Zugeständnissen bequemte: Afrikaner, die ihre Kopfsteuer bezahlt und sowohl «Luwalo» als auch «Busulu» abgearbeitet hätten, dürften von den Häuptlingen nicht zusätzlich zu öffentlichen Arbeiten herangezogen werden; außerdem sei es nicht Aufgabe der Verwaltung, Privatunternehmern Arbeiter zuzuführen – sie hätten sie selbst zu «rekrutieren». Eine Lohnerhöhung allerdings, die Tucker ebenfalls für die Afrikaner gefordert hatte, wurde abgelehnt – sie würde, hieß es, der wirtschaftlichen Entwicklung des Protektorates schaden.

Ein großer Sieg... nur auf dem Papier, denn die Regierung ließ es dabei bewenden; die verkündeten Absichten wurden nicht verwirklicht, den «Weisungen» kein Nachdruck verliehen.[26] Tucker legte aus Gesundheitsgründen sein Amt als Bischof von Uganda nieder und kam nicht mehr öffentlich auf das Problem Zwangsarbeit und Tribut zurück. Aber Hansen findet mit Recht außerordentlich, daß die Mission in Uganda stillhielt und nicht im Sinne Tuckers Kritik übte. Die Regierung hätte allerdings ein stichhaltiges Argument gehabt, das der amtierende Gouverneur auch ungeniert benutzte: Die Missionen beantragten ja selbst Arbeiter über die Häuptlinge. «Tuckers eigene Missionare hatten in der Tat seine Initiative unterlaufen.»[27]

Die Mission war in dieser Frage gespalten, im allgemeinen fand sie sich mit der Zwangsarbeit ab. Bischof Willis, Tuckers Nachfolger, beantragte sogar ganz offiziell beim Gouverneur, die Regierung möge zehn Prozent ihrer «Kavansu»-Arbeiter zum Bau einer Kathedrale zur Verfügung stellen. So kurz nach der Kampagne Tuckers löste das bei der Kolonialregierung denn doch Staunen aus. Willis und die meisten CMS-Missionare stimmten der Zwangsarbeit zu, wenn sie

nötig sei, um den wirtschaftlichen Reichtum des Landes zu entwik-
keln; Zwang zur Arbeit widerspreche auch nicht dem «christlichen
Gesetz». Später plädierte der Bischof dafür, «Kavansu» abzuschaffen, aber das war wegen der sozialen und moralischen Konsequenzen aus der Trennung der Familien. Die CMS in Uganda konzentrierte sich auf die Forderung, auch Zwangsarbeit müsse bezahlt
werden. Wie schlecht bezahlt, war für sie schon kein Thema mehr.

Im ostafrikanischen Protektorat, dem späteren Kenia, gab es
weit mehr Siedler als in Uganda. Sie konnten ihre Interessen noch
nachdrücklicher vertreten, den Afrikanern ging es also noch
schlechter. Immerhin agitierten in London der neue Sekretär der
«Konferenz der Missionsgesellschaften», J. H. Oldham, und der
Erzbischof von Canterbury, Randall Davidson, so lange, bis der
Kolonialminister Winston Churchill verfügte, die von Lord Northey eingeführten Zwangsrekrutierungen der Afrikaner seien einzu-
stellen.

Im britischen Nigeria behauptete ein Verwaltungsbeamter, nur
solche Afrikaner seien wütend, wenn sie zu Straßenarbeiten eingezogen würden, die von der Ignoranz durchdrungen und gegenüber
den wahren Motiven der Regierung mißtrauisch seien. Aber daß
alle die Zwangsarbeit haßten, sah man überall. «Der Häuptling in
jedem Dorf war verantwortlich für die Anwerbung der Männer,
die als Träger oder Straßenbauer zu dienen hatten. Wenn er keine
besorgte oder nicht genug, riskierte er Auspeitschung durch den
Distriktkommissar oder den Gerichtsschreiber.»[28] In den Dörfern
kam es immer wieder zu Revolten gegen die Anforderungen; als
Folge gab die Verwaltung den Häuptlingen noch größere Machtbe-
fugnisse. Andernfalls, so ein Kolonialbeamter, «wird kein einziger
Träger im Land zu haben sein; wenn die Leute sehen, daß sie ihren
Häuptlingen und der Regierung keine Pflicht schulden, werden sie
sich für immer weigern, Lasten zu tragen»[29].

In der britischen Kronkolonie Trinidad vernahm 1926 ein Ausschuß des gesetzgebenden Rates von einem Zuckerpflanzer – das
Thema war eigentlich «Erziehung und Schulwesen», nicht die verbreitete Kinderarbeit –, daß die Kinder in den Pflanzungen – er
«beschäftigte» 120, darunter Zehnjährige – von früh um sieben bis

nachmittags um fünf arbeiten mußten, für 20 Cents am Tag. Würde so etwas kein Gottesmann erfahren haben?

Im deutschen Kamerun bekam es dem Missionar Walther schlecht, als er im Zusammenhang mit den Zwangsrekrutierungen die Zusammenarbeit zwischen der Basler Mission und Kolonialbeamten heftig kritisierte, ebenso wie die Verwaltung. Die Basler Mission entließ ihn 1896; sie fühlte sich auf die Unterstützung der Kolonialverwaltung angewiesen. Die Rezepte der Deutschen, um die Einheimischen in die Arbeit für die Weißen zu zwingen, waren im Prinzip die gleichen wie überall in der kolonialen Welt: Die traditionellen Verdienstmöglichkeiten der Afrikaner wurden beseitigt. In Kamerun traf das auch das Zwischenhandelsmonopol, das die Duala gehabt hatten. Andere Völker oder Stämme, die den direkten Handel deutscher Kaufleute behinderten wie die Bakoko, Bassa und Batanga, wurden militärisch unterworfen. Viehzüchter und Bauern, die Wechselwirtschaft betrieben, also viel Land brauchten, sahen ihr Land schrumpfen – den Boden teilte die deutsche Verwaltung den Plantagengesellschaften oder auch sich selbst zu. Ferner gab es mit manchen Häuptlingen «Verträge», daß sie Arbeiter zu stellen hatten, notfalls wurde die Schutztruppe aufgeboten, um Arbeiter zusammenzutreiben.[30]

Die Werber der deutschen Konzessionsgesellschaften betrieben «Methoden der Werbung, die denen der vielgeziehenen arabischen Sklavenhändler in Ost- und Mittelafrika um nichts nahestanden». Man hielt die Zusammengetriebenen «gefangen und deportierte sie, wenn eine genügende Anzahl zusammen war, aneinandergefesselt wie bei den arabischen Sklavenzügen, zur ‹freiwilligen› Arbeit auf die Plantagen»[31].

Kein Wunder, daß es unter den Arbeitern wegen schlechter Arbeitsbedingungen, Unterbezahlung, Unterernährung und mangelhafter hygienischer Verhältnisse – alles zusammen führte zu hoher Sterblichkeit – zu Aufständen kam. Die Pflanzer hatten sich übrigens angewöhnt, einen Teil des «Lohnes» in Schnaps auszugeben.[32] Die Basler Mission opponierte eine Zeitlang gegen diese Zustände, wie schon erwähnt, aber nur bis zu einer gewissen Grenze, um es eben nicht mit der Kolonialregierung zu verderben. Die katholischen Missionare arbeiteten mit den schuldigen Plantagenverwaltungen sogar zusammen. 1892, berichtet Nestvogel[33], hatte der Kolonialbeamte Wehlan, als er vom Bakoko-Stamm Arbeiter verlangte, den Leiter der Basler Missionsstation bei sich. Die Bakoko widersetzten sich, auch mit Gewalt. Wehlan erschien daraufhin mit Truppen und zerstörte ihr Dorf.

Gegen eines begehrten die Missionen fast überall auf: die Kinderarbeit, aber nicht in jeder Form, «entzog doch die eingerissene Kinderarbeit die Kinder der Schule und brachte gesundheitliche und sittliche Gefahren. Darum wandte man sich, wenn auch nicht gegen jede Kinderarbeit, so doch gegen die ungeregelte, wie man auch nicht den Arbeitszwang als solchen ablehnte, sondern nur jede Form, die aus den freien Kleinbauern Landarbeiter machte.»[34]

Ein Mittel, mit dem die Kolonialisten ihren Arbeitsmangel in den eigenen Gebieten zu beheben suchten, war die Anwerbung fremder Arbeiter von weit her. Die Deutschen mögen dabei nicht führend gewesen sein, aber jedenfalls waren sie mit an der Spitze. Das «Deutsche Koloniallexikon» (1920) teilte dazu mit: «Eine Erleichterung der Anwerbung bedeutet es, daß vielfach die Häuptlinge sich einen Teil der Einnahmen der A. aneignen und dadurch an der Wanderarbeit interessiert sind.» Ferner heißt es: «Wander-A. beschäftigen müssen, hat mancherlei Schwierigkeiten im Gefolge. Sie liegen zunächst in der Tatsache, daß eine besondere Organisation für die Anwerbung nötig ist... Die Anwerbung selbst führt leicht zu erheblichen Mißständen. Sie ist in den Anfängen regelmäßig ein besonderes Gewerbe, dem sich leicht gewissenlose und gewalttätige Menschen zuwenden, die Personen gegen ihren Willen fortschleppen, sie nach anderen Orten bringen, als wofür sie sich verdungen haben, die gemachten Versprechungen werden nicht gehalten.» So bekannt war das also, natürlich auch den Missionen. Auch die deutsche Neuguinea-Kompagnie gehörte zu den Importeuren fremder Arbeiter; die hatten in der Inselwelt keine Chance, wegen schlechter Behandlung zu fliehen, da sie ja nur mit Schiffen der Weißen wegkommen konnten. Die NGK war zunächst auf Missionare versessen. Es hatte sich herumgesprochen, daß sie nützlich zur Befriedung und gute Erzieher zur Arbeit für die Weißen seien. Anfangs hatten sich Missionare sogar als Vermittler einheimischer

Arbeiter für die Gesellschaft betätigt. Als aber Skandalberichte über Insulaner, die gegen ihren Willen in Neuguinea arbeiten mußten, nach Deutschland drangen, fürchtete die Gesellschaft, die Missionare könnten eher unbequeme Zeugen und eventuell Kritiker sein. In langen Verhandlungen mit der Rheinischen Mission verlangte sie, die Missionare sollten als Dolmetscher und Vermittler in Streitigkeiten die Verwaltung unterstützen und sich bemühen, die «Eingeborenen in allerlei nützlichen Kenntnissen und Künsten zu unterweisen und sie an regelmäßige Arbeit zu gewöhnen». Die Rheinische Mission, sagt Professor Bade[35], «wußte nur zu gut, von welchen ‹nützlichen Kenntnissen und Künsten› hier die Rede war, nahm aber dennoch die NGK-Bedingungen unverzüglich an».

Wie fast immer haben die spanischen und portugiesischen Eroberer Mittel- und Nordamerikas alles vorgemacht. Die Indianer waren verpflichtet, für die Bedürfnisse der Besatzer jeweils eine bestimmte Zahl von Männern zwischen fünfzehn und sechzig Jahren zu stellen, zu öffentlichen oder privaten Arbeiten. Damit die Indianer sich dem nicht entzogen, waren sie verpflichtet, ihre Dörfer nicht zu verlassen. Meist waren es ja auch, wie schon berichtet, ihnen zugewiesene Dörfer, nicht mehr ihre Heimatdörfer. Die meisten waren von ihrem Land vertrieben worden und hatten kaum eine andere Wahl, als bei den neuen Grundbesitzern als Tagelöhner und dann als Dauerknechte zu arbeiten. 1686 wurde im portugiesischen Teil verfügt, daß die Arbeitspflicht jedes «freien» Indianers sechs Monate im Jahr betrug. Aber die Gouverneure, die diese Arbeiter den verschiedenen Anforderern zuteilen, dehnten diese Zeit oft weit darüber aus.

Die Indianer gerieten so gut wie alle in ein «sklavenähnliches Abhängigkeitsverhältnis zum Grundbesitzer. Für ein gepachtetes Stück Land, für ein Darlehen, für die Waren, die im Kramladen der Hazienda auf Anschreiben gekauft worden waren, mußten sie mit ihrer Arbeit bezahlen.»[36] Die Grundherren legten für sie gern die Kopfsteuer aus (gesetzlich ab 1786 zwei Pesos im Jahr, für Nachkommen von Afrikanern drei), die sie dann ebenfalls abarbeiten mußten. «Ein Landarbeiter oder Pächter (dem Wesen nach auch nur ein Landarbeiter mit einem Stück Land), der auf solche Art und Weise in die Abhängigkeit eines Grundbesitzers geriet, war schon bald außerstande, die ständig anwachsende Schuldenlast abzutragen. So verwandelten sich viele Indianer mit der Zeit auf dem Erbwege in Schuldsklaven.» Das alles widerfuhr ihnen nicht nur auf Besitzungen der Krone oder der neuen Grundbesitzerschicht, sondern auch auf den riesigen Ländereien der katholischen Orden und Kirchen.

Platz-«Ordnung»

Der Missionsauftrag der Bibel ist kaum anders als religiös zu verstehen: Die «anderen», die «Heiden» sollen zum Christentum bekehrt werden. Die Gesandten des Christentums schienen nicht den Auftrag gehabt zu haben, sich selbst für eine Obrigkeit zu halten – ihre einzig akzeptable war Gott. Für die Katholiken wurde dann der Papst Stellvertreter Gottes auf Erden. Das Papsttum war auch eine bedeutende weltliche Obrigkeit – bis ins 19. Jahrhundert. Als das vorbei war und die weltliche Gewalt der Päpste auf den winzigen Vatikanstaat beschränkt, war verblüffenderweise die Zeit, in der Kirchenmänner aller Konfessionen sich selbst zur Obrigkeit machten, auch nichtkatholische, keineswegs vorbei.

Wenn wir von den Kreuzzügen absehen, die pseudochristlichen Regimen vorübergehend die Möglichkeit eröffneten, ein christliches Regiment zu errichten, dann hat die Mission ihre größte weltliche Rolle als Obrigkeit während der iberischen Besatzungszeit Lateinamerikas gehabt. Als Begleiter und im Gefolge der Eroberer erschienen religiöse Orden wie die Jesuiten, Dominikaner, Franziskaner. Sie wollten aus den Indianern, deren Lebensweise und Sitten niemand verstand, wenn schon nicht gleichberechtigte Mitbürger der Besatzer machen, dann doch wenigstens ihre Zöglinge, Diener und Sklaven – unter ihrem eigenen Regime, nicht unter dem des Staates.

Rekapitulieren wir. Um sich die Indianer gefügig zu machen, mußte man sie haben. Um sie umzuerziehen, mußte man sie aus dem Kontakt mit ihren Stämmen und Völkern herausreißen. So verfielen die Besatzer auf die Idee, sie aus ihren Behausungen herauszuholen. Dort, wo man Arbeiter brauchte, zwang man sie in «Encomiendas» zusammen, die den Siedlern, in erster Linie den Plantagenherren, zugeteilt waren. Da die Besatzung ja offiziell auch dem Zweck diente, sie zu Christen zu machen, sollten die Siedler in den «Encomiendas» auch für die religiöse Unterweisung sorgen. Das lehnten sie als eine Verschwendung kostbarer Arbeitszeit ab. Die «Encomiendas» wurden 1720 abgeschafft. Da die Vertreter der christlichen Orden ihrerseits fanden, die Indianer seien in den «Encomiendas» unchristlichen Einflüssen zu sehr ausgesetzt, gründeten sie – hauptsächlich die Jesuiten – ihre eigenen Lager und Dörfer für bekehrte oder noch zu bekehrende Indianer, sogenannte Reduktionen, euphemistisch auch Missionsgemeinden genannt. In den portugiesischen Gebieten hießen sie «Aldeias». Schließlich entstand ein ziemlich zusammenhängendes Gebiet von Südparaguay zu der angrenzenden argentinischen Provinz Misiones, es reichte noch etwas ins heutige Brasilien hinein. Die Einrichtung hielt sich bis in die zweite Hälfte des 18. Jahrhunderts. Die Plätze wurden vom jeweiligen Gouverneur zugeteilt. Die Siedlungen hatten Verwaltungsautonomie. Weltliche Siedler durften das Missionsgebiet nicht betreten. Aus den Reduktionen durften – theoretisch – den Spaniern oder Portugiesen keine Indianer zur Plantagenarbeit zur Verfügung gestellt werden.

Die Jesuiten beließen den Indianern im allgemeinen ihre gewohnte Stammes- und Familienordnung, regelten aber so gut wie alles und übten eine strenge patriarchalische Herrschaft aus. Der Tagesablauf der Gemeinde war genau eingeteilt. Die Indianer, die bis dahin halbnomadische Jäger gewesen waren, mußten sich nun in Bauern verwandeln und europäisches Vieh züchten. Wenn sie die Grenzen der Missionen überschritten, waren sie plötzlich Eindringlinge auf Ländereien, die nun portugiesischen oder spanischen Siedlern gehörten. Die Insassen der Reduktionen hatten gemeinsam das Gemeindeland zu bestellen und daneben, falls es ihnen die Patres erlaubten, eigene kleine Äcker. Sie hatten Viehherden zu versorgen, die immer größer wurden. Aus den Überschüssen bestritten die Jesuiten einen zeitweise riesigen Warenhandel. Es gab Handwerksstätten, einfaches Leben – und viel Gottesdienst. Am zentralen Platz der Siedlung befand sich stets die Kirche. Kinder wurden früh den Eltern weggenommen und, nach Geschlecht getrennt, in separaten Unterkünften untergebracht. Die Indianer trugen lange Gewänder und mußten sich an einen Lebensstil gewöhnen, auf den nichts sie vorbereitet hatte.

Die Patres übten auch die Justiz in der Gemeinde aus, unter reichlicher Anwendung von Prügel. Im Unterricht der Kinder, im allgemeinen Zuschnitt der Lebensgestaltung wurde darauf geachtet, daß indianische Bräuche und Werte möglichst schnell in Vergessenheit gerieten und strenger Kirchenmoral Platz machten. Was die Indianer vorher geschätzt hatten, wurde ihnen verboten – Initiationsfeiern, Tänze, alles. Das war ein schwerer kultureller Schock, wenn es ihnen auch in den Reduktionen materiell besser gegangen sein mag als vorher. Humboldt schrieb, die Indianer hätten dort ihren Charakter und ihre natürliche Lebendigkeit verloren.

Viele Indianer flohen aus den Missionsdörfern wieder in den Urwald, wobei sie Frauen und Kinder zurückließen, was die Lage der Zurückgebliebenen nicht erleichterte. Im Lauf der Zeit stiegen zwar die Einnahmen mancher Gemeinden, also die der Jesuiten, aber der Lebensstandard der Indianer sank. Unter ihnen mußten viele, ohne ausreichendes eigenes Land, ihre Arbeit «für die Gemeinschaft» zu so geringem Lohn verrichten, daß sie ihre Familien kaum ernähren konnten. Häufige Epidemien forderten viele Todesopfer. Gilberto Freyre meint, daß «das jesuitische System der Bekehrung und Zivilisierung der Eingeborenen, unter dem diesen eine neue Familienmoral aufgezwungen wurde, ohne ihnen vorher eine solide Existenzbasis zu geben, ein künstliches Gebilde schuf, das ohne die Treibhausatmosphäre der Missionen nicht bestehen konnte und viel zur Degradation der indianischen Rasse beitrug... Diesem System verdankt Brasilien die Entvölkerung von seinen Ureinwohnern.»[1]

Die Missionsdörfer wurden schließlich doch auch Lieferanten von Arbeitern für Kolonisten und Städter. Missionsindianer mußten zunächst vier, dann sechs Monate im Jahr für Siedler arbeiten. Die Jesuiten hatten Register über alle Männer zwischen dreizehn (!) und fünfzig zu führen. Die Verteilung übernahm der jeweilige Gouverneur. Theoretisch waren die Indianer freie, praktisch aber Zwangsarbeiter. Ihr Lohn in Brasilien war im Jahr 1655 auf zweieinviertel Meter grobes Baumwolltuch für die Arbeit eines Monats festgesetzt worden und blieb so bis 1750. Im tropischen Amazonasklima brauchten die Indianer überhaupt keine Kleidung, sie störte eher. Sie zerriß an Baumästen und Sträuchern und mußte dauernd geflickt werden, und Kleider zu waschen war schwieriger als menschliche Haut zu reinigen. Nachdem die Besatzer den Indianern den Kleidungszwang gebracht hatten, machten sie die Baumwolle zum Lohn für die Arbeit, und die Indianer mußten auch noch selbst den Stoff produzieren, mit dem sie bezahlt wurden... «Nach einem Monat mörderischer Arbeit bekam ein Indianer nichts von den paar einfachen Dingen, die er wünschte – eine Axt, ein Messer, eine Machete oder Angelhaken, etwas Alkohol oder Tabak oder Glasperlen und Bänder für seine Familie. Seine zwei Yards Stoff hatten einen Nominalwert von nur 200 Reis, nicht genug, um irgend etwas von diesen Dingen zu kaufen... Das System war so ungeheuerlich unfair, daß es fast auf Sklavenarbeit hinauslief. Es war eine seltsame Methode, Leute zum Christentum zu bekehren.» [2]

Eine interessante Ausnahme scheinen immer die Jesuitensiedlungen für die Tape-Guaraní (Tape hieß der Stamm, Guaraní war seine Sprache) östlich des Flusses Uruguay gewesen zu sein. Aus dieser Gegend waren die spanischen Jesuiten in der ersten Hälfte des 17. Jahrhunderts von portugiesischen Sklavenjägern («Bandeirantes») vertrieben worden. 1682 kehrten sie jedoch zurück, was die Tape nach zeitgenössischen Berichten begrüßten, und Ende des Jahrhunderts bestanden sieben große Missionen. Ihre Indianer werden als besonders sanft und friedfertig und dem jesuitischen System ergeben beschrieben. Die Jesuiten, so berichtete später ein ihnen feindlich gesonnener portugiesischer Administrator der Gegend, hätten sie mit Tänzen, Musik und vielen Kirchenfesten unterhalten, mit viel Arbeit beschäftigt, sie mit Häusern, Hospitälern und Schulen versorgt und sie aus ihren großen Pflanzungen und Viehherden gut ernährt. «Das System überzeugte die Indianer, daß die Patres sie zum Himmel führen würden. Es machte das Volk zufrieden, ohne Wunsch davonzulaufen, es ließ sie arbeiten und sogar harte Strafen mit solcher Bereitwilligkeit hinnehmen, daß sie ihren Direktoren dafür dankten.» [3] Sie akzeptierten die strikte Disziplin willig. Ihre eigene Kultur schwand, dafür wurden sie eifrige Christen.

Freilich gab ein deutscher Jesuit, Anton Sepp[4], der Ende des

17. Jahrhunderts selbst eine der sieben Siedlungen begründet hatte, von der Unterbringung der Indianer eine weniger enthusiastische Beschreibung: «Die Häuser sind sehr niedrig und haben keinen Holzboden: Die Indianer leben auf der bloßen Erde ... Die Häuser haben weder Fenster noch Schornsteine und sind daher den ganzen Tag voller Qualm, mit geschwärzten Wänden. Wenn ich Krankenbesuche mache, was ich im allgemeinen täglich tue, ersticke ich beinahe an so viel Rauch. Vor einiger Zeit taten meine Augen vierzehn Tage lang so weh, brannten und tränten, daß ich zu fürchten begann, meine Sehkraft zu verlieren.» Die «Häuser» hatten einen einzigen Raum. «Darin schlafen Vater, Mutter, Brüder und Schwestern, Kinder und Enkel, vier Hunde und drei Katzen, die größtmögliche Zahl von Würmern, und es wimmelt von Insekten, die wir in Tirol Küchenschaben und Tausendfüßler nennen. Man kann sich leicht den unerträglichen Gestank vorstellen, in so einer abgeschlossenen, winzigen Hütte.» Wer seine Hängematte an zwei Bäumen aufhängen könne, sei reich. Weniger «Begüterte» schliefen auf einem Jaguarfell oder einer Kuhhaut auf dem Boden. «Das Küchengerät besteht aus zwei Töpfen. Die Zähne sind die Messer, die fünf Finger die Gabeln, die Hand ein Löffel ... Der erste beste Stock dient als Spieß, auf dem sie das Fleisch rösten.» Als «Keller» diene ein hohler Flaschenkürbis, «in den sie Wasser aus dem Fluß schütten und aus dem sie trinken».

Die Jesuiten bestanden auf früher Heirat. «Wenn ein Mädchen vierzehn oder fünfzehn wird und ein Junge sechzehn, ist es Zeit für den heiligen Ehebund. Wir lassen da keinen Aufschub zu und vermeiden dadurch viele Übel. Kein indianisches Mädchen kommt in die Lage, ein paar Jahre als Jungfrau verbringen zu müssen.» Übrigens suchten die Mädchen die Ehemänner aus, nicht umgekehrt. Das Mädchen benannte dem Pater den Jungen, der fragte ihn. «Sie sagen fast immer ja; mehr ist nicht nötig. Ich gebe jedem dieser jungen Paare eines der Häuser als ihren Palast und ihnen auch die Hochzeitskleider, nämlich fünf Ellen wollenen Tuchs für den Mann, ebensoviel für die Frau.»

In seinem Haus bedienten Sepp sechs Indianerjungen, auch bei Tisch. Rund zwei Jahrhunderte lang konnten sich die Jesuiten südamerikanische Indianer so gefügig halten. Über die tägliche Routine in den «Aldeias» gibt es viele Berichte; Hemming[5] zitiert einen aus Bahia des Jahres 1560: «Bei Tagesanbruch wird eine Glocke geläutet. Die unverheirateten Mädchen (und viele verheiratete Frauen, ohne Zwang) kommen zum Religionsunterricht. Wenn der vorbei ist, kommen die Schuljungen für etwa zwei Stunden Lesen, Schreiben und Religion. Währenddessen gehen die Mädchen und Frauen ihren Arbeiten nach: spinnen und das Tuch produzieren, mit dem sie sich kleiden. Wenn die Jungen mit der Schule fertig sind, gehen sie fischen – für sich, denn diese Leute kümmern sich so wenig um das Morgen, daß sie an Tagen, an denen sie nicht fischen und jagen, eben nichts haben.» Nachmittags: zwei weitere Unterrichtsstunden, abends, nach dem Ave Maria, Prozession durch die Straßen, dabei »laute heilige Lobgesänge in ihrer Sprache».

Nach langem, offenbar zufriedenem Leben in diesen Verhältnissen wurden die Guaraní mit ihren Missionaren Opfer des Spanisch-Portugiesischen Vertrages, der dieses Gebiet den Portugiesen zuschlug. Die Guaraní mußten ihre Stationen verlassen mit allem, was sie dort unter den Jesuiten geschaffen hatten, und nach Westen in spanisches Gebiet umsiedeln, wie es ein allerchristlichster König verfügt hatte. Man sieht, Umsiedlungen haben eine lange Geschichte. Die Guaraní wehrten sich, es gab Strafexpeditionen, neues Elend. Die Jesuiten konnten nicht helfen. Ihre Glanzzeit in Lateinamerika ging dem Ende entgegen.

In der Mitte des 18. Jahrhunderts schienen die Missionare, besonders in Brasilien, nicht mehr so recht an den Erfolg ihres Systems zu glauben.[6] Nun begannen sowohl der Papst als auch der König etwas energischer gegen die Versklavung der Indianer, aber auch gegen die Auswüchse des «Aldeia»-Systems vorzugehen – Papst Benedikt XIV. mit einer Enzyklika, deren Veröffentlichung in Brasilien freilich von den dortigen Bischöfen um nicht weniger als sechzehn Jahre verzögert wurde, König João V. mit einer etwas schneller vernehmlichen Anweisung an «seine» Brasilianer. Und dann erreichte auch die Kampagne den Höhepunkt, die spät im 18. Jahrhundert in der Ausweisung der Jesuiten und dem Ende ihrer Missionsherrschaft gipfelte. Andere Orden führten das System nur noch eine kurze Weile fort, dann zerfiel es, und die Indianer waren nun gänzlich außerstande, ordentlich für sich zu sorgen.

Die Idee separater «Christendörfer», um neu Bekehrte sowohl von ihrem «heidnischen» Milieu als auch von sittenlosen Europäern fernzuhalten, machte dennoch Schule. Lange nachdem sie in Lateinamerika gescheitert war, wurde sie von Missionaren in Afrika übernommen.

In Südwestafrika hatte Hugo Hahn von der Rheinischen Mission ein, wie de Vries[7] sagt, eigenes «Königreich» errichtet und war dessen unangefochtener Herrscher, erst in Otjikango, dann in Otjimbingwe. In seinem Tagebuch schrieb er: «Es ist bekannt, daß auf den Ovaherero-Stationen der Missionar auch Häuptling ist, welchem Übel bis jetzt noch nicht abgeholfen werden konnte. Die Armen aus allen Gegenden sammeln sich um den Missionar, sie begeben sich unter seinen Schutz und nehmen ihn als ihren Häuptling an, dem sie dann auch durchgehends willig Gehorsam leisten.»[8] De Vries konstatiert, Hahn sage nicht, wie der richtige Häuptling der Ovaherero zu der «Häuptlingschaft» des Missionars stand. Wie sollten sich «Untertanen» verhalten, wenn beide von ihnen Gehorsam verlangten? Hahn regelte also die Angelegenheiten dieser Stationen durch eigene «Gesetze». Er setzte Strafen für Diebstahl und Mord fest, regulierte das Marktwesen, den Schulbesuch, war als Richter tätig. Nach de Vries ist von den meisten Rheinischen Missionaren zu sagen: «Sie gaben sich oftmals nicht zufrieden allein mit der Verkündigung des Evangeliums, sondern sie erkämpften vielfach für sich selbst eine souveräne Stellung inmitten der durch sie ‹Bekehrten› und konnten ihre Untertanen so abhängig von sich machen, daß der Weg zu seiner selbständigen Entwicklung auf kirchlichem und politischem Gebiet versperrt bleiben mußte.»[9] Später konnten sich die «Untertanen» nur mühsam aus dem Bann missionarischer Oberherrschaft lösen; oft öffnete sich ihnen erst dann der Weg zur Selbständigkeit auf allen anderen Gebieten.

Auch im Süden des Landes, in Rehoboth, Bethanien und Berseba[10], herrschten die deutschen Missionare ziemlich unbeschränkt über die christlichen Gemeinden, wenn auch indirekt über die bekehrten Häuptlinge. Die Bethanier zahlten der Mission Sonderabgaben. Das

Kirchenregiment war streng – «unordentlichen und faulen» Jungen war angedroht, ihnen die Heiratserlaubnis zu verweigern, bis sie sich besserten. Oft hing die Wahl der Stammeschefs von der Zustimmung der Missionare ab.

Die erwähnte Machtstellung Hahns bei den Herero ging diesen eines Tages zu weit. Unter Führung ihres Häuptlings Maherero verlegten sie ihr Lager von Hahns Missionszentrale Otjimbingwe weg und nahmen auch noch einen anderen Stamm mit, die Mbandero. Hahns Missionskollege Brincker erklärte, die Herero seien «nicht willens, sich weiterhin der Aufsicht des Missionars (Hahns) in Otjimbingwe zu unterstellen»[11]. Hahn war den anderen Missionaren übergeordnet und wollte die anderen Stationen wie die Brinckers von Otjimbingwe abhängig halten, während Brincker sie als voneinander unabhängig betrachtete: «Der Gedanke, das ganze Volk, bzw. die Reichen, an diesen Platz zu fesseln und unter den Einfluß der von der (Missions-) Colonie ausgehenden Cultur und unter die Botmäßigkeit des Missionars (sc. Hahn) zu bringen, ja auch die übrigen Hererostationen in ein gewisses Abhängigkeitsverhältnis zu setzen, mußte, wie es vorläufig scheint, aufgegeben werden. Die Herero haben diesen Plan vollkommen durchschaut, und eben darin besteht die Spannung zwischen dem Volk und den Missionaren.»[12]

In Deutsch-Ostafrika führte Carl Nauhaus als erster Missionar eine Platz-«Ordnung» ein.[13] Das war 1897. Seine Missionsstation lag in Ikombe auf einer Halbinsel, über die kein Häuptling einen Herrschaftsanspruch angemeldet hatte. Nauhaus erwirkte vom Bezirksamtmann die Genehmigung, die Bewohner zum Baumpflanzen, zu Wegearbeiten und allgemeiner Reinigungstätigkeit heranziehen zu können. Er entschied, ob sich dort Neuankömmlinge ansiedeln durften, er verbot «heidnische» Tänze und Veranstaltungen. Er konnte auch «ständige Störenfriede» des Platzes verweisen. Der Bezirksamtmann stimmte dem allen zu unter der Bedingung, daß die Station verlassen könne, wer die von Nauhaus gesetzten Regeln nicht befolgen wollte.

In der Station von Ilembula gab es Unruhe, als die Missionare der Berliner Mission Kinder bestraften, die nicht zur Schule kamen. Die Bezirksamtmannschaft erfuhr das durch Beschwerden der Einheimischen und verfügte, daß es keinen Schulzwang gebe. Der örtliche Missionar Schumann behauptete, wenn die Platz-«Ordnung» nicht respektiert werde, der zufolge alle Kinder die Schule besuchen müßten, werde das ganze Missionssystem zusammenbrechen. Die Autorität des Missionars zu untergraben mindere das Ansehen der Europäer und lade zur Rebellion ein. Der deutsche Distriktchef, Hauptmann Nigmann, antwortete, Mißachtung der traditionellen Autoritäten und anmaßendes Auftreten bringe die gleiche Gefahr. Der Hauptmann urteilte außerdem, daß die Missionare Einheimische auf Missionsgelände ansiedelten, wo sie Pacht zahlen mußten, verwandele freie Bauern in unfreies Missionsvolk, durch «einen höchst weltlichen und durchaus illegalen Apparat... in Abhängigkeit der härtesten vorstellbaren Form»[14]. Verhandlungen zwischen dem leitenden Missionar der Berliner und dem Gouverneur führten zu einer revidierten Platz-«Ordnung». Sie reduzierte die weltlichen Befugnisse der Missionare beträchtlich, es gab kein Sonderrecht für Missionsstationen mehr. Nahezu uneingeschränkt herrschen können hatte dagegen bis zum Ersten Weltkrieg der Neuendettelsauer Missionar Ch. Keyßer im deutschen Neuguinea. Von der Missionsstation Sattelberg aus regierte er etwa fünfundzwanzig Papuadörfer. Prügelstrafe und Strafarbeit entfernt vom Heimatort gab es da für «Verfehlung gegen die Sitte, ... Drückertum und Faulenzertum»[15].

In Britisch-Ostafrika betrieb die Universities Mission to Central Africa vier große Schulheime. Dort war der Tagesablauf angefüllt mit Schule, Religionsunterricht und Gottesdienst. Bayamayo war das kirchliche Ausbildungszentrum, besonders für befreite Sklaven, die von den britischen Behörden gebracht wurden. Sobald diese Getauften groß genug waren, wurden sie miteinander verheiratet und in Christendörfern unter Aufsicht von Missionaren angesiedelt. 1885 gab es fünf solcher Dörfer.

In Cap Maclear im heutigen Malawi versorgten die Missionare der Schottischen Mission die von ihnen Aufgenommenen mit Lebensmitteln, bis sie aus eigener Saat ernten konnten. Dafür mußten sie Regeln anerkennen: nur in bestimmten Missionsdörfern leben, ihre Kinder zur Schule schicken, keine runden, sondern nur eckige Hütten bauen, sonntags in die Kirche gehen, für die Mission arbeiten, kein Bier trinken und monogam sein. Schlägereien und Diebstahl bestraften die Missionare, zur Strafe mußte Baumwolle abgegeben werden. Seit 1877 wurden Missetäter in «stocks» gehalten (Holzblöcke mit Löchern, durch die die Beine gesteckt wurden), später gab es auch Gefängnis und Prügelstrafe. Da die Missionare viel unterwegs waren, ließen sie die Station in ihrer Abwesenheit von Missionshandwerkern leiten. Diese gingen mit den Dorfbewohnern strenger um und verhielten sich gegen die afrikanischen Häuptlinge aggressiver.[16]

Wie in Blantyre gestraft und geprügelt wurde, schließlich gar hingerichtet, habe ich im Abschnitt «Christliche Prügel» erzählt. Dem strengen System der lateinamerikanischen Missionsdörfer am nächsten kam wahrscheinlich die London Missionary Society im damaligen Nordrhodesien, heute Sambia. Ich stütze mich im folgenden auf Robert I. Rotberg[17]. In und nahe ihren Stationen am Tanganjikasee regierten die Missionare nach westlicher Konzeption von «richtig» und «falsch». Sie waren dort schon tätig, bevor die britische South Africa Company als Wegbereiterin der britischen Regierung die Herrschaft im Lande übernahm. Sie setzten sich über die traditionellen Häuptlinge hinweg, wo immer es ging. Sie schützten Afrikaner in Auseinandersetzungen mit ihren Häuptlingen, wenn sie sich ihrem Spruch unterwarfen – vor allem natürlich all jene, die in ihren Missionsdörfern hausten. Allmählich wurde aus ihrem ad hoc gewährten Schutz «ein System totaler Kontrolle». Sie wurden in ihren Stationen und später auch noch in einem großen Teil Nordostrhodesiens absolute Herrscher. Wieso unterwarfen sich ihnen so viele Afrikaner? Weil die Missionare als einzige Arbeit bieten konnten.

Die Missionare glaubten an ihr Recht, an diesem System festzuhalten. Einer schrieb nach London: «Wenn wir die Kontrolle über unsere Dörfer verlieren, könnten wir unsere Gemeinde verlieren, und die Arbeit von Jahren wäre zunichte.» Ein anderer: «Ohne volle Kontrolle der Dörfer würden die Kinder nicht zur Schule kommen, die Leute nicht zum Sonntagsgottesdienst; die Dörfer würden durch und durch korrupt, die Missionare hätten wie in alten Tagen keine Diener. Wenn sie eilig verreisen sollen, würden sie unmöglich Träger bekommen.»

Um ihre Disziplin durchzusetzen, verhängten sie Prügelstrafen oder zwangen die «Delinquenten» zu unbezahlter Wegearbeit. Mit Prügel bestraften sie auch Trunkenheit, Ehebruch, Diebstahl, Erpressung und anderes bis zum Mord – meist ohne Verhandlung. Die Missionare ließen prügeln und auspeitschen, aber sie taten es auch selbst. Ein neu angekommener berichtete staunend nach London, daß er in einer der Missionsstationen ein halbes Dutzend Nilpferdpeitschen an einem Baum hängen gesehen habe, bestimmt «für die abscheuliche Praxis, die Eingeborenen auszupeitschen», und Rotberg zählt eine Fülle dokumentierter Fälle auf. «Die häufige Verabreichung von körperlicher Züchtigung durch den Missionar beeinflußt seinen Charakter oft in sehr schädlicher Weise», schrieb ein älterer Missionar 1898 nach London. Erst mit der Übernahme der staatlichen Gewalt zunächst durch die South Africa Company und dann durch die britische Regierung selbst verlor die Mission ihre Sonderrolle als weltliche Regierung.

Weiter im Süden, in Mombasa und Freetown, herrschten in den CMS-Missionsdörfern für befreite Sklaven kaum weniger harte Sitten. Die Londoner Zentrale hatte verfügt, die Missionare sollten von Prügel- oder Gefängnisstrafe nur höchst selten und nur im äußersten Notfall Gebrauch machen. Die Missionare argumentierten aber, daß «die Barbarei und das Heidentum des Afrikaners»[18] nur durch so schwere Bestrafung verändert werden könnten. Ende der neunziger Jahre des 19. Jahrhunderts verboten die britischen Behörden der Mission, ihre Neuchristen zu verprügeln, und die Strafgewalt wurde den Gerichten übertragen. Auch «Kirchenzucht» wurde oft als Mittel eingesetzt, den Missionaren in durchaus weltlichen Angelegenheiten Gehorsam zu verschaffen. In einer rhodesischen Missionsstation wurde Afrikanern, die kein Gras für die Dächer der Missionare sammeln wollten, das Abendmahl verweigert.

Besonders geeignet für missionarische Herrschsucht waren die vielen Inseln des Pazifik. Die Bekehrung eines Stammes über den Häuptling genügte oft schon, die Einrichtung von Missionsdörfern überflüssig zu machen: Die Stammesdörfer selbst unterwarfen sich der neuen, christlichen Herrschaft. Ziehr[19] erzählt die Wandlung auf Inseln der Cook-Gruppe, die in der ersten Hälfte des 19. Jahrhunderts von Wesleyanern erst missioniert, dann regiert wurden. Die sichtbaren Spuren der einheimischen Kultur wurden vernichtet, die Traditionen verbannt, die Missionare führten ein Regiment nach den Vorstellungen puritanischer britischer Bürger ein. Besonders bestraften sie «Unzucht», Diebstahl, Tätowieren, Alkoholherstellung, Verstöße gegen die Sonntagsruhe, Schwangerschaft unverheirateter Frauen, Kartenspiel, Konsultation einheimischer Zauberer usw. usw.; erst 1899 hob der britische Resident eine Reihe der Strafbestimmungen auf.

Zur Überwachung ihrer Verbote hatten die Missionare die Insel Rarotonga mit einem Polizeinetz überzogen – zeitweise kam ein Polizist auf neun Einwohner – und die Insel in sechs Sektoren eingeteilt. «Jede der sechs Sektionen hatte einen eigenen Chef, einen Richter und Polizeikommandanten. Die Geldstrafen der Missetäter wurden unter diese drei christlichen Hoheitsträger aufgeteilt und vergrößerten deren private Einnahmen. Unter diesen Bedingungen ist es offensichtlich, daß die Überführung eines Beschuldigten keine langwierigen Untersuchungen erforderte. Die Polizei nahm die Verhaftung und Untersuchung vor, der Richter verdonnerte die Insulaner in schöner Regelmäßigkeit dann zu Geldstrafen oder Gefängnis. Das System lud geradezu zum Mißbrauch ein, denn übereifrige christliche Insulaner wurden besonders gern als Polizisten eingesetzt. Europäische Besucher auf Rarotonga und den anderen Inseln der Cook-Gruppe waren über die Brutalität, mit der die Gesetze durchgedrückt wurden, entsetzt.»

Hier und auf anderen Inseln ließen die Missionare mit Vorliebe das sexuelle Verhalten der Einheimischen bespitzeln. Die Sittenüberwacher auf einigen Atollen, «Turimen» genannt, waren Polizist und Richter in einem. Ein zeitgenössischer Besucher schrieb: «Die Gesetze sind schändlich, und die Art, wie man ihnen Geltung verschafft, Männer und Frauen in Gefängnisse wirft oder durch die Straßen jagt, ist abstoßend genug, aber die Methoden der Strafverhütung und -verfolgung, welche die Turimen anwenden, sind noch schlimmer.» [20]

Handel und Geschäfte

Der Bethelmissionar W. Hosbach[1] erzählt, wie zwei Afrikaner vom Haja-Stamm in Tansania, die für ihr Dorf alles mögliche besorgen sollten, zu ihm kamen, um Gesang- und andere Kirchenbücher zu kaufen. Sie rechneten sorgfältig auseinander, was sie für welche Einkäufe mitbekommen hatten und wieviel ihnen für die Bücher blieb. «Um ihnen alles klarzumachen, legte ich auf jedes begehrte Buch den zu entrichtenden Preis. Zu ihrem Erstaunen mußten sie immer noch mehr Cent herausrücken. Für den ‹Paulus› [Briefe des Apostels] reichte es aber nicht.» Er sollte zwei Shilling und 25 Cent kosten. «Wehmütig gaben sie ihn zurück. Nachdem so nach meiner Meinung alles in Ordnung war, sah ich, wie meine beiden Gäste sich von der Haustür weg unter mein Fenster begaben. Ich schloß die Türe und ließ sie da sitzen.

Doch hörte ich wieder, wie einer zum anderen sagte: ‹Das ist für Salz, das ist für Öl›, usw. – Dann war's still. Aber im nächsten Augenblick klopfte es energisch an die Tür. Ich öffnete. Da stand der eine da, lächelte und meinte: ‹Hier habe ich einen Shilling und 75 Cent, dazu gebe ich dieses Neue Testament zurück, für beides gib mir den Paulus. Es wäre schade, wenn ich ihn nicht bekäme.› Er bekam ihn. Vergnügt schieden wir. Er war dankbar für seine Bücher und ich dankbar, daß mir diesmal der Geduldsfaden nicht gerissen war.»

Der Bericht wird auch Ihnen in mehrfacher Hinsicht bemerkenswert erscheinen. Wie schnell verliert denn so ein Missionar seine Geduld, zumal als Buchhändler, und weswegen? Er war von sich selbst so beeindruckt, daß er das ganze Geschichtchen mit «Es ist etwas Großes um die Geduld» eingeleitet hat. Zwar hat er die armen Afrikaner schon als christliche Leser seiner Botschaft gewonnen, aber voll bezahlen sollen sie gefälligst, da läßt er keinen Cent nach...

Mission ist zu einem verblüffenden Grad Handel und Geschäft gewesen, ist es teilweise immer noch, was sich die Apostel und dann die ersten Missionare, ganz abgesehen vom Religionsstifter, nicht gedacht haben mögen. Auch dieser Punkt ließe sich mit dem seinerzeit berühmtesten der Missionare im modernen Kolonialismuszeitalter einleiten, mit David Livingstone. Er brach nach Afrika, wie er sagte, in zweifacher Mission auf: um es christlich zu machen, gewiß, das aber zu fördern durch Öffnung des Kontinents für den Handel. Er hoffte immerhin, das werde auch den Afrikanern Vorteile bringen.

«‹Handel und Mission› waren in mehreren Gebieten eng miteinander verbunden», sagt das «Lexikon zur Weltmission» unter genau diesem Stichwort. Wir erfahren, daß der erste katholische Missionar China als Begleiter eines italienischen Händlers erreichte und der erste protestantische im Handelsgebäude in Kanton wohnte. Das Lexikon sagt, dieser sei auf einem Handelsschiff gereist – worauf denn sonst? Seien wir zufrieden, daß es kein Kriegsschiff war, wie für spätere China-Missionare, und daß die ersten protestantischen Missionare nach Hawaii angeblich von Händlern eingeladen worden sind. Wir erfahren auch, daß es oft Spannungen zwischen Händlern und Missionaren gab. «Der eine verachtete den anderen.» Die britische Ostindiengesellschaft habe lange versucht, Missionare aus ihrem Gebiet fernzuhalten, da sie befürchtete, deren Anwesenheit könne ihren Interessen schaden. In «weniger entwickelten» Gebieten seien die Missionare gewöhnlich zuerst dagewesen, und «ihre Anwesenheit hat zweifellos den Handel gefördert, weil durch sie der einfachen Bevölkerung neue Bedürfnisse erwuchsen».

In der Tat können wir diese Auskünfte etwas erweitern. Die Missionare verachteten die Kaufleute weniger wegen ihres Berufs, als daß sie ihre «unsittliche» Lebensweise bemängelten. Sicher war die nicht der Grund, aus dem «viele Mitglieder der Missionarsfamilien ... diesen Beruf in den Ländern, in denen sie aufgewachsen waren, ergriffen». Auch «einige Missionare verließen ihre Mission, um Händler zu werden». Jedenfalls haben die beiden Berufe in Kolonialgebieten fast immer gleichzeitig operiert, von den Einheimischen nicht auf Anhieb unterscheidbar, und auch voneinander profitiert. «Gelegentlich haben missionarische Propagandisten unvorsichtigerweise die Entwicklung des Handels zugunsten der Mission benutzt – ‹der Handel folgt den Missionaren: unterstützt darum die Missionen›», tadelt das Lexikon bzw. der Verfasser Kenneth Scott Latourette, Professor für Missionswissenschaft und Orientalische

Geschichte an der Universität Yale, hier etwas holprig übersetzt, «solch schlechtberatene Empfehlung». Verblüffenderweise fehlt jeder direkte Hinweis darauf, in welchem Umfang Missionen sich selbst als «Händler» betätigt haben, als Wirtschaftsunternehmen von teilweise riesiger Bedeutung. Das versteckt sich allenfalls im Literaturhinweis auf H. Loths kritische Darstellung der Rheinischen Missionsgesellschaft in Südwestafrika. Jedenfalls paßte das Ausmaß missionarischer Handelsmacht oft schlecht zum Bild von der schlichten, bescheidenen, der Armut der «Heiden» angepaßten Existenz der Missionen.

Ein Teil des Prunks in den frühen Kirchen der «Dritten Welt» ist ja auf diese Weise finanziert worden. Natürlich sind die einheimischen Kirchen, als sie dann soweit waren, auch von den Beiträgen und Aufwendungen ihrer Mitglieder getragen worden. Viele Missionen verstanden schon sehr früh, beides zu vereinigen: eine wirtschaftliche Betätigung, als wären sie Handelshäuser und industrielle oder großagrarische Produzenten, und beträchtliches Aufkommen aus ihrer Gemeinde, nicht immer ein sehr freiwilliges.

Das war besonders eindrucksvoll in Lateinamerika. Der Gouverneur (von 1751 bis 1758) im neu-portugiesischen, heute brasilianischen Gebiet von Marenhao-Pará, Francisco Xavier de Mendonca Furtado, war sehr beeindruckt von den Ranchs der Missionen allein auf der Insel Marajo, westlich von Belém: Die Merzedarier hatten 60000 bis 100000 Rinder, die Jesuiten 30000, die Karmeliter 8000 bis 10000 (die Arbeit leisteten natürlich schlechtbezahlte Indianer). Das sind Zahlen nur für ein winziges Gebiet der iberischen Herrschaft in Amerika. Die Plantagen der Jesuiten exportierten überdies Tabak, Zucker und Kaffee. Nach der Glanzzeit religiösen Wirkens waren die Missionen in Brasilien, hauptsächlich die der so erfolgreichen Jesuiten, laut Gilberto Freyre «wenig mehr als Exporthäuser, die mit Zucker und Drogen, im Süden hauptsächlich mit Maté und im Norden mit Kakao handelten, sehr zum Nachteil der moralischen und religiösen Kultur der Eingeborenen, die inzwischen zu einem bloßen Werkzeug der kommerziellen Ausbeutung geworden waren»[2].

Im spanischen Teil Lateinamerikas waren die Jesuiten besonders erfolgreich in Chile. 1767 besaßen sie mehr als fünfzig Landgüter. Sie waren führend im Weizenexport nach Peru, betrieben Viehzucht, bauten Hanf und Wein an, verkauften in großem Umfang Branntwein, Trockenfrüchte, getrocknetes Fleisch und Speck. Zu ihrem Wirtschaftsempire gehörten Tuchfabriken, Gerbereien, Werften, eine Töpferei, Werkzeugateliers und Ladengeschäfte. Wirtschaftskräftig war der Orden auch in den anderen Ländern. Der Jesuitenobere Pater Lavalette in Martinique zeichnete sich da eher negativ aus: Er hinterließ aus mißglückten Spekulationen Schulden in Höhe von 2,4 Millionen Livres.

Nicht nur der Jesuitenorden – die gesamte katholische Kirche hatte sich seit der Eroberungszeit in Lateinamerika zu einem reichen Unternehmen gewandelt. Dazu trug auch der «Zehnte» bei – oft in Naturalien geleistet, was die Gründung kirchlicher Verkaufsorganisationen beschleunigte. Manchmal wurden den Indianern die Produkte, die sie als ihren «Zehnten» abgeliefert hatten, von den Priestern wesentlich teurer zurückverkauft, «mit Zwang und unverschämtem Profit»[3]. Geistliche betätigten sich in allen Wirtschaftszweigen, auch wenn es ihnen immer wieder verboten wurde. Sie besaßen und bewirtschafteten sogar Bergwerke. Ihre Fuhrparks beteiligten sich am Güterverkehr zwischen dem Rio de la Plata und der Silberstadt Potosi. Anfang des 18. Jahrhunderts stellte der katholische Historiker Lucas de Alamán fest (s. auch den Abschnitt «Landraub»), in Mexiko gehöre die Hälfte des Gesamtwertes an Grund und Boden des Landes der Priesterschaft. Die Kirche war zur Bank geworden, verlieh Geld zu einträglichen Zinsen und verfügte über zwei Drittel des umlaufenden Kapitals. Mitte des 20. Jahrhunderts berichtete John Gunther, Ecuador gehöre praktisch der Kirche und einem halben Dutzend Latifundisten.[4] Kein Wunder – so stand es seit der Kolonisierung in mehreren Ländern Ibero-Amerikas.

Besucher Lateinamerikas staunen über die vielen, zum Teil überaus prächtigen Kirchen. 1644 bat der Stadtrat in Mexiko den spanischen König, die Gründung weiterer Konvente und Klöster zu verhindern. Weit mehr Kirchen wurden gebaut als gebraucht – «eine drückende Belastung für die Indianer, die zur Bauarbeit gepreßt wurden. Schon 1556 protestierte Erzbischof Montúfar von Mexiko gegen die übertriebene Kirchenbauerei, bei der Bataillone von 500 oder tausend Indianern ohne Lohn beschäftigt wurden, sogar ohne Verpflegung und Unterkunft.»[5] So haben wir in unserem Religions- und Geschichtsunterricht die Rolle der Kirche bei der Christianisierung nicht beigebracht bekommen. Erinnern wir uns an den Bischof von Luanda in Angola, der die nach Amerika verschifften Sklaven von einem Marmorsessel am Hafen aus einiger Entfernung summarisch segnete und taufte und dafür einen Anteil an der Exportsteuer bekam. Diese – gezahlt von den Sklavenhändlern – war eine bedeutende Geldquelle für die Kolonialregierung und, da sie einer Taufsteuer gleichkam ursprünglich sogar ganz an die Kirche gezahlt worden.

Die irdische Versuchung des Mammons hat auch andere und spätere Missionen nicht verschont. Die Rheinische Missionsgesellschaft hatte in Südwestafrika, wie schon angesprochen, frühzeitig mit Handelsgeschäften begonnen. Sie belieferte die dortigen Stämme unter anderem mit Waffen und Munition, auch mit Tabak. Dafür wurden bis zu 500 Prozent des Einkaufspreises erzielt[6], keine schlechte Rendite. Eine Zeitlang hatte die Mission faktisch das Handelsmonopol. Ihre Viehherden auf mehreren Missionsstationen im Namaland hatten nach Loth 1883 einen Wert von 30 000 Mark, mit einer Jahresrendite von 5000. Die Rheinische Mission gründete auch ihre eigene Handelsgesellschaft, deren Gewinn zur Hälfte in die Missionskasse floß. Die Lager der Gesellschaft versorgten auch andere Händler, oft und längere Zeit im Tausch gegen Straußenfedern und Elfenbein. In der Missionsstation Otjimbingwe befand sich eine Werkstatt zur Herstellung von Gewehren. Sie konnte die Nachfrage kaum befriedigen und verdiente während der Stammeskriege – hauptsächlich der Herero gegen die Nama – «innerhalb weniger Monate eine große Herde von Rindern, Schafen und Ziegen»[7]. Die Handelsgesellschaft ging freilich pleite. Da sie Abnehmerin für Straußenfedern und Elfenbein war, hatte sie eine intensive Jagd auf Strauße und Elefanten ausgelöst. Bald waren von diesen Tieren in Südwestafrika nicht mehr viele übrig. Die Gesellschaft verlegte sich dann auf den Rinderhandel. Die Einheimischen konnten genug liefern, aber Transportschwierigkeiten ruinierten das Geschäft abermals.

In Kamerun gründete 1898 die Basler Mission ebenfalls eine

Handelsgesellschaft – sie hatte schon Mitte des Jahrhunderts in Indien und an der afrikanischen Goldküste regen Handel betrieben und eine große Missions-Handels-AG aufgebaut. Die war so erfolgreich, daß sie zeitweise den Ruf der Basler als kirchliche Mission überschattete.[8] Sie konkurrierte mit weltlichen Handelsunternehmen und wollte beweisen, daß man in Afrika keinen Alkohol führen müsse, um gute Geschäfte machen zu können.

Die Bremer Norddeutsche Mission wiederum fühlte sich aus Geldmangel gezwungen, Handel zu treiben, um ihren eigenen Bedarf zu decken – also um von dem leben zu können, was sie an den Einheimischen verdiente. Dann beteiligte sich das Bremer Handelshaus F. M. Vietor & Söhne an ihrer Versorgung – nun war die Mission dem Handelshaus verpflichtet. So bildete sie u. a. Männer des Ewe-Stammes in Togo als kaufmännische Angestellte für die Firma aus: «Die Norddeutsche Mission könnte ohne die Bremer Kaufleute, die sie bis heute in edelster Weise unterstützen, gar nicht bestehen, aber sie hat dafür dem Bremer Handel den Boden bereitet. Sie hat die scheuen Bewohner der Sklavenküste zutraulich gemacht und hat vor allem den Kaufleuten das eingeborene Personal gestellt und ausgebildet, ohne das die Arbeit unmöglich wäre.»[9] So äußerte sich Missionsdirektor Schlunk 1912.

In Südafrika waren 28 von 56 Stationen der Berliner Mission «zum Teil mit erheblichem und wertvollem Grundbesitz ausgestattet», berichtet ihr Chronist Richter[10]. «Da wurden Platzabgaben der Farbigen, Miete von Häusern, Läden, Mühlen und anderen Erwerbseinrichtungen, Prospektierabgaben, Erlös gelegentlicher Landverkäufe u. dgl. erhoben und eingezogen.» Die Farbigen hatten an die Kirche auch «eine mäßige Kopfsteuer zu entrichten, an manchen Orten war Schulgeld eingeführt. Stolgebühren [Abgaben an die Pfarrer für Amtshandlungen, etwa Tauf-, Trauungs- und Begräbnisgebühren] gehörten zur kirchlichen Ordnung.» Aber die Einnahmen aus dem Grundbesitz waren «ungleich höher». Es galt auch als selbstverständlich, «daß die Gemeinden für den Bau ihrer Kirchen und Schulhäuer teils mit Hand- und Spanndiensten, teils mit baren Beiträgen beisteuerten». Die Berliner Mission hatte auch in Ostafrika «wertvollen Grundbesitz, besonders bei Daressalam»[11].

Wo Missionsstationen es aus irgendeinem Grund weder durch Handel noch durch Grundbesitz – der doch so gut wie immer den unterworfenen Einheimischen weggenommen worden war – zu Einnahmen und Vermögen brachten, offenbar kein häufiger Fall, schafften sie es doch, die Einheimischen für sie sorgen zu lassen. Ein Beispiel aus dem damals belgischen Kongo erzählte der Distriktkommissar und spätere Vizegeneralgouverneur General Moulaert in seinen Memoiren[12]. Um die Versorgung der Mission von Kisantu zu sichern, seien 15 Häuptlingsbezirke bestimmt worden, dorthin und zu den «Fermes Chapelles» (Missionsdörfer für Kinder; s. Abschnitt «Schul-‹Meister›») und den Außenstationen der Missionen Lebensmittel zu bringen. Das taten sie aber sehr unregelmäßig, was immer wieder zu Beschwerden der Missionare führte. Eines Tages erhielt Moulaert vom Vizegouverneur General Lantonnois telegraphisch den Befehl, die Dörfer, die im Rückstand waren, zur Lieferung zu zwingen. Moulaert weigerte sich und antwortete, daß er, wenn er wirklich Zwang ausübte und die Leute einsperrte (was offenbar als Druckmittel vorgesehen und üblich war), wegen willkürlicher Verhaftung belangt werden könne, und derjenige, der den Befehl gegeben habe, als Komplize, denn die Jesuiten hätten keinerlei Recht, Abgaben zu erheben. Der Vizegouverneur habe verstanden und habe die Angelegenheit nicht weiter verfolgt. Nicht jeder hohe Kolonialbeamte wird so gehandelt haben wie General Moulaert. Zwar ist bekannt, daß auch anderswo, nicht nur im belgischen Kongo, die Missionare sich von den Einheimischen versorgen ließen. Häufiger ist aber überliefert, daß Missionen in ihrem Bereich Landwirtschaft betrieben und andere Aktivitäten starteten, die Einheimischen anlernten und dann selbst von den Erzeugnissen profitierten.

So wuchsen zum Beispiel die katholischen Missionen in Ségou, Kita und Kati im französischen Sudan. Ségou: «in den Worten der Verwaltung ein veritables industrielles Zentrum»[13], mit einer Tischlerei, die diese Stadt und andere Orte mit Möbeln belieferte, dazu wurden Ziegelsteine und Kalk produziert, ferner metallene Türeneinfassungen. Die Weißen Schwestern zogen eine erfolgreiche Teppichweberei auf. Kita: ebenfalls Teppiche, eine Zeitlang Gemüse, dann Mangos, die nach Dakar verkauft wurden. Kati: Schweinezucht und Metzgerei. Als diese französische Kolonie wie andere auch zwischen 1930 und 1935 von der Wirtschaftskrise erfaßt, dazu von Heuschrecken- und Raupenplagen heimgesucht wurde, die im Land regelrechte Hungersnöte auslösten (die Besatzer hatten ja viele Lebensgrundlagen der Besetzten zerstört), konnten die Missionen in ihrer Umgebung manchen Afrikanern helfen. «Die Bevölkerung ernährte sich von Blättern und Wurzeln», schreibt Benoist[14], «und dennoch mußte sie Steuern zahlen. Um dieser Verpflichtung zu genügen, auf die die Verwaltung nie verzichtet, gab es zwei Möglichkeiten: auswandern und auf den Erdnußfeldern des Senegal oder als Goldsucher in Guinea arbeiten. Oder, leider sehr verbreitet, Kinder zu verpfänden, meist kleine Mädchen.» In Kita ließ die Mission Straßen und eine neue Kirche bauen, um christlichen Einheimischen Verdienstmöglichkeiten zu geben. In Kakoulou versuchte sich die Mission als Baumwollzüchterin, der Gouverneur gab ihr dafür 40 Hektar Boden.

In den französischen Kolonien Afrikas hatten die Missionen ab 1939 überall – in mehreren schon vorher – als «personnalité civile» das Recht auf Grundbesitz, zur Ausübung jeglicher landwirtschaftlicher, industrieller oder kommerzieller Betätigung. Wenn sich eine Mission irgendwo einrichten wollte, verlangte und bekam sie eine Konzession. Um ihre Kirche, Wohngebäude, Schule, Werkstätten usw. bauen zu können, brauchte sie bei der Kolonialverwaltung nur die benötigten Arbeitskräfte zu beantragen – sie bekam sie fast immer. Wenn gelegentlich antiklerikale Gouverneure oder Distriktchefs Schwierigkeiten machten, genügte meist, in Paris Lärm zu schlagen – dort folgte man im allgemeinen dem schon zitierten Spruch Gambettas, Antiklerikalismus sei kein Exportartikel.

Am Vorabend des Zweiten Weltkriegs, sagte Professor Suret-Canale[15], stellten die Missionen eine Wirtschaftsmacht dar, mit allen möglichen Betrieben und Unternehmen und auch großem städtischen Grundbesitz, für den sie im allgemeinen nichts bezahlt hatten. Sobald dieser mit Wohn- und oder Geschäftshäusern bebaut war, warf er beträchtliche Einnahmen ab. Und noch viel später kam oft vor, daß Missionen für Reparaturen oder Neubau von Kirchen nicht ins eigene Portemonnaie griffen, sondern die einheimischen Häuptlinge und Dorfältesten zusammentrommelten, um sie zu finanzieller oder materieller Beteiligung aufzufordern. Nicht alle christlichen Unternehmen hatten laut Suret-Canale einen religiösen Zweck oder Hintergrund – die ersten Missionsstationen im Urwald von Guinea sollten nicht missionieren, sondern eine Colaproduktion für den Export aufziehen, um der Missionsgesellschaft Einnahmen zu verschaffen.

Auch in den Kolonien anderer Staaten hatten nicht alle Missionen Lust, bescheiden die Armut der zu Bekehrenden zu teilen. Fast alle waren «Arbeitgeber». «Sie benötigten die Arbeit von Hunderten von Afrikanern, und fürs tägliche Leben brauchten sie Lebensmittel und Brennholz, Köche und Gärtner und viele andere Dienstleistungen.» Dies berichtet Roland Oliver[16] aus dem britischen Ostafrika, aber so verhielt es sich nicht nur dort. Der Transport ihrer Güter allein machte schon einen ganzen Wirtschaftszweig aus. E. C. Hore von der London Missionary Society beschäftigte 1882 1000 Träger, um ein Stahlboot über Land nach Ujiji zu transportieren. Für die Routinekarawanen, die den Missionaren Nachschub an Baumaterial, Tauschwaren, Konserven und Missionsgut brachten, waren 200 bis 300 Träger ganz normal. Die Weißen Väter hatten für ihre ersten beiden Expeditionen 450 bzw. 600 gebraucht. Oliver meint, so habe die Missionare gerade ihr Reichtum bei den kleineren Stämmen und in den Fürstentümern Afrikas zum positiven Wirtschaftsfaktor gemacht. Seine Folgerung, sie hätten den einheimischen Häuptlingen durch ihre Löhne den Kauf der Dinge ermöglicht, für die sie vorher Sklaven verkauft hatten, und damit dem Sklavenhandel einen schweren Schlag versetzt, scheint mir gar zu euphemistisch zu sein. Jedenfalls ist im christlichen Missionsauftrag kaum eine Aufforderung zu finden, als «Wirtschaftsfaktor» tätig zu werden. Das hielt sie ja eher von ihrer ursprünglichen Aufgabe ab.

Baumwolle war der Magnet, der Mitglieder und Förderer der Church of Scotland Mission zu Expeditionen nach Malawi zog. Mit großem Aufwand und starkem finanziellen Rückhalt der schottischen Förderer sollten sie ein industrielles und landwirtschaftliches Zentrum begründen. Erfolgreich wurde es nur als Ausbildungsstätte für Afrikaner in einer großen Zahl von Tätigkeiten, mit denen sie in ihrer Heimat nichts anfangen konnten. Einer der dortigen Missionare erklärte Mitgliedern einer britischen Untersuchungskommission, die

Institution diene mehr den Bedürfnissen der europäischen Pflanzer als dem Leben der Afrikaner. Die Lehrlinge wurden an elektrischen Sägen und ähnlichem Gerät ausgebildet, das sie in ihren Dörfern unmöglich benutzen konnten. In der Tat wurden überwiegend Spezialisten herangezogen, die von Behörden und Unternehmen aufgeschnappt wurden, meist in anderen Teilen Afrikas, und in ihrer Heimat keine Arbeit fanden. Die landwirtschaftlichen Lehren wiederum versagten – Pflügen zum Beispiel: Man hatte nicht an Düngen gedacht, und Dünger war viel zu teuer. Die Weißen kannten den Boden nicht, ihre Anpflanzungen scheiterten. Die einheimischen Bauern lernten hauptsächlich, daß ihre eigenen, traditionellen Methoden überlegen waren. Das einzige finanziell erfolgreiche Unternehmen, das ordentlich Gewinn abwarf, war offenbar der Verkaufsladen des Missionschefs in Khondowe.[17]

Was Robert Rotberg[18] über Nordrhodesien berichtet, trifft auch für viele andere Missionsgebiete zu: Um ihre Abhängigkeit von der Versorgung durch ihre europäischen Zentralen zu beseitigen und sich selbst materiell besserzustellen, waren die Missionen auf Handel versessen. Solange kein Münzgeld verbreitet war, konnten sie nur mit Stoff oder Glasperlen zahlen – ihre ersten Häuser wurden von Afrikanern gebaut, deren Lohn in Yards statt in Shilling oder Rupien berechnet wurde. Sie weckten in den Afrikanern auch Bedürfnisse. Fast jede Mission hatte ihren Laden, in dem Afrikaner Stoff, Gewänder, Schmuck, Schuhe, Seife, Süßigkeiten, Übersetzungen religiöser Texte und schließlich jedes nur vorstellbare Produkt westlicher Firmen kaufen konnten. Im Jahr 1902 beispielsweise importierte eine einzige Missionsstation 15 Tonnen Handelsgüter zum Weiterverkauf. Zu den angebotenen Waren gehörten außer den schon erwähnten Uhren, Salz, Regenschirme und 1600 Feze. Der Missionskassierer führte sorgfältig Buch und lieferte seiner Zentrale so detaillierte Abrechnungen, daß sie schließlich nachfragte, ob er sich nicht zu sehr in diese Dinge hineinknie anstatt in Missionsarbeit. Seine Antwort: Der Laden sei ein Magnet, der die Leute in die Kirche ziehe. Ein französischer Jesuit erklärte seinem Superior: «Nehmt den Laden weg, und wir werden höchstwahrscheinlich allein bleiben.»

Fast immer fanden Missionare Möglichkeiten, so Rotberg weiter, ihre Talente wirtschaftlich zu nutzen. Gärten und Felder, die von schlechtbezahlten Afrikanern bestellt wurden, brachten Gemüse und Korn für den Markt der Europäer hervor. «Während eines Jahres verkaufte eine einzige Missionsstation mehr als 16 000 Pfund Korn an die Afrikaner. Eine andere exportierte Bienenwachs und Honig, eine dritte spezialisierte sich auf Viehzucht. Ein Plymouth-Bruder belieferte aus seiner kleinen Fabrik rhodesische städtische Abnehmer mit Möbeln.» Wann immer ihr Geschmack am Missionarsleben schwand, «beschäftigten sich alle Arten von Männern fröhlich mit Handel oder anderen Funktionen, die unternehmerisch genannt werden können». Schließlich beschwerte sich die nordrhodesische Kolonialregierung, die Missionare konkurrierten auf unfaire Weise mit normalen Kaufleuten und den großen Handelshäusern. 1915 bestand sie darauf, daß Missionare Händlerlizenzen kauften und ihre Läden von Missionsgrundstücken entfernten, die für kirchliche Zwecke billig erworben worden waren.

Die Missionare, sagt Rotberg, halfen, die Afrikaner in die wirtschaftlichen und unternehmerischen Erwartungen der westlichen Welt einzuführen. Dazu wäre wohl zu sagen, daß die Europäer, ob Missionare oder nicht, den Afrikanern leider nicht die entsprechenden Arbeitsmöglichkeiten eröffnet haben, um dieser neuen Einstellung gemäß leben zu können. Afrika wurde, wie die anderen missionierten und kolonisierten Kontinente, ein Erdteil der Massenarbeitslosigkeit und des Proletariats. An den wirtschaftlichen Erfolgen der Bergwerke waren die Afrikaner nur mit dürftig bezahlter Schwerarbeit und sozial verhängnisvoller Wanderarbeit beteiligt. Der Profit blieb ganz auf der Seite der europäischen Unternehmer, die sich die Bodenschätze aneigneten, ohne daß ein kirchliches Wort des Protestes zu vernehmen gewesen wäre. In Ländern wie dem heutigen Malawi hatte, wie McCracken[19] auseinandersetzt, die «Handel- und Christentumstrategie der frühen britischen Missionen» einen großen Anteil an der «Satellisierung» des Landes als Arbeiterreservoir für Südafrika.

Aus Uganda und Kenia berichtet Professor Temu ähnliche Verhältnisse: Methodisten als Betreiber großer Pflanzungen, die Church Missionary Society als Gründerin von Kleinindustrien. Die Church of

Scotland Mission in Kenia brachte 1908 ein Abkommen mit den Bauern zustande – sie waren bereit, zwei Monate im Jahr für die Mission zu arbeiten, für Beköstigung und vier Rupien im Monat. Ein Jahr später führte der CSM-Vertreter auf seinem Gebiet das Vertragssystem ein, das die Arbeiter an ihn band; als er aber außerdem verlangte, die Bauern sollten ihre Kinder zur Missionsschule schikken, weigerten sich viele und verschwanden. Die United Methodists hatten sich zunächst gegen jede Form von Vertragsarbeit ausgesprochen, aber um 1920 hatten sie nicht genug Arbeiter; so zwangen sie die auf dem Missionsgelände Ansässigen, für die Mission zu arbeiten. Und die CMS verlangte von den Bauern «ihres» 1000 acre Landes in Jilore eine Pacht zwischen einem und fünf Shilling pro Jahr, mit Rabatt für die Christen, um «Heiden» zur Bekehrung zu animieren.

Die pazifische Region hat besonders erfolgreiches missionarisches Unternehmertum erlebt. Auch in den deutschen Besitzungen unterhielten die Missionen Plantagen, Sägewerke und andere Betriebe. Auf der Gazellenhalbinsel Papua-Guineas hatte die katholische Herz-Jesu-Mission 1908 fünf Großplantagen mit knapp 1200 Hektar[20], eine Sägemühle und Werkstätten zur Holz- und Metallverarbeitung. Auf dem Festland war die Gesellschaft des Göttlichen Wortes (SVD) ähnlich begütert. Von den Protestanten waren Wesleyaner, Rheinische Mission und Neuendettelsauer ebenfalls unternehmerisch tätig.

Bis heute halten es Missionare für legitim, sich als Unternehmer zu betätigen. «Viele fanden, daß Handel durch einen Gottesmann gottgefälliger Handel sei, und häuften beträchtliche Schätze an», resümiert C. Hartley Grattan[21].

Reiche im Armenland

Nach dem Vorangegangenen wird es niemanden verwundern, daß Teile der missionarischen Unternehmen in den Ländern der kolonisierten Welt sich als Kirche der Reichen etablierten. Das galt besonders für die Jesuiten, aber auch viele andere, die das Bekehrungswerk möglichst an der Spitze anfangen wollten, bei den Herrschern und den führenden Schichten. Ohne deren Zustimmung oder Duldung durften sie sich um ärmere Untertanen ohnehin kaum kümmern. Das brachte die Gefahr mit sich, daß «der Missionar, statt den Armen zu bekehren, vom Reichen verdorben wird. Dafür gibt es historische Beispiele genug» – so Christopher Hollis[1].

In Indien notierte der deutsche Missionar Hermann Mögling 1836: «Auch die Missionare, so einfach sie leben im Vergleich mit anderen Engländern, sind eben Herren und haben mit Übersetzen, Predigten... so viel zu tun, daß ihnen auch beim besten Willen nicht Zeit bliebe, eine wahrhaftige Gemeinschaft in Jesu Christo mit denen, die sie taufen, zu gründen und zu pflegen. Zwischen einem englischen Missionar und einem Heidenchristen ist...eine so große Entfernung als zwischen einem bekehrten Hofprediger und einem bekehrten Handwerksmann.»[2] Ein Jahrhundert später gab Hans A. de Boer in seinem Buch «Unterwegs notiert» die Äußerungen eines Indienmissionars namens Kelly wieder, die in die gleiche Richtung gehen: «Wenn eine Missionsgesellschaft eine neue Station errichtet, dann übernimmt sie außerhalb irgendeiner Stadt oder eines Dorfes meist ein festes Haus. Gewiß, an europäischen Verhältnissen gemessen ist es keine Luxusvilla, aber gemessen an der grenzenlosen Armut Indiens erscheint es oftmals als ein Palast. Und dann setzt sich der Missionar, weil er ja ein Fahrzeug braucht, um die weiten Strecken zu bewältigen, in seinen Wagen und fährt in die Eingeborenensiedlungen oder in die Dörfer hinein. Glauben Sie, daß er auf diesem Wege jemals Kontakt mit den Hindu bekommen könnte? ... Wir müssen Nachfolger, Nachahmer Christi werden! Wie er zu den Nackten, Kranken, den Verfolgten gegangen ist, so müssen auch wir zu den Elendsten und Ärmsten gehen. Möglichst gehen, jedenfalls nicht im Luxusauto fahren!»[3] Und: «Sie wissen, daß in der ganzen Welt die Missionen oftmals an Geldmangel kranken. Hier in Indien ist es umgekehrt. Was hier der Ausbreitung des Christentums im wesentlichen entgegenstand und noch heute entgegensteht, ist der Missionsreichtum.»[4]

Sehr viel früher, im Jahre 1711, hatte Pater Ripa, den wir schon aus verschiedenen Kapiteln kennen, geschrieben: «Wenn unsere europäischen Missionen in China weniger angeben und ihr Benehmen den

Personen aller Rangstufen und Lebensbedingungen anpassen würden, wäre die Zahl der Bekehrten sehr, sehr viel größer ... Aber leider haben unsere Missionare die hochmütige und wichtigtuerische Art angenommen, die in China ‹Tti-mjen› genannt wird. Ihre Gewänder sind aus dem kostbarsten Material, nirgendwo gehen sie zu Fuß hin, sondern sie sind immer in Kutschen, auf Pferden oder in Booten mit zahlreichem Gefolge unterwegs. Mit wenigen Ausnahmen leben alle Missionare so, und da sie sich nie unter das Volk begeben, bekehren sie wenige. Die Verbreitung unserer heiligen Religion in diesen Weltgegenden verdankt sie fast ganz den Katechisten in ihrem Dienst, anderen Christen oder der Verbreitung christlicher Bücher in chinesischer Sprache. So gibt es kaum einen Missionar, der sich rühmen kann, daß seine Predigt jemanden bekehrt habe; sie taufen lediglich jene, die schon von anderen bekehrt worden sind; in Abwesenheit von Missionaren werden Kinder, Alte und Kranke von einheimischen Christen getauft.»[5]

Auch in Thailand entwickelten sich die wenigen Missionare Ende des 19. Jahrhunderts zu Verbündeten der Mächtigen. In diesem Fall war es der König, den der schon erwähnte Missionar McGilvray gegen befürchtete Angriffe des regionalen Herrschers von Chiang-Mai um Hilfe bat. Dieser hatte, nach kurzer Duldung der Christen, zwei der Bekehrten hinrichten lassen; das bedeutete praktisch das Ende der herangewachsenen Gemeinde, die wesentlich aus Angehörigen der Führungsschichten bestanden hatte. Hinfort konnten die Christen fast nur noch Anhänger aus den untersten Schichten gewinnen. Der König gewährte McGilvray gern Schutz, um seine eigene Macht gegenüber den örtlichen Fürsten zu betonen. So geriet die Mission in eine privilegierte Stellung. Das «wurde sichtbar, als die Missionare selbst bedeutende Grundbesitzer wurden, mit üppigen Häusern und Gefolge von Bediensteten. Die Kluft zwischen den immer mächtigeren Missionaren und den nun machtlosen Bekehrten wurde immer größer.»[6]

Englische Missionare der London Missionary Society machten etwa um die gleiche Zeit auf der Insel Madagaskar sehr klar, daß sie sich für Angehörige der Oberschicht hielten. Der Korrespondent E. T. Knight[7] berichtete, sie gingen kaum zu Fuß, nicht einmal ein paar hundert Yards, sondern ließen sich wie die vornehmen Madegassen in Tragsesseln herumtragen. Reverend Thomas Lord beschwerte sich, daß seine Gemeinde keine «angemessene Residenz» bauen wollte (was Aufgabe der LMS, nicht der Gemeinde gewesen wäre). Herbert F. Standing beklagte, daß Bauern auf der Suche nach knappem Brennholz Bäume in der Nähe des Missionshospitals gefällt hatten; dies habe die Idylle des Platzes verdorben. Er verlangte von der madegassischen Regierung – vergeblich – einen Zaun um das Missionsgelände, um die Einheimischen fernhalten zu können.

In seinem Festvortrag zum 150. Geburtstag der Presbyterianischen Kirche in Ghana, die von Missionaren der Basler Mission gegründet worden war, wies Professor John Middleton im Dezember 1978 darauf hin, daß die Presbyterianische Kirche in Akropong «Teil des Establishments geworden ist und damit zu einer Kirche, zu der fast nur gehören kann, wer gebildet und wohlhabend ist»[8].

Das Mißverhältnis ist sicher noch größer, wenn man an die vielen, in den letzten Jahren immer stärker gewordenen amerikanischen Missionen bei den Indianern Lateinamerikas denkt. In «Ist Gott Amerikaner?» schildert Bertrand Arcand[9] zwei Missionarinnen des SIL (Summer Institute of Linguistics der nordamerikanischen Wycliffe Bible Translators) bei den Cuiva in Kolumbien. Sie ließen sich von den Indianern ein strohgedecktes Haus bauen, das fünfmal so groß war wie die Hütten der Indianer, und in der Nähe eine Start- und Landebahn. So konnten sie gelegentlich zu den Cuiva fliegen und ein paar Wochen unter ihnen arbeiten, um dann wieder in die komfortableren Verhältnisse im kolumbianischen Hauptquartier des SIL, Lomalinda, zurückzukehren. Da sie die Sprache der Cuiva lernen sollten, nahmen sie dann drei oder vier Indianer mit, die untergebracht und verpflegt wurden und dafür Hausarbeit leisten und den Missionaren Sprachhilfe geben mußten. Nach einer Weile ließen sich die Missionarinnen von den Cuiva ein noch größeres Haus bauen, und dann schlugen sie den Indianern vor, sich im Halbkreis herum anzusiedeln, was der halbe Stamm auch tat. «Man hat den Eindruck eines kleinen mittelalterlichen Königreiches», schreibt Arcand. Der materielle Wohlstand der Missionarinnen sei ehrfurchterregend. «Meist kommen sie mit einem kleinen Flugzeug an, das vollgepackt ist mit Benzinkanistern, Kochgerät, einem Herd, Tellern, Büchern, Tonbandgerät, Hängematten, Moskitonetzen usw.» Sicher sei es für die beiden nicht immer leicht, in einem abgelegenen indianischen Dorf zu leben, und sie gönnten sich sicher nur das äußerste Minimum. «Für jeden anderen ist der Kontrast niederschmetternd: zwei große Frauen, erwachsen, aber nicht verheiratet, die per Radio täglichen Kontakt mit Lomalinda, manchmal sogar mit den USA pflegen, während nur ein paar Meter entfernt die Häuser der Cuiva einfache, an einen Baum angelehnte Schuppen sind, die auf kleinem Raum eine sechs- oder siebenköpfige Familie beherbergen und deren Boden übersät ist mit alten Fetzen, Ölkanistern und zerbrochenen Messern.»

Auch auf Papua-Guinea setzen Missionen seit langem Flugzeuge ein; die Steyler und die Neuendettelsauer fingen schon in den zwanziger Jahren damit an. Die Absicht war, im schwer zugänglichen Hochland Missionsstationen einrichten und dann besser erreichen zu können. Doch die Fliegerei hat sich im Lauf der Zeit zu missionarischen Warentransportunternehmen ausgeweitet. Die Güter waren bald nicht mehr nur für die Missionen bestimmt. Mit eigenen Geschäften und einem Angebot von Waren weckten sie auch hier Konsumwünsche der Einheimischen; sie gaben den Anstoß zur Umwandlung der einheimischen Subsistenzwirtschaft in die Geldwirtschaft. «Früher oder später wären die Menschen im Hochland gezwungen gewesen, ihre Isolation aufzugeben und sich dem Rest der Welt anzuschließen. Aber der Missionar in seinem Flugzeug stellte sicher, daß sehr vieles in sehr kurzer Zeit passierte.» [10] Und damit erschloß er auch seiner Mission neue Geldquellen. Die größte Missionsstation auf Papua-Guinea, anscheinend die größte der Welt, ist die des schon erwähnten SIL. Ukarumpa, dort von den Einheimischen «Klein-Amerika» genannt, kann etwa 3000 Menschen aufnehmen. «Hinter schmucken weißen Zäunen stehen geräumige Bungalows in amerikanischem Stil, umgeben von sauber geschnittenem Rasen. Papuas sprengen die Gärten und waschen die Wagen...» [11] Hauptzweck dieser Konzentration von Missionspersonal: Bibelübersetzungen in Hunderte von Sprachen.

Auf seltsame Weise haben in der Mitte des 19. Jahrhunderts in

Neukaledonien die Maristenpater den Einheimischen ihre Überlegenheit und Distanz klargemacht. Ein französischer Kriegsschiffskommandant hatte ihnen zwei scharfe Hunde geschenkt, damit sie auf ihrer Missionsstation Schutz hätten; die Einheimischen kannten noch keine Hunde. Aber die Missionare betrachteten die Tiere mehr als eine Offensivwaffe und hetzten sie «zu oft» gegen die Einheimischen, berichtet Roselène Dousset-Leenhardt[12] unter Berufung auf die Berichte von einem halben Dutzend Priester und mit dem ausdrücklichen Hinweis: «Es gibt massenhaft Zeugnisse aus den verschiedensten Quellen, und sie stimmen alle überein.» So gewöhnten sich jene Leute, die zu Christen zu machen die Missionare gekommen waren, daran, den Hunden gleich großen Respekt zu bezeugen wie ihren Herren und sie schließlich für noch mächtigere Wesen als die Missionare selbst zu halten.

Am Senegal, damals Französisch-Sudan, ernannte die katholische Kirche in Kayes im Jahre 1892 den Pater Tranquilli, der vorher 14 Jahre in St. Louis-du-Sénégal gewesen war, zum Curé. Er verglich die beiden Posten. Saint-Louis: 3000 Francs feste Bezüge im Jahr, tägliches Messehonorar drei Francs, etwa 1000 Francs im Jahr unregelmäßige Einnahmen für die diversen kirchlichen Handlungen, weitere 2000 Francs für täglich 45 Minuten Unterricht an der Oberschule. Kayes: erst 1500, dann 2000 Francs Jahresgehalt, keine Honorare, keine ad-hoc-Einnahmen für Taufen, Eheschließungen usw.[13] So schlug er vor, ihm eine Aufenthaltszulage wie den anderen französischen Beamten zu geben, was wohl nur gerecht sei. Der Kolonialminister bewilligte ihm einen Tagessatz von vier Francs, gezahlt aus dem Etattitel «Besatzungskosten Sudan».

Warum sollten Missionare nicht ordentlich bezahlt werden? Warum sollten sie sich nicht aller Hilfsmittel der modernen Technik bedienen? Sie mußten sich selbst die Frage stellen und beantworten, ob dies nicht automatisch zu Distanz und zu einer Haltung der Überlegenheit gegenüber den «primitiven Eingeborenen» führt, die so gar nicht zum Auftrag zu passen scheint, den anderen Menschen die «Botschaft der Liebe» zu bringen. Zweifellos haben sich viele Missionare dem Auftrag in Demut unterzogen. Es bleibt fraglich, ob sie die Mehrheit waren oder heute sind. In «Let my people go» hat der afrikanische Nobelpreisträger Luthuli über seinen südafrikanischen Heimatort Groutville, der so im Volksmund nach einem Missionar hieß (offiziell: Umvoli Mission Reserve), geschrieben: «Grouts Arbeit als Missionar trug Früchte... Einer der Gründe war die intime Beziehung zwischen Missionar und Volk – eine Intimität, die leider in späteren Jahren geschwunden ist... Im großen und ganzen scheint es, daß die ersten Bekehrten näher an den Grundlehren ihres Glaubens gelebt haben, als viele ihrer Nachkommen es heute tun. Wenn das stimmt, hat es möglicherweise damit zu tun, daß Missionare zu leicht ‹Aufseher bei der Arbeit der Eingeborenen› geworden sind, sich nicht länger eng genug mit dem Volk identifizieren.»[14]

KONKURRENZKAMPF UM SEELEN

Die christliche Botschaft, jene der kleinen, aber mächtigen europäischen und später durch Amerika verstärkten, sich allerdings auf Kleinasien berufenden Minderheit, die drei große Kontinente aus ihrem «Heidentum» reißen wollte, war nicht so schlagkräftig, wie ihre Anhänger zu Beginn der Missionseuphorie erwartet hatten. Die Botschafter redeten ja nicht in einer Zunge, sondern in vielen. Obwohl sie den gleichen Gott verkündeten, machten sie Fragen der Liturgie und der kirchlichen Organisation zu störenden Streitpunkten zwischen sich selbst. Da der Zwist durchaus an der «Front» ausgetragen wurde, vor den «Heiden», schwächte er die Botschaft selbst, setzte sie den Zweifeln Bekehrter aus, stieß die Zögernden ab und bestätigte die Ablehnenden in ihrer Haltung. Die böse Zerstrittenheit der Missionen war das «härteste und zugleich düsterste Konfliktfeld» für sie, wie Bade[1] sagt, nicht nur während der deutschen Kolonialgeschichte, mit der er sich in diesem Zusammenhang befaßt, sondern während der gesamten Kolonialgeschichte überhaupt.

Zerstrittene Brüder

Der Konkurrenzkampf um Seelen und Einfluß spielte sich nicht nur zwischen den beiden großen «Blöcken» der Katholiken und Protestanten ab, sondern auch im keineswegs immer einigen jeweiligen Lager. Die Jesuiten bestanden oder verloren ihre größten Auseinandersetzungen in Lateinamerika und China gegen andere katholische Orden. Protestanten waren nicht weniger aufgesplittert, eher noch mehr. «Kaiser Kang-Hsi aus der Mandschu-Dynastie traf besondere Vorsichtsmaßregeln, um Jesuiten und Franziskaner auseinanderzuhalten, da er befürchtete, sie würden sich verletzen oder umbringen. Neunundvierzig protestantische Gruppen in China setzten ihre Fehden untereinander so lange fort, bis sie während des letzten Jahrhunderts durch die feindselige Haltung der Chinesen zu scheinbarer Kooperation gedrängt wurden.»[2]

Die Rivalität, manchmal ein richtiger Kampf, bei dem die Missionare selbst natürlich selten mit Gewalt vorgingen, wohl aber ihre bekehrten Anhänger, überschnitt sich mit nationalen Spannungen. Von Anfang an hat sich gezeigt, daß das Christentum allenfalls ein einigendes Band war, wenn es gegen «Ungläubige» ging, sofern nicht auch Christen unerwünschter Richtung als solche angesehen oder gar als Ketzer bekriegt wurden. So entwickelten sich interkonfessionelle Spannungen oft zu Auseinandersetzungen zwischen Staaten, oder deren Streit bewirkte auch einen kirchlichen Aufmarsch. Selten wollten oder konnten die missionarischen Vertreter der Kirchen von ihrer Nationalität absehen. Nur zu oft waren sie, wie man heute sagen würde, «Nationalisten», ganz wie die Laien oder Nichtgläubigen unter ihren Landsleuten.

Die Portugiesen hatten im 16. bis ins 17. Jahrhundert ihre Macht in Asien und entlang des Seeweges dorthin etabliert. Der Papst hatte ihnen beachtliche Privilegien zugestanden. Nur wenn Portugal zustimmte, konnten Missionare in den Fernen Osten entsandt oder katholische Bischöfe dorthin ernannt werden. Als sich der französische Jesuit Alexander de Rhodes nach seiner von 1626 bis 1646 währenden Tätigkeit in Cochinchina (Süden des heutigen Vietnam) in Rom für eine Missionsorganisation stark machte, die in den asiatischen Ländern von Portugal unabhängig sein sollte, fand er zwar die Zustimmung des Vatikans. Aber als er nach Asien zurückkehren wollte, verweigerten ihm die Portugiesen die Schiffspassage.

In der zweiten Hälfte des 16. Jahrhunderts halfen portugiesische Jesuiten in Brasilien ihren Landsleuten durch beharrliche Agitation unter franzosenfreundlichen Indianern zum Sieg über die Franzosen – Auftakt zu deren endgültiger Vertreibung aus Brasilien. Die Franzosen waren ihrerseits schon in Katholiken und Protestanten zerfallen, die sich gegenseitig zu konvertieren suchten und weniger an ihre Sicherheit als an den Glaubensstreit dachten. Nicht weniger drastisch waren in Brasilien um die Wende des 16. zum 17. Jahrhundert die

Auseinandersetzungen zwischen Spaniern und Portugiesen um die Grenze zwischen ihren Einflußgebieten. Jesuiten und portugiesische Karmeliter ließen mehrfach ihre bewaffneten Indianertruppen gegeneinander kämpfen. Portugal setzte sich durch. Als die Jesuiten Indianer vor der Quasiversklavung durch die portugiesischen Siedler schützten, bis sie selbst vertrieben wurden, da standen auf der Gegenseite Karmeliter und Franziskaner, von den Siedlern entsprechend hoch geschätzt.

In Asien wiederum lieferten sich die Jesuiten auf der einen Seite, Dominikaner, Franziskaner und Kapuziner auf der anderen den sich lange hinziehenden Ritenstreit. Es ging um die Frage, ob nicht indische und chinesische Riten und Bräuche respektiert werden könnten, auch von zum Christentum Bekehrten. Die Jesuiten bejahten das. Sie hielten eine solche Anpassung schon deswegen für nötig, weil ihrer Meinung nach nur so die asiatischen Oberschichten zum Christentum bekehrt werden könnten, denen die Massen dann folgen würden. Aber 1704 verurteilte Papst Clemens XI. ihre Missionsmethoden – einer der Hauptgründe für den Schwund ihres Ansehens, der, auch infolge anderer Auseinandersetzungen mit dem Vatikan, schließlich 1773 zur Auflösung des Ordens durch Papst Clemens XIV. führte. Damals wirkten in der Welt mehr als tausend jesuitische Missionare; ihr Verlust war ein schwerer Schlag für die katholische Mission insgesamt.

Die Absage des Vatikans an die «Akkommodation» bewirkte, daß die Herrscher in Indien und China ihre weitgehende Toleranz gegenüber der katholischen Mission aufgaben oder einschränkten; der Kaiser von China ließ alle Missionare ausweisen. Sie trug den schon bekehrten katholischen Indern und Chinesen schwere Verfolgungen ein und warf, wie das «dtv Wörterbuch der Kirchengeschichte», Stichwort «Ritenstreit», vermerkt, die Mission für lange zurück.

In sehr viel jüngerer Zeit, vor knapp hundert Jahren, müssen sich die Eritreer gewundert haben, unter denen französische Missionare arbeiteten, hauptsächlich Lazaristen. Als Italien, ähnlich wie Deutschland, in spätem Kolonialrausch Eritrea zu seiner Kolonie gemacht hatte, wurde mit Zustimmung Roms eine Apostolische Präfektur errichtet, nun mit einem italienischen Kapuziner an der

Spitze – und sämtliche französischen Missionare wurden im Januar 1896 aus dem Land gewiesen.

Auch auf protestantischer Seite entsprachen dem großen Riß zwischen den Konfessionsblöcken viele Einzelrisse, weit mehr als bei den Katholiken und für die Völker, die «missioniert» werden sollten, ebenso verblüffend. Professor Julius Richter, ein Protestant, berichtete namens der lutherischen Berliner Mission über die Frühphase in Südafrika aus zwei Gebieten, in denen sie Mitte des 19. Jahrhunderts aktiv war: «In beiden Missionen war der Wettbewerb englischer, schottischer, amerikanischer, skandinavischer und auch deutscher Missionen auf verhältnismäßig beschränktem Raum so stark, daß die Berliner Mission eine größere, in sich abgeschlossene Arbeit zu entwickeln kaum in der Lage war.»[3] Die Berliner Mission im südlichen Transvaal, Südafrika, freute sich um 1890 zwar über den Zulauf von «Heiden», der ihre Gemeinde relativ schnell wachsen ließ. Aber nun kamen auch die Wesleyaner und Anglikaner, was Chronist Richter als Nachteil verzeichnete. Ein halbes Jahrhundert später waren in Natal und Zululand vierzig Missionsgesellschaften tätig, abgesehen von den Katholiken.

Viele deutsche protestantische Missionare warfen den Methodisten vor, daß sie zu viele Afrikaner tauften, die dafür noch zu schlecht vorbereitet seien. Den Anglikanern hielten sie gelegentlich vor, sie nähmen «Unwürdige» auf, die von den Deutschen unter Kirchenzucht gestellt worden waren. Damit war gemeint, daß bei «Rückfall ins Heidentum», «Unzucht», Trunksucht und anderem, der Gemeinde oder dem Missionar unliebsamem Verhalten die afrikanischen Gemeindemitglieder, wenn sie nicht gleich ganz die Gemeinde und die Missionsstation verlassen mußten, meist vom Abendmahl ausgeschlossen wurden und eine Reue- und Bußezeit verordnet bekamen. Die Missionare machten reichlich Gebrauch davon. Die Abneigung gegen die Wesleyaner, wie man die Methodisten oft nach ihrem Gründer Charles Wesley nannte, zieht sich wie ein roter Faden durch die Tagebücher Carl Hugo Hahns, der für die protestantische Rheinische Mission im Gebiet des heutigen Namibia arbeitete. «Ist Gemeinschaft mit Methodisten erlaubt?» fragte er sich rhetorisch am 16. März 1846 und notierte: «Eine wichtige Frage für unsere nächste Konferenz wäre erstens, ob es biblisch und kirchlich zu rechtfertigen sei, Gemeinschaft mit den Wesleyanern zu halten, zweitens, ob sie nicht als Häretiker [Ketzer] zu betrachten [sind], drittens, ob nicht darum auch die Kirchengemeinschaft unserer Gemeindemitglieder mit Wesleyanern streng zu verbieten sei, viertens, ob solch ein Hervorheben der reinen Lehre im Gegensatz zur verfälschten nicht mehr förderlich den Heidenchristen sei als schädlich. Es wäre somit die Aufgabe, zu beweisen, daß Wesleyaner Ketzer sind, deren Lehre (und Wandel) der Heiligen Schrift zuwider ist.»

Hahn hielt für «durchaus nötig..., daß der Begriff der objektiven, reinen Kirche den bekehrten Heiden zum Bewußtsein gebracht wird». Entsprechend sind die Wertungen über das, was er bei den Wesleyanern beobachtete oder festzustellen glaubte: «Den größten Teil der von den Wesleyanern Getauften haben wir noch nicht zum Tisch des Herrn zulassen können, weil sie noch ganz unwissend sind in den Heilswahrheiten» (Tagebucheintrag vom 22. Januar 1843). Von einem wesleyanischen Missionsgehilfen namens Tindall schreibt Hahn: «...hat... eine große Menge getauft, von denen mehrere eine Schande für die Gemeinde Christi sind» (Tagebucheintrag vom 23. April 1843). Oder: «Den 4. August, des Herrn Tag. Wir hatten die Wesleyaner ersucht zu predigen. Vormittags predigte Missionar Haddy und abends Missionar Tindall. Beide sind zu weitschweifig, weshalb die Leute größtenteils schliefen» (Tagebucheintrag vom 4. August 1844).

Die Abneigung sollte, wie so oft, politische Folgen haben. Der Nama-Häuptling Jonker Afrikaner, einer der bemerkenswertesten Afrikaner der damaligen Zeit, hatte sich in mehreren Feldzügen zum Herrn über den größten Teil Südwestafrikas gemacht, mit Windhuk als Zentrum. Er war christenfreundlich und predigte sogar, Hahn aber, dessen Missionsstation in seinem Gebiet lag, hielt ihn für unzuverlässig. Jonker Afrikaner hatte einen unsicheren Waffenstillstand mit den Herero geschlossen, die er mehrmals besiegt hatte, dank der Überlegenheit seiner Waffen; zahlenmäßig war sein Stamm den Herero unterlegen. Unerwartet erklärten sich mehrere Stämme aus der Oranjegegend bereit, sich ihm anzuschließen, was seine

Stellung gefestigt hätte. Sie stellten aber die Bedingung, die bei ihnen tätigen Missionare mitbringen zu können – es waren Wesleyaner.

Da hatten sie nicht mit Carl Hugo Hahn gerechnet. Jonker Afrikaner fand eher vorteilhaft, mehr Missionare in seinem Gebiet zu haben, was im allgemeinen das Ansehen eines Häuptlings stärkte, ob er bekehrt war oder nicht. Er hoffte wohl auch, den Einfluß der Rheinischen Mission zu neutralisieren. Hahn hatte, wie sein Tagebuch ausweist, die Kontakte zwischen den Methodisten und Jonker Afrikaner mit Grimm verfolgt und bezichtigte Jonker der «Falschheit». Am 8. Juli 1844 «ließen wir Jonker rufen». Es war für die Missionare selbstverständlich, den mächtigen Afrikaner herbeizitieren zu können, und er kam ja auch. «Wir sagten ihm dann, wie bereits zuvor, daß wir nicht mit den Wesleyanischen Missionaren zusammenarbeiten könnten, obwohl wir nicht feindlich zu ihnen stünden.» Hahn und sein Kollege Kleinschmidt gaben ihre Station schließlich auf, «und zwar um des Friedens willen, weil ein Zusammenwirken der großen Verschiedenheiten in Dogmatik und Kirchendisziplin wegen nur Unfrieden verursachen könnte» (Tagebucheintrag vom 10. August 1844). Sie wandten sich nun den Herero zu, den Gegnern Jonkers.

Ein Jahr später wollte Hahn in Rehoboth mit den Häuptlingen des «Roten Volkes» konferieren. Bruder Knudsen ritt hin, um die Einladung zu überbringen. Hahn in seinem Tagebuch, am 27. August 1845: «Am 27. August kam Bruder Knudsen zurück. Es ist nur zu deutlich, daß wesleyanische Intrigen auch dies Volk uns zu entreißen gesucht haben.» Die Wesleyaner seien «heuchlerische Pharisäer». Schluß der Notiz: «Nun, der Herr schläft nicht.»

Die Wesleyaner waren auch viel weiter nördlich, im Gebiet des heutigen Nigeria, bei der Londoner Church Missionary Society nicht eben beliebt. Für diese hatte Missionar (später Bischof) Samuel Crowther mit Erlaubnis des Königs Obi Akazua von Onitsha die erste Missionsstation im Iboland eröffnet. Nun hatten die Missionszentralen, die sich im allgemeinen aus verständlichen Gründen besser vertrugen als ihre Vertreter «im Feld», ausgemacht, daß im Gebiet des Niger zusammen mit der CMS auch eine Wesleyanische Mission die Arbeit aufnehmen solle. Die kam nicht gleich. Offenbar hatte sie technische Schwierigkeiten und nicht genug Geld. Sie erschien erst mehr als zwanzig Jahre später, 1879, und etablierte sich in Egga im späteren Nordnigeria. Zu diesen technischen Schwierigkeiten kam aber, wohl ebenso hinderlich, die Opposition Crowthers, der keine konkurrierenden Bekenntnisse am Ort haben wollte. Im Lauf der Zeit erschienen immer mehr Missionen im vielversprechenden heutigen Nigeria. Sie veranstalteten ein «Scramble for Africa»[4] im kleinen, eine Balgerei um Territorien, was die Church Missionary Society schließlich bewog, 1909 eine Konferenz der vier hauptsächlichen Missionen nach Calabar einzuberufen, um die Zonen gegeneinander abzugrenzen. Dies scheiterte ebenso wie ein zweiter Versuch 1911. Zu den Teilnehmern, die sich nicht verständigen mochten, gehörten die CMS, die United Free Church, die Primitive Methodist Society und die Kwa Ibo-Mission.

In Togo scheint es kaum solche Spannungen gegeben zu haben. Im Land der Kikuyu hingegen, dem heutigen Kenia, waren eine Zeitlang die anglikanische CMS und die Presbyterian Church of Scotland Mission die Hauptkonkurrenten; sie einigten sich schließlich auf eine Gebietsabgrenzung. Doch neben ihnen wirkten noch Methodisten und einige amerikanische Missionare, von den fast überall arbeitenden Katholiken ganz abgesehen. Die Bemühungen der CMS hatten übrigens eine bemerkenswerte Triebfeder: Sie verfügten inzwischen über zu viele Missionare, jedenfalls was das bisher beackerte Gebiet entlang der Küste betraf. Im Umkreis von fünfundzwanzig Kilometern um Mombasa waren fast vierzig CMS-Missionare tätig, schließlich bekamen ihre Oberen ein schlechtes Gewissen und verordneten, daß neue Gebiete erschlossen werden müßten.

Als die Deutschen Kamerun zur Kolonie machten, waren dort seit langem englische Baptisten tätig, neben den deutschen Missionsgesellschaften, hauptsächlich der Basler Mission. Und als die Deutschen bei ihrer Annektierung Kameruns den ersten bewaffneten Zusammenstoß mit Dualas hatten, zerstörten sie auch gleich vier britische Missionsstationen. Sie behaupteten sicherheitshalber, aber nachweislich falsch, britische Missionare hätten auf deutsche Truppen geschossen. Die Baptisten räumten um so lieber, als die deutsche Verwaltung ihrem Einfluß alle Charakter- und Verhaltensmängel zuschrieb, die sie bei der Bevölkerung Kameruns festzustellen beliebte.[5] Die deutsche Verwaltung sorgte dafür, daß die Basler auch die Stationen der Engländer übernahmen, gegen Entschädigung. Hierbei handelte es sich um die deutsch-nationale Fraktion der Basler.[6] Zu deren Mißvergnügen hatten die Baptisten aber auch afrikanische Christengemeinden hinterlassen, die «Native Baptist Churches» in Duala und Viktoria. Diese hatten, nicht unlogisch für Einheimische, einen Teil der traditionellen Bräuche bewahrt, darunter zum Entsetzen der Basler die Polygamie und eine recht demokratische Gemeindeverfassung. Also sorgten die Basler dafür, daß die Kolonialregierung diesen afrikanischen Baptisten jede missionarische Tätigkeit verbot. Dafür erschienen dann deutsche Baptisten, die auch von den Baslern geduldet wurden. In Kamerun hatten auch amerikanische Presbyterianer missioniert. Sie wären an den deutschen Bestimmungen gescheitert, daß in Missionsschulen deutsch zu unterrichten sei, und erwogen ihren Abzug, aber da kam der Erste Weltkrieg und damit der unfreiwillige Abschied der Deutschen.

Der Krieg bewies dann über Gebühr, daß es mit der christlichen Brüderlichkeit in den Missionsgebieten, die doch die zu Bekehrenden hätte beeindrucken sollen, nicht sehr weit her war. Politik dominierte über die Religion, auch bei den Missionen. Als Deutschland seine Kolonien verlor, verloren seine Missionen auch ihre dortigen Betätigungsfelder. Fast überall richteten sich Missionen der Sieger dort ein, wo die Deutschen räumen mußten. Allerdings respektierten einige von ihnen die jeweils von den Deutschen eingeführte Glaubensrichtung und fühlten sich eher als Verwalter, nicht als Erben.

Im größeren Teil Kameruns wurde die französische Herrschaft errichtet – also zogen auch die französischen Missionare ein, um zu übernehmen, was die deutschen von der Berliner und der Basler Mission zurücklassen mußten. Die französische Regierung sicherte nicht nur, wie gewohnt, den Katholiken Zutritt, sondern auch den französischen Protestanten. Diese trafen mit ihren Vorgängern mehr oder minder befriedigende Arrangements – die Basler Mission war ja auch mehr schweizerisch, wenn auch nicht die meisten ihrer Missionare. In der Missionsschule begann nun Französischunterricht. Inzwischen bestand auch eine einheimische Kirche, gegründet in deutscher Zeit unter dem Dach der Basler Mission. Die französischen Protestanten beanspruchten die Einnahmen, die die Institutionen der Basler weiterhin abwarfen, und dazu gehörten auch die Kollekten und Beiträge. Die afrikanische Kirche meinte, sie stünden ihr zu. Doch die weißen Missionare waren die Stärkeren. Die Spannungen hielten bis 1957 an, dann wurde die einheimische Kirche autonom, auch was ihre Mittel anbelangte.

Nicht alle am Weltkrieg beteiligten Christen hatten eben Lust, Christentum wirklich international zu praktizieren. Immerhin wurde eine Abordnung der britischen Missionsgesellschaften unter Führung des Erzbischofs von Canterbury bei der Regierung in London vorstellig, um sich für gute Behandlung der deutschen Missionare einzusetzen.[7] Man teilte ihnen mit, die Deutschen könnten ihre Arbeit erst nach einer Zeit fortsetzen, die später festgelegt würde.

Absurd war das Schicksal Albert Schweitzers, der erst kurz vor Kriegsausbruch für die Pariser protestantische Missionsgesellschaft das später so berühmte Urwaldkrankenhaus Lambarene in Gabun eingerichtet hatte. Schweitzer war Elsässer. Das Elsaß war nach dem deutschen Sieg im Krieg gegen Frankreich 1870/71 von Deutschland annektiert worden (der Erste Weltkrieg machte es wieder französisch, der Zweite für kurze Zeit noch einmal deutsch). Also wurde Schweitzer mit seiner Frau von den Franzosen im Missionshaus unter Arrest gestellt; erst nach drei Monaten konnte er seine Arbeit fortsetzen. Doch 1917 wurden die Schweitzers nach Frankreich gebracht und in der Nähe der spanischen Grenze interniert, dann landeten sie bis 1918 in einem Lager für Elsässer. 1924 kehrte Schweitzer nach Lambarene zurück.

Als Frankreich vom Völkerbund als Mandatsmacht über Kamerun eingesetzt wurde, sah die Konvention vor, die Mandatsmacht müsse Missionare aller Mitgliedsländer arbeiten lassen. Damit waren die Deutschen ausgeschlossen; sie wurden erst 1926 Mitglied des Völkerbundes. Doch auch 1926 konnten die deutschen Missionare keineswegs ihre Arbeit unverzüglich wiederaufnehmen. In Togo, Gebiet der Norddeutschen Mission, ermöglichte die Schottische Freikirche den deutschen Missionaren hingegen schon 1923 die Rückkehr ins britische Mandatsgebiet, zunächst unter Leitung der Schotten, wenn auch auf Kosten der Norddeutschen. Die Franzosen ließen die Deutschen nur noch als Besucher in ihren Teil des Landes, missionieren durften sie nicht mehr.

Als den deutschen Missionen in Etappen bis 1930 die Rückkehr gestattet wurde, stießen sie mancherorten auf den Widerstand der «Neuen», die längst die zurückgelassenen Gemeinden an neue Verhältnisse gewöhnt hatten. Die Geldknappheit der schottischen Mission (kein Witz!) erleichterte dieser zwar den Entschluß, die Deutschen wieder in ihre alten Gefilde zu lassen, aber manche ihrer Missionare an Ort und Stelle, besonders im damaligen Tanganjika, heute Tansania, waren wenig kooperationsbereit. Eine der afrikanischen Christengemeinden wiederum hatte nach dem Abzug der Deutschen wenig Gefallen an den nachrückenden Methodisten gefunden und zog vor, sich der CMS anzuschließen – aber dann wieder der Bethelmission. Positiv werteten die Deutschen die Haltung der Südafrikanisch-Burischen Missionsgesellschaft. Sie war bereit gewesen, einige deutsche Missionsfelder in Ostafrika treuhänderisch zu übernehmen, was dann am Einspruch der Schottischen Staatskirche scheiterte. Ein Jahrhundert zuvor hatte die Berliner Mission freilich die Südafrikanische Missionsgesellschaft weniger freundschaftlich erlebt. Als ihr Missionar Prietsch 1852 in der Station Amalienstein, etwa hundert Kilometer östlich von Kapstadt, eine neue Kirche einweihte, stieß er auf eine ganz unerwartete Reaktion. Missionschronist Richter[8] erzählte: «Prietsch hatte für seine Kirche eine schöne Altarbekleidung und ein Kruzifix geschenkt bekommen und hatte mit beiden den Altar geschmückt. Das war für ihn als lutherischen Missionar nach heimat-kirchlichem Brauch selbstverständliches Recht. Aber bei den reformierten Buren Südafrikas erregte dieser ‹römische Götzendienst›, wie man es übertreibend nannte, peinlichen Anstoß und gab den Anlaß zu einer fast unverständlichen Erregung, die sich auch in einer erbitterten Pressefehde Luft machte.» Noch schlimmer: Die Südafrikanische Mission, die den Berlinern das Gelände für einige Jahre vertraglich überlassen hatte – worauf diese natürlich lange bleiben wollten –, kündigte ihnen und nahm es zurück. Der Streit ging weiter. Der Superintendent ließ den Altarschmuck wieder entfernen. Dagegen empörte sich

Prietsch, und er hatte die Berliner Leitung hinter sich. Schließlich stellte die Südafrikanische Missionsgesellschaft allen afrikanischen Bewohnern dieser Missionsstation ein Ultimatum: Sie sollten sich innerhalb von drei Wochen für oder wider eine lutherische Gemeinde entscheiden. «Das gab einen bitteren Riß, der das Gemeindeleben bis auf den Grund erschütterte», so Richter. Je eine Hälfte der tausend Bewohner wählte eine der Alternativen.

Viele Kirchenmänner, die den «Heiden» das vermutlich doch übernationale Wort Gottes bringen und beibringen wollten, haben sich von Anfang an auch, oft mehr, als Sachwalter ihrer jeweiligen nationalen Interessen gefühlt. Diese Tendenz hatte der Weltkrieg verstärkt, neu war sie nicht. Gerade in der Frage, ob die Deutschen zurückkehren könnten – in diesem Fall an den Njassasee –, berief sich die Schottische Staatskirche opponierend auf ihre «Pflicht gegen das britische Weltreich» («imperial duty»), sich der dortigen Gemeinden und Stationen anzunehmen. Solcher Jargon war in Kolonialmissionen nichts Neues. Die Frage aber, wie ernst die einheimischen Bekehrten nehmen sollten, was ihnen die Missionare verkündeten, wenn diese sich so bekriegten, konnte sich offensichtlich nicht aufdrängen. Als Oskar Gemuseus vor der Herrnhuter Brüdergemeine in Kamerun auf seinen Abtransport in britische Internierung wartete, sagte ihm ein afrikanischer Christ aus seiner Gemeinde: «Wenn der Feind Sie so behandelt – wie wird er erst mit uns umgehen...»[9]

Die Streitchronik der protestantischen Missionen läßt sich gewaltig verlängern. Für die Heiden und die Bekehrten dürfte noch verwirrender gewesen sein – obwohl es ja menschlich genug ist –, daß auch die «Brüder» ein und derselben Mission oft schlecht miteinander auskamen. Der eben erwähnte Prietsch war bald so mit seinem Mitarbeiter, dem Missionar Meyfarth, verkracht, daß sie schließlich beide von Amalienstein wegversetzt wurden, in verschiedene Missionsstationen natürlich. Solche Geschichten erlebten alle Missionen, beispielsweise die CMS mit ihrem Missionar Thomas bei den Matabele: Seine beiden Kollegen und er verkehrten schließlich nur noch schriftlich miteinander und intrigierten bei der Londoner Zentrale gegeneinander. Schließlich wurde Thomas 1870 nach London zurückgerufen.

Die Rivalität der Christen hat nicht nur in Kriegen oft der machtpolitischen ihrer Heimatstaaten entsprochen. Wenn Missionen gegen Regierungen Front machten, dann waren das meist fremde anderer Konfession. In der Frühzeit des Kolonialismus kam das oft vor, weil die Kolonialmächte noch nicht für gleichgesinnte Missionen in ihrem Gebiet gesorgt hatten. Oft fanden die Besatzer schon Missionare vor. Nicht selten hatten diese die Ankunft «ihrer» Nation vorbereitet, und dann entfiel ein potentieller Streitgrund. Aber nicht selten standen sich auch mit verschiedenen Konfessionen verschiedene Nationalitäten gegenüber. Das führte besonders zwischen Frankreich und Großbritannien zu vielen Auseinandersetzungen. Ein Schauplatz war die Südsee, wo die englischen Protestanten nach Kräften französische Annektionen erschwerten, während die Katholiken Frankreich herbeizuziehen pflegten.

In Neuseeland hatten sich 1822 unter der Maori-Bevölkerung die Methodisten etabliert, bald danach folgten ihnen Missionare der Church of England. Beide waren in heller Aufregung, als 1838 eine katholische (Maristen-)Mission erschien, angeführt vom französischen Bischof Westozeaniens, J. Baptista Pompallier. Die britischen Kirchenmänner erblickten darin nicht so sehr die religiöse Konkurrenz, sondern die Speerspitze des französischen Imperialismus. Die Katholiken verbreiteten ihrerseits, wie anderswo, daß die Protestanten Ketzer seien, und errichteten schon zwei Jahre später die zweite Station. Auf Tahiti verlief es ähnlich, wenn auch Frankreich schließlich, wie schon erwähnt, die Oberhand behielt (s. Abschnitt «Fallbeispiele»).

Auf der Samoa-Insel Oupoulu klärten die frisch angekommenen katholischen französischen Missionare gerade noch rechtzeitig (nach ihrem Gefühl) den König Mataafa auf, daß die englische oder die amerikanische Flagge zu hissen die Anerkennung der Annektion durch das eine oder das andere der beiden Länder bedeuten würde. Protestantische Missionare aus beiden Ländern hatten Mataafa die Fahnen aufdrängen wollen, alarmiert durch die Ankunft der Franzosen. Sie hatten gesagt, die Fahnen seien eine Garantie gegen die bösen Absichten der Franzosen... und der Deutschen. Samoa wurde schließlich Beute der Deutschen, nach dem Ersten Weltkrieg unter

Völkerbundsmandat Neuseelands gestellt und ist seit 1962 unabhängig.

Auf Madagaskar kämpften vor der endgültigen Eroberung durch Frankreich verschiedene britische Missionen gegeneinander um den Einfluß bei den «Eingeborenen» – besonders die London Missionary Society gegen die Church Missionary Society und die Society for the Propagation of the Gospel. Aber dann einte sie die gemeinsame Abneigung gegen die französischen Jesuiten. Nach der Besetzung hatten diese das leichtere Spiel. Ihr schlagendes Argument bei den Madegassen war, Katholik zu werden, beweise Loyalität zu Frankreich, Protestant zu bleiben das Gegenteil. Ganze Dörfer wurden über Nacht katholisch. Doch in anderen stellte sich nur ein Teil der Bevölkerung um; dort stritten sich die beiden Gemeinden, wer sonntags die Kirche benutzen durfte. Nicht selten führten die Jesuiten persönlich ihre Anhänger in Handgemenge, um den madegassischen protestantischen Priester aus seiner Kirche zu werfen oder einen Lehrer aus dem einzigen Schulgebäude. Ihr soliderer Trumpf im Schulkampf war, daß sie in französisch und Französisch unterrichteten, das die Verwaltung zur Amtssprache gemacht hatte; so sahen die protestantischen Schulen, in denen madegassische Sprachen benutzt wurden, ihre Schüler verschwinden. Die französische Verwaltung benachteiligte die Protestanten durch zusätzliche Maßnahmen. Schließlich wandte sich ein neuer Gouverneur, der rabiate antiklerikale Augagneur, gegen sämtliche Missionen einschließlich der katholischen. Er förderte das staatliche Erziehungswesen, veranlaßte die Schließung vieler Missionsschulen und verbot Gemeindeversammlungen im Freien. Das von ihm begonnene antiklerikale Regime hatte bis in die zwanziger Jahre unseres Jahrhunderts Bestand. Eine Reihe protestantischer Gruppen und Gemeinden wurde während dieser Zeit zu Zentren des madegassischen Widerstands, unter beständiger Überwachung durch die französische Polizei.

Katholiken contra Protestanten

Die Reibereien und Auseinandersetzungen zwischen den verschiedenen nichtkatholischen Missionen nehmen sich wie ein belangloser Austausch von Höflichkeiten aus, wenn man sie mit dem Kampf zwischen Protestanten und Katholiken vergleicht. Die zu bekehrenden Menschen Lateinamerikas, Afrikas und Asiens sahen verblüfft und verwirrt die Kluft, oft den offenen Haß zwischen den beiden großen christlichen Konfessionen. Gelegentlich, sehr selten verkehrten ihre Vertreter freundlich miteinander, wie in Uganda 1881 der Anglikaner Philip O'Flaherty und der spätere Superior der Weißen Väter, Léon Livinhac. Aber das waren die Ausnahmen, die die Regel bestätigten.

«Protestantische und römisch-katholische Missionare konnten jahrelang im selben Ort leben und nie ein Wort miteinander reden. Die Mehrzahl der Katholiken hielt es für sicher, daß die Protestanten der Feind seien», schrieb Neill[1]. Der afrikanische Theologe Ilogu erinnert sich, daß im Iboland, Nigeria, die katholischen Missionare Strafen für den Umgang mit Mitgliedern der anglikanischen Gemeinde verhängten.[2] Andersherum praktizierte es der Schweizer Missionar Paul Berthoud im äußersten Süden des damals portugiesischen Mosambik: Seiner Gemeinde in Lourenço Marques, heute Maputo, war der Verkehr mit Katholiken verboten.[3]

«Die brennendste Missionsfrage der Gegenwart»: So nannte der Steyler Priester Friedrich Schwager[4] — und so nannte er gleich eine ganze Broschüre — im Jahre 1914, wenige Wochen vor Ausbruch des Ersten Weltkriegs, «die protestantische Mission». Er begründete: «Wenn für die katholischen Missionen eine akute Gefahr besteht, die den endgültigen Erfolg des seit Jahrhunderten geübten katholischen Heidenapostolates aufs schwerste zu beeinträchtigen droht, dann darf man die Frage nach einer erfolgreichen Abwehr dieser Gefahr wohl die brennendste Missionsfrage der Gegenwart nennen. Die protestantische Mission ist es, die uns je länger desto mehr diese Gefahr bereitet.» Schwager wollte mit seiner Schrift die Katholiken von der «irrigen Meinung» befreien, «daß die katholische Mission eine beherrschende Stellung in allen Missionsländern einnehme und von der als ganz unfruchtbar geltenden protestantischen Mission nichts zu fürchten habe». Er konzentrierte sich in seiner Argumentation auf die Missionsländer Asiens, die für die Zukunft die wichtigsten seien, denn «sie sind am meisten bevölkert... Eben darum fordern es hohe Interessen der Kirche, daß nicht gerade die asiatischen Großmächte der Zukunft unter vorwiegend protestantischen Einfluß geraten.»

In ähnlicher Frontstellung haben sich auch Protestanten gemeldet. Gerade in Deutschland, dem Ausgangsland der Reformation und Schauplatz des «Kulturkampfes», wo sich die Protestanten als Hauptmotor der Einigung im Kaiserreich betrachteten, hatten es die Katholiken wegen der Abneigung der Evangelischen schwer, wieder zugelassen zu werden – nicht nur im Reich selbst, sondern auch für die Missionsarbeit in deutschen Kolonialgebieten. Darauf komme ich gleich zurück.

Der Kampf blieb nicht auf Deutschland bzw. die deutschen Missionen beschränkt. Auch andere Regierungen konnten sich ihm nicht entziehen, und sie zogen ebensooft die katholische Mission den Protestanten vor. 1841 hatten sich baptistische Missionare auf Fernando Poo niedergelassen, 1858 wurden sie mit allen anderen Nichtkatholiken von der spanischen Regierung wieder verjagt. Die spanische Regierung entschädigte sie mit 1500 Pfund Sterling, was reichte, um an der afrikanischen Küste, in der Bucht von Ambas, ein Gelände für eine neue Station zu kaufen. Die Baptist Missionary Society nannte es Victoria.

Zwei Jahrhunderte vorher, 1636, hatte der König von Kandy auf Ceylon, heute Sri Lanka, die Holländer bewogen, mit ihm gemeinsam die herrschenden Portugiesen zu vertreiben. Die Holländer sollten an der Ostküste Festungen anlegen können, der König die von den Portugiesen geräumten Gebiete bekommen und dafür die Kriegskosten tragen. Die Holländer eroberten wie verabredet, scherten sich aber dann nicht mehr um die Ansprüche des Königs. Doch die katholischen Missionare wurden von der Insel vertrieben. Von 1642 an predigten in ihren Kirchen protestantische holländische Geistliche. Die antikatholische Haltung der Holländer führte zu Massenübertritten zum Protestantismus. Die Katholiken konnten erst wieder Boden gewinnen, als 1795 die Briten auf der Insel Religionsfreiheit einführten.

Vertreibungen wurden im Lauf der Zeit seltener, aber die gleichzeitige Anwesenheit verschiedener Missionen – von Zusammenarbeit konnte kaum je die Rede sein – brachte immer wieder Reibereien. Der katholische Professor Schmidlin warnte 1913: «Zweifellos wirkt diese Differenzierung an sich schädigend für das Missions- wie für das Kolonialinteresse, da sie auf die Eingeborenen üblen Eindruck machen und die Gesamtstoßkraft des Christentums bedeutend schwächen muß.»[5] Die Zersplitterung der Missionen wirkte entsprechend bei den Bekehrten – schließlich waren die Kirchen im Missionsgebiet militanter als zu Hause. Sie trugen damit zur weiteren Spaltung von Völkergruppen bei, die ohnehin schon stark zersplittert waren, besonders in Afrika. Hier sind die Wirkungen noch heute von politischer Bedeutung, als Beispiel genüge zunächst Uganda: «Die religiöse Rivalität, die die frühen christlichen Missionare nach Uganda brachten, beherrscht die politische Szene des Landes noch heute und frustriert immer noch die Bemühungen der afrikanischen Regierung, nationale Einheit herzustellen.»[6] (Auf Uganda gehe ich am Ende dieses Kapitels noch näher ein.) Aus den religiösen wurden schnell auch politische Rivalitäten, die auch die Unabhängigkeitsbewegungen behinderten.

Wenigstens ein Kolonialist, der Belgier Pierre Daye, fand die Konkurrenz zwischen Katholiken und Protestanten ganz nützlich. Das verhindere, daß die «latente Feindschaft» eines Teils der Kolonialverwaltung – so empfanden es die Missionare, wenn die Behörden nicht ihren Wünschen und Forderungen entsprachen – ausschließlich die (im belgischen Kongostaat vorherrschenden und in Dayes Buch bevorzugten) Katholiken treffe. «Dank den Protestanten – oft Angelsachsen, deren Charakter nicht immer mit unserem vereinbar ist – haben die katholischen Missionare einen Blitzableiter. Mögen sie also ihre Rivalen und deren gelegentliche Dummheiten segnen, anstatt sich zu beschweren.»[7]

So heiter haben es die Betroffenen durch die Missionsgeschichte hindurch keineswegs gesehen. Die religiöse Spaltung löste unter den

Bekehrten später die politische aus oder verschärfte sie bis in die Unabhängigkeit hinein. Nicht weniger weitreichend waren die Folgen für die Bildung, das Bildungswesen, also für die spätere «Geistesverfassung» ganzer Staaten. Das Schulmonopol der Missionare in den Kolonien vertiefte ihr Zerwürfnis. «Da waren zwei Vorschulen im Ort, eine anglikanische, die andere römisch-katholisch, oder eine presbyterianisch und die andere methodistisch», erzählt Beetham[8] als ein Beispiel. Nun wurde eine Grundschule gewünscht, nur eine! Jede Mission fürchtete, daß die Behörden diese der Rivalin zusprechen würden, und später, dann logisch, auch die nächsthöhere Schule. So intrigierten sie nach Kräften. Sie fürchteten, daß die Kinder eines Tages automatisch dem kirchlichen Bekenntnis ihrer Schule folgen würden, nicht etwa dem ihrer Eltern, wenn diese schon getauft waren. «Die aus dieser Furcht resultierende Rivalität hat in der Vergangenheit die Erziehungsplanung vergiftet.»

Bemerkenswert ist, wie nach kriegerischen Eroberungen der Staaten auch ihre christlichen Kirchen zusahen, oft mitmachten, wenn die Eroberer wegräumten, was ihre Vorgänger an kirchlichen Werken errichtet hatten. Meist waren diese von den anderen Konfessionen, also zwangen die «Neuen» die bereits – aber noch nicht lange – existierende einheimische Christenheit, das neue Bekenntnis anzunehmen.

Das schon erzählte Beispiel der Holländer, die Portugal aus Ceylon verdrängten, ist sehr typisch. Die Philippinen liefern ein weiteres. 1898 vertrieben die Amerikaner die Spanier, deren Kolonie die Inselgruppe mehr als dreihundert Jahre lang gewesen war. Die bis dahin die Mission beherrschenden katholischen Mönche und Priester verschwanden mit der ersten Kolonialmacht, hinterließen aber, wenigstens oberflächlich, ein katholisches Land («oberflächlich» gilt wohl für die Religiosität vieler Länder). Das hinderte die nunmehr einströmenden amerikanischen protestantischen Religionsgesellschaften nicht, kräftig zu missionieren, besonders unter der Jugend. Der katholische Steyler Schwager beschwerte sich 1914 in einem Überblick über verschiedene philippinische Städte, nach Ablauf des ersten Schuljahrs besuche keiner der Schüler mehr den katholischen Gottesdienst. Erst viel später setzte wieder ein Zustrom katholischer

Missionen ein, aus Belgien, Holland, Deutschland und Österreich, und heute gelten die Philippinen zu 83 Prozent als katholisch.

Um Afrika veranstalteten die beiden Konfessionsblöcke eine ähnliche Balgerei wie die Kolonialmächte. Was sie darüber sagten und schrieben, liest sich manchmal wie ein Heeresbericht. Zahlreiche afrikanische Gebiete wurden nur zur Missionierung ausgesucht, damit sie nicht der anderen Richtung zufielen. So entschied sich die Basler Mission gegen die für sie logische Ausdehnung ihrer Tätigkeit an der Goldküste und wählte statt dessen Nordtogo, um der katholischen Steyler Mission zuvorzukommen.[9] In manchen Teilen Afrikas versuchten die Kolonialbehörden, durch getrennte Zuweisungen von Gebieten die Lage zwischen den Missionen zu entspannen, aber das gelang nicht oft. Die Katholiken vertraten besonders hartnäckig den Standpunkt, die von ihnen vertretene einzige reine Lehre könne nirgends ausgesperrt werden.

In diesem Kampf, nicht gegen «Fetische» und «Heiden», sondern von Mission gegen Mission, wurde kaum Pardon gegeben. Besonders in der Südsee nahm er drastische Formen an. Auf dem Samoa-Archipel «ist den protestantischen Priestern nichts Besseres eingefallen, als die Katholiken als Menschenfresser zu denunzieren; in einer Laterna Magica für die Neubekehrten zeigten sie ‹papistische› Priester, die protestantische Missionare am Spieß rösteten oder in einem Kessel kochten». So erzählte der katholische Hochwürdige Vater A. Monfat, ein Marist (also von der Gesellschaft Mariens), in einem 1923 erschienenen Buch[10]. Dafür bemühte er einen französischen Schiffskapitän als Augenzeugen, dem er Frömmigkeit bescheinigte und an dessen Glaubwürdigkeit er nicht zweifelte; die Schilderung war in einem Bericht des Kapitäns Marceau an seine Reederei Société d'Océanie vom 26. 3. 1847 enthalten; Monfat hat sie allerdings nicht selbst gelesen, sondern bezieht sich wiederum auf einen anderen katholischen Priester, den Hochwürdigen Vater Mangeret[11]: «Und sie verbreiten, daß die ‹papistischen› Priester ohne Frauen kommen, weil sie sich der Häuptlingsfrauen bemächtigen, die sie in großen Kellern eingesperrt zu ihrer Verfügung halten, ... daß die aus solchen frevlerischen Verbindungen geborenen Kinder in getrennten Kellern aufgezogen, die Mädchen aber umgebracht und verzehrt werden.»

Als Erfinder dieser Laterna Magica bezeichnete Monfat an anderer Stelle, ohne sich auf den Kapitän zu berufen, einen amerikanischen Missionar.

Ein zweiter zitierter Kapitän namens Morvan[12] berichtete seinerseits, ein auf Samoa ansässiger alter Engländer habe ausdrücklich den Wesleyanern die Behauptung zugeschrieben, die Franzosen, «denen sie die Ehre antun, sie mit den Katholiken gleichzusetzen», würden als erstes die stärksten und tapfersten Samoaner massakrieren, die jungen nachts in Ketten halten und tags für sich arbeiten lassen, «sich ihrer Frauen bemächtigen und dann der ganzen Insel». Absurde Geschichten? Lesen Sie ein bißchen weiter, dann werden Sie sehen, daß auf Papua-Neuguinea jemand noch heute solche Hetzpropaganda betreibt.

Mit so starkem Tobak zahlten die Katholiken offenbar nicht zurück, aber deutlich und verletzend genug waren auch sie. Monfat schöpfte weiter aus der Kapitänsquelle, nun über die protestantischen Missionare auf Samoa selbst: «Sie tyrannisieren Häuptlinge und Volk und beuten sie als Quacksalber aus»[13], sie schröpften sie durch Verkauf von Tand gegen Palmöl und Silber.[14] Die protestantischen Prediger, im zitierten Beispiel ein gewisser John Adams, führten zwar ständig Bibeltexte im Munde, erklärten aber die Polygamie und die widerwärtigen heidnischen Bräuche für unschuldig. Auf Gebet werde kein besonderer Wert gelegt.[15] Mit sichtlichem Genuß zitiert Monfat einen der frühesten protestantischen Missionare dieses Gebietes, Turner, der es in seinem Buch «Nineteen Years in Polynesia» als «glorreichen» Fortschritt bezeichnete, daß Samoa nun in den Welthandel eingegliedert sei.[16]

Daß die katholische Mission schließlich doch gut Fuß fassen konnte, schrieb Monfat hauptsächlich einem Krieg zwischen den beiden größten Samoa-Inseln zu: «Die Eingeborenen fanden ihre katholischen Missionare immer bereit, ihnen einen Dienst zu tun, sahen sie zu den Sterbenden eilen, wie groß auch die Gefahr war, durch die Kugeln hindurch, nachts wie tags... sahen, wie sie ohne Unterschied der Religion oder der Fahne Wunden verbanden, Sterbende trösteten, freigiebig jene die Seele labenden Sätze spendeten, deren Geheimnis das katholische Priesteramt bewahrt hat und die die leidenden Seelen öffnen – wie konnten sich vor einem solchen Schauspiel irgendwelche Vorurteile halten?» [17] In schlechtem Licht erscheint die Konkurrenz: «Die protestantischen Priester sorgten sich keineswegs so sehr um ihre Neubekehrten, daß sie sich dem Feuer ausgesetzt hätten, um ihnen in ihren Gefahren und im Augenblick des Todes beizustehen. Sie dachten nur ans Verschwinden, was sie später hart genug zu büßen hatten.» [18]

Anderseits setzten die Katholiken, wo sie konnten, Gepränge und Zeremoniell ein, um die Samoaner zu beeindrucken. Anläßlich eines katholischen Festes spannten sie zwei im Hafen liegende Versorgungsschiffe ein: über und über beflaggt, Kanonen bereit, die beim Erheben der Hostie losdonnerten, neunmal hintereinander, und dann noch einmal beim Segen des Heiligen Sakraments. «Das verblüffte unsere armen Wilden vollends; sie wußten gar nicht mehr, wie sie uns ihre Überraschung und ihre Bewunderung erklären sollten.» [19]

Eine andere der größeren Samoa-Inseln, Tutuila, besuchte 1896 der Pfarrer G. Kurze im Auftrag der Berliner Missionsgesellschaft. Er notierte: «Die evangelische Mission hat es auf Tutuila außer mit dem alten heidnischen Sauerteige auch noch mit zwei anderen Widersachern, den Katholiken und Mormonen, zu thun. Erstere sind daselbst durch zwei Priester und mehrere barmherzige Schwestern vertreten, haben aber trotz ihrer eifrigen Propaganda nur 500 Eingeborene zur römischen Kirche hinüberziehen können. In den Dörfern auf dem Ostende Tutuilas treiben sechs Mormonenmissionare aus Amerika ihre unsaubere Thätigkeit; glücklicherweise hat sich nur ein kleines Häuflein Tutuilaner von ihnen verführen lassen.» [20] Kurze lief auf dem Missionsschiff der LMS auch die Cook-Insel Rarotonga an. «Seit dem Herbst 1894 haben sich inmitten der völlig evangelischen Bevölkerung Rarotongas fast gleichzeitig Sendlinge der Mormonen und Adventisten sowie katholische Missionare von Tahiti niedergelassen, um zu schneiden, wo sie nicht gesäet haben. Möge der Heiland seine kleine Herde beschirmen, damit sie nicht den Wölfen zum Opfer falle.» [21]

Die Abneigung zwischen den beiden großen christlichen Konfessionen hatte, wie gesagt, zur Folge, daß in Völkerschaften, die sowieso arg zersplittert waren, ein weiteres trennendes Element eingeführt wurde. Auf der Karolineninsel Ponape waren im Jahr 1900 von den sieben Stämmen, die dort lebten, drei katholisch, drei protestantisch. Nur einer war dem traditionellen Glauben treu geblieben. Ein zeitgenössischer Reisender berichtete, dieser sei der einzige arbeitsame gewesen.[22]

«Catholic no good» hieß es auf Papua-Guinea am Oberlauf des Sepik im früheren deutschen Gebiet Mitte unseres Jahrhunderts bei den adventistisch getauften oder beeinflußten Neuchristen; «Seven days no good», war ein Slogan bei den katholischen.[23] Wahrscheinlich ist das noch heute so. Dort fand René Gardi in einem Dorf drei Glaubensrichtungen, «was dem sozialen Zusammenhalt der Dorfbewohner nicht gerade förderlich war»[24]. Als der Süden des Landes noch britisches Gebiet war (1884 Protektorat, 1906 Australien übergeben), konnte die London Missionary Society die britischen Behörden mehrmals veranlassen, konkurrierende Missionen fernzuhalten, besonders die Katholiken. Damit war es 1908 vorbei, als ein neuer Generalgouverneur kam, Sir Herbert Murray, aus alter katholischer Familie Irlands. Hinfort beschwerten sich die Protestanten, er bevorzuge die katholischen Missionen.

In Papua-Neuguinea und auf den benachbarten melanesischen Inseln waren 1970 51 verschiedene kirchliche Missionen am Werk, mit fast 3500 Missionaren.[25] (Papua-Neuguinea hat etwa 3,3 Millionen Einwohner.) Dort verteilten aggressive amerikanische Protestanten, wie das erwähnte BBC-Team bei den Arbeiten zur Serie «Missionaries» entdeckte, Comics: Da sieht man katholische Mönche aus ihrem Kloster zu einem Nonnenkloster schleichen, um an sexuellen Orgien teilzunehmen, und einen unterirdischen Friedhof, wo die Mönche ihre ermordeten Kinder begraben. Diese Comics, produziert von «Chick Publications, America», sind für manche junge Papua die ersten «christlichen» Publikationen, die sie zu Gesicht bekommen.[26] In anderer protestantischer Propaganda wird der Papst als Verbündeter Hitlers und Stalins dargestellt. Extrem antipapistisch sind dort auch die 7-Tage-Adventisten. Sie missionieren in Papua-Neuguinea lieber unter Einheimischen, die schon zum Christentum bekehrt sind, seien sie katholisch oder protestantisch, als unter «Heiden».

Im belgischen Kongo ergab eine Gerichtsverhandlung im März

1942 Bemerkenswertes: Eine Afrikanerin hatte unter traditionellem Recht einen protestantischen Afrikaner geheiratet, von ihm zwei Kinder bekommen und ihn später verlassen. Nach einigen Monaten versuchte er, sie durch Gerichtsverfahren zur Rückkehr zu bringen. Sie begründete ihre Trennung damit, sie habe während einer schweren Krankheit von einem katholischen Priester das Sterbesakrament bekommen und er habe ihr das Versprechen abgenommen, falls sie am Leben bleibe, nicht zu ihrem protestantischen Mann zurückzukehren.[27]

G. Moulaert, Distriktchef im belgischen Kongostaat, notierte 1908 während einer Inspektionsfahrt: «Der Antagonismus zwischen protestantischen und katholischen Missionen ist unter moralischem Gesichtspunkt schädlich.»[28] Einer der protestantischen Missionare habe beispielsweise aus einer «Ferme Chapelle»[29] der Jesuiten das Kind einer protestantischen Familie herausgeholt, das die Jesuiten dort unter «Vormundschaft»[30] gehalten hatten. Es gab zahlreiche Beschwerden über die Hartnäckigkeit, mit der Jesuiten immer wieder Kinder aus protestantischem Milieu in ihre «Heime» brachten und dort festhielten.

Im belgischen Kongo waren neben den katholischen Missionen Protestanten aus Großbritannien, Schweden und den USA am Werk. Insgesamt gab es fast 8000 Missionare in 669 katholischen und 297 protestantischen Stationen. Der belgische Staat begünstigte die katholischen durch gewaltige Landschenkungen und finanzielle Zuwendungen – ein Vielfaches von dem, was er den Protestanten zukommen ließ. Siedler und Verwaltung bevorzugten die katholische Mission schon deswegen, weil sie rein belgisch war.

Im deutschen Reich hatten die Spannungen zwischen Staat und katholischer Kirche, die sich 1870 durch das vom Ersten Vatikanischen Konzil verkündete päpstliche Unfehlbarkeitsdogma entzündet hatten, im «Kulturkampf» eine besondere Schärfe erreicht. Sie wirkte sich auf die Missionsarbeit in den Kolonien aus. Erst in den achtziger Jahren setzte zwischen Bismarck und dem Vatikan Tauwetter ein. Den Jesuiten, die 1872 verboten und aus Deutschland ausgewiesen wurden (das Verbot wurde 1904 gemildert, aufgehoben 1917), waren die deutschen Kolonialgebiete versperrt, den ihnen «verwandten»

Orden – damit konnten alle anderen katholischen gemeint sein – ebenfalls und ausländischen katholischen Missionen, solange Bismarck in der «Kulturkampf»-Stimmung war, gleichermaßen. Er hatte verfügt, «daß die Förderung des Missionswesens in den überseeischen Besitzungen des Reiches denjenigen Missionsgesellschaften zu überlassen sein wird, welche einen deutschen Charakter tragen und von denen nicht zu befürchten ist, daß sie den Einfluß, welchen sie auf die Eingeborenen gewinnen könnten, unter Umständen gegen uns verwerten könnten»[31]. Aber er bezog sich auch darauf, daß England die in der Kongoakte von 1885 niedergeschriebene Betätigungsfreiheit aller Missionen in Zentralafrika, den sogenannten Toleranzartikel, ebenfalls nicht anwende. Der faktische Ausschluß der Katholiken, den die Formulierung mit den Jesuiten «verwandte» Orden bedeutet hatte, wurde erst von Bismarcks Nachfolgern aufgehoben. Bis dahin fanden deutsche Katholiken Ausbildungs- und Betreuungsstätten in französischen Missionsanstalten – französisch beeinflußte Missionare waren aber dann natürlich der Reichsregierung und anderen deutschen Missionaren noch weniger willkommen. Immerhin wurden sie gelegentlich geduldet, die Herz-Jesu-Mission in Neu-Pommern zum Beispiel. Bald danach wurde der Papst bewogen, einer Regelung zuzustimmen, wie sie König Leopold für seinen belgischen Kongostaat erreicht hatte: Die katholischen Missionen in deutschen Kolonien sollten allmählich ausschließlich mit Deutschen besetzt werden. Das war noch nicht überall durchgeführt, als Deutschland mit dem Ersten Weltkrieg auch seine Kolonien verlor.

Die Missionare in den deutschen Kolonien setzten nicht nur den «Kulturkampf», sondern auch den Kampf untereinander aus eigenem Antrieb weiter fort. Das heutige Namibia, damals Deutsch-Südwestafrika, hatte gerade die blutige Unterdrückung des Herero-Aufstandes hinter sich, die ebenso wie die anschließende totale Entrechtung der Nama einer der großen Schandflecke der an solchen freilich nicht armen Kolonialgeschichte ist. Die Rheinische Mission, die doch eigentlich wegen der Afrikaner ins Land gekommen war, gab sich höchst zufrieden mit dieser Entrechtung und hoffte, die Nama würden nun viel empfänglicher für ihre Botschaft sein – sie hielt für das wichtigere Problem, daß katholische Missionare im Land waren. Sie protestierte bei der Reichsregierung gegen die Gleichbehandlung der Missionen durch die Kolonialbehörden. Noch während des Aufstandes hatten sich die beiden Missionen gestritten, wer in Gefangenenlagern predigen dürfe.

In Deutsch-Ostafrika, heute im wesentlichen Tansania, fühlten sich die Protestanten von den Katholiken bedrängt. Der Chronist der protestantischen Berliner Mission sprach vom «Einbruch» der Benediktiner im nördlichen Bereich der Berliner[32], und die Weißen Väter störten im Süden nicht nur die Ausdehnung der Berliner, sondern behinderten auch die Herrnhuter. Die Väter vom Heiligen Geist wiederum zielten auf die Region des Kilimandscharo, dort kollidierten sie mit der protestantischen Leipziger Mission. Da «machte es der Einbruch der Katholiken notwendig, daß zur Abwehr schnell noch einige weitere Stationen in Angriff genommen wurden», erklärte Richter[33]. «Am Njassasee wurde südlich von Ikombe am Wiedhafen eine Station Kingoli, östlich von Lupembe in der den Angriffen der Benediktiner besonders ausgesetzten Landschaft Masagati eine Station Lwamate erbaut.» Als die Berliner im damaligen Tanganjika das Gebiet von Uhehe missionarisch in Angriff nehmen wollten, mußten sie feststellen, daß die Katholiken schon da waren. Die waren im Gefolge einer deutschen «Strafexpedition» erschienen, und der deutsche Distriktchef v. Prinz zog sie auch vor, da der afrikanische König des Gebietes evangelische Missionare nicht leiden konnte.[34] Im südlichen Hochland erreichten die Spannungen zwischen den Missionen ihren Höhepunkt, und Gouverneur v. Rechenberg schrieb: «Die Weißen Väter und die Herrnhuter fechten ihren Kampf um das Dreieck Bismarckburg – Langenburg – Kilmatinde nicht mehr durch die fiktive Besetzung gigantischer Landstriche durch Außenposten aus, die meist aus einem einzigen farbigen ‹Helfer› oder Katecheten bestehen, sondern indem sie in die Missionssphäre der gegnerischen Konfession eindringen.»[35] Der Bezirksamtmann Albinus beschwerte sich im Juni 1906 beim Gouvernement, daß beide Konfessionen «hartnäckig» das Ziel verfolgten, «in ein und demselben Gebiet den Negern das Evangelium aufzuoktroyieren»[36]. Ein Versuch der Kolonialregierung, zwischen Berliner Missionsgesellschaft und den Benediktinern einen Abgrenzungsvertrag zustande zu bringen, scheiterte an der Mitteilung des katholischen Bischofs, der Vatikan billige keine Verträge mit Protestanten. Ein zweiter Versuch brachte zwar einen Vertrag zustande, erledigte sich aber, weil die Benediktiner ihn nicht beachteten.

In der deutschen Kolonie Kamerun bewirkte schon die katholische Interessenbekundung, daß die Basler Mission sich schleunigst niederließ, wie es ihr die Kolonialverwaltung angeboten hatte. Doch die katholischen Pallottiner rückten ebenfalls an, gefolgt von der Herz-Jesu-Gesellschaft und dann noch von den Vätern vom Heiligen Geist. Besonders die Pallottiner missionierten ungerührt mitten im protestantischen Gebiet. Auch hier nahmen die Basler manche Landstriche nur in Angriff, weil sie den Pallottinern zuvorkommen wollten. Von den deutschen Behörden versuchten sie unter Hinweis auf ihre längere Anwesenheit mehrfach vergeblich, bevorzugt behandelt zu werden. Schließlich schlugen sich die Behörden auf die Seite der katholischen Mission, weil sich diese sehr deutschnational gab und sich ganz mit dem Kolonialregime identifizierte, während die Basler zu den Kritikern des Gouverneurs v. Puttkamer gehörten. Der lobte ausdrücklich die gute Zusammenarbeit mit den Katholiken, als die Einheimischen zur Zwangsarbeit für die Deutschen bewogen wurden. Außerdem kamen sie dem Wunsch der Verwaltung nach Deutschunterricht in den Schulen entgegen, während die Basler Mission Landessprachen bevorzugte. Ihr Deutschunterricht verschaffte den katholischen Missionen oft Vorteile, weil die afrikanische Oberschicht ihre Kinder die Sprache der Besatzer lernen lassen wollten. «Da alles, was Rom jetzt gewinnt, auf unabsehbare Zeit für das Evangelium verloren ist, so müssen wir so rasch wie möglich die gefährdetsten Gebiete [Bandjoun; damals bedeutendes Königreich, etwa in der Mitte Kameruns] besetzen», meinte der Superintendent der Basler Mission für Kamerun, Lutz. «Die Katholiken sind eine Geißel Gottes, damit er uns schlaftrunkenes Volk vorwärts treibe, denn was wir jetzt den Katholiken überlassen, ist auf lange Zeit fürs Evangelium verloren.»[37]

In solche Atmosphäre paßt die Geschichte der katholischen Schwester Emerentiana Picker, die in Togo ein krankes Baby getauft hatte und erst hinterher bemerkte, daß es zu einer protestantischen Familie gehörte. Die «Gefahr», daß der schnell wiedergesundete Junge protestantisch erzogen würde, bekümmerte sie, und ihre Biographin erzählt, der Kleine sei «ein besonderer Gegenstand ihrer fürbittenden Gebete» geworden. Um was genau die Schwester betete, wird nicht überliefert. Etwa anderthalb Jahre später «erkrankte der Kleine, und der liebe Gott holte ihn heim. Über diesen glücklichen Ausgang freute sich Schwester Emerentiana herzlich, denn nun wurde der kleine Schwarze ein Engel im Himmel.»[38]

So behindert die katholischen Missionen eine Zeitlang in den deutschen Kolonien waren, so aggressiv operierten sie – nicht nur die Jesuiten – in anderen Gebieten. In Rhodesien beispielsweise versuchten die Jesuiten hauptsächlich, den Adventisten und den Methodisten zuvorzukommen oder ihnen direkt in ihren Missionsgebieten Konkurrenz zu machen. Einer von ihnen schrieb nach der Eröffnung einer neuen Missionsstation, es sei «ein Sieg über die ‹Adventisten›, die sich sehr bemüht hatten, sie für sich zu bekommen»[39]. Die Weißen Väter, die ein Demarkationsangebot der Protestanten zurückgewiesen hatten, operierten weiter nördlich gegen die Londoner und die Livingstonia Mission, dann auch gegen die Holländische Reformierte Kirche. Die drei respektierten untereinander ihre Zonen, aber die amerikanische Universities Mission und die Adventisten lehnten Abgrenzungen ebenso ab wie die Katholiken.

Im heutigen Kenia verfügten die britischen Behörden, daß die zahlreichen verschiedenen Missionen durch einen mindestens drei Meilen breiten Landstreifen voneinander getrennt arbeiten müßten. Als noch mehr Missionare kamen und die Stimmung zwischen den einzelnen Gruppen sich weiter verschlechterte, dehnte die Regierung diese Freizone auf zehn Meilen aus.[40] Dort erreichte die CMS, daß ihrer direkten Konkurrenz, den katholischen italienischen Consolata-Vätern, ein größeres Gebiet versperrt blieb. Die CMS gab zu, daß sie sich eigentlich ein zu großes Missionsgebiet gesichert habe, «aber es ist unbedingt erforderlich, daß wir behalten, was wir in Angriff genommen haben»[41].

In Südafrika waren die Katholiken durch die Abneigung der Protestanten am längsten in ihrer Missionsarbeit beeinträchtigt. Die holländische Ostindiengesellschaft hatte ihnen die Betätigung im Kapland rundweg verboten. Die Briten hoben das Verbot 1830 auf, aber es dauerte noch Jahrzehnte, bis katholische Missionare erschienen.[42]

Extremfall Uganda

Zu welchen tragischen Verwicklungen der Gegensatz zwischen den Konfessionen führen konnte, mußte Buganda erleben, damals ein Königreich unter dem Kabaka, in dem etwa zwei Millionen Baganda lebten. Die Hauptstadt Rubaga lag auf dem Gebiet des heutigen Kampala, der Hauptstadt von Uganda; Buganda ist eine der vier Provinzen des Staates Uganda geworden.

Der Kabaka (König) Mutesa war mächtig genug, die Missionare zur Residenz in seiner Hauptstadt zu zwingen, wo er sie unter Kontrolle halten wollte. Die ersten Protestanten erschienen 1877, nachdem Mutesa den berühmten Stanley – er fand im Auftrag seiner Zeitung den in Afrika verschollenen Livingstone – um Vermittlung gebeten hatte: Stanley veröffentlichte seinen Appell im Londoner «Daily Telegraph» und löste damit in Großbritannien eine neue Welle der Missionsbegeisterung aus. Die Protestanten fanden bei Hof und in Rubaga schon den Islam fest etabliert vor, teils durch Araber, teils durch zum Islam bekehrte Baganda. Der Kabaka selbst war dem Glauben seiner Väter treu geblieben.

Mutesas Reich hatte erste Streifzüge von Soldaten des Khedive von Ägypten erlebt, die von britischen Offizieren befehligt wurden, und von der Küste her konnten jederzeit Araber einfallen. Die britischen Missionare schienen dem König, der seine Unabhängigkeit bedroht wußte, eine gute Versicherung zu sein. Verständlicherweise gab es keine herzlichen Beziehungen zwischen den Moslems und den Protestanten, die sich schon bald über die ersten Bekehrungen freuen konnten und ihren Anhang ständig vergrößerten. Der Kabaka erzwang Ruhe.

1879 erschienen die katholischen, französischen Weißen Väter. Mutesa mag gedacht haben, daß Frankreich ein Gegengewicht zu eventuellen britisch-ägyptischen oder arabischen Annektionsgelüsten bilden könne, jedenfalls nötigte er auch die Katholiken zum Bleiben. Das verdroß die Moslems, aber noch mehr die Protestanten, und die Reibereien zwischen den Christen begannen auch sofort. Die CMS-Missionare staunten über die Gastgeschenke der Weißen Väter für Mutesa: fünf Repetiergewehre mit Munition (nebst anderen Dingen).

Den ersten offenen Zusammenstoß provozierten die Katholiken. Mutesa wollte beide Missionen gemeinsam an seinem Hof ihre Botschaft verkünden lassen und hieß sie, sich bei ihm zu versammeln. Der CMS-Missionar Mackay wurde aufgefordert zu predigen. Danach fragte der König die Katholiken, warum sie nicht, wie alle anderen, niedergekniet seien; ob sie nicht an Christus glaubten. Darauf setzte ihm Pater Lourdel auseinander, daß die protestantischen Texte aus dem Buch der Lügen stammten; die Protestanten verbreiteten nur Lügen, die einzige christliche Autorität auf Erden sei der Papst. Die beiden Missionare trugen auf Befehl des Königs noch eine Weile ihre gegensätzlichen Ansichten vor, schließlich meinten die anwesenden Afrikaner verdutzt: «Jeder Weiße hat eine andere Religion.»[1]

Beide Seiten koexistierten mehr schlecht als recht als Konkurrenten, natürlich auch der Moslems, und konnten beträchtlichen Erfolg bei den Baganda verzeichnen, die Katholiken noch mehr als die Protestanten. Bei Hof intrigierten die drei «Fraktionen» so heftig gegeneinander, daß der Kabaka beschloß, sie loszuwerden, und sich auf seine «heidnischen» Ursprünge besann. Bevor er das in die Tat umsetzen konnte, starb er. Auf dem Thron folgte ihm sein achtzehnjähriger Sohn Muanga, der launisch und grausam war, von den Weißen als tückischer Barbar beschrieben wurde und Sodomie praktizierte – die Christen sagten, er habe das von den Arabern gelernt, die großen Einfluß auf ihn hatten.

Muanga begann die Christen zu demütigen und ihre afrikanischen Anhänger zu verfolgen; protestantisch getaufte Hofpagen ließ er foltern und lebendig verbrennen. (Mehr darüber im Kapitel «Opfermut».) Weit davon entfernt, die afrikanischen Neuchristen einzuschüchtern, löste Muangas Wüten eine Welle von Bekehrungen aus. Der Kabaka, den nicht nur die Fremden, sondern auch Baganda mittlerweile für irrsinnig hielten, wollte sie nun alle loswerden und ihren Anhang dazu – Moslems wie Christen. Mit einigen afrikanischen Häuptlingen bereitete er vor, sie auf eine Insel im Viktoriasee zu verschleppen; dort sollten sie verhungern. Das einte die drei Gruppen, die davon Wind bekommen hatten, sie stürzten ihn, aber er entkam.

Einen Monat später bewogen die Moslems den neuen Kabaka, die Christen aus der Hauptstadt zu vertreiben. Die Araber beherrschten Buganda ein Jahr lang, wurden aber rasch sehr unbeliebt, weil sie jedermann zum Moslem machen wollten und nicht nur den König, sondern viele Afrikaner zwangen, sich beschneiden zu lassen. In dieser Zeit erschien Muanga als reuiger Sünder in der neuen Mission der Weißen Väter außerhalb Bugandas. Sie nahmen ihn als Flüchtling auf. Bald danach halfen die am Victoriasee versammelten afrikanischen Christen beider Konfessionen ihrem vormaligen Unterdrücker sogar, die Hauptstadt zurückzuerobern. Die Araber und ihre Verbündeten unter den Baganda vertrieben ihn ein zweites Mal, aber Anfang 1890 wurden sie endgültig besiegt. Muanga hatte inzwischen die britische Ostafrikagesellschaft um Unterstützung gebeten. Ihr Vertreter machte einen Vertrag zur Bedingung – auch Muanga, wieder fest im Sattel, wußte, was das hieß.

Mit dem Sieg der christlichen Allianz der Afrikaner waren auch die Missionare zurückgekehrt, und gleich danach zerbrach das Bündnis wieder. Auslösendes Moment war das Erscheinen des deutschen Landraffers («Kolonialpioniers») Carl Peters. Großbritannien und Deutschland einigten sich gerade über Interessengebiete, wobei Uganda den Briten zufiel. Peters dachte, den deutschen Bereich noch ausdehnen zu können, und bot Muanga gleichfalls einen Vertrag – einen scheinbar günstigeren. Die britischen Missionare sahen mit Grimm, daß die französischen Weißen Väter Muanga rieten, mit den Deutschen abzuschließen, was er auch tat. Die afrikanischen Protestanten stimmten zu, weil sie einen neuen Angriff der Moslems fürchteten. Doch gleich danach war der Vertrag wegen der deutsch-britischen Einigung wertlos.

Nun kamen die Briten der Ostafrikagesellschaft mit beachtlicher Truppenstärke und reklamierten «ihren» Vertrag. Die Christen waren wieder gespalten –, diesmal auch – und für lange Zeit – die afrikanischen. Die Katholiken waren auf der Seite des Kabaka, der nun erklärte, er sei selbst katholisch, die Protestanten standen hinter dem britischen Kommandeur, Captain Lugard. Daß der König sich als Katholik bekannte, verschaffte den Weißen Vätern großen Auftrieb; immer mehr Baganda, angeführt von ihren Häuptlingen, ließen sich taufen. Da tauchten wieder Moslemtruppen an der Grenze Bugandas auf. Die Christen vergaßen vorübergehend ihre Gegensätze und schlugen sie zurück.

Die Katholiken kamen wieder vom Kabaka ab, gerade die afrikanischen. Ihre Häuptlinge bei Hof – inzwischen bekehrte Christen – störte nun doch sein Lebenswandel immer mehr, besonders seine Sodomie. Zur Warnung ließen sie einige seiner Pagen umbringen. Muanga bot darauf den Briten an, Protestant zu werden. Aber er geriet an den Falschen, an den Captain Williams, der Lugard in Abwesenheit vertrat und riet, auf die Rückkehr seines Chefs zu warten. Die protestantischen Missionare bedauerten, daß eine gute Gelegenheit verpaßt worden sei – Muanga blieb Katholik.

Die Spannungen zwischen den christlichen Gruppen verschärften sich weiter; Hauptstreitpunkt war die Postenverteilung im Bagandastaat. Die Zusammenstöße mehrten sich, die Franzosen schmuggelten Gewehre für die Katholiken ins Land, Lugard bewaffnete afrikanische Protestanten. Dann brach offener Kampf aus. Die Protestanten brannten die katholische Kirche nieder. Als schließlich die Katholiken die Oberhand zu gewinnen schienen, griff Lugards Truppe zugunsten der Protestanten ein. Gegen sein Maxim-Maschinengewehr waren die Katholiken machtlos und schließlich auch gegen des Captains Truppe aus Sudanesen und Sansibaris. Als das Feuer schwieg, wehte die Fahne der britischen Gesellschaft über dem Königspalast. Der Kabaka war mit den afrikanischen Katholiken geflohen. Der Captain eilte zur katholischen Mission, in Sorge, die Franzosen könnten umgekommen sein. Doch die Weißen Väter waren inmitten ihrer Ruinen wohlauf und bewirteten ihn mit Wein; ihr Vorratsraum war unversehrt geblieben.

Lugard forderte den Kabaka zur Rückkehr auf, die Weißen Väter verließen Rubaga und propagierten für ihre Gemeinden das Exil.

Zwischen Katholiken und Protestanten gab es ein zweites blutiges Gefecht, das Lugards Truppen abermals für die Protestanten entschieden.

Die katholischen Missionare führten ihre Scharen in die Provinz Budu, nahe dem damals deutschen Tanganjika. «Das ist für uns kein Exil, sondern eher eine neue Heimat», schrieb Bischof Hirth, der an der Spitze der Weißen Väter in der Hauptstadt amtiert hatte. «Denn uns folgte tagelang eine immense Auswandererschar. Ganz Budu ist eine katholische Provinz geworden. Obwohl die Protestanten [hier] zehnmal zahlreicher sind, sind sie vertrieben.» [2] Da gab es wieder eine jener Völkerwanderungen, wie sie Afrika – große und kleine – so oft erlebt hat.

Der Bischof versuchte, die Deutschen zum Eingreifen für die Katholiken zu bewegen, was der deutsche Kommandant der Grenzregion jedoch strikt ablehnte. Schließlich konnten sich die Katholiken mit Lugard einigen: Sie behielten Budu. Lugard hatte die Rückkehr des Kabaka nach Rubaga zur Bedingung gemacht; protestantische Häuptlinge holten ihn schließlich. Nun war er kein Tyrann mehr, sondern wieder einmal ein reuiger Sünder – und wurde Protestant. Ein neuer Vertrag mit der Ostafrikagesellschaft besiegelte die Herrschaft Großbritanniens.

Fronten in Lateinamerika

Im mittelamerikanischen Nicaragua lebten die Herrnhuter vom vergangenen Jahrhundert bis zum Ersten Weltkrieg in beständiger Sorge wegen der «Feindschaft der bigott katholischen Regierung» und der «Gegenarbeit plötzlich auftauchender katholischer Priester». Auch aus Kalifornien, wo sie von 1889 an wirkten, berichtet ihr Chronist: «Es würde alles ohne Störung gegangen sein, wenn sich nicht die Katholiken, als sie die Erfolge der evangelischen Mission unter den Indianern sahen, plötzlich darauf besonnen hätten, daß alte Beziehungen zu ihnen bestünden, und eine intrigenreiche Gegenarbeit begonnen hätten.» [1]

Nicaragua war auch in der Gegenwart ein Test für Missionare, protestantische und katholische, aber in seltsamer Umkehrung der Fronten: Lateinamerika, vom Vatikan gern als der große katholische Kontinent betrachtet, ist seit langem aggressiver protestantischer Missionstätigkeit ausgesetzt; sie kommt ganz wesentlich aus Nordamerika.

Wenn schon die europäischen Missionare Wertvorstellungen in die kolonisierte Welt einführten, die weitgehend vom Puritanismus einer kleinbürgerlichen Herkunft geprägt waren, so bringen viele protestantische Amerikaner nicht nur ihre Vorstellungen vom amerikanischen «way of life» mit, den sie für leicht übertragbar zu halten scheinen, sondern propagieren auch sehr deutlich die politischen Vorstellungen der USA – verpackt mit einer krassen, altmodischen, konservativen Bibelauslegung, die mehr Schrecken als Trost zu bieten hat, mit Satan und der Hölle für die Widerspenstigen. Als solche zählen nun offenbar alle, die das ungerechte Gesellschaftssystem Lateinamerikas in Frage stellen. Die amerikanischen protestantischen Missionare haben wenig gegen die Vorherrschaft einer winzigen Schicht, die einen Kontinent für sich ausbeutet und mit allen Machtmitteln und der deutlichen, schon fast zwei Jahrhunderte andauernden Unterstützung durch Nordamerika die große Masse der Bevölkerung im Elend hält.

Seit einigen Jahrzehnten empfinden die Regierungen der USA die Katholiken Ibero-Amerikas nicht mehr als Garanten der herrschenden Ordnung, da sich ein großer Teil ihrer Priester und Missionare auf die Seite der Benachteiligten gestellt hat. Volle Unterstützung aus dem Norden erhalten nun protestantische Missionen. Das sind nicht die vertrauten der früheren Zeiten, sondern die neueren «evangelikalen» wie das Summer Institute of Linguistics (oder Wycliffe Bible Translators) und die Indian Tribes Mission neben den «Pfingstlern» (Pentecostals).

So fand man schon im nicaraguanischen Bürgerkrieg Ende der siebziger Jahre amerikanische katholische Priester und Missionare auf der Seite der sandinistischen Regierung gegen die US-finanzierten Contras.[2] Auffällig waren auch die engen Beziehungen zwischen dem chilenischen Diktator Pinochet und den Pentecostals.[3] Dies alles verlief parallel zu den Bemühungen Papst Johannes Pauls II., die katholische Kirche Lateinamerikas durch gezielte Personalpolitik, die ihre immer noch mächtigen konservativen Kräfte stärkt, von der «Befreiungstheologie» weg wieder zur Stütze der bisherigen Gesellschaftsordnung zu machen.

OPFERMUT

Tödliche Strapazen

Was immer man heute über die Missionare denken mag, männliche und weibliche, und ihre Angehörigen nicht zu vergessen – eine aufopferungsbereitere Schar hat es kaum je gegeben, wenn man Armeen in patriotischem Überschwang ausnimmt. Als Armee Gottes fühlten sie sich ja auch. Ihre Bereitschaft, sich für ihren, für *den* Herrn zu opfern, hat auch zu einem Blutzoll geführt, dem wir heute unmöglich den Respekt versagen können.

Die Missionare und Missionarinnen, die an die «Heiden» die gewaltige Anforderung stellten, ihr Leben von Grund auf zu ändern, waren oft selbst bereit, vieles auf sich zu nehmen, Entbehrungen, Strapazen, psychische Belastungen, und sogar ihr eigenes Leben dafür aufs Spiel zu setzen. Viele haben das in imponierender Weise getan. Wir können lange darüber nachdenken, ob zu solcher Selbstaufgabe vielleicht nicht Mut gehört, sondern Masochismus, Ignoranz, auch Hochmut und intellektuelle Blindheit. Jedenfalls bringt nicht jedermann den Antrieb, die Kraft und die Überzeugung auf, für eine Sache freudig zu sterben – für welche auch immer. Christen taten das zu Hunderttausenden, ein Experte sagt gar, zu Millionen. Missionarinnen und Missionare waren an diesen Blutopfern beteiligt.

Das begann für sie schon mit dem Entschluß, überhaupt die Strapazen eines missionarischen Lebens auf sich zu nehmen. Daß die tropischen Länder für Europäer nicht sehr gesund seien, das hatten sie schon gehört. Daß sie nicht überall bei den «Heiden» willkommen waren, wohl auch. Es war grandios, wie wenig sie sich darum kümmerten. In vielen Fällen kamen die entsandten Missionare gar nicht an ihren Zielorten an: Sie starben schon vorher an Tropenkrankheiten. Von rund sechshundert Jesuiten, die bis zum 18. Jahrhundert nach China wollten, starben nach einer Berechnung des Paters Couplet etwa vierhundert, bevor sie das Land erreicht hatten.[1] Oder sie starben dort nach kurzer Zeit – an Malaria oder Gelbfieber oder anderem.

Von den ersten vier Missionaren, die die Basler Mission 1886 nach Kamerun schickte, starb einer schon vier Tage nach der Ankunft. Von den 18 Herrnhutern, die 1734 auf die Insel St. Thomas, Westindien, gekommen waren, lagen zehn nach wenigen Monaten im Grab. Die Church Missionary Society verlor zwischen 1804 und 1824 53 Männer und Frauen in Sierra Leone. Die Methodisten hatten in den Jahren zwischen 1835 und 1850 den Tod von 30 ihrer Leute zu beklagen, in Gambia, Sierra Leone und der Goldküste. Ende 1843 landete Bischof Barron von der Kongregation des Heiligen Geistes (damals Congrégation du Saint Cœur de Marie) mit sieben Priestern und drei Laienbrüdern in Liberia, der ersten Siedlung befreiter Sklaven, unter denen sie missionieren wollten. Ein paar Wochen später waren sechs von ihnen tot, zwei mußten krank nach Hause geschickt werden. Sierra Leone hatte schnell den Ruf «Des weißen Mannes Grab». Von insgesamt 79 Missionaren und Missionarsfrauen, die seit 1814 dort ihre Arbeit aufgenommen hatten, waren 1826 nur 14 noch in ihren Stationen, die meisten anderen waren gestorben, gewöhnlich an Malaria.

«Am 18. Dezember 1828 gingen die Missionare K. F. Salbach, J. G. Schmid, G. Holzwarth und J. P. Henks in Christiansborg an Land. Die Arbeit der Basler Mission in Ghana (damals Goldküste genannt) nahm ihren Anfang.» So stand es in den «Basler Afrika Bibliographien», Ausgabe Dezember 1978, anläßlich dieses 150. Jahrestages; in der Kapelle des Missionshauses fand auch eine Gedenkfeier statt: «So wie später weitere 130 Kollegen und Kolleginnen erlagen sie bald dem Klima und den tropischen Krankheiten.»

Vier Abgesandte der Norddeutschen Mission, Luer Bultmann aus Vahr bei Bremen, Lorenz Wolf aus Bingen, beide ordiniert, und die Laienbrüder Carl Flato aus Horn bei Bremen und der Däne Jens Graff, sollten 1847 eine Mission im Gebiet des Flusses Gabun gründen. Auf der Hinreise hatten sie im Mai vierzehn Tage Aufenthalt in Cape Coast, einem Malariagebiet. Bultmann starb am 5. Juni,

Flato am 14. Juni, Graff ein paar Wochen später, Wolf vier Jahre später nach seiner Heimkehr im Hafen von Hamburg.

Letzte Station Wolfs war Peki im Land der Ewe in Togo gewesen. Die Missionsleitung beschloß, dort neu anzufangen. Zwei Basler und der Norddeutsche Quinius versuchten es. Kurz nach ihrem Eintreffen starb einer der Basler, Menge. In seinem letzten Brief berichtete er: «Schwester Quinius hat einen Sohn geboren – und begraben.» Zwei Jahre später starb der zweite der Basler, Däuble, in der Missionsstation Keta. Von Keta aus begann dann die Missionsarbeit unter den Ewe. Professor D. Martin Schlunk[2] sagte: «Man muß sich aber immer wieder Einzelheiten vergegenwärtigen, wenn man die Geduld und den Glauben, die in dieser Entwicklung liegen, recht würdigen will. Ehe sie beginnt, sind sechs Jahre voll Mühe und Not vergangen. Zehn Brüder und zwei Frauen hatte man ausgesandt, von denen fünf gestorben und vier mit gebrochener Gesundheit heimgekehrt waren.» In Keta waren die Brüder «so einsam, daß sie einmal schreiben konnten: ‹Das tausendjährige Reich könnte kommen, und ich glaube, wir im Busch würden nichts davon erfahren.›» Einsam war es auch in den anderen Stationen. 1858 schrieb der Missionar Knecht[3] aus Anyako: «So fühle ich mich auch oft einsam und verlassen unter diesem fremden, bösen Volke. Wie eine schwere Wucht lastet es oft auf mir, und kein Bruder ist bei mir, der mir beistehen und in dessen Gesellschaft ich aufleben könnte. Müde und niedergedrückt komme ich oft von meiner Arbeit, wo ich den brennenden Strahlen einer tropischen Sonne ausgesetzt bin, die Leib und Seele darniederdrükken.»

Auf dem Missionsfriedhof in Ho in Togo trugen drei Gräber den Namen Steinemann. «Dort hat der Gründer der Station Ho die tapferen Frauen begraben, die es wagten, eine nach der anderen, ihm in das Todesland zu folgen: Tabita Stöcklin mit ihrem nur wenige Tage alt gewordenen Kindlein († 12. Februar 1862), Ida Siebenburg († April 1865) und Elise Wenger († 3. Februar 1867). Er selbst aber fand sein Grab, nach so viel Leid gebrochen heimkehrend, irgendwo an der Westküste Afrikas.»[4] Von neun Missionaren der Leipziger Mission, die nach 1888 nach Afrika geschickt wurden, starben vier innerhalb weniger Jahre, zwei erkrankten so, daß sie aufgeben mußten.

Als die katholische Gesellschaft der afrikanischen Missionen 1859 ihre Arbeit aufnahm, landete ihr Gründer, Bischof Henry de Brésillac, mit drei Priestern und einem Laienbruder in Freetown, Sierra Leone. Innerhalb weniger Monate erlagen sie alle dem Gelbfieber. Während der nächsten zwanzig Jahre starb jedes Jahr ein Viertel der dort tätigen Priester. Dennoch kamen immer wieder neue. 1898 verlor die erst drei Jahre zuvor gegründete Station an der Elfenbeinküste innerhalb von zwölf Tagen vier Patres und eine Schwester durch Gelbfieber. In den Tropen betrug die Lebenserwartung von Missionaren nach ihrer Ankunft oft nur noch zwei Jahre.

Diese Bilanz bedeutet unzählige tragische Schicksale. Stellvertretend hier ein paar typische: Henry Palmer, verheiratet mit der Tochter eines Geistlichen; beide kamen als Missionare nach Sierra Leone. Binnen drei Monaten erlag er dem Fieber. Sie war schwanger. Das Kind kam ein paar Wochen danach zur Welt und starb kurz darauf. Sechs Tage später war auch Mrs. Palmer tot.

Der amerikanische Baptist T. J. Bowen brachte im August 1853 im heutigen Nigeria zwei Missionare mit ihren Frauen nach Ijaye, die dort eine Missionsstation einrichten sollten. Aber der eine erblindete gleich danach und mußte mit seiner Frau nach Amerika zurückkehren. Die Frau des anderen starb fünf Monate später, ihr Mann acht Monate danach. Die Schwägerin des südafrikanischen Bischofs Colenso war mit einem Missionar auf Borneo verheiratet – innerhalb von sechs Jahren starben ihnen fünf Kinder.

Thomas M. Thomas[5] von der London Missionary Society (LMS) erzählte, wie die Missionarsehepaare Helmore und Price 1860 im zentralen Südafrika in einem beschwerlichen Marsch etwa drei Monate brauchten, um hundert Meilen zurückzulegen. In den zwei Wochen danach erkrankten beide an Fieber, ebenso einer ihrer afrikanischen Begleiter. Dieser starb nach siebzehn Tagen. «Fünf Tage später wurde der kleine Henry Helmore fortgenommen, Mr. Price begrub ihn am nächsten Tag. Am 9. März starb Price' kleine Tochter in den Armen ihrer Mutter. Am 11. folgte Selina Helmore, und am folgenden Tag, dem 12., kam die zarte, aufopfernde und fromme Mutter zu ihren treuen Lämmern in das Land, wo es weder Hunger noch Durst, Sorge oder Krankheit gibt. Auch Tabe, ein

Diakon aus Helmores früherer Kirche, war nun gestorben, und Mr. und Mrs. Price fieberten. Am 19. kam auch Sitloke, ebenfalls ein Mitglied von Helmores früherer Kirche, auf die Liste der Toten. Nun schienen sich Mr. Helmore und Mr. und Mrs. Price zu erholen. Aber das Fieber war nur abgeklungen, um mit doppelter Stärke zurückzukommen, und am 21. April schied der apostolische Helmore aus seinem aufopferungsvollen, energischen und noblen Leben hinüber zu seiner Ruhe und Belohnung... Mrs. Price, vom Fieber schon seit einiger Zeit ganz hilflos gemacht, starb am 5. Juli und wurde von ihrem Mann in der Ebene von Mabebe unter einem großen Baum begraben.» Price baute später in Betschuanaland eine sehr erfolgreiche Missionsstation auf.

Thomas, der Erzähler, missionierte in Südafrika unter den Ndebele. Im Juni 1862 verlor er erst sein jüngstes Kind, drei Tage später seine Frau; sie starben an einer Krankheit, die sie zunächst für eine einfache Erkältung gehalten hatten. «Ich fühle mich einsam», schrieb er in einem Brief. «Meine lieben Jungen, Morgan und David, sind mir Kameraden, gewiß, aber sie lindern meinen Schmerz nicht, sie vergrößern ihn eher. Morgans Fragen und Tränen würden schon genügen, ein gesundes Herz zu brechen, um wieviel mehr ein wundes. ‹Papa, wo ist Mama?› ‹Sie ist im Himmel.› ‹Wer hat sie hingebracht?› ‹Jesus Christus.› ‹Warum?› ‹Um ihn zu preisen und glücklich zu sein.› ‹Wo ist der Himmel, Papa?› ‹Da oben.› ‹Wann gehen wir dahin? Können wir nicht jetzt gehen? Wo sind der Wagen und die Ochsen?› ‹Die können dort nicht hin.› ‹Wie ging Mama hin?› ‹Jesus nahm sie mit.› ‹Und können wir nicht auch hin?› ‹Nein, nicht heute.› Dann beginnt er, bitterlich zu weinen, und er ist nur schwer zu besänftigen. Eine Mutter wie ihre zu verlieren ist für Kinder überall ein großer Verlust, aber so ein Verlust ist in einem Land wie diesem zehnmal größer als in christlichen Ländern.»[6] Auch Thomas' Kollege in der Station Inyati, William Sykes, verlor seine Frau, nur wenige Jahre nachdem er in Afrika angekommen war.

Solche traurigen Beispiele gibt es viele. Die Missionare der Frühzeit nahmen aber auch Strapazen auf sich, in einem meist feindlichen Umfeld, die wir uns nur schwer vorstellen können.

Missionssuperintendent Franz Hinrich Pehmöller von der Berliner

Missionsgesellschaft wurde 1837 nach Südafrika geschickt, mit Sitz in Kapstadt, um die Arbeit der Missionare zu koordinieren, sie in ihren Stationen zu betreuen und zu leiten. Im Winter 1837/38 unternahm er eine Inspektionsreise, die ihn durch das «Kaffernland» ins Missionsgebiet Bethanien führte. Unterwegs erkältete er sich, aber er beachtete es nicht. Dazu kam Überanstrengung, und daraus erwuchs ein langwieriges Leiden, «das er bei seiner zarten Konstitution nie wieder ganz überwunden hat». Nach Kapstadt zurückgekehrt, «geriet er bald in eine gefährliche Blatternepidemie... Er pflegte die Kranken und Sterbenden mit hingebender Treue, wurde dann aber selbst von der Krankheit ergriffen und an den Rand des Todes gebracht. Von einer neuerlichen Inspektionsreise nach Zoar zurückkehrend, konnte er seine frühere Kraft nicht wiederfinden... Im Januar 1844 mußte er sich endgültig zur Heimreise nach Deutschland entschließen. Auf dem Schiff starb er am 20. März.»[7]

Johann Ludwig Krapf war von der CMS zunächst in Äthiopien eingesetzt worden. 1842 heiratete er in Kairo Rosina Dietrich aus Basel. Sie war schon einmal mit einem Missionar verlobt gewesen, der aber in Marseille starb, bevor sie heiraten konnten. Die beiden Krapfs teilten die Strapazen des Marsches nach Äthiopien. Dort starb ihr erstes Kind. 1844 übersiedelten sie nach Mombasa, Kenia. Bald danach wurden beide schwer krank. Seine Frau starb nach der Geburt einer Tochter, das Kind vierzehn Tage später.

Auf der Suche nach einem geeigneten Ort für eine Missionsstation kam Krapf in eine Siedlung der Wanika, als es gerade regnete. Die Stammesältesten glaubten, er habe den Regen gebracht, und willigten sofort ein, als er bat, unter ihnen leben zu dürfen. Zusammen mit Johannes Rebmann, einem württembergischen Landsmann, bestimmte Krapf das nahe liegende Rabai zum Ort der Station, der ersten in Ostafrika. Als sie am geplanten Tag, dem 25. August 1846, nach Rabai aufbrechen wollten, lagen beide mit hohem Fieber in Mombasa. Aber Krapf war entschlossen, den Beginn des Missionswerks nicht aufzuschieben, und die beiden Männer zogen los. Krapf als der geschwächtere hielt sich mühsam auf einem Esel, Rebmann stolperte neben ihm, meist bergauf, und mußte alle paar Schritte erschöpft stehenbleiben. Als sie schließlich ankamen, brach Krapf zusammen. Beide konnten erst nach einem langen Schlaf mit der Arbeit anfangen. Sie bauten Hütten, wie sie die Afrikaner hatten. «Wenn uns jemand da gesehen hätte in unseren dreckigen und zerfetzten Kleidern, blutend von Dornen und Steinen, wie wir wie die Eingeborenen Schlamm an die Wände klatschten und ihn mit den Händen verputzten, würde er uns schwerlich für Geistliche gehalten haben», sagte Krapf[8].

Aus dem Tagebuch Hugo Hahns von der Rheinischen Missionsgesellschaft, 1842: «Donnerstag, 7. Juli. Mit Tagesanbruch standen wir auf und setzten unsere Reise fort. Den ganzen Tag fanden wir kein Wasser. Erst gegen Sonnenuntergang fanden wir welches, das jedoch fast ungenießbar war. Auf eine weite Entfernung kam einem schon der Gestank vom Urin des Wildes und des Viehes entgegen. Unsere Ochsen, obwohl durstig, wollten es nicht trinken, und mein Begleiter, ein Namaqua, rief aus, als er vom Wasser kostete: ‹Dat Water is toch al te raar en leelyk.› Ich hielt den Atem an und trank soviel als möglich, worauf wir noch eine irdene Flasche damit füllten. Bis zehn Uhr ritten und gingen wir abwechselnd und verirrten uns einmal in den Bergen.»

Zu den körperlichen Strapazen kamen die psychischen Belastungen, nicht nur durch die Krankheits- und Todesfälle in den Missionarsfamilien und unter Mitarbeitern. Auch Mangel an Kommunikation mit den Zentralen konnte bedrücken. Hugo Hahn, 13. Mai 1843: «Die Wärme war sehr groß, aber das Verlangen, Briefe aus Deutschland zu erhalten, die ich sicher erwartete, noch größer. Wir trieben die Ochsen so stark an, daß sie schlapp wurden und wir genötigt waren, abzusteigen und hinterher zu laufen, so daß uns bald der Schweiß vom Körper lief. Der Inhalt eines Bienennestes, das wir ausnahmen, erquickte uns gleich Jonathan. Als es kühl wurde, bestiegen wir unsere Ochsen wieder und holten die Wagen [von Jan Booi] bei Aris glücklich ein, aber statt der heißersehnten vielen Briefe aus Deutschland hatte er nur einen von Bruder Knudsen und einen von Bruder Bam für uns. Seit zwei Jahren erhielten wir keinen Brief von unserer Gesellschaft. Ich war ganz niedergeschlagen.» (Die gesamte Post der Rheinischen Mission dieser Jahre an alle Missionare der Gegend war in Kapstadt liegengeblieben, wie sich später herausstellte; schließlich bekamen sie sie alle auf einmal.)

Je größer der Aufwand, desto größer natürlich auch die Schwierigkeiten. Den ersten Treck der katholischen Weißen Väter nach Äquatorialafrika schilderte Theodor Frey[9]. Von Marseille aus brauchten sie vierzig Tage Schiffahrt bis Sansibar, wo sie am 30. Mai 1878 eintrafen. Dort mußten sie auf die Zusammenstellung ihrer Karawane warten: Mit ihnen konkurrierten fünf weitere (Forschungs-) Expeditionen um Träger und Ausrüstungen. «Die Patres brauchten allein für die zu ihrem Lebensunterhalt notwendigen Lasten mit Stoffen und Tauschartikeln, die alle von Negern getragen werden mußten, wenigstens 300 Träger; dazu kamen dann noch die nötigen Soldaten (Askari) zum Schutz der Karawane gegen feindliche Überfälle.»

Als es ihnen auf Sansibar zu lange dauerte, setzten sie zum Festland über; in Bagamayo unterhielten die Väter vom Heiligen Geist eine Missionsstation und konnten ihnen helfen. Aus dem Landesinneren trafen um diese Zeit mehrere Karawanen mit Elfenbein ein; plötzlich gab es Träger genug. «Endlich am 17. Juni waren alle Vorbereitungen soweit beendigt, daß man aufbrechen konnte, nachdem man das ganze Unternehmen noch einmal unter den Schutz des Allerhöchsten gestellt hatte. Die Fahne des göttlichen Herzen Jesu wehte an der Spitze des langen Zuges; sie sollte andeuten, daß der Heiland von diesen Gegenden und ihren unglücklichen Bewohnern Besitz ergreife, um ihnen die Früchte der Erlösung zuzuwenden.» Doch bald «machten sich Opfer und Entbehrungen der verschiedensten Art bemerkbar».

Die Karawane schleppte sich durch ein großes Sumpfgebiet. «Man hatte die größte Mühe, die Reitesel durch die zähe, breiige Masse hindurchzuzerren; dabei mußte mehr als ein Missionar infolge der Starrköpfigkeit dieser Tiere ein unfreiwilliges Schlammbad nehmen. Die Hitze wurde immer größer, der feuchte Boden dampfte, Fieberdünste erhoben sich und setzten den Missionaren immer mehr zu. Von den Trägern blieben manche zurück, andere warfen ihre Lasten weg und rissen aus; Diebe entwendeten öfters in der Nacht wertvolle Ballen. Einmal brach im Lager Feuer aus, dem mehrere Stofflasten zum Opfer fielen.» Ein unerwartetes Problem verursachten die Askaris, die die Träger schlecht behandelten; der Gegensatz zwischen den beiden Gruppen nahm manchmal «drohende Formen an. Man sah sich schließlich gezwungen, mehrere Askari wegzujagen. Es war schwer für die Missionare, die Boten des Friedens und der Liebe, mit der nötigen Strenge und Rücksichtslosigkeit aufzutreten, die bei diesen rohen Gesellen allein helfen konnte.»

Allmählich wurde es schwieriger, für die Karawane, die mehr als 500 Personen zählte, die nötigen Lebensmittel zusammenzubringen, und was erhältlich war, bekam den Missionaren nicht. «Nach und nach wurde das Fieber ein immer häufigerer Gast, jenes afrikanische Fieber, von dem Stanley schreibt (‹Wie ich Livingstone fand›): ‹Der Kopf ist ganz in Feuer, die Schläfen hämmern mit beschleunigten Schlägen. Feurige Zangen scheinen einen zu zerreißen; in den Adern scheint Feuer zu fließen. Der Durst verzehrt einen. Die heiße Luft ist mit schrecklichen Ungeheuern angefüllt, mit bekannten und unbekannten Reptilien, die immer größer und zahlreicher werden und immer neue und schrecklichere Gestalten annehmen. Jede Anstrengung, die man macht, um diesen Gespenstern zu entgehen, macht sie furchtbarer und verursacht neue Qualen... Die sorgsamste Pflege, die zarteste Aufmerksamkeit, die demütigste Hingebung, alles reizt und bringt einen vollends um den Verstand. In diesem schrecklichen Zustand würde selbst Job in Raserei verfallen sein.›» Am 19. August starb der erste der Patres. «Die geplante Tanganjikamission verlor in ihm ihren ersten Leiter. Die Glaubensboten konnten es zuerst gar nicht fassen, dann aber ergaben sie sich in den heiligen und anbetungswürdigen Willen Gottes in der festen Überzeugung, daß Pater Paskal am Throne des Allerhöchsten ein mächtiger Beschützer für sie und ihr opfervolles Unternehmen sein werde. Mit Rücksicht auf die abergläubischen Vorstellungen der Eingeborenen der Gegend, die, wenn sie von dem Tode eines Weißen auf ihrem Gebiete Kunde erhalten hätten, diesen Umstand sicher zu Erpressungen ausgebeutet hätten, wurde der Leichnam in aller Stille in dunkler Nacht tief im Urwald zur letzten Ruhe gebettet.»

Die Patres ärgerte sehr, daß die Häuptlinge der Stämme, durch deren Gebiet sie zogen, Stoffe und anderes als Zoll verlangten. Das pflegten, wie schon gesagt, in Afrika fast alle Weißen, die mit den

Landessitten nicht vertraut waren, als unverschämte Erpressung zu empfinden. Daß sie aus einem Europa kamen, in dem die Kleinstaaterei bis in jüngste Vergangenheit ebenfalls für viele Zollschranken gesorgt hatte, gab ihnen nicht zu denken. So schrumpften jedenfalls ihre Warenschätze schneller als erwartet.

Die Karawane war sicherlich für die afrikanischen Träger noch beschwerlicher als für die Patres. Sie schleppten ja die Lasten, aber das berührte den Chronisten offensichtlich weniger. «Am 22. August warfen alle Träger ihre Lasten weg und liefen davon. Mit Hilfe der Askari gelang es, einen großen Teil wieder einzufangen.» Aus dem Stamm, dessen Gebiet gerade durchquert wurde, konnten einige neu angeworben werden, «nur unter schweren Opfern», was natürlich hieß, daß diese ordentlich bezahlt werden wollten. «Wenige Tage später suchten wieder 120 das Weite. Pater Lourdel war schwer erkrankt, aber man mußte trotzdem weiter, wenn nicht die ganze Karawane im Urwald umkommen sollte. Der Kranke litt unsäglich; man war gezwungen, ihn mitzuschleppen, denn ein Aufenthalt wäre verhängnisvoll gewesen.»

Bald danach wurde die Karawane von «Buschräubern» angegriffen, «sie bemächtigten sich mehrerer Lasten und verschwanden damit im Wald, ehe die Askari sie fassen konnten». Zwei Tage später weigerten sich die Träger weiterzumachen – die Schilderung sagt nicht, wie sie behandelt worden waren – und kehrten um. «Die Patres gerieten dadurch in die größte Verlegenheit. Sie befanden sich noch mehr als hundert Kilometer von Tabora entfernt, ganz allein mit den Askari und den Lasten. Dabei waren zwei Patres fieberkrank und fast immer im Delirium.» Nun schickten die Patres eine Abordnung nach Tabora, um den Wali (Statthalter) des Sultans von Sansibar um Träger zu bitten. Sie kamen erst am 12. September dort an und kehrten tatsächlich mit 260 Trägern zu den Wartenden zurück. Am 1. Oktober zog die Karawane schließlich in Tabora ein, für die 866 Kilometer hatten sie dreieinhalb Monate gebraucht.

Dies war aber noch keineswegs das Ziel, sondern nur die Etappe, nach der sich die Missionare in zwei Gruppen teilen und weiterziehen sollten. Dort schimpften die Patres zunächst auf den Wali, der jetzt «die wahren Gesinnungen» zeigte, indem er «den Glaubensboten

4000 Meter Stoff abpreßte»; sie hatten wohl gedacht, 260 Träger für mehr als einen halben Monat seien umsonst.

Doch nun brachen die Patres erst einmal zusammen, die Strapazen der Reise machten sich bemerkbar. «Augen- und Unterleibskrankheiten, verbunden mit heftigem Fieber, stellten sich ein und verwandelten die Wohnung der Missionare in ein wahres Krankenhaus. Zum Glück besaß immer wenigstens ein Pater genug Kräfte, um seine Mitbrüder zu pflegen und zum Vertrauen auf Gott zu ermutigen.» Nach einiger Zeit kehrten die Kräfte wieder. Frey zitiert aus dem Tagebuch eines der Patres: «Diese Aufzeichnungen geben nur einen schwachen Begriff von dem, was wir gelitten haben. Aber ich muß gestehen, daß im Grunde genommen die Prüfungen, die uns Gott zu senden für gut befunden hat, für unsere Seelen sehr gut waren. Wenn wir weniger gelitten hätten, hätten wir auch weniger gebetet, wir wären weniger losgeschält gewesen von den Dingen dieser Welt und hätten uns weniger an Gott angeschlossen... Wir wissen nicht, welches Kreuz Er noch für uns bestimmt hat, aber im Vertrauen auf seine Gnadenhilfe nehmen wir im voraus alles an, was Er uns zuzuschicken für gut hält. Wenn nur Gott verherrlicht und sein Werk gefördert wird, wenn nur die armen Schwarzen ihre Augen dem Licht des Glaubens öffnen, alles andere hat keine Bedeutung.»

Nun mußten die angehenden Missionare ihre Vorräte auf zwei Gruppen aufteilen. Die eine Gruppe sollte bis nach Uganda, die andere nach Ujiji am Tanganjikasee. Da stellte sich heraus, daß sie nicht mehr genug Stoffe besaßen, um damit Träger bezahlen zu können. Sie mußten also beim Wali einkaufen. Der verlangte nach ihrer Auffassung «ungeheure Wucherpreise», so daß sie sich zunächst an einen «Todfeind des Wali» wenden wollten, der in der Nähe sein Lager hatte. Ihre zwei Abgesandten trafen ihn nicht an, «da er gerade auf einem Raubzug begriffen war»; also mußte doch mit dem Wali gefeilscht werden.

Die Gruppe, die nach Uganda zog, brauchte mehr als vierzig Tage bis zum Nyansasee, unter ähnlichen Abenteuern wie während der ersten Etappe, und dann noch einmal fast einen Monat auf zerbrechlichen Booten über den See. Die zweite Gruppe saß in Tabora zwei Wochen länger fest und litt unter der inzwischen begonnenen Regenzeit mit ihren sintflutartigen Güssen. Auch hier verschwanden mal Träger, mal Askari und schließlich der Dolmetscher, «was aber, wie das Tagebuch bemerkt, die gute Wirkung hatte, daß die Patres gezwungen wurden, sich selbst mit ihren Sprachkenntnissen durchzuschlagen, und sich so in viel kürzerer Zeit die Sprache anzueignen». Soweit die Schilderung Theodor Freys.

Um diese Zeit, 1878, schlug sich nicht weit von den Weißen Vätern auch E. C. Hore von der LMS durch, auf dem Weg nach Ujiji. Hore war beauftragt, eine Missionsstation einzurichten und für Dampferverbindungen auf dem See zu sorgen, zu dem ein Dampfer geschafft wurde, in Teile zerlegt; der konnte aber erst 1887 in Betrieb genommen werden. Ein Tagebuchauszug: «Der Fluß war just passierbar, an der tiefsten Stelle reichte er einem Mann bis etwa zur Mitte. Ich wurde von zwei Männern gemütlich rübergetragen. Der arme Joseph, der sehr krank ist und den ein Freund freiwillig hinübertragen wollte, wurde in der Strommitte mit seinem Freund und allem umgeworfen, zu seinem nicht geringen Unbehagen und zum großen Amüsement der Leute an beiden Ufern... schließlich waren alle sicher drüben. Ich marschierte am Ende der Karawane und hatte, als wir zum Camp kamen, zehneinhalb Stunden Marsch hinter mir... Donnerstag, 20.: Der gestrige lange und ermüdende Marsch zeigt bei unseren Leuten seine Wirkung. Heute morgen waren viele krank und müde...»[10]

Schon die erste anglikanische Mission, die, angespornt durch den berühmten David Livingstone, nach Zentralafrika aufbrach, wurde ein Fiasko. Die Karawane der Universities Mission to Central Africa (UMCA) marschierte 1862 durch das Gebiet des Sambesi und begegnete einer arabischen Sklavenkarawane. Die Missionare und ihre Begleiter griffen die Araber an und verjagten sie, aber dadurch hatten sie nun 84 zusätzliche Männer zu versorgen und kamen immer langsamer voran. Bischof McKenzie, der Leiter, und drei seiner Priester starben am Fieber, die Expedition löste sich allmählich auf, und die befreiten Sklaven mußten ihr Heil anderswo suchen.

Die durchaus vorhandenen Regeln des Umganges mit und in den unbekannten afrikanischen Völkern trugen sehr zur Verlangsamung solcher Märsche bei. T. J. Bowen von der amerikanischen Southern Baptist Convention berichtete von seinem Streifzug 1850 durch das

Land der Yoruba im heutigen Nigeria: «Überall in Afrika ist Brauch, daß ein Weißer keine Stadt und kein Land besuchen kann, ohne vorher den Häuptling durch Boten um Erlaubnis zu bitten. Das mag dem ungeduldigen Reisenden unangenehm sein, aber niemand sollte es mißachten. Denn wenn Sie ohne ein Einladung ein Land betreten, können Sie als Eindringling behandelt werden. Aber wenn Sie dem König einen Boten schicken und er Sie einlädt zu kommen, dann sind Sie ‹der Fremde des Königs›, und er und sein Volk sind durch die heiligen Gesetze der Gastfreundschaft gebunden, Sie höflich zu behandeln.» [11]

Dreihundert Jahre vorher hatte der portugiesische Jesuit Gonzalo da Silveira den Hof des Königs Muene Mutapa im heutigen Ostsimbabwe erreicht. Dort wurde er zunächst höflich aufgenommen, aber der König folgte schließlich seinen Beratern, die nichts Gutes von dem Fremden und seinem Glauben erwarteten, und ließ ihn erwürgen.

Der spanische Jesuit Pedro Paez sollte Ende des 16. Jahrhunderts das unzugängliche Abessinien für den römisch-katholischen Glauben gewinnen. Er brach von Goa auf, wo er bis dahin gewirkt hatte, wurde aber während der Seereise von einem arabischen Piraten aufgebracht und mußte sieben Jahre sein Leben als Galeerensklave fristen. Als er schließlich wieder frei war, lernte er in einem Kloster erst Amharisch, dann arbeitete er sich allmählich bis zum äthiopischen Kaiserhof vor. Es gelang ihm, den Kaiser zu bekehren, worauf er seine Heimreise antrat, einige Jesuiten als Missionare zurücklassend. Aber bald danach starb der Kaiser, und sein Nachfolger hatte nichts für die Religion der Jesuiten übrig. Er ließ sie enthaupten.

Der Ausdauer der Missionare entsprach gelegentlich der Enthusiasmus der von ihnen Bekehrten. Dies bestätigt u. a. der Bericht des Missionsbischofs Franziskus Hennemann von den Pallottinern aus seiner Zeit in Kamerun in den Jahren vor dem Ersten Weltkrieg: «Die Katechumenen brachten auf allen Stationen in Kamerun nicht selten große Opfer... Viele hatten zum Unterrichtsorte weite Wege zurückzulegen, oft mehrere Stunden. So arbeiteten, um nur ein Beispiel zu nennen, auf einer Pflanzung an der Küste eine Anzahl Jaunde-Jünglinge. Sie hatten sich in das Katechumenat einschreiben lassen.

Nun lag aber die nächste Missionsstation (Viktoria) fast drei Stunden von ihrem Arbeitsplatz entfernt. Es war für sie also fast unmöglich, regelmäßig zur Mission in den Unterricht zu gehen. Doch ihr Eifer wußte Rat. Mit Genehmigung ihres weißen Aufsehers hielten sie keine Mittagspause, sondern arbeiteten durch, um früher Feierabend zu machen und dann im Sturmschritt zur Mission eilen zu können. Welch ein Opfer, in glühender Sonnenhitze des tropischen Mittags zu arbeiten und dann nach hartem Tagewerk durch äußerste Eile einen Weg abzukürzen, der in gewöhnlichem Tempo hin und zurück an fünf Stunden ausmachte.»[12]

Auch wenn sie etabliert waren, lebten die Männer und Frauen der Missionen – andere als die im Abschnitt «Reiche im Armenland» Genannten – oft in Verhältnissen, mit denen nicht viele Europäer tauschen würden – ganz abgesehen vom ungesunden Klima. Hier ein Tagebuchauszug von Carl Hugo Hahn: «27. Januar 1845 … Unsere Dolmetscherin ist diese Nacht von einer sehr giftigen Schlange gebissen worden. Leider sagte man es uns erst nach einer Stunde. Die Stelle wurde gleich geschnitten, Hirschhorngeist darein getan und auch eingegeben, ebenso süßes Öl (Olivenöl). Später wurden auch Schröpfköpfe aufgesetzt, die Blut, Wasser und Schaum auszogen … Etwa acht Uhr morgens fanden wir die Schlange in Bruder Bams Kammer und erlegten sie. Unsere Leute kannten diese Art nicht; die Eingeborenen versichern, daß ihr Biß tödlich ist. Sie war viereinhalb Fuß lang, dreieinhalb Zoll im Umfang, mit großen harten Schuppen und gelb und schwärzlich-grauen Querstreifen, die am Bauch sehr hell sind. Dies ist die zweite Schlange, die wir in unserem Häuschen entdeckten.

Die erste kam in meine Kammer denselben Abend, als ich eingezogen war. Eine Bettstelle hatte ich noch nicht, weil meine alte unbrauchbar geworden war, und unsere Matratze lag auf dem Boden, auf welcher mein kleiner Josaphat lag. Meine Frau und ich saßen im Stübchen und fühlten uns recht heimlich, nachdem wir so lange im Zelt hatten kampieren müssen, das weder Wind, Staub noch Regen mehr abhalten wollte.

Ich erschrak nicht wenig, als ich plötzlich eine schwarze Schlange längs meines kleinen Jungen vorbeischnellen und hinter einer Kiste

sich verbergen sah. Ich rief meiner Frau zu, das Kind zu nehmen, und
tötete dann diese Feindin der Menschen...

Skorpione sind hier im Überfluß, und Schwester Kleinschmidt hat
bereits drei in ihrem Bett gefunden, und mehrere haben wir im Hause,
in den Kleidern, selbst in unseren Schüsseln entdeckt. Sie sind hier
giftiger, weil der Grund sehr salpeterhaltig ist. Mehrere Male haben
wir in unserer Wohnung große Spinnen gesehen, und ein paarmal
gelang uns, sie zu fangen.

Die eine Art ist rötlich-gelb, der Leib ist zwei Zoll lang und noch
länger und dreiviertel Zoll breit. Sie haben zehn Füße, von denen die
Vorder- und Hinterfüße drei Zoll maßen. Der Leib und die Füße sind
dicht mit langen, rötlich-braunen, steifen Haaren besetzt, von denen
viele einen Zoll lang sind und dem Tier ein erschreckliches Aussehen
geben. Der Mund ist braunrot, mit vier langen Fangzähnen bewaffnet, von denen die untersten über einen halben Zoll lang sind...»

Folter und Tod

Zu Strapazen und Entbehrungen, zur Todesgefahr durch Krankheiten kamen die Opfer, die unter den Missionaren Kriege und Auseinandersetzungen zwischen den einheimischen Völkern forderten, in
die sie oft unfreiwillig hineingezogen wurden. Sodann kamen sie ja
auch als Verfechter einer Religion, die auf die Einheimischen nicht
nur fremd wirkte, sondern die ihr bisheriges soziales und geistiges
Leben umzustürzen trachtete, und das zu einer Zeit, als die Waffen
der Einheimischen ebenso locker saßen wie bis kurz vorher bei den
Weißen selbst. Da und dort waren Weiße schon als Angreifer erlebt
worden, also wurden auch die Einheimischen aggressiver, und auch
Missionare litten unter dem Zusammenprall zwischen Weiß und
Farbig.

Der schon zitierte Hore hatte ein Erlebnis erster Art, als er zu seiner
Verblüffung eines Nachts von Hunderten von Afrikanern, die sich in
einem waldigen Hügel über ihm befanden, mit Steinen beworfen
wurde. Sie hatten seine Gruppe für Angehörige eines feindlichen

Stammes gehalten. Sobald er als Weißer identifiziert war, schlug die Kampflust in Freundlichkeit um.

In der pazifischen Inselwelt kam immer wieder vor, daß die Einheimischen, die ohnehin oft sehr fremdenfeindlich waren, die Missionare für ähnlich feindselige Wesen hielten wie die weißen Sklavenjäger, Händler, Walfänger usw., die sie auf den Inseln heimzusuchen pflegten und sich meist mit Gewalt verschafften, was sie wollten. 1871 landete der Anglikaner John Coleridge Patterson auf der Insel Nukapu (Santa-Cruz-Inseln). Er wurde sofort umgebracht; seine Leiche trieb im Boot zum Schiff zurück. Die Besatzung stellte fest, daß er fünf Brustwunden hatte, und auf der Brust lag ein Palmzweig mit fünf Knoten. Später stellte sich heraus, daß kurz zuvor Weiße fünf der Inselbewohner umgebracht hatten.[1]

Ein paar Jahre später feierte England James Chalmers, der seine Missionarstätigkeit für eine Vortragsreise in die Heimat unterbrochen hatte. Chalmers war zweimal verheiratet gewesen – beide Frauen erlagen tropischen Krankheiten in seinem Missionsgebiet. Zum Schluß wirkte er in Papua-Guinea. Im April 1901 begleitete er einen neu angekommenen jungen Kollegen, Oliver Tomkins, zusammen mit zehn Jungen der Missionsstation auf einem Ausflug zur Goarabari-Insel, nahe der Mündung des Fly River; die Menschen dort galten als besonders wild und ungastlich. Kaum waren die Besucher ins erste Dorf gelangt, wurden sie überfallen und erschlagen. Die Köpfe der beiden Missionare fand später eine Suchtruppe in einem von mehreren Skeletthäusern, in denen mehr als 10000 Schädel lagerten.

Der erste Missionar, der 1839 auf Erromango (Neue Hebriden) eine Station errichten wollte, wurde erschlagen. Es war der schon als Südseemissionar erfolgreiche und berühmt gewordene John Williams von der LMS. So erging es auch 1845 dem Apostolischen Vikar Melanesiens, J. B. Epalle, auf der Salomonen-Insel Isabella; zwei Jahre später kamen dort weitere drei Missionare um. Auf Woodlark starben 1855 ebenfalls zwei Missionare einen gewaltsamen Tod. Darauf unterbrachen die Katholiken ihre Missionsversuche in Melanesien bis 1881. Die Protestanten verloren allein auf Erromango sieben Missionare.

Eine Episode besonderer Art erzählt Pater Ripa. Ein medizinisch bewanderter katholischer Laienbruder war im Jahre 1709 in Peking vom Kaiser zu seinem kranken 20. Sohn geschickt worden. Er teilte dem Kaiser mit, der Kranke sei nicht in Gefahr, entweder – meint Ripa – weil er es nicht besser wußte oder weil er dem Kaiser keinen Kummer bereiten wollte. Aber bald danach starb der Prinz. Der Kaiser ließ den Laienbruder daraufhin so mißhandeln, daß er schwer erkrankte und sich in Macao lange erholen mußte. «Das muß meine Leser nicht wundern», schrieb Ripa[2]. «Denn in Peking kannte ich einige Ärzte, die jemanden aus der kaiserlichen Familie erfolglos behandelt hatten und daraufhin auf Befehl des Kaisers erst ausgepeitscht und dann in Ketten ins Gefängnis gesteckt wurden. Zu ihrem Glück wurde jemand anderer aus der kaiserlichen Familie krank. Sie wurden zu dem Patienten gebracht, immer noch in Ketten, mit der Weisung, bei ihm zu bleiben, bis er gesund sei. Diesmal konnten sie ihn in der Tat gesund machen. Sie wurden daraufhin freigelassen, aber als Warnung mußten sie hinfort eine schmale Eisenkette um den Hals tragen.» Von da an lehnten die Jesuiten am Kaiserhof konsequent ab, sich als Ärzte auszugeben. Die Missionsgeschichte ist reich an wesentlich blutigeren Ereignissen.

Die Zeit des Kolonialismus machte viele Männer und Frauen zu Märtyrern. Ich schreibe das ganz ohne Anführungszeichen, weil sie für ihren Glauben mit ihrem Leben bezahlten, und sei es auch auf der Seite von Unterdrückern und Besatzern, oft nach fürchterlichen Qualen und oft mit einer ruhigen Opferbereitschaft, die imponiert. Oft freilich waren sie, hauptsächlich in der Frühzeit des Kolonialismus und der Kolonialmission, selbst Teil einer Besatzungsmacht, die mit den Einheimischen grausam umging. Deren Gegenwehr war, wenn überhaupt möglich, häufig nicht weniger grausam. Wir können aus unserer heutigen Sicht den noch kämpfenden oder schon unterdrückten Indianern, Afrikanern, Asiaten wohl nicht verdenken, daß sie keinen Unterschied zwischen soldatischen und frommen Unterdrückern und Besatzern machten – und hätten es wohl auch aus damaliger Sicht nicht gekonnt, wie stark und vernehmlich die christliche Motivierung auch gewesen sein mag.

Das gilt für die relativ spärlichen Indianeraufstände in Ibero-

Amerika wie den in Trinidad[3], der am 1. Dezember 1699 ausbrach. Die Indianer in der Missionsstation von San Francisco de los Arsenales erhoben sich gegen die ihnen aufgezwungene Herrschaft des spanischen Staates und seiner Kirche. Sie brachten die Kapuzinermönche um, die diese Station betrieben, und dann den Gouverneur mit seinem Gefolge. Die Rebellen verscharrten die Priester, warfen die Leiche des Gouverneurs in einen Fluß und flohen zur Küste mit ihren Frauen und Kindern; viele stürzten sich lieber ins Meer, als sich von den Spaniern fangen zu lassen. Wie üblich traf die spanische Vergeltung eine viel größere Zahl von Indianern. Sie wurden gefoltert und ermordet. Erst knapp zwei Jahre später kümmerten sich die Spanier um die verscharrten Mönche und gruben sie aus, um sie feierlich begraben zu können. Der offizielle Historiker der Kapuziner, Mateo de Anguiano, schrieb 1704, zu ihrem maßlosen Staunen hätten die Spanier die Leichen unverwest und in einem Zustand gefunden, als wären die Mönche eben erst getötet worden. Als sie die Leichname bewegten, um sie in Särge zu betten, sei aus ihren Wunden ganz frisches Blut geflossen. Sie wurden dann in der Hauptkirche des nächsten Ortes noch neun Tage lang aufgebahrt, «und während all dieser Zeit änderte sich nichts am Zustand der Körper, die ihre Frische wie vorher bewahrten».

Im heutigen Brasilien hatte um 1633 ein Schamane namens Tayubai die Indianer einer großen Jesuitensiedlung in der Nähe des Flusses Ibicui vergeblich von ihren neuen Glaubenslehrern abzubringen versucht: Sie zerstörten doch die alten Sitten und das freie Leben der Indianer. Er wurde verraten und dem Jesuitenpater Cristobal de Mendoza ausgeliefert. Der ließ ihn einsperren, verjagte ihn aber bald danach. Tayubai verschwand im Urwald und versuchte weiter, einen Aufstand gegen die Missionen zu organisieren. Knapp zwei Jahre später kehrte Pater Cristobal mit einer Indianertruppe gerade von einer Expedition zurück, da wurde er nahe dem Fluß Piaui von Indianern angegriffen; an deren Spitze stand der Schamane Tayubai. Der Missionar wurde schwer verletzt und vom Pferd gezerrt, seine Leute flohen, die Angreifer hielten ihn für tot. Tayubai kam mit den anderen am nächsten Morgen zurück, fand Cristobal noch am Leben und fragte voller Hohn, warum sein Gott ihn nicht gerettet habe. Cristobal begann zu predigen; sie zerstückelten ihn.

Der Missionar war von «seinen» Indianern geliebt worden, erzählt Hemming, dessen Buch «Red Gold» ich die Episode entnehme.[4] Diese brachten eine Truppe von etwa 1600 Katechumenen unter dem christlichen Häuptling Guaimica zusammen, die Tayubai nachzog und ihn gefangennahm. Guaimica ließ ihn zu dem Platz bringen, an dem Cristobal sein Leben gelassen hatte; dort wurde der Schamane mit Keulen zu Tode geprügelt. Die «heidnischen» Indianer versuchten, einen Aufstand zu entfachen, aber die Indianertruppen der Christen waren in der Überzahl und schlugen ihn nieder, genauso blutig, wie sie – und die Patres – behandelt worden wären, wenn sie verloren hätten.

In Nordamerika gerieten die Jesuiten im 17. Jahrhundert zwischen die Fronten sowohl untereinander verfeindeter Indianerstämme als auch der Indianer und der Weißen. Pater Jogues wurde 1642 zunächst mit seinem Gefährten Gonpil von Irokesen gefangengenommen; Gonpil brachten sie um, Jogues hielten sie mehr als ein Jahr fest, in dem sie ihn mehrere Male folterten. Er entkam schließlich. 1646 wurde er am Lake Georges in Kanada von Mohikanern getötet, ebenso wie sein Begleiter Lalande. Im Jahre 1649 besiegten die Irokesen die Huronen, bei denen auch Jesuitenmissionare weilten. Drei von ihnen töteten sie sofort; die Superiore Bréboeuf und Lalemant (jener, der die Irokesen so gern durch die Feuerfolter ins Paradies schicken wollte, s. Abschnitt «Christliche Prügel») wurden langsam zu Tode gefoltert. Doch fünf Jahre danach eröffneten die Jesuiten unbeirrt Missionsstationen bei den Irokesen.

Blutig bezahlten die Missionare, zunächst jedenfalls, ihre Versuche, Asien zu gewinnen. Dort stießen sie nicht nur auf stolze, sondern auch auf sehr intakte und abwehrfähige, meist auch noch fremdenfeindliche Regime und fest verankerte Religionen. Besonders fürchterliche Erfahrungen mußten sie in Japan machen. Dort gab es zwar 1589 etwa 300 000 Katholiken. Aber als sich christliche Japanerinnen weigerten, dem Harem des Shogun[5] Taicosama anzugehören, entfesselte dieser eine Christenverfolgung. Die Jesuiten wurden ausgewiesen, die Konvertiten aufgefordert, dem Christentum abzuschwören; 250 Kirchen wurden zerstört.[6] Aber die Verfolgungen lösten eher eine Welle der Sympathie, Bekehrungs- und Märtyrerbereitschaft aus. Tausende starben, aber ebenfalls Tausende bekannten sich neu zum Christentum. «Die Fröhlichkeit, welche die neuen Konvertiten die unvorstellbarsten Foltern ertragen ließ, erregte die Neugier der Öffentlichkeit in einem solchen Ausmaß, daß viele die Religion kennenzulernen wünschten, die im Todeskampf eine solche Glückseligkeit hervorzurufen vermochte, und als sie darüber unterrichtet wurden, bekannten auch sie sich begeistert zu ihr.»[7] Männer und Frauen hätten sich damaligen Berichten zufolge regelrecht beworben um das «Vorrecht des Martyriums» und seien von jubelnden Menschenmengen zum Schafott begleitet worden; der Kaiser habe darauf verfügt, daß von 7000 Menschen, die sich angeboten hatten, «nur» 1700 hingerichtet wurden.

Ein prahlerischer spanischer Schiffskapitän kündigte 1596 an, daß den Jesuiten eine iberische Invasion folgen werde. Eine neue Christenverfolgung setzte ein. Neun Missionare wurden Anfang 1597 in Nagasaki umgebracht, alle christlichen Geistlichen verbannt. 1605 segelte eine spanische Flotte zu den Philippinen – die Japaner vermuteten, sie wolle eigentlich Japan erobern. Holländische und britische Kaufleute sollen damals die japanischen Behörden in ihrem Mißtrauen gegen die Spanier im allgemeinen, die Jesuiten im besonders bestärkt haben. 1612 wurden wieder Kirchen zerstört und Missionare ausgewiesen. Hollis[8] schildert, wie 1619 mehrere Jesuiten, Dominikaner und Franziskaner aus dem Gefängnis in einem Verschlag, in dem sie sich nicht mehr bewegen konnten, auf die Straße gesetzt wurden – und der Jesuit Spinola predigte unermüdlich aus dem Verschlag heraus und bekehrte Menschen zum christlichen Glauben, bis er auf dem Scheiterhaufen verbrannt wurde.

Trotz des Einreiseverbots kamen jahrelang immer neue Jesuiten nach Japan, meist verkleidet als Kaufleute oder auch Soldaten. «Die Engländer und die Holländer, die in ihnen Störer ihrer guten Handelsbeziehungen sahen, waren erbötig, alle einlaufenden Schiffe darauf zu untersuchen, ob irgendwelche Jesuiten an Bord waren», sagt Hollis. Diejenigen, die gefaßt wurden, verbrannten die Japaner, nachdem sie ihnen die Füße abgehackt hatten. Andere wurden im Winter nackt in gefrierendes Wasser getaucht, bis sie starben. «Die Henkersknechte wurden aufgefordert, sie bis auf die Knochen auszupeitschen, sie in Gruben voller Giftschlangen zu werfen, sie allmählich zu zerstückeln, sie auf dem Rost zu braten, sie mit dem Kopf nach unten über einer Grube aufzuhängen, aus der Schwefeldämpfe[9] stiegen, sie voll Wasser zu pumpen und dann wieder zu entleeren, indem man ihnen auf den Bauch sprang. Als selbst solche Methoden nicht ausreichten, um die Jesuiten daran zu hindern, sich ins Land zu schmuggeln, dachten sich die holländischen und englischen Kaufleute ein Verfahren aus, bei dem sich die Jesuiten unweigerlich verraten würden, und schlugen es den Japanern vor. Sie sollten in jedem Hafen ein Kruzifix auf den Boden legen und von jedem Einwanderer verlangen, daß er auf ihm herumtrampele. Die Holländer und Engländer waren ihrerseits ohne Skrupel bereit, darauf herumzutrampeln. Die Jesuiten würden dazu natürlich nicht bereit sein.» Der Autor, Katholik und Geschichtsprofessor, zitiert für diese Schilderung keine Quelle, so daß sie vielleicht eher in das vorige Kapitel über die Rivalität zwischen Katholiken und Protestanten gehört. An den Leiden der Jesuiten ändert das nichts.

Ein Italiener namens Mastrilli war 1637 der erste, der sich weigerte, auf das Kreuz zu trampeln. Er wurde sechzig Stunden lang mit dem Kopf nach unten über einer Grube aufgehängt und dann geköpft. Ein Pater Ferrara, der seinem Glauben abgeschworen hatte, nachdem er Zeuge von mehreren Hinrichtungen einschließlich der Mastrillis gewesen war, widerrief mit achtzig Jahren seinen Widerruf und wurde ebenfalls über einer Grube aufgehängt, bis er starb. Insgesamt sollen die Christenverfolgungen in Japan etwa 200 000 Menschen das Leben gekostet haben. Schließlich wurden alle Geistlichen ausgewiesen, dann auch die anderen Europäer. Zwei Jahrhunderte lang blieb ihnen Japan verschlossen, bis 1853 Commander Perry mit seiner amerikanischen Marineexpedition das Inselreich wieder für den Westen «öffnete». Bald darauf durften auch wieder Missionare ins Land – und entdeckten, daß Tausende von Japanern trotz 200 Jahren ohne Kontakt noch immer gläubige, betende Katholiken waren.[10] Freilich gehört Japan dennoch zu den großen Enttäuschungen der christlichen Missionen. Der Shintoismus war nicht zu erschüttern, die Zahl der Christen blieb ganz gering.

Das Christentum und besonders seine weißen Missionare hatten im Zweiten Weltkrieg abermals schwer unter Japanern zu leiden. Es wird schwer sein, ein europäisches Publikum davon zu überzeugen, daß die Japaner weiße Missionare im asiatischen und pazifischen Raum für Spione hielten, aber oft wurden sie so behandelt. In manchen Gebieten überlegten die Missionare lange, ob ihr Bleiben oder ihr Verschwinden den einheimischen Gemeinden mehr nützen würde. Viele entschlossen sich zum Bleiben, so auch die meisten Anglikaner in Papua-Guinea – ein paar Monate später hatten japanische Soldaten acht von ihnen ermordet.[11] Nach der Besetzung Papua-Guineas wurden von den Dagebliebenen mehr als 200 Opfer der Japaner.[12]

Andere Missionare wurden von den Japanern in Internierungslager gebracht. P. Anton Freitag[13] von der Steyler Mission hat Berichte wiedergegeben, wie sie dort behandelt wurden: «Bei der Arbeit quälten sie die Japaner mit Gewehrkolben, Gummiknüppeln und Stökken. Wie das Vieh mit Schlägen wurden sie zur Arbeit getrieben. Für die kleinsten ‹Vergehen›, z. B. wenn die Verneigung vor einem Offizier nicht tief genug war, gab es Stockschläge ohne jede Rücksicht auf Priester- und Ordensstand oder die Bischofswürde. Jedes unglückliche Kriegsereignis mußten die Missionare mit Strafen und harter Behandlung büßen. Sank ein Schiff unter den amerikanischen Bomben, so waren sie schuld daran. Trotz ihrer Internierung sollten sie doch heimlich mit den feindlichen Fliegern, die hinter der Front landeten, in Verbindung stehen. Sie mußten es immer getan haben, wenn irgendwo Sabotage verübt wurde, und zahlten es mit Handfesseln und Kerker ... Zwei Missionare beschwerten sich wegen der schlechten Behandlung. Sie wurden abgeführt und nicht wieder gesehen. Zwei andere wurden auf Kariru selbst grausam ums Leben gebracht.» Bischof Lörks und etwa 50 Missionsangehörige wurden mit einem Schiff von Neuguinea weggebracht und verschwanden – nach einer Lesart wurden sie von den Japanern unterwegs erschossen, nach einer anderen wurde ihr Schiff von amerikanischen Flugzeugen versenkt ...» Auf der Station But, die zu Wewäk gehört (Zentralneuguinea) erschien am 25. Februar 1943 ein Japaner, der P. Jakob und Br. Emmanuel aufforderte, sofort die besten Kleider anzulegen und mitzukommen. Draußen warteten schon andere Soldaten. 150 Meter weiter mußten die Kanaken ein Grab machen. Die beiden Missionare wurden stehend darin erschossen... Nach Mitteilungen von P. J. Schwab starb Br. Joachim am 31. 5. 1943 infolge Bajonettierens. Er liegt mit Br. Bonosus, der am 18. 8. 43 umgebracht wurde, am Sepik begraben. Ein anderer Sepikmissionar, P. Paul Hansen, wurde in der Nähe von Wewäk erstochen.» Die beiden Vikariate der Steyler in Neuguinea verloren im Zweiten Weltkrieg insgesamt 122 Missionare und Schwestern.

Aus anderen japanisch besetzten Gebieten bzw. japanischen Internierungslagern gab es ähnlich schockierende Berichte. Selbstverständlich ist kein Trost, daß die Japaner andere Gefangene, besonders alliierte Soldaten, noch weit schlechter behandelten oder daß die Nazis in ihren Lagern gegen Christen und Nichtchristen noch grausamer und monströser wüteten. Und natürlich ist auch kein Trost, die Missionare hätten erstmalig am eigenen Leibe erfahren, wie ihre eigenen Landsleute als Besatzer, oft mit kirchlicher Billigung, «Eingeborene» häufig zu behandeln pflegten. Nur für die Missionsstationen im chinesischen Shantung während des japanisch-chinesischen Krieges Ende der dreißiger Jahre bescheinigt Freitag: «Die japanischen Besetzer zeigten sich human und ließen die Pflege der Armen und Elenden durch die Mission zu.» [14]

Schwere Opfer brachten die Missionen auch, als die Japaner sie bei ihren Rückzügen durch die pazifische Inselwelt immer wieder auf ihre Schiffe zwangen, die für die amerikanische und die australische Luftwaffe leichte Beute waren. Freitag gibt die Gesamtzahl der Steyler Frauen und Männer, die während des Zweiten Weltkrieges teils von den Japanern direkt umgebracht wurden, teils auf ihren Schiffen bei amerikanischen Luftangriffen umgekommen sind, mit 176 an; dazu kamen weitere neun in China.

China erwies sich im Vergleich zu Japan als kein besserer Missionsboden, wenngleich die Missionare hier eine Zeitlang eine wesentlich größere, auch aggressivere Rolle spielten, dank der Unterstützung durch ihre Regierungen. Im 18. Jahrhundert konnten sich zwar einige

Jesuiten in Peking halten, aber die Missionare der Provinzen wurden nach Macao deportiert, und Fortschritte hatte das Christentum kaum zu verzeichnen. 1747 wurde der Dominikanerbischof Sanz mit vier Ordensbrüdern in Fukien verhaftet und gefoltert, im Jahr danach enthauptet; das gleiche Schicksal ereilte kurz darauf die anderen vier. Der jesuitische Bischof von Nanking mußte fast die ganze Zeit zwischen 1760 und seinem Tod 1787 in Verstecken leben. 1784 wurden zwei Bischöfe und 16 europäische Priester verhaftet, sechs von ihnen starben in Ketten.[15]

Der Boxeraufstand

Als im Jahr 1900 der Boxeraufstand ausbrach, der sich schon vorher in einzelnen Gewalttaten angekündigt hatte (s. «Warum China explodierte»), waren westliche Missionare ein Hauptziel. Sie wurden Opfer nicht nur aufgehetzter, wütender Massen oder einzelner fanatischer Täter, sondern auch organisierter Verfolgung und Drangsalierung durch chinesische Behörden. Die waren bis dahin von der Regierung beauftragt gewesen, die Fremden zu schützen, auch die Missionare. Aber während des Aufstands stellten sich viele, auch hohe Beamte, auf die Seite der Boxer, und die Gouverneure erhielten Weisungen aus Peking, daß die Fremden nicht mehr zu beschützen seien. Diese mußten schwer dafür zahlen. Das größte Massaker an Missionaren samt ihren Familien fand in der Hauptstadt der Provinz Shansi statt, in Taiyuan. Die detaillierteste Beschreibung gab später der amerikanische Missionar Arthur H. Smith in seinem 1901 erschienen Buch «China in Convulsion». Er hatte die Einzelheiten von einem chinesischen Baptisten, der in einer großen Menschenmenge vor dem Amtsgebäude des Gouverneurs zum Augenzeugen geworden war und die Opfer kannte:

«Zuerst wurde Mr. Farthing [ein englischer Baptist] vorgeführt. Seine Frau klammerte sich an ihn, aber er schob sie sanft beiseite, trat vor die Soldaten, ohne ein Wort zu sagen; der Henker schlug ihm mit einem einzigen Hieb den Kopf ab. Ihm folgten in schneller Folge

Mr. Hoddle und Mr. Beynon, die Ärzte Lovitt und Wilson, jeder mit einem Schlag vom Henker enthauptet. Dann wurde der Gouverneur, Yü-Hsien, ungeduldig und befahl seiner Leibwache, die schwere Schwerter mit langen Griffen trug, bei der Tötung der anderen zu helfen. Mr. Stokes, Mr. Simpson und Mr. Whitehouse waren die nächsten Getöteten, der letzte mit nur einem Hieb, die anderen durch mehrere. Nach den Männern kamen die Frauen an die Reihe. Mrs. Farthing hatte ihre Kinder an der Hand, die sich an sie klammerten, aber die Soldaten trennten sie und enthaupteten die Mutter mit einem Schlag. Der Henker enthauptete alle Kinder und tat es geschickt, er brauchte nur je einen Hieb. Aber die Soldaten waren ungeschickt, und manche der Frauen erlitten mehrere Hiebe, bevor sie tot waren. Mrs. Lovitt trug ihre Brille und hielt die Hand ihres kleinen Jungen fest, selbst als sie getötet wurde. Sie sprach zu den Leuten: ‹Wir alle kamen nach China, um euch die gute Botschaft von der Rettung durch Jesus Christus zu bringen; wir haben euch nichts getan, nur Gutes, warum behandelt ihr uns so?› Ein Soldat nahm ihr die Brille ab, bevor er sie enthauptete; er mußte zweimal zuschlagen.

Als die Protestanten tot waren, wurden die römischen Katholiken vorgeführt. Der Bischof, ein alter Mann mit einem langen weißen Bart, fragte den Gouverneur, warum er diese gemeine Tat begehe. Ich hörte den Gouverneur nicht antworten, aber er zog sein Schwert und hieb dem Bischof mit einem schweren Schlag quer durchs Gesicht; das Blut floß seinen weißen Bart entlang und dann wurde er geköpft. Die Priester und Nonnen folgten ihm gleich danach in den Tod. Dann kamen Mr. Pigott und seine Gruppe aus dem Distriktgefängnis, das in der Nähe ist. Er war noch in Handschellen, ebenso wie Mr. Robinson. Er predigte bis zum Schluß, bis er mit einem einzigen Schlag enthauptet wurde. Mr. Robinson nahm den Tod sehr ruhig hin. Mrs. Pigott hielt die Hand ihres Sohnes, als sie enthauptet wurde, und er wurde gleich danach getötet. Die Frauen und zwei Mädchen wurden ebenfalls schnell getötet.

An diesem Tag wurden insgesamt 45 Fremde enthauptet, 33 Protestanten und 12 Katholiken. Eine Anzahl eingeborener Christen wurde ebenfalls getötet. Alle Leichen wurden bis zum nächsten Morgen da gelassen, wo sie gefallen waren, weil es bis abends gedauert hatte, bis alles vorbei war. Während der Nacht wurden ihnen ihre Kleider, Ringe und Uhren genommen. Am nächsten Tag wurden sie zu einem Platz diesseits des großen Südtores geschafft, mit Ausnahme einiger Köpfe, die in Käfigen auf der Stadtmauer plaziert wurden. Alle waren überrascht über die Standhaftigkeit und Ruhe der Fremden, von denen außer zwei oder drei Kindern niemand schrie oder irgendeinen Lärm machte.» [1]

Der Gouverneur Yü-Hsien, unter dessen Aufsicht das Blutbad stattgefunden hatte, konnte sich zwar durchaus auf die Ermunterung durch die Kaiserinwitwe berufen, die als Regentin das Land regierte. Er wurde aber später auf Verlangen der westlichen Mächte hingerichtet. Der Hof hatte ihn zunächst nur zusammen mit acht anderen hohen Beamten, die sich wie er gegen die Fremden hervorgetan hatten, entlassen wollen. Die Kolonialmächte legten Protest ein.

Insgesamt wurden etwa 250 westliche Missionare und Angehörige – darunter mehr als 50 Kinder – während des Boxeraufstands umgebracht, dazu eine nicht ermittelte Zahl chinesischer Christen, die erheblich höher liegen dürfte. Mit welcher Tapferkeit sie ihr Los hinnahmen, geht hinreichend aus dem wiedergegebenen Bericht hervor; ähnliche Beschreibungen gibt es auch über die heroische Haltung chinesischer Kirchenmänner. Eine der ermordeten Missionarsfrauen, Lizzy Atwater, hatte kurz vorher einen Brief an ihre Geschwister geschrieben. Den Text entnehme ich dem ebenfalls 1901 erschienenen, von Marshall Broomhall herausgegebenen Werk «Martyred Missionaries of the China Inland Mission»:

«Fenchou, 3. August 1900. Mein Lieber, meine Lieben – ich habe versucht, Mut zu fassen, um Euch noch einmal zu schreiben. Wie kann ich all die furchtbaren Details dieser Tage aufschreiben? Ich möchte sie Euch eher ersparen. Die Lieben in Shouyang, sieben einschließlich unserer schönen Mädchen, wurden gefangen und in Ketten nach Taiyuan gebracht und dort auf Befehl des Gouverneurs geköpft, zusammen mit den Freunden von dort, 33 Seelen. Am folgenden Tag wurden die katholischen Priester und Nonnen von Taiyuan ebenfalls geköpft, zehn Seelen gestern. Drei Wochen nachdem etliche umgekommen waren, wurde unsere Mission in Taku angegriffen, und unsere sechs Freunde dort und mehrere tapfere

Christen, die bei ihnen ausharrten, wurden enthauptet. Wir warten nun auf unseren Abruf. Wir haben versucht, in die Berge zu entkommen, aber die Pläne versagen. Rechts und links werden unsere Sachen gestohlen, denn die Leute wissen, daß wir verurteilt sind. Warum unser Leben geschont wurde, können wir nicht sagen. Die Proklamation sagt, daß, wer immer uns umbringt, dem Gouverneur einen großen Dienst leistet. Unser Magistrat hat bis jetzt Frieden gehalten, aber wenn diese Männer aus Taku kommen, ist nicht viel Hoffnung, und es scheint auch keine zu geben, wohin wir uns auch wenden. Die ausländischen Soldaten sind in Pao-ting-fu, und es heißt, es werde Frieden geschlossen. In einem zivilisierten Land würde uns das retten, was immer die Leute sagen mögen. Der Gouverneur scheint in Eile zu sein, seine blutige Arbeit zu Ende zu bringen, für die er wohl nach Shansi geschickt wurde.

Meine Lieben, ich habe Sehnsucht nach Euren lieben Gesichtern, fürchte aber, daß wir uns nicht mehr auf Erden sehen werden. Ich habe Euch alle so sehr geliebt und weiß, daß Ihr die, die in China liegt, nicht vergessen werdet... Nie gab es solche Geschwister wie meine. Ich bereite mich sehr still und ruhig auf das Ende vor. Der Herr ist wunderbar nahe, und Er wird mich nicht im Stich lassen. Ich war sehr unruhig und aufgeregt, solange es eine Überlebenschance zu geben schien, aber Gott hat dieses Gefühl von mir genommen, und nun bete ich nur um die Gnade, das schreckliche Ende tapfer zu bestehen. Der Schmerz wird schnell vorbei sein – und dann kommt die Süße des Willkommens da oben!

Mein kleines Baby wird mit mir gehen. Ich denke, Gott wird es mir im Himmel wiedergeben, und meine teure Mutter wird so glücklich sein, uns wiederzusehen. Ich kann mir das Willkommen des Erlösers gar nicht vorstellen. Es wird mich für all diese Tage der Spannung entschädigen. Ihr Lieben, lebt nahe bei Gott, und klammert Euch weniger eng an die Erde. Es gibt keinen anderen Weg, durch den wir jenen Frieden von Gott empfangen können, der über das Verstehen hinausgeht. Ich würde gern jedem von Euch eine eigene Botschaft senden, aber das geht mir zu sehr ans Herz. Ich muß in diesen Stunden ruhig und still bleiben. Ich bedaure nicht, nach China gekommen zu sein, aber es tut mir leid, daß ich so wenig getan habe. Meine Ehe, zwei kostbare Jahre, waren so voller Glück. Mein lieber Mann und ich werden zusammen sterben.

Ich hatte die Trennung immer gefürchtet. Wenn wir jetzt entkommen, wird es ein Wunder sein. Ich schicke Euch allen meine Liebe, und den teuren Freunden, die sich an mich erinnern. Eure Euch liebende Schwester – Lizzy.»[2]

Zwölf Tage später war sie mit Mann und Kind tot.

Viele der Überlebenden gingen durch eine Hölle, immer in der quälenden Ungewißheit, ob sie mit dem Leben davonkommen würden. Was die Gruppe erlebte, die von P'ing-yao floh, möchte ich stark gekürzt wiedergeben, ebenfalls gestützt auf «Martyred Missionaries»[3]:

«Unsere Straßenkapelle in der Stadt wurde als erstes angegriffen. Die Türen, Fenster, Möbel und Bücher wurden draußen auf einen Haufen getragen und verbrannt. Dann kamen sie zu unserer Missionsstation in der westlichen Vorstadt und plünderten sie, nachdem sie einen Teil der Mauer niedergebrochen hatten. Wir holten unsere vier Kinder aus ihren bequemen Betten und trugen sie, ohne sie auch nur anzuziehen, zum Amtsgebäude. Dort wurde uns gesagt, daß der Beamte uns nicht schützen könne und daß für uns das beste sei, P'ing-yao sofort zu verlassen und ruhigere Gegenden aufzusuchen... Donnerstag nachmittag, 28. Juni, kamen wir bis auf sieben Meilen an Taiyuan heran, wo wir einen Konvertiten trafen. Er sagte, wir sollten dort besser nicht hingehen, da die große Station der Shouyang-Mission in der Nacht zuvor niedergebrannt worden sei, Miss Coombs verbrannte mit ihr. Er erzählte auch, daß alle Fremden (mehr als 30 mit den Kindern) sich in eines der Häuser der englischen Baptistenmission geflüchtet hätten, das des Rev. G. B. Farthing, es sei von mehreren tausend Menschen belagert, die es diese Nacht anzünden wollten, ohne daß die Insassen eine Fluchtchance hätten...

So wendeten wir uns wieder nach Süden und nahmen Richtung auf Lu-ch'eng, eine Stadt im Lu-an-fu-Distrikt, 133 Meilen südöstlich P'ing-yao, wo eine Station der China Inland Mission ist... In einem Dorf am Rande der Berge wurden wir in unserem Gasthaus dreimal von einer Boxerbande angegriffen. Wir mußten dem Wärter der kaiserlichen Kurierställe fünf Pfund zahlen, damit er uns sicher herausbrachte, und so mußten wir fast den ganzen Weg nach Lu-ch'eng Schutz erkaufen. Wir kamen in dieser Stadt am Donnerstag, dem 5. Juli, an und blieben bis Samstag, dann wurde diese Station ebenfalls überfallen... Die Missionsstation in Lu-an, 13 Meilen entfernt, war am selben Morgen überfallen worden, und die Missionare dort waren schon Richtung Han-kow aufgebrochen... Wir baten den Bürgermeister von Lu-ch'eng um ein offizielles Dokument, das uns von Stadt zu Stadt bis Han-kow zu Eskorten berechtigt hätte, aber wir bekamen die gleiche Antwort wie in P'ing-yao (daß er Befehl erhalten habe, den Fremden allen Schutz zu entziehen)...

Beim Abmarsch von Lu-ch'eng waren wir 14 Personen, einschließlich sechs Kindern. Das jüngste war 18 Monate alt, das älteste siebeneinhalb Jahre. Wir mußten heimlich um Mitternacht aufbrechen und marschierten die ganze Nacht, mit den kleineren Kindern auf dem Rücken. Unser Gepäck war auf zwei Eseln, aber einer verschwand gleich auf Nimmerwiedersehen. Bald nach Sonnenaufgang erreichten wir ein Dorf, wo wir Esel mieteten, auf denen die Frauen und Kinder vier Meilen reiten sollten. Aber als wir etwa die Hälfte dieser Strecke zurückgelegt hatten, gerieten wir an eine Bande von fast 200 Männern, die uns alles stahlen, was wir besaßen: Esel, Silber, Waren; sie nahmen uns sogar die Kleider, die wir anhatten. Die meisten von uns behielten nur ein Paar chinesischer Hosen; Oberkörper und Schädel waren ganz ungeschützt in der schrecklichen, brennenden Julisonne. Wir schleppten uns voran, so gut wir konnten, trugen die kleineren Kinder, die anderen gingen, wir alle im vollen Strahl der halbtropischen Sonne, während dieses und der zwei folgenden Tage, durch Dorf um Dorf, wo wir aufs grausamste behandelt wurden, bis wir die nächste Stadt erreichten, Ch'ang-tz, vierzig Meilen von Lu-ch'eng, wo wir offizielle Hilfe und Schutz zu bekommen hofften.

Obwohl wir fast nackt waren, sogar ohne Schuhe und Strümpfe, wollten die Leute nicht glauben, daß wir kein Silber an uns versteckt hätten, und sie schlugen uns gnadenlos, in der Hoffnung, diese Behandlung werde irgendein Geständnis bringen, wo wir das Silber versteckt hätten. Die Leute eines Dorfes folgten uns bis zur Grenze des nächsten, bewarfen uns mit Steinen und harten Lehmbrocken und schlugen uns mit Stöcken und Ziegeln auf Rücken und Köpfe, und das ging so fast ununterbrochen von Dorf zu Dorf während dieser drei Tage. In einem Dorf wurde Mr. E. J. Cooper mit einem Strick zur Dorfgrenze geschleift und dort als tot liegengelassen. Wenn wir uns irgendwo setzten, um etwas auszuruhen, wurden wir noch mehr gesteinigt und geschlagen. Die einzige Rast hatten wir im Schutz der Dunkelheit an irgendeinem einsamen Flecken, wo wir auf der harten Erde schliefen. Selbst dann wurden wir einmal um Mitternacht von einer Gruppe von Männern aufgeschreckt, die aus einem Dorf kamen und uns suchten. Als sie uns auf offenem Feld schlafend fanden, zwangen sie uns weiterzugehen.

Die ersten zwei Tage hatten wir nichts zu essen, und niemand wollte uns auch nur Trinkwasser geben. Wir waren gezwungen, jedes Wasser zu trinken, an dem wir vorbeikamen, und war es auch nur ein dreckiger, stehender Tümpel. Gegen Abend des zweiten Tages wurden wir mit Steinen bis in die Mitte eines großen Marktplatzes beworfen, aber wir setzten uns am Rand der Hauptstraße nieder und sagten den Leuten, wir könnten nicht weiter, bis wir etwas zu essen bekämen. Sie unternahmen alles, um uns aus dem Dorf zu treiben, aber wir weigerten uns zu gehen, und schließlich gaben sie uns etwas Brot und Wasser und geleiteten uns sicher aus dem Ort. Als wir etwa zwei Meilen zurückgelegt hatten, holte uns ein völlig Unbekannter ein, und nach kurzem Gespräch holte er etwa drei Dutzend hartge-kochte Eier aus einem Beutel und gab sie uns; so führte uns Gott selbst in dieser unfreundlichen Zeit in China Freunde zu, die uns halfen.

In der nächsten Stadt – Ch'ang-tz – hatte der Bürgermeister offen-sichtlich schon von uns gehört, denn als wir bei Dämmerung anka-men, wurden wir außerhalb der Stadt von einigen seiner Untergebe-nen empfangen, die uns sagten, daß wir nicht in die Stadt kommen könnten, aber der Bürgermeister würde uns Karren geben und uns zur Grenze seines Distrikts geleiten lassen. Wir erklärten, daß wir nicht weiterkönnten, bis wir ein paar Stunden geschlafen und etwas gege-sen hätten. Nach einer Weile brachten sie uns etwas Brot und Wasser, und nachdem wir uns das geteilt hatten, legten wir uns am Straßen-rand nahe der Stadtmauer schlafen. Aber auch dort waren wir nicht frei von Belästigungen, wir wurden von der Mauer herab mit Steinen beworfen. Gegen Mitternacht kamen die Karren und unsere Begleitung, und wir wurden eiligst zur Kreisgrenze gebracht. Von da an mußten wir wieder laufen, fünfzehn Meilen bis zur nächsten Stadt, Kao-p'ing. Der Bürgermeister von Ch'ang-tz hatte uns etwas Geld mitgeschickt, mit dem wir Essen kaufen sollten. Aber wir waren kaum mehr als eine Meile weit gekommen, da wurden wir wieder überfallen; das Geld wurde uns abgenommen, und wir hatten wieder weder Essen noch Geld.

Langsam schlurften wir mit wunden und müden Füßen eineinhalb Tage lang durch unfreundliche Dörfer, wo wir nicht anders als bisher behandelt wurden, bis wir am Donnerstag, dem 12. Juli, Kao-p'ing erreichten. Eine Nacht suchten wir Schutz in einem verlassenen Haus am Straßenrand. Aber als wir uns gerade eingerichtet hatten, kamen ein paar Männer mit Laternen und sagten, es sei ein Jammer, daß die Kinder die ganze Nacht ohne Essen bleiben sollten, und sie seien gekommen, uns zu einem Platz zu bringen, wo wir Essen und Dach bekommen würden. Da wir den ganzen Tag nichts gegessen hatten, folgten wir den Leuten freudig. Aber als wir zum Dorf kamen, standen entlang der Straßen laute Menschen mit Laternen und Fackeln, die selbst um diese späte Stunde herausgekommen waren, um uns anzustarren, und wir sahen sofort, daß keiner die Absicht hatte, uns Essen oder ein Dach zu geben. Zunächst vermuteten wir Verrat, aber sie führten uns direkt zum anderen Ende des Dorfes und schickten uns wieder auf den Weg... Hier wurden uns abermals einige der wenigen Kleidungsstücke weggerissen, die wir noch hatten, und ich war nun völlig nackt, aber glücklicherweise bekam ich noch ein anderes Kleidungsstück...

Wir erreichten die nördliche Vorstadt von Kao-p'ing gegen Mittag. Da es extrem heiß war, konnten wir mit den Blasen an unseren nackten Füßen nicht weiter auf dem brennenden Sand gehen; so legten wir uns unter einen Baum, bis es kühler wurde. Gegen vier Uhr nachmittags gingen wir zum Amtsgebäude, gefolgt von einem heulenden Mob, der den großen Innenhof ganz füllte. Nachdem wir den Zweck unseres Besuches erklärt hatten, warf man uns Brot zu, und ein Eimer kaltes Wasser wurde gebracht, damit wir unseren Durst stillen konnten... Wir bekamen Karren und wurden denselben Abend weitergetrieben, ohne irgendeine Rast, und wie vorher verließ uns unsere Eskorte an der Grenze... Früh am nächsten Morgen gingen Mr. Cooper und ich zu einem eine Meile entfernten Dorf, um einen Karren zu mieten, auf dem Mrs. Rice, die nicht mehr gehen konnte, und die Kinder sitzen sollten. Wir besaßen 700 cash, etwa zwei Shilling, ließen 200 Mr. Jennings und nahmen die 500 mit, um den Karren zu bezahlen. Am Ende des Dorfes beim Gasthaus wurden wir von ein paar Männern überholt, einer versetzte mir einen scharfen Schlag mit einem Stock und entriß uns das Geld, die anderen jagten uns mit ihren Stöcken aus dem Dorf und trennten uns dabei ganz vom Rest der Gruppe...

Es hatte angefangen zu regnen, und Mr. Jennings und die Damen beschlossen, in einer kleinen leeren Hütte am Straßenrand zu warten, bis wir mit dem Karren zurückkommen würden. Miss Huston und Miss Rice sagten, sie würden langsamer gehen, aber so schnell wie möglich zu den anderen stoßen. Kaum hatten sich die Damen in dieser Hütte eingerichtet, kamen einige Männer, schlugen auf sie mit Stöcken und Peitschen ein und trieben sie durch das Dorf in die Richtung, die wir genommen hatten, und ein paar Meilen weiter holten sie uns ein. Miss Huston und Miss Rice waren nun zurückgeblieben. Da es uns unmöglich war, umzukehren, um ihnen zu helfen, hielten wir es fürs Beste, bis Tse-chau zu kommen, der nächsten Stadt, zwanzig Meilen entfernt, und dort den zuständigen Beamten um einen Karren für die beiden zu bitten. Als Miss Huston in Ho-nan wieder zu unserer Gruppe stieß, erfuhren wir, daß Miss Rice an besagtem Tag an der Straße totgeschlagen worden war. Auch Miss Huston hatte schwere Verletzungen erlitten, denen sie knapp einen Monat später erlag – gerade zwei Tage bevor wir Han-kow erreichten. Sie hatten sogar ein Pferd mit Wagen über sie getrieben, um ihr das Rückgrat zu brechen.

Zwanzig lange Meilen zu Fuß in strömendem Regen war für die Frauen und Kinder kein leichtes Tagespensum, aber wir drängten voran und erreichten Tse-chau, die Grenzstadt von Shan-si, gegen elf Uhr abends. Wir durchquerten viele Städte und Dörfer, und in diesem Distrikt erreichte unser Leiden seinen Höhepunkt... Mehrere Male lagen die meisten von uns auf der Erde, und Männer schlugen gnadenlos mit Stöcken und sogar Ziegelsteinen auf uns ein.»

Der Erzähler dieses Schreckensberichtes hatte zusätzlich das Pech, mit einem verhaßten Agenten der Bergwerksgesellschaft verwechselt zu werden, und mußte überall beweisen, daß er ein anderer war. «In einem Dorf hatten sie schon meine Hände zusammengebunden und wollten mich an einen Baum binden und zu Tode prügeln. Selbst die kleinen Kinder wurden nicht verschont, und unsere Körper waren wund und geschwollen, als wir in jener Nacht am Stadttor von Tschau ankamen. Sie ließen uns nicht in die Stadt, so schliefen wir im Torweg.» Auch am nächsten Tag mußten sie bis mittags in der Einfahrt warten. «Man erzählte uns, daß die katholische Kathedrale vor zwei Tagen zerstört worden sei und daß die Soldaten die Stadttore bewachten, um die Flucht der Priester zu verhindern. Die Feindschaft der Beamten und des Volkes schien hauptsächlich gegen zwei Klassen gerichtet zu sein: römische Katholiken und Bergbau- und Eisenbahningenieure. Wir hatten auf der ganzen Strecke zu beweisen, daß wir weder das eine noch das andere waren. Weil wir protestantische Missionare waren, ließ man uns davonkommen und riet uns, möglichst schnell nach Han-kow zu verschwinden. Daß wir unsere Kinder bei uns hatten, war gewöhnlich genügend Beweis, daß wir keine römisch-katholischen Priester waren.»

Von nun an wurde die Gruppe allmählich besser behandelt, bekam allerdings Papiere, in denen ihre Behandlung als gewöhnliche Verbrecher verfügt wurde; sie wurden jede Nacht in ein Gefängnis einquartiert, und erst in der Provinz Hu-peh trafen sie auf christenfreundliche Behörden, die ihnen den Rest der Reise erträglicher machten. Bis Han-kow brauchten sie insgesamt 49 Tage. «Zusätzlich zu Miss Rice, deren Tod ich schon erwähnt habe, starben unterwegs noch vier aus unserer Gruppe. Zwei unserer eigenen teuren Kinder starben an Erschöpfung und Entbehrung und wurden in Ho-nan begraben. Mrs. Cooper und Miss Huston starben in Hu-peh nach schrecklichen Leiden... Mrs. Coopers Baby starb bald nach der Ankunft in Han-kow an den Folgen der Reise.»

Ein halbes Jahrhundert später brachte der Sieg des Kommunismus in China die größte Umwälzung Asiens überhaupt. Den blutigen

Wirren des Bürgerkriegs fielen viele Missionen zum Opfer, zahlreiche Missionare flohen, andere wurden von den Maoisten eingesperrt, teilweise viele Jahre lang, andere wurden umgebracht. Ein bemerkenswertes Schicksal haben die Verfasser der BBC-Serie «Missionaries» geschildert, das der amerikanischen Missionarsfamilie Morse.[4] J. Russel Morse begann seine Tätigkeit in einer Missionsstation an der tibetisch-chinesischen Grenze. 1929 brach der Chinesische Bürgerkrieg aus – die Familie Morse wurde ausgewiesen. Sie treckte an die Grenze nach Burma. Morse und seine Söhne missionierten dort unter Bergvölkern; während des Zweiten Weltkriegs nutzten sie ihre Geländekenntnisse und ihr Ansehen bei den Stämmen entlang der chinesisch-burmesischen Grenze, um alliierte Piloten zu retten. Nach dem Sieg Maos in China zogen sie weiter nach Burma hinein, wo sie vierzehn Jahre unter den Lisu-Stämmen arbeiteten. Bald nachdem General Ne Win 1962 durch Staatsstreich an die Macht gekommen war, wurden alle Missionare aus Burma ausgewiesen. Die Familie Morse zog nun mit ihren Kindern und Enkeln an der Spitze einer Schar von rund 5000 Lisu, die mit ihnen zusammenbleiben wollten, Richtung indische Grenze. Kurz davor entdeckten sie ein stilles, offenbar unbekanntes Tal. Sie ließen sich dort nieder und wurden erst Jahre später von burmesischen Truppen entdeckt; nun folgte die endgültige Ausweisung. Bald danach tauchte die Familie Morse im Norden Thailands auf, bei Chiang Mai, wo ebenfalls Lisu leben.

Die BBC-Autoren berichteten, die Morses seien dort perfekt in ihre Umgebung integriert. Mehrere Morse-Kinder seien mit Thais oder mit Angehörigen der Bergstämme verheiratet, und alle achteten darauf, keine buddhistischen Empfindlichkeiten zu verletzen; Buddhismus ist die Staatsreligion. Aber in Thailand zirkulierten Schriften neuer «evangelikaler» Missionen, mit scharfen Angriffen gegen den Buddhismus, also stelle sich die Frage, wie lange Thailand noch so tolerant gegenüber christlichen Missionen bleiben werde...

Die Rache des Kabaka

In Afrika erlebten die Missionen nicht so verheerende Verfolgungen wie in Asien. Den von ihnen Bekehrten blieben sie allerdings nicht erspart. Die Geschichte Ugandas war besonders blutig, sicher auch weil hier lange Zeit besonders grausame, launische Könige herrschten. Deren Grausamkeit traf keineswegs nur Christen. Zwar hatte 1631 ein afrikanischer Herrscher etwa 200 afrikanische Christen zusammen mit ihren portugiesischen Missionaren umbringen lassen, aber 1875 traf das gleiche Schicksal zahlreiche Moslems; der Kabaka Mutesa hatte sie im Verdacht, seine Macht zu unterminieren. Als sich etwa 70 weigerten, Fleisch von Tieren zu essen, die kein Moslem, sondern der in ihren Augen «heidnische» Fleischer des Kabaka geschlachtet hatte, wurden sie lebendig verbrannt.[1]

Mutesa ließ weiße Missionare in sein Land, weil er hoffte, sie könnten ihm zu Waffen verhelfen; Moslems beherbergte Uganda schon länger. Welche Formen die Rivalität zwischen den Glaubensbekenntnissen in Uganda annahm, habe ich im vorangegangen Kapitel erzählt. Nach Mutesas Tod regierte sein Sohn Muanga, der seinen Vater an Grausamkeit bald übertraf. Sein erstes Opfer wurde 1885 der anglikanische Bischof Hannington. Dieser freilich fiel damit auch jener weitverbreiteten Unkenntnis afrikanischer Verhältnisse und Bräuche zum Opfer, die ausgerechnet die Männer und Frauen auszeichnete, die diese Verhältnisse ändern wollten.

Hannington betrat mit seinen Begleitern das Gebiet des Kabaka auf einem Weg, der traditionell für Fremde gesperrt war. Die Baganda, die führende Bantu-Gruppe Ugandas, waren in dem Glauben aufgewachsen, daß es das Ende ihrer Freiheit bedeuten würde, wenn ein Fremder über diesen Weg käme; Fremdherrschaft wäre die unabwendbare Folge[2] (wenn man die Fortsetzung bedenkt, hatten sie gar nicht so Unrecht). Die Moslemgruppe in der Hauptstadt Rubaga versuchte dem Kabaka ohnehin ständig klarzumachen, die Christen seien Vorboten der Fremdherrschaft, ob katholisch oder protestantisch.

Hannington also wurde prompt an der Grenze zum Reich des

Kabaka von Grenzwächtern gefaßt, ein paar Tage später starb er unter ihren Speerstichen. Das gleiche Schicksal traf auch seine afrikanischen Begleiter, nur ein paar wurden verschont. So sehr das Schicksal der Opfer uns berührt – es ist interessant, was ein afrikanischer Akademiker dazu sagt: «Der tragische Tod Bischof Hanningtons auf Befehl König Muangas zeigt nicht nur die Brutalität König Muangas persönlich, sondern auch die Macht der afrikanischen Führer und ihre Entschlossenheit, frei von der Macht Fremder zu sein. Nach den verfügbaren Unterlagen scheint es, daß der Bischof wahrscheinlich nicht ermordet worden wäre, wenn er nicht die ‹verbotene Route› benutzt hätte, um Buganda durch die ‹Hintertür› zu betreten. Schließlich waren viele andere Europäer nach Uganda gekommen und hatten dort gelebt, und ihr Leben war nur in Gefahr, wenn ihre Aktivität verdächtig wurde. Es sieht so aus, als ob König Muanga, obwohl ihn Kolonialisten als brutalen Herrscher beschrieben, das Ziel hatte, seine Macht und sein Volk zu verteidigen. Wenn die Afrikaner brutal, unfreundlich und barbarisch gewesen wären, hätten die Missionare nicht überlebt. Sie überlebten hauptsächlich, weil sie von den Afrikanern gut behandelt wurden.»[3]

Nun hatte Muanga kurz vorher drei afrikanische Christen umbringen lassen. Er erwog mit seinen Beratern, auch die englischen Missionare zu töten, aber die konnten ihn mit einem stattlichen Geschenk rechtzeitig besänftigen. Er entdeckte jedoch, daß sie eine Reihe seiner Untertanen bekehrt hatten, hauptsächlich aus dem Hofstaat. Er sah, daß er für manche seiner Untertanen nicht mehr die höchste Autorität war, und handelte. Das erste Opfer war ein afrikanischer christlicher Lehrer, Balikuddembe, der ihm durch seinen Henker bestellen ließ: «Du hast mich ungerecht verurteilt, aber ich verzeihe dir. Du solltest bereuen, denn sonst werde ich am Tag des Gerichts vor Gott dein Ankläger sein.» So schildert es Tiberondwa[4], nach anderen Quellen war das Opfer der Oberpage Mkasa[5].

Am 25. Mai 1886 begann das Martyrium für die afrikanischen Christen, protestantische und katholische. Ausgelöst wurde es, als Muanga sich wie üblich der homosexuellen Dienste eines Pagen bedienen wollte, aber erfuhr, der sei zum Religionsunterricht gegangen. Daraufhin ließ der Kabaka mehrere Pagen kastrieren, andere köpfen. Am 3. Juni ließ er dann 26 Jünglinge, von denen einige schon Katechisten waren, in Schilfbündel wickeln und langsam verbrennen.

Tiberondwa weist darauf hin, daß sie in den Augen des Kabaka Verräter waren, und Verbrennung bei lebendigem Leib sei die traditionelle Strafe für Verräter gewesen.[6] Die Märtyrer fühlten sich jedoch nicht als Verräter. Alle Zeugnisse, auch die afrikanischen, stimmen überein, daß sie ihr Leiden mit einer Ruhe und Geduld ertrugen, die die Zeugen verblüffte. Der einzige, der wirklich geschrieen habe, sei der Henker gewesen; der habe nämlich auch seinen eigenen Sohn töten müssen. Von den Christen habe man nur leises Schluchzen, Gebete und Gesang gehört. Der Henker meldete dem Kabaka, noch nie vorher habe er so tapfere Leute getötet. Sie seien glücklich gestorben unter Anrufung ihres Gottes. Großen Eindruck machte ferner, daß die Christen um so mehr Zulauf hatten, je stärker die Repression wurde. Innerhalb einer Woche nach dem Tod des ersten afrikanischen Opfers baten bei den Weißen Vätern mehr als hundert Afrikaner um die Taufe, und nachts kamen heimlich in die Missionen Männer, die bis dahin wenig Interesse am Christentum gezeigt hatten. Der protestantischen Mission ging es ähnlich.

Die Verfolgung brachte afrikanische Katholiken und Protestanten nebst ihren Missionaren, die sich wenig grün gewesen waren, nun zusammen. Es hatte nicht lange Bestand – die katholischen Missionare waren durchweg Franzosen, die protestantischen Briten; die nationalen Rivalitäten, ihr Gerangel um afrikanische Kolonien spielten, wie schon gesagt, bald wieder ihre Rolle.

Den «Märtyrern aus Uganda», wie die katholische Kirche sie nannte, könnte man Tausende anderer afrikanischer Christen und auch die anderer Kontinente an die Seite stellen. Ganz fraglos hat die farbige Welt in dieser Periode weit mehr Blutopfer für den christlichen Glauben gebracht als die weiße. Aber die Liste der weißen ist eben auch lang.

Dennoch gehörten auch Weiße, Europäer, zu den Tätern, mindestens zu den Verantwortlichen. In Portugiesisch-Afrika, besonders in Angola, traf der Unterdrückungsfeldzug gegen die afrikanische Unabhängigkeitsbewegung auch Protestanten. Im Gegensatz zu den katholischen zeigten die protestantischen Missionare, die durchweg aus anderen Ländern als Portugal stammten, Verständnis für die Afrikaner und halfen ihnen.[7] Nicht wenige bezahlten das mit ihrem Leben, und die Zahl der von den portugiesischen Truppen umgebrachten afrikanischen Protestanten war noch wesentlich höher. Die Portugiesen wollten mit ihnen afrikanische Eliten eliminieren, die sich gegen den Kolonialstatus auflehnen könnten; die katholische Kirche war mit dem Kolonialregime verbündet bzw. ihm ergeben. «Das war so ausgeprägt, daß Christen begannen, ihre Bibeln zu verstecken, denn die wurden von den Soldaten als Zeichen der Protestanten angesehen.»[8]

Es gibt eine Berechnung, daß seit der Kreuzigung Christi fast vierzig Millionen Christen wegen ihres Glaubens gestorben seien.[9]

FROMME LEGENDEN

Ziehväter neuer Kirchen

Wir haben schon gesehen, daß Missionare in vielfacher Hinsicht, bewußt oder nicht, die farbigen Rassen für minderwertig hielten. Anders wäre auch kaum zu erklären, was sich spätestens in der Mitte unseres Jahrhunderts als ein sonderbares Problem herausstellte: Wollten die Missionen denn die neugewonnenen Christen ewig und immerdar, und immer noch länger, auf ein immer besseres und tieferes Christentum vorbereiten, immer und ewig unter Schirm und Autorität der weißen Kirchen? Eines Tages, irgendwann, mußten die anderen doch wohl auch vollwertige Christen sein. Vollwertig, das heißt gleichberechtigt, und aus diesen Bekehrten mußten doch nun ebenfalls vollwertige, also gleichberechtigte Priester, warum nicht auch Missionare hervorgehen können. Das war doch das erklärte Ziel der meisten Missionen. Doch so früh es die einen oder anderen geplant oder gesagt haben mögen – es ist bemerkenswert, wie spät sich die Missionen insgesamt aufrafften, das Missionsziel zu verwirklichen.

Einige Stationen auf diesem Weg wurden schon sehr früh erreicht. Die Missionare bildeten einheimische Christen zu Katechisten und sonstigen Helfern der Missionen aus. Doch ordinierte Priester – das dauerte sehr viel länger. Als es dann aber endlich eine ganz stattliche Schar von ihnen gab, und um sie und den jeweiligen Missionar herum auch recht ansehnliche Gemeinden, meinten die europäischen Kirchenmänner – amerikanische haben weniger gezögert –, sie seien doch noch nicht reif genug. Predigen ja, das durften die Einheimischen, ohne sie hätten die Missionare bei weitem nicht so viele Menschen erreichen können und auch ganz allgemein weniger erreicht. Aber eine Kirche und eine Gemeinde leiten, allein verantwortlich sein ohne den Missionar über sich – da sträubte sich etwas.

«Missionare haben die Begabungen einheimischer Christen außerordentlich langsam erkannt und ihnen lange nichts zugetraut. Selbst wenn sie schon ordiniert waren, wurden sie immer noch lediglich als Assistenten des Missionars betrachtet», sagt der Missionshistoriker Stephan Neill[1]. Er führt als ein Beispiel an, daß indonesische Pastoren Taufkandidaten auf die Taufe vorbereiten konnten, daß aber dann mit der Taufe gewartet werden mußte, oft sehr lange, bis der Missionar kam. Dort benutzten die weißen Kirchenleute das erstaunliche Argument, wenn der einheimische Priester taufe, werde das Sakrament in den Augen der Gläubigen an Wert verlieren. In Asien schien Betätigung im Christlichen Verein Junger Männer (CVJM) den Einheimischen größere Möglichkeiten für Entfaltung, Gleichberechtigung und Anerkennung zu bieten als die Kirche.

Im französischen Sudan und in Französisch-Guinea gab es 1944 nur je einen einheimischen katholischen Priester. Im Senegal wurden zwischen 1878 und 1938 nur drei ordiniert, und das in Dahomey eingerichtete katholische Priesterseminar bildete in dreißig Jahren ebenfalls nur drei aus. Im belgischen Kongo gab es noch später, 1950, immer noch erst 174 (aber 1597 weiße) und im ebenfalls belgisch regierten Ruanda-Urundi 115 (aber 203 weiße) Priester. Der erste kongolesische Bischof wurde 1956 geweiht, aber nur als Hilfsbischof für den belgischen Bischof von Kisantu. Unter den Protestanten gewährte zwar die Christian and Missionary Alliance den von ihr gebildeten Kirchen im Kongo die Autonomie, aber das blieb bis zur Unabhängigkeit des Kongo 1960 ein Einzelfall – alle anderen meinten, es gebe zu wenig kongolesische Priester mit hinreichender Ausbildung.

Nur ganz allmählich wurde die Ausbildung einer einheimischen Geistlichkeit aufmerksamer und gezielter betrieben. In vielen Gebieten war sie völlig unzureichend. Das hätten die Missionen längst ändern können, aber jetzt diente es ihnen als Grund für weiteres Zögern. Man kann sagen, daß erst der Zweite Weltkrieg einen Aufschwung für unabhängigere christliche Kirchen und ihre Geistlichkeit in den Kolonialgebieten brachte – da waren seit dem Beginn systematischer Missionierung eineinhalb Jahrhunderte (Asien) oder mindestens viele Jahrzehnte verstrichen (Afrika und Pazifik).

Hier muß man einen Unterschied zwischen der römisch-katholischen Kirche und den anderen Missionen machen. Die katholischen Missionare fühlten sich als Mitglieder und bekehrten zu nur einer Kirche mit einer klaren, weltumfassenden Struktur. Gleich welcher Hautfarbe und Nationalität: Die Bekehrten waren in eine Organisation einbezogen, die auch sie überschauen konnten, die straff hierarchisch gegliedert war und zentral von Rom aus regiert wurde. Wer in ihrer Hierarchie aufstieg, konnte eher damit rechnen, in ganz anderen Gegenden unter ganz anderen Völkern tätig zu werden, als in seiner Heimat zu bleiben. Die oberste Zentrale des Missionswesens war in Rom die Congregatio de propaganda fide, von Papst Gregor XIV. 1622 gegründet und nach dem Zweiten Vatikanischen Konzil (1962–65) in «Kongregation für die Evangelisierung der Völker» umgetauft und auch etwas umgebildet. Die einzelnen missionierenden Orden unterstanden ihrer Oberaufsicht, wenn auch manchmal höchst dynamische Obere wie Charles Lavigerie (Weiße Väter) weitgehend selbständig operierten.

Katholische Missionare konnten also unbefangener an die Heranbildung eines einheimischen Klerus in den Kolonien gehen, da deren katholische Kirchen nicht «unabhängig» werden konnten, sondern «Provinzen» unter Rom bleiben würden. Dennoch beklagte Papst Benedikt XV. 1919 in der Enzyklika «Maximum illud», daß «es Gebiete gibt, in denen der katholische Glaube seit Jahrhunderten eingeführt ist, ohne daß dort ein einheimischer Klerus außer von niedrigem Rang zu finden wäre, und daß manche Nationen seit langem vom Glauben erleuchtet sind und sich aus primitivem Zustand zu so einem Grad der Zivilisation erhoben haben, daß sie Männer besitzen, die sich in allen Gebieten der Künste und Wissenschaften auszeichnen – und dennoch haben sie in mehreren Jahrhunderten nicht geschafft, Bischöfe hervorzubringen, um sie zu regieren, oder Priester, die fähig wären, einen tiefen Eindruck auf ihre Mitbürger zu machen»[2]. Pius XI. (1922–1939) und Pius XII. (1939–1958) ordneten an, daß die Ausbildung einheimischer Geistlicher intensiviert werden solle.

Bis dahin war die Bilanz eher dürftig. Pius XI. hatte 1926 sechs chinesische Bischöfe geweiht, was als ein großes Ereignis gefeiert wurde. Aber als der päpstliche Delegierte Costantini 1922 nach

China gekommen war, um die ersten auszusuchen, erklärten ihm die katholischen Missionschefs dort, sie hätten keinen einzigen qualifizierten Mann. Der Papst ordnete an, daß sie sich etwas energischer bemühen sollten. Costantini wurde später als Kardinal Sekretär der Congregatio und sagte einmal: «Viel zu lange hatten die Missionen einen fremdartigen Charakter, der Nichtchristen und besonders Politiker sie als eine Form von religiösem Kolonialismus betrachten ließ.»[3]

Japan bekam seinen ersten katholischen Bischof 1926, Afrika mußte bis 1930 warten, Indochina bis 1933. Westafrika hatte erst 1950 eine einheimische katholische Hierarchie, Britisch-Ostafrika 1951, das französische Afrika 1955. Erst Papst Johannes XXIII. (1958–1963) machte einen Farbigen zum Kardinal. Werfen Sie einen Blick auf die Weltkarte, und vergegenwärtigen Sie sich, daß es 1959 68 katholische Bischöfe asiatischer und 25 afrikanischer Abstammung gab – über die ganze Welt verteilt, nicht nur in ihren Heimatländern. Viel? In Afrika gab es 1957 insgesamt 1811 einheimische katholische Geistliche. Zu Ende des Ersten Weltkriegs, mehrere Jahrzehnte nach Beginn der großen Missionswelle, waren es ganze 90 gewesen.

Die protestantischen Missionen hatten keine bessere Bilanz. Mit ihrer vergleichsweise demokratischen Struktur hatten sie es schwerer, weil die bremsenden Missionare ein größeres Gewicht in die Waagschale bringen konnten. Und die Anglikaner unter ihnen mögen daran gedacht haben, wie rasch sich eine ihrer Kirchen, die einmal in einheimische Hände geraten war, ganz emanzipieren konnte: Je vier benachbarte Diözesen können sich zur Kirchenprovinz konstituieren unter einem eigenen, von ihnen selbst gewählten Erzbischof. Eine solche Provinz kann sich ihre eigene neue Verfassung geben, den Gottesdienst nach eigenem Gutdünken gestalten und ändern usw. Der Erzbischof von Canterbury hätte da kein Vetorecht – und ein britischer Missionar schon gar nicht.

Neill beschrieb, wie die Vorbereitung von Farbigen für die Verantwortung, die sie eines Tages tragen sollten, oft aussah, auch lange nach Beginn der Mission: ein einzelner Missionar mit einer kleinen Gruppe von Schülern, denen er nach besten Kräften etwas beibrachte.

Oder öfter eine Gruppe von drei oder vier überarbeiteten Lehrern, aus der Mission oder einheimische, die sich mit einem dreijährigen Theologiekurs abrackerten, in dürftigen Verhältnissen und nur mit einer Handvoll Bücher bewaffnet.[4]

Das ließ sich natürlich verbessern. Die Anglikaner weihten ziemlich früh einheimische Bischöfe, zunächst in Indien (1912) und dem Fernen Osten (China 1918, Japan 1922) und auch, wie wir gleich sehen werden, in Afrika. Aber diese wurden fast durchweg als Hilfsbischöfe betrachtet, auch als es nicht nur beachtlich große Gemeinden um sie herum gab, sondern schon ein (wiedererwachtes) Streben der Völker nach Unabhängigkeit von weißer Herrschaft. Ein spätes, unangenehmes Erwachen erlebte die anglikanische Kirche 1940 in Japan, als die japanischen Bischöfe ihren westlichen Kollegen bedeuteten, nun müßten sie japanischen Platz machen. Japan war ein unabhängiges Land. In der Zeit kurz vor seinem Eintritt in den Zweiten Weltkrieg konnten sich die dortigen Christen nicht leisten, als westliche Ableger zu gelten. In Afrika unter britischer oder «europäischer» Fremdherrschaft, die sich nicht freiwillig zu entfernen gedachte, dauerte es länger. Sierra Leone hatte zwar der anglikanischen Mission im Inneren Afrikas, am Niger, viele erfolgreiche afrikanische Missionshelfer gestellt, schließlich Missionare und eben auch einen berühmt gewordenen Bischof (Crowther, s. später). Doch bei sich selbst erlebte es den ersten afrikanischen Diözesanbischof erst 1962!

Zu den frühen britischen Verantwortlichen, die nicht so lange zögern wollten, gehörte der Bischof von Uganda, Alfred Tucker, der früher als seine Landsleute erkannte, daß ihre Kirche ohne afrikanische Geistliche keine Chance hätte, und schon 1896 die ersten afrikanischen Priester ordinierte. Außerdem schlug er 1899 eine Verfassung für die anglikanische Kirche in Uganda vor, die die Afrikaner den Weißen gleichberechtigt gemacht haben würde – wenn die weißen Missionare sie nicht torpediert hätten. Bischof Frank Weston von Sansibar wiederum hatte schon ein Jahr vorher gesagt, daß einheimische Geistliche von den Weißen als ebenbürtig betrachtet werden müßten – «sie und nicht wir sind auf Dauer die Führer der afrikanischen Kirche»[5].

Der Erste Weltkrieg zwang viele Missionare, ihre Gemeinden zu verlassen. Afrikanische Priester und Katechisten bemühten sich mit großem Erfolg, das Werk fortzusetzen, die Gemeinden am Leben zu erhalten. In Kriegszonen mußten auch sie Katastrophales erleben. Die Church Missionary Society hatte Missionsstationen im deutschen Ostafrika unterhalten; soweit die britischen Missionare nicht über die Grenze entkamen, wurden sie von den Deutschen interniert (wie deutsche Missionare in Britisch-Afrika). Aber die zurückgebliebenen afrikanischen Missionskräfte hatten es schlechter: Die Deutschen sperrten 14 afrikanische Missionshelfer und zwei Diakone ins Gefängnis und ketteten sie mit anderen Gefangenen zusammen zu «chain gangs» – alle 16 kamen infolge der schlechten Behandlung um.[6]

Als die Missionare zurückkehrten, sahen sie mit Staunen, daß das religiöse Leben ihrer Gemeinden auch ohne sie weitergegangen war, daß ihre afrikanischen Helfer die Scheußlichkeiten und Nöte des Kriegs mit Bravour durchstanden hatten. Für die meisten Missionare war das kein Grund zur Anerkennung; sie waren darauf aus, die alte Ordnung wiederherzustellen, und redeten viel davon, ihre afrikanischen Christen brauchten wieder «Disziplin»[7]. Das war kein britisches Phänomen. So verhielten sich auch deutsche Missionare. J. Stutz von der Basler Mission, die 1915 wegen des Krieges Kamerun verlassen hatte, schrieb 1918 im «Evangelischen Missionsmagazin» in einem Artikel «Die Zukunft unserer heiden-christlichen Gemeinden» – dieser Ausdruck war ebenso beliebt wie verräterisch –: In diesen harten Zeiten könne man den einheimischen Gehilfen unmöglich vertrauen. Gewiß würden sich manche von ihnen bemühen, das Werk fortzusetzen, «aber bald wird man nur noch ein paar Spuren sehen, Karikaturen, als einziges Zeichen der schönen Zeit, des gesegneten Werkes europäischer Missionare»[8]. Jaap van Slageren, Pastor in der Evangelischen Kirche Kameruns, kommentierte: «Sollen wir annehmen, daß eine solche Würdigung des von den Missionaren gebrachten Christentums ein Element der Selbstkritik enthält? Das Erstaunliche ist, daß die Basler Mission, als sie die Grasfelder [die Gegend Kameruns] verließ, nicht ihre Ohnmacht gegenüber der schamlosen Ausbeutung, dem abscheulichen deutschen Regime bedauert hat.»[9] Als die Basler Mission zurückkehrte, fand sie kein Wort des Dankes für die Afrikaner, die sich bei der neuen Besatzungsmacht für ihre Rückkehr eingesetzt hatten. Dafür ermahnte sie die afrikanischen Christen, Heidentum und Unsittlichkeit zu bekämpfen, die angeblich ihr religiöses Leben bedrohten.[10]

Moorhouse[11] erzählt das Beispiel der Bethelmission in der Provinz Tanga. Als die britischen Truppen Deutsch-Ostafrika 1917 besetzten, flüchteten die meisten Deutschen aus den Missionsstationen; einige wenige blieben in einem Krankenhaus zurück. Die Briten ließen sie dort bis 1921 weiterarbeiten, aber außer der ärztlichen und krankenpflegerischen Tätigkeit mußte nun alles andere in der Station von den zurückgebliebenen Afrikanern erledigt werden, was diese auch taten. Unter ihnen gab es keinen einzigen (!) ordinierten Pfarrer, so daß die afrikanischen Missionslehrer auch die geistlichen Aufgaben übernahmen, offenbar ebenso erfolgreich wie ihre «Kollegen» im britischen Afrika: Das Gemeindeleben ging weiter. Als die Briten sich anschickten, auch die restlichen deutschen Missionare zu entfernen, ordinierten diese in aller Hast sieben der einheimischen Lehrer. Die weiteten im Lauf der Zeit das Missionsgebiet aus, erreichten neue Bekehrungen und gingen auch zu den Arbeitern auf den Sisalpflanzungen, um die sich die deutschen Missionare nicht gekümmert hatten. Zeugen berichteten, da wachse eine gläubige, zusammenhaltende Gemeinde unter Führung der Afrikaner, die übrigens im Gegensatz zu ihren verschwundenen deutschen Herren von niemandem Gehalt bekamen und für sich selbst sorgen mußten.

Doch in der Zentrale von Bethel fühlte man sich eher unbehaglich, anscheinend meinte man dort, die Afrikaner hätten «unverantwortlich» gehandelt, etwa durch verfrühte Taufen. Als die Deutschen in der entspannteren Atmosphäre der späten zwanziger Jahre zurückkamen, merkten sie, daß ihre Befürchtungen weitgehend unberechtigt gewesen waren. Doch ungerührt übernahmen sie wieder das «Kommando» über ein Gemeinschaftswesen, das sich jahrelang ohne sie weiterentwickelt und an größere Selbständigkeit gewöhnt hatte. «Als die Missionare zurückkamen, gab es Anzeichen dafür, daß der Heilige Geist verschwunden war, denn man sah keinen Wunsch mehr, für das Werk des Herrn zusammenzuarbeiten. Unruhe kam auf, als sie anfingen, die Missionsarbeiter verschieden einzustufen. So entstand

Haß.» Moorhouse entnahm diese Schilderung 1971 den unveröffentlichten Aufzeichnungen Dr. Louise Pirouets, Dozentin an der Make-
rere-Universität in Kampala, über jene Periode der Kirchen in Ostafrika.

Nicht gerade Haß, aber unterschwelliger Groll wurde überall zum
Stimmungsmuster, sagt Moorhouse, wenn weiße Missionare in
Afrika wiederaufnahmen, wo sie vor dem Ersten Weltkrieg aufgehört
hatten. Aber «unterschwelliger Groll kann einem Mann und seiner
Arbeit noch mehr schaden, als es Haß tun könnte». Louise Pirouet
schrieb, gewiß seien viele neue Schulen und Krankenhäuser eröffnet
worden und viele Menschen getauft, aber den Afrikanern sei kaum
echte Verantwortung übertragen worden. Im Gegenteil – es entstand
ja dank des missionarischen Paternalismus eine zweitklassige Gruppe
von Geistlichen: die einheimischen. Es war bequemer für die Missionare, aus diesen gehorsame Gehilfen zu machen oder gar, wie R. H.
Leenhardt meinte, «die Kaplane der traditionellen Häuptlinge»[12]. So
wurden sie hauptsächlich bequeme Zwischenträger zwischen den
Häuptlingen und den Missionen. Das schaffte eine neue Distanz
zwischen ihnen und dem Missionar oder auch zwischen der Gemeinde und ihren Pastoren; ihnen brachte es Autoritätsverlust.

Erst 1939 wurde in Ostafrika ein Afrikaner Bischof – katholischer.
Es war Joseph Kiwanuka, den die Weißen Väter erzogen hatten. Der
erste Afrikaner unter den Protestanten kam erst 1947 zu vergleichbaren Ehren, als die Anglikaner in Uganda Aberi Balya zum Assistant
Bishop (Stellvertreter, 2. Bischof) machten. Wie könnte man sich
nicht Moorhouse' Folgerung anschließen: «Man kann sehr schwer
den Schluß vermeiden, daß ... die Europäer ganz allgemein ziemlich
krampfhaft versuchten, nicht auf eine Frage zu antworten, die ...
entscheidend für ihre eigene Zukunft war. Wenn Afrikaner die
christliche Kirche mindestens so erfolgreich leiten konnten wie die
Europäer, und augenscheinlich konnten sie das – wozu brauchte man
da noch Missionare?»[13]

Der Groll gegen Missionare, die den farbigen Christen als zweit-
klassig betrachteten, schwelte natürlich schon vor dem Ersten Weltkrieg allenthalben. Auf welche Weise er angefacht und genährt
wurde, mag ein Beispiel aus dem deutschen Südwestafrika des Jahres

1909 zeigen. Ein Mitglied der berühmten Nama-Familie Hendrik Witboois, Petrus Jod, hatte in der Rheinischen Mission als Gemeindediener so guten Eindruck gemacht, daß er zum Prediger befördert werden sollte. Präses der «Hottentottenmission» war der Missionar Fenchel, der mit den deutschen Offizieren in Ketmanshoop guten Kontakt hatte. Im Beisein Jods lehnte Fenchel seine Beförderung mit der Begründung ab, aus der Familie des «treubrüchigen» Hendrik Witbooi könne niemand Prediger werden. Bewunderungswürdig, daß Petrus Jod erst 1949, nach dem Zweiten Weltkrieg, mit der Rheinischen Mission brach. Er wurde ein Mitbegründer der unabhängigen Nama-Kirche in Südwestafrika.

Ein Freund der weißen Herrschaft in Süd- und Südwestafrika, der Schweizer Hans Jenny, wollte den Lesern seines Buches «Südafrika» weismachen, daß die Nama keine so respektablen Gründe für ihre Abkehr von der Rheinischen Mission gehabt hätten: «Als von Deutschland keine materielle und kaum moralische Hilfe mehr zu erwarten war, sagten sich zwei Drittel der Mitarbeiter und ein Drittel der Gemeinden von der Rheinischen Mission los...»[14] Jenny hatte freilich schon den Nama-Aufstand gegen die Deutschen mit ihrem «wankelmütigen Charakter»[15] erklärt. Materiellen Erwägungen dieser Art pflegten im Lauf der Geschichte in der Regel eher Weiße zu erliegen, einschließlich vieler Schweizer. Jenny ist ein passendes Beispiel für den Hochmut des weißen Südafrikas.

Wenn wir schon beim Materiellen sind: Fast überall waren die einheimischen Pastoren schlechter gestellt und wurden schlechter bezahlt als die weißen. Peter Katjavivi von der namibischen Unabhängigkeitsbewegung SWAPO erinnert sich, wie in den fünfziger Jahren «afrikanische Pfarrer, manche recht alt, lange Fußmärsche auf sich nehmen mußten, um ihr Amt weiter ausüben zu können, während ihre weißen Kollegen, von denen manche recht jung waren, in modernen Häusern wohnten, mit allem möglichen Komfort einschließlich Transport»[16]. Er verglich auch die Gehälter: 20 bis höchstens 90 Rand im Monat für Afrikaner, 70 bis 200 für Weiße.

In Kamerun tat sich auch die Basler Mission schwer, über die Rassenschranke zu springen. Um die Gründung ihrer Missionsstationen hatten sich ihre afrikanischen Gehilfen mindestens ebenso verdient gemacht wie sie selbst. «Dennoch blieb es ein Denkmal gerade ihrer Missionsarbeit, daß sie nur wenige einheimische Mitarbeiter als Ebenbürtige behandelte», sagt Renate Nestvogel[17] in «Imperialismus und Kolonialmission». «Kein Kameruner erhielt eine über das Katechistenseminar (insgesamt achtjährige Schulbildung) hinausgehende Ausbildung, und ebensowenig erwarteten die Basler eine Weiterführung ihrer Arbeit durch Einheimische nach dem Ersten Weltkrieg.» Katechisten waren, wie schon erklärt, die Gehilfen der Missionare: Sie sammelten Katechumenen und brachten ihnen die einfacheren Gebete und Glaubensdinge bei, oder sie unterrichteten. Sie führten die Bekehrten dort, wo noch kein Missionar war, an Sonn- und Feiertagen zu Andacht und Religionsunterricht zusammen. Katechisten leiteten auch oft die außerhalb der Missionsstationen liegenden Schulen.

So verantwortungsvoll das klingen mag – eine Anerkennung ihres Charakters durch die Weißen brachte es ihnen offenbar nicht. Dafür ein Beispiel aus der Feder des Dr. Frey[18], Provinzial der deutschen Provinz der Weißen Väter: «Erst wenn sie eine Familie gegründet haben, können sie auf einer Außenstation eine feste Anstellung erhalten, und auch dann sind zwei, oft drei beisammen, um sich gegenseitig zu stützen und auszuhelfen. Ohne ausdrückliche Erlaubnis der Missionare ist es keinem Katechisten gestattet, eine Nacht außerhalb des ihm zugewiesenen Dorfes zuzubringen. Im allgemeinen haben die Patres an diesen afrikanischen Gehilfen viel Freude und Trost erlebt.» Frey zitiert eine Aufstellung des Apostolischen Vikars Bischof Schneider über die Leistung der Katechisten seines Vikariats im Jahr 1910: rund 1000 Kindertaufen und 2000 Nottaufen sterbender Erwachsener, Sterbebeistand bei 2000 Christen, die von der Mission entfernt wohnten, Vorbereitung und Aufnahme fürs Katechumenat von 8000 «Heiden», Vorbereitung von mehr als 10000 Afrikanern auf ihre Taufe, Aufsicht über 400 Landschulen und 812 Kapellen.

Für die Berliner Mission in Ostafrika schrieb Professor Richter 1924: «Für eine Synodalverfassung sind unsere ostafrikanischen Gemeinden noch nicht reif.»[19] Im Norden Deutsch-Ostafrikas dachte die englische Universites Mission to Central Afrika (UMCA) nicht anders. Bischof Weston von Sansibar berichtete im März 1900 über Beschwerden der afrikanischen Missionsschüler; die anglikanischen Missionare behandelten sie einfach als Bedienstete. Besonders aufgebracht waren sie darüber, daß den deutschen Behörden zur Bestrafung übergeben werde, wer gegen die geistlichen Minimalregeln verstoße. Vertraut wirkt nach den schon angeführten Beispielen der Fall des farbigen Priesters Daudi Machina. Während des antiweißen Maji-Maji-Aufstandes in Deutsch-Ostafrika wurde die Hauptstation der UMCA zerstört. Die weißen Missionare flohen zur Küste und überließen Machina die Leitung, die er sechs Monate lang ausübte. Dann kamen die Missionare zurück. Sie erwarteten, daß sich Machina ihnen wieder fügsam unterordnen werde – was er nicht tat. Die Konflikte häuften sich. 1910 wurde Machina wegen angeblicher «Unmoral» suspendiert. Ähnlich ging es später seinem Bruder Samwil Chiponde, der vorher in Sansibar Seniorpastor gewesen war, mit Weisungsbefugnis gegenüber weißen Missionaren, der diese sich nicht zu beugen gedachten. «Anderswo in Ost- und Zentralafrika brachten solche Spannungen einige der besten Wortführer ihrer Generation dazu, ihre eigenen Schulen und Kirchen zu gründen, um die Modernisierungen ihrer Gesellschaften selbst in die Hand nehmen zu können», bemerkt John Iliffe[20].

In der Tat gingen viele «Abfallbewegungen» afrikanischer Christen, die ihre eigenen Kirchen gründeten, auf diese Haltung zurück. Hier ist nicht der Platz, auf deren Geschichte näher einzugehen. Sie trafen jedenfalls im Lauf der Zeit immer mehr Missionen, darunter äußerst früh, 1890, die Berliner in Transvaal, später die Basler und die Baptisten in Kamerun.

Die Berliner Mission hatte schon während des Burenkriegs die Erfahrung machen können, daß sich ihre afrikanischen Helfer auch ohne die Beaufsichtigung durch Weiße bewährten. Damals verließen viele Berliner Missionare unfreiwillig ihre Stationen. Richter berichtete: «Die Gemeinden blieben verwaist. Da haben die farbigen Helfer gezeigt, daß sie etwas in wirksamer, selbständiger Arbeit zu leisten vermochten. Die Zeiten des Krieges waren versuchungsreich; die Helfer haben die Gemeinden zusammengehalten, haben auf Zucht und Ordnung gesehen und haben ihnen Gottes Wort nicht mangeln lassen. Es ist nächst Gottes Gnade ihrer Treue zu danken, daß Inspektor Sauerzweig-Schmidt bei seiner Anwesenheit in Südafrika seine Eindrücke dahin zusammenfassen konnte: ‹Die Christengemeinden sind nicht nur äußerlich wieder fast vollzählig vorhanden. Sie haben auch innerlich verschwindend wenig Schaden gelitten.›»[21] Aber von 1903 bis zum Ausbruch des Ersten Weltkriegs waren in Südafrika im Bereich der Berliner Mission nur 27 farbige Pastoren ordiniert – «Helfer», nannte Richter sie, wenn auch mit anerkennenden Worten. Gleiches Lob zollte er ihnen für ihre Rolle im Ersten Weltkrieg: «Es ist kaum abzusehen, wie die Berliner Mission diese Drangsalszeit ohne den Stamm bewährter brauner Pfarrer hätte überstehen sollen.»[22]

Südafrika hat besonders starke «separatistische» Kirchenbewegungen der Einheimischen erlebt, natürlich wegen der Apartheid, die sich bekanntlich auch in weißen Kirchen durchsetzte, mit den rühmlichen Ausnahmen der römisch-katholischen und der anglikanischen. «In der Regel kann ein Afrikaner eine weiße Kirche zu einem normalen Gottesdienst nicht ungestraft betreten», schrieb Bischof Sundkler[23] 1961. «Ich habe unzähligen Führern der unabhängigen Kirche zugehört, wenn sie Beispiele erzählten, wie sie wegen ihrer schwarzen Haut bei Gottesdiensten abgewiesen wurden. Die Erbitterung über diese Schikane hat die allgemeine Abneigung gegen das Christentum des weißen Mannes vertieft.»

Die abgespaltenen Kirchen der Einheimischen wurden in vielen Kolonien auf Betreiben der weißen Missionen von den Kolonialregierungen schikaniert, wenn nicht überhaupt verboten und verfolgt, als wären die afrikanischen Kirchenleute Kriminelle. Im belgischen Kongo wurde Simon Kimbangu, Gründer des Kimbanguismus – heute auch von den europäischen Kirchen anerkannte evangelische «Kirche Jesu Christi auf Erden» und Mitglied im Weltkirchenrat –, auf Veranlassung der Missionen verhaftet, dann zu 120 Peitschenhieben und zum Tod verurteilt, eine Strafe, die König Albert in «lebenslänglich» umwandelte; dort in «Elisabethville» starb er 1951. Molowozi Wa Yezu und Halleluja, Führer der Kitawala-Sekte, henkten die Belgier 1944 im Distrikt Stanleyville. Im unabhängigen Zaire wurde der Kimbanguismus wieder zugelassen. Ein anderer afrikanischer

Kirchengründer, André Matswa aus dem französischen Kongo, wurde 1930 von den Franzosen in den Tschad verschleppt und eingesperrt, er starb dort 1942 im Gefängnis.

Lange bevor das heutige Kenia unter britische Herrschaft geriet, entstand 1875 eine bemerkenswerte Missionsstation der CMS nahe der afrikanischen Ostküste unweit Mombasa. Sie wurde «Freretown» genannt, nach Sir Bartle Frere, der mit dem Sultan von Sansibar den Vertrag über die Abschaffung der Sklaverei ausgehandelt hatte. Zum Leiter berief die CMS den Missionar W. S. Price. Er hatte für sie in Indien, nahe Bombay, seit 1855 eine Siedlung für befreite Sklaven geleitet, Afrikaner, die aus arabischer Sklaverei gerettet worden waren. Price brachte einige seiner Missionsmitarbeiter und eine Anzahl dieser Befreiten mit nach Freretown, insgesamt etwa 150 Personen. Sie wurden hinfort «Bombay-Afrikaner» genannt. Für Afrika-Missionare waren sie eine höchst ungewöhnliche Gruppe: Fast alle gebildet, viele sprachen mehrere indische Sprachen und hatten einen Beruf erlernt. Die CMS-Zentrale erwartete, daß Freretown mit ihrer Hilfe einen guten Start haben werde, betrachtete sie also als eine Art Hilfstruppe für Price und die anderen in Freretown ansässigen Missionare (zeitweise 20).

Die farbige Bevölkerung Freretowns erhielt laufend Zuzug durch befreite Sklaven. Anfang der neunziger Jahre waren es mehr als 900 Menschen. Die Missionare lebten unter ihnen wie eine europäische Oberschicht mit allem Komfort und waren auf den Erhalt ihrer Machtstellung bedacht, wie Bischof Hannington 1885 feststellte: «Afrikanische Diakone oder Pastoren bekamen nicht die Befugnisse oder Privilegien ihrer europäischen Gegenüber, während sich die Missionare – ob Laien oder Geistliche – beständig weigerten, unter afrikanischen Pastoren zu dienen, wie qualifiziert auch immer die waren.»[24] Price' Nachfolger als Leiter, John Streeter, entwickelte sich zum Stationstyrannen. Verstöße der Afrikaner gegen die moralischen Vorstellungen der Missionare wurden hart bestraft. Price schrieb, das sichtbarste Objekt in der Siedlung seien die «stocks», in deren Löcher die Beine der Bestraften gesteckt wurden; häufig wurde auch geprügelt.

Die Bombay-Afrikaner dienten als Lehrer, Prediger, Katechisten,

Dolmetscher und Handwerker. Sie glaubten zu Recht, Wesentliches zur Schaffung Freretowns beigetragen zu haben, und wurden von den Missionaren gern als Aushängeschild benutzt, wie segensreich die Arbeit der Missionsstation sei. Als Partner behandelt, auch nur annähernd, wurden sie nicht. Sie fielen der gleichen Verachtung anheim wie die anderen. So begannen sie zu protestieren, zunächst beim britischen Vizekonsul in Sansibar, daß Streeter mit seinen Strafmaßnahmen gegen die Gesetze verstoße. Eine Untersuchung bestätigte, daß die Afrikaner brutal behandelt wurden; ein Beauftragter des Konsulats schrieb von einer «Schande für England», das Konsulat empfahl der Mission, Streeter zu entfernen. Doch die Bombay-Afrikaner appellierten schon selbst an die CMS-Zentrale. «Sie lehnten nicht so sehr den missionarischen Paternalismus ab, als daß sie seine Privilegien für sich beanspruchten», schreibt Strayer[25]. «Sie waren nicht Vorläufer antikolonialer Nationalisten, sondern der allerbescheidensten Kollaborateure. Doch so groß war die Antipathie von Missionaren gegen alles, was den Abstand zwischen ihnen und den Afrikanern verringert haben würde», daß sie nicht reagierten – bis London einschritt. Die CMS ließ Price, der inzwischen nach London zurückgekehrt war, die Zustände in Freretown untersuchen, und dann wurde Streeter abberufen. Sein Nachfolger ging freundlicher und diplomatischer auf die Bombay-Afrikaner ein; eine ganze Reihe von ihnen, die aus Protest die Station verlassen hatten, kehrte zurück.

Das Problem der Beziehungen war damit allerdings nicht gelöst, da sich die Einstellung der Missionare nicht wesentlich änderte. Besonders fühlten sie sich abgestoßen – wie viele ihrer Kollegen unter ähnlichen Umständen in anderen Kolonien – von «schwarzen Engländern», «deren Kleidung, Erziehung und Lebensstandard den sozialen und psychologischen Abstand zwischen Afrikanern und Europäern gefährdeten und so die Unterschiede bedrohten, auf denen der Paternalismus der Missionare beruhte»[26]. Als Anfang der neunziger Jahre Missionsafrikaner anfingen, Hosen, Stiefel und Spazierstöcke zu tragen, verordneten ihnen die Missionare statt dessen den Lendenschurz. Bald danach verbot Bischof Tucker den Afrikanern in Freretown, Schuhe anzuziehen, und alle afrikanischen Lehrer mußten einen «Kanzu» tragen, ein langes weißes Gewand, das sie haßten, weil es sie an die Kleidung der Sklavenhändler erinnerte. Diese Kleiderordnung fand ein anderer Missionar der CMS, Douglas Hooper, noch viel zu lasch. In seiner Station Jilore, westlich von Malindi, verbot er afrikanischen Mädchen, Korsetts anzuziehen, Glasperlen zu tragen und ihr Haar zu Zöpfen zu flechten.[27] Als 1895 vier Afrikaner in Freretown als Vorleser angestellt wurden, mußten sie sich verpflichten, keine europäische Kleidung zu tragen. In diesem Jahr begannen die Afrikaner in der Mission, sich in einem Arbeiterrat (African Workers Council) zu organisieren, um sich besser gegen die autoritäre Missionsverwaltung verteidigen zu können.

Um die Afrikaner von westlicher Kultur und/oder Zivilisation abzulenken, veranstaltete die Freretown-Mission sogar von Zeit zu Zeit Feste mit traditionellen Tänzen, die doch sonst als Teufelswerk galten. Als sie merkte, daß ihr Englischunterricht den Schülern der Missionsschule den Weg öffnete in Stellungen bei der Imperial British East African Company – die das Land bis zur formalen Besitzergreifung durch Großbritannien verwaltete –, reduzierte sie ihn beträchtlich. Sie strich Englisch nach einer Weile ganz aus dem Lehrplan. Ihr Schulprogramm stellte sie von angeblich «zu akademisch» auf eine Art Berufsschule um; die Zahl der Unterrichtsstunden in nichthandwerklichen Fächern wurde stark gekürzt.

Andererseits konnten Bibelkenntnisse und die nötige Vorbildung für evangelisierende Missionshelfer nicht gut in Handarbeits- und Gärtnerstunden erworben werden. Als Price 1888 Freretown wieder besuchte, bemängelte er, daß Afrikaner mit Schulbildung als Köche und Hilfsarbeiter (donkey boys) beschäftigt seien – viele Missionare hätten wohl noch nicht eingesehen, daß die Evangelisierung Afrikas von Afrikanern unternommen werden müsse. Derselbe Bischof Tucker, der 1895 den Afrikanern in der Mission die Schuhe verbieten wollte, hatte selbst kurz vorher in einem Bericht das totale Versagen Freretowns in der Ausbildung von Lehrern, Pastoren und Katechisten kritisiert.

Einer der wenigen Bombay-Afrikaner, die es auf der CMS-Leiter zunächst relativ weit nach oben brachten, war William Jones, der 1885 Diakon und zehn Jahre später der erste afrikanische Priester in

Britisch-Ostafrika wurde. Der leitende Missionar in der Station Rabai nahe Freretown, A. G. Smith, tat sein Möglichstes, Jones' Autorität bei den Afrikanern zu untergraben. Sein Gehalt, 47 Rupien im Monat, entsprach dem eines Kochs bei Europäern; Jones sollte damit eine achtköpfige Familie unterhalten. Einige seiner Kinder gingen noch in Indien zur Schule; die CMS sperrte die Zulage, die sie dafür bezahlt hatte, und verweigerte ihm einen Reisezuschuß, als er die Kinder aus Indien holte. Als er schließlich kündigte, machte die Mission ihm sofort ein besseres Angebot, aber nun trat er in den Regierungsdienst – für das dreieinhalbfache Gehalt.

Solche Episoden gab es viele in der Missionsgeschichte des Kolonialzeitalters. Sie zeigen eben, daß die Männer und Frauen der Kirche ebensowenig von Rassendünkel frei waren wie die weißen Siedler, nicht etwa nur in Südafrika, sondern überall. In Kenia bestand 1918 die weiße anglikanische Gemeinde in Mombasa darauf, ihren eigenen Geistlichen zu ernennen und nicht den von der CMS gestellten für sich predigen zu lassen. Sie verlangte ferner, die CMS als Besitzerin der Kathedrale solle die Rechte der weißen Gemeinde ausdrücklich garantieren; dazu gehörten auch die Alleinverfügung über die Orgel, die von der Gemeinde bezahlt worden war, und die Reservierung von Kirchengestühl für die Weißen. Da die Gemeinde drohte, kein Geld mehr aufzubringen, und schließlich sogar die Abspaltung erwog, gaben CMS und Bischof nach, sowohl was die Orgel und die Bänke betraf als auch in der Frage des Geistlichen – sie ernannten einen, mit dem die Weißen einverstanden waren. Allmählich wurde die Bildung einer Landeskirche akut. Der Vorstoß, die Synode entsprechend der Zahl der Gemeindemitglieder zu besetzen, scheiterte 1921. Während die Afrikaner eine proportional angemessene Vertretung verlangten, wurde festgelegt, daß die Zahl ihrer Delegierten nie die der Weißen übersteigen dürfte, obwohl diese eine vergleichsweise winzige Minderheit waren.[28]

In solcher Atmosphäre konnten die Afrikaner wohl kaum auf rasche Schritte zur Gleichberechtigung – wenigstens in der Kirche – rechnen, und das unter Christen, deren Missionen so oft verkündet hatten, sie strebten die kirchliche Eigenständigkeit der Afrikaner an. Die christlichen Gemeinden wuchsen, aber formelle Vertretung in den Ämtern und Gremien der Missionen wurde den afrikanischen «Helfern», die Entscheidendes zum Aufbau geleistet hatten, vorenthalten. Die afrikanischen CMS-Angestellten wurden meist als «agents» bezeichnet. In Kenia waren das zu Ende des Ersten Weltkriegs etwa 170 – Pastoren, Katechisten, Vorleser, Lehrer verschiedener Abstufungen. Sie konnten mit einer Kündigungsfrist von nur zwölf Stunden entlassen werden, und bei «Unpünktlichkeit» oder «Insubordination» sperrte man ihnen unter Umständen ein Monatsgehalt. Verglichen mit der wachsenden afrikanischen Gemeinde hatten es die Pastoren bei der CMS immer schwerer: 1915 betreute einer von ihnen 479 Gemeindemitglieder, 1935 waren es 708.[29]

Weiter westlich im britischen Gebiet gab es eine ähnliche Einstellung gegenüber afrikanischen Missionsmitgliedern wie im Fall der Bombay-Afrikaner. Der schon mehrfach erwähnte Samuel Crowther, ein Yoruba, war als befreiter junger Sklave 1822 in die britische Kolonie Sierra Leone gekommen. Er wurde von Missionaren erzogen und brachte es zum Lehrer, eine Zeitlang im Regierungsdienst, dann in der Ausbildungsstätte der CMS. Für die nahm er zusammen mit dem Missionar Schön, wie schon erzählt, an der ersten großen, gescheiterten Nigerexpedition teil, dann an weiteren. Die CMS ließ ihn 1843 in London zum Priester weihen, dann war er als Missionar in verschiedenen Orten des heutigen Nigeria tätig, und schließlich wurde er Leiter der Nigermission, die lange ausschließlich aus afrikanischen Missionaren bestand. Dieser Sonderfall ergab sich, weil die Missionsleitung meinte, Afrikaner vertrügen das dortige Klima besser als Weiße, und vor allem stammten die eingesetzten, in Sierra Leone ausgebildeten Afrikaner aus diesem Gebiet. Die Zentrale nahm mit Recht an, sie würden es leichter haben, ihrer Religion Gehör zu verschaffen.

1864 wurde Crowther zum anglikanischen Bischof geweiht, zuständig für ein Gebiet, das fast ganz Westafrika außer den britischen Kolonien Lagos, Goldküste und Sierra Leone umfaßte. In diesem Bereich befanden sich einige Missionsstationen, die von weißen Missionaren geleitet wurden. Diese lehnten ab, unter einem afrikanischen Bischof zu arbeiten. Also wurden sie von seiner Weisungsbefugnis ausgenommen.

Eineinhalb Jahrzehnte später begannen weiße Missionare eine Kampagne gegen die Nigermission: Die Geistlichen und die Laien seien «unmoralisch» und «korrupt». Professor Temu[30] schreibt die Kampagne der damals auch anderswo beobachteten Abneigung gegen gebildete «Eingeborene» zu, die eines Tages die Überlegenheit der Weißen in Frage stellen könnten. Und nun war ja Großbritannien als Kolonialmacht aktiv geworden, Nigeria befand sich auf dem Weg in die Unterdrückung, die neue Besatzung erleichterte Missionaren die Arbeit, Könige und Häuptlinge konnten weniger zur Abwehr des Christentums tun; viele wollten es gar nicht. Die weißen Missionare entschlossen sich nun leichteren Herzens, weiter ins Land vorzustoßen. Die Ankunft der Kolonisten konnte die Missionare nicht unberührt lassen, besonders nicht – in den Worten Professor Ajayis – «der neue Drang von Europäern, mit den Afrikanern nicht nur Handel zu treiben, sondern auch über sie zu herrschen»[31]. Andere Missionen drangen ebenfalls in das Nigergebiet ein, auch die Katholiken und protestantische Konkurrenz für die Anglikaner. Mit diesem Wandel ging vor allem eine psychologische Veränderung einher: «Aus Bittstellern, die im Land Schutz suchten, wurden die europäischen Missionare Protektoren, und entsprechend änderte sich ihre Haltung gegenüber Afrikanern. Bisher waren sie Mitmenschen und Brüder, nun wurden sie Teil einer herrschenden Kaste.»[32] Jedenfalls wurden die von den Missionen selbst erzogenen Afrikaner nun zusehends diskreditiert.

Die britische Nigermission hatte Reibereien mit der britischen Nigergesellschaft, wie viele Missionen anderswo mit dieser und anderen Chartergesellschaften auch. Aber die Nigergesellschaft war einflußreich, ihr Vertreter beschwerten sich über die Mission und ihren Bischof, verbreiteten diffamierende Erzählungen und fanden Glauben. Die Kampagne gegen Crowther steigerte sich; die Begeisterung, mit der die CMS ihren afrikanischen Bischof jahrelang vorgezeigt hatte, schwand dahin, Crowther wurde mehr und mehr durch weiße Missionsbeamte entmachtet, die ihm teils zur Seite gestellt, teils übergeordnet wurden. Schließlich legte er sein Amt nieder. Auch die meisten der ihm unterstellten afrikanischen Missionare verloren Befugnisse, Wirkungsmöglichkeiten und zuletzt ihre Stellungen. Ausschlaggebend für das Ende der Ära Crowther war ein überaus kritischer Bericht über die angeblichen Zustände in der Mission, den der Reverend J. B. Wood im Auftrag der CMS-Zentrale angefertigt hatte. Eine Konferenz wurde einberufen, dort sollte Wood seine Behauptungen in Anwesenheit Crowthers vortragen. Aber Wood lehnte ab zu erscheinen und tadelte die Missionsgesellschaft, weil sie seinen Bericht an Crowther weitergegeben habe; er sei vertraulich gewesen.

Damit ich nicht verdächtigt werde, parteiischen afrikanischen Quellen aufgesessen zu sein, sei noch aus dem «Lexikon zur Weltmission» zitiert, das Crowther einen ausführlichen Beitrag widmet: «Fähig, fromm und demütig, wurde er fast eine Legende noch zu Lebzeiten. In seinen späteren Jahren kam es in seiner Diözese zu verschiedenen Spannungen und Problemen, zum Teil, weil er nicht so systematisch und starr war, aber mindestens ebenso deshalb, weil die CMS ihm nicht die Unterstützung gab, die für seine großen Aufgaben notwendig war. Außerdem waren einige europäische Missionare der Meinung, die Zeit sei keineswegs dafür reif, daß ein Afrikaner eine höhere Position haben sollte als sie selber.»

Ganz allgemein kann man sagen, daß die Missionen sich sehr lange Zeit ließen, bis sie Einheimische ausbildeten, die die kirchlichen Aufgaben übernehmen konnten, und noch viel längere – fast immer –, bis es zu spät war, ihnen wirklich die Verantwortung zu übertragen und sie als ebenbürtig zu respektieren. Die erste anglikanische Missionsarbeit in Indien begann 1813 in Kalkutta; es dauerte 99 Jahre, bis die Anglikaner den ersten indischen Bischof weihten.

In seiner Geschichte der Gesellschaft afrikanischer Missionen (Société des Missions Africaines, SMA) berichtet John M. Todd über die Erfahrungen ihres Gründers de Brésillac mit anderen Missionaren in Indien: «Die Inder wurden praktisch wie Geistesgestörte behandelt. Wenn gelegentlich ein Inder ordiniert wurde, gab es keinen Versuch, ihn vollständig zum Priester auszubilden... Die ordinierten Inder waren ziemlich unzulängliche Priester, da sie nicht ordentlich ausgebildet worden waren.»[33] In Indonesien bildeten die Holländer zwar, wie das «Lexikon zur Weltmission» unter dem Stichwort «Amt in den jungen Kirchen» sagt, einen «relativ großen» einheimischen

Klerus aus, «die Einheimischen konnten aber nur Hilfsgeistliche werden und mußten immer unter Anleitung eines Missionars arbeiten». Die Konsequenz beschrieb Bischof Leslie Newbigin 1959: «Wenn eine Institution oder ‹Station› von aufeinander folgenden Generationen von Missionaren geleitet wird und man dann nach einem oder zwei Jahrhunderten zu hören bekommt, daß dringend nötig sei, einen neuen Missionar zu entsenden, damit er die Lücke schließe, die der vorige Missionar durch seine Abreise hinterlassen hat, dann ist das sehr weit von den Missionierungsmethoden des Heiligen Paulus entfernt. Zweifellos kann die Anwesenheit von Missionaren unter solchen Umständen dem geistigen Wachstum der jungen Kirche schaden und tut es manchmal. Wenn der Missionar weiterhin die wirkliche Verantwortung behält, behindert das die Kapazität der Verantwortung in der einheimischen Kirche.»[34]

Ein Sekretär der Wesleyan Methodists, John Kilner, kam 1885 nach Südafrika, wo ja schon lange missioniert wurde.[35] Er zeigte sich beeindruckt von der «erstaunlichen Bescheidenheit» der Missionare, er «staunte» nämlich «über die Zurückhaltung, die sie davon abhielt, einige der für die Arbeit geeigneten Eingeborenenführer zur Geltung zu bringen». Kilner bestand darauf, daß afrikanische Pfarrer ausgebildet werden müßten, und ein paar Dutzend Einheimische wurden auch registriert, die eventuell als «eingeborene Pfarrer auf Probe» ordiniert werden konnten. Aber einige der «bescheidenen» Missionare erklärten ihm, dies sei vorschnell und sie hätten Bedenken dagegen. Auch die Presbyterianer bremsten, als ihre Zentrale sie anwies, bald eine größere Zahl afrikanischer Pfarrer zu ordinieren.[36] Die katholische SMA brachte es zu ihrem ersten ordinierten afrikanischen Priester 1920, 58 Jahre nach Aufnahme ihrer Tätigkeit.

In Südwestafrika fielen erst, oder noch, 1946 viele christliche Nama im Süden des Landes von der Rheinischen Mission ab, deren Paternalismus – wir könnten auch sagen Rassismus – sie nicht länger ertragen wollten, und schlossen sich der Afrikanisch-Methodistischen Episkopalkirche in Südafrika an (s. Stichwort «Namibia» im «Lexikon zur Weltmission»). 1955 verließen Tausende von christlichen Herero die Missionskirche, die ihnen jede Eigenverantwortlichkeit vorenthielt, und gründeten ihre eigene Kirche im Norden des

Landes. Im Jahr 1978 waren unter den rund 50 katholischen Priestern Namibias nur vier Einheimische.

Lateinamerika, in dem so vieles vorgemacht wurde, was dann später auf den anderen kolonisierten Kontinenten praktiziert werden sollte, ist auf dem Gebiet des Rassismus, der die spanische Mission bzw. Kirche prägte, in der Tat kaum zu übertreffen. Nach mehr als hundert Jahren Missionsarbeit unter den Guaraní-Indianern hatten die Jesuiten noch immer keine theologische Ausbildung für indianische Landpfarrer in die Wege geleitet, nicht einmal in Ansätzen. Im Lauf der Zeit gab es zwar einige indianische und farbige Priester, und die Franziskaner hatten im 16. Jahrhundert den Versuch gemacht, eine höhere Schule zur Ausbildung der Indianer durchzusetzen. Aber als sich die ersten Erfolge zeigten und sich das Heranwachsen einer indianischen Elite anzukündigen schien, brach eine gewaltige Opposition los und sorgte für das Ende des Experiments. Die Opposition «war im wesentlichen getragen von einem rassistischen Vorurteil, nach dem der schlichteste Spanier immer noch mehr wert ist als ein Indianer, und kolonialistischem Denken, nach dem die Indianer sich mit der Rolle von Sklaven und Trägern begnügen sollten. Kirche und Gesellschaft gaben den Indianern keine echte Chance zum Priestertum.»[37] Entsprechend enttäuschend ist, was die katholische Kirche Spaniens getan hat, um einen einheimischen Klerus heranzubilden; die Forschung ist sich da einig.[38]

Hauptgrund war die Unterordnung der Kirche unter die iberischen Kronen. Schon 1568 verankerte die vom König berufene «Junta Magna» «die Liquidierung der in Entstehung begriffenen indianischen Kirchen zugunsten einer einheitlich geprägten spanischen Kolonialkirche» und, keineswegs nebenbei, «die fast völlige Ausschaltung Roms»[39]. Die hatten sich die Päpste ja selbst eingebrockt (s. Abschnitt «Enges Bündnis: Spanien, Portugal und Belgien»). «Die Missionare des Ordens- und Weltklerus wurden zu ausführenden Organen der staatlichen Instanzen degradiert, die nun zu den eigentlichen Garanten des Missionswerkes wurden», so Hans-Jürgen Prien[40]. Die Bildung einer indianischen Missionskirche scheiterte «an der Mentalität der Kolonisten, der Mehrheit der Missionare, der iberischen Kolonialpolitik und -ethik und der Entschlossenheit der staatlichen Instanzen Spaniens und Portugals, den Indios iberisches Christentum und iberische Zivilisation überzustülpen, um sie desto einfacher beherrschen zu können». Als die lateinamerikanischen Länder ihre Unabhängigkeit errangen, hatten sie auf diesem Gebiet weit mehr nachzuholen als die Kolonien anderer Erdteile. Ob sie es wirklich nachgeholt haben, ist eine andere Frage. Auch in Westafrika und Goa haben die Portugiesen kaum eine bessere Bilanz vorzuweisen. Zwar gab es relativ viele einheimische Geistliche, aber stets der europäischen Verantwortlichkeit untergeordnet.

«Um zusammenzufassen: Exzessive missionarische Kontrolle, und daß sie zu lange in der Welt nach 1919 ausgeübt wurde, erwies sich als eine Schwäche» – diesem Satz Beethams in «Christianity and the New Africa»[41] können wir uns anschließen. «Es war der Hauptfaktor, der zur Geburt vieler der unabhängigen afrikanischen Kirchen geführt hat.» Angefangen mit der äthiopischen, die schon Anfang des 19. Jahrhunderts die weißen Missionare in Südafrika beunruhigte. Ihre Gründer und Führer waren fast durchweg frühere Anhänger und Zöglinge europäischer Missionen, die sich, verprellt von deren westlichem Nationalismus und Rassismus, abgewendet hatten und nicht auch noch in der Kirche unterdrückt und verachtet werden wollten.

Als 1960 anläßlich der Unabhängigkeit Zaires die Soldaten der «Force Publique» gegen ihre belgischen Offiziere meuterten und die Massenflucht der Belgier einsetzte, flohen auch die Missionare. Als wieder Ruhe herrschte, wurden diejenigen, die zurückkehrten, von ihren Gemeinden gefragt, warum sie denn wie die anderen Belgier den Weisungen der Konsuln gefolgt seien und ihre Aufgaben so über stürzt verlassen hätten. Man sei bereit, sie aufzunehmen – aber nun nur noch zu den Bedingungen der kongolesischen, afrikanischen Kirche.

Väter der Unabhängigkeitsbewegungen

Es ist bekannt, daß in unseren Breitengraden die meisten Vaterschaften ungewollt sind, eher Produkte des Zufalls als der Planung. Im Zusammenhang mit der Kirche mag dieses Beispiel als taktlos empfunden werden, obwohl ihr doch nichts Menschliches fremd sein darf. Aber es trifft nichtsdestoweniger auf eine Vaterschaft zu, die sich Kirchen und Missionen gern zuschreiben: Die christlichen Lehren der Missionare, besonders die von der Gleichheit vor Gott, hätten den besetzten Völkern einen Gedankenanstoß gegeben, der als Keim der späteren, «nationalistischen» Empfindungen und folglich der Unabhängigkeitsbewegungen anzusehen sei. Auch viele Autoren von Missionsgeschichten sind dieser Meinung.

Richard Wright hat die Wirkung dieser Legende in seinem Buch «Schwarze Macht» beschrieben, nach seinem Besuch in Ghana: «Immer wieder stieß ich auf diese Reaktion: Der Afrikaner der Goldküste liebt die weißen Missionare, weil sie ihm Lesen und Schreiben beigebracht haben; sobald er aber mit Hilfe von Lesen und Schreiben erkennt, was die Engländer ihm angetan haben und wie sein Land und seine Kultur zerschlagen und ausgebeutet sind, nährt er einen ständig wachsenden Groll gegen die Missionare. Ohne es zu wissen, hatten sich die Missionare in eine sonderbare, vom Afrikaner aus gesehen sehr verzwickte Stellung hineinmanövriert.»[1]

Der Vergleich mit der Vaterschaft europäischer Sorte ist schon deswegen richtig, weil diese Keimwirkung nicht die Absicht der Missionare war, jedenfalls sehr lange nicht. Ganz im Gegenteil lehrten sie die Unterworfenen nicht nur, die Autorität der Besatzer als von Gott gegeben hinzunehmen, auch sie selbst waren sehr lange nur in Lippenbekenntnissen bereit, ihre farbigen Zöglinge auf ihrem ureigensten Gebiet, dem der kirchlichen Organisation, als gleichberechtigt anzuerkennen. Wir haben gesehen, wie die praktische Verwirklichung dieser löblichen Lippenbekenntnisse von Missionaren, die noch ewig Zeit zu haben glaubten, bis sie die «Eingeborenen» aus ihrer Mündeleigenschaft entlassen wollten, so lange wie möglich hinausgezögert wurde.

Die Phrasen von der «zivilisatorischen Mission» Frankreichs, Belgiens oder gar Portugals, aber auch weniger romanisch-überschwenglicher Besatzer, nehmen sich um so peinlicher aus, je mehr wir über die abscheulichen Umstände ihrer Kolonialherrschaft wissen. Daß sich auch Missionare und andere Kirchenleute dieser Phraseologie bedienten, könnte uns nur wundern, wenn die Kirchenleute sich wirklich von ihrem eigenen jeweiligen politischen Nationalismus verabschiedet hätten im Sinne ihrer übernationalen Religion. Aber mit ganz wenigen Ausnahmen waren sie dazu eben nicht imstande. Ganz spät, sozusagen in den allerletzten Minuten vor der Entkolonialisierung, fühlten sie sich veranlaßt, das nun endlich als unvermeidlich Erkannte, nämlich die Unabhängigkeit der Unterdrückten – die politische, nicht etwa nur die der kirchlichen Organisation –, immer noch in die Phraseologie der angeblich zivilisatorischen Mission zu kleiden. Die überfälligen klaren Worte kamen dann fast zu spät.

Vaterschaft, wenn auch unfreiwillige, selbst die finstersten Bündnisse zwischen Kirchen und Besatzerregime wie in Portugiesisch- oder Belgisch-Afrika? Südafrika mit seiner Tradition des Widerstands gegen die Besatzer praktisch von Anfang an brauchte keine unfreiwilligen Gedankenväter, schon gar nicht christliche von der Richtung der Holländischen Reformierten. Die lehrten nichts, was einem Nichtweißen Gleichheitsideen eingeben konnte, und unterstützten jedenfalls gleich diejenigen, die sie ihm mit Gewalt wieder austrieben. Das «unfreiwillig» kann ich gar nicht genug betonen, denn auch in anderen Gebieten, etwa im heutigen Kenia, um nur ein Beispiel zu nennen, waren die Missionen mit winzigen Ausnahmen bis fast zum Schluß auf der Seite der weißen Siedler, also gegen Gleichberechtigung der Afrikaner, von Unabhängigkeit ganz zu schweigen. «Jeder konnte bemerken, daß die meisten Missionare in Kenia vor der Verhängung des Ausnahmezustands 1952 [d. h. vor dem Mau-Mau-Aufstand] ganz klar die koloniale Mentalität der weißen Siedler teilten», schrieb Tom Mboya[2], «sie waren unter denen, die dem Afrikaner ständig erzählten, er sei nicht reif für die Fortschritte verschiedenster Art, daß er geduldig sein und an Gott glauben und auf den Tag warten müsse, an dem er den großen Sprung nach vorn schaffen würde... Sie gehörten zu jenen, die unter den Afrikanern

Furcht und Minderwertigkeitskomplexe verbreiteten, durch die Schulkinder und durch die Christen in ihren Gemeinden. Ich erinnere mich an keinen Fall, daß ein Missionar – Katholik, Protestant oder was sonst – das koloniale Regime und die soziale Ordnung verurteilt oder versucht hätte, in den Afrikanern einen neuen Geist des Stolzes und des Selbstvertrauens zu wecken. Eher untergruben sie solches Vertrauen...»

Selbstverständlich, so scheint es, hat die schlichte Tatsache, daß in den kolonialisierten Ländern die Kinder der Besetzten in Missionsschulen gingen – da sie meist keine anderen fanden –, den dort Erzogenen ein Rüstzeug gegeben. So bescheiden es auch gewesen sein mag, es machte sie zu einer Elite. Eliten aber nehmen irgendwann übel, in die zweite Klasse verbannt zu sein, unterdrückt zu werden. Aber diese für die Beurteilung der Missionare angenehme Betrachtung – angenehm heute, denn damals war dieser Aspekt durchaus unerwünscht – entspringt der gleichen simplen, hochmütigen Anschauungsweise wie die Einstellung, der Afrikaner, Papua, Samoaner usw. habe keine Kultur und keine Geschichte, oft nicht einmal eine Religion gehabt, bis die Weißen ihm eine beibrachten. Das übersieht, gegen welchen starken Widerstand die Kolonien teils erobert, teils wenigstens für die Besatzer «sicher» gemacht werden mußten und wie oft sich die Unterdrückten immer wieder auflehnten, vom Kap der Guten Hoffnung bis ans Mittelmeer.

Die Weißen entdeckten keine Literatur und keine Schriftsprachen – sie hätten sie sowieso nicht schnell genug lesen können –, sie bemerkten erst nach einer gewissen Zeit die Stärke mündlicher Überlieferung und Geschichte. Wie kamen sie zu der Annahme, aus dieser, nämlich aus dem lebendigen Gedächtnis der Unterworfenen, sei die Erinnerung an Freiheit und Unabhängigkeit getilgt? Das war sie natürlich nicht. Gerade weil die Besatzer, ihre christlichen Helfer eingeschlossen, die einheimische Kultur mit solcher Verachtung übergingen, konnten sie das wohl nicht sehen. Doch diese Erinnerung lebte und war, wie wir allmählich der ansteigenden Flut afrikanischer Geschichtsschreibung entnehmen können, ganz und gar nicht unpolitisch. Wieso hätten die Besetzten ausgerechnet von den Besatzern lernen müssen, nicht unterworfen sein zu wollen? Dem grotesken

Irrtum, nur westliche Kultur kenne Freiheit, ist eine ganze Sparte christlich inspirierter Geschichtsliteratur erlegen. Aber es bleibt ein Irrtum.

Eher könnten wir die Missionare, auf wenige Länder beschränkt, für die «Ausbildung» zu modernen Mitteln der unabhängigen Selbstverwaltung rühmen. Könnten wir aber nicht auch denken, daß den unterdrückten Völkern der oft fragwürdige «Segen» westlicher Modernisierung auch auf andere Weise hätte zuteil werden können als auf dem Umweg über Versklavung, Unterdrückung, teilweise Ausrottung, Zerstörung ihrer Sozialstruktur, Abwertung ihrer Kultur, Vernichtung ihrer natürlichen Lebensgrundlagen, Wegnahme ihrer Bodenschätze? Tetzlaff[3] hebt hervor, die «christianisierten und schulisch gebildeten» Häuptlinge der Haya am Westrand des Tanganjikasees seien die «fortschrittlichsten» Chefs ihres Distrikts geworden und «Mitglieder der Ziba-Aristokratie» hätten durch (wohl missionarische) Schulbildung einen Vorsprung bekommen, «der ihnen die Führerschaft in der modernen Politik in Buhaya bis in die 1940er Jahre verschaffen sollte». Ähnliches lasse sich auch von den «missionierten Dschagga am Kilimandscharo» sagen. Aber, wie wir ja sehen: Das waren schon Eliten. Solche hatten sich auch früher durchgesetzt; sie waren nicht nur durch christliche Erziehung zu Führern geworden.

Tetzlaff macht aber dankenswerterweise für Ostafrika, das damit natürlich nicht allein steht, auf jenes soziale Problem aufmerksam, das die Missionare mitzuverantworten haben: auf «die heute nach wie vor aktuelle Entfremdung zwischen den christlich-westlich orientierten Bildungseliten und den armen ländlichen Massen, die die eigentlichen Opfer jenes historischen Prozesses der ‹Westernisierung› wurden, der mit der Missionsarbeit in Afrika begann»[4].

Ganz abgesehen davon, daß die missionarische Erziehung keineswegs immer ein modernisierender Faktor war. Gerade weil die Missionen das für ihre Zwecke, nämlich für die Isolierung der Neuchristen von der «sündigen» Stadt, so ideale Landleben für ihre Zöglinge bevorzugten, mögen sie zwar revolutionär gewirkt haben. Aber sie brachten ja ihrerseits eine höchst konservative Sozialordnung und Moral. Die war viel zu konservativ, um irgendwo außerhalb Europas (auch darüber müßten wir noch einmal nachdenken) als modernisierende Kraft zu gelten. In einer Untersuchung über die katholischen Missionen im vormals belgischen Kongo, heute Zaire, sagte Marvin D. Markowitz: «Ihr eigener Anti-Intellektualismus und Anti-Kosmopolitismus brachte viele Missionare dazu, Exponenten und Befürworter von afrikanischem Provinzialismus zu werden. Sie idealisierten afrikanisches Dorfleben und lehnten Aspekte der Moderne wie Urbanisierung und Industrialisierung ab. Für sie war Landleben die Verkörperung von Tugend, während die Stadt von Übel und Atheismus erfüllt war. In seiner extremen Form führte dieser ländliche Romantizismus zur Ablehnung der Ausrüstung westlicher Zivilisation und zur kulturellen Askese.»[5]

Daß besonders die Holländische Reformierte Kirche über jeden Verdacht erhaben ist, in der afrikanischen Gesellschaft auch nur unfreiwillig modernisierend gewirkt zu haben, hat das Beispiel Südafrika wohl hinreichend bewiesen. Die «Destabilisierung»[6] der afrikanischen Gesellschaft ist eben nicht so einfach als Modernisierungsfaktor zu werten. Abgesehen davon stellten viele Beobachter fest, daß «Missionen selten sehr vorankamen, solange nicht andere politische und wirtschaftliche Veränderungen aufgezwungen wurden. Wenn auch Missionare den Charakter der ‹neuen Elite› geformt haben mögen, kann man ihnen kaum gutschreiben, daß sie diese bedeutende soziale Gruppe ohne Hilfe geschaffen hätten.»[7]

Ein Land, und kein unwichtiges, wo sich die Missionen rühmen können, die einheimische Elite weitgehend gebildet zu haben und zumindest Mit-Väter des Nationalismus gewesen zu sein, war Nigeria. Die Missionare hatten großen Erfolg; die CMS betrieb auf Anweisung ihrer Londoner Zentrale die Afrikanisierung ihres Missionspersonals, Missionare eingeschlossen. Das führte zu Schwierigkeiten. «Unerwünschter Zugang zur Bibel mit ihren Begriffen von Gleichheit, Recht und Nicht-Rassismus gab den frühen Bekehrten eine Waffe, die sie sich nicht scheuten, auch gegen Missionare anzuwenden, die diese Ideale in der Kirchenverwaltung und im Umgang mit Bekehrten beiseite schoben. Durch ihr Studium der Klassiker, das viele protestantische Missionare unterstützten, und der Geschichte des Kampfes kolonialer Völker gegen ihre imperialen

Herren glaubten viele der frühen Nationalisten – fast durchweg Kirchenführer –, daß sie Helden hätten, die nachzuahmen sich lohnte.»[8]

In Nigeria entstand, was damals «Äthiopismus» genannt wurde. Gemeint waren eigentlich afrikanische Kirchen, die sich unter Protest von den missionarischen getrennt hatten, weil sie sich in ihnen nicht erkennen konnten; die traditionellen Missionare hielten sie für «Separatisten». Auch hier kam ein Rassengegensatz zum Vorschein, der oft in der verächtlichen Behandlung einheimischer Christen – besonders von Pfarrern – durch die Weißen seinen Ursprung hatte.

In Nigeria war der Äthiopismus aber, im Gegensatz zu anderen Gegenden Afrikas, nicht so stark anti-weiß, was Ayandele damit erklärt, daß es dort keine nennenswerte weiße Ansiedlung gegeben hat und die wirtschaftliche Ausbeutung durch die Briten nicht so arg gewesen sei wie in Zentral- und Südafrika. Ostafrika ist da deutlich einbezogen. In Nigeria bedeutete Äthiopismus nicht unbedingt Sezession von der weißen Kirche. Die gebildeten Afrikaner hier blieben nicht nur in den Missionen, sondern strebten erfolgreich nach höheren Positionen in ihnen – «in einem Ausmaß, das ohne Parallele in anderen Missionsgebieten ist»[9].

Hier war eine breite Eliteschicht von Nigerianern entstanden, die sich nicht nur in der Kirche heimisch fühlten, sondern in ihr tatsächlich eine gute Vorstufe für die Bemühungen um politische Unabhängigkeit sahen. Freilich auch nicht, weil sie erst in oder durch die Kirche auf solche Gedanken gekommen wären – die hatten sie schon vorher. Aber sie sahen die Kirche bzw. die Missionen als ein gutes Mittel an, später auch politische Ziele zu erreichen. Es gehörte zu ihren Glaubensartikeln, sagt Ayandele, daß «dasselbe Evangelium, das für das Wachstum und die Oberherrschaft Europas gesorgt hat, nicht versagen wird, dasselbe für unser Land zu tun»[10].

Ayandele zollt gebührende Anerkennung demjenigen weißen Kirchenmann, dem nicht nur die nigerianischen Christen viel verdanken: Henry Venn, 1842 bis 1872 Sekretär der Church Missionary Society. Er setzte sich früh und energischer als jeder andere dafür ein, die Missionen so schnell wie möglich reif für ihre Übertragung an die Einheimischen zu machen. Er entwarf einen Dreistufenplan zur

Entwicklung von Missionen unabhängiger Kirchen in Afrika und Asien. Dementsprechend ermunterte er die Einheimischen, sich dafür zu schulen und in jeder Weise vorzubereiten. Die von ihm geplante Organisation sollte die Einheimischen auch in die Lage versetzen, ihre Kirchen selbst zu tragen, also ohne finanzielle Zuschüsse aus den Missionarsländern auszukommen, in diesem Fall aus London. Die weißen Missionare sollten, sobald sie die einheimischen Kirchen auf eigene Füße gestellt hätten, weiterziehen in Gegenden, die noch nicht evangelisiert waren, und dort den gleichen Prozeß von vorn beginnen.

Henry Venn wird dabei sicher auch im Auge gehabt haben, die Kosten der Missionen für die CMS zu senken bzw. für neue Missionsaufgaben zu verlagern, was seinem Verdienst und dem politischen und moralischen Gewinn, den besonders die nigerianischen Christen hatten, keinen Abbruch tut. Und in Nigeria, das damals noch nicht so hieß und auch nicht ein Land in seinen heutigen Grenzen gewesen war, erreichte das Christentum offensichtlich, ein über die Stämme hinweg einigendes Band für die bekehrten Nigerianer zu sein, das später für die Bildung der neuen Nation nützlich war. Das galt besonders für die afrikanischen Missionare – hier war früher als anderswo als Resultat von Venns Politik eine stabile einheimische Gemeinde entstanden, nach dem Vorbild Sierra Leones, das schon seit den sechziger Jahren des 19. Jahrhunderts einheimische Pfarrer und Missionare hatte, ebenfalls durch Venns Anstoß.

Venn hatte dort schon knapp sieben Jahre nach Beginn der CMS-Mission den ersten Afrikaner zum Bischof gemacht, den ehemaligen Sklaven und Yoruba Samuel Ajayi Crowther, wir kennen ihn nun schon. Venn war auch in anderer Beziehung ziemlich einzigartig: Er setzte sich dafür ein, afrikanische Bräuche und Traditionen zu respektieren, wenn sie nicht wirklich unchristlich seien, und er war offensichtlich bereit, dies recht großzügig auszulegen – kein Wunder, daß er in ganz Westafrika unter den Einheimischen großes Prestige genoß. Aber die weißen Missionare, auch die der CMS, teilten seine Ansichten überhaupt nicht, schon gar nicht, was die rasche Hinführung der Afrikaner zu Eigenverantwortlichkeit anbelangte und boykottierten ihn nach Kräften.

Nach Venns Ausscheiden hatten sie es leichter. Bischof Crowther, inzwischen Chef der Nigermission, war übrigens selbst lange Zeit kein besonderer Anhänger der Afrikanisierung, sondern Anglisierer und Anglisierter in Auftreten, Erscheinung und Missionspolitik. Er tat sich keineswegs als Verteidiger afrikanischer Bräuche und Institutionen hervor. Erst die systematisch gegen ihn und die Afrikanisierung geführte Kampagne weißer Missionare und weißer Kaufleute in Nigeria und London, die schließlich, wie erzählt, zu seiner völligen Entmachtung führte und zur Machtübernahme weißer Missionare in der Nigermission, ließ ihn sich stärker auf seine Herkunft besinnen. Die afrikanischen Christen reagierten mit Protesten, die einige Jahre später zur Abspaltung und zur Bildung einer unabhängigen afrikanischen Kirche führten. Die dadurch angeheizte Stimmung, nicht nur gegen die CMS, sondern gegen England, besonders im Gebiet von Lagos, war eine wichtige Vorprobe für die spätere Unabhängigkeitsbewegung. Der wichtigste Exponent der Anti-CMS-Christen, James Johnson, in Sierra Leone von nigerianischen Eltern geboren, wurde von der CMS im Laufe der Jahre ebenso bekämpft. Seine Ernennung zum Hilfsbischof war kein Sieg, sondern eine Niederlage; die afrikanischen Christen hatten natürlich seine Ernennung zum vollwertigen Bischof gefordert.

Der Äthiopismus führte in Zentral- und Südafrika sehr viel schneller zu einheimischen separatistischen Kirchen, da dort die Möglichkeiten für afrikanische Christen in westlichen Kirchen weit hinter denen Nigerias zurückblieben. Auch Kamerun erlebte frühzeitig eine «eingeborene» Baptistenkirche (1897). Im allgemeinen läßt sich jedenfalls nicht vertreten, daß die farbigen Völker in einem nennenswerten Umfang ihren «Nationalismus» – in Europa gilt er als Nationalgefühl und Patriotismus – den Missionaren verdanken, und sei es nur indirekt. In Lateinamerika kann man ihnen die Unabhängigkeitsbewegungen erst recht nicht zuschreiben. Die antiklerikalen Bewegungen, besonders in Mexiko, richteten sich gegen das ultrakonservative Engagement und antirepublikanische Gewicht der Kirche nach der Unabhängigkeit.

Noch eindeutiger war die Entwicklung in Asien. Der Hinweis auf Indien und China müßte genügen, solche Ansprüche als absurd erscheinen zu lassen. Die indische Unabhängigkeitsbewegung konnte natürlich auf lange Traditionen unabhängiger Staaten vor der britischen Besetzung zurückgreifen, was noch mehr für ihre Moslemfraktion galt, die schließlich die Idee eines selbständigen Staates «Pakistan» forcierte. Und ihre ersten großen Aktionen nach dem Ersten Weltkrieg, der Beginn von Gandhis passivem Widerstand 1919, die Explosion des Protestes nach dem Blutbad von Amritsar[11] fanden unter verlegenem oder auch kühlem Desinteresse der britischen Missionare statt.[12] Im Zweiten Weltkrieg – 1943 – verlangte dann wenigstens die allindische Konferenz der Christen von der britischen Regierung, daß sie Indien innerhalb von zwei Jahren nach Kriegsende die Unabhängigkeit gewähre. Ein Jahr vorher hatten sich britische Missionare erstmalig öffentlich für die Unabhängigkeit ausgesprochen. Bis es soweit war, versuchten besonders Quäker, die britische Regierung zur Erfüllung ihrer Versprechen an die Inder zu drängen (Indien wurde 1947 unabhängig). Aber da hatte Großbritannien auch längst keine Möglichkeit mehr, Indien in Abhängigkeit zu halten.

In China waren, wie wir gesehen haben, die Missionare zwar starke Katalysatoren der Fremdenfeindlichkeit, besonders die katholischen, aber China verteidigte seine Unabhängigkeit vor- und nachher erfolgreich – gegen die von den Missionaren begleiteten fremden Eindringlinge mehrerer Nationen. Die arabische Welt wiederum verdankt den Anstoß zu ihren Unabhängigkeitsbewegungen des 19. und 20. Jahrhunderts auch nicht gerade den Christen.

Den Anspruch, Väter des Nationalismus zu sein, wenn auch nicht absichtlich, können also die christlichen Missionen kaum erheben bzw. in nur ganz wenigen Ausnahmefällen wie Nigeria. Interessant ist in diesem Zusammenhang natürlich, auch als Gesinnungstest, wie sie sich bei der Entkolonialisierung verhalten haben: ebenfalls nicht sehr rühmlich.

In den riesigen Gebieten des belgischen Kongo und des portugiesischen Afrika kam das Ende der Kolonialherrschaft für die etablierten, herrschenden katholischen Missionen als eine höchst mißliche Überraschung. 1961 hatten die portugiesischen Bischöfe des «Mutterlandes» gemeinsam erklärt: «Die Ausdehnung des portugiesischen Vaterlandes in die diversen Teile der Welt gehorchte einem Ideal der brüderlichen menschlichen Glaubensgemeinschaft in der christlichen Zivilisation ... In dieser Stunde, in der der Westen sein Selbstbewußtsein verloren zu haben scheint ..., ist sich Portugal seiner evangelisierenden und zivilisierenden Mission bewußt.» Die offizielle katholische Tageszeitung «Novidades» fügte hinzu: «Für uns existiert der Kolonialismus nicht. Was existiert, sind fünf Jahrhunderte nationaler Einheit.»[13] Eine Schlagzeile in «Les Information Catholiques internationales» am 15. Februar 1961: «Die portugiesischen Bischöfe: Kolonisierung und Mission sind solidarisch.»[14] Nur einige protestantische Missionare hatten nicht nur Verständnis für die Unabhängigkeitsbewegungen, sondern unterstützten sie sogar, als ziemlich einsame Ehrenretter des weißen Christentums. Den katholischen Weißen Vätern allerdings gebührt das Verdienst (s. Abschnitt «Im Zweifel für den Staat»), durch ihren ostentativen Auszug aus Mosambik 1971 der ganzen Welt deutlich gemacht zu haben, daß den katholischen Bischöfen dort und in Portugal die kolonialen Interessen des portugiesischen Staates wichtiger waren als Evangelium und Kirche.[15] Der Vatikan schwieg weiter.

In den britischen Gebieten, Nigeria ausgenommen, waren die meisten Missionare allenfalls hochverdrossene Mitläufer der Entkolonialisierung, der sie keine Sympathie entgegenbrachten. Ihre Bischöfe kritisierten, wie beispielsweise in Rhodesien, heute Simbabwe, im Oktober 1977 Exzesse im Kampf gegen Unabhängigkeitsbewegungen[16]; die Bestrebungen der Afrikaner unterstützen mochten sie nicht.

Noch überraschter waren die französischen Kirchen und Missionen, als Charles de Gaulle von 1958 bis 1960 die Kolonien Frankreichs zu unabhängigen Mitgliedern der französischen «Communauté» machte, wenn er auch Frankreich dort sehr starken Einfluß bewahrte. Die französischen Kirchenmänner, die aktiv und offen die Unabhängigkeit der Kolonien befürwortet hatten, und nicht erst in letzter Minute, waren eine kleine Minderheit. Die blutige Unterdrükkung der Unabhängigkeitsbewegungen, besonders in Madagaskar gleich nach dem Zweiten Weltkrieg (etwa 70 000 Todesopfer), fand zwar einige Kritik, aber das kirchliche Establishment stellte bis fast zum Schluß nicht einmal das Recht Frankreichs in Frage, Indochina und Algerien zum zweitenmal militärisch niederwerfen zu wollen. Der Algerienkrieg hat bekanntlich (?) rund eine Million algerische Opfer gefordert, damals fast zehn Prozent der nichtfranzösischen Bevölkerung.

Zu den hervorzuhebenden Ausnahmen gehören die katholischen Bischöfe von Madagaskar, die Ende November 1953 in einem gemeinsamen Kommuniqué erklärten, das Streben der Völker nach Unabhängigkeit sei legitim und die Kirche erkenne die Freiheit der Völker an, sich selbst zu regieren.[17] 1945 hatten die Apostolischen Vikare in Vietnam das Recht Vietnams auf Unabhängigkeit öffentlich anerkannt; sie waren freilich selbst Vietnamesen (dort lebten bei einer Gesamtbevölkerung von etwa 20 Millionen zwei Millionen katholische Christen), und die überwältigende Mehrheit der katholischen Hierarchie hüllte sich in Schweigen. Im Algerischen Unabhängigkeitskrieg von 1954 bis 1961 gab es einige Kirchenmänner von Gewicht, die sich frühzeitig für die Rechte der Algerier einsetzten: die Bischöfe Duval (Algier), Gerlier (Lyon) und Chappoulie (Angers). Einige protestantische und katholische Priester halfen sogar Algeriern, aber ihre Kirchen verhielten sich teils still, teils tadelten sie allenfalls die Brutalität der Repression. Auch sie wollten deutlich bis zum Schluß am «französischen» Algerien festhalten. Der Provinzial der französischen Dominikaner, Ducattillon, fragte sogar in einem Zeitungsartikel, ob der patriotische Reflex der französischen Katholiken nachgelassen habe.[18]

Der französische Protestantismus, viel weniger stark und einflußreich als der Katholizismus, war diesem in der Frage der Entkolonialisierung um Jahrzehnte voraus. Der Generalsekretär der Pariser Gesellschaft evangelischer Missionen, Pastor Jean Bianquis, schrieb 1906, die «Eingeborenen» machten sich Gedanken über die Devise der Republik (Freiheit, Gleichheit, Brüderlichkeit); der Tag werde kommen, wo sie sich fragen würden, warum sie nicht Gleiche seien.[19] Freilich riet er zu «großer Vorsicht», und die Missionare der Gesellschaft arbeiteten in den Kolonien eng mit der französischen Verwaltung zusammen – zu eng, fanden die Antikolonialisten.

Die Deutschen hatten schon keine Kolonien mehr, als Mitte unseres Jahrhunderts die große Entkolonisierungswelle kam. Sie waren ganz unfreiwillige Entkolonisatoren schon im Ersten Weltkrieg gewesen. Aber ihre Missionare, etwa in Namibia, machten noch lange deutlich, wie unfreiwillig das gewesen war. «Sie leisteten, nunmehr treu ergeben dem südafrikanischen Regime, den Selbständigkeitsbestrebungen der Afrikaner Widerstand. Daß bis zum Zweiten Weltkrieg keine selbständige afrikanische Kirche in Südwestafrika entstand, hing entscheidend mit diesem Aspekt der politischen Funktion der Mission zusammen.» [20]

DIE FRÜCHTE

Etwa eineinhalb Jahrhunderte – grob gerechnet – nach Beginn der christlichen Invasion Afrikas ergab eine Befragung afrikanischer Kinder in einer höheren Schule des heutigen Sambia die einstimmige Meinung, daß Afrikaner den Europäern an Großzügigkeit, Freundlichkeit und Gastfreundlichkeit überlegen seien.[1]

Da wir hier nicht die Erfolge eines Düngemittels oder einen Verkaufserfolg dank Werbung messen, sondern die Bemühungen von Vertretern und Vertreterinnen einer Religion, die sich für die einzige menschenfreundliche hält, ist dieses Urteil wichtiger, aber auch vernichtender als alles statistische Werk. Freilich ist auch die Statistik nicht sonderlich eindrucksvoll.

Wenn man kirchliche Veröffentlichungen liest oder Reden hört, war und ist die Mission erfolgreich in allen Kontinenten, aber am meisten in Afrika. Darum zitiere ich jene Untersuchung gleich am Anfang dieses Kapitels. In Wirklichkeit weisen auch die Zahlen diesen Erfolg keineswegs aus. Nehmen wir die von Hans Werner Gensichen[2]. Seit 1914 habe die Christenheit ständig zugenommen – die römisch-katholische mehr als die protestantische –, aber die Weltbevölkerung sei wesentlich schneller gewachsen. Bei gleichbleibender Entwicklung – Gensichen schrieb das 1961 – werde der christliche Anteil der Weltbevölkerung von 30 Prozent bis zum Jahr 2000 auf 20 Prozent abgesunken sein. Davon würden die Protestanten ein Viertel stellen, die Katholiken drei. Nach einer anderen Statistik ist der christliche Anteil an der Weltbevölkerung von 34 Prozent im Jahre 1960 auf 30 Prozent im Jahr 1986 gefallen; er geht weiter zurück.[3]

Ist wirklich jeder fünfte Erdenbewohner Christ? Das wären mehr als eine Milliarde Menschen von insgesamt 5,2 Milliarden.[4] Wir werden sehen, ob diese Zahl nicht relativiert werden muß. Ernüchternd ist sie auch bei voller Gültigkeit. Was die Protestanten anbelangt, so lieferte Gensichen noch ein paar wesentlich krassere Zahlen:

In Asien liege der protestantische Bevölkerungsanteil bei 0,8 Prozent, in Afrika südlich der Sahara bei 8,1 Prozent (im islamischen Nordafrika dürfte er kaum meßbar sein und auch der katholische belanglos), in Lateinamerika, was ja nun als katholische Domäne gilt, bei 2,9 Prozent. Wenn man von den Angaben der Religionsgemeinschaften selbst ausgeht, hätte die Erde fast 1,7 Milliarden Christen, davon etwas mehr als 900 Millionen Katholiken. Die (wahrscheinlicheren) Minimalschätzungen der übrigen Fachwelt: etwa 1,15 Milliarden insgesamt, davon 700 Millionen Katholiken. [5]

Wer nicht verblendet ist, wird aus diesen Zahlen nur folgern können, daß der Anspruch, um nicht zu sagen Hochmut, mit dem das Christentum sich in der Welt aufgeführt hat, von der tatsächlichen Entwicklung nicht gestützt wird. Es kann wohl sein, daß das politische Tauwetter in Osteuropa der Kirche, besonders der dort mit Abstand stärksten römisch-katholischen, mit der neuen Bewegungsfreiheit neuen Zulauf verschafft hat. Aber aller Erfahrung nach würde das eher einen Anstieg des «registrierten» Christentums bedeuten, das unter den veränderten Umständen praktische Vorteile zu bieten scheint für Aus- und Fortkommen, als des im Zweifelsfall auch «bekennenden», auf das allein die Kirche zählen und stolz sein könnte. Die «Registrierten» sind auch sonst in der Welt gegenüber den wirklichen, also den «Bekennenden», in ungeheurer Mehrheit.

Nun traf aber die Lockerung in Osteuropa mit dem kolossalen Rechtsdrall des Vatikans unter Johannes Paul II. zusammen, der gerade in den Fragen der Familien- und Sexualmoral und der gesellschaftlichen Unterwürfigkeit durch seinen ultrakonservativen Kurs viele «sonst» Gläubige von der katholischen Kirche abgebracht hat. Wie verhängnisvoll das Beharren – unter dem Deckmantel des angeblichen Lebensschutzes, nämlich für ungeborene Kinder – auf einer zutiefst lebensfeindlichen Moral ist, weil es an den Menschen abprallt und sie eher in ein anderes Lager treibt, hat sich ja nun gerade rund ein Jahrhundert lang in Afrika und Lateinamerika gezeigt, von Asien ganz zu schweigen, wo das Christentum nur eine zahlenmäßig belanglose Rolle spielt.

Interessanterweise scheint ja auch kaum eine Missionsgesellschaft je ihren Auftrag als beendet anzusehen, trotz der Unabhängigkeit der früheren Kolonien, also der meisten Missionsländer. Ein klareres Eingeständnis des bisherigen Mißerfolgs kann es wohl kaum geben. In Afrika arbeiteten Ende der siebziger Jahre mehr katholische Missionare und -innen als je zuvor. Zu den ehrwürdigen, traditionellen Missionsgesellschaften ist überdies eine Unmenge «frischer», energischer, überwiegend protestantischer neu hinzugekommen, hauptsächlich nordamerikanischer, die die Traditionen und Sitten der Missionsländer eher noch ungenierter und ungestümer mißachten. Deren Zahl stieg von 1959 bis 1973 von 29 400 auf etwas mehr als 35 000 Missionarinnen und Missionare.[6] Diese sind auch insofern eine neue Schicht, als viele – zu viele – von ihnen mehr oder minder deutlich und offen, hauptsächlich in Lateinamerika, wirtschaftliche, oft auch strategische und politische Interessen der Vereinigten Staaten verfolgen. Jedenfalls nehmen viele von ihnen so wenig Rücksicht und sind so wenig bereit, sich verständnisvoll mit den alten Strukturen ihrer neuen Umwelt auseinanderzusetzen, wie es die «traditionellen» Missionare auch waren.

Die Hauptfrage an die heutige Mission ist wohl, warum sie, wo es doch nun so gut wie überall starke einheimische christliche Kirchen gibt, dort weiterhin die «weiße» Konzeption des Christentums verbreiten zu müssen glauben, als sei nichts geschehen und als wären die dortigen Kirchen eben nicht die richtigen... noch immer nicht. Das mit dem Eingeständnis ist freilich so eine Sache. In Wirklichkeit hat die Fortsetzung der Missionierung andere Gründe. «Moderne Missionare haben ein perpetuum mobile entdeckt», sagen Julian Pettifer und Richard Bradley[7] mit verständlichem Sarkasmus, «einen nie endenden Zyklus von Aufgaben, der ihre Anwesenheit in Afrika auf Ewigkeit rechtfertigt. Es ist heute selten geworden, Missionare sagen zu hören, daß sie sich überflüssig machen wollen. Da müssen die Unabhängigen [Kirchen] zur christlichen Orthodoxie zurückgewonnen werden, und die Millionen nomineller Christen, und die Katholiken und die Anglikaner der High Church müssen ‹neu geboren› werden, und dann die Schlacht gegen die wachsende Weltlichkeit, die sich aus dem Zustrom der Afrikaner in die Städte ergibt, jede neue Generation junger Afrikaner muß evangelisiert werden. Und über allem türmt sich die größte Herausforderung auf: der Kampf mit dem

Islam.» Die weiße Mission als Selbstzweck, nicht etwa nur in Afrika...

Heutige Mission hat nicht nur den Grund, daß die weißen Missionen die anderen Völker eben doch nicht («noch nicht») für reif genug halten, um auf missionarische Hilfe und Anleitung verzichten zu können. Da gibt es ja auch so etwas wie die Sicherung von Arbeitsplätzen. Da und dort wollte die eine oder die andere Missionsgesellschaft schon einmal Missionare abziehen. Aber wohin? Viele machen weiter, weil für sie keine Tätigkeit anderswo gefunden werden kann.

Natürlich stellt sich auch die Frage, warum die nun schon nicht mehr so frischgebackenen unabhängigen Staaten der «Dritten» und «Vierten Welt» sie noch arbeiten lassen, wenn ihnen auch nach Pettifer und Bradley inzwischen fast siebzig verschlossen sind und jedes Jahr zwei oder drei weitere ihre Grenzen für christliche Vertreter dichtmachen. Die Antwort hat nichts mit Empfänglichkeit für Christentum zu tun: Die Missionen bringen Geld ins Land, oft auch «Entwicklungshilfe», und dafür kann man sie schon dulden. Zumal sie im religiösen Leben Afrikas höchstens eine marginale Rolle spielen.[8] Aber in Zaire beispielsweise befanden sich 1978 mehr als tausend amerikanische Missionare...[9]

Rettung von Seelen, wenn es denn eine gibt, darf man sicher nicht quantifizieren wollen. Aber dennoch darf man nicht die Augen davor verschließen, daß der christliche Weg zum schwachen Welterfolg mit vielen einzelnen Mißerfolgen gepflastert war und ist, die die Beharrlichkeit der Missionen bemerkenswert machen, vielleicht auch bewundernswert.

Beide Hauptbekenntnisse berufen sich besonders gern auf ihre Erfolge in Afrika. Über ihre Rivalität habe ich wohl schon genug gesagt. Doch der Konkurrenzkampf schlug sich auch in der Statistik nieder. Der deutsche Bezirksamtmann Albinus berichtete seinem Gouvernement im Juni 1906 über das Gebiet nördlich des Njassasees, alle Bewohner seien entweder Protestanten oder Katholiken – je nachdem, ob der Herrnhuter Missionar in Begleitung des Bezirksamtmanns bei ihnen erscheine oder der Weiße Vater mit einem Stück Baumwollstoff.[10]

Stephen Neill war nicht gerade ein Skeptiker gegenüber der Mission. Seine Schätzungen Anfang der sechziger Jahre, nach dem fast beendeten Vorgang der Entkolonialisierung, sahen auch nicht strahlender aus: etwa 22 Millionen Katholiken, 15 Millionen Protestanten, bei einer Gesamtbevölkerung von rund 200 Millionen Afrikanern (mit Ausnahme des islamischen Nordens).[11] Trost über dies eher bescheidene Sechstel schöpfte er, wie andere, daraus, daß es doch das Ergebnis von «nur» einem Jahrhundert missionarischer Arbeit sei. Im größeren Teil des Erdteils habe das starke Anwachsen der christlichen Gemeinden erst vor einem halben Jahrhundert eingesetzt. Geoffrey Moorhouse[12] gibt für die Zeit des Zweiten Weltkriegs wesentlich ernüchterndere Zahlen an: 2,1 Millionen protestantische Kommunikanten, also regelmäßig am Abendmahl teilnehmende, und 4,6 Millionen katholische. Da wohl nur diese als aktive Christen betrachtet werden können – im Gegensatz zu gelegentlichen Kirchgängern und zu solchen, die den Vermerk «Christ» nur in ihren Papieren tragen –, ist dies wahrscheinlich die beste Schätzung.

Die Neuauflage 1986 des Neillschen Werks, für deren aktuelleres Material Roger Chadwick, der für die «Pelican History of the Church» verantwortliche «Series Editor», verantwortlich zeichnet, beruft sich im wesentlichen auf die «World Christian Encyclopedia» von 1982. Der zufolge sei das Christentum in Afrika zwischen 1970 und 1980 schneller gewachsen als die Bevölkerung. Das gelte zwar auch für den Islam, aber fast überall, außer in Nordkamerun, sei dessen Zuwachsrate der christlichen unterlegen. Doch das ist eine Schönung des wahren Bildes, und anerkennswerterweise verschweigt Chadwick das auch nicht. Er betont sogar, daß die meisten Zahlen aus christlicher Quelle sehr aufgebläht seien.[13] Ein großer Teil dieses Zuwachses geht nämlich nicht auf das Konto der uns vertrauten, «traditionellen» Missionen bzw. Kircheneinrichtungen, sondern davon profitierten jene einheimischen, die sich gerade dadurch gewaltig von den europäischen oder nordamerikanischen (protestantischen) unterscheiden, daß sie Elemente der traditionellen afrikanischen Religionen in sich aufgenommen haben und dulden, die den Europäern eher ein Greuel sind. Darauf komme ich noch näher zu sprechen. Die europäischen Missionare tröstet, daß auch die «neuen» afrikanischen Kirchen sich gern der Bibel bedienen.

Aber diese Kirchen sind zu einem sehr großen Teil unter Protest gegen das weiße Christentum entstanden, in direkter Opposition gegen die paternalistische Unterdrückung einheimischer Christen oder auch nur aus Enttäuschung. Oft in direktem rassischen oder nationalen Zusammenstoß, oder beidem, als die Einheimischen genug davon hatten, daß die fremden Kirchenleute sie ebenso als Menschen zweiter Klasse behandelten, wie es die fremden Besatzer sonst auch taten. Die «weiße» Auslegung der christlichen Lehre, die in ihren Augen ohnehin beschädigt war durch die enorme Vielfalt der verschiedenen christlichen Zungen, in denen europäische und nordamerikanische Missionen zu ihnen sprachen, konnte ihnen in dieser Gegensätzlichkeit dann auch nicht mehr als die alleinseligmachende erscheinen.

Die einheimischen afrikanischen Kirchen Südafrikas lassen sich wohl kaum einer Glaubenseinheit mit der Holländischen Reformierten, die Apartheid tragenden weißen Rassenkirche zurechnen. Ähnliche Feststellungen ließen sich für Kenia, Simbabwe und Sambia treffen, aber auch für Zaire, Angola und Mosambik, womit wir bereits die Bevölkerungsmehrheit des nichtislamischen Afrika erfaßt hätten. In der Tat sind dies längst nicht mehr die Kirchen, die unsere hochmütige, «abendländische» Kirchenwelt auf der ganzen Erde durchzusetzen hoffte, teilweise noch hofft, wenn man die Energien neuerer nordamerikanischer Missionsgesellschaften sieht. Es ist nicht mehr die vom «Abendland» gelenkte, lenkbare Kirche, und das wird immer mehr dafür sorgen, daß man nur noch statistisch von *einem* Christentum sprechen kann. Das Christenzählen ist allenfalls andersherum interessant. In der vormaligen britischen Kolonie Kenia halten sich 65 Prozent der Bevölkerung für aktive Christen – in Großbritannien, dem «Kolonisator» und Entsender der Missionare, sind es nur 11. In Malawi, vormals britisches Njassaland, 68 Prozent.

Die meisten europäischen Christen wissen seit langem, daß ihres ein Lippenbekenntnis- und Registrier-Christentum ist, von dem die meisten Getauften und auch die noch Konfirmierten keinen Gebrauch machen, wie das so nützlich heißt. Das der Bekehrten in den anderen Kontinenten mag teilweise schon deswegen intensiver gewesen sein, weil sie ja buchstäblich nichts anderes hatten, was ihnen moralischen Rückhalt geben konnte, sobald sie erst einmal ganz von der Kolonialmisere erfaßt waren. Schon die Sklaven in Amerika flüchteten sich, eine Zeitlang wenigstens, aus ihrer diesseitigen Not in die Religion vom besseren Jenseits, wenn deren Verkünder ihnen schon kein besseres Diesseits gönnten, sondern halfen, es ihnen vorzuenthalten.

Auch große Teile der Bekehrungsstatistik in der «Dritten Welt» müssen mit Vorbehalt aufgenommen werden. Die Missionen lockten ja nicht nur mit ihrer Religion. Nach Afrika und anderswo brachten die Missionare zum Beispiel Heilkünste, die oft wirksamer waren als die einheimischen. Sobald es sich herumgesprochen hatte, konnten sie natürlich mit einer Patientenschar rechnen. Diese zahlte kein Honorar – außer in der Form, daß sie dem Sermon der Missionare zuhörten. Es bedeutete nicht unbedingt wirkliches Interesse an einer Botschaft. In Indien hatte die lutheranische Leipziger Mission den Begriff der «Hungersnottaufen». Er spricht für sich selbst und wird auch anderen Missionen vertraut gewesen sein. In Zeiten der Teuerung und des Hungers schnellten die Zahlen der «Bekehrungswilligen» nach oben. «Sicher hat der Hunger viele Heiden getrieben, bei den Missionaren Hilfe zu suchen», sagte der Chronist der Leipziger[14]. Außerdem habe das «Batta, die Unterstützung, die notleidenden Katechumenen gezahlt wurde, seine Rolle gespielt». Als bemerkt wurde, daß Missionare etwas lehrten, das vielleicht nützlich sein konnte – und viele verlegten sich ja von Anfang an darauf, die Einheimischen durch handwerklichen Unterricht anzulocken –, bekamen sie Zulauf natürlich auch von solchen, die sich nur für das Praktische interessierten und nicht für die Religion. Das wurde noch viel ausgeprägter, als die Missionare Schulen einrichteten. Die Sprache der Weißen war ein ganz besonders wichtiges Rüstzeug zum Fortkommen in der neuen, seltsamen Welt der Besatzer. Um in den Genuß einer Ausbildung zu kommen, deren sonstige Qualität die Empfänger nicht beurteilen konnten, mochte man sich wohl auch den Reden und Riten der weißen Lehrer aussetzen. War man deswegen Christ?

Für die «Pioniere» der Mission gilt, was Moorhouse[15] einen der auffälligsten Aspekte der Missionsgeschichte nennt: daß sie von ihren Hauptzielen fast nichts erreichten, schon gar nicht die Bekehrung der Menschen zu beständigem christlichen Glauben. Auch «Bekehrte» liefen den Missionsstationen oft wieder weg, wenn ihre Erwartungen enttäuscht wurden, die Anforderungen der Missionare an ihre Unterwürfigkeit zu streng waren usw. Und wenn die frühen Missionare geglaubt haben mögen, das Christentum werde, um bei Afrika zu bleiben, für diesen Erdteil nach der Überwindung des Sklavenhandels eine Kraft zum Guten sein, so weisen Pettifer und Bradley ebenso mit Recht darauf hin, daß die Christenheit 150 Jahre nach den ersten Missionaren nicht fertiggebracht habe, «die Armut infolge von Unterentwicklung zu verhindern, oder Hunger, oder Bürgerkrieg, oder Apartheid, oder Aids»[16].

Man könnte auch darüber nachdenken, daß ausgerechnet Südafrika, das Land der Apartheid und der staatlich organisierten Verelendung der afrikanischen Mehrheit, an seiner Wiege mehr Missionare gehabt hat als jedes andere afrikanische Land. Zu Beginn unseres Jahrhunderts waren auf seinem Boden 907 ordinierte Missionare in 813 Missionsstationen tätig, im gesamten übrigen Afrika gab es 652 ordinierte Missionare in 307 Stationen.[17]

Die Botschaft der Missionare machte fast nirgendwo nennenswerte Fortschritte, solange nicht die Macht von Besatzern hinter ihr stand. Darum hat das Christentum in Asien so arg wenig Erfolg gehabt, abgesehen von der dortigen größeren Widerstandskraft einheimischer Religionen, und in Afrika so viel mehr, jedenfalls formal gesehen, und erst in Lateinamerika, in das es ja förmlich hineingeprügelt wurde. Ob der Erfolg da wirklich solide war, läßt sich bezweifeln. Laut Statistik ist Lateinamerika fast ganz katholisch. In Wirklichkeit sind, je nach Land, nur 10 bis 30 Prozent der Bevölkerung praktizierende Katholiken. Ob sie als «echte» gelten können, wird gleich noch zu untersuchen sein.

Die Attraktion des Christentums ließ in dem Maße wieder nach, in dem sich den Einheimischen andere, zusätzliche Ausbildungs- und Aufstiegsmöglichkeiten boten, schon – je nach Land – geraume Zeit vor der Unabhängigkeit. Das wirkte sich auch auf Stellung und Prestige afrikanischer Geistlicher aus. Ihr Ansehen war um die dreißiger Jahre unseres Jahrhunderts am höchsten.[18] Da gab es für die Einheimischen kaum vergleichbare oder gar höhere Positionen, nach denen sie hätten streben können, und außerhalb des Handels kaum irgendwo mehr Einkommen und Sicherheit. Doch als sich allmählich die Schulbildung verbesserte und durch höhere Schulzweige ergänzt wurde (keineswegs in allen Kolonien), gar durch Universitäten, drängten sich immer weniger danach, Theologie zu studieren. Beetham nennt Ziffern für den Anteil von Absolventen eines Theologiestudiums unter den Ordinierten der Protestanten, meist Anglikaner, für 1965[19]: Ghana 40 von 559, Nigeria 49 von 1500, Kamerun 17 von 700, Kenia 1 von 377, Uganda 2 von 480. Die Katholiken kamen dank ihres allgemein besseren Ausbildungsweges auf ein etwas besseres Ergebnis: 82 in Ghana, 66 in Kenia, 257 in Uganda. Diese Zahlen und ähnliche andere bedeuten, daß sich die afrikanischen Eliten, sobald sie die Gelegenheit hatten, von der Kirche abwendeten. Ein Erfolg?

Zu den Gründen zählt Beetham, daß die Heranbildung und erste Bewährung dieser Geistlichen in ländlichem Milieu sie in nichts qualifizierten, mit den Problemen städtischer Gemeinden fertig zu werden. Ich würde – wohl nicht als einziger – hinzufügen, daß die Probleme der Verstädterung auch in Afrika auf das Hereinbrechen weißer Herrschaft, «Zivilisation» und Religion zurückzuführen sind. Diese drei haben eng zusammengewirkt, als die «Dritte Welt» auf den Weg in den Ruin gebracht wurde – viel zu eng, als daß man heute ihren jeweiligen Anteil messen könnte. Eben darauf haben ja viele afrikanische Christen reagiert, indem sie ein anderes Christentum gründeten. Die Hoffnungen der Missionspioniere auf den großen Erfolg scheiterten schon früh. Moorhouse erzählt, wie der pensionierte Gouverneur von Bombay, Sir Bartle Frere, 1874 nach einer Inspektionsreise im Auftrag der CMS über seine Begegnung mit einem der ersten ihrer Missionare berichtete, mit Johannes Rebmann: Er war zum Bücherwurm geworden, der unablässig christliche Texte übersetzte. In seiner Umgebung gab es nur acht Bekehrte, aber davon waren fünf schon als Christen aus Indien gekommen. Er lebte asketisch und hatte allen weltlichen Freuden und Beschäftigungen entsagt, «was den üblichen Effekt hatte, Bewunderung zu erregen, nicht aber den, die Umgebung zum Nachahmen zu bewegen... Das war das Ergebnis 30jähriger Arbeit als Missionar.» [20]

Rebmann ist nur einer auf einer riesigen Liste. Die zentralafrikanische Mission der London Missionary Society bestand schon vierzehn Jahre, als sie ihren ersten Bekehrten taufen konnte. Als sie beim zwanzigsten Täufling angelangt war, hatte sie auch schon zwanzig ihrer Missionare begraben müssen. Die Station der Universities Mission to Central Africa am Sambesi hatte in den ersten beiden Jahren ihrer Existenz (seit 1861) noch gar nicht zu missionieren begonnen; ihr Leiter MacKenzie wollte nicht lehren oder predigen, bevor er sich nicht in der Landessprache ausdrücken konnte. Damit hatte er sicher Recht, aber er starb, bevor er dieses Ziel erreicht hatte, und so ging es auch noch seinem Nachfolger.

Bevor wir uns einer Vielzahl einzelner Beispiele aus den verschiedenen Kolonien zuwenden, möchte ich zwei wichtige Gründe für mangelnden Erfolg erwähnen. Das ist einmal das schon beschriebene Festhalten an den aus Europa mitgebrachten, in der Kolonie oft nicht anwendbaren bis unsinnigen Regeln und Vorstellungen, auch in kirchlichen Fragen, auch solchen, wo Kompromisse keine Glaubenssubstanz bedroht haben würden. Aber zweitens war es die intellektuelle Distanz, um nicht zu sagen die herzliche Abneigung vieler Missionare gegen die Einheimischen, in Afrika und anderswo. Christen machen wollten sie wohl aus ihnen, aber aus ihren Berichten, Tagebüchern, Briefen und Reden geht überreichlich hervor, wie sehr sie sie verachteten. Das unterschied sie übrigens von Livingstone, der doch das Signal zur großen Missionswelle des 19. Jahrhunderts gegeben hatte, und von Henry Venn, dem berühmtesten der Generalsekretäre der Church Missionary Society, oder von T. W. W. Crawford, der sich so verständnisvoll der Afrikaner annahm, daß ihn die Embus in Kenia einluden, Mitglied ihres Stammes-Ältestenrates zu werden.

Typisch für die von den Afrikanern durchaus empfundene Haltung der Überlegenheit und Distanz, die der als Pflicht aufgefaßten Arbeit für sie und unter ihnen keineswegs im Wege stand, fand Moorhouse Albert Schweitzer, «der lange und hingebungsvoll in unangenehmen Verhältnissen arbeitete, der eher unter Europäern als unter Afrikanern eine weiße Gottheit wurde, dessen Interessen weit genug ge-

spannt waren, daß er ein Buch über indische Philosophie schrieb, aber
der von Anfang an bis zum Ende seiner langen Mission in Lambarene
niemals einen intellektuelle Reaktion auf die Traditionen Afrikas
zeigte»[21]. Auch Schweitzer, wie so viele andere, schien den Konflikt
für gottgegeben zu halten, der aus dem Gegensatz resultierte: Hier der
verantwortungsvolle Europäer, ob Beamter oder Unternehmer, dort
die Einheimischen, die «nur gerade soviel leisten, als der andere aus
ihnen herauszuholen vermag, und beim geringsten Nachlassen seiner
Aufmerksamkeit nach ihrer Laune handeln, *ohne Rücksicht auf den
Schaden, der ihm erwachsen kann* ... Ich wage nicht mehr zu richten,
seitdem ich die Psyche des Weißen, der hier etwas ausrichten muß, an
solchen, die bei mir krank lagen, kennenlernte und mir ein Ahnen
davon aufging, daß Männer, die jetzt lieblos über den Eingeborenen
reden, einst als Idealisten nach Afrika kamen und in den alltäglichen
Konflikten dann müde und mutlos wurden und das, was sie geistig
besaßen, Stück um Stück verloren. Daß es hier so schwer ist, sich die
reine, humane Persönlichkeit und damit das Vermögen, Kulturträger
zu sein, zu bewahren, ist die große Tragik des Problems von Weiß und
Farbig, wie es sich im Urwald stellt.»[22]

Schweitzer fand, wie so viele Missionare, «der Neger» sei ein Kind,
und gehörte zu den Anhängern der Rassentrennung in Südafrika.
Carl Hugo Hahn hatte am 4. November 1849 in sein Tagebuch
geschrieben: «Wollte man zu diesen Heiden anders sprechen als zu
Kindern von etwa vier bis sechs Jahren in einem christlichen Lande,
dann ginge alles in den Wind; sie verstünden und behielten nichts.»
Nicht anders sprach drei Jahrzehnte später, 1877, Cecil Rhodes, dem
Großbritannien einen großen Teil Afrikas verdankte, vor dem Parlament des Kapstaates: «Der Eingeborene muß wie ein Kind behandelt
werden.»[23]

Was Schweitzer und viele andere als des «weißen Mannes Bürde»
empfanden, ob sie missionierten oder (meistens) nicht, hat sie seltsamerweise kaum je darüber nachdenken lassen, ob es richtig und
gerechtfertigt sei, in Afrika – oder anderswo – in der Besatzerrolle zu
erscheinen. Oder ob es logisch war, von den Besetzten, Unterworfenen Mitverantwortung für die jeweiligen «Aufgaben» des Besatzers
zu verlangen oder zu erwarten – was konnten sie seine Aufgaben und

sein Schaden interessieren? Die verbreitete Vorstellung von «christlich» und «mildtätig» schloß bei kaum einem Besatzer, auch keinem Missionar, die Mühe ein, sich die farbige Welt ohne weiße Zwangsherrschaft vorzustellen.

Ursache und Wirkung in einem war, wie sehr die einfachste Kommunikation (wie man heute sagt) mit den Einheimischen vernachlässigt wurde. Zu deutsch: Die Missionare legten nur selten Wert darauf, sich mit Afrikanern, Asiaten, pazifischen Inselbewohnern, Indianern in ihrer Sprache verständigen zu können. Die wesentlich gründlicheren Bemühungen der Jesuiten und einiger anderer blieben Ausnahmen. Die gewaltige Energie, die in Bibelübersetzungen und Traktate investiert wurde, ist kein Gegenbeweis. In der Tat waren die frühen Missionare darauf bedacht, sich so schnell wie möglich wenigstens soviel von der jeweiligen Sprache anzueignen, daß sie christliche Schriften übersetzen konnten. Bis Ende des 19. Jahrhunderts gab es Bibeltexte in etwa 75 Sprachen; Mitte unseres Jahrhunderts, zum Auftakt der afrikanischen Unabhängigkeitswelle, existierten die Evangelien in rund 400 Sprachen, das komplette Neue Testament in 161, die vollständige Bibel in 52. Seither haben speziell die amerikanischen Protestanten, besonders die Wycliffe Bible Translators, die Bemühungen um immer neue Übersetzungen in weitere Sprachen noch verstärkt. Jedoch gilt weiter, was Moorhouse so formulierte: «Der Nachteil war, daß die Aneignung einer einheimischen Sprache viel zu oft nur als ein Mittel zur Bibelübersetzung gesehen wurde. Verhältnismäßig wenig Mühe wurde darauf verwendet, sicherzustellen, daß ein Missionar zu einem Einheimischen in seiner eigenen Sprache so fließend sprechen konnte, wie es allein ein tiefes gegenseitiges Verstehen zwischen zwei menschlichen Wesen ermöglicht.»[24]

Sicher, so gut wie jeder Missionar eignete sich ein paar Brocken der örtlichen Sprache an, aber die Regel war das gräßliche, reduzierte Pidgin-English. Sein Gebrauch unterstellte, daß sich der Gesprächspartner den Sprachnormen des Europäers anzupassen hatte; nicht etwa nur die Engländer oder Amerikaner benutzten es. «Im schlechtesten Fall war es wieder eine der Manifestationen rassischer Überlegenheit. Im allerbesten konnte der Versuch englischer Missionare, Afrikaner zur Verständigung in der Sprache Shakespeares und Chaucers zu überreden, nur die Konfusion des Mannes verstärken, dem dieser plötzliche Zugang zu einer fremden Kultur präsentiert wurde.»[25] Das Beispiel ließe sich natürlich auch auf jede andere Besatzersprache abwandeln; diese Gewohnheit war keineswegs auf englische Missionare beschränkt. Der Chronist der Herrnhuter, Baudert, schrieb: «Zinzendorf [Gründer der Herrnhuter Brüdergemeine] sagt einmal 1757, er sei versichert, die Predigt in den fremden Sprachen sei oft so mediocre, daß oft nein für ja gesagt werde ... man müsse sich darauf verlassen, daß der Heilige Geist suppliere.»[26] Carl Hugo Hahn schrieb am 16. Mai 1846 in sein Tagebuch – und da ging es hauptsächlich um die Unterrichtssprache –:

«Mangelhafter Unterricht der Missionszöglinge

Ich kann nicht umhin, ohne daß ich jemandem zu nahe treten will, zu bemerken, daß der Unterricht, den die Zöglinge empfangen, durchaus zu mangelhaft ist, um solche Posten auszufüllen, wie dieser ist.

Es muß berücksichtigt werden, daß hier eine Sprache nicht nur zu lernen, nein, zu ordnen, zu bilden ist, daß ferner Übersetzungen des Wortes Gottes müssen geliefert werden. Nun weiß ich, daß keiner unserer Missionare, sowohl in Afrika als auch in Borneo, mit seiner eigenen Muttersprache bekannt ist, daß keiner eine gründliche Rechenschaft vom Bau der deutschen, wie viel weniger von irgendeiner anderen Sprache zu geben imstande ist.

Wie sollen dann Halbwisser und kaum solche, zu denen ich auch gehöre, die Regeln einer fremden, nie geschriebenen Sprache erforschen, deren Regeln niedersetzen, eine Sprachlehre formulieren, die Bibel übersetzen und das aus dem Grundtext, den kein einziger von uns so versteht, um wesentlichen Nutzen zu haben ...

Ein Jahr und drei Monate arbeite ich nun an der Erlernung dieser Sprache, und welches Resultat kann ich geben? Nichts mehr, sage nichts mehr, als daß ich mit ziemlicher Gewißheit den Nominativ Singularis und Pluralis des Substantives weiß, und das wußte ich schon vor dreizehn Monaten. Von den anderen Fällen des Hauptwortes wissen wir noch nichts, von Pronomen, Verben, etc. ebenso wenig.»

Repräsentativ für die meisten Missionare war wohl Bischof Tucker,

der, wie man schätzt, im Dienst der Kirche rund 35 000 Kilometer
kreuz und quer durch Afrika gezogen ist, aber keine einzige afrikanische Sprache lernte. 1922 wurde die School of Oriental and African
Studies in London um eine Stellungnahme zum Sprachenproblem der
Missionare gebeten. Sie antwortete, nach ihrer Erfahrung seien deren
Kenntnisse von Umgangssprachen «bedauerlich und sogar gefährlich
gering»[27]. Die bessere Ausbildung der katholischen Missionare habe
ich schon erwähnt. Ihre etwas größeren Erfolge sind natürlich nicht
nur ihren besseren Sprachkenntnissen zuzuschreiben, sondern auch
ihrer farbenprächtigeren, die Sinne mehr ansprechenden Gottes-
dienstform.

Besonders schwer taten sich die frühen deutschen Missionare unter
den Herero und Nama im heutigen Namibia. Hahn notierte am
31. Oktober 1849, in einem Rückblick auf den fünften Jahrestag
seiner Installation in Neu-Barmen (Otjikano; Barmen, heute Windhoek, hieß eine früher eingerichtete Station der Missionare): «Schaue
ich auf die verflossenen fünf Jahre zurück, so bieten dieselben eine
Reihe fortwährender Mühe, Not und Angst, als aber auch eine Kette
unaufhörlicher Beweise der Durchhilfe des Herrn und seiner Treue.
Mehr denn zwei Jahre haben wir nun hier gepredigt, freilich im ersten
Jahr sehr gebrechlich. Frucht, d. h. Bekehrung, kann ich noch nicht
sehen, ausgenommen, daß die Stationseinwohner manche Heils-
wahrheit kennen.»

Acht Jahre später predigte Hahn immer noch den Herero in Neu-
Barmen. Mossolow berichtet: «Da seine Missionsarbeit nicht von der
Stelle kam, machte Hahn seine Gemeinde vor dem Beginn der Predigt
am 3. Sonntag nach Epiphanias 1857 darauf aufmerksam, daß er den
Herero schon seit zehn Jahren das Evangelium in ihrer Sprache
erfolglos predige: ‹Daran knüpfte ich die Frage, welche Frucht diese
zehnjährige Predigt gebracht habe. Meine Antwort auf die Frage sei,
daß ich gar keine Früchte sehe, ja, daß es mir vorkäme, es sei
schlechter geworden: denn vor einigen Jahren war im ganzen mehr
Verlangen nach dem Wort Gottes als jetzt, auch war es mit der
Dieberei und anderen Sünden kaum so arg. Die Weiber, die über alle
Beschreibungen in Fleischessünden versunken sind, erinnerte ich
daran, welch schreckliche Beispiele sie ihren Kindern gäben ... Über

allgemeine Unaufmerksamkeit kann ich nicht klagen, aber man hat unwillkürlich das Gefühl, als pralle das Wort wie an einem Felsen ab.›»[28]

Hahn fragte sich durchaus, was die Herero eigentlich in seiner Kirche wollten. «Man würde sich sehr irren, wenn man den zuweilen guten Kirchenbesuch einem Hunger nach geistiger Speise zuschreiben würde. Bis jetzt, soweit wir Menschen sehen können, war davon noch fast nichts zu spüren. Wir wären sehr froh, könnten wir auch nur Neugierde als Triebfeder eines Kirchenbesuches entdecken; aber auch das ist, wie es scheint, nur das ‹Sichanpassen-Wollen›. Die Ovaherero sind von Natur sehr schmiegsam und nachgiebig, und weil sie sehen, daß es uns Freude macht, sie in der Kirche zu haben, kommen sie.» Der Hauptgrund sei allerdings, daß sie glaubten, die Missionare schützten sie vor dem gefürchteten Nama-Häuptling Jonker Afrikaner. «Sollte sich das Blatt einmal wenden und [sollten] sie einsehen, daß wir keinen Einfluß auf Jonker haben, so würde auch kein einziger mehr in die Kirche kommen, mit Ausnahme der Armen, die uns nötig haben und viel durch uns verdienen.»[29]

Die Herero wurden damals von den Nama beherrscht. Auch für Nama hatte Hahns Mission Gottesdienste veranstaltet. Im Juli 1858 notierte er, daß die Nama nicht mehr zur Kirche kämen, die Gottesdienste für sie müßten eingestellt werden.[30] Seit zwölf Jahren gehe es mit der Nama-Mission abwärts.

Nama und Herero lehnten sich, wie schon geschildert, Anfang des 20. Jahrhunderts gegen die harte deutsche Kolonialherrschaft auf und wurden fast ausgerottet. Alle Maßnahmen der deutschen Sieger danach bezweckten, ihren Volkszusammenhalt zu zerstören. Zumindest die Rheinische Mission freute sich über eine Folge dieser vernichtenden Behandlung: Die Übriggebliebenen ließen sich taufen, drängten sich geradezu danach. Aber mit anderen Afrikanisten macht Bley darauf aufmerksam: «Mindestens seit 1909 ist bekannt gewesen und beachtet worden, daß die Massentaufen, die bei den Herero und den Nama in den ersten Jahren nach den Aufständen ‹beinahe zum guten Ton› gehörten, nicht als Massenkonversion zum Christentum zu beurteilen seien, sondern als Ausdruck einer ‹nationalen› Sammlungsbewegung. ‹Wenn sonntags die Leute in solcher Zahl im Gotteshaus versammelt sind, daß dieses gedrängt voll ist, und wenn dann in ihrer Sprache gesungen, gebetet und gepredigt wird›, dann sei ‹offenbar ein Nationalitätsbewußtsein bei den Leuten› erwacht. Es war die Geburtsminute des modernen afrikanischen Nationalgefühls hier bei den Herero.»[31]

Die deutsche Herrschaft wurde im Ersten Weltkrieg vertrieben; Siedler und Mentalität blieben. Mit dem nun einsetzenden südafrikanischen Regiment kamen die Farbigen Namibias vom Regen in die Traufe. Wen wundert, daß sich die Nama 1948 großenteils von der Rheinischen Mission lösten und sich der African Methodist Episcopal Church anschlossen. Neun Jahre später gründeten auch die Herero ihre eigene Kirche. Sie nannten sie Oruuano. Aber diese war nach landläufigem weißen Verständnis schon nicht mehr christlich, sondern knüpfte an den Ahnenkult an.[32] Missionar Wienecke berichtete an seine Zentrale in Barmen, er habe die Herero in seiner Station aufgefordert, zu wählen zwischen dem Abendmahl und ihrem Ahnenfeuer. Seine Kirche blieb leer. «Nun müssen wir plötzlich feststellen, daß unter dem christlichen Glauben noch ein ganz anderer liegt, den kein Herero gewillt ist aufzugeben. Dieser verborgene Glaube, der nicht einfach der alte heidnische Glaube ist, den man aber nur von daher verstehen kann, zeigt sich nun überraschend als der Lebensnerv der Herero. Mich hat das gewaltig beunruhigt, zumal ich nun nicht einen einzigen in der Gemeinde gefunden habe, der bezeugt hätte, daß er auch den letzten geheimen Rest des Heidentums von sich geworfen hätte. Nein, ob Kirchenältester oder auch Schullehrer, alle sind an diesen geheimen Glauben gebunden.»[33] Erfolgreiche Missionierung? Wer kann sich nach der Vorgeschichte wundern!

Zurück zu den mühsamen Etappen des Anfangs. Die Rheinische Mission versuchte sich auch im heutigen Papua-Guinea. Missionsinspektor Kriele[34] berichtete 1896: «3 (augenblicklich nur 2) Stationen, keine Christen, aber zehn Gräber in acht Jahren.» Es dauerte 16 Jahre, bis der erste Bekehrte getauft wurde – ein «Hausjunge», der bei der Mission angestellt war. Zwei Jahre später waren es vier Stationen geworden und 24 Einheimische getauft, dazu gab es nun ein halbes Hundert Taufschüler. Aber ein Jahr später schrumpfte die Bilanz wieder; 27 Getaufte wurden aus der Gemeinde ausgeschlossen, und die «Missionsgemeinde», nun eine ehemalige, beging 1912 keine Weihnacht, sondern ihre traditionelle Kultfeier. Im gleichen Jahr hatte es auch wieder eine Verschwörung gegen die Weißen gegeben, einschließlich der Missionare. Die deutschen Besatzer deportierten die Bewohner von sechs Inseln, was die Rheinische Mission «ihrer Objekte beraubte». Bei Ausbruch des Ersten Weltkriegs zählte die Rheinische «nach 27jähriger verlustreicher Arbeit gerade 96, zum Teil höchst unsichere Gemeindemitglieder in Neuguinea».

Die Berliner Mission hatte in Südafrika sehr darunter zu leiden, daß ihre «Missionsobjekte» wegwanderten, teils weil sie den Buren wichen, teils als Folge von Streitigkeiten zwischen den Stämmen, teils weil sie Nomaden waren. Teils aber auch, weil sie sich keiner missionarischen Platz-«Ordnung» fügen wollten. Zwischendurch freute sich die Mission durchaus über Erfolge – regen Kirchenbesuch, Bekehrungen, Taufen, aufblühende Stationen. «Aber nirgends hatte die Arbeit Bestand», seufzte Missionschronist Richter[35]. «Auch die schönsten Blüten verdorrten gleichsam über Nacht wieder.»

Am Vorabend des Ersten Weltkriegs hatten die protestantischen Missionen in den deutschen Kolonien nach einer optimistischen Statistik[36] rund 710000 Afrikaner gewonnen; in 714 Stationen arbeiteten 1637 Missionare mit knapp 9000 einheimischen Helfern; sie betrieben 4559 Schulen mit 246000 Schülern. Aber der katholische Missionswissenschaftler Schmidlin[37] billigte ihnen, eingebettet in durchaus anerkennenden Texten, nur 210 Stationen, 201 ordinierte und 131 nichtordinierte Missionare nebst 94 Schwestern zu, mit 104544 Getauften, 1900 Schulen und knapp 89000 Schülern. Auch seine Statistik bezieht sich auf 1913 und ist sehr sorgfältig aufgeschlüsselt nach den einzelnen Gebieten Togo, Kamerun, Südwestafrika, Ostafrika, Neuguinea, Samoa und Kiautschou. Seine katholische Bilanz: 1169 «Missionskräfte» in 225 Hauptstationen, 142223 «Neuchristen» und nicht genau verifizierbare 48500 Katechumenen; 1557 Schulen mit 86500 Schulkindern. Wieder eine andere Quelle, nämlich Charles Henry Robinsons «History of Christian Missions»[38], gibt für 1913 für die wichtigsten protestantischen Missionsgesellschaften 667 weiße und 198 farbige ordinierte Missionare mit insgesamt 261 000 Kommunikanten an. Missionsstatistik ist eben so eine Sache.

Des guten Überblicks wegen will ich auch den Stand von 1900 erwähnen, wie er sich aus dem «Centennial Survey of Foreign Missions»[39] für die protestantischen Missionen ergibt (immer nur deutsche Gebiete): ordinierte weiße Missionare 794, Gesamtzahl der Missionare, wenn man Ärzte, Laien, Missionarinnen und die Ehefrauen der Missionare[40] hinzuzählt: 1306. Ordinierte Farbige: 133, aber Gesamtzahl der farbigen Helfer (die ordinierten eingeschlossen): 7649. Hauptstationen 555, Nebenstationen aller Art 1208. Organisierte Kirchen[41]: 825. Zahl der Kommunikanten: 170 894.

Übrigens muß bei den katholischen Statistiken berücksichtigt werden, daß katholische Missionare Sterbende, besonders Kinder, zu taufen pflegten. Daher war in der Gesamtstatistik katholischer Christen stets eine Dunkelziffer der Toten enthalten, die man nicht gut als Gemeindemitglieder rechnen kann. Ein Beispiel, das Robinson dem katholischen «Atlas Hierarchicus» von 1913[42] entnahm: in den drei Diözesen Nordmandschurei, Südwestchilhi und Ostszechuan wurden im Jahr 1912 10 274 Erwachsene und Kinder christlicher Eltern katholisch getauft, aber die Zahl der auf dem Totenbett Getauften belief sich auf 48 339. Harlan P. Beach[43] bezifferte die sterbenden chinesischen Kinder, die noch schnell von Missionaren, mehr Missionarinnen, getauft wurden, auf 7000 bis 8000 im Jahr.

Wie dem auch sei, im deutschen Herrschaftsbereich wird man den missionarischen Erfolg, gemessen an der Zahl der Missionare und ihrer Helfer, nicht besonders hoch einschätzen können. Dieser «numerische, quantitative Erfolg dürfte manchem kalt rechnenden Skeptiker, besonders wenn er für den ungeheuren Wert selbst nur weniger im Blute Christi erkaufter Seelen keinen Sinn hat, absolut gesprochen und auch im Vergleich zu den noch unbekehrten Nichtchristen, namentlich aber in Anbetracht der bisher dafür aufgebrachten Mühen und Kosten gering und bescheiden erscheinen», sagt Professor Schmidlin[44], doch müsse man, wie es auch protestantische Missionshistoriker täten, die «vielen und großen Hindernisse, Widerstände und Schwierigkeiten in Rechnung ziehen». Robinson[45] meinte ähnlich: «Der Erfolg missionarischer Unternehmung sind moralische Resultate, nicht numerische... Der Fortschritt christlicher Missionen muß, wenn er richtig beurteilt werden soll, nicht in Jahreseinheiten, sondern in Einheiten von Generationen gemessen werden.» Soviel Zeit dachten die Missionare, wie gezeigt, ja auch zu haben – nicht nur in den deutschen Kolonien, sondern überall in der kolonialen Welt. Seiner Bemerkung fügte Robinson[46] die Anekdote hinzu: «Anfang des 3. Jahrhunderts der christlichen Zeitrechnung beschrieb Dion Cassius die Einwohner Britanniens als einen ‹müßigen, trägen, diebischen, lügnerischen Haufen von Halunken›. Als Resultat christlicher Erziehung über fünfzig Generationen hin hat der Anteil der Bewohner Britanniens, den man mit Recht so beschreiben könnte, merklich abgenommen.»

Aus der westafrikanischen französischen Kolonie Obervolta, heute Burkina Faso, berichtete Bischof Thévenoud 1935, in 34 Jahren Missionsarbeit hätten die vier Missionare seiner Hauptstation Ouagadougou 1000 Bekehrungen erreicht, was also sieben pro Jahr und Missionar ausmache. Die frühesten und jedenfalls die größten missionarischen Anstrengungen des modernen Kolonialzeitalters unternahm jahrzehntelang Großbritannien. Aber von den etwa 1,5 Millionen Afrikanern, die 1924 im damaligen britischen Nordrhodesien lebten, waren nur 18000 getauft, davon 8000 katholisch, und es gab keinen einzigen ordinierten Afrikaner. Angesichts dieses Mißerfolgs setzte unter den Missionaren dann doch Selbstkritik ein. Bischof May von der UMCA erklärte sogar, die Missionen sollten nicht den Zusammenbruch des Stammeslebens beschleunigen, indem sie die Aufgabe einheimischer Bräuche forderten, etwa der Heiratssitten. Aber gerade das hatten die Missionare ja fortgesetzt getan, nicht nur hier. Manche von ihnen sahen jetzt auch ein, daß die Afrikaner das rassistische System übelnahmen, dem auch die Missionare sie unterwarfen, etwa das Zweiklassensystem in den Kirchen, das für Afrikaner keine Stühle vorsah, oder das Bierverbot für afrikanische Gemeindemitglieder, auf das die Missionare streng achteten, während Weiße ungehindert tranken, was sie wollten. Geändert haben sie es nicht.

Die Mission der London Missionary Society unter den Ndebele im Matabeleland, heute Simbabwe, bestand schon 34 Jahre, bevor Großbritannien das Land in Besitz nahm, und hatte so gut wie keinen Bekehrungserfolg.[47] Thomas Morgan Thomas hatte nach zwanzig

Jahren dort noch immer keine Schule einrichten können, von einer Kirche ganz zu schweigen. Zwar hatte er 1865 eine «Schule» eröffnet, nämlich für seine eigenen Diener, aber erst zwei Jahre später kamen einige der Dorfbewohner, und aus Mangel an Schülern mußte er bald wieder aufgeben. Seinen ersten Bekehrten taufte Thomas nach 21 Jahren. Dann kamen zwar in den nächsten drei Jahren vor seinem Tod (8. Januar 1884) noch etwa ein Dutzend weitere hinzu, aber seine Witwe berichtete schon 1885, daß sie wieder vom Christentum abgefallen seien, mit allenfalls zwei Ausnahmen.

In Ostafrika ganz allgemein, aber besonders in seinen britischen Gebieten gelang es den Kirchen in den drei Jahrzehnten zwischen 1920 und 1950 nicht mehr, die afrikanischen Eliten für sich zu interessieren. Unter den ordinierten afrikanischen Priestern der nichtkatholischen Missionen gab es keinen, der wenigstens eine Oberschule besucht hätte, von Universitätsabsolventen ganz zu schweigen, und unter den Katholiken waren es nur ganz wenige. «Die Elite, die die politische Unabhängigkeit gewann und nun die politische Kontrolle ausübt, ist also völlig weltlich; die Geistlichkeit kann sich mit ihr kaum erfolgreich verständigen. So ist die Arbeit der Kirche noch am sichtbarsten in den Dörfern. Aber das Leben in den Städten und besonders den Hauptstädten geht an ihr großenteils vorbei.»[48] Erfolg?

Die CMS-Missionare im späteren Kenia erreichten in den dreißig Jahren nach ihrer Installation 1844 kaum eine Bekehrung. Krapf, ihr Pionier, war inzwischen schwerkrank nach Europa zurückgekehrt (kam aber später wieder nach Afrika). Rebmann war noch in Rabai (wie berichtet). Das sichtbarste Zeichen der CMS war ihre Kathedrale in Mombasa, die 1905 eingeweiht wurde – eine riesige Kirche für eine sehr kleine Gemeinde.[49] Gegen 1910 gab auch die Church of Scotland zu, daß ihr ganzer Stolz die Missionsstation sei, nicht die Zahl der bekehrten Christen. 1912 setzte der Gouverneur von Kenia einen Sonderausschuß ein, der die Wünsche der bekehrten Kikuyu ermitteln sollte.[50] Zur Enttäuschung der Missionare erhoben die Kikuyu-Christen einstimmig die Forderung, nach den Kikuyu-Regeln und -Traditionen leben zu können; vor allem lehnten sie ab, unter christlichem Regiment abseits von ihren Stämmen zu leben. «Wir wollen mit unseren Vätern leben und nicht mit den Missionaren.»[51]

Große Missionsstationen wie Blantyre (schottische Presbyterianer) in Njassaland, heute Malawi, oder das katholische Kibanga (Weiße Väter) am Tanganjikasee hatten in den ersten Jahren große Erfolge und zogen mit ihren Plantagen, Arbeits- und Unterbringungsmöglichkeiten die Mehrheit der frühen Bekehrten an. Aber «nach einer Generation von Experimenten waren die meisten Missionare gezwungen, zuzugeben, daß diese ‹Zentren von Christentum und Zivilisation› unbefriedigende Stätten waren, ob die Bewohner nun befreite Sklaven sein mochten oder freie Leute, die nur ihre politische Bindung gewechselt hatten»[52]. Da die dort lebenden Afrikaner keine familiären Beziehungen mehr nach außen hatten und auch keine Traditionen der afrikanischen Gesellschaft befolgten, galten sie eher als noch fremder als die Weißen. Nur Livingstonia (Njassaland, ebenfalls von den schottischen Presbytern) sei ein Erfolg gewesen, hauptsächlich dank dem Organisationsgenie seines Leiters Dr. Law. Die anderen aber waren eher «Oasen in der Wüste» als «Quellen, die das Ganze bewässerten»[53].

In Nigeria unter den Ibo hatten die britischen Missionen mehr Erfolg, während sich der erste amerikanische Missionar der Southern Methodist Convention of America, Thomas Jefferson Bowen, sechs Jahre bis Anfang 1856 unter den Yoruba abmühte, ohne einen einzigen bekehren zu können. Seine Gesellschaft hatte es 1860 auf sechzehn bekehrte Afrikaner gebracht, während Anglikaner und Methodisten im Süden Nigerias schon Tausende von Anhängern zählten.[54] Im Norden dominierten damals wie heute die Moslems.

Einer der mehr wegen seiner Reisebeschreibungen berühmtesten frühen Missionare, der Schotte F. S. Arnot, verbrachte für die Plymouth Brethren von 1881 an sieben Jahre in Afrika und versuchte zunächst sein Heil unter den Lozi in Barotseland. Seine Schule mußte er nach wenigen Monaten mangels Interesse der Einheimischen schließen, keine einzige Bekehrung gelang ihm. Auf der nächsten Etappe seiner Missionstätigkeit im heutigen Angola war er nicht erfolgreicher. Schließlich kam er nach Katanga, später Belgisch-Kongo, wo der König Msiri von seiner Hauptstadt Bunkeya aus über ein schon damals ziemlich reiches Land herrschte. Kupfer und Elfenbein waren die Hauptschätze, Bunkeya war ein bedeutender Handelsplatz, auch für Sklavenhandel. Msiri wollte Arnot als Berater bei sich haben, aber der zog lieber weiter weg an den Rand der Hauptstadt. Er «begab sich so jenes ‹zivilisierenden Einflusses›, den er und seine Missionarskollegen allgemein zu fördern behaupteten», meinte Rotberg[55]. Hauptsächlich wirkte er als Arzt, bekehrt hat er auch hier niemanden, und nach zwei Jahren kehrte er – in sehr schlechter Gesundheit – nach England zurück. Bald zog es ihn wieder nach Afrika, zu weiteren Reisen, aber auch Gründungen von Missionsstationen; nun war er mehr ein Organisator für Kollegen. Belgier hatten inzwischen Msiri getötet, und Katanga gehörte nun zusammen mit einem großen Teil des Kongogebietes dem belgischen König Leopold. Erst jetzt konnten die Plymouth-Brüder hier stärker Fuß fassen.

Leopold legte jedoch mehr Wert auf katholische Missionare belgischer Nationalität; es gelang ihm auch, sie anzulocken, und schon 1888 schrieb der belgische Botschafter beim Vatikan: «Der neue Staat wird vom religiösen Gesichtspunkt aus belgisch sein, wie er es schon vom politischen ist, und ich hoffe, wir werden bald eine Armee von Missionaren haben, die helfen werden, in diesem fernen Land ein neues, größeres Belgien zu gründen.»[56] Das Resultat war 1946, wie Generalgouverneur Ryckmans sagte: «Die Masse der Eingeborenen ist schlecht untergebracht, schlecht ernährt, zu Krankheit und einem frühen Tod bestimmt.»[57] Daran war natürlich mehr das Kolonialregime des Staates schuld, aber die Missionare sahen ja zu.

Portugiesisch-Afrika, wo der Kolonialismus noch länger herrschte als im belgischen Teil Afrikas, hatte zwar schon 1490 einen Missionsversuch portugiesischer Franziskaner erlebt, doch deren Erfolg war von kurzer Dauer; fünf Jahre später zogen die meisten schon wieder ab. Bald danach blühte unter dem schon erwähnten portugalfreundlichen, aufs Christentum begierigen Kongo-König Afonso die Mission noch einmal auf. Aber nach seinem Tod, etwa 1541, verfiel sie. Erst etwa in der Mitte des 19. Jahrhunderts setzten neue Bemühungen ein, nicht nur Sklaven bei Abtransport nach der Neuen Welt zu taufen, sondern auch im Inneren Afrikas intensiver das Christentum zu verbreiten – oder mindestens einige damit verbundene Kenntnisse.

Lange handelte es sich in Portugiesisch-Afrika mehr um ein «statistisches» Christentum, kein wirkliches: Massentaufen wie früher in

Lateinamerika, Missionare, die sich ohne Dolmetscher nicht verständlich machen konnten, Gemeinden, die während langer Zeiträume allein gelassen wurden, Partner der Missionen hauptsächlich die Häuptlinge.[58] Nach dem Verschwinden der «alten» nahm die neue Mission, die Väter vom Heiligen Geist, 1873 in Angola die Arbeit auf. «1890 wurde behauptet, daß schon eine Viertelmillion Menschen, vielleicht ein Achtel der Bevölkerung, römisch-katholisch sei», schrieb Neill[59]. «Aber es gibt weniger Zeichen als in anderen Teilen Afrikas, daß der Glaube im Leben der christlichen Anhänger wirklich tiefe Wurzeln geschlagen hat.»

Am anderen Ende der Welt erlebte die holländische Utrecht Missionary Union im westlichen Neuguinea, heute indonesisches Westirian, ähnliche Enttäuschungen. Ihre ersten Missionare kamen 1861 an. Nach 25 Jahren waren erst zwanzig Einheimische bekehrt; es hieß auch dort, es gebe weniger Christen als Missionarsgräber.[60] Die Neuendettelsauer Mission weiter östlich erschien 1886 und taufte den ersten Papua 1899. Die Rheinische Mission, die ein Jahr später angefangen hatte, mußte bis 1903 auf ihre erste Taufe warten.

Da schien, lange vorher, das schon erwähnte holländische Bekehrungswerk auf Ceylon, heute Sri Lanka, gesegneter gewesen zu sein. Die Holländer gaben schon 1647 die Zahl «ihrer» Christen mit 180000 an. Freilich... «höchst selten konnten die getauften Eingeborenen über ihren Glauben Rechenschaft abgeben», sagte der deutsche Pastor Reinhold Vormbaum[61]. «Ihre christliche Erkenntniß beschränkte sich auf das Hersagen der 10 Gebote und der Glaubensartikel. Das Heidenthum hatten sie zwar äußerlich verlassen, aber in fast ungeschwächter Kraft beherrschte es die Gemüter.»

Papua-Neuguinea ist heute ein größerer Vorzeige-Erfolg der Missionen, die sich dort in den vergangenen Jahrzehnten besonders gedrängt und Konkurrenz gemacht haben. 94 Prozent der Bevölkerung scheinen Christen zu sein.[62] «Statistisch ist Papua-Guinea beträchtlich christlicher als Australien, Großbritannien oder die Vereinigten Staaten. Und immer noch neue Missionen kommen ins Land, und die Regierung hält die Tür weit offen.» Der Grund ist einfach. Die Missionen bringen Geld ins Land, «bieten ein inoffizielles Netz sozialer Dienste umsonst», betreiben Luftlinien und fliegen damit

Gegenden an, die kommerzielle Gesellschaften aus Kostengründen nicht bedienen würden. «Der strikte Disziplinarkodex der evangelikalen Missionen wirkt gut gegen viele der sozialen Probleme, besonders gegen den Alkoholismus...»[63] Mit so einer stolzen Christenquote bedürfte es doch eigentlich keiner weiteren Missionierung? Irrtum, denn «es gibt immer noch Pastoren und Priester auszubilden, Schulen zu unterhalten, Kliniken zu eröffnen. Die Missionare werden immer einen Weg finden, ihre Anwesenheit den entsendenden Gemeinden plausibel zu machen. Indem sie Mitglieder anderer Kirchen abwerben, werden sie im Stande sein, wachsende Mitgliedszahlen anzugeben. Nur die Zukunft wird zeigen, was die kulturellen Kosten und die politischen Konsequenzen sind, wenn das theologische Gezänk der westlichen Christenheit in eine ohnehin schon gespaltene Gesellschaft hineingetragen wird.»[64]

Der riesige Missionsboden Ibero-Amerika, den die Portugiesen so ausgiebig zusammen mit den Spaniern beackert haben – wenn auch politisch meist gegen sie –, war von dieser Spaltung lange nicht betroffen. Aber wenn man die Missionserfolge besichtigen will, fällt es schwer, die iberischen «Bekehrer» nicht als der Weltgeschichte größte Maulhelden zu begreifen. Auch im 16. Jahrhundert hätten es die Eroberer und die sie begleitenden Kirchenmänner zweifellos erkennen können, daß Taufpredigten an Leute, die die Sprache des Predigers nicht verstehen, nicht gut als «Bekehrung» ausgelegt werden können. Dennoch war dies lange Zeit System. Richard Konetzke[65] verzeichnet, mit welchen Zahlen Konquistadoren, die sich auf ihren Expeditionen von Kaplanen begleiten ließen, so prunkten. Einer allein «taufte» im Lauf des Jahres 1522 in Nicaragua 233 264 Indianer, im Zeitraum 1538/39 52 558, ein anderer im Jahr 1525 etwa 400 000. Erwartungsgemäß hinterließ das kein sehr aussagekräftiges «Christentum». Herring[66] zitiert Antonio de Ulloa und Jorge Juan, die für den spanischen König um 1740 Peru inspizierten: Die sogenannten Bekehrten lernten nicht mehr, als auch ein Papagei nachplappern könne. Alexander von Humboldt bemerkte bei seinem Mexikobesuch Anfang des 19. Jahrhunderts, daß die «Eingeborenen von der Religion nur die äußeren Formen kennen»[67]. Die «ambulante Mission» ging oft so vor sich, daß in den Dörfern einigen Indianern ein Marienbild gezeigt wurde. Die Indianer wurden dann «getauft», und daraufhin hielten die «Bekehrer» den ganzen Ort für christlich. «In Wirklichkeit hatten die Indianer nichts begriffen.»[68] Im übrigen wurden sie aus manchen Gegenden so schnell vertrieben, in anderen ausgerottet, daß «Missionierung» sowieso nichts bewirken konnte.

Auch die bei den Indianern lange erfolgreichen Jesuiten beteiligten sich am Massentaufbetrieb. Der Provinzial Luis de Gra taufte in einer «Aldeia» nahe Bahia 900 Indianer in einer Feier, die bis zum frühen Morgen dauerte, und dann traute er noch 70 Brautpaare. Die größte jesuitische Massentaufe fand in der «Aldeia» von San Pedro statt: 1150 Taufen, 150 Trauungen.[69] Doch die Jesuiten merkten bald selbst, wie oberflächlich diese «Triumphe» waren.[70] Die Indianer waren am Christentum interessiert wegen der unmittelbaren Vorteile, die es bieten konnte: besonders Schutz vor den Kolonisten. Mit der Theologie konnten sie nichts anfangen. «Die Kirche zeigte, daß sie sich dessen bewußt war, indem sie den Indianern die heilige Kommunion vorenthielt und kaum versuchte, eine einheimische Geistlichkeit aufzubauen», sagen Pettifer und Bradley[71]. «Das Erbe der Missionare ist ein Durcheinander von traditionellen Religionen und Aberglauben, darüber eine Schicht christlicher Symbolismus.»

Die Bewohner der Zentralanden beispielsweise sind heute «Christen». Mark Münzel[72] hat darauf hingewiesen, man habe schon lange gewußt, daß «daneben heidnische Elemente weiterleben» und daß der Katholizismus dort synkretistische[73] Züge trage. «Aber erst Untersuchungen der letzten Jahre haben ergeben, daß sich neben (und nicht einfach nur: vermischt mit) dem Christentum heidnische Religion als geschlossenes System erhalten hat.» Die Indianer unterschieden sehr scharf zwischen der Religion der Weißen und Mestizen, also dem «offiziellen, mit einigen synkretistischen Volksglaubenselementen durchsetzten Katholizismus» einerseits und andererseits «der Religion der Indianer, in der christliche Götter und Heilige höchstens gleichberechtigt neben heidnischen stehen». Interessant ist dabei, so Münzel weiter, die Auslegung der Indianer: «Gottvater ist eine Gottheit auch der Indianer, die allerdings im fernen Himmel wenig auf die Menschen achtet; die lokalen Jesus-Christus-Ausprägungen dagegen (‹unser Herr von…›) sind Spanier, die den Indianern das

Land wegnahmen, um es den Weißen zu geben; Feinde, denen man nicht aus Verehrung, sondern aus Furcht opfert. Die katholischen Heiligenbilder stellen in der Mehrzahl weiße Konquistadoren dar, vor denen man sich in acht nehmen muß. Insgesamt ist die katholische Welt für die Indianer voller Grausamkeit und Angst... Die Mutter Erde wird freudiger verehrt als Christus..., bei ihr, die ‹wie eine Indianerin aussieht›, findet man Trost. Sie erhält Trank- und Koka-Opfer, um Fruchtbarkeit der Felder und des Viehs zu bewirken... Mächtige Götter, ‹Apu›, wohnen in den Bergen..., unter diesen höchsten Göttern folgt eine ganze Hierarchie höherer und niederer Wesen, im Grund eine Hierarchie des Kosmos, da jeder Teil der gesamten Natur (Stein, Tümpel, Sterne, Pflanzen usw.) als von meist unsichtbaren Geistwesen belebt gedacht wird.» Prien[74] verweist auf die indianischen Priester, von denen es in Mittelamerika und Paraguay mehr gebe als christliche Missionare. Dort «führen sie parallele Riten zu allen katholischen Riten aus, also auch zur Taufe und Trauung. Diese religiöse Koexistenz verdeutlicht, wie wenig nach 400jähriger Mission das Christentum Wurzel geschlagen hat.»

Nach alldem bin ich nicht so sicher, ob Professor Herring[75] Zustimmung verdient, wenn er meint, «das Wunder ist nicht, daß die Indianer so wenig von dem importierten Glauben empfingen, sondern daß sie so viel davon aufnahmen. Wir dürfen immer noch bewundern, daß Spanien fähig war, innerhalb dreier Jahrhunderte so viel von der Hingabe als auch von den Formen seines Glaubens einer so großen Gesellschaft ungeschulter Menschen beizubringen.» Das erinnert an den christlichen Erfolg unter den Lappen, über den Pfarrer Reinhold Vormbaum[76] 1859 schrieb: «...König Karl IX. ließ den Lappen Kirchen bauen, aber der Segen, welcher für sie daraus entstand, ist nicht groß gewesen. Es wurde in ihnen schwedisch gepredigt, und die Predigt wurde dann Satz für Satz von unkundigen Dolmetschern übersetzt... Wie die schwedischen Könige, so hatten auch die dänischen Herrscher unter den ihrem Scepter unterworfenen Lappen das Evangelium predigen und christliche Kirchen erbauen lassen. Das Christentum hat aber dadurch keinen rechten Fuß fassen können. Die ausgesandten Prediger haben wenig Erfolg von ihren freilich nicht sehr großen Anstrengungen gesehen. Wenn sie einmal einen Lappen zur Annahme des Evangeliums bereit fanden, so geschah das meist aus äußeren Beweggründen. Es ist vorgekommen, daß der Christengott neben den heidnischen Götzen angebetet wurde... Ja, diese lappländischen Christen baten erst ihre heidnischen Götter um Vergebung, wenn sie zum Tisch des Herrn gehen wollten. Die geweihete Hostie brauchten sie als Zaubermittel...»

In Afrika wären ähnliche Beobachtungen zu machen. In «The Image of God among the Sotho-Tswana» – von den Europäern damals «Betschuana» genannt – schildert Gabriel M. Setiloane, wie sehr die christlichen Sotho-Tswana ihren traditionellen Bräuchen und ihrem Glauben treu geblieben sind – gerade jenen, die für ihr Seelenleben wichtig sind. «Mekgwa ya borr'a rona», die Bräuche unserer Väter, werden auch von christlichen Familien praktiziert. «Wenn die beiden Lebensweisen wirklich unvereinbar sind, dann sind diese vielen Sotho-Tswana immer noch Menschen zweier Welten.»[77] «Mekgwa und die offiziellen Gewohnheiten der Kirche existieren nebeneinander, wie zwei Gewänder, die zu verschiedenen Gelegenheiten getragen werden, und manchmal sogar zusammen.»[78]

Wir können sicher sein, daß sich solches auch aus vielen anderen Missionsgegenden der kolonialisierten Welt berichten ließe. Die christliche Kirche ist da längst im Begriff, in ihrer Substanz verändert zu werden, in einer Weise, die sich kein Missionar damals träumen ließ. Entsprechend sagt der katholische Priester und Anthropologe Aylward Shorter[79]: «Das Christentum wird vor allen Dingen im Sinne einer Kultur gepredigt, die den Adressaten der Botschaft fremd ist. Manche Missionare waren zufrieden mit dieser Situation, in der die bekehrten Afrikaner den Regeln der Kirche folgen und der Messe und den Sakramenten beiwohnen, ohne wirklich zu verstehen, was vor sich geht. In der Tat interpretieren viele afrikanische Christen, was sie nicht verstehen, auf ihre eigene Weise, und das Ergebnis ist ein Nebeneinander von zwei Kulturen und zwei Religionen... Wenn keine Kommunikation zwischen dem Lehrer und den Belehrten besteht, kann ersterer nicht sagen, ob die anderen sich wirklich zum Christentum bekennen oder nicht.»

Die zuvor erwähnte Statistik läßt besonders wenig zu, von einem Erfolg christlicher Missionierung in Asien zu sprechen. In Indien hat sich an der Schwäche des Christentums seit Anfang dieses Jahrhunderts kaum etwas geändert. Damals schrieb der anglikanische Bischof von Bombay, Louis George Milne[80], daß die Bekehrung des Landes noch nicht weiter sei als zur Zeit Xaviers. Immerhin hatten die Missionare unter der britischen Herrschaft mehr als ein Jahrhundert Zeit und Schutz für ihre Bestrebungen. Sie waren eben zu sehr mit der fremden Besatzung identifiziert.[81] In Indien leben heute doppelt so viele Nichtchristen wie Ende des 18. Jahrhunderts.[82]

In China dauerte die Bewegungsfreiheit, die das Expeditionsheer der Verbündeten den christlichen Missionaren nach dem Boxeraufstand verschafft hatte, kaum länger als bis zur Revolution von 1911 und den danach anhaltenden Unruhen. 1927 war der größte Teil der Missionare wieder abgezogen. Die Kuomintang-Zeit unter Tschiangkaischek brachte ab 1930 noch einmal Chancen; 1937 machte die japanische Invasion ihnen wieder ein Ende. Als 1945 die Japaner vertrieben waren, kam wieder Bürgerkrieg. 1949 begann das Regime Mao Tse-tungs, 1951 wurden die letzten Missionare, sofern sie nicht eingesperrt wurden oder schon waren, aus China ausgewiesen.

Für die Sperrung Chinas war ein schwacher Ersatz, daß mit Tschiangkaischek viele chinesische Christen nach Taiwan, damals Formosa, zogen. Missionare in immer größerer Zahl folgten ihnen. Neill schätzt, daß Anfang der achtziger Jahre etwa 1,25 Millionen Christen auf der Insel lebten, bei einer Gesamtbevölkerung von mehr als acht Millionen Menschen.[83]

Japan wurde durch seine Niederlage im Zweiten Weltkrieg gezwungen, wieder christliche Missionare ins Land zu lassen. Ihre Zahl wird auf etwa 4000 geschätzt, die der Christen in Japan auf höchstens 1,7 Millionen (bei insgesamt 122 Millionen Japanern). Christliche Optimisten wie Neill[84] trösten sich damit, daß der Einfluß der Christen weit größer sei, als diese Zahl vermuten läßt. Unter solchen Umständen können die christlichen Kirchen zwei asiatische Länder als Lichtblicke betrachten: Südkorea mit rund 10 Millionen Christen bei einer Bevölkerung von etwa 42 Millionen, und vor allem die Philippinen, wo etwa 85 Prozent der Gesamtbevölkerung (59 Millionen) als katholisch, weitere 3,5 Prozent als protestantisch gelten.

Das wiegt den Mißerfolg im übergroßen Teil der Welt nicht auf.

ANHANG

Chronologie mit den wichtigsten Missionen

(Daten der christlichen Expansion, Gründungsjahre ausgewählter Missionen, erste Missionsarbeit in einzelnen Gebieten, Daten der Kolonialismusgeschichte)

529 Gründung des Benediktiner-Ordens

1099 1. Kreuzzug erobert Jerusalem

1147 2. Kreuzzug

1187 Saladin schlägt die Franken, sie verlieren Jerusalem

1191 3. Kreuzzug erobert Akron

1204 4. Kreuzzug erobert Konstantinopel

1209 Gründung des Kapuziner-Ordens

1212 Spanier besiegen den almohadischen Kalifen bei Las Navas de Tolosa

1216 Gründung des Dominikaner-Ordens

1217 5. Kreuzzug

1223 Gründung des Franziskaner-Ordens

1226 Gründung des Karmeliter-Ordens

1227 Im 6. Kreuzzug erobert Friedrich II. Jerusalem

1236 Kastilier erobern Cordoba

1246 Kastilier erobern Sevilla

1249 7. Kreuzzug unterliegt Baibars und den Mamelucken

1291 Marco Polo kehrt aus China zurück

1340 Schlacht am Rio Salado beendet endgültig den arabischen Versuch, Spanien zurückzuerobern

1453 Türken erobern Konstantinopel

1454 Papst Nikolaus V. erlaubt dem König von Portugal den Sklavenhandel zwischen Portugal und Afrika; Papstdekret erklärt Westküste Afrikas für portugiesisch

1460 Alfons V. erobert Tanger

1492 Fall Granadas schließt spanische Reconquista ab
      Columbus in «Westindien», Auftakt zur spanisch-portugiesischen Eroberung Mittel- und Südamerikas; schon bei der zweiten Westfahrt verschleppt Columbus Indianer
      Spanier erobern Granada

1493	Papst Alexander VI. legt die Grenze zwischen den Kolonien Spaniens und Portugals in der westlichen Hemisphäre fest
1494	Vertrag von Tordesillas: Teilung der Neuen Welt zwischen Spanien und Portugal
1500	Pedro Alvares Cabral als erster Europäer in Brasilien
1502	Zwangsbekehrung der Mauren in Spanien
1510	Portugiesen in Goa
1511	Der Dominikaner de Montesinos predigt gegen die Mißhandlung der Indianer
1519	Cortes beginnt die Eroberung Mexikos
1525	Beginn des systematischen Sklavenhandels nach Amerika
1532	Pizarro beginnt die Eroberung Perus
1534	Ignatius von Loyola gründet den Jesuiten-Orden (Gesellschaft Jesu)
1545	Franz Xavier (Jesuit) in Goa
1549	Franz Xavier in Japan Jesuiten in Bolivien
1553	China tritt den Portugiesen Macao ab
1562	John Hawkins unternimmt die erste britische Sklavenfahrt an die Küste Guineas und transportiert etwa 300 Sklaven nach «Westindien»
1564	Spanien erobert die Philippinen (abgeschlossen 1565)
1571	Schlacht von Lepanto: Türken verlieren Kontrolle des Mittelmeeres
1587	Sir Walter Raleigh gründet Kolonie in Virginia
1600	Gründung der britischen Ostindiengesellschaft
1601	Ricci (Jesuit) in China
1602	Gründung der holländischen Ostindiengesellschaft
1604	Gründung der französischen Ostindiengesellschaft
1606	Benediktiner-Mission auf den Philippinen
1608	Jesuitenherrschaft über Indianer in Paraguay
1612	Erste britische Handelsstation in Indien (Sourât)
1620	Dominikaner in Indien «Pilgerväter» landen in Massachusetts
1622	Vatikan gründet Kongregation für die Verbreitung des Glaubens (Congregatio de propaganda fide)

1625 Lazaristen (Kongregation der Mission; franz.)

1627 Kapuziner-Mission in Syrien

1630 Holländer in Indonesien

1649 New England Company (brit.)

1652 Holländer am Kap der Guten Hoffnung (Jan van Riebeck)

1655 Briten besetzen Jamaika

1664 Gründung des Trappisten-Ordens

1673 Französische Compagnie du Sénégal für Sklavenhandel

1683 Türken vor Wien zurückgeschlagen, Ende der moslemischen Expansions-
versuche in Europa

1685 Frankreichs Code Noir unterwirft die Sklaven einem drakonischen Straf-
system; andere Kolonialmächte verfahren ähnlich

1691 Society for Advancing the Christian Faith (brit.)

1698 Society for Promoting Christian Knowledge (brit.)

1701 Society for the Propagation of the Gospel in Foreign Parts (brit.)

1705 Dänisch-Hallesche Mission

1706 B. Ziegenbalg und H. Plütschau (Dänisch-Hallische) in Trankebar (Ostindien)

1721 Dänisch-Hallesche in Grönland

1732 Mission der Brüdergemeine (Herrnhuter), im Ausland meist Moravier
genannt
Herrnhuter in St. Thomas (Karibik)
Gründung des Redemptoristen-Ordens (kath.)

1737 Herrnhuter bei Kapstadt und an der Goldküste

1741 Brethren's Society for the Furtherance of the Gospel among the Heathen
(brit. Zweig der Brüdergemeine, vor allem in Lappland)

1744 Kapuziner-Missionen in Indien

1747 Jesuiten-Orden vom Papst aufgelöst

1763 Frankreich tritt den Briten Kanada und Louisiana bis zum Mississippi ab;
England überläßt Spanien im Austausch für Florida Gebiete westlich des
Mississippi

1769 Pennsylvanien (von Quäkern regiert) schafft die Sklaverei ab

1770 Beginn der nordamerikanischen Rebellion gegen England

1773 Briten beginnen Opiumexport aus Indien nach China

1776 Unabhängigkeitserklärung der Vereinigten Staaten

1779	Das New Yorker Parlament schafft die Sklaverei ab; andere nordamerikanische Staaten folgen später
	Beginn der «Kaffernkriege» in Südafrika
1782	England erkennt Unabhängigkeit der USA an
1787	Gründung Sierra Leones für freigelassene Sklaven auf Betreiben der Londoner Claphamgruppe; ab 1808 britische Kronkolonie
1789	Französische Revolution
1792	Baptist Missionary Society (brit.)
	Herrnhuter in Südafrika
1793	William Carey (Baptist) beginnt Mission in Bengalen
1795	London Missionary Society (LMS)
	Baptisten in Sierra Leone
1796	Erste Pazifik-Mission der LMS
1797	Nederlandsch Zendelingsgenootschap (Holländische Missionsgesellschaft)
	LMS-Mission in Sierra Leone
1799	Church Missionary Society (CMS, brit.), bis 1812 Society for Missions in Africa and the East, Religious Tract Society (brit.), arbeitete anfänglich auch mit deutschen Missionaren
1804	British and Foreign Bible Society
	Basler Bibelgesellschaft
1805	Kongregation der heiligsten Herzen Jesu und Mariä (Picpusväter, kath., franz.)
	Pariser Missionsseminar (kath.)
1807	Briten verkünden Abschaffung des Sklavenhandels, gleiche Erklärung der USA ist erst nach Jahrzehnten verwirklicht, gegen Ende des Jahrhunderts
	Robert Morrison (LMS) in China
	Josephsschwestern von Cluny (kath., franz.)
1808	Beginn der Aufstände gegen die spanische Herrschaft in Lateinamerika
1809	Burenkrieg – Briten gegen Buren – in Südafrika, bis 1902
	London Society for Promoting Christianity among the Jews (brit.)
1810	American Board of Commissioners for Foreign Missions, gemeinsame Gründung von Presbyterianern und Kongregationalisten
1813	Wesleyan Methodist Missionary Society (brit.)
1814	Wiederherstellung des Jesuiten-Ordens (Gesellschaft Jesu) durch Pius VII.
	American Baptist Missionary Union
	«Kolonialfriede von Paris»: Gambia als britische Kolonie, der Senegal als französische anerkannt

1815   Evangelische Missionsgesellschaft zu Basel

1816   Oblaten der Unbefleckten Jungfrau Maria (kath., franz.)
        Maristen (Gesellschaft Marias, Lyon)

1817   Marianisten (Gesellschaft Mariens; franz., belg.)

1818   Barmer Mission
        LMS auf Madagaskar

1819   Missionary Society of the Methodist Episcopal Church (USA)

1820   Befreite afrikanische Sklaven aus Nordamerika siedeln in Liberia

1821   Danske Missionsselskab (dänisch)
        Berliner Mission in Südafrika (Pietermaritzburg)

1822   Société des Missions Evangéliques chez les Peuples non Chrétiens, établie
        à Paris (franz.)
        Amerikanische Mission in Liberia
        Brasilien wird Kaiserreich

1824   Dutch Reformed Church of South Africa
        Gesellschaft zur Beförderung der evangelischen Missionen unter den
        Heiden zu Berlin (Berliner Missionsgesellschaft)
        Missionary Society of the Methodist Church, Kanada
        Robert Moffat (LMS) in Betschuanaland
        Lateinamerika von Spanien und Portugal unabhängig

1825   Missionsseminar in Barmen
        Church of Scotland Society
        New South Wales Church Missionary Association (Australien)

1827   Christian Mission (Mission of the Brethren; brit.)
        Pères de Picpus auf Hawaii

1828   Rheinische Missionsgesellschaft in Barmen
        Basler Mission in Ghana (Goldküste)

1829   Mexiko (seit 1821 unabhängig) erklärt die Sklaverei als illegal
        Rheinische Mission in Südafrika
        Church of Scotland Foreign Mission Committee (brit.)

1830   Französische Invasion Algeriens

1833   Amerikanische Methodisten in Liberia
        Großbritannien schafft die Sklaverei durch Verbot der Sklavenhaltung
        endgültig ab

1834   Ostfriesische Evangelische Missionsgesellschaft
        Basler Mission in Südindien
        Rheinische Mission auf Borneo (1921 dort von Basler abgelöst)
        Berliner in Südafrika
        Erste amerikanische Missionen in China

1835 Pallottiner (Gesellschaft des katholischen Apostolats; kath.)

1836 Gossnerscher Evangelischer Missionsverein
Evangelisch-Lutherische Mission zu Leipzig (Leipziger Mission, bis 1847 «zu Dresden»)
Norddeutsche Missionsgesellschaft
Colonial Missionary Society (brit.)
Burentreck aus dem britischen Gebiet Südafrikas heraus, hauptsächlich wegen des Sklavereiverbots

1837 Board of Foreign Missions of the Presbyterian Church in the USA
Aborigines Protection Society (brit.)

1837–1840 Briten nehmen Neuseeland

1838 Maristen in Neuseeland

1839 British and Foreign Anti-Slavery Society (brit.)
Lazaristen in Äthiopien
Franziskaner in China

1840 Foreign Mission of the Presbyterian Church in Irland
Erste amerikanische Mission im Irak

1841 Board of Foreign Missions of the General Synod, Evangelical Lutheran Church in the US
Baptist Tract and Book Society (brit.)
Baptisten auf Fernando Poo

1842 Norske Missionsselskab (Norwegische Missionsgesellschaft)
Frauenverein für Christliche Bildung des Weiblichen Geschlechts im Morgenlande
Seventh-Day Baptist Missionary Society (USA)
Opiumkrieg führt zum Vertrag von Nanking; Briten in Hongkong

1843 Free Church of Scotland Foreign Missions Committee (brit.)
Väter vom Heiligen Geist (Spiritaner) in Senegal
Norwegische Mission in Natal

1844 Johann Ludwig Krapf (CMS) in Mombasa
Carl Hugo Hahn (Rheinische Mission) in Südwestafrika

1845 Foreign Missions Board of the Southern Baptist Convention (USA)
Baptisten in Kamerun
Leipziger in Ostindien

1846 Board of Missions, Methodist Episcopal Church; South (USA)
Neuendettelsauer Mission (Gesellschaft für innere und äußere Mission im Sinne der lutherischen Kirche)
Evangelical Alliance (brit.)

1847 United Presbyterian Church of Scotland Foreign Mission Board (brit.)
Doopsgezinde Vereeniging tot Bevordering der Evangelieverbreiding in de

Nederlandsch-Overzeesche Bezittingen (Mennonitische Union zur Verbreitung des Evangeliums in den holländischen Übersee-Besitzungen)
Basler und Rheinische Mission in China
Lazaristen in Ägypten
Norddeutsche Mission an der Goldküste
Dänemark schafft den Sklavenhandel ab

1848 Frankreich schafft den Sklavenhandel offiziell ab, aber er geht auf den Antillen und Réunion bis 1861 weiter
Gründung der Väter vom Heiligen Geist durch Zusammenschluß der Kongregation vom Heiligen Geist (gegr. 1703) mit der des Unbefleckten Herzen Mariens (1841)

1849 Evangelisch-Lutherische Missionsanstalt zu Hermannsburg
Melanesian Mission (brit., Neuseeland)

1850 Offizielles Ende des Sklavenhandels in Brasilien
Berliner Frauen-Missionsverein für China
Australian Board of Missions
Mailänder Missionsseminar
Goldküste (Ghana) unter britischer Kontrolle

1851 Berliner Mission in China
Oblaten der Unbefleckten Jungfrau Maria in Südafrika

1852 Jerusalems-Verein (deutsch)

1853 Jesuiten in Indonesien

1854 Frankreich erobert Senegal

1855 Missionsinstitut für Afrika (ital., kath.)

1856 Gesellschaft der afrikanischen Missionen (Société des Missions Africaines; kath., franz.)

1857 United Methodist Free Churches' Home and Foreign Missions
Salesianer (Oblaten des heiligen Franz von Sales; ital.)

1858 Indien britische Kronkolonie
Universities Mission to Central Africa (brit.)
Nederlandsche Zendingsvereeniging

1859 Finska Missions-Sällskat (Finnische)
Frankreich in Indochina, Eroberung Saigons

1860 American Church Missionary Society
Woman's Union Missionary Society of America
Besetzung Pekings durch Briten und Franzosen

1861 Evangeliska Fosterlands-Stiftelsens (Schweden)
Jesuiten auf Madagaskar
Amerikanischer Sezessionskrieg
Lagos britisch

1862   Spiritaner in Mosambik und Nigeria
England nimmt Nieder-Burma

1863   Antisklaverei-Artikel in der Verfassung der holländischen Antillen
Kambodscha französisches «Protektorat»

1864   Spiritaner in Sierra Leone
Missions Africaines de Lyon in Dahomey

1865   China Inland Mission (brit.)

1866   Mill Hill Väter (St.-Josephs-Gesellschaft für äußere Mission; kath., brit.)
Väter vom Heiligen Geist in Angola und am Kongo

1867   Mission of the German Evangelical Synod of North America
Frankreich annektiert 3 Provinzen Annams; Kanada britisches Dominion

1868   Weiße Väter (Gesellschaft der Missionare von Afrika; kath., franz.)
Finnische Mission in Südwestafrika
Basutoland britisch

1870   Neuer Aufschwung der katholischen Mission
Primitive Methodist Missionary Society (brit.)
Baptisten am Kongo

1872   Scottish Episcopal Church Foreign Missionary Society (brit.)
Spiritaner in Gabun

1873   Abschaffung der Sklaverei in der spanischen Kolonie Puerto Rico
American Friends Board of Foreign Missions
Spiritaner in Angola

1874   Christian Woman's Board of Missions (Church of the Disciples; USA)
Svenska Kyrkans Missions-Styrelse
Annam französisches «Protektorat»

1875   Steyler Mission (Gesellschaft des Göttlichen Wortes; kath., holl.)
Foreign Christian Missionary Society (Church of the Disciples; USA)
Mission des Eglises Libres de la Suisse Romande
Livingstonia Mission of the Free Church of Scotland

1877   Schleswig-Holsteinische Evangelisch-Lutherische Missionsgesellschaft in Breklum
CMS in Uganda
Briten annektieren Transvaal

1879   Nippon Dendo Gwaisha (Japanische Missionsgesellschaft)
Weiße Väter in Uganda
Leopold II. von Belgien gründet International Congo Association
Deutschland faßt auf Samoa Fuß

1880   Abschaffung der Sklaverei in der spanischen Kolonie Kuba
Church of England Zenana Missionary Society (brit.)
North China Mission (brit.)

Weiße Väter im belgischen Kongo
Französischer Vormarsch am Niger

1881 Nederlandsch-Indische Zendingbond (Liga der holländischen Indienmission)
Spiritaner im französischen Kongo
Frankreich unterwirft Tunesien

1882 Neukirchener Missionsgesellschaft
Queensland Presbyterian Church Mission to the Heathen

1883 World's Woman's Christian Temperance Union (brit.)
Frankreich in Madagaskar, besetzt Tongking

1884 Berliner Afrikakonferenz bis 1895, sichert freie Missionsarbeit im Kongo-Becken, Anerkennung der Kolonie Leopolds II.
Deutsche «Schutzgebiete» Südwestafrika, Togo, Kamerun, in Teilen Neuguineas, der Solomon-Inseln, der Marshall-Inseln
Allgemeiner Evangelisch-Protestantischer Missionsverein
Weiße Väter im Njassaland
Deutsche Ostasien-Mission

1885 Jesuiten in Holländisch-Borneo
Allgemeiner Evangelisch-Protestantischer Missionsverein in China
Deutsch-Ostafrika
Betschuanaland britisches «Protektorat»
Italiener beginnen mit Besetzung Eritreas
Französisches «Protektorat» Madagaskar

1886 Basler wird deutsche Kolonialmission in Kamerun
Bethelmission
Evangelische Missionsgesellschaften für Deutsch-Ostafrika in Berlin und Bayern
Mission Board of the Christian Church (USA)

1887 Französische Herrschaft über ganz Indochina
Britisches «Protektorat» Nigeria, Annexion Zululands

1888 China Inland Mission, North American Branch (USA und Kanada)
Afrika-Verein der deutschen Katholiken
Frankreich erobert Sudan
Britische «Protektorate» Nordborneo und Sarawak
Araber-Aufstand in Deutsch-Ostafrika
Lavigerie (Weiße Väter) beginnt Kampagne gegen Sklaverei

1889 South Africa General Mission (brit.)
Brasilien wird Republik

1890 Missionsgesellschaft der deutschen Baptisten in Berlin
Deutsche China-Allianz-Mission, Barmen
Kurku and Central Indian Hill Mission (brit.)
Jungle Tribes' Mission of the Presbyterian Church in Ireland

Britische «Protektorate» Kenia und Sansibar; Deutschland tauscht «Protektorat» über Sansibar und Ansprüche auf Uganda und Njassaland gegen Helgoland und den Caprivizipfel (Nordosten Südwestafrikas)
Französisches «Protektorat» über Teile Dahomeys

1892 Mission der Hannoverschen Evangelisch-Lutherischen Freikirche
Zambesi Industrial Mission (brit.)
Zending van de Gereformeerde Kerken in Nederland onder de Heidenen en Mohammedanen
Steyler in Togo
Französisches «Protektorat» über ganz Dahomey

1893 Leipziger am Kilimandscharo (Deutsch-Ostafrika)
Ceylon and Indian General Mission (brit.)
Nyassa Industrial Mission (brit.)
Britisches «Protektorat» Uganda
Französisches «Protektorat» Laos

1894 Mission among the higher classes in China (USA)

1895 Weiße Väter im Sudan
Bildung Französisch-Westafrikas

1896 British and Foreign Unitarian Association (brit.)
Deutsche Orient-Mission/Deutscher Hilfsbund für Armenien
China-Mission der Deutschen Blindenmission in Hildesheim
Äthiopier vernichten italienische Invasionsarmee; Italien erkennt Unabhängigkeit an

1897 Anti-Slavery Committee of the Society of Friends (brit.)
Mission der deutschen Methodisten
Berliner Orientmission
Deutsche Besetzung der Kiautschou-Bay mit Tsingtau

1898 Deutscher Zweig der China-Inland-Mission in Hamburg
Weiße Väter in Ruanda-Burundi
Liebenzeller Mission
Spanisch-Amerikanischer Krieg: Die USA gewinnen Kuba, Puerto Rico und die Philippinen

1899 Regions Beyond Missionary Union (brit.)
Burenkrieg: Briten gegen Buren um Herrschaft in Südafrika
USA, England und Deutschland teilen Samoa-Inseln unter sich auf. Spanien tritt Karolinen-, Palau- und Marianen-Inseln an Deutschland ab

1900 Boxeraufstand in China
Foreign Missions of the United Free Church of Scotland
Geheimvertrag gibt Frankreich freie Hand in Marokko, Italien in Tripolitanien
Britische «Protektorate» Nord- und Südnigeria
Frankreich schafft allgemeines Schulsystem in Indochina ab

1903	Britisches «Protektorat» Swasiland Casement-Bericht über Kongo-Greuel
1904	Herero- und Nama-Aufstand in Deutsch-Südwestafrika, endet 1906 mit weitgehender Vernichtung der Herero, 1907 der Nama
1905	Maji-Maji-Aufstand gegen die Deutschen in Ostafrika
1908	Vatikan beendet die Zuständigkeit der obersten Missionsinstanz Congregatio de propaganda fide für die USA – die USA werden nicht mehr als Missionsgebiet betrachtet
1909	Kongo-Freistaat geht aus dem Privatbesitz Leopolds II. an den belgischen Staat über
1910	Französisch-Äquatorialafrika
1911	Italien fällt in Tripolitanien ein
1912	Französisches «Protektorat» Marokko, Widerstand erst 1934 vorübergehend gebrochen Türkei tritt Cyrenaika und Tripolitanien an Italien ab
1914	Ausbruch des Ersten Weltkriegs, Einschränkung der Missionsarbeit in vielen Kolonien
1918	Erster Weltkrieg mit Vertrag von Versailles beendet; Deutschland verliert alle Kolonien; deutsche Missionen können erst Jahre später in ihre Missionsgebiete zurück
1920	Kamerun wird als «Mandat» zwischen Frankreich und England aufgeteilt Südwestafrika wird «Mandat» Südafrikas Vertrag von Sèvres über die Aufteilung des türkischen Reiches: Französisches «Mandat» Syrien und Libanon; England: Ägypten, Irak, Palästina, Transjordanien
1921	Tanganjika wird britisches «Mandatsgebiet»
1924	Nordrhodesien wird britisches «Protektorat»
1932	Abschluß der italienischen Wiedereroberung Libyens
1935	Italiener fallen in Äthiopien ein (Annektion 1936)
1939	Hitler beginnt Zweiten Weltkrieg
1941	Königin Wilhelmina von Holland lehnt Autonomie für Indonesien ab
1945	Ende des Zweiten Weltkriegs; Ende des französischen «Mandats» über Syrien und den Libanon
1946	Beginn des französischen Kriegs zur Wiedereroberung Indochinas Unabhängigkeit der Philippinen
1947	Unabhängigkeit Indiens, Pakistans, Burmas; Aufstand der Indonesier gegen Holland; Aufstand gegen die Franzosen in Madagaskar Italien verzichtet auf seine Kolonien

1948   Ceylon unabhängig (Sri Lanka), Burma verläßt das britische Commonwealth

1949   Indonesien erkämpft gegen Rückeroberungsversuche der Holländer seine Unabhängigkeit

1951   Libyen unabhängig

1954   Niederlage der Franzosen in Dien Bien Phu; Beginn des Algerischen Unabhängigkeitskriegs

1955   Marokko unabhängig

1956   Tunesien und Sudan unabhängig
        Überfall Englands, Frankreichs und Israels auf Ägypten; die USA und die UdSSR zwingen die Angreifer zum Rückzug

1957   Ghana und Malaya unabhängig

1958   Singapur und Guinea unabhängig

1960   Unabhängigkeit für den belgischen und französischen Kongo, Togo, Madagaskar, Somalia, Zentralafrika, Tschad, Gabun, Dahomey, Niger, Obervolta, Elfenbeinküste, Senegal, Mali, Nigeria, Mauretanien, Kamerun
        Südafrika verläßt das britische Commonwealth

1961   Unabhängigkeit Tansanias und Sierra Leones

1962   Unabhängigkeit Algeriens, Ruandas, Burundis, Westsamoas, Jamaikas, Trinidad-Tobagos, Ugandas

1963   Unabhängigkeit für Kenia und Sansibar (zu Tansania)
        Gründung Malaysias (mit Nordborneo, Brunei und Sarawak)

1964   Unabhängigkeit Njassalands (Malawi) und Nordrhodesiens (Sambia)

1980   Unabhängigkeit Südrhodesiens (Simbabwe)

1990   Unabhängigkeit Südwestafrikas (Namibia)

Kleine Missions-Statistik

Zu Beginn des 20. Jahrhunderts, im Jahre 1901, waren die führenden Missions-länder (protestantische Missionen)[1]

1. Großbritannien mit 2750 Missionaren, 1700 Missionarinnen und weiblichen Missionsmitgliedern (Ehefrauen nicht gerechnet);
2. Nordamerika einschließlich Kanada mit 1630 Männern und 1200 Frauen;
3. Deutschland mit 880 Männern und Frauen.

Die größten britischen Gesellschaften: CMS mit 510 Missionaren, 326 Missionarinnen und weiblichen Missionsmitgliedern. United Free Church of Scotland: 330 Missionare. LMS: 200 Missionare. Baptisten: 160 Missionare.

Die größten amerikanischen Missionsgesellschaften: der American Board of Commissioners for Foreign Missions mit 177 Männern und 186 Frauen. Die Presbyterianische Kirche der Vereinigten Staaten: 290 Missionare. Die Methodist Episcopal Church: 250 Missionare. American Baptist Missionary Union: 180.

Die größten deutschen Gesellschaften um diese Zeit: Herrnhuter mit 224 männlichen Missionaren und 22 Frauen, Basler mit 220 Missionaren und 8 Mitarbeiterinnen, die Rheinische mit 125 Missionaren und 14 Mitarbeiterinnen.[2]

Ende der fünfziger Jahre schätzte die Missionary Research Library in New York die Zahl protestantischer Missionare in der Welt auf 43 000; nicht weniger als 27 733 (1958) kamen aus den USA.[3] 1971 betrug deren Zahl aber nur noch 19 297, da die «historischen» Gesellschaften allmählich Befugnisse und Mission auf einheimische Kräfte übertrugen.[4]

1985 hatte sich die Rangfolge der amerikanischen Missionen stark verändert: 1.: Southern Baptist Convention, Foreign Mission Board: 3346 Missionare; 2.: Wycliffe Bible Translators (Summer Institute of Linguistics): 3022 Missionare; 3.: Youth with a Mission: 1741 Missionare; 4.: New Tribes Mission: 1438 Missionare; 5.: Assemblies of God Foreign Missions: 1237 Missionare; 6.: Seventh-Day Adventists: 1052 Missionare.[5]

Die Zahl katholischer Missionare liegt über der protestantischen. Die meisten Missionare sind in Afrika. Dort übetrafen die katholischen 1974 mit rund 24 200 die protestantischen mit 13 200.[6]

Die meisten katholischen Missionare stellten Mitte der zwanziger Jahre die Jesuiten, gefolgt von den Franziskanern und dem Séminaire des Missions-Etrangères in Paris, mit weitem Abstand vor allen anderen katholischen Orden und Gesellschaften. Daran dürfte sich nichts geändert haben.[7]

---

[1] Moorhouse 273 f.
[2] Dennis 39 f.
[3] Neill 421
[4] Kendall 77
[5] Pettifer/Bradley 266
[6] Kendall 81
[7] Arens 29 ff.

Anmerkungen

In den Fußnoten erscheinen grundsätzlich nur Autor und Seitenzahl. Das entsprechende Werk finden Sie in der Bibliographie. Bei mehreren Werken desselben Autors und bei Publikationen, die nicht in die Bibliographie aufgenommen wurden, ist der Titel zusätzlich angegeben.

Einleitung: King Kongs Tor

[1] 1933; auf deutsch «King Kong und die weiße Frau», von Merian C. Cooper und Ernest B. Schuedsack; Tricks: Wills O'Brian

[2] zit. von Joseph-Roger de Benoist 308

[3] Pettifer/Bradley 12

[4] Konetzke, *Entdecker und Eroberer Amerikas*, 7 ff.

[5] Basler Text

DIE VORGESCHICHTE UND DIE FOLGEN

Schule für Mörder: Kreuzzüge

[1] Beetham 82

[2] Amicis 3

[3] Wollschläger 22 f.

[4] vorgestellt und gewertet von Milger; *Die Kreuzzüge – Krieg im Namen Gottes*

[5] Wollschläger 32

[6] Wollschläger 35

[7] zit. bei Milger 94

[8] Der unbekannte Autor der *Gesta Francorum* (ca. 1100); zit. bei Milger 102

[9] Wollschläger 38

[10] zit. bei Milger 117

[11] zit. bei Milger 116

[12] Milger 120

[13] Wollschläger 41

[14] zit. bei Wollschläger 31

[15] Wollschläger 146

[16] *Monumenta Germaniae historica*, Hannover 1826 ff., Bd. XVI, 12; zit. bei Wollschläger 141

[17] Schmidt 19

[18] Pettifer/Bradley 206

Schule für Schinder: Sklaverei

[1] Falconbridge's Account of the Slave Trade, Textauszug auf einer Abbildung der «Brooks»

[2] George F. Will in der *International Herald Tribune*, 21. 6. 1990

[3] Feuser 110

[4] Die Verordnungen wurden so gut wie nie beachtet.

[5] Othegraven 101

[6] G. Thomas 25, 30

[7] Prien 185

[8] Schoelcher 95

[9] Breathett 15

[10] Breathett 6

[11] Knaplund 93

[12] van Slageren 18

[13] Freyre, *Herrenhaus und Sklaven-hütte*, 287
[14] ebd.
[15] Prien 188
[16] G. Thomas 53 f.
[17] wiedergegeben bei Hemming 417
[18] Hemming 419
[19] Prien 194 f.
[20] Prien 196
[21] Hogg 3
[22] 1701 erhielten die Franzosen, 1713 die Briten auch noch von den Spaniern das vertragliche Monopol (das sogenannte «Asiento») für die Verschiffung der Sklaven nach Spanisch-Amerika, mit festgelegter jährlicher Quote.
[23] Die Kolonialisten zählten allenfalls die nach Amerika abtransportierten Afrikaner, auch schon viele Millionen. Aber zur Bilanz gehören auch die vielen, die bei Sklavenjagden oder dem Transport an die Küste umkamen, und die gewaltige Schwächung der afrikanischen Reproduktionskraft, die das Wegschaffen der kräftigsten, jungen, zeugungsfähigen Menschen bedeutete.
[24] Bartsch 94 f.
[25] Stampp 241
[26] Die Europäer fanden damals Afrika im Umbruch vor. Große Teile des Erdteils erlebten Bewegungen, die vieles durcheinanderbrachten wie seinerzeit Europas Völkerwanderung und die Errichtung der verschiedenen europäischen Reiche. Die europäische Besetzung Afrikas hat den Prozeß der Staatenbildung größerer und lebensfähigerer Einheiten zum Schaden Afrikas unterbrochen und die Länder nach europäischem Gutdünken geformt und erstarren lassen, was heute auf dem Kontinent für viele Spannungen sorgt.
[27] Schön 48
[28] Duffy 54
[29] Moorhouse 35
[30] Vormbaum 34
[31] Augier/Gordon 145
[32] Ayandele, *The Missionary Impact on Modern Nigeria*, 333 f.
[33] ebd.
[34] Ajayi, *Christian Missions in Nigeria*, 103
[35] ebd. 105
[36] Temu 29
[37] Temu 60
[38] d'Annam 239 f.
[39] Roux in Merle 230

Christliche Prügel

[1] Ki-Zerbo 214
[2] Hollis 46
[3] de Boer, *Unterwegs notiert*, 167
[4] ebd.
[5] Ripa 40
[6] Trankebar war vorübergehend eine dänische Kolonie.
[7] Gow 16 f.
[8] Pettifer/Bradley 86
[9] Schmidlin 20
[10] *New York Times*, 9.9.1945, in: *Hier hielt die Welt den Atem an*, dtv-Dokumente Nr. 55, 139
[11] Moorhouse 106
[12] Moorhouse 256
[13] zit. bei Moorhouse 257
[14] Oliver 83
[15] Chinweizu 128
[16] Ekechi 52 f.
[17] Ekechi 100
[18] Moorhouse 258 f.
[19] Axelson 158
[20] McCracken 63
[21] Rotberg 64
[22] Oliver 53 FN
[23] Moorhouse 58

24 Setiloane 138 f.
25 Moorhouse 263
26 Sales 71
27 Rotberg 66
28 Hoffmann in Bade 34
29 Rotberg 133
30 Iliffe 106 f.
31 Mamozai 54
32 Prien 1162
33 Hemming 425
34 Hemming 424
35 Felipe Guaman Poma de Ayala, *Nueva Coronica y Buen Gobierno (Neue Chronik und gute Regierung)*; veröffentlicht Paris, Institut d'éthnologie, 1936 und 1968. In Druckschrift: Posnansky, La Paz (Bolivien) 1944, Bustios Galvez, Lima (Peru) 1956/1966.
36 Text aus *Le Monde Dimanche*, 11. Mai 1980, XVIII, *La Conquête de Pérou racontée par un Inca*
37 Prien 226 ff.
38 Prien 219
39 Prien 219 FN
40 Freyre, *Herrenhaus und Sklavenhütte*, 198
41 Dussel 74
42 Beschrieben von Reginaldus Gonsalvius Montanus 1617, deutsche Übersetzung Franz Goldscheider, Berlin 1925, 63. Zusätzlich zu anderen

Martern wurden die Opfer am Atmen durch die Nase gehindert und ihnen durch ein dünnes Tuch Wasser in den Rachen geträufelt; das Tuch wurde durch die Schluckkrämpfe der Betroffenen allmählich eingesogen und immer wieder herausgerissen.
43 Münzel in Lindig/Münzel 190
44 Münzel in Lindig/Münzel 228
45 Frank Waters, *Das Buch der Hopi*, Köln 1980, zit. in v. Othegraven 103
46 Münzel in Lindig/Münzel 228
47 Münzel in Lindig/Münzel 229
48 In seiner Geschichte der Eroberung Perus; ich benutze die Pariser Ausgabe von 1861.
49 Prescott II, 54 ff.
50 Prien 207
51 Prien 208
52 Herring 182
53 Prien 72
54 Hemming 106 f.
55 Hall 689
56 de Bosschère 142
57 de Bosschère 142, zit. de Bonneuil, *Histoire du Canada Français*
58 *Frankfurter Rundschau*, 16.9.87, Quelle: alle Nachrichtenagenturen
59 Lévi-Strauss 332
60 Lewis 95
61 Pettifer/Bradley 147

Rassendünkel

1 Ntawasa/Moore 26
2 Ziehr 66
3 Albertini 571
4 Lumumba 51
5 Lumumba 50 ff.
6 In dem Buch *Le Congo – Terre d'Avenir – Est-il-menacé?*, das erst nach seinem Tode 1961 veröffentlicht wurde; englische Fassung *Congo my Country* mit Vorwort von Colin Legum 1962.

7 Lumumba 62
8 Tournaire/Bouteaud 1963
9 Lumumba XVI, FN 6
10 Scholl-Latour, *Matata am Kongo*, Stuttgart 1971, 77 f.
11 Beetham 147
12 Ekechi 80
13 Beetham 44
14 Mboya 27 f.
15 Gow 69
16 Bley 250

[17] Bley 252
[18] Bley 248
[19] *Namibia in den achtziger Jahren*, 3 f.
[20] M. Wright 82 f.
[21] Krüger 43
[22] Luthuli 48
[23] Richter 245

[24] Luthuli 72
[25] Kaunda 146
[26] Joseph 89
[27] Gisela Helbig in *Tränen beim Beten*, 12
[28] de Boer, *Unterwegs notiert*, 212
[29] Beetham 44 f.

DIE MORALISCHE BOTSCHAFT

Sittlichkeit zur Ansicht: Die Bekleidung

[1] Hemming 115
[2] zit. in Freyre, *Herrenhaus und Sklavenhütte*, 137 ff.
[3] Asmis 36
[4] Moorehead 83
[5] Ziehr 96
[6] Aus dem Holländischen mußte erst in die Namaqua-Sprache übersetzt werden und von der in die Damara-Sprache – und umgekehrt.
[7] Setiloane 97
[8] Mamozai 93 f.
[9] Mamozai 95
[10] Rotberg 40
[11] Setiloane 98

Sex und Sünde

[1] de Boer, *Unterwegs erfahren*, 35
[2] Dussel 17
[3] Herring 182
[4] ebd.
[5] Ich stütze mich auf die französische Ausgabe, *Histoire du Mexique*, Paris 1961, 123.
[6] Patterson 40
[7] Murray-Brown 193
[8] Moorhouse 43 f.
[9] Bley 122
[10] Knoll in Bade 170
[11] *Auf der Savanne, Tagebuch einer Kamerunreise* (1911–1913), Berlin 1914; das Zitat stammt aus der französischen Übersetzung in van Slageren 90.
[12] Moorhouse 326
[13] Mamozai 95
[14] Rotberg 41
[15] Ziehr 148
[16] Temu 110 f.
[17] Temu 111 f.
[18] Patterson 159 ff.
[19] H. Whiteley, *Three Months in Jamaica*, 1832
[20] Patterson 160
[21] Baudert 87

Der Kampf gegen die Vielehe

[1] Lin Shao-Yang 214 f.
[2] Mamozai 90
[3] Schön 163
[4] Schmidlin 285
[5] Setiloane 102
[6] zit. bei Prien 84

7 Konetzke, *Fischer Weltgeschichte, Süd- und Mittelamerika I*, 90
8 Ayandele, *The Missionary Impact on Modern Nigeria*, 336
9 *Zürcher Tages-Anzeiger*, 22.2.1982
10 de Benoist 36
11 de Benoist 22
12 Ayandele, *The Missionary Impact on Modern Nigeria*, 336
13 ebd. 337
14 Knoll in Bade 182
15 Rotberg 130
16 Strayer 86
17 Ziehr 102
18 Pettifer/Bradley 56
19 ebd.
20 Neill 453
21 Ayandele, *The Missionary Impact on Modern Nigeria*, 335
22 Beetham 42
23 Schwager 68
24 Richter 262
25 Ajayi, *Christian Missions in Nigeria*, 107
26 Rotberg 129
27 Setiloane 103
28 Hansen 287
29 Hansen 288
30 Ziehr 102
31 Strayer 79

Hauptsache: Christlich getraut

1 de Benoist 21
2 Hemming 114
3 Münzel in Lindig/Münzel 246 f.
4 Temu 108
5 de Benoist 294
6 zit. bei Hansen 261
7 de Vries 109, FN 114

Verhaßte Initiation

1 Temu 137
2 Mboya 20
3 de Benoist 342

Frauenpolitik

1 Zitat aus dem Basler Missionsmagazin 1851, in Prodolliet 79
2 Prodolliet 67
3 Prodolliet 68
4 ebd.
5 Frey 66
6 de Benoist 165
7 de Benoist 513
8 de Benoist 307
9 de Benoist 309
10 de Benoist 308
11 de Benoist 461
12 de Benoist 462
13 de Benoist 343
14 Prodolliet 99
15 Davies XXIX
16 van Butselaar 198
17 Tiberondwa 10 f.
18 Mamozai 102
19 Prodolliet 88
20 Prodolliet 49
21 Prodolliet 52
22 ebd.
23 Prodolliet 53
24 Fleisch 199
25 Mamozai 95 ff.

[26] Prodolliet 138
[27] Moffat 285
[28] Moffat 252
[29] Strayer 6

[30] Strayer 81
[31] ebd.
[32] Fleisch 87

Ist Tanzen Sünde?

[1] Rotberg 41
[2] Temu 107
[3] Todd 204
[4] Todd 183

[5] Berger 64
[6] Moorehead 81
[7] Dussel 119
[8] Dussel 110

Alkohol- und Rauchverbot

[1] Todd 61
[2] Gide 33
[3] Moorhouse 58
[4] Moorhouse 107
[5] Hücking 64 f.; Ayandele, *The Missionary Impact on Modern Nigeria*, 314
[6] Murray-Brown 193
[7] Knoll in Bade 171
[8] Weiss/Mayer 52
[9] Zitiert nach der *Allgemeinen Missions-Zeitschrift* 1886, in Hücking/Launer 67

[10] Hücking 72
[11] Ebert, *Südsee-Erinnerungen*, Leipzig 1924, 122; Hervorhebungen von mir.
[12] In einem Brief an die Missionszentrale in London, datiert vom 5. Oktober 1812.
[13] Davies 226 f.
[14] Pettifer/Bradley 32
[15] Shao-Yang 212 f.
[16] Pettifer/Bradley 45 f.

CHRISTEN UND «HEIDNISCHE» KULTUR

Später Respekt

[1] *Nouvel Observateur*, 10. 1. 1991
[2] Hall II, 685
[3] Belt, *The Naturalist in Nicaragua*, 1874, zit. bei Hall II, 686 f.

[4] Freyre, *Herrenhaus und Sklavenhütte*, 134

Blindheit und Arroganz

[1] Neill 165 ff.
[2] Die vom Blatt nicht den Antworten zugeordneten Gesprächspartner waren Otto Bischofsberger, Dozent für Religionswissenschaften an der Theologischen Fakultät Luzern, Missionar Bruno Führer, damals in Rhodesien, und Werner Zufluh,

Chefredakteur der Zeitung «Sonntag».

[3] Pettifer/Bradley 64
[4] Setiloane 107 über Betschuanaland, aber die Bemerkung trifft auch auf andere Gebiete zu.
[5] Ziehr 153
[6] Ilogu 67f.
[7] Ziehr 56
[8] Ziehr 57
[9] Ayandele, *The Missionary Impact on Modern Nigeria*, 283
[10] Strayer 75
[11] P. D. Snelson in *Educational Development in Northern Rhodesia 1883–1945*, Lusaka 1974, zit. in Tiberondwa 22
[12] ebd.
[13] Pettifer/Bradley 40 (Bildtext)
[14] Moffat 245
[15] Gow 195
[16] Hempenstall in Bade 237
[17] Pettifer/Bradley 67
[18] Pettifer/Bradley 68
[19] de Benoist 507

Die Spalter

[1] Hvalkof 131
[2] Balandier 21
[3] Bowen 339
[4] de Benoist 512
[5] Bischof Crowther, selbst Afrikaner, zit. von Ekechi 46
[6] Dussel 109
[7] zit. in Hall II, 673

Die Retter

[1] Pettifer/Bradley 42
[2] Strayer 82
[3] Schön 81
[4] Hennemann 129
[5] Müller 54

Verachten ... aber sammeln

[1] Prescott 267
[2] Lindig ja; Scholes und Roys in Hanke 367: kaum, da in den Archiven der Inquisition nicht erwähnt.
[3] Lindig 137
[4] Hemming 116f.
[5] Pettifer/Bradley 51
[6] Pettifer/Bradley 56
[7] Ziehr 102
[8] Ziehr 108
[9] Abel 79

WERKE DER WOHLTÄTER

Schul-«Meister»

[1] Tiberondwa 62
[2] van Slageren 122
[3] Richter 512f.
[4] Rotberg 111
[5] Schmidlin 189
[6] Moulaert 67

7 Moulaert 69
8 zit. bei Moulaert 70; Merlier 218;
  Joye/Lewin 128
9 Merlier 218
10 de Benoist 98
11 Lindig 140
12 Ekechi 26
13 Todd zit. in Ekechi 27
14 Hinweis vom 22. Mai 1898, zit. bei
  de Benoist 96
15 Ziehr 154
16 Richter 694
17 Oliver 276
18 de Benoist 97
19 Hemming 111
20 Prien 625
21 Schmidlin 276
22 Becker 121

23 Chinweizu 76
24 Hetherington 111
25 Strayer 95
26 Chinweizu 77
27 Moorhouse 332
28 ebd.
29 Mboya 21
30 Hargreaves 132
31 Temu 153
32 M. Wright 114
33 Moorhouse 333
34 West, *The New Guinea Question*
35 Hempenstall 236
36 Richter 680
37 Daye 532
38 Bruls in Merle 345; Hervorhebung
  von mir.
39 Duffy 173 f.

Werber in Weiß: Die Missionsärzte

1 A. Schweitzer, *Zwischen Wasser
  und Urwald*, München 1926, zit. in
  Paul 185 ff.
2 Freyre, *Herrenhaus und Sklavenhütte*, 199
3 Ziehr 132
4 Pettifer/Bradley 173; sie berufen
  sich auf McGilvrays *A Half Century
  among the Siamese and the Lao*,
  1912.
5 Shorter 137
6 Müller 55

7 M. Wright 72
8 Pettifer/Bradley 208
9 s. FN 1
10 Furnivall 356
11 ebd.
12 Furnivall 357
13 Richter 667
14 Müller 47
15 Beach 110 f.
16 T. M. Thomas 337
17 Sundkler 30

Beschützer

1 Dussel 85
2 Hanke 121 f.
3 G. Thomas 17
4 Alix in Merle 20
5 Herring 183
6 Hemming 255
7 Rowse 62–79
8 Rotberg 103 ff.
9 Bley 245 ff.

10 Engel in Bade 158 f.
11 Engel in Bade 159
12 Engel in Bade 160
13 ebd.
14 Noske 127 f.
15 Sales 30
16 Setiloane 128 f.
17 Ziehr 67
18 Lindig 43

[1] de Benoist 240

[2] de Benoist 245

[3] Hoffmann in Bade 37

[4] Schmidlin 263 f.; Hervorhebung von mir.

[5] Schmidlin 278

[6] Zitat aus J. Funk, *Einführung in das Missionsrecht*, Kaldenkirchen 1958, 23; bei Hoffmann in Bade 39

[7] de Vries 92, FN 52

[8] Neill 369

[9] Ekechi 104

[10] Gründer in Bade 86

[11] ebd. 87

[12] zit. bei de Benoist 36, FN 63

[13] de Benoist 36

[14] de Benoist 508

[15] Prien 654

[16] de Benoist 40

[17] de Benoist 88 f.

[18] de Benoist 55

[19] de Benoist 288

[20] zit. bei de Benoist 247

[21] Frey 15

[22] de Benoist 391

[23] Ayandele, *The Missionary Impact on Modern Nigeria*, 1842–1914, 161

[24] Strayer 33

[25] ebd.

[26] Pettifer/Bradley 96

[27] Hansen 467 ff.

[28] Strayer 107

[29] Rotberg 101

[30] Temu 132

[31] Roberts 96 ff.

[32] zit. bei Roberts 47

[33] ebd.

[34] Konetzke, *Fischer Weltgeschichte I*, 231

[35] Lindig 253

[36] Mboya 24

[37] Cerqueira in Merle 473

[38] *FAZ*, 3.12.73: «Ordens-Obere berichten über Portugiesisch-Afrika»

[39] *Afrika Heute*, 12/1971, abgedruckt in *epd-Entwicklungspolitik*

[40] *Basler National-Zeitung*, 30.11.1973

[41] Singleton-Gates/Girodias, *The Black Diaries*. Casement setzte sich später für die Unabhängigkeit Irlands ein. 1916 wurde er von einem deutschen U-Boot nach Irland gebracht, wo er am Aufstand teilnehmen wollte. Die Briten hängten ihn nach einem Prozeß, trotz heftigen Protests der USA. Die Jury war offenbar durch ein gefälschtes Tagebuch mit angeblichen Einzelheiten über Casements Homosexualität beeinflußt worden, das im Prozeß selbst gar nicht vorgelegt worden war.

[42] Singleton-Gates/Girodias 120 ff.

[43] Singleton-Gates/Girodias 194

[44] Weiß/Mayer 103

[45] Moulaert 161

[46] Mohr 61

[47] Mohr 61 und FN

[48] Mohr 60

[49] Schmidlin 267

[50] ebd.

[51] Schmidlin 268

[52] Schmidlin 270 f.

[53] Mamozai 83, FN 51

[54] Knoll in Bade 176, FN 40; Fleisch 282

[55] Tetzlaff in Bade 194

[56] Bley 247, FN 175

[57] Bley 248, FN 177

[58] Hempenstall in Bade 231

[59] Hempenstall in Bade 233

[60] Moses in Bade 247

[61] Moses in Bade 250 ff.

[62] ebd.

[63] Firth in Bade 258 ff.

[64] Firth in Bade 262, FN 21
[65] Hervorgegangen aus der Fusion der Deutschen Handels- und Plantagen-Gesellschaft, Nachfolgerin der Hamburger J. C. Godeffroy & Sohn, mit Robertson & Hernsheim. Das «Schutzgebiet» der Marshall-Inseln war praktisch ein Schutzgebiet für diese Gesellschaft.
[66] Firth in Bade 265
[67] Firth in Bade 264
[68] Firth in Bade 265

Der doppelte Dienst: Gehilfen des Staates

[1] de Corlay 229 f.
[2] Gow 30
[3] Ayandele, *The Missionary Impact on Modern Nigeria*, 32
[4] Morrison 199
[5] Morrison 68 f.
[6] Morrison 564
[7] Knoll, *Die Norddeutsche Missionsgesellschaft in Togo*, 99
[8] Tetzlaff in Bade 193
[9] 14. Oktober 1936, zit. bei de Benoist 470
[10] Knaplund 251, Hervorhebung von mir.
[11] Knaplund 252
[12] Murray-Brown 47
[13] Moffat 207
[14] Oliver 84
[15] Oliver 128
[16] Rotberg 37, Hervorhebung von mir.
[17] Tiberondwa XVII
[18] Tiberondwa 67 f.
[19] Merlier 219
[20] *pogrom* 143, 9/88
[21] *Publikforum*, 20.9.74, dpa, abgedruckt in *Süddeutsche Zeitung*, 20./21. 12. 1975
[22] *Frankfurter Rundschau*, 8. 2. 1974

MACHT STECKT AN

Missionare als Kolonialisten

[1] Moorhouse 134 f., Tiberondwa 28 f.
[2] Loth, *Die christliche Mission in Südwestafrika*, 9, 80 ff.
[3] ebd. 120
[4] ebd. 121
[5] de Vries 154
[6] de Vries 154 f.
[7] de Vries 155
[8] ebd.
[9] Engel in Bade 147
[10] de Vries 173
[11] Engel in Bade 154
[12] Engel in Bade 156
[13] Bade, *Friedrich Fahri und der Kolonialismus in der Bismarckzeit*, 270; Hervorhebungen bei Bade.
[14] P. D. Snelson, *Educational Development in Northern Rhodesia 1883–1945*, zit. bei Tiberondwa 30
[15] Tiberondwa 129
[16] Tiberondwa XVI f.
[17] ebd.
[18] Rusch 50
[19] Jacobs, Landau und Pell 178 ff.
[20] Gow 96
[21] Dousset-Leenhardt 96 f.
[22] F. B. Welbourn, *East African Rebels*, London 1961; zit. von George Bennett in seiner Buchbesprechung «Kenyatta and the Kikuyu» in *International Affairs*, Bd. 37, Nr. 4 (1962), 477
[23] zit. bei Temu 134
[24] Temu 132

[25] *Foreign Affairs*, Juli 1953, 316ff.
[26] Mboya 21
[27] A. J. Broomhall 259f.
[28] Fleming 38
[29] Fleming 40
[30] *Germania*, 4.12.1897, zit. in Rivinius in Bade 297
[31] Fleming 21, Broomhall 7
[32] Fleming 42
[33] Mrs. Bishop vor dem Kirchenkongreß in Newcastle, zit. als Einleitung zu M. Broomhall
[34] Morrison 143

Landraub

[1] d'Annam 105f.
[2] Sundkler 38
[3] Ziehr 55
[4] Beetham 16
[5] ebd.
[6] Schmidlin 280
[7] Lewis 10
[8] Ziehr 56
[9] Zum Beispiel gibt Vickers die Bevölkerungsdichte im ursprünglichen Siedlungsgebiet der Siona-Secoya am oberen Amazonas mit etwa 20 Menschen auf 100 Quadratkilometer an; Vickers in Hvalkoff 115.
[10] Prien 232
[11] Prien 202; s. auch den Abschnitt «Handel und Geschäfte».
[12] Freyre, *Nôvo mundo nostrópicos*, Sao Paulo 1971, 59; zit. bei Prien 202f.
[13] Gibson, *The Aztecs under Spanish rule*, Stanford 1964, 405; zit. bei Prien 203
[14] de Benoist 255
[15] Fleisch 280
[16] Knoll in Bade 170
[17] Nestvogel in Bade 214
[18] van Slageren 72
[19] van Slageren 71
[20] Temu 100
[21] Moulaert 82ff.
[22] *General Anzeiger*, 3.4.1981

Zwangsarbeit und Tribut

[1] Frey 59ff., Hervorhebungen bei Frey.
[2] Hore 30ff.
[3] Hore 17f.
[4] Hore 31
[5] zit. bei Cerqueira in Merle 476; Davidson, *Erwachendes Afrika*, 259f.
[6] Davidson, *Erwachendes Afrika*, 242
[7] Gunther 587
[8] Davidson 258
[9] Gunther 588
[10] ebd.
[11] Gunther 598
[12] Cerqueira in Merle 477
[13] Gunther 659
[14] Gunther 664
[15] de Benoist 415
[16] Suret-Canale 453
[17] Suret-Canale 452
[18] Strayer 60
[19] Temu 118f.
[20] Hansen 212
[21] Temu 128
[22] Hansen 91
[23] ebd.
[24] Hansen 188ff.
[25] Hansen 188 und FN 543
[26] Hansen 210
[27] Hansen 210f.
[28] Ekechi 152

[29] ebd.
[30] Nestvogel in Bade 213
[31] Bade 271
[32] van Slageren 70
[33] Nestvogel in Bade 212
[34] Fleisch 281

[35] Professor Klaus Bade in einem Vortrag «Die Rheinische Mission in ‹Kaiser-Wilhelms-Land›» anläßlich der 100-Jahre-Gedenkfeier in Papua-Neuguinea am 3.11.1984.
[36] Al'perovic 36f.

Platz-«Ordnung»

[1] Freyre, *Herrenhaus und Sklavenhütte*, 197
[2] Hemming 414
[3] Hemming 463f.
[4] zit. bei Hemming 464f.
[5] Hemming 109f.
[6] Hemming 451
[7] de Vries 135
[8] zit. bei de Vries 136
[9] de Vries 136
[10] Loth, *Die christliche Mission in Südwestafrika*, 36ff.

[11] Mossolow 49
[12] ebd.
[13] M. Wright 79
[14] M. Wright 81
[15] Ziehr 94
[16] McCracken 50
[17] Rotberg 55ff.
[18] Temu 16
[19] Ziehr 248ff.
[20] F. J. Moss, zit. bei Ziehr 252

Handel und Geschäfte

[1] Hosbach 4f.
[2] Freyre, *Herrenhaus und Sklavenhütte*, 196
[3] Prien 137
[4] Gunther 189
[5] Herring 185
[6] Loth, *Die christliche Mission in Südwestafrika*, 32
[7] Bade 54
[8] van Slageren 64
[9] Knoll in Bade 166, FN 13
[10] Richter 385

[11] Richter 667
[12] Moulaert 76
[13] de Benoist 366
[14] de Benoist 367
[15] Suret-Canale 450
[16] Oliver 69
[17] McCracken 228
[18] Rotberg 96ff.
[19] McCracken VIII
[20] Hempenstall in Bade 233
[21] Grattan 202

Reiche im Armenland

[1] Hollis 48
[2] zit. bei Rennstich 77
[3] de Boer, *Unterwegs notiert*, 168
[4] ebd. 167
[5] Ripa 55

[6] Pettifer/Bradley 172
[7] Knight, *Madagascar in war time*, zit. bei Gow 67f.
[8] *KEM-Pressedienst*, Basel, Pressebulletin 3/12/78-40 vom 13.12.1978

[9] Hvalkof/Aaby 171 ff.
[10] Pettifer/Bradley 52
[11] Pettifer/Bradley 69

[12] Dousset-Leenhardt 68
[13] de Benoist 69 f.
[14] Luthuli 19

KONKURRENZKAMPF UM SEELEN

Zerstrittene Brüder

[1] Bade 16
[2] Close 69
[3] Richter 208
[4] Dieser Ausdruck für das Verhalten der europäischen Mächte in Afrika ist im 19. Jh. international üblich geworden.

[5] van Slageren 41 ff.
[6] Nestvogel in Bade 206
[7] Moorhouse 298
[8] Richter 103
[9] M. Wright 140

Katholiken contra Protestanten

[1] Neill 369
[2] Ilogu 141
[3] Butselaar 94
[4] Schwager, Vorwort
[5] Schmidlin 291
[6] Tiberondwa 24
[7] Daye 529
[8] Beetham 35
[9] Bade 208
[10] A. Monfat 150
[11] In dem mehrbändigen Werk *Historie de Mgr. Bataillon et des Missions de l'Océanie Centrale*, das Monfat nicht genauer vorstellt, 150.
[12] Ebenfalls aus Mangeret, s. vorstehende Fußnote; Monfat 157.
[13] Monfat 156
[14] Nunmehr ist der Zeuge der Hochwürdige Vater Violette mit seinem 1870 veröffentlichten Buch *Missions Catholiques*, Monfat 156.
[15] Monfat 144
[16] Monfat 175
[17] Monfat 266
[18] ebd.
[19] Monfat 240
[20] Kurze in Besser 200
[21] Kurze in Besser 185

[22] Ziehr 214
[23] Ziehr 100
[24] Tambaran, *Begegnung mit untergehenden Kulturen auf Neuguinea*, 1956, zit. bei Ziehr 100
[25] Ziehr 99
[26] Pettifer/Bradley 60
[27] *Congo 1947*, 78
[28] Moulaert 83
[29] s. Abschnitt «Schul-‹Meister›»
[30] s. Abschnitt «Schul-‹Meister›»; die «Vormundschaft» bedeutete, daß die Missionen (auch protestantische) Waisen und verlassene Kinder «beherbergen» durften.
[31] von Hagen 216
[32] Richter 691
[33] Richter 695
[34] M. Wright 69
[35] M. Wright 120, zurückübersetzt aus dem Englischen.
[36] Tetzlaff in Bade 192
[37] van Slageren 117
[38] Mamozai 99
[39] Rotberg 87
[40] Temu 103
[41] Strayer 44
[42] Murray-Brown 193

Extremfall Uganda

[1] Bericht von Alexander Mackay, zit.   [2] Moorhouse 250
bei Moorhouse 226

Fronten in Lateinamerika

[1] Baudert 108
[2] Pettifer/Bradley 150f.
[3] Pettifer/Bradley 160f.

OPFERMUT

Tödliche Strapazen

[1] Hollis 80
[2] zit. in Schreiber 23
[3] ebd.
[4] Schreiber 30
[5] T. M. Thomas 348f.
[6] T. M. Thomas 321ff.
[7] Richter 128
[8] Murray-Brown 121
[9] Frey 97ff.
[10] Hore 2
[11] Bowen 71
[12] Hennemann 95

Folter und Tod

[1] Neill 298
[2] Ripa 54f.
[3] Williams, History of the People of Trinidad and Tobago, 25f.
[4] Hemming 262ff.
[5] Ursprünglich kaiserlicher Feldmarschall; dann jahrhundertelang in Erbfolge der eigentliche Herrscher «unter» dem machtlosen Kaiser.
[6] Hollis 54
[7] Zitat aus Kampfers «Geschichte Japans» in T. J. Campbell, The Jesuits; bei Hollis 58.
[8] Hollis 58f.
[9] Nach anderen Berichten waren sie mit Kot gefüllt; Pettifer/Bradley 169.
[10] Hollis 61f.
[11] Neill 434f.
[12] Pettifer/Bradley 54
[13] Freitag 278ff.
[14] Freitag 13
[15] Neill 174

Der Boxeraufstand

[1] Smith 613ff.
[2] M. Broomhall 127f.
[3] M. Broomhall 69ff.
[4] Pettifer/Bradley 185ff.

Die Rache des Kabaka

[1] Tiberondwa 41
[2] Moorhouse 229
[3] Tiberondwa 36; ebenso der Historiker Professor Temu 35
[4] Tiberondwa 38
[5] Lutterbeck 22f.

[6] Tiberondwa 40
[7] Ziegler 181
[8] Beetham 149
[9] So der Herausgeber der *World Christian Encyclopedia*, David Barrett, zit. bei Pettifer/Bradley 23

FROMME LEGENDEN

Ziehväter neuer Kirchen

[1] Neill 384
[2] Neill 388
[3] Alix in Merle 24
[4] Neill 386
[5] Moorhouse 300
[6] Moorhouse 302
[7] Moorhouse 303
[8] zit. in van Slageren 123, rückübersetzt aus dem Französischen.
[9] van Slageren 124
[10] Rusch 108
[11] Moorhouse 303f.
[12] Leenhardt in Merle 123
[13] Moorhouse 304
[14] Jenny 85
[15] Jenny 86
[16] Katjavivi u. a. 10
[17] Nestvogel in Bade 209
[18] Frey 68
[19] Richter 690
[20] Iliffe 207
[21] Richter 382
[22] Richter 384
[23] Sundkler 42
[24] zit. bei Strayer 16

[25] Strayer 27
[26] Strayer 18f.
[27] Strayer 20
[28] Strayer 105
[29] Strayer 69
[30] Temu 79
[31] Ajayi, *Christian Missions in Nigeria*, 233
[32] ebd. 35
[33] Todd 21
[34] zit. bei Leenhardt in Merle 123
[35] Findlay-Hollingworth, *The Wesleyan Methodist Missionary Society*, zit. bei Sundkler 34
[36] Sundkler 35
[37] Prien 250f.
[38] s. auch J. H. Elliotts Besprechung von Professor C. R. Boxers «The Church Militant and Iberian Expansion 1440–1770», John Hopkins 1978, in *The New York Review*, 1. 6. 1978, 32ff.
[39] Prien 260
[40] Prien 204; s. auch Herring 186
[41] Beetham 29

Väter der Unabhängigkeitsbewegungen

[1] R. Wright 442f.
[2] Mboya 20f.
[3] Tetzlaff in Bade 201
[4] Tetzlaff in Bade 202

[5] M. D. Markowitz, *Cross and Sword*, Stanford 1973, 13; zit. von Strayer 77
[6] Tetzlaff in Bade 201

7 Strayer 77; s. auch Schlußkapitel.
8 Ayandele, *The Missionary Impact on Modern Nigeria*, 176f.
9 ebd. 177
10 ebd.
11 General Dyer ließ 50 Soldaten in die Menge schießen, die gegen unzureichende Autonomiezusicherungen Großbritanniens protestierte. Dabei kamen nach amtlichen britischen Angaben 379 Menschen um, 1200 wurden verwundet.
12 Semidai in Merle 363
13 Cerqueira in Merle 480f.
14 Cerqueira in Merle 481

15 *Bonner Rundschau* (u. a.), 23. 6. 71
16 *Süddeutsche Zeitung*, 7. 10. 1977
17 Von der Pariser Presse freilich spät verzeichnet: «Le Monde» veröffentlichte Auszüge am 25., datiert vom 26. Januar 1954, das katholische Wochenblatt «Témoignage Chrétien» am 29. Januar; s. auch Kempf in Merle 163.
18 *La Croix*, 29. 5. 1956, zit. in *La Nef*, «L'Eglise catholique et le drame algérien», Juni 1957
19 Roux in Merle 222
20 Engel in Bade 162

DIE FRÜCHTE

1 Unveröffentlichte Studie von Hortense Powdermaker, zit. bei Mason 14.
2 Gensichen 55
3 Pettifer/Bradley 29
4 Fischer Welt-Almanach 1991, 812ff.
5 ebd.
6 Robinson in Hvalkof 90
7 Pettifer/Bradley 127
8 Pettifer/Bradley 131
9 Kendall 12
10 Tetzlaff in Bade 192
11 Neill 450f.
12 Moorhouse 320
13 Neill 450
14 Fleisch 135 und 75
15 Moorhouse 320
16 Pettifer/Bradley 131
17 G. B. A. Gerdener, *Studies in the Evangelization of South Africa*, London 1911, 118; zit. bei Kohl 262
18 Beetham 39f.
19 Beetham 35
20 Moorhouse 321
21 Moorhouse 323
22 A. Schweitzer, *Zwischen Wasser und Urwald*, München 1926/1990, 137ff., Hervorhebung von mir.

23 Ania Francos, *l'Afrique des Afrikaaners*, Paris 1966, 11
24 Moorhouse 323f.
25 Moorhouse 324
26 Baudert 52
27 Moorhouse 324
28 Mossolow 38
29 Hahn zit. bei Mossolow 19
30 Mossolow 39
31 Bley 291f.; die Stellen in einfachen Anführungszeichen sind Zitate des Missionars E. Dannert aus den Berichten der Rheinischen Missionsgesellschaft.
32 Jenny 74f.
33 *Missionsberichte der Rheinischen Mission*, Jahrgang 1956, 248f.
34 zit. in Bade, *Friedrich Fabri und der Imperialismus in der Bismarckzeit*, 269
35 Richter 99
36 Moritzen in Bade 62
37 Schmidlin 253
38 Robinson 489
39 Dennis 39ff.
40 Dennis weist darauf hin, daß sie den Missionaren viel Missionsarbeit abnähmen.

[41] Also nicht einfach die Gebäude, sondern Kirchen mit fester Gemeinde, organisiertem Gottesdienst, Taufen und Abendmahlfeiern; auch die Gemeinde muß organisiert sein.

[42] Robinson VIII

[43] Beach 91

[44] Schmidlin 231

[45] Robinson VIII

[46] Robinson IX

[47] T. M. Thomas X

[48] Oliver XI

[49] Temu 106

[50] Temu 112

[51] Temu 113

[52] Oliver 64

[53] Oliver 65

[54] Ayandele, Vorwort zur 2. Auflage in Bowen VII f.

[55] Rotberg XVI

[56] Neill 368

[57] zit. in Albertini 577

[58] Balandier 49 f.

[59] Neill 366

[60] Neill 300

[61] Vormbaum 6

[62] Pettifer/Bradley 71

[63] ebd.

[64] ebd.

[65] Konetzke, *Fischer Weltgeschichte I*, 244

[66] Herring 185

[67] ebd.

[68] Prien 229

[69] Hemming 99 f.

[70] Hemming 101

[71] Pettifer/Bradley 133 f.

[72] Münzel in Lindig/Münzel 223 ff.

[73] Synkretismus bedeutet die Verschmelzung von Elementen verschiedener Religionen, die über das Formelle und Bräuche hinausgeht. Wenn zum Beispiel Christus nur noch einer von mehreren «großen Lehrern» geworden ist, sprechen die Christen eher von einer «heidnischen Religion mit christlichem Lehrgut» («Lexikon zur Weltmission»).

[74] Prien 1176

[75] Herring 185

[76] Vormbaum 4 f.

[77] Setiloane 2

[78] Setiloane 225

[79] Shorter 76

[80] zit. bei Hollis 52

[81] Pettifer/Bradley 175

[82] Pettifer/Bradley 29

[83] Neill 432, FN 15

[84] Neill 427

Bibliographie

ABBAS, FERHAT, *La nuit coloniale, Guerre et Révolution d'Algérie*, Paris 1962

ABEL, HERBERT, *Vom Raritätenkabinett zum Bremer Überseemuseum*, Bremen 1970

ABRAHAM, GARTH, *The Catholic Church and Apartheid, The response of the Catholic Church in South Africa to the first decade of Nationalist Party rule 1948–1957*, Johannesburg 1989

ADLER, GERHARD, *Revolutionäres Lateinamerika*, Paderborn 1970

AJAYI, J. F. ADE, *Christian Missions in Nigeria 1841–1891 – The Making of a New Elite – Ibadan History Series*, London 1965

AJAYI, J. F. ADE, Vorwort zur 2. Aufl. in: *Journals of the Rev. James Frederick Schön and Mr. Samuel Crowther*, London 1970

v. ALBERTINI, RUDOLF, *Dekolonisation*, Köln 1966

ALIX, CHRISTINE, «Le Vatican et la décolonisation», in: *Les Eglises Chrétiennes et la Décolonisation, sous la Direction de Marcel Merle*, Paris 1967

AL'PEROVIC, M. S., «Hidalgo und der Volksaufstand in Mexiko», in: *Lateinamerika zwischen Emanzipation und Imperialismus*, Berlin (Ost) 1961

AMICIS, EDMONDO DE, *Marokko*, Wien/Leipzig 1883

ANDERSON, PERRY, *Le Portugal et la fin de l'ultracolonialisme*, Paris 1963

D'ANNAM, LOUIS, *Le Grand Apôtre de l'Afrique au 19ème siècle*, Lyon 1899

ARENS, BERNARD, *Manuel des Missions Catholiques*, Louvain 1925

ARNAULT, JACQUES, *Du Colonialisme au Socialisme*, Paris 1966

ARNOT, F. S., *Garenganze Or Seven Years Pioneer Mission Work in Central Africa*, neue Aufl. London 1969, Vorwort v. Robert I. Rotberg (Orig. 1889)

ARROYO, GONZALO, «Anwälte der Entrechteten», in: Lüning, *Mit Maschinengewehr und Kreuz*, Reinbek 1971

ARROYO, GONZALO, «Christen und Guerilleros», in: Lüning, *Mit Maschinengewehr und Kreuz*, Reinbek 1971

ASHBY, ERIC, *African Universities and Western Tradition*, London 1964

ASMIS, RUDOLF, *Das Ende eines Paradieses*, Berlin 1942

Atombombenangriff auf Nagasaki, *New York Times*, wiedergegeben in: «Hier hielt die Welt den Atem an», dtv dokumente 55, 1962

AUBRUN, CHARLES, *L'Amérique Centrale*, Paris 1962

AUGIER, F. R., UND GORDON, S. C., *Sources of West Indian History*, London 1962

AXELSON, ERIC, *Portugal and the Scramble for Africa 1875/1891*, Johannesburg 1967

AYANDELE, E. A., Vorwort zur 2. Aufl. in: T. J. Bowen, *Adventures and Missionary Labours in Several Countries in the Interior of Africa from 1849–1856*, London 1968

AYANDELE, E. A., *The Missionary Impact on Modern Nigeria 1842–1914*, London 1966

523

BADE, KLAUS J., *Die Rheinische Mission in «Kaiser-Wilhelms-Land»*, Vortrag, Bulletin der Deutsch-Pazifischen Gesellschaft, Januar 1985

BADE, KLAUS J., *Friedrich Fabri und der Imperialismus in der Bismarckzeit*, Freiburg 1975

BADE, KLAUS J. (Hrsg.), *Imperialismus und Kolonialmission*, mit Beiträgen von Bade, Robert Hoffmann, Niels-Peter Moritzen, Horst Gründer, Lothar Engel, Arthur J. Knoll, Rainer Tetzlaff, Renate Nestvogel, Peter J. Hempenstall, John A. Moses, Stewart G. Firth, Karl J. Rivinius, Ernst Dammann; Wiesbaden 1982

BALANDIER, GEORGES, *Sociologie actuelle de l'Afrique Noire*, Paris 1955/63

BALDWIN, JAMES, *100 Jahre Gleichberechtigung oder The fire next time*, Reinbek 1964

BARKAT, ANWAR M., «Churches combating Racism in South Africa», in: *Journal of International Affairs*, Bd. 36, Nr. 2, 1982/83

BARTSCH, ERNST, *Koloniale Welt im Aufbruch*, Ostberlin 1960

BAUDERT, D. S., *Auf der Hut des Herrn, Rückblick auf 200 Jahre Herrnhuter Missionsgeschichte*, Herrnhut 1931

Bausteine zur Geschichte der Norddeutschen Missions-Gesellschaft: s. Schreiber

BEACH, HARLAN P., *Dawn on the Hills of T'Ang or Missions in China*, New York 1909

BECKER, HERBERT THEODOR, *Die Kolonialpädagogik der Großen Mächte* (Bd. 1 der Schriften des Kolonialinstituts der Hansischen Universität), Hamburg 1939

BEETHAM, T. A., *Christianity and the New Africa*, London 1967

BENNETT, ADRIAN A., *Missionary Journalist in China* (Young Allen and his Magazines 1860–1883), Athens, Ga., 1983

BENOIST, JOSEPH-ROGER DE, *Eglise et pouvoir colonial au Soudan francais*, Paris 1987

BERGER, RENATO, *African Dance*, Wilhelmshaven 1984

Berliner Afrika-Konferenz 1884–1885, Protokolle und Generalakte, deutsche Fassung Bremen 1984

BESSER, W. F., *John Williams, der Missionar der Südsee und die Londoner Südseemission*, 4. Aufl. ergänzt von G. Kurze, Berlin 1896

BETTELHEIM, CHARLES, *Cuba et sa Révolution*, Brüssel 1963

BEWES, T. F. C., «The Work of the Christian Church among the Kikuyu», address at Chatham House, 19. 3. 1953

BITTERLI, URS, *Die Wilden und die Zivilisierten*, München 1976

BLAKE, JOHN W., *West Africa, Quest for God and Gold 1454–1578*, London 1977

BLEY, HELMUT, *Kolonialherrschaft und Sozialstruktur in Deutsch-Südwestafrika 1894–1914*, Hamburg 1968

DE BOER, HANS A., *Unterwegs erfahren*, Wuppertal 1975

DE BOER, HANS A., *Unterwegs notiert*, Kassel 1957

BOHNE, REGINA, «Hat Sozialreform durch Christen irgendeine Aussicht in Lateinamerika?», in: *Frankfurter Hefte*, März 1971

BOITEAU, PIERRE, *Madagascar – Contribution à l'Histoire de la Nation Malgache*, Paris 1958

BONET-MAURY, G., *L'Islamisme et le Christianisme en Afrique*, Paris 1906, Reprint 1973

DE BOSSCHÈRE, GUY, *Autopsie de la Colonisation*, Paris 1967

BOWEN, T. J., *Adventures and Missionary Labours in Several Countries in the Interior of Africa from 1849 to 1856*, Vorwort von E. A. Ayandele, London 1968

BREATHETT, GEORGE, *The Catholic Church in Haiti (1704–1785), Selected Letters, Memoirs and Documents*, Salisbury, N. C., 1982

BROOMHALL, A. J., *Hudson Taylor & China's Open Century, Part One: Barbarians at the Gates*, London 1981

BROOMHALL, MARSHALL (Hrsg.), *Martyred Missionaries of the China Inland Mission, with a Record of the Perils and Sufferings of Some who escaped*, London 1901

BUECHLER, HANS CHRISTIAN und JUDITH-MARIA, «Combating Feathered Serpents: The Rise of Protestantism and Reformed Catholicism in an Bolivian Highland Community», in: Hartmann/Oberem, *Amerikanistische Studien*, St. Augustin 1978

BUTSELAAR, JAN VAN, *Africains, Missionaires et Colonialistes – les origines de l'église presbyterienne du Mozambique (Mission Suisse) 1880–1896*, Leiden 1984

CAHIERS DU TÉMOIGNAGE CHRÉTIEN, *Les Evêques face à la guerre d'Algérie*, Paris 1960

CASAGRANDE, JOSEPH B., «Religious Conversion and Social Change in an Indian Community of Highland Ecuador», in: Hartmann/Oberem, *Amerikanistische Studien*, St. Augustin 1978

CASEMENT, ROGER S. SINGLETON-GATES/GIRODIAS

CÉSAIRE, AIMÉ, in: Schoelcher, *Esclavage et Colonisation*, Paris 1948

CHATTERJI, TAPANMOHAN, *The Road to Plassey*, Kalkutta 1960

CHIANGKAISCHEK, *China's Destiny*, New York 1947

CHINWEIZU, *The West and the Rest of us*, New York/London/Lagos 1978

Church and Liberation in Namibia, hrsg. v. Peter Katjavivi, Per Frostin, Kaire Mbuende, Vorwort Barney Pityana, London 1989

CLOSE, UPTON (JOSEPH WASHINGTON HALL), *Die Empörung Asiens*, Zürich/Leipzig o. J. (etwa 1930)

Congo 1947 – Les Cahiers Socialistes 16/17, Brüssel 1947

DE CORLAY, G., *Notre Campagne à Madagascar*, Paris 1896

CROWTHER: S. *Journals of the Rev. James Frederick Schön*

CRUMMEY, DONALD, *Priests and Politicians – Protestant and Catholic Missions in Orthodox Ethiopia 1830–1868*, Oxford 1972

DAMMANN, ERNST, «Die deutsche Mission in den ehemaligen deutschen Kolonien zwischen den beiden Weltkriegen», in: Bade, *Imperialismus und Kolonialmission*, Wiesbaden 1982

DAVIDSON, BASIL, *Erwachendes Afrika*, Zürich 1957

DAVIDSON, BASIL, *Vom Sklavenhandel zur Kolonialisierung*, Reinbek 1966

DAVIES, JOHN, *The History of the Tahitian Missions 1799–1830, with supple-*

mentary papers from the Correspondence of the Missionaries, hrsg. von C. W. Newbury, Cambridge 1961, Reprint Nendeln/Liechtenstein 1974

DAYE, PIERRE, *L'Empire colonial Belge*, Brüssel 1923

DELIUS, ULRICH, *Südseeparadies unter dem Atompilz – Tahiti, Französisch-Polynesien*, Göttingen 1982

DENNIS, JAMES S., *Centennial Survey of Foreign Missions*, New York 1902

DENZLER, GEORG, und ANDRESEN, CARL, *dtv Wörterbuch der Kirchengeschichte*, München 1982

DESCHNER, KARLHEINZ, *Abermals krähte der Hahn*, Stuttgart 1962

Deutsches Kolonial-Lexikon Bd. II, Leipzig 1920

DEVILLERS, PHILIPPE, *Histoire du Vietnam de 1940 à 1952*, Paris 1952

DOUSSET-LEENHARDT, ROSELÈNE, *Colonialisme et Contradictions, Nouvelle-Calédonie 1878–1978*, Paris 1978

DUCATILLON, *Patriotisme et Colonisation*, Paris 1957

DUFFY, JAMES, *Portugal in Africa*, London 1962

DUMONT, RENÉ, *l'Afrique Noire est mal partie*, Paris 1962 (überarb. Aufl.)

DUSSEL, ENRIQUE, *Die Geschichte der Kirche in Lateinamerika*, Mainz 1988

EASTON, STEWART, *The Twilight of European Colonialism*, London 1961

EBERT, PAUL, *Südsee-Erinnerungen*, Leipzig 1924

EKECHI, F. K., *Missionary Enterprise & Rivalry in Iboland 1857–1914*, London 1972

ELSING, GODEHARD, *Nördlich des Rio Paranâ, Erlebnisse und Gedanken eines deutschen Franziskaners in Mato Grosso, Brasilien*, Bonn 1970

ENGEL, LOTHAR, «Die Rheinische Missionsgesellschaft und die deutsche Kolonialherrschaft in Südwestafrika 1884–1915», in: Bade, *Imperialismus und Kolonialismus*, Wiesbaden 1982

FANON, FRANTZ, *Les damnés de la terre*, Paris 1961

FEUSER, WILLFRIED F., *The Image of the Black in the Writings of Johann Gottfried Herder* (Journal of European Studies VIII), 1978

FIRTH, STEWART G., «Die Bostoner Mission in den deutschen Marshall-Inseln», in: Bade, *Imperialismus und Kolonialismus*, Wiesbaden 1982

Fischer Weltgeschichte Band 18 (Südostasien vor der Kolonialzeit), *Band 22* (Süd- und Mittelamerika I)

FLEISCH, PAUL, *Hundert Jahre Lutherischer Mission*, Leipzig 1936

FLEMING, PETER, *The Siege at Peking*, New York 1959

FREISE, REINHILDE, «Bilder aus der Missionsgeschichte der Südsee», in: Kürschner, *Träume von der Südsee*, Hamburg/Göttingen 1980

FREITAG, ANTON, *Glaubenssaat in Blut und Tränen – SVD*, Kaldenkirchen 1948

FREY, THEODOR, *Weiße Väter* (Die Ges. d. Missionare v. Afrika in ihrem 50j. Bestehen), Trier 1918

FREYRE, GILBERTO, *Herrenhaus und Sklavenhütte*, Köln 1965 (Orig. Rio de Janeiro 1933)

FREYRE, GILBERTO, *Le Portugais et les Tropiques*, Lissabon 1961

FURNIVALL, J. S., *Colonial Policy and Practice*, Cambridge 1948

GARAUDY, ROGER, in: *Christentum und Marxismus heute* (Gespräche der Paulus-Gesellschaft), Wien 1966

GEISS, IMANUEL, «Die christliche Mission in Afrika und ihre sozialen Auswirkungen», in: *Junge Kirche*, Dortmund 3/1968 (aus «Aufsätze zur afrikanischen Geschichte», undat., Privatdruck)

GENSICHEN, HANS WERNER, *Missionsgeschichte der neueren Zeit* (Teil von «Die Kirche in ihrer Geschichte») Göttingen 1961

GIDE, ANDRÉ, *Reisen*, Stuttgart 1966

GOLLWITZER, HELMUT, in: Liebich, *Die Mülltonnen der Reichen und der arme Lazarus*, Stuttgart 1982

GOW, BONAR A., *Madagascar and the Protestant Impact*, London 1979

GOYAU, GEORGES, Vorwort zu «De La Méditerranée au Désert», in: *Les Œuvres de Sœurs Blanches du Cardinal Lavigerie* (Serie Visions d'Afrique), Lyon 1930

GRATTAN, C. HARTLEY, *The Southwest Pacific to 1900 – A Modern History* (University of Michigan History of the Modern world), Michigan 1963

GRIMAL, HENRI, *La Décolonisation 1919–1963*, Paris 1965

GRÜNDER, HORST, «Deutsche Missionsgesellschaften auf dem Weg zur Kolonialmission», in: Bade, *Imperialismus und Kolonialismus*, Wiesbaden 1982

GUNTHER, JOHN, *Inside Latin America*, New York 1940

GUTIERREZ, GUSTAVO, «Für eine Theologie der Befreiung», in: Lüning, *Mit Maschinengewehr und Kreuz*, Reinbek 1971

HAGEN, MAXIMILIAN VON, *Bismarcks Kolonialpolitik*, Stuttgart/Gotha 1923

HAHN, CARL HUGO, *Tagebücher 1837–1860 I + II, A Missionary in Nama- and Damaraland*, Windhoek 1984

HALL, G. STANLEY, *Adolescence, its Psychology and its relations to Physiology, Anthropology, Sociology, Sex, Crime, Religion and Education*, 2 Bände in der Reihe: *American Education – its Men, Ideas, and Institutions*, New York 1905, Reprint 1969

HAMMER, KARL, *Weltmission und Kolonialismus, Sendungsideen des 19. Jahrhunderts im Konflikt*, München 1978

HANKE, LEWIS, *Colonisation et conscience chrétienne au 16ème Siècle*, Paris 1957 (Orig. Washington 1948)

HANKE, LEWIS (Hrsg.), *History of Latin American Civilization, Vol. I: The Colonial Experience*, London 1969 (USA 1967)

HANSEN, HOLGER BERNT, *Mission, Church and State in a Colonial Setting, Uganda 1890–1925*, London 1984

HARGREAVES, JOHN D., *West Africa, the former French States*, Englewood Cliffs, N. J., 1967

HELDER CAMARA, *Revolution für den Frieden*, Freiburg 1969

HEMMING, JOHN, *Red Gold – The Conquest of the Brazilian Indians 1500–1760*, Cambridge, Mass., 1978

HEMPENSTALL, PETER J., «Europäische Missionsgesellschaften und christlicher Einfluß in der deutschen Südsee: das Beispiel Neuguinea», in: Bade, *Imperialismus und Kolonialmission*, Wiesbaden 1982

HENGYÜ, KUO, *China und die Barbaren*, Pfullingen 1967

HENNEMANN, FRANZISKUS, *Werden & Wirken eines Afrikamissionars*, Limburg 1922

HEREMANS, ROGER, *L'Education dans les Missions des Pères Blancs en Afrique Centrale (1879–1914)*, Louvain/Brüssel 1983

HERRING, HUBERT, *A History of Latin America*, New York 1964

HETHERINGTON, PENELOPE, *British Paternalism and Africa 1920–1940*, London 1978

Histoire de l'Expansion Coloniale des Peuples Européennes – Néerlande et Danemark, XVII et XVIII siècles, v. Charles de Lannoy und Herman Vander Linden, Brüssel 1911

HOCHMAN, ELENA, und SONNTAG, H. R., *Christentum und politische Praxis: Camilo Torres*, Frankfurt 1969

HOFFMANN, ROBERT, «Die katholische Missionsbewegung in Deutschland vom Anfang des 19. Jahrhunderts bis zum Ende der deutschen Kolonialgeschichte», in: Bade, *Imperialismus und Kolonialismus*, Wiesbaden 1982

HOGG, PETER, *Slavery, the Afrio-American Experience*, London 1979

HOLLIS, CHRISTOPHER, *Die Jesuiten*, Hamburg 1970 (Orig. *A History of the Jesuits*, London 1968)

HOLSTEN, WALTER, «Kreuz und Schwert – in Bündnis und Widerspruch; die Problematik der Mission», in: *Monat 255*, Dez. 1969

HORE, EDWARD COODE, *The writings of: Missionary to Tanganyika 1877–1888*, hrsg. von James B. Wolf, London 1971

HOSBACH, W., *Der Faden, der nicht reißt*, Bethel o. J.

HOUART, PIERRE, *L'attitude de l'église dans la guerre d'Algérie*, Brüssel 1960

HÜCKING, RENATE, und LAUNER, EKKEHARD, *Aus Menschen Neger machen – wie sich das Handelshaus Woermann in Afrika entwickelt hat*, Hamburg 1986

HVALKOF, SOREN, und PETER AABY (Hrsg.), *Ist Gott Amerikaner?*, Kopenhagen 1980

ILIFFE, JOHN, *Tanganyika under German Rule 1905–1912*, Cambridge 1969

ILOGU, EDMUND, *Christianity and Ibo Culture*, Leiden 1974

JACOBS, PAUL/LANDAU, SAUL/PELL EVE, *Brüder, sollen wir uns unterwerfen? Die verleugnete Geschichte Amerikas*, München 1972 (Orig. *To Serve the Devil*, New York 1971)

JAPSERSEN, J., *Do Mau*, Leipzig 1936

JENNY, HANS, *Südwestafrika*, Stuttgart 1966

JOSEPH, HELEN, *Tomorrow's Sun*, New York 1967

Journals of the Rev. James Frederick Schön and Mr. Samuel Crowther who accompanied the Expedition up the Niger in 1841, Vorwort Prof. J. E. A. Ajayi, 2. Aufl. London 1970

JOYE, PIERRE, und LEWIN, ROSINE, *Les Trusts au Congo*, Brüssel 1961

JULIEN, CHARLES-ANDRÉ, *Histoire de l'Afrique*, Paris 1941

KATJAVIVI, PETER, PER FROSTIN, KAIRE MBUENDE (Hrsg), *Church and Liberation in Namibia*, London 1989

KAUNDA, KENNETH, *Zambia shall be free*, London/Ibadan/Nairobi 1962

KEMPF, FRANCOISE, in: Merle, *Les Eglises chrétiennes et la decolonisation*, Paris 1967

KENDALL, ELLIOTT, *The End of an Era – Africa and the Missionary*, London 1978

KI-ZERBO, JOSEPH, *Die Geschichte Schwarzafrikas*, Wuppertal 1979

KLEIN, HERBERT S., *Slavery in the Americas*, London 1967

KNAPLUND, PAUL, *The British Empire 1815–1939*, London 1942

KNOLL, ARTHUR J., «Die Norddeutsche Missionsgesellschaft in Togo 1890–1914», in: Bade, *Imperialismus und Kolonialismus*, Wiesbaden 1982

KNOLL, A., *Togo under Imperial Germany 1884–1914*, Stanford 1978

KOHL, ERNST, «Die christlichen Kirchen und die Rassenfrage in Südafrika», in: *Historisch-politische Streiflichter, geschichtliche Beiträge zur Gegenwart*, Neumünster 1971

KONETZKE, RICHARD, *Entdecker und Eroberer Amerikas*, Frankfurt 1963

KONETZKE, RICHARD, *Fischer Weltgeschichte, Süd- und Mittelamerika 1: Die Indianerkulturen Altamerikas und die spanisch-portugiesische Kolonialherrschaft*, Frankfurt (1965), 91./92. Tausend März 1988

KRÜGER, PAUL, *Lebenserinnerungen des Präsidenten Paul Krüger, von ihm selbst erzählt*, nach Aufzeichnungen von H. C. Bredell, Privatsekretär des Präs. Krüger, und Piet Grobler, gew. Unterstaatssekretär der Süd-Afrik. Republik, hrsg. von A. Schowalter, München 1902

KÜRSCHNER, FRANK (Red.), *Träume von der Südsee – Anders leben, von den Menschen der Südsee lernen*, Hamburg/Göttingen 1980

KURZE, G., in: Besser, *John Williams*, Brüssel 1963

LACHERAF, MOSTEFA, «Constantes Politiques et Militaires dans les guerres Coloniales d'Algérie (1830–1960)», in: *Les Temps Modernes*, Paris, Januar 1961

LANNOY und VANDER LINDEN: s. *Histoire de l'Expansion Coloniale*

LANTERNARI, VITTORIO, *Les mouvements réligieux des peuples opprimés*, Paris 1962

DE LAS CASAS, BARTOLOMÉ, *Kurzgefaßter Bericht von der Verwüstung der Westindischen Länder*, hrsg. von H. M. Enzensberger, Frankfurt/Main 1981

LAUER, QUENTIN, UND GARAUDY, ROGER, *Sind Marxisten die besseren Christen?*, Hamburg 1969

LAVION, H., *L'Algérie musulmane*, Paris 1914

LEENHARDT, R.-H., «le protestantisme et la décolonisation», in: Merle, *Les Eglises chrétiennes et la décolonisation*, Paris 1967

LEGUM, COLIN, *Pan-Africanism*, New York 1962

LÉVI-STRAUSS, C., *Tristes Tropiques*, Paris 1955

LEWIS, NORMAN, *The Missionaries – God against the Indians*, London 1988

Lexikon zur Weltmission, hrsg. von Neill/Moritzen/Schrupp/Anderson/Goodwin, Wuppertal 1975

LIEBICH, HARTWIG, *Die Mülltonnen der Reichen und der arme Lazarus, 15 Predigten über Arme und Reiche in der Mission*, Stuttgart 1982

V. LINDEQUIST (Staatssekr. i. R.), in: *Deutschlands Weg zur Kolonialmacht*, hrsg. von E. Schultz-Ewerth, Berlin 1934

LINDIG, WOLFGANG, und MÜNZEL, MARK, *Die Indianer*, München 1976

LIN SHAO-YANG, *A Chinese Appeal to Christendom concerning Christian Missions*, London 1911

LOTH, HEINRICH, *Die christliche Mission in Südwestafrika*, Berlin (Ost) 1963

LOTH, HEINRICH, *Apartheid und Kirche – Südafrikanische Christen im Widerstand*, Köln 1977

LUMUMBA, PATRICE, *Congo my Country*, Vorwort v. Colin Legum, London 1962

LÜNING, HILDEGARD (Hrsg. und Autorin), *Mit Maschinengewehr und Kreuz oder Wie kann das Christentum überleben*, Reinbek 1971

LÜTH, ERICH, *Eine Reise nach Kapstadt*, Hamburg 1961

LUTHULI, ALBERT, *Let my people go*, London 1962

LUTTERBECK, GEORG ALFRED, *Die Märtyrer von Uganda*, Leutesdorf 1965

MADARIAGA, SALVADOR DE, *Latin America between the Eagle and the Bear*, New York 1962

MAMOZAI, MARTHA, *Herrenmenschen – Frauen im deutschen Kolonialismus*, Reinbek 1982

MASON, PHILIP, *Christianity and Race*, London 1956

McCRACKEN, JOHN, *Politics and Christianity in Malawi 1875–1940*, Cambridge 1977

MBOYA, TOM, *Freedom and after*, London 1963

MÉJAN, FRANCOIS, *Le Vatican contre la France d'Outre-Mer?*, Paris 1958

MERLE, MARCEL (Hrsg.), *Les Eglises chrétiennes et la décolonisation*, mit Beiträgen von Christine Alix, R.-H. Leenhardt, Francoise Kempf, André Roux, Gottfried Erb, Walter Holsten, Frans Kho Maiakasih, C. L. Van Doorn, Jean Bruls, Manuela Semidei, Silas Cerqueira, Paris 1967

MERLIER, MICHEL, *Le Congo de la colonisation belge à l'indépendance*, Paris 1962

MIÈGE, J. L., *L'Impérialisme colonial Italien de 1870 à nos jours*, Paris 1968

MILGER, PETER, *Die Kreuzzüge – Krieg im Namen Gottes*, München 1988

MOFFAT, ROBERT, *Missionary Labours and Scenes in Southern Africa*, London 1842, Reprint 1969

MOHR, HUBERT, *Katholische Orden und deutscher Imperialismus*, Berlin (Ost) 1965

MONFAT, A., *Les premiers Missionaires des Samoa*, Lyon/Paris 1923

MOOREHEAD, ALAN, *The fatal Impact, An Account of the Invasion of the South Pacific 1767–1840*, London 1966

MOORHOUSE, GEOFFREY, *The Missionaries*, London 1973

MORITZEN, NIELS-PETER, «Koloniale Konzepte der protestantischen Mission», in: Bade, *Imperialismus und Kolonialismus*, Wiesbaden 1982

MORIN, RELMAN, *East Wind rising*, New York 1960

MORRISON, G. E., *The correspondence of G. E. Morrison*, hrsg. von Lo Hui-Min, Bd. I: 1895–1912, London 1976

MOSES, JOHN A., «Zwischen Puritanismus und Ultramontanismus: Die Politik der Diagonalen auf Deutsch-Samoa 1900–1914», in: Bade, *Imperialismus und Kolonialismus*, Wiesbaden 1982

Mossolow, N., *Otjikango oder Groß-Barmen*, Windhoek 1977
Moulaert, George, *Souvenirs d'Afrique*, Brüssel 1945
Murphree, Marshall W., *Christianity and the Shona*, London 1969
Müller, Samuel, *In Afrika als deutscher Missionsarzt*, Bethel o. J.
Murray-Brown, Jeremy, *Faith and the Flag – The Opening of Africa*, London 1977

Naipaul, V. S., *The Loss of El Dorado, A History*, London 1969
Narokobi, Bernard, «Tradition und Kirche in Melanesien», in: Kürschner, *Träume von der Südsee*, Hamburg/Göttingen 1980
Neill, Stephen, *A History of Christian Missions* (Pelican History of the Church 6), London 1964/1986
Nestvogel, Renate, «Mission und Kolonialherrschaft in Kamerun», in: Bade, *Imperialismus und Kolonialismus*, Wiesbaden 1982
Nkrumah, Kwame, *Schwarze Fanfare*, München 1958
Nobel, Alfons, *Herr über Asien*, Hamburg 1928
Noske, Gustav, *Kolonialpolitik und Sozialdemokratie*, Stuttgart 1914
Ntawasa, Sabelo, und Basil Moore, «The Concept of God in Black Theology», in: *Black Theology, The South African Voice*, London 1973

Oliver, Roland, *The Missionary Factor in East Africa*, London 1952
Oliver, Roland, und Atmore, Anthony, *Africa since 1800*, Cambridge 1967
Oliver, Roland, und Fage, John D., *A short History of Africa*, London 1962
Othegraven, Friedhelm v., *Litanei des Weißen Mannes* (Quellen), Stuckum 1986

Paczensky, Gert v., *Die Weißen kommen*, Hamburg 1970 (als TB-Titel: *Weiße Herrschaft*, 1979, Ausl. Hädecke Verlag, Weil der Stadt)
Paris, Edmond, *Le Vatican contre la France!*, Paris 1957
Parkes, H. B., *Histoire du Mexique*, Paris 1961
Patterson, Orlando, *The Sociology of Slavery*, London 1967
Paul, Johannes (Hrsg.), *Von Grönland bis Lambarene, Reisebeschreibungen christlicher Missionare aus drei Jahrhunderten*, Ostberlin 1953
Pettifer, Julian, und Bradley, Richard, *Missionaries*, BBC, London 1990
Pogrom-Reihe, Arbeitskreis ILV, *Die frohe Botschaft unserer Zivilisation, Evangelikale Indianermission in Lateinamerika*, Vorwort von Mark Münzel, Göttingen 1979
Prescott, W. H., *History of the conquest of Mexico*, Boston 1856
Prien, Hans-Jürgen, *Die Geschichte des Christentums in Lateinamerika*, Göttingen 1978
Prodolliet, Simone, *Wider die Schamlosigkeit und das Elend der heidnischen Weiber – Die Basler Frauenmission und der Export des europäischen Frauenideals in die Kolonien*, Zürich 1978

Rambaud, Alfred (Dir.), *La France Coloniale*, Paris 1895
Religion and Politics (Journal of International Affairs, Bd. 36/Nr. 2. 1982/83)
Rennstich, Karl, in: Liebich, *Die Mülltonnen der Reichen*, Stuttgart 1982

RICHTER, JULIUS, *Geschichte der Berliner Missionsgesellschaft*, Berlin 1924

RIPA, PATER, *Memoirs of Father Ripa during 13 years residence at the court of Peking in the services of the Emperor of China*, Reprint der Edition von 1946, New York 1979

RIVINIUS, KARL J., «Imperialistische Welt- und Missionspolitik: Der Fall Kiautschou», in: Bade, *Imperialismus und Kolonialismus*, Wiesbaden 1982

ROBERTS, JANINE, *Nach Völkermord: Landraub und Uranabbau*, Pogrom-Reihe, Göttingen 1979

ROBINSON, CHARLES HENRY, *History of Christian Missions*, Edinburgh 1915

ROHRBACH, PAUL, «Die Mission in den deutschen Kolonien», in: *Das Deutsche Kolonialbuch*, hrsg. von Hans Zache, Berlin/Leipzig 1925

ROTBERG, ROBERT I., *Christian Missionaries and the Creation of Northern Rhodesia 1880–1924*, Princeton, N. J., 1965

ROUX, ANDRÉ, «Les Protestants Francais», in: Merle, *Les Eglises chrétiennes et la décolonisation*, Paris 1967

ROWSE, A. L., *The Controversial Colensos*, Trewolsta, Corn., 1989

ROY, CLAUDE, *Clefs pour la China*, Paris 1953

RUSCH, GÜNTER, *Koloniale Kirche – Die Presbyterianische Kirche Ghanas im Spannungsfeld zwischen kolonialer Abhängigkeit und nationaler Emanzipation 1896–1966*, Dissertation, Bremen 1977

SALA-MOLINS, LOUIS, *Le Code Noir ou le Calvaire de Canaan*, Paris 1987

SALES, JANE, *Mission Stations and the Coloured Communities of the Eastern Cape 1800–1852*, Rotterdam 1975

SAMHABER, ERNST, *Südamerika. Gesicht, Geist, Geschichte*, Hamburg 1939

SAMHABER, ERNST, *Kleine Geschichte Südamerikas*, Frankfurt 1955

DE SANTA ANA, JULIO, «Auszug in die Diaspora», in: Lüning, *Mit Maschinengewehr und Kreuz*, Reinbek 1971

SCHMIDLIN, J., *Die katholischen Missionen in den deutschen Schutzgebieten*, Münster 1913

SCHMIDT, M., *Die befreite Welt*, Baden-Baden 1962

SCHMITZ, JOSEF, *Die Weltzuwendung Gottes, Thesen zu einer Theologie der Mission*, Freiburg/Nürnberg 1971

SCHOELCHER, VICTOR, *Esclavage et Colonisation*, Vorwort von Aimé Césaire, Paris 1948

SCHOELL, F. L., *Histoire de la race noire aux Etats-Unis*, Paris 1959

SCHÖN, JAMES FREDERICK: s. *Journals of the Rev. James Frederick Schön*

SCHOLES, FRANCE V., UND ROYS, RALPH L., «Fray Diego de Landa and the Problem of Idolatry in Yucatan», in: Hanke, *History of Latin America, Civilization Vol. I*, London 1969

SCHREIBER, A. W. (Hrsg.), *Bausteine zur Geschichte der Norddeutschen Missionsgesellschaft*, Bremen 1936

SCHWAGER, FRIEDRICH, *Die brennendste Missionsfrage der Gegenwart – die Lage der katholischen Missionen in Asien*, Steyl 1914

SEMIDEI, MANUELA, «Les Eglises britanniques, les Eglises américaines», in: Merle, *Les Eglises chrétiennes et la décolonisation*, Paris 1967

Semjonow, Juri, *Glanz und Elend des französischen Kolonialreichs*, Berlin 1942

Setiloane, Gabriel M., *The Image of God among the Sotho-Tswana*, Rotterdam 1976

Seward, Desmond, *The Monks of War – The military Religious Orders*, London 1972

Shorter, Aylward, *African Culture and the Christian Church*, London 1973

Shridharani, *Warning to the West*, New York 1942

Sieber, Eduard, *Kolonialgeschichte der Neuzeit*, Bern 1949

Singleton-Gates, Peter, und Girodias, Maurice, *The Black Diaries, an account of Roger Casement's life and times with a collection of his diaries and public writings*, Paris 1959

Skolaster, Hermann (Pater), «Kolonisieren heißt missionieren», in: *Deutschland in den Kolonien*, Berlin o. J. (etwa 1924)

Slageren, Jaap van, *Les Origines de l'église évangélique du Cameroun – Missions européennes et Christianisme Autochtone*, Leiden 1972

Smith, Arthur, *China in Convulsion*, 2 Bde., Edinburgh/London 1901

Sources of West Indian History: s. Augier

Stampp, Kenneth M., *The Peculiar Institution, Negro Slavery in the American South*, London 1964

Stauffer, Milton T. (Hrsg.), *The Christian Occupation of China*, Shanghai 1922

Strayer, Robert W., *The Making of Mission Communities in East Africa*, London 1978

Südafrikanischer Volkskalender 1912

Sundkler, Bengt, *Bantupropheten in Südafrika*, Stuttgart 1964

Supan, A., *Die territoriale Entwicklung der europäischen Kolonien*, Gotha 1906

Suret-Canale, Jean, *L'Afrique Noire – L'ère Coloniale 1900–1945*, Paris 1964

Tawney, P. H., *Religion and the Rise of Capitalism*, London 1926

Temu, A. J., *British Protestant Missions*, London 1972

Tetzlaff, Rainer, «Die Mission im Spannungsfeld zwischen kolonialer Herrschaftssicherung und Zivilisierungsanspruch in Deutsch-Ostafrika», in: Bade, *Imperialismus und Kolonialismus*, Wiesbaden 1982

Thaut, Rudolf, in: Liebich, *Die Mülltonnen der Reichen*, Stuttgart 1982

Thomas, Georg, *Die portugiesische Indianerpolitik in Brasilien 1500–1640*, Berlin 1968

Thomas, Thomas Morgan, *Eleven Years in Central South Africa*, Vorwort von Richard Brown, 2. Aufl. London 1971

Tiberondwa, Ado K., *Missionary Teachers as Agents of Colonialism, A study of their activities 1877–1925*, Lusaka 1978

Todd, John M., *African Mission, a historical study of the Society of African Missions*, London 1962

Tournaire, Hélène, und Bouteaud, Robert, *Le Livre Noir du Congo*, Paris 1963

Tränen beim Beten (Laetare Schriftenreihe Heft 299), Gelnhausen 1981

Träume von der Südsee: s. Kürschner

533

VALLIER, IVAN, *Catholicism, Social Control and Modernization in Latin America*, Englewood Cliffs 1970

VEGA, LOUIS MERCIER, «Die Krise der lateinamerikanischen Kirche», in: *Berichte zur Entwicklung in Spanien, Portugal und Lateinamerika*, München, Nov./Dez. 1977

VIEIRA, ANTONIO, «Sermon condemning Indian Slavery, 1653», in: Hanke, *History of Latin American Civilization Vol. I*, London 1969

VORMBAUM, REINHOLD, *John Eliot, der Apostel der Indianer Nordamerikas* (Ev. Missionsgesch. in Biographien), Elberfeld 1859; Bartholomäus Ziegenbalg und Johann Ernst Gründler, *Die deutschen Heidenboten in Südindien*, Düsseldorf 1850; Benjamin Schultze, *Evangelischer Missionar in Trankebar und Madras*, Elberfeld 1861

VRIES, JOHANNES LUCAS DE, *Namibia. Mission und Politik 1880–1918*, Neukirchen-Vluyn 1980

WALZ, HEINZ, *Das britische Kolonialreich*, Stuttgart 1955

WEISS, RUTH, und HANS MAYER, *Afrika den Europäern!*, Wuppertal 1984

Weltmission heute: zum Thema Namibia in den achtziger Jahren (Ev. Missionswerk), Hamburg 1982

Weltmission heute: zum Thema Südafrika in den achtziger Jahren (Ev. Missionswerk), Hamburg 1981

WIETER, FRITZ, *Das Ringen des Evangeliums um die Seele Chinas*, Gütersloh 1933

WILLIAMS, ERIC, *History of the People of Trinidad and Tobago*, London 1963

WILLIAMS, ERIC, *From Columbus to Castro – The History of the Caribbean 1492–1969*, London 1970

WINGENROTH, CARL, *Des weißen Mannes Bürde*, Köln 1961

Wörterbuch der Kirchengeschichte, dtv: s. Denzler

WOLLSCHLÄGER, HANS, *Die bewaffneten Wallfahrten gen Jerusalem – Geschichte der Kreuzzüge*, Zürich 1973

WRIGHT, MARCIA, *German Missions in Tanganyika 1891–1941*, Oxford 1971

WRIGHT, RICHARD, *Schwarze Macht*, Hamburg 1956

WUCHER, ALBERT, «Das Papsttum in der Welt von heute – Pius XII., Johannes XXIII., Paul VI.», in: *Monat 255*, Dez. 1969

ZAMBO, CARMEN, «Provokation zum Umdenken», in: Lüning, *Mit Maschinengewehr und Kreuz*, Reinbek 1971

ZAVALA, SILVIO, *The Defence of Human Rights in Latin America (sixteenth to eighteenth centuries)*, UNESCO Series «Race and Society», 1964

ZIEGENBALG: s. Vormbaum

ZIEGLER, JEAN, *La Contre-révolution en Afrique*, Paris 1963

ZIEHR, WILHELM, *Hölle im Paradies, Entdeckung und Untergang der Südseekulturen*, Düsseldorf 1980

Register

538